T0364803

VW Passat
Gör-det-själv handbok

RM Jex och IM Coomber

Modeller som behandlas

(3393-360-10AD1/3498-5AC2)

VW Passat framhjulsdrivna modeller med fyrcylindriga bensin- och dieselmotorer, sedan och kombi, inklusive specialversioner

1.8 liters (1781cc) och 2.0 liters (1984cc) SOHC bensinmotorer
1.9 liters (1896cc) turbodieselmotorer (TD och Tdi)

Behandlar inte 16-ventilers DHC eller 2.8 liters VR6 motorer, eller 1.6 liters dieselmotorer
Behandlar ej heller Syncro modeller

© Haynes Group Limited 2000

En bok i **Haynes serie Gör-det-själv handböcker**

ISBN **978 1 78521 830 9**

British Library Cataloguing in Publication Data
En katalogpost för denna bok finns tillgänglig från British Library

Haynes Group Limited
Haynes North America, Inc

www.haynes.com

Innehåll

DIN VW PASSAT

UNDERHÅLL

Rutinunderhåll och service

Innehåll

REPARATIONER OCH RENOVERINGAR

Motor

Växellåda

Bromsar och fjädring

Kaross

Kopplingsscheman

REFERENSER

Register

Den serie VW Passat som behandlas i denna handbok lanserades 1988. Till att börja med fanns Passat att få med 1.8 (1781cc) eller 2.0 liter (1984cc) bensinmotor, i fyrdörrars sedan eller femdörrars kombi. Den nya serien avvek från den föregående seriens tradition genom att ha motorn tvärställd, något som gav betydligt större innerutrymmen.

1992 introducerades en 1.9 liter (1896cc) turbodieselmotor (TD). När den introducerades var motorn, kallad "Umwelt" eller "miljö"-motorn, tämligen unik i det att den hade ett turboaggregat snarare för att minska dieselutsläpp än för att ge större effektuttag.

Till 1994 genomgick serien en ganska omfattande ansiktslyftning, inklusive för första gången en kylargrill. En uppdaterad dieselmotor (TDi) introducerades samtidigt med direktinsprutning och elektronisk styrning för än lägre utsläpp.

Samtliga motorer är utvecklade från de beprövade kraftkällor som använts i många bilar från VW/Audi. Motorn är av typen fyrcylindrig radmotor med enkel överliggande kamaxel, tvärställd med växellådan på vänster sida. Samtliga modeller har en 5-växlad manuell växellåda eller en 4-stegs automatväxellåda.

Samtliga modellversioner har individuell fjädring på framhjulen. Bakfjädringen är av typen semi-individuell med fjäderben och bärarmar. En självreglerande bakfjädring finns på vissa kombimodeller.

Ett brett utbud av standard- och tillvalsutrustning finns i serien Passat, för att passa de flesta behov och smaker. Detta inkluderar centrallås, elektriska fönsterhissar och en elektrisk taklucka. På de senare modellerna, efter ansiktslyftningen, monterades krockkuddar, bältesspännare, ABS och luftkonditionering – antingen som standard eller som tillval.

Under förutsättning att underhållet utförs enligt tillverkarens rekommendationer bör VW Passat visa sig vara en pålitlig och ekonomisk familjebil. Motorrummet är väl utformat och det mesta som behöver regelbunden tillsyn är lätt åtkomligt.

VW Passat 1.8 GL sedan (1990 års modell)

VW Passat 1.9 CL turbodiesel kombi (1994 års modell)

Din handbok till VW Passat

Syftet med denna handbok är att du ska få ut mest möjliga av din bil och den kan göra detta på flera sätt. Den kan hjälpa dig att avgöra vilka arbeten som ska utföras (även om du väljer att låta en verkstad göra själva jobbet), den ger information om rutinunderhåll och service och anger en logisk handlingsväg och diagnosmetoder när slumpmässiga fel uppstår. Vi hoppas emellertid att du kommer att använda handboken till att själv utföra arbetet. När det gäller enklare arbeten kan det vara mycket snabbare än att boka in bilen på en verkstad och sedan åka dit två gånger för att lämna in och hämta bilen. Kanske viktigast av allt, en hel del pengar kan sparas genom att man undviker verkstadens kostnader för arbetskraft och drift.

Handboken innehåller ritningar och beskrivningar som visar hur de olika komponenterna fungerar, så att det blir lättare att förstå deras utformning. Arbetsmoment beskrivs och avbildas i en tydlig stegvis följd. Bilderna numreras efter det avsnitt och den paragraf de tillhör – om mer än en bild används anges ordningsföljden alfabetiskt.

"Vänster" respektive "höger" är alltid sett från en person som sitter i förarsätet och tittar framåt.

Med tack till följande

Stort tack riktas till Champion Spark Plug som försett oss med bilderna över tändstiftens skick, och Duckhams Oils som tillhandahållit information om smörjning. Ett speciellt tack riktas till Autotechnics of Gillingham för hjälpen med projektbilar. Tack riktas även till Draper Tools Limited som tillhandahållit en del verkstadsutrustning, samt till alla i Sparkford som hjälpt till att framställa denna handbok.

Denna handbok är inte en direkt reproduktion av biltillverkarens data och publicerandet av handboken ska inte ses som ett underförstått tekniskt godkännande av bilens tillverkare eller importör.

Vi är stolta över hur noggrann den information som finns i denna handbok är. Biltillverkare gör dock ändringar vid tillverkningen av en speciell bil om vilka vi inte informeras. Författaren och förlaget accepterar inget ansvar för förluster, skador eller personskador som orsakas av felaktigheter eller brister i den givna informationen.

Att arbeta på din bil kan vara farligt. Den här sidan visar potentiella risker och faror och har som mål att göra dig uppmärksam på och medveten om vikten av säkerhet i ditt arbete.

Allmänna faror

Skållning

• Ta aldrig av kylarens eller expansionskärlets lock när motorn är het.
• Motorolja, automatväxellådsolja och styrservovätska kan också vara farligt varma om motorn just varit igång.

Brännskador

• Var försiktig så att du inte bränner dig på avgassystem och motor. Bromsskivor och -trummor kan också vara heta efter körning.

Lyftning av fordon

• Vid arbete nära eller under ett lyft fordon, använd alltid extra stöd i form av pallbockar eller använd ramper. **Arbeta aldrig under en bil som endast stöds av en domkraft.**
• När muttrar eller skruvar med högt åtdragningsmoment skall lossas eller dras, bör man lossa dem något innan bilen lyfts och göra den slutliga åtdragningen när bilens hjul åter står på marken.

Brand och brännskador

• Bränsle är mycket brandfarligt och bränsleångor är explosiva.
• Spill inte bränsle på en het motor.
• Rök inte och använd inte öppen låga i närheten av en bil under arbete. Undvik också gnistbildning (elektrisk eller från verktyg).
• Bensinångor är tyngre än luft och man bör därför inte arbeta med bränslesystemet med fordonet över en smörjgrop.
• En vanlig brandorsak är kortslutning i eller överbelastning av det elektriska systemet. Var försiktig vid reparationer eller ändringar.
• Ha alltid en brandsläckare till hands, av den typ som är lämplig för bränder i bränsle- och elsystem.

Elektriska stötar

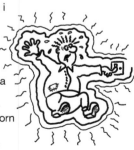

• Högspänningen i tändsystemet kan vara farlig, i synnerhet för personer med hjärtbesvär eller pacemaker. Arbeta inte med eller i närheten av tändsystemet när motorn går, eller när tändningen är på.

• Nätspänning är också farlig. Se till att all nätansluten utrustning är jordad. Man bör skydda sig genom att använda jordfelsbrytare.

Giftiga gaser och ångor

• Avgaser är giftiga. De innehåller koloxid vilket kan vara ytterst farligt vid inandning. Låt aldrig motorn vara igång i ett trångt utrymme, t ex i ett garage, med stängda dörrar.
• Även bensin och vissa lösnings- och rengöringsmedel avger giftiga ångor.

Giftiga och irriterande ämnen

• Undvik hudkontakt med batterisyra, bränsle, smörjmedel och vätskor, speciellt frostskyddsvätska och bromsvätska. Sug aldrig upp dem med munnen. Om någon av dessa ämnen sväljs eller kommer in i ögonen, kontakta läkare.
• Långvarig kontakt med använd motorolja kan orsaka hudcancer. Bär alltid handskar eller använd en skyddande kräm. Byt oljeindränkta kläder och förvara inte oljiga trasor i fickorna.
• Luftkonditioneringens kylmedel omvandlas till giftig gas om den exponeras för öppen låga (inklusive cigaretter). Det kan också orsaka brännskador vid hudkontakt.

Asbest

• Asbestdamm kan ge upphov till cancer vid inandning, eller om man sväljer det. Asbest kan finnas i packningar och i kopplings- och bromsbelägg. Vid hantering av sådana detaljer är det säkrast att alltid behandla dem som om de innehöll asbest.

Speciella faror

Flourvätesyra

• Denna extremt frätande syra bildas när vissa typer av syntetiskt gummi i t ex O-ringar, tätningar och bränsleslangar utsätts för temperaturer över 400 °C. Gummit omvandlas till en sotig eller kladdig substans som innehåller syran. *När syran väl bildats är den farlig i flera år. Om den kommer i kontakt med huden kan det vara tvunget att amputera den utsatta kroppsdelen.*
• Vid arbete med ett fordon, eller delar från ett fordon, som varit utsatt för brand, bär alltid skyddshandskar och kassera dem på ett säkert sätt efteråt.

Batteriet

• Batterier innehåller svavelsyra som angriper kläder, ögon och hud. Var försiktig vid påfyllning eller transport av batteriet.
• Den vätgas som batteriet avger är mycket explosiv. Se till att inte orsaka gnistor eller använda öppen låga i närheten av batteriet. Var försiktig vid anslutning av batteriladdare eller startkablar.

Airbag/krockkudde

• Airbags kan orsaka skada om de utlöses av misstag. Var försiktig vid demontering av ratt och/eller instrumentbräda. Det kan finnas särskilda föreskrifter för förvaring av airbags.

Dieselinsprutning

• Insprutningspumpar för dieselmotorer arbetar med mycket högt tryck. Var försiktig vid arbeten på insprutningsmunstycken och bränsleledningar.

⚠️ *Varning: Exponera aldrig händer eller annan del av kroppen för insprutarstråle; bränslet kan tränga igenom huden med ödesdigra följder*

Kom ihåg...

ATT

• Använda skyddsglasögon vid arbete med borrmaskiner, slipmaskiner etc, samt vid arbete under bilen.

• Använda handskar eller skyddskräm för att skydda händerna.

• Om du arbetar ensam med bilen, se till att någon regelbundet kontrollerar att allt står väl till.

• Se till att inte löst sittande kläder eller långt hår kommer i vägen för rörliga delar.

• Ta av ringar, armbandsur etc innan du börjar arbeta på ett fordon - speciellt med elsystemet.

• Försäkra dig om att lyftanordningar och domkraft klarar av den tyngd de utsätts för.

ATT INTE

• Ensam försöka lyfta för tunga delar - ta hjälp av någon.

• Ha för bråttom eller ta osäkra genvägar.

• Använda dåliga verktyg eller verktyg som inte passar. De kan slinta och orsaka skador.

• Låta verktyg och delar ligga så att någon riskerar att snava över dem. Torka upp olje- och bränslespill omgående.

• Låta barn eller husdjur leka nära en bil under arbetets gång.

Följande sidor är avsedda som hjälp till att lösa vanligen före-kommande problem. Mer detaljerad felsökningsinformation finns i slutet av handboken och beskrivningar för reparationer finns i de olika huvudkapitlen.

Om bilen inte startar och startmotorn inte går runt

☐ Om bilen har automatväxellåda, se till att växelväljaren står på P eller N.
☐ Öppna motorhuven och se till att batteripolerna är rena och sitter fast ordentligt.
☐ Slå på strålkastarna och försök starta motorn. Om dessa försvagas mycket vid startförsöket är batteriet troligtvis mycket urladdat. Starta med startkablar och en väns bil (se nästa sida).

Om bilen inte startar trots att startmotorn går runt som vanligt

☐ Finns det bränsle i tanken?
☐ Finns det fukt på elektriska komponenter under motorhuven? Slå av tändningen, torka bort all synlig fukt med en trasa. Spraya på en vattenavvisande aerosol (WD-40 eller likvärdig) på tänd- och bränslesystemens elektriska kontakter, som visas nedan. Var extra uppmärksam på tändspolens kontakter och tändkablarna. (Notera att dieselmotorer inte vanligtvis har problem med fukt)

A Kontrollera anslutningarna vid batteri-polerna. De ska vara väl åtdragna och rena.

B Kontrollera att kontakten till diesel-avstängningens solenoidventil sitter fast ordentligt.

C Kontrollera att kontakterna till glödstiften (dieselmotor) sitter fast ordentligt och att huvudsäkringen (under plastlocket) inte är bränd.

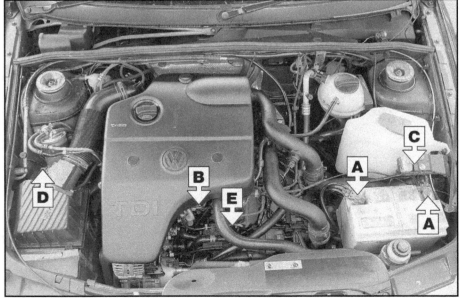

Kontrollera att alla elektriska anslutningar sitter fast ordentligt (med avslagen tändning). På modeller med bensinmotor, kontrollera tändkablarna och tändspolens anslutningar i bakre delen av motorrummet. Spraya på en vattenavvisande aerosol, exempelvis WD40, om du misstänker att problemet beror på fukt.

D Kontrollera att kontakten till luftflödes-mätaren sitter fast ordentligt.

E Kontrollera övriga kontakter i motor-rummet (efter tillämplighet).

Starthjälp

När en bil startas med hjälp av ett laddningsbatteri, observera följande:

✔ Innan det fulladdade batteriet ansluts, slå av tändningen.

✔ Se till att all elektrisk utrustning (lysen, värme, vindrutetorkare etc) är avslagen.

✔ Observera eventuella speciella föreskrifter som är tryckta på batteriet

✔ Kontrollera att laddningsbatteriet har samma spänning som det urladdade batteriet i bilen.

✔ Om batteriet startas med startkablar från batteriet i en annan bil, får bilarna INTE VIDRÖRA varandra.

✔ Växellådan ska vara i neutralt läge (PARK för automatväxellåda).

1 Koppla den ena änden på den röda startkabeln till den positiva (+) anslutningen på det urladdade batteriet

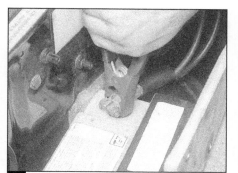

2 Anslut den andra änden på den röda kabeln till den positiva (+) anslutningen på det fulladdade batteriet.

3 Koppla den ena änden på den svarta startkabeln till den negativa (-) anslutningen på det fulladdade batteriet.

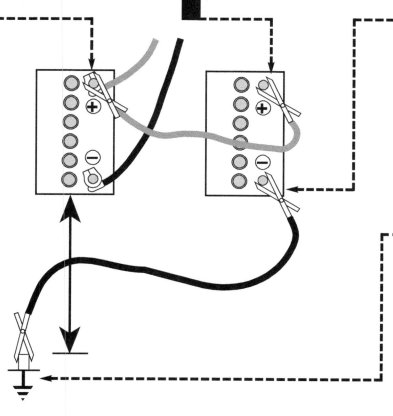

4 Anslut den andra änden på den svarta kabeln till en bult eller ett fäste på motorblocket, på ett visst avstånd från batteriet, på den bil som ska startas.

5 Se till att startkablarna inte kommer i kontakt med fläkten, drivremmarna eller andra rörliga delar i motorn.

6 Starta motorn med laddningsbatteriet och låt den gå på tomgång. Slå på lysen, bakruteavimmare och värmefläktsmotor och koppla sedan loss startkablarna i omvänd ordning mot anslutning. Slå av lysen etc.

Hjulbyte

Vissa detaljer som visas här varierar beroende på modell. Till exempel är reservhjulets och domkraftens placering inte den samma på alla bilar. De grundläggande principerna är dock samma för alla modeller.

Varning: Byt inte hjul i ett läge där du riskerar att bli överkörd av annan trafik. På högtrafikerade vägar är det klokt att uppsöka en parkeringsficka eller mindre avtagsväg för hjulbyte. Det är lätt att glömma bort resterande trafik när man koncentrerar sig på det arbete som ska utföras.

Förberedelser

☐ När en punktering inträffar, stanna så snart säkerheten medger detta.
☐ Parkera på plan fast mark, om möjligt, och på avstånd från annan trafik.
☐ Använd varningsblinkers vid behov.

☐ Använd en varningstriangel till att varna andra trafiktanter.
☐ Dra åt handbromsen och lägg i 1:an eller backen (eller Park på modeller med automatväxellåda).

☐ Blockera hjulet diagonalt motsatt det som ska tas bort, ett par medelstora stenar räcker.
☐ Om marken är mjuk, lägg en plankbit under domkraften.

Hjulbyte

1 Reservhjul och verktyg finns under golvet i bagageutrymmet. En varningstriangel bör finnas till vänster i bagageutrymmet, på kombimodeller bakom en klädselpanel.

2 Lossa på fästbandet och lyft ut domkraft och verktyg från hjulets mitt. Skruva ur muttern och lyft ut hjulet från bilen.

3 Ta bort hjulsidan/navkapseln (till vissa modeller medföljer en krok för detta, som hakas i ett av hålen i hjulsidan och sedan dras ut med nyckelhandtaget så att hjulsidan följer med).

4 Lossa alla hjulbultar ett halvt varv med hjälp av nyckeln. Om bultarna är för hårt åtdragna ska du INTE ställa dig på nyckeln för att lossa dem – kalla på hjälp från en motororganisation.

5 Ställ domkraften under det förstärkta domkraftsfästet i tröskeln. Det är utmärkt med fyrkantiga eller triangulära intryck (ställ inte domkraften under någon annan punkt). Vrid handtaget medurs tills hjulet går fritt från marken.

6 Skruva ur hjulbultarna och lyft av hjulet. Sätt på reservhjulet och skruva i hjulbultarna. Dra åt bultarna lätt med nyckeln och ställ ned bilen på marken.

Och till sist...

☐ Ta bort hjulblockeringen.
☐ Lägg tillbaka det punkterade hjulet, domkraften och verktygen på sina platser i bilen.
☐ Kontrollera lufttryck i det just monterade däcket. Om det är lågt, eller om du inte har en tryckmätare med dig, kör långsamt till närmaste bensinstation och kontrollera/justera lufttrycket.
☐ Reparera eller byt det trasiga däcket så snart som möjligt, annars blir du stående vid nästa punktering.

Observera: *Om bilen har ett reservhjul av nödtyp (utrymmesbesparande) gäller speciella villkor. Denna typ av reservhjul är endast avsett för nödlägen och ska inte sitta på bilen längre än vad som krävs för att få punkteringen reparerad. När nödhjulet sitter på ska bilen inte köras fortare än 80 km/t och snabb acceleration, hård inbromsning och skarp kurvtagning måste undvikas. Lägg märke till att nödhjulet, förutom att det är smalare än ett normalt, även har mindre diameter, vilket minskar markfrigången något. Var därför extra försiktig om du färdas på ojämnt underlag.*

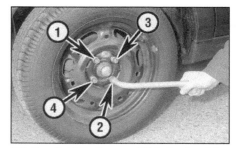

7 Dra åt hjulbultarna rejält i visad ordning och sätt tillbaka hjulsidan/navkapseln. Observera att hjulbultarna ska lossas och dras om med korrekt åtdragningsmoment vid första möjliga tillfälle.

Att hitta läckor

Pölar på garagegolvet (eller där bilen parkeras) eller våta fläckar i motorrummet tyder på läckor som man måste försöka hitta. Det är inte alltid så lätt att se var läckan är, särskilt inte om motorrummet är mycket smutsigt. Olja eller andra vätskor kan spridas av fartvinden under bilen och göra det svårt att avgöra var läckan egentligen finns.

 Varning: De flesta oljor och andra vätskor i en bil är giftiga. Vid spill bör man tvätta huden och byta indränkta kläder så snart som möjligt

 HAYNES TiPS *Lukten kan vara till hjälp när det gäller att avgöra varifrån ett läckage kommer och vissa vätskor har en färg som är lätt att känna igen. Det är en bra idé att tvätta bilen ordentligt och ställa den över rent papper över natten för att lättare se var läckan finns. Tänk på att motorn ibland bara läcker när den är igång.*

Olja från sumpen

Motorolja kan läcka från avtappningspluggen . . .

Olja från oljefiltret

. . . eller från oljefiltrets packning.

Växellådsolja

Växellådsolja kan läcka från tätningarna i ändarna på drivaxlarna.

Frostskydd

Läckande frostskyddsvätska lämnar ofta kristallina avlagringar liknande dessa.

Bromsvätska

Läckage vid ett hjul är nästan alltid bromsvätska.

Servostyrningsvätska

Servostyrningsvätska kan läcka från styrväxeln eller dess anslutningar.

Bogsering

När allt annat misslyckas kan du komma att behöva en bogsering hem – eller det kan naturligtvis hända att du bogserar någon annan. Bogsering längre sträckor ska överlämnas till en verkstad eller en bärgningsfirma. Bogsering kortare sträckor är relativt enkelt, men tänk på följande:

☐ Använd en riktig bogserlina – de är inte dyra. Kontrollera vad lagen säger om bogsering.
☐ Tändningen ska vara påslagen när bilen bogseras så att rattlåset är öppet och att blinkers och bromsljus fungerar.
☐ Bogserlinan ska enbart kopplas till de

monterade bogseröglorna. Den bakre bogseröglan finns bakom en lucka i stötfångaren på senare modeller.
☐ Innan bogseringen, lossa handbromsen och ställ växellådan i neutralläge.
☐ Lägg märke till att det krävs ett högre bromspedaltryck än vanligt eftersom vakuumservon bara är aktiv när motorn är igång.
☐ Om bilen har servostyrning krävs även större rattkraft.
☐ Föraren i den bogserade bilen måste hålla bogserlinan sträckt hela tiden så att ryck undviks.

☐ Kontrollera att båda förarna känner till den planerade färdvägen.
☐ Kom ihåg att svensk lagstiftning anger 30 km/t som maximal hastighet vid bogsering och att bogsering inte får utföras på motorväg. Bogsera kortast möjliga sträcka. Kör mjukt och sakta långsamt ned vid korsningar.
☐ Speciella föreskrifter gäller för bogsering av bilar med automatväxellåda. Vid minsta tvekan bör du inte bogsera en bil med automatväxellåda eftersom detta kan skada växellådan.

Inledning

Det finns några mycket enkla kontroller som bara behöver ta några minuter att utföra men som kan spara dig mycket besvär och pengar.

Dessa "Veckokontroller" kräver inga större kunskaper eller speciella verktyg. Den lilla tid det tar kan vara mycket väl använd, till exempel:

☐ Håll ett öga på däckens skick och lufttryck. Det inte bara hjälper till att förhindra att de slits ut i förtid, det kan även rädda ditt liv.

☐ Många haverier orsakas av elektriska problem. Batterirelaterade fel är speciellt vanliga och en snabb kontroll med regelbundna mellanrum förebygger oftast de flesta av dessa problem.

☐ Om bilen har en läcka i bromssystemet kan det hända att du märker det först när bromsarna inte fungerar ordentligt. Regelbunden kontroll av vätskenivån varnar i god tid för sådana problem.

☐ Om olje- och kylvätskenivån blir för låg är det exempelvis mycket billigare att åtgärda läckaget än att reparera det motorhaveri som annars kan inträffa.

Kontrollpunkter under motorhuven

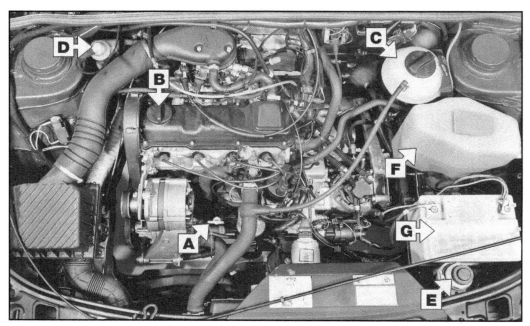

◄ 1.8 liter bensin

A Motoroljans mätsticka

B Motoroljans påfyllningslock

C Kylvätskans expansionskärl

D Broms- och kopplingsvätskebehållare

E Servostyrningens vätskebehållare

F Spolarvätskans behållare

G Batteri

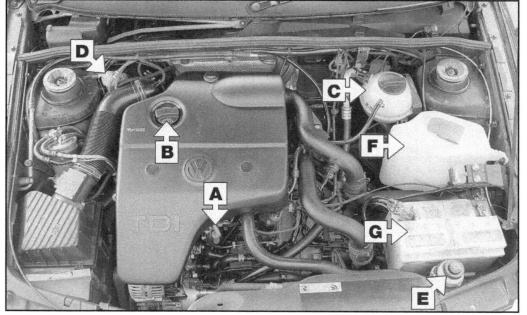

◄ Turbodiesel

A Motoroljans mätsticka

B Motoroljans påfyllningslock

C Kylvätskans expansionskärl

D Bromsvätskebehållare

E Servostyrningens vätskebehållare

F Spolarvätskans behållare

G Batteri

Motorns oljenivå

✔ Parkera bilen på plan mark.
✔ Kontrollera oljenivån innan bilen körs, eller minst 5 minuter efter det att motorn stängts av.

HAYNES TiPS *Om oljenivån kontrolleras omedelbart efter körning finns olja kvar i motorns övre delar, vilket leder till en felaktig avläsning av oljenivån!*

Korrekt olja

Moderna motorer ställer höga krav på smörj-oljan. Det är mycket viktigt att korrekt olja för just din bil används (Se "Smörjmedel, vätskor och däcktryck" på sidan 0•16).

Bilvård

● Om du behöver fylla på olja ofta, kontrollera om oljeläckage förekommer. Placera rent papper under bilen över natten och leta efter fläckar på morgonen. Om bilen inte läcker olja kan det vara så att motorn förbränner oljan (se "Felsökning"), eller så kanske oljeläckaget bara förekommer när motorn går.
● Håll alltid oljenivån mellan de övre och nedre märkena på mätstickan. Om nivån är för låg kan allvarliga motorskador uppstå. Oljetätningar kan sprängas om motorn överfylls med olja.

1 Mätstickans överdel är ofta ljus så att den ska vara lätt att hitta (se "Kontrollpunkter under motorhuven" på sidan 0•10 för exakt plats). Dra ut mätstickan.

3 Notera oljenivån på mätstickans ände, den ska vara mellan märkena. Om oljenivån är vid eller under det markerade området krävs påfyllning.

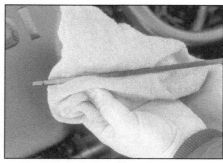

2 Använd en ren trasa eller pappers-handduk och torka av all olja från mät-stickan. Stick in den rena mätstickan så långt den går i röret och dra ut den igen.

4 Olja fylls på genom påfyllningslockets öppning. Fyll på behövlig mängd, en tratt är till god hjälp. Fyll på långsamt och kontrollera nivån med mätstickan ofta, tänk på att ge oljan tid att rinna ned i sumpen. Fyll på till dess att nivån når den övre markeringen på stickan. Fyll inte på för mycket (se "Bilvård").

Kylvätskenivå

⚠ *Varning: Försök INTE skruva loss expansionskärlets tryck-lock när motorn är varm, det föreligger stor risk för skåll-ning. Lämna inte öppna kärl med kylvätska stående – vätskan är giftig.*

Bilvård

● Med ett förseglat kylsystem ska regel-bunden påfyllning av kylvätska inte behövas. Om regelbunden påfyllning behövs finns det troligtvis en läcka. Kontrollera kylare, slangar och anslutningar. Om de visar spår av fukt eller missfärgning måste detta åtgärdas.

● Det är synnerligen viktigt att frostskydd används i kylsystemet hela året, inte bara vintertid. Fyll inte på med rent vatten eftersom detta späder ut frostskyddet för mycket.

1 Kylvätskans nivå varierar med motorns temperatur. När motorn är kall ska vätskenivån vara mellan märkena "MAX" och "MIN". När motorn är varm kan nivån komma att stiga något över märket "MAX".

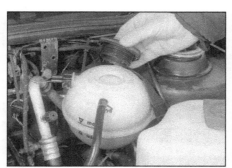

2 Om påfyllning behövs, vänta till dess att motorn är kall. Skruva sakta upp expan-sionskärlets lock och släpp ut eventuellt övertryck ur kylsystemet och ta bort locket.

3 Fyll på med en blandning av vatten och frostskydd i expansionskärlet till dess att vätskenivån är mitt mellan nivåmärkena. Skruva på locket och dra åt det ordentligt.

Bromssystemets (och kopplingens*) oljenivå

*För modeller med hydraulisk koppling gäller denna information även för kopplingens oljenivå

⚠ **Varning:**
● Bromsolja kan skada dina ögon och lackerade ytor, så var ytterst försiktig vid hanteringen.
● Använd aldrig bromsolja som stått under en märkbar tid i ett öppet kärl – den absorberar fuktighet ur luften, vilket kan leda till livsfarlig förlust av bromseffekt.

HAYNES TiPS
● Se till att bilen är parkerad på plan mark.
● Oljenivån i behållaren sjunker något i takt med att bromsklossarna slits, men nivån får aldrig sjunka under märket "MIN".

1 Behållaren för broms- och kopplingsolja finns till höger i motorrummet bredvid fjäderbenstornet.

Innan du börjar
✔ Kontrollera att bilen står på plan mark.
✔ Om bilen har ABS, slå på tändningen och vänta en minut innan du fortsätter.

Säkerheten främst!
● Om det krävs regelbunden påfyllning av bromsolja indikerar detta en läcka någonstans i systemet vilket i så fall omedelbart måste undersökas.
● Om läckage misstänks ska bilen inte köras innan bromsarna (och i förekommande fall kopplingen) kontrollerats och vid behov åtgärdats. Tag aldrig risker med bromsar.

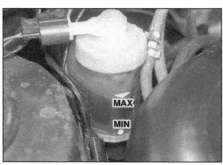

2 Märkena "MAX" och "MIN" finns på behållarens framsida. Nivån måste alltid vara mellan dessa märken. Om påfyllning behövs, torka först rent runt påfyllningslocket så att smuts inte kommer in i systemet.

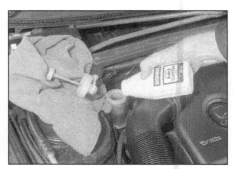

3 Skruva av locket och lyft det försiktigt, se till att inte skada nivåvaktens flottör. Lägg locket och flottören på en ren trasa. Undersök behållaren. Om oljan är förorenad ska systemet tappas ur och fyllas på med ren olja (kapitel 1). Fyll på oljan försiktigt, var noga med att inte spilla på omgivande delar. Använd endast specificerad bromsolja, att blanda olika typer kan skada systemet. När oljan är fylld till rätt nivå, skruva på locket och torka upp eventuellt spill.

Spolarvätskenivå*

*På modeller som har strålkastarspolare matas dessa från denna behållare. Kombimodellers bakrutespolning matas också från denna behållare.

Spolarvätsketillsatser inte bara rengör rutan vid dåligt väder, de förhindrar även att spolsystemet fryser ihop i kall väderlek - och det är kring nollstrecket som du troligen bäst behöver spolningen. Fyll inte på med rent vatten eftersom detta späder ut spolvätskan.

Använd inte under några omständigheter motorfrostskydd i spolsystemet – detta kan missfärga eller skada lackeringen.

1 Spolvätskebehållaren är placerad i motorrummets främre vänstra hörn, vid batteriet. Behållaren är litergraderad för att underlätta blandningen av spolvätsketillsats och vatten i rätta proportioner.

2 Spolvätskenivån syns genom behållaren. Öppna locket när påfyllning behövs.

3 Vid påfyllning av behållaren ska spolvätsketillsatsen blandas in i den proportion som anges på flaskan med tillsatsmedel.

Servostyrningens oljenivå

Innan du börjar:
✔ Parkera bilen på plan mark.
✔ Ställ framhjulen rakt fram.
✔ Motorn ska vara avstängd.

 HAYNES TiPS *För att kontrollen ska vara rättvisande får ratten inte rubbas efter det att motorn stängts av.*

Säkerheten främst!
● Behov av regelbunden påfyllning indikerar en läcka som då måste undersökas omedelbart.

1 Behållaren finns i främre vänstra hörnet av motorrummet, bredvid batteriet. Oljenivån är synlig i behållaren och den ska alltid vara mellan märkena "MAX" och "MIN".

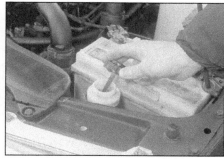

2 Om påfyllning krävs, torka rent runt påfyllningsröret och skruva loss locket/mätstickan från behållaren.

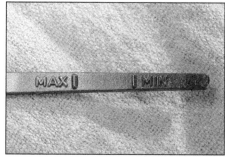

3 Stick ner den rentorkade mätstickan i behållaren (locket ska inte skruvas fast). När motorn är kall ska oljenivån vara vid märket "MIN", när motorn är varm ska nivån vara vid märket "MAX".

4 Använd **endast** specificerad hydraulolja för påfyllning och fyll inte på för mycket. När nivån är korrekt ska locket skruvas på ordentligt.

Torkarblad

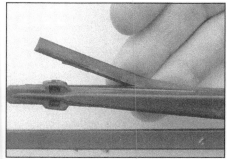

1 Kontrollera torkarbladens skick. Om de är spruckna eller slitna eller om de inte rengör glasytan ordentligt, byt ut dem. Torkarblad bör bytas rutinmässigt varje år.

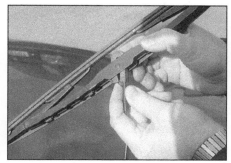

2 Ta loss ett torkarblad genom att dra armen bort från rutan till ett läge där armen låser. Vrid bladet 90°, tryck på låsfliken med fingret och dra ut bladet ur armens krokförsedda ände.

3 På kombimodeller ska även bakrutetorkaren kontrolleras. Ta loss bladet genom att trycka ned låsfliken och dra ut bladet ur armens krokförsedda ände.

Däckens skick och lufttryck

Det är mycket viktigt att däcken är i bra skick och har korrekt lufttryck - däckhaverier är farliga i alla hastigheter.

Däckslitage påverkas av körstil - hårda inbromsningar och accelerationer eller snabb kurvtagning, samverkar till högt slitage. Generellt sett slits framdäcken ut snabbare än bakdäcken. Axelvis byte mellan fram och bak kan jämna ut slitaget, men om detta är för effektivt kan du komma att behöva byta alla fyra däcken samtidigt.

Ta bort spikar och stenar som bäddats in i mönstret innan dessa tränger genom och orsakar punktering. Om borttagandet av en spik avslöjar en punktering, stick tillbaka spiken i hålet som markering, byt omedelbart hjul och låt en däckverkstad reparera däcket.

Kontrollera regelbundet att däcken är fria från sprickor och blåsor, speciellt i sido-väggarna. Ta av hjulen med regelbundna mellanrum och rensa bort all smuts och lera från inte och yttre ytor. Kontrollera att inte fälgarna visar spår av rost, korrosion eller andra skador. Lättmetallfälgar skadas lätt av kontakt med trottoarkanter vid parkering, stålfälgar kan bucklas. En ny fälg är ofta enda sättet att korrigera allvarliga skador.

Nya däck måste alltid balanseras vid monteringen men det kan vara nödvändigt att balansera om dem i takt med slitage eller om balansvikterna på fälgkanten lossnar.

Obalanserade däck slits snabbare och de ökar även slitaget på fjädring och styrning. Obalans i hjulen märks normalt av vibrationer, speciellt vid vissa hastigheter, i regel kring 80 km/tim. Om dessa vibrationer bara känns i styrningen är det troligt att enbart framhjulen behöver balanseras. Om istället vibrationerna känns i hela bilen kan bakhjulen vara obalanserade. Hjulbalansering ska utföras av däckverkstad eller annan verkstad med lämplig utrustning.

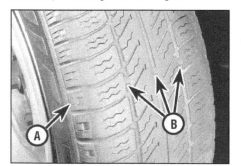

1 Mönsterdjup - visuell kontroll
Originaldäcken har slitagevarningsband (B) som uppträder när mönsterdjupet slitits ned till ca 1,6 mm. Bandens lägen anges av trianglar på däcksidorna (A).

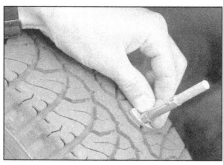

2 Mönsterdjup - manuell kontroll
Mönsterdjupet kan även avläsas med ett billigt verktyg kallat mönsterdjupmätare.

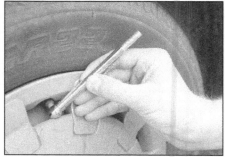

3 Lufttryckskontroll
Kontrollera regelbundet lufttrycket i däcken när dessa är kalla. Justera inte luft-trycket omedelbart efter det att bilen har körts eftersom detta leder till felaktiga värden.

Rekommenderade lufttryck anges på sidan 0•16

Däckslitage

Slitage på sidorna

Lågt däcktryck (slitage på båda sidorna)
Lågt däcktryck orsakar överhettning i däcket eftersom det ger efter för mycket, och slit-banan ligger inte rätt mot underlaget. Detta orsakar förlust av väggrepp och ökat slitage.
Kontrollera och justera däcktrycket
Felaktig cambervinkel (slitage på en sida)
Reparera eller byt ut fjädringsdetaljer
Hård kurvtagning
Sänk hastigheten!

Slitage i mitten

För högt däcktryck
För högt däcktryck orsakar snabbt slitage i mitten av däckmönstret, samt minskat väg-grepp, stötigare gång och fara för skador i korden.
Kontrollera och justera däcktrycket

Om du ibland måste ändra däcktrycket till högre tryck specificerade för max lastvikt eller ihållande hög hastighet, glöm inte att minska trycket efteråt.

Ojämnt slitage

Framdäcken kan slitas ojämnt som följd av felaktig hjulinställning. De flesta bilåterför-säljare och verkstäder kan kontrollera och justera hjulinställningen för en rimlig summa.
Felaktig camber- eller castervinkel
Reparera eller byt ut fjädringsdetaljer
Defekt fjädring
Reparera eller byt ut fjädringsdetaljer
Obalanserade hjul
Balansera hjulen
Felaktig toe-inställning
Justera framhjulsinställningen
Notera: *Den fransiga ytan i mönstret, ett typiskt tecken på toe-förslitning, kontrolleras bäst genom att man känner med handen över däcket.*

Batteri

Varning: Innan arbete med batteriet påbörjas ska du läsa de föreskrifter som finns i "Säkerheten främst!" i början av denna handbok.

✔ Kontrollera att batteriet är i gott skick och att klammern är väl åtdragen. Korrosion i batterilådan, fästklammern och på batteriet kan tas bort med natriumbikarbonat upplöst i vatten. Skölj av rengjorda delar ordentligt med vatten. Korrosionsskadade metalldelar ska målas med zinkbaserad grundfärg och lackas.

✔ Regelbunden undersökning (ungefär var tredje månad) av batteriets laddningsstatus bör utföras enligt beskrivning i kapitel 5A.

✔ Om batteriet är urladdat och du måste starta bilen med hjälpbatteri, se "Reparationer vid vägkanten".

1 Batteriet är placerat på vänster sida i motorrummet. Undersök batteriets utsida med jämna mellanrum, leta efter sprickor i hölje eller lock.

2 Kontrollera polskornas åtdragning, den är viktig för god elektrisk kontakt. Du ska inte kunna rubba dem. Kontrollera även att kablarna inte har sprickor eller brutna ledare.

Batterikorrosion kan hållas till ett minimum genom att ett lager vaselin läggs på poler och polskor när de skruvats ihop.

3 Om korrosion (vita luftiga avlagringar) förekommer, lossa kablarna från batteriet och rengöra dem med en stålborste innan de sätts tillbaka. Tillbehörsbutiker säljer ett verktyg för rengöring av batteripoler . . .

4 . . . och polskor.

Glödlampor och säkringar

✔ Kontrollera alla yttre glödlampor och signalhornet. Se tillämpliga avsnitt i kapitel 12 för detaljinformation om någon krets inte fungerar.

✔ Undersök alla kontakter, kabelhärvor och clips. De ska ha goda anslutningar och får inte visa spår av skador eller skavningar.

Om du ensam ska kontrollera bromsljus och bakre blinkers, backa upp mot en vägg eller garagedörr och tänd lamporna. Återskenet visar om de fungerar korrekt.

1 Om en enstaka blinkers, bromsljus eller strålkastare inte fungerar är det troligt att glödlampan är utbränd och måste bytas. Se kapitel 12 för detaljer. Om båda bromsljusen inte fungerar kan det vara problem med bromsljuskontakten (se kapitel 9).

2 Om mer än en blinkers eller baklykta inte fungerar är det troligen fråga om en bränd säkring eller ett fel i kretsen (se kapitel 12) Säkringarna finns placerade bakom en lucka på nedre delen av instrumentpanelen på förarsidan.

3 Huvudsäkringarna finns på nedre delen av säkrings- och reläpanelen. Byt en bränd säkring genom att dra ut den och sätta in en ny med samma klassning (se kapitel 12). Om säkringen går igen är det viktigt att du tar reda på orsaken. En komplett kontroll finns beskriven i kapitel 12.

Smörjmedel och vätskor

Motor (bensin)	Multigrade motorolja, viskositet SAE 15W/40, 15W/50 eller 20W/50, till VW specifikation 500 00 *(Duckhams QXR Premium Petrol Engine Oil)*
Motor (diesel)	Multigrade motorolja, viskositet SAE 15W/40, 15W/50 eller 20W/50 *(Duckhams QXR Premium Diesel Engine Oil, eller Duckhams Hypergrade Diesel Engine Oil)*
Kylsystem	Etylenglykolbaserad frostskyddsvätska med korrosionsmotverkare *(Duckhams Antifreeze & Summer Coolant)*
Manuell växellåda och slutväxel	Växellådsolja, viskositet SAE 80, klass API GL4, eller VW växellådsolja G50, SAE 75W/90 *(Duckhams Hypoid Gear Oil 80W GL-4 eller Duckhams Hypoid Gear Oil 75W-90 GL-4)*

Automatväxellåda

Växellåda typ 096	Dexron II typ ATF *(Duckhams ATF Autotrans III)*
Växellåda typ 01M (1995 och senare)	VW ATF G 052 162 A1*
Slutväxel (växellåda typ 096)	VW växellådsolja G50, SAE 75W/90 *(Duckhams Hypoid Gear Oil 75W-90 GL-4)*
Slutväxel (växellåda typ 01M)	VW ATF G 052 162 A1*
Broms- och kopplingssystem	Hydraulolja klass FMVSS 116 DOT 4 *(Duckhams Universal Brake & Clutch Fluid)*

Servostyrning

Fram till februari 1989	Dexron II typ ATF *(Duckhams ATF Autotrans III)*
Från och med februari 1989	VW hydraulolja G 002 000

Se kapitel 1A, avsnitt 7.

Däcktryck

Sedan	**Fram**	**Bak**
Upp till halv maxlast ("normal" användning):		
1.8 liter och 1.9 TD	2,0 bar	2,0 bar
1.9 TDi och 2.0 liter	2,2 bar	2,2 bar
Upp till full last:		
1.8 liter och 1.9 TD	2,2 bar	2,6 bar
1.9 TDi och 2.0 liter	2,4 bar	2,7 bar
Kombi		
Upp till halv maxlast ("normal" användning):		
1.8 liter och 1.9 TD	2,0 bar	2,0 bar
1.9 TDi	2,1 bar	2,3 bar
2.0 liter	2,2 bar	2,2 bar
Upp till full last:		
1.8 liter och 1.9 TD	2,2 bar	2,8 bar
1.9 TDi modeller	2,7 bar	3,3 bar
2.0 liter	2,4 bar	3,0 bar

Observera: *Tyckangivelserna gäller för de däck som monterats vid tillverkningen och kan avvika om ett annat däcksfabrikat monterats. Kontrollera med tillverkaren eller återförsäljaren av dessa däck om du behöver få reda på de korrekta däcktrycken. Lägg märke till att de korrekta däcktrycken för varje individuellt fordon finns på en etikett, antingen på insidan av handskfacket eller på insidan av luckan över tanklocket. Information på denna etikett kan avvika något från det som anges ovan – om så är fallet, fråga din VW återförsäljare om de senaste rekommendationerna.*

Observera: *Reservhjulet kan vara antingen av normal typ eller ett nödhjul. Ett normalt reservdäck ska hålla det tryck som gäller för maximalt lastad bil. Nödhjulet ska ha däcktrycket 4,2 bar – detta tryck ska finnas angivet på däcksidan.*

Kapitel 1 Del A:
Rutinunderhåll och service – bensinmodeller

Innehåll

Svårighetsgrader

| Enkelt, passar novisen med lite erfarenhet | | Ganska enkelt, passar nybörjaren med viss erfarenhet | | Ganska svårt, passar kompetent hemma-mekaniker | | Svårt, passar hemmamekaniker med erfarenhet | | Mycket svårt, för professionell mekaniker | |

Smörjmedel och vätskor

Se slutet av *"Veckokontroller"*

Volymer

Motorolja (inklusive filter)
Samtliga motorer . . . . 3,8 liter

Kylsystem
Utan luftkonditionering (cirka) . . . . 5,0 liter
Med luftkonditionering (cirka) . . . . 5,6 liter

Växellåda
Manuell växellåda . . . . 2,0 liter
Automatväxellåda:
    Växellåda (första påfyllningen):
        Typ 096 . . . . 5,6 liter
        Typ 01M . . . . 5,3 liter
    Växellåda (oljebyte) . . . . 3,0 liter
    Slutväxel . . . . 0,75 liter

Servostyrning
Samtliga modeller (cirka) . . . . 1,5 liter

Bränsletank
Samtliga modeller (cirka) . . . . 70 liter

Spolarvätskebehållare
Modeller med strålkastarspolare . . . . 8,0 liter
Modeller utan strålkastarspolare . . . . 5,0 liter

Motor
Oljefilter:
    Alla bensinmotorer utom koderna ADY och AGG . . . . Champion C160
    Motorkoderna ADY och AGG . . . . Champion C149

Kylsystem
Frostskyddsblandning:
    40% frostskydd . . . . skydd ner till -25°C
    50% frostskydd . . . . skydd ner till -35°C
Observera: *Se frostskyddstillverkarens senaste rekommendationer.*

Bränslesystem
Luftfilter . . . . Champion U572
Bränslefilter . . . . Champion L206

Tändsystem
Tändläge . . . . Se kapitel 5B
Tändstift*:
    Motorkod PB, PF, RP och ABS . . . . Champion N7BYC
    Motorkod 2E . . . . Champion N7BMC
    Motorkod ADY, ADZ och AGG . . . . Champion RN8VTYC4
    Motorkod AAM . . . . Champion RN10VTYC4
Elektrodavstånd* . . . . Ej justerbart
* *Tändstiften är rekommendationer från Champion. Om tändstift av annan typ används, rådfråga tillverkaren angående elektrodavstånd.*

Bromsar
Minsta tjocklek på bromsklossarna (inklusive stödplatta) . . . . 7,0 mm
Minsta tjocklek på bromsbacksbeläggen . . . . 2,5 mm

Åtdragningsmoment

	Nm
Manuell växellådas pluggar för påfyllning/nivå och avtappning	25
Hjulbultar	110
Tändstift	25
Oljesumpens avtappningsplugg	30

Underhållsintervallen i denna handbok är angivna efter den förutsättningen att du, inte verkstaden, utför arbetet. Dessa är de längsta intervall vi rekommenderar för bilar i dagligt bruk. Om du vill hålla bilen i konstant toppskick bör du utföra vissa moment oftare. Vi uppmuntrar tätt och regelbundet underhåll eftersom det höjer bilens effektivitet, prestanda och andrahandsvärde.

När bilen är ny ska all service utföras av en auktoriserad verkstad, så att fabriksgarantin gäller.

Var 400:e km eller varje vecka
- [ ] Se "Veckokontroller"

Var 7 500:e km
- [ ] Byt motorns olja och filter (avsnitt 3)

Var 15 000:e km
- [ ] Kontrollera främre bromsklossarnas tjocklek (avsnitt 4)
- [ ] Byt pollenfilter (avsnitt 5)

Var 12:e månad
Observera: Om bilen körs mindre än 15 000 km per år ska även ovan uppräknade arbeten utföras
- [ ] Kontrollera att signalhornet och alla lampor fungerar (avsnitt 6)
- [ ] Kontrollera automatväxellådans oljenivå (avsnitt 7)
- [ ] Kontrollera krockkuddens(arnas) skick (avsnitt 8)
- [ ] Kontrollera spolarsystemens funktion (avsnitt 9)
- [ ] Kontrollera alla komponenter och slangar under motorhuven vad gäller vätskeläckage (avsnitt 10)
- [ ] Kontrollera batteriets elektrolytnivå – där tillämpligt (avsnitt 11)
- [ ] Smörj alla gångjärn, lås och dörrstoppband (avsnitt 12)
- [ ] Kontrollera skick och åtdragning för styrningens och fjädringens komponenter (avsnitt 13)
- [ ] Kontrollera skicket på drivaxeldamaskerna (avsnitt 14)
- [ ] Kontrollera att bromssystemet inte läcker eller är skadat (avsnitt 15)
- [ ] Kontrollera skicket på avgassystemet och dess upphängningar (avsnitt 16)
- [ ] Kontrollera tjockleken på de bakre bromsklossarna – modeller med skivbromsar bak (avsnitt 17)
- [ ] Kontrollera tjockleken på de bakre bromsbacksbeläggen – modeller med trumbromsar bak (avsnitt 18)
- [ ] Kontrollera om det finns felkoder registrerade för automatväxellådan (avsnitt 19)
- [ ] Kontrollera strålkastarinställningen (avsnitt 20)
- [ ] Provkör bilen (avsnitt 21)

Var 30 000:e km
Observera: Om bilen körs mer än 30 000 km per år ska även ovan uppräknade arbeten utföras
- [ ] Kontrollera drivremmens/remmarnas skick och byt vid behov (avsnitt 22)
- [ ] Byt tändstift (avsnitt 23)
- [ ] Byt luftfilter (avsnitt 24)
- [ ] Kontrollera kamremmens skick och spänning (avsnitt 25)
- [ ] Kontrollera oljenivån i den manuella växellådan (avsnitt 26)
- [ ] Kontrollera om växellådan läcker olja eller är skadad (avsnitt 27)
- [ ] Kontrollera om underredsskyddet är intakt (avsnitt 28)

Var 60 000:e km
- [ ] Byt olja och filter i automatväxellådan (avsnitt 29)
- [ ] Byt bränslefilter (avsnitt 30)
- [ ] Byt kamrem (avsnitt 31)

Observera: VW anger att kamremmen skall bytas var 90 000:e km. Om bilen används huvudsakligen för korta sträckor, eller ofta stannas och startas, rekommenderar vi dock att detta kortare intervall används. När kamremsbytet sker är alltså mycket upp till den enskilde bilägaren, men med tanke på de skador som kan uppstå om remmen går av under körning, rekommenderar vi att man tar det säkra före det osäkra.

Vartannat år (oavsett körsträcka)
- [ ] Byt kylvätska (avsnitt 32)
- [ ] Byt bromsolja (avsnitt 33)
- [ ] Kontrollera avgasreningen (avsnitt 34)

Motorrum på en tidig 1.8 liter modell (2.0 liter liknande)

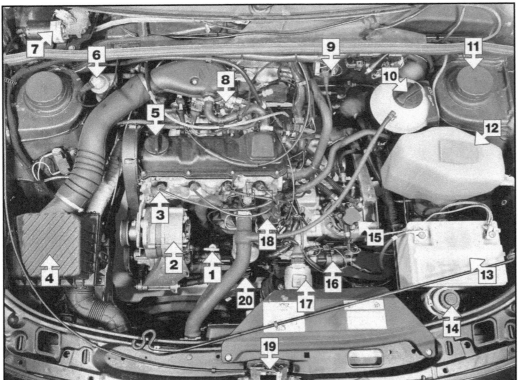

1 Mätsticka för motorolja
2 Generator
3 Tändstift 1
4 Luftrenare
5 Motoroljans påfyllningslock
6 Hydrauloljebehållare för bromsar och koppling
7 Vindrutetorkarmotor
8 Bränsleinsprutare
9 Tändspole
10 Expansionskärl
11 Övre fjäderbensfäste
12 Spolvätskebehållare
13 Batteri
14 Servostyrningens oljebehållare
15 Växelväljarens styrenhet (manuell växellåda)
16 Startmotor
17 Kylfläktens motor
18 Fördelare
19 Huvlås
20 Oljefilter

Främre underredet (1.8 liter modell visad - 2.0 liter liknande)

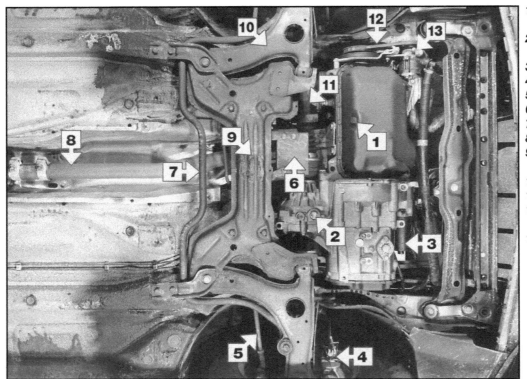

1 Motoroljans avtappningsplugg
2 Manuell växellådas oljeavtappningsplugg
3 Startmotor
4 Främre bromsok
5 Styrstag
6 Dämpare
7 Krängningshämmarstag
8 Främre avgasrör
9 Framfjädringens monteringsram (tvärbalk)
10 Främre bärarm
11 Drivaxel
12 Servostyrningspumpens drivrem
13 Servostyrningens pump

Bakre underrede

1 Avgasrör och
  mellanljuddämpare
2 Bromsregulator
3 Handbromsvajer
4 Nedre fjäderbensfäste
5 Bakre ljuddämpare
6 Fäste för avgasrör
7 Bränsletank
8 Bakaxel
9 Bakaxel/
  fjädringsupphängning
10 Bränslefilter

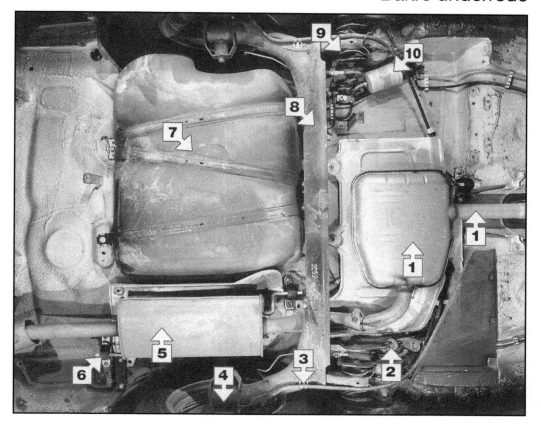

Underhållsarbeten

1 Inledning

Detta kapitel är utformat för att hjälpa hemma-mekaniker att underhålla sin bil för att få ut god säkerhet, driftsekonomi, lång tjänstgöring och topprestanda av den.

Kapitlet innehåller ett underhållsschema som följs av avsnitt som i detalj tar upp varje post på schemat. Inspektioner, justeringar, byte av delar och annat nyttigt är inkluderat. Se de tillhörande bilderna av motorrummet och bottenplattan vad gäller de olika delarnas placering.

Underhåll av bilen enligt schemat för tid/körsträcka och de följande avsnitten ger ett planerat underhållsprogram som bör resultera i en lång och pålitlig tjänstgöring för bilen. Planen är heltäckande så ett underhåll av bara vissa delar, men inte andra, vid angivna tidpunkter ger inte samma resultat.

När du arbetar med bilen kommer du att upptäcka att många av arbetena kan – och bör – utföras samtidigt, antingen för att en viss typ av process ska göras eller för att två orelaterade delar finns nära varandra. Om bilen lyfts av någon orsak kan inspektion av avgassystemet utföras samtidigt som styrning och fjädring kontrolleras.

Första steget i detta underhållsprogram är förberedelser innan arbetet påbörjas. Läs igenom relevanta avsnitt, gör sedan upp en lista på vad som behövs och skaffa fram verktyg och delar. Om problem dyker upp, rådfråga en specialist på reservdelar eller vänd dig till återförsäljarens serviceavdelning.

2 Intensivunderhåll

1 Om underhållsschemat följs noga från det att bilen är ny, om vätskenivåer kontrolleras och slitdelar byts enligt rekommendationerna kommer motorn att hållas i bra skick. Behovet av extra arbete kommer att minimeras.

2 Det finns möjligheter att motorn periodvis går dåligt på grund av bristen på regelbundet underhåll. Detta är mer troligt med en begagnad bil som inte fått tät och regelbunden service. I sådana fall kan extra arbeten behöva utföras, förutom det normala underhållet.

3 Om motorn misstänks vara sliten ger ett kompressionsprov (se relevant del av kapitel 2) värdefull information om de inre huvud-delarnas skick. Ett kompressionsprov kan användas som beslutsgrund för att avgöra omfattningen på det kommande arbetet. Om provet avslöjar allvarligt inre slitage kommer underhåll enligt detta kapitel inte att nämnvärt förbättra prestandan. Det kan vara så att underhåll då är ett slöseri med tid och pengar innan motorn renoverats.

4 Följande är vad som oftast krävs för att förbättra prestandan på en motor som går allmänt illa:

I första hand

a) Rengör, inspektera och testa batteriet (se "Veckokontroller" och avsnitt 11, där tillämpligt).
b) Kontrollera alla motorrelaterade vätskor (se "Veckokontroller" och avsnitt 7, där tillämpligt).

c) Kontrollera skick och spänning på drivremmen (avsnitt 22).
d) Byt tändstift (avsnitt 23).
e) Inspektera fördelarlock och rotorarm (se kapitel 5B).
f) Kontrollera luftfiltrets skick och byt vid behov (avsnitt 24).
g) Kontrollera bränslefiltret (avsnitt 30).
h) Kontrollera skicket på samtliga slangar och leta efter läckor (avsnitt 10).
i) Kontrollera avgasernas utsläppshalter (avsnitt 34).

5 Om ovanstående inte ger resultat, gör följande:

I andra hand

Alla punkter ovan, därefter följande:
a) Kontrollera laddningen (se kapitel 5A).
b) Kontrollera tändsystemet (se kapitel 5B).
c) Kontrollera bränslesystemet (se relevant del av kapitel 4).
d) Byt fördelarlock och rotorarm (se kapitel 5B).
e) Byt tändkablar (se kapitel 5B).

Var 7 500:e km

3 Motorns olja och filter – byte

1 Täta byten av olja och filter är det viktigaste förebyggande underhåll som kan utföras av en ägare. När motoroljan slits blir den förtunnad och förorenad vilket leder till ökat motorslitage.
2 Innan arbetet påbörjas, samla ihop alla verktyg och det material som behövs. Se till att ha gott om trasor och gamla tidningar för att torka upp spill. Motoroljan ska helst vara varm eftersom den rinner ut lättare då och även tar med sig slam. Se dock till att inte vidröra avgassystemet eller andra heta delar vid arbete under bilen. Använd handskar för att undvika skållningsrisker och för att skydda huden mot irritationer och skadliga föroreningar i begagnad motorolja.
3 Åtkomsten av bilens undersida förbättras markant om bilen kan lyftas, köras upp på ramper eller ställas på pallbockar (se "Lyftning och stödpunkter"). Oavsett metod, se till att bilen är i plan, eller om den lutar, att oljeavtappningspluggen är längst ned på

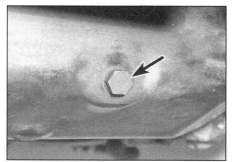

3.4 Motoroljans avtappningsplugg (vid pilen)

motorn. Demontera i förekommande fall hasplåten under motorn.
4 Använd hyls- eller ringnyckel och lossa pluggen ungefär ett halvt varv **(se bild)**. Placera avtappningskärlet under pluggen och skruva ur pluggen helt **(se Haynes tips)**. Ta vara på pluggens tätningsring.
5 Ge den gamla oljan tid att rinna ut, lägg märke till att det kan bli nödvändigt att flytta på uppsamlingskärlet när oljeflödet minskar.
6 När all olja runnit ut ska pluggen torkas av med en ren trasa. Montera en ny tätningsbricka, rengör området kring pluggen och skruva in den. Dra åt pluggen rejält.
7 Flytta kärlet till under oljefiltret, som är placerat på blockets framsida.
8 Använd vid behov en filternyckel och lossa på filtret, skruva sedan loss det för hand. Häll ut oljan från filtret i kärlet.
9 Torka bort all olja, smuts och slam från filtrets tätningsyta på motorn med en ren trasa. Kontrollera på det gamla filtret att ingen del av gummitätningen sitter fast på motorn. Om någon del av tätningen fastnat ska den försiktigt avlägsnas.
10 Lägg på ett tunt lager ren motorolja på det nya filtrets tätningsring och skruva fast filtret på motorn. Dra endast åt det för hand – **använd inte** något som helst verktyg.
11 Avlägsna den gamla oljan och alla verktyg från bilens undersida och ställ ned bilen på marken (om den höjts upp).
12 Dra ut mätstickan och skruva upp oljepåfyllningslocket på ventilkåpan. Fyll motorn med rätt klass och typ av olja (se "Smörjmedel och vätskor"). En oljekanna eller tratt kan minska spillet. Börja med att hälla i halva den angivna mängden olja och vänta några minuter så att det hinner sjunka ned i sumpen. Fortsätt fylla på små mängder i taget till dess att nivån når det nedre märket på mätstickan. Ytterligare cirka 1,0 liter tar upp

nivån till mätstickans övre märke. Skruva på påfyllningslocket.
13 Starta motorn och låt den gå i några minuter. Leta efter läckor runt oljefiltrets och pluggens tätningar. Observera att det kan ta ett par sekunder innan oljetryckslampan släcks sedan motorn startats första gången efter ett oljebyte. Detta beror på att oljan cirkulerar runt i kanalerna och det nya filtret innan trycket byggs upp.
14 Stäng av motorn och vänta i några minuter på att oljan ska rinna tillbaka till sumpen. När den nya oljan har cirkulerat runt motorn och fyllt filtret ska oljenivån kontrolleras igen, fyll på mer vid behov.
15 Sluthantera den uttjänta oljan på ett säkert sätt, se "Allmänna reparationsanvisningar" i referenskapitlet i denna handbok.

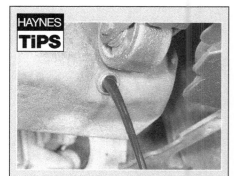

Håll oljepluggen intryckt mot sumpen medan de sista gängvarven skruvas ur för hand. När pluggen lossnar, dra snabbt undan den så att strålen med olja rinner från sumpen till uppsamlingskärlet – inte in i din overallsärm!

Var 15 000:e km

4 Främre bromsklossar – kontroll

1 Dra åt handbromsen rejält, lossa framhjulens bultar och ställ framvagnen på pallbockar (se "Lyftning och stödpunkter"). Lyft av framhjulen.

2 En fullständig kontroll innebär att klossarna demonteras och rengörs. Kontrollera även okens funktion och undersök bromsskivornas skick. Se kapitel 9 **(se även Haynes tips)**.

3 Om friktionsmaterialet på någon kloss är slitet till angiven minimitjocklek eller tunnare *måste alla fyra klossarna bytas som en uppsättning.*

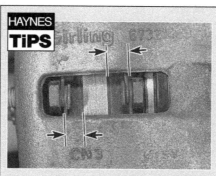

En snabb kontroll av bromsklossbeläggens tjocklek är att mäta dem genom öppningarna i oken.

5 Pollenfilter - byte

1 Pollenfiltret (om monterat) är placerat under luftintagspanelen framför vindrutan på passagerarsidan **(se bild)**.

2 Lossa filterfästena genom att vrida dem efter behov **(se bilder)**.

3 Vik tillbaka gummilisten från relevant sida på torpedplåtens överdel **(se bild)**.

Högerstyrda bilar

4 Lyft av Termotronic-givarens fästbygel och för den och givaren åt sidan **(se bild)**.

5 Om än inte absolut nödvändigt kan åtkomligheten förbättras om vänster spolvätskeslang kopplas loss **(se bild)**. För slangen åt sidan så att den inte är i vägen.

Alla modeller

6 Lyft ut pollenfiltrets täckpanel **(se bild)**.

7 Lossa de två fjäderclipsen framtill eller på sidan så att filtret lossnar och vrid ut filtret uppåt från sitt läge **(se bild)**.

8 Torka ur filterhuset och montera det nya filtret. Tryck fast filtret på plats och sätt på täckpanelen.

9 Montering sker i omvänd arbetsordning.

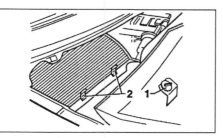

5.1 Pollenfiltrets placering - vänsterstyrda bilar

1 Fäste
2 Filterhållarclips

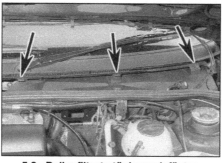

5.2a Pollenfiltrets täckpanelsfästen (vid pilarna)

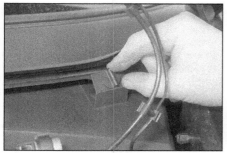

5.2b Lossa täckpanelsfästena genom att vrida på dem

5.3 Dra loss tätningslisten från torpedplåtens överdel

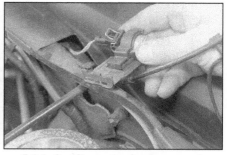

5.4 Lyft ut Termotronic-givaren och fästbygeln

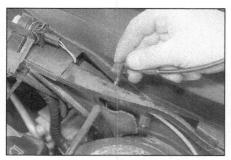

5.5 Lossa vindrutespolarslangen från torpedplåten

5.6 Lyft av pollenfiltrets täckpanel

5.7 Lossa fjäderclipsen och lyft ut pollenfiltret

Var 12:e månad

6 Belysning och signalhorn – kontroll

1 Kontrollera funktionen för all ytterbelysning, där så krävs med påslagen tändning.
2 Kontrollera bromsljusen, ta hjälp av någon eller backa upp bilen mot en reflekterande dörr. Kontrollera att samtliga bakljus fungerar oberoende av varandra – tänd exempelvis så många bakre lampor som möjligt och testa sedan bromsljusen. Om resultat inte är tillfredsställande beror detta vanligen på jordfel i baklyktan.
3 Kontrollera även strålkastarnas funktion för hel- och halvljus med hjälp av en reflekterande dörr eller en medhjälpare.
4 Byt trasiga glödlampor enligt beskrivning i kapitel 12.

 HAYNES TiPS *Speciellt på äldre bilar kan glödlampor sluta att lysa därför att glödlampan eller hållaren är korroderad – enbart byte av glödlampa kanske inte åtgärdar felet om så är fallet. Om du stöter på gröna eller vita avlagringar i pulverform vid glödlampsbyte ska dessa slipas bort med smärgelduk.*

5 Kontrollera att all innerbelysning fungerar. Slå på tändningen och kontrollera att alla relevanta varningslampor tänds som de ska. Bilens ägarhandbok innehåller detaljerna om detta. Starta sedan motorn och kontrollera att tillämpliga lampor slocknar. Nästa gång du kör i mörker ska du kontrollera att belysning på instrumentpanel och instrumentbräda fungerar korrekt. Om problem påträffas, se kapitel 12.

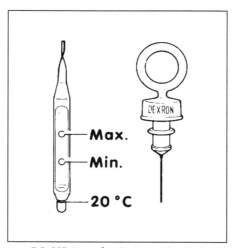

7.2 Märken på mätsticka för olja i automatisk växellåda

6 Avsluta med att vid lämpligt tillfälle kontrollera signalhornets funktion.

7 Oljenivå i automatväxellåda – kontroll

Observera: *Hemmamekaniker kan endast kontrollera automatväxellådans oljenivå om växellådan är av typ 096, den känns igen på att den har en mätsticka framför växellådan. Årsmodeller från och med 1995 kan vara försedda med en växellåda av typen 01M. Denna växellådstyp kräver speciell VW testutrustning och en komplicerad procedur med precis mätning av oljans temperatur. Det innebär att kontroll av oljenivån måste utföras av en VAG-verkstad.*

1 Kör bilen en kort sträcka så att växellådsoljan värms upp till normal arbetstemperatur och parkera sedan bilen på plan mark. Oljenivån kontrolleras med hjälp av mätstickan som finns i främre delen av motorrummet, framför växellådan.
2 Låt motorn gå på tomgång med växelväljaren i läge P och dra ut mätstickan. Torka av den med en ren trasa eller pappershanduk. Stick in den rena mätstickan i röret och dra ut den igen. Observera oljenivån på mätstickans ände. Den ska vara mellan märkena "MAX" och "MIN" **(se bild)**.
Observera: *Om motorn inte varmkörts ska oljenivån ligga på märket 20°C.*

3 Om påfyllning behövs, fyll på krävd mängd specificerad olja genom mätstickeröret. Använd en tratt med finmaskig sil för att undvika spill och smutsintrång i växellådan.
Observera: *Fyll aldrig på så mycket att oljenivån går över det övre märket.*

4 Kör bilen en kortare sträcka efter påfyllningen så att den nya oljan fördelas i växellådan och kontrollera nivån igen, fyll på mer vid behov.

5 Håll alltid oljenivån mellan de två märkena på mätstickan. om nivån tillåts sjunka under det undre märket kan oljesvält uppstå, vilket kan leda till allvarliga skador på växellådan. Om nivån är för hög kan den komma att matas ut. I bägge fallen påverkar en felaktig oljenivå växellådans arbete negativt.

6 Regelbundet behov av påfyllning indikerar en läcka, denna ska spåras och åtgärdas innan problemet blir allvarligare.

8 Krockkudde – kontroll

Inspektera i förekommande fall krockkuddens/arnas utsida, leta efter tecken på slitage eller skador. Om en krockkudde visar tydliga tecken på skada måste den bytas (se kapitel 12).

9 Spolsystem – kontroll

Kontrollera att alla spolarmunstycken är öppna och att de ger en kraftig stråle. Munstyckena på bakluckan och strålkastarna (i förekommande fall) ska riktas så att de pekar något över mitten på rutan/strålkastaren. Vindrutespolaren har två munstycken, rikta det ena något över mitten på rutan och det andra något under så att rutan blir helt täckt. Justera vid behov munstyckens inriktning med en nål.

10 Slangar och vätskeläckage – kontroll

1 Inspektera motorns fogytor, packningar och tätningar, leta efter spår av vatten- eller oljeläckage. Var speciellt uppmärksam på områdena kring ventilkåpan, topplocket, oljefiltret och sumpfogen. Tänk på att det med tiden är naturligt med en viss svettning i dessa områden - vad du letar efter är en indikation på allvarligt läckage **(se Haynes tips)**. Om ett läckage påträffas, byt den defekta packningen eller tätningen enligt beskrivning i relevant kapitel i denna handbok.

En läcka i kylsystemet visar sig vanligen som vita eller rostfärgade avlagringar i området kring läckan.

2 Kontrollera även åtdragning och skick för alla motorrelaterade rör och slangar. Kontrollera att alla kabelband och fästclips finns på plats och är i bra skick. Defekta eller saknade clips kan leda till skavningar på slangar, rör och ledningar, vilket kan ge större problem i framtiden.

3 Undersök noga alla kyl- och värmeslangar utmed hela deras längder. Byt alla spruckna, svullna eller eljest skadade slangar. Sprickor är lättare att se om slangen trycks ihop. Var uppmärksam på slangklämmorna, dessa kan klämma och punktera slangar, vilket leder till kylvätskeläckage.

4 Undersök alla delar av kylsystemet (slangar, fogytor etc) vad gäller läckor. Kylvätskeläckage visar sig vanligen som vita eller rostfärgade avlagringar i området nära läckan. I det fall problem av denna natur föreligger ska relevant del eller packning bytas enligt beskrivning i kapitel 3.

5 Undersök i förekommande fall om automatväxellådans oljekylarslangar visar tecken på defekter eller läckor.

6 Lyft upp bilen och undersök om bränsletanken och påfyllningsröret visar tecken på punktering, sprickor eller andra skador. Anslutningen mellan påfyllningsröret och tanken är speciellt kritisk. Ibland läcker ett påfyllningsrör av gummi eller en slang beroende på att slangklämmorna är för löst åtdragna eller att gummit åldrats.

7 Undersök noga alla gummislangar och metallrör från tanken. Leta efter lösa anslutningar, åldrade slangar, veck på rör och andra skador. Var extra uppmärksam på ventilationsrör och slangar som ofta är lindade runt påfyllningsröret och kan bli igensatta eller veckade. Följ ledningarna till bilens front och kontrollera dem hela vägen. Byt ut skadade sektioner vid behov.

8 I motorrummet, kontrollera alla anslutningar för bränsleledningar och kontrollera att inte bränsle- och vakuumslangar är veckade, skadva eller åldrade.

9 Kontrollera i förekommande fall skicket på servostyrningens rör och slangar.

---

11 Batteriets elektrolytnivå – kontroll

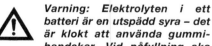

⚠️ **Varning: Elektrolyten i ett batteri är en utspädd syra – det är klokt att använda gummihandskar. Vid påfyllning ska man vara försiktig så att inte elektrolyt spills ut från cellerna. Om någon elektrolyt spills ska den omedelbart spolas bort. Sätt tillbaka cellocken och skölj av batteriet med massor av vatten. Försök inte sifonera ut elektrolytöverskott.**

1 De flesta modeller som tas upp av denna handbok har ett underhållsfritt batteri som standardutrustning. Om batteriet i din bil är märkt "Freedom", "Maintenance-Free" eller liknande krävs ingen kontroll av elektrolytnivån (denna batterityp är ofta helt förseglad vilket förhindrar påfyllning).

2 Det är möjligt att ett ersättningsbatteri, som inte är av underhållsfri typ, har monterats. Dessa kännetecknas av att de har löstagbara lock över de sex battericellerna - batterihöljet är även ibland genomskinligt så att det är enklare att kontrollera elektrolytnivån. Kontrollera att du inte har ett underhållsfritt batteri innan du försöker fylla på elektrolytnivån.

3 Ta av locken över cellerna och titta ned i dem för att observera nivån, eller kontrollera på batterihöljet om det finns nivåmärken. Elektrolyten ska åtminstone täcka batteriplattorna. Om det behövs ska destillerat (avjoniserat) vatten fyllas på, lite i taget, till dess att nivån i alla sex cellerna är korrekt – fyll inte cellerna upp till kanten. Torka upp eventuellt spill och sätt tillbaka locken.

---

12 Smörjning av gångjärn och lås

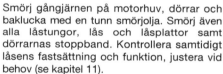

Smörj gångjärnen på motorhuv, dörrar och baklucka med en tunn smörjolja. Smörj även alla låstungor, lås och låsplattor samt dörrarnas stoppband. Kontrollera samtidigt låsens fastsättning och funktion, justera vid behov (se kapitel 11).

Smörj huvlåsmekanismen och huvlåsvajern med lite lämpligt fett.

Varning: Försök inte smörja rattlåset.

---

13 Styrning och fjädring – kontroll

Kontroll av framvagnens fjädring och styrning

1 Ställ framvagnen på pallbockar (se *"Lyftning och stödpunkter"*).

2 Inspektera kulledernas dammskydd och styrväxelns damasker, de får inte vara skavda, spruckna eller eljest defekta. Varje defekt på dessa komponenter leder till förlust av smörjning, vilket tillsammans med intrång av vatten och smuts leder till snabb utslitning av styrväxel eller kulleder.

3 På bilar med servostyrning ska slangarna till denna kontrolleras vad gäller skavning och allmänt skick, kontrollera även att inte rör- eller slanganslutningar läcker. Försäkra dig också om att det inte läcker olja ur styrväxelns damasker när den är under tryck, detta indikerar i så fall blåsta oljetätningar inne i styrväxeln.

4 Greppa hjulet längst upp och längst ned och försök rucka på det **(se bild)**. Ett ytterst litet spel kan märkas, men om rörelsen är av betydande storlek krävs en närmare undersökning för att fastställa orsaken.

Fortsätt rucka på hjulet medan en medhjälpare trycker på bromspedalen. Om spelet försvinner eller minskar markant är det troligen fråga om ett defekt hjullager. Om spelet finns kvar när bromsen är nedtryckt finns det slitage i fjädringens leder eller fästen. Kontrollera dock först att hjulbultarna är korrekt dragna innan någon komponent döms ut.

5 Greppa sedan hjulet på sidorna och försök rucka på det. Märkbart spel är antingen orsakat av hjullagerglapp eller styrstagets kulleder. Om den inre eller yttre kulleden är sliten är det synliga spelet tydligt.

6 Använd en stor skruvmejsel eller ett plattjärn och leta efter glapp i fjädringsfästenas bussningar genom att bända mellan relevant komponent och dess fästpunkt. En viss rörelse är att vänta eftersom bussningarna är av gummi, men större slitage är tydligt. Kontrollera även skicket på synliga gummibussningar, leta efter delningar, sprickor eller föroreningar i gummit.

7 Ställ bilen på marken och låt medhjälparen vrida ratten fram och tillbaka ungefär ett åttondels varv åt vardera hållet. Det ska inte finnas något, eller bara ytterst lite, spel mellan rattens och hjulens rörelser. Om det finns spel, kontrollera noga leder och fästen enligt ovan och dessutom rattstångens universalknut och själva styrväxelns drev och kuggstång.

Kontroll av fjäderben/stötdämpare

8 Leta efter tecken på oljeläckage kring fjäderbenet/stötdämparen eller gummidamasken runt kolvstången. Om det finns spår av olja är fjäderbenet/stötdämparen defekt och ska bytas.

Observera: *Fjäderben/stötdämpare ska alltid bytas parvis på samma axel.*

9 Fjäderbenets/stötdämparens effektivitet kan kontrolleras genom att bilen gungas i varje hörn. I normala fall ska bilen återta planläge och stanna efter en nedtryckning. Om den höjs och återvänder med en studs är troligen fjäderbenet/stötdämparen defekt. Undersök även om övre och nedre fästen till fjäderben/stötdämpare visar tecken på slitage.

13.4 Kontrollera om navlagren är slitna genom att greppa hjulet och försöka rucka det

14 Drivaxeldamasker och drivknutar – kontroll

1 Ställ bilen på pallbockar (se "Lyftning och stödpunkter") och ge fullt rattutslag, snurra sedan på hjulet. Inspektera yttre drivknutens damasker, kläm på dem så att vecken öppnas. Leta efter spår av sprickor, delningar och åldrat gummi som kan släppa ut fett och släppa in vatten och smuts i drivknuten. Kontrollera även damaskernas clips vad gäller åtdragning och skick. Upprepa kontrollen på den inre drivknuten (se bild). Om skador eller slitage påträffas ska damaskerna bytas (se kapitel 8).
2 Kontrollera samtidigt drivknutarnas skick genom att först hålla fast drivaxeln och sedan försöka snurra på hjulet. Håll sedan fast innerknuten och försök vrida på drivaxeln. Varje märkbar rörelse indikerar slitage i drivknutarna, slitage i drivaxelns splines eller att drivaxelns fästmutter är lös.

15 Bromssystem – kontroll

1 Börja under motorhuven och undersök om bromsoljebehållaren och huvudcylindern läcker. Om en bromsoljeläcka uppstått har lacken omkring vanligen blåsor eller rynkor. Kontrollera att rören från huvudcylindern är hela, undersök sedan om det finns läckage från bromstrycksregulatorn, servo/ABS-enheten och tillhörande anslutningar.
2 Ställ bilen på pallbockar (se "Lyftning och stödpunkter") och börja med att inspektera de båda främre bromsoken. Var extra uppmärksam på eventuella läckor i slangen mellan oket och bromsröret, speciellt då anslutningen mellan slangen och metall-

anslutningen. Se till att slangen inte är vriden eller veckad och att den inte kan komma i kontakt med andra komponenter vid fullt rattutslag.
3 Följ bromsledningen från oket tillbaka till bilen. Var även här extra uppmärksam på läckage vid anslutningar, men kontrollera även att bromsrören inte är korroderade. Undersök också att rören är säkert fästa vid bottenplattan med clips.
4 I bakvagnen, kontrollera bakhjulens bromsar och slangar/ledningar efter tillämplighet. Undersök handbromsvajern, följ den från vardera hjulet och kontrollera att vajern inte är fransig eller visar andra tecken på skador. Smörj handbromsvajerns styrningar, pivåer och andra rörliga delar med vanligt maskinfett.
5 Se kapitel 9 för mer information om skador påträffas.

16 Avgassystem – kontroll

1 Låt motorn kallna (i minst en timme efter det att bilen körts) och kontrollera hela avgassystemet från motorn till avgasrörets mynning. Det enklaste sättet att kontrollera avgassystemet är att lyfta bilen med en billyft, eller ställa den på pallbockar (se "Lyftning och stödpunkter") så att avgassystemets delar är väl synliga och lätt åtkomliga.
2 Kontrollera om rör eller anslutningar visar tecken på läckage, allvarlig korrosion eller andra skador. Kontrollera att alla fästen och upphängningar är i gott skick och att alla relevanta bultar och muttrar är väl åtdragna. Läckage i någon fog eller annan del visar sig vanligen som en sotfläck in närheten av läckan.
3 Skaller och andra missljud kan ofta härledas till avgassystemet, speciellt då fästen och upphängningar. Försök att skaka

på rör och ljuddämpare. Om någon komponent kan komma i kontakt med kaross eller fjädring ska avgassystemet säkras med nya fästen. I annat fall kan fogarna delas (där möjligt) och rören krökas efter behov för att skapa nödvändigt spelrum.

17 Bakre bromsklossar, modeller med skivbromsar bak – kontroll

1 Klossa framhjulen och ställ bakvagnen på pallbockar (se "Lyftning och stödpunkter").
2 Vid en snabb kontroll kan friktionsmaterialets tjocklek ses genom bakhjulet. Om så föredras kan bakhjulet lyftas av för att underlätta inspektionen. Om någon kloss är sliten till, eller under, specificerad minsta tjocklek måste alla fyra bromsklossarna bytas som en uppsättning.
3 En fullständig kontroll kräver att bromsklossarna demonteras och rengörs. Detta gör det även möjligt att kontrollera okets och bromsskivans skick på bägge sidorna. Se kapitel 9 för mer information.

18 Bakre bromsbackar, modeller med trumbromsar bak – kontroll

1 Klossa framhjulen och ställ bakvagnen på pallbockar (se "Lyftning och stödpunkter").
2 Vid en snabb kontroll kan friktionsmaterialets tjocklek på ena backen ses genom det hål i bromsskölden som uppstår när gummipluggen petas ut (se bild). Om en stav med samma diameter som den specificerade minsta tjockleken på belägget placeras mot belägget kan slitaget utvärderas. En inspektionslampa krävs troligtvis. Om belägget på någon back är slitet till eller under specificerat minimum måste alla fyra bromsbackarna bytas som en uppsättning.

14.1 Kontrollera drivaxeldamaskernas skick (vid pilen)

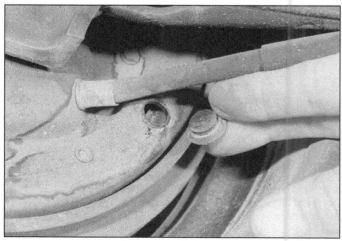
18.2 Dra ut gummipluggen ur bromsskölden och kontrollera bromsbeläggens tjocklek genom öppningen

3 En fullständig kontroll kräver att bromstrummorna demonteras och rengörs. Detta ger även tillfälle att kontrollera hjulcylindrarna och bromstrummans skick (se kapitel 9).

19 Automatväxellådas felkoder
– kontroll

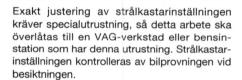

1 Denna kontroll ingår i tillverkarens underhållsschema och innebär en "utfrågning" av växellådans styrenhet med ett speciellt testinstruments I ett sådant test läser utrustningen av de felkoder som sparats i den elektroniska styrenhetens minne.
2 Såvida inte ett fel misstänks är detta test inte nödvändig, men det bör noteras att det rekommenderas av tillverkaren.

20 Strålkastarinställning –
kontroll

Exakt justering av strålkastarinställningen kräver specialutrustning, så detta arbete ska överlåtas till en VAG-verkstad eller bensinstation som har denna utrustning. Strålkastarinställningen kontrolleras av bilprovningen vid besiktningen.

Grundinställning kan i ett nödläge utföras enligt beskrivning i kapitel 12.

21 Provkörning

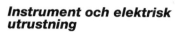

Instrument och elektrisk utrustning

1 Kontrollera funktionen för alla instrument och all elektrisk utrustning.
2 Kontrollera att instrumenten ger korrekta avläsningar och slå turvis på all elektrisk utrustning för att kontrollera att den fungerar korrekt.

Styrning och fjädring

3 Leta efter onormalt uppträdande i styrning, fjädring, köregenskaper och "vägkänsla".
4 Kör bilen och kontrollera att det inte finns ovanliga vibrationer eller ljud.
5 Kontrollera att styrningen känns positiv, utan överdrivet "fladder" eller kärvningar, lyssna efter fjädringsmissljud vid kurvtagning och gupp.

Drivlina

6 Kontrollera hur motorn, kopplingen (där tillämpligt), växellådan och drivaxlarna fungerar.
7 Lyssna efter ovanliga ljud från motor, koppling och växellåda.
8 Kontrollera att motorns tomgång är jämn och att det inte finns tvekan vid gaspådrag.
9 Kontrollera, i förekommande fall, att kopplingen fungerar smidigt och progressivt, att drivkraften tas upp mjukt och att pedalvägen inte är för lång. Lyssna även efter missljud när kopplingspedalen är nedtryckt.

10 På modeller med manuell växellåda, kontrollera att alla växlar går i mjukt, utan missljud och att växelspaken inte är onormalt degig eller ryckig.
11 På modeller med automatväxellåda, kontrollera att alla växlingar är ryckfria, mjuka och fria från ökning av motorvarvet mellan växlar. Kontrollera att alla lägen kan väljas med stillastående bil. Om problem föreligger ska dessa tas om hand av en VAG-verkstad.
12 Lyssna efter metalliska klickljud från framvagnen när bilen körs långsamt i en cirkel med fullt rattutslag. Gör denna kontroll i båda riktningarna. Om klick uppstår indikerar detta slitage i en drivknut, som då måste bytas.

Bromsar

13 Kontrollera att bilen inte drar åt endera sidan vid inbromsning och att hjulen inte låser för tidigt vid hård inbromsning.
14 Kontrollera att det inte finns rattfrossa vid inbromsning.
15 Kontrollera att handbromsen fungerar korrekt utan för lång spakrörelse och att den håller bilen stilla i en backe.
16 Testa bromsservons funktion enligt följande: Stäng av motorn, tryck ned bromspedalen 4 eller 5 gånger för att häva vakuumet. Håll pedalen nedtryckt och starta motorn. När motorn startar ska det finnas ett spel i pedalen medan vakuumet byggs upp. Låt motorn gå i minst två minuter och stäng sedan av den. Om pedalen trycks ned nu ska det gå att höra ett väsande från servon medan pedalen trycks ned. Efter 4 eller 5 nedtryckningar ska det inte höras mer väsande och pedalen ska kännas betydligt styvare.

Var 30 000:e km

22 Drivrem –
kontroll och byte

Kontroll

1 Koppla ur batteriets jordledning och flytta den från polen.
Observera: Om bilen har en radio med stöldskyddskod, försäkra dig om att du har en kopia av koden innan batteriet kopplas ur. Rådfråga din VAG-återförsäljare om du är tveksam.
2 Parkera bilen på en plan yta, dra åt handbromsen, klossa bakhjulen, lossa högra framhjulets bultar.
3 Ställ framvagnen på pallbockar (se "Lyftning och stödpunkter") och lyft av höger framhjul.
4 Ge fullt rattutslag åt höger. Demontera i förekommande fall hasplåten och avlägsna den från bilen.

5 Använd en hylsnyckel på vevaxelremskivans bult och vrid vevaxeln runt så att hela drivremmens längd kan undersökas. Beroende på utrustningsnivå kan det finnas upp till tre drivremmar att kontrollera. Leta efter sprickor, delningar och fransningar på remytan. Leta även efter glaseringar (glänsande fläckar) och skiktseparationer. Om skador eller slitage är synligt ska remmen bytas.
6 Kontrollera drivremmens spänning genom att trycka på den mitt mellan två remskivor. Beroende på remtyp ska den röra sig cirka 5 - 10 mm. Om drivremmen är för spänd eller slack ska remspänningen justeras enligt beskrivning i kapitel 2A.

Byte

7 Om drivremmen ska bytas, följ anvisningarna i relevant del av kapitel 2A.

23 Tändstift –
byte

1 Rätt fungerande tändstift är av vital betydelse för att motorn ska fungera korrekt och effektivt. Det är ytterst viktigt att monterade tändstift är av rätt typ för den aktuella motorn (en passande typ specificeras i början av detta kapitel). Om denna typ används och motorn är i bra skick ska tändstiften inte behöva åtgärdas mellan schemalagda byten. Rengöring av tändstift är sällan nödvändig och ska inte utföras utan specialverktyg, eftersom det är lätt att skada elektrodernas spetsar.
2 Låt motorn svalna innan tändstiften skruvas ur.
3 Om markeringarna på tändkablarna inte är synliga, märk upp dem med 1 - 4, följ den cylinder de leder till (cylinder 1 är på motorns

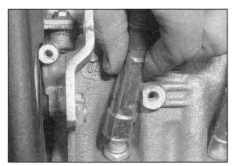

23.3 Lossa tändkablar från tändstift genom att dra i hatten, inte kabeln. I annat fall kan ledaren brytas av

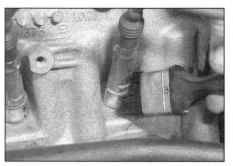

23.4 Borsta bort smutsen från tändstiftsurtagen med en ren pensel

23.5 Skruva ur tändstiften (motorkod 2E visad)

kamremssida). I de fall värmeskjöldar av metall är monterade på tändkabeländarna, se till att inte bränna händerna om motorn är varm. Dra loss tändkablarna genom att gripa tag i tändhattarna, inte själva kablarna eftersom ledaren då kan brytas **(se bild)**.

4 Det är klokt att avlägsna all smuts från tändstiftsurtagen, använd en ren borste eller pensel och dammsugare, eller tryckluft, innan tändstiften skruvas ur. Detta för att hindra smuts från att komma in i cylindrarna **(se bild)**.

5 Skruva ur tändstiften med en tändstiftsnyckel, passande blocknyckel eller lång hylsa med förlängare. Håll hylsan uppriktad mot tändstiftet – om den tvingas åt sidan kan porslinsisolatorn brytas av **(se bild)**. När ett stift skruvats ur ska det undersökas enligt följande:

6 Undersökning av tändstiften ger en bra indikation på motorns skick. Om isolatorns spets är ren och vit, utan avlagringar indikerar detta en mager bränsleblandning eller ett stift med för högt värmetal (ett stift med högt värmetal överför värme långsammare från elektroden medan ett med lågt värmetal överför värmen snabbare).

7 Om spetsen och isolatorns nos är täckta med hårda svarta avlagringar indikerar detta att bränsleblandningen är för fet. Om tändstiftet är svart och oljigt är det troligt att motorn är ganska sliten, förutom att bränsleblandningen är för fet.

8 Om spetsen är täckt med ljusbruna eller gråbruna avlagringar är bränsleblandningen

korrekt och det är troligt att motorn är i bra skick.

9 Tändstiftens elektrodavstånd är synnerligen viktigt, om det är för stort eller för litet påverkar det gnistans storlek, vilket avsevärt sänker effektiviteten.

Observera: *Tändstift med flera jordelektroder blir allt vanligare, speciellt på bilar med katalysator. Såvida det inte finns information som tydligt anger annat, ska inga försök göras att justera elektrodavstånd på tändstift med mer än en jordelektrod.*

10 Justera elektrodavståndet genom att mäta upp det med ett bladmått och sedan bända ut eller klämma ihop den yttre elektroden så att avståndet mellan den och centrumelektroden blir korrekt. Centrumelektroden får inte böjas eftersom detta kan spräcka isolatorn och förstöra tändstiftet, om inget värre. Om bladmått används är avståndet korrekt när korrekt bladtjocklek har en sträv glidpassning **(se bild)**.

11 Speciella tändstiftsverktyg finns att köpa i de flesta tillbehörsaffärer och från vissa tillverkare av tändstift.

HAYNES TiPS

Det kan ofta vara svårt att skruva i tändstift utan att de tar snedgäng. Undvik denna risk genom att trä en bit gummislang med passande innerdiameter (ca 8 mm) över änden på tändstiftet. Slangen fungerar som universalknut och hjälper till att rikta in tändstiftet mot hålet. Om tändstiftet börjar dra snedgäng kommer slangen att slira på stiftet, vilket förhindrar skador på topplocket av lättmetall.

12 Innan tändstiften skruvas i, kontrollera att de gängade anslutningshylsorna är väl åtdragna och att stiftets utsida och gängor är rena. Det kan vara svårt att skruva i tändstift utan att de drar snedgäng, detta kan undvikas med en bit gummislang **(se Haynes tips)**.

13 Avlägsna gummislangen (om sådan använts) och dra stiftet till angivet moment med tändstiftshylsa och momentnyckel. Om en momentnyckel inte är tillgänglig, dra tändstiftet för hand så att det precis är inskruvat i sätet och dra det sedan max ett kvarts varv med nyckeln. Upprepa med de resterande tändstiften.

14 Anslut tändkablarna i korrekt tändföljd och sätt tillbaka det som eventuellt demonterades för åtkomst.

24 Luftfilter – byte

1 Öppna fjäderclipsen och lyft undan luftrenarens lock.

Varning: På vissa modeller är en luftflödesmätare integrerad i luftrenarlocket. Hantera denna mätare varsamt, den är ömtålig.

Det räcker med att lyfta locket för att dra ut filtret, men beroende på systemtyp kan det vara nödvändigt att lossa intagstrumman och/eller sammanhörande vakuum- eller bränslesystemskomponenter.

2 Lyft ut filtret **(se bild)**.

23.10 Justering av tändstiftets elektrodavstånd

24.2 Lyft ut luftfiltret

3 Rengör luftrenarens insida.
4 Placera ett nytt luftfilter på plats, följ eventuella monteringsmärken och kontrollera att kanterna sitter säkert på plats.
5 Sätt på luftrenarlocket och tryck fast fjäderclipsen.

25 Kamremmens skick och spänning – kontroll

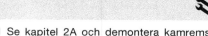

1 Se kapitel 2A och demontera kamremskåpan så att kamremmen blir åtkomlig.
2 Undersök om remmen har sprickor eller delningar, speciellt kring tandrötterna eller om det finns tecken på fransning eller skiktseparationer. Om skador kan observeras ska remmen bytas enligt beskrivning i kapitel 2A.
3 Om det finns några som helst tecken på att kamremmen är förorenad av olja eller andra vätskor ska remmen bytas och läckaget åtgärdas, i annat fall förorenas snart även den nya remmen.
4 Kontrollera kamremmens spänning genom att vrida på den mitt på den längsta fria sträckan. Det ska precis vara möjligt att vrida den 90° (ett kvarts varv). Remspänningen är ytterst viktig – om den är för slack finns risken att den kuggar över medan en för stram kamrem slits ut i förtid.

26 Oljenivå i manuell växellåda – kontroll

1 Parkera bilen på en plan yta. Oljenivån måste kontrolleras innan bilen körs, eller åtminstone 5 minuter efter det att motorn stängts av. Om nivån kontrolleras omedelbart efter körning kommer en del olja att finnas kringspridd i växellådans delar vilket ger en felaktig nivåavläsning.
2 Där tillämpligt ska clips och skruvar lossas så att hasplåten kan sänkas ned från motorrummet.
3 Torka rent runt nivå-/påfyllningspluggen som finns på differentialhusets framsida **(se bild)**. En speciell insexnyckel krävs för att skruva ur pluggen, som förmodligen är ganska hårt åtdragen.
4 Oljenivån ska vara precis jämte hålets nedre kant. En viss mängd olja kommer att finnas samlad bakom pluggen och den kommer att rinna ut när pluggen skruvas ut. Detta är **inte** nödvändigtvis en indikation på att nivån är korrekt. Undersök detta genom att låta denna första omgång rinna ut och fyll sedan på olja efter behov till dess att den nya oljan börjar rinna ut. Nivån är korrekt när oljan slutar rinna. Använd endast olja av hög kvalitet och specificerad typ **(se bild)**.

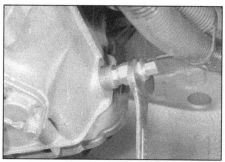

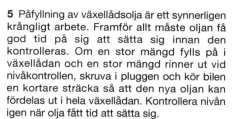

26.3 Skruva ut oljepåfyllnings-/nivåpluggen ur manuell växellåda

5 Påfyllning av växellådsolja är ett synnerligen krångligt arbete. Framför allt måste oljan få god tid på sig att sätta sig innan den kontrolleras. Om en stor mängd fylls på i växellådan och en stor mängd rinner ut vid nivåkontrollen, skruva i pluggen och kör bilen en kortare sträcka så att den nya oljan kan fördelas ut i hela växellådan. Kontrollera nivån igen när olja fått tid att sätta sig.
6 Om växellådan överfyllts så att olja strömmar ut när pluggen skruvas ur, kontrollera att bilen står horisontellt både i längs- och sidled och låt överskottet rinna ut i ett lämpligt kärl.
7 När nivån är korrekt, lägg på en ny tätningsbricka på pluggen, skruva i den och dra fast den rejält. Torka upp allt oljespill. Montera i förekommande fall hasplåten och fäst den med skruvarna och clipsen.

27 Växellåda – allmänt underhåll

1 Ställ framvagnen på pallbockar (se

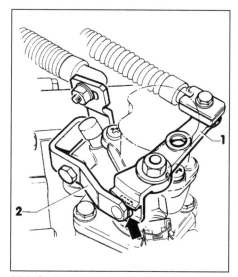

27.3 Smörjpunkt (vid pilen) för växlingsarm (1) och överföringsarm (2)

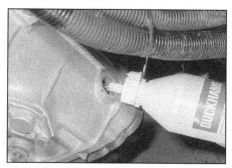

26.4 Påfyllning av olja i manuell växellåda

"*Lyftning och stödpunkter*") eller kör upp bilen på ramper
2 Leta runt växellådan efter oljeläckor eller skador, i synnerhet då runt drivaxelns oljetätningar. En viss svettning är inget att vara orolig över, men större läckage måste undersökas närmare enligt beskrivning i relevant del av kapitel 7.

Manuell växellåda

3 Smörj regelbundet växlingsarmen med fett på de anvisade platserna **(se bild)**.
4 Även om det inte ingår i tillverkarens underhållsschema är det en god idé att byta växellådsoljan med regelbundna mellanrum. Hur ofta detta behövs är individuellt, men det är definitivt att rekommendera på en bil med lång körsträcka.
5 Växellådans avtappningsplugg finns på differentialhusets undersida **(se bild)**. Även denna kräver en speciell insexnyckel för urskruvandet.
6 Kom ihåg att bilen måste stå plant vid påfyllandet av olja för att nivån ska bli korrekt (se avsnitt 26).

Automatväxellåda

7 Kontrollera fastsättning och skick för ledningar och kontakter på växellådshuset.
8 Leta efter tecken på läckor från oljefiltret på växellådans översida.

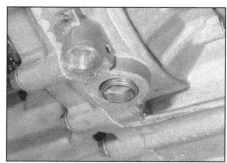

27.5 Manuell växellådas oljeavtappningsplugg

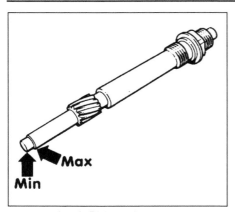

27.10 Differentialhusets oljenivåmarkeringar längst ned på hastighetsmätarens drivaxel

9 Oljan i automatväxellådans differentialhus är separat från växellådan och är "livstidsförseglad". I normala fall ska denna olja inte behöva bytas.

10 Differentialhusets oljenivå kan kontrolleras. Gör detta genom att koppla ur hastighetsmätarens vajer och skruva ut vajerns drivning ur differentialhuset. Oljenivån måste vara mellan märkena "MAX" och "MIN" i foten på hastighetsmätarens drivaxel (se bild). Torka ren drivaxeln, stick in den i huset och dra ut den igen och studera nivån. Vid behov kan olja fyllas på genom drivningens öppning, men var noga med att inte fylla på för mycket. Skillnaden mellan "MIN" och "MAX" är bara 0,1 liter.

11 Avsluta med att montera drivning och koppla in hastighetsmätarvajern.

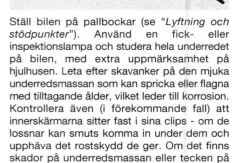

28 Underredsskydd – kontroll

Ställ bilen på pallbockar (se "Lyftning och stödpunkter"). Använd en fick- eller inspektionslampa och studera hela underredet på bilen, med extra uppmärksamhet på hjulhusen. Leta efter skavanker på den mjuka underredsmassan som kan spricka eller flagna med tilltagande ålder, vilket leder till korrosion. Kontrollera även (i förekommande fall) att innerskärmarna sitter fast i sina clips - om de lossnar kan smuts komma in under dem och upphäva det rostskydd de ger. Om det finns skador på underredsmassan eller tecken på korrosion ska detta åtgärdas innan skadorna blir för allvarliga.

Var 60 000:e km

29 Olja och filter i automatväxellåda – byte

1 Automatväxellådan av typ 096 saknar avtappningsplugg, vilket gör att oljan måste sugas ut genom mätstickeröret med en speciell adapter.

2 Automatväxellådan av typ 01M kan tappas av, men oljenivån kan inte kontrolleras så noga utan speciell VW testutrustning (se avsnitt 7).

3 Av ovanstående skäl rekommenderar vi att en VAG-verkstad utför oljebyten i automatväxellådor.

30 Bränslefilter – byte

⚠ Varning: Se föreskrifterna i "Säkerheten främst!" och följ dem noga. Bensin är en ytterst brandfarlig vätska och säkerhetsföreskrifterna för hantering kan inte nog betonas.

1 Bränslefiltret är monterat på bakvagnens undersida, till höger just framför bränsletanken (se bild). Klossa framhjulen och ställ bakvagnen på pallbockar (se "Lyftning och stödpunkter") för att komma åt filtret.

2 Tryckutjämna bränslesystemet enligt beskrivning i relevant del av kapitel 4.

3 Lossa clipset och avlägsna skyddskåpan så att filter blir åtkomligt.

4 Använd slangklämmor, om du har tillgång till sådana, och kläm ihop in- och utgående slangar. Dessa är inte helt nödvändiga, men även när bränslesystemets övertryck är utjämnat finns det bensin i rören (och det gamla filtret) som kommer att rinna ut när rören kopplas ur. Även med hopklämda slangar innehåller det gamla filtret en del bensin, så ha trasor i beredskap för att torka upp spillet.

5 Lossa slangklämmorna och lossa slangarna från filtret. Om krympclips används, kassera dessa och använd riktiga bensinrörsclips vid hopsättningen. Om slangarna visar ålderstecken eller har sprickor, speciellt i ändarna och anslutningarna till rören, ska slangarna bytas.

6 Innan filtret avlägsnas, observera eventuella flödesriktningsmärken på filterhuset och jämför dessa med det nya filtret – pilen ska peka mot bilens front, bort från bränsletanken.

7 Skruva ur klammerskruven och ta ut det gamla filtret.

30.1 Bränslefiltrets placering

8 Sätt det nya filtret på plats med flödesriktningspilen pekande mot bilens front och skruva fast klammern.

9 Anslut bränsleslangarna, använd nya clips vid behov. Kontrollera att ingen smuts trängt in i slangarna eller filteranslutningarna. Lossa i förekommande fall slangklämmarna.

10 Starta motorn (det kan vara en liten fördröjning medan bränsletrycket byggs upp och det nya filtret fylls). Låt motorn gå i flera minuter medan du kontrollerar om filterslangsanslutningarna läcker.

11 Montera i förekommande fall hasplåten och ställ sedan ned bilen på marken.

⚠ Varning: Sluthantera det gamla filtret på ett säkert sätt, det är synnerligen lättantändligt och kan explodera om det kastas på en brasa.

31 Kamrem – byte

Se kapitel 2A.

Observera: VW anger att kamremmen skall bytas var 90 000:e km. Om bilen används huvudsakligen för korta sträckor, eller ofta stannas och startas, rekommenderar vi dock att detta kortare intervall används. När kamremsbytet sker är alltså mycket upp till den enskilde bilägaren, men med tanke på de skador som kan uppstå om remmen går av under körning, rekommenderar vi att man tar det säkra före det osäkra.

Vartannat år (oavsett körsträcka)

32 Kylvätska – byte

Avtappning av kylsystem

 Varning: Vänta till dess att motorn är helt kall innan detta arbete påbörjas. Låt inte frostskyddsmedel komma i kontakt med huden eller lackerade ytor på bilen. Spola omedelbart bort eventuellt spill med stora mängder vatten. Lämna aldrig frostskyddsmedel i ett öppet kärl eller i en pöl på uppfarten eller garagegolvet. Barn och husdjur kan attraheras av den söta doften och frostskyddsmedel kan vara livsfarligt att förtära.

1 När motorn är helt kall, täck expansionskärlets lock med trasor och vrid sakta locket motsols för att släppa ut övertrycket i kylsystemet (normalt hörs ett väsande ljud). Vänta till dess att allt övertryck är utsläppt och skruva sedan av locket.

2 Där så behövs ska fästena lossas så att hasplåten kan demonteras. Placera en lämplig behållare under den nedre kylarslangens anslutning. Lossa slangklämman och lirka av slangen från rörstumpen på kylaren. Om det är länge sedan slanganslutningen varit isär kan det bli nödvändigt att försiktigt lirka loss slangen. Använd inte för stor kraft, rörstumpen skadas lätt. Låt kylvätskan rinna ner i kärlet.

3 Om kylvätskan tappats ur av någon annan orsak än byte kan den återanvändas, under förutsättning att den är ren och mindre än två år gammal, även om detta inte är att rekommendera.

4 När all kylvätska runnit ut ska slangen sättas tillbaka på kylaren och fästas med slangklämman.

Spolning av kylsystem

5 Om kylvästkebyte inte utförs regelbundet eller om frostskyddet spätts ut, kan kylsystemet med tiden komma att förlora effektivitet. Kylvätskekanalerna sätts igen av rost, kalkavlagringar och annat sediment. En urspolning av systemet kan återställa effektiviteten.

6 Kylaren ska spolas ur separat från motorn för att undvika onödiga föroreningar.

Kylarspolning

7 Spola ur kylaren genom att lossa övre och nedre slangarna och alla andra relevanta slangar från kylaren, se kapitel 3.

8 Stick in en trädgårdsslang i övre kylarinloppet. Spola in ett flöde med rent vatten i kylaren, fortsätt spola till dess att rent vatten rinner ur kylarens nedre utlopp.

9 Om det efter en rimlig period fortfarande inte kommer ut rent vatten kan kylaren spolas ur med kylarrengöringsmedel. Det är viktigt att spolmedelstillverkarens anvisningar följs noga. Om kylaren är svårt förorenad, stick in slangen i nedre utloppet och spola ur kylaren baklänges.

Motorspolning

10 Spola ur motorn genom att först demontera termostaten enligt beskrivning i kapitel 3, sätt sedan tillfälligt tillbaka termostatlocket.

11 Lossa övre och nedre kylarslangarna från kylaren och stick in trädgårdsslangen i övre kylarslangen. Spola in rent vatten, fortsätt att spola till dess att rent vatten rinner ur nedre slangen.

12 När spolningen är färdig ska termostaten sättas tillbaka och slangarna anslutas enligt beskrivning i kapitel 3.

Fyllning av kylsystem

13 Kontrollera innan påfyllningen inleds att alla slangar och slangklämmor är i gott skick och att klämmorna är väl åtdragna. Observera att frostskydd ska användas året runt för att förhindra korrosion i motorn (se följande underavsnitt).

14 Skruva upp expansionskärlets lock och fyll systemet långsamt genom att sakta hälla ned kylvätskan i expansionskärlet så att inte luftlås uppstår.

15 Om kylvätskan byts, börja med att hälla i några liter vatten, följt av korrekt mängd frostskydd och avsluta med att fylla upp med vatten.

16 När nivån i expansionskärlet börjar stiga, kläm på övre och nedre kylarslangarna som hjälp att avlufta systemet. När all luft försvunnit ska systemet fyllas på upp till märket "MAX". Avsluta med att skruva på locket.

17 Starta och varmkör motorn till normal arbetstemperatur. Stäng sedan av motorn och låt den kallna.

18 Leta efter läckor, speciellt kring rubbade komponenter. Kontrollera nivån i expansionskärlet och fyll på efter behov. Kom ihåg att motorn måste vara kall för att ge en korrekt nivåavläsning. Om expansionskärlets lock avlägsnas med varm motor ska det täckas med en tjock trasa. Skruva sedan sakta upp locket så att trycket släpps ut (normalt hörs ett väsande). Vänta till dess att allt övertryck är utsläppt och skruva sedan av locket.

Frostskyddsblandning

19 Frostskyddet ska alltid bytas med angivna mellanrum. Detta inte bara för att bibehålla de frostskyddande egenskaperna utan även för att förhindra korrosion som annars kan uppstå

därför att korrosionshämmarna gradvis tappar effektivitet.

20 Använd endast etylenglykolbaserat frostskydd som är lämpat för motorer med blandade metaller i kylsystemet. Mängden frostskydd och skyddsnivå anges i specifikationerna.

21 Innan frostskydd fylls på ska kylsystemet var helt tömt, helst genomspolat och alla slangar ska vara kontrollerade vad gäller skick och fastsättning.

22 När kylsystemet fyllts med frostskydd är det klokt att sätta en etikett på expansionskärlet som anger typ och koncentration för använt frostskydd samt det datum det fylldes på. Varje efterföljande påfyllning ska göras med samma typ och koncentration frostskyddsmedel.

23 Använd inte motorfrostskydd i spolvätskan för vind-/bakruta eftersom den skadar lacken.

33 Olja till bromsar/koppling – byte

 Varning: Hydraulisk bromsolja kan skada dina ögon och bilens lack, så var ytterst försiktig vid hanteringen. Använd aldrig olja som stått i ett öppet kärl under någon märkbar tid eftersom den absorberar luftens fuktighet. För mycket fukt i bromsoljan kan orsaka en livsfarlig förlust av bromseffekt.

1 Arbetet liknar i stort det som beskrivs för avluftning i kapitel 9. Börja med att tömma bromsoljebehållaren genom sifonering, använd en ren hygrometer eller liknande, lämna plats för den gamla olja som töms vid avluftning av en del av kretsen.

2 Arbeta enligt beskrivningen i kapitel 9 och öppna den första avluftningsnippeln i turordningen, pumpa sedan försiktigt på bromspedalen till dess att nästan all olja runnit ut ur huvudcylindern.

 HAYNES TiPS *Gammal hydraulolja är oftast mycket mörkare i färgen än färsk, vilket gör det lätt att skilja på dem.*

3 Fyll på med färsk olja till märket "MAX" och fortsätt pumpa till dess att bara färsk olja finns i behållaren och färsk olja börjar komma ut ur nippeln. Dra åt nippeln och fyll behållaren till märket "MAX".

4 Gå igenom resterande nipplar i ordningsföljd och pumpa till dess att färsk olja kommer ur dem. Var noga med att alltid hålla behållarens nivå över strecket "MIN", i annat fall kan luft komma in i systemet vilket leder till att arbetet tar längre tid.

5 När arbetet avslutats, kontrollera att alla avluftningsnipplar är ordentligt åtdragna och att deras dammskydd sitter på plats. Skölj bort alla spår av spilld olja och kontrollera nivån igen.

6 Försäkra dig om att bromsarna fungerar innan bilen tas i trafik.

34 Avgasrening – kontroll

Denna kontroll ingår i tillverkarens underhållsschema och omfattar test av avgasutsläpp med en avgasanalyserare. Såvida inte ett fel misstänks är detta test inte nödvändig,

även om det rekommenderas av tillverkaren. I de flesta fall går det dock inte att justera tomgångens varvtal och blandning, eller så krävs speciell VW-utrustning (undantaget till detta är tidiga Digifant-system – se kapitel 4B). Kontroll av avgasreningen ingår i bilprovningens testprotokoll.

Kapitel 1 Del B:
Rutinunderhåll och service – dieselmodeller

Innehåll

Svårighetsgrader

| Enkelt, passar novisen med lite erfarenhet | Ganska enkelt, passar nybörjaren med viss erfarenhet | Ganska svårt, passar kompetent hemma-mekaniker | Svårt, passar hemmamekaniker med erfarenhet | Mycket svårt, för professionell mekaniker |

Smörjmedel och vätskor

Se slutet av *"Veckokontroller"*

Volymer

Motorolja (inklusive filter)

Samtliga motorer .... 4,5 liter

Kylsystem

Utan luftkonditionering (cirka) .... 5,0 liter
Med luftkonditionering (cirka) .... 5,6 liter

Växellåda

Samtliga modeller (cirka) .... 2,0 liter

Servostyrning

Samtliga modeller (cirka) .... 1,5 liter

Bränsletank

Samtliga modeller (cirka) .... 70 liter

Spolvätskebehållare

Modeller med strålkastarspolare .... 8,0 liter
Modeller utan strålkastarspolare .... 5,0 liter

Motor

Oljefilter:
   Motorkoderna AAZ och 1Z .... Champion C150
   Motorkod AHU .... Champion C122
   Motorkod AFN .... Ej tillgängligt från Champion

Kylsystem

Frostskyddsblandning:
   40% frostskydd .... skydd ner till -25°C
   50% frostskydd .... skydd ner till -35°C
Observera: *Se frostskyddstillverkans senaste rekommendationer.*

Bränslesystem

Luftfilter:
   Motorkod AHU .... Champion U567
   Alla andra motorer .... Champion U572
Bränslefilter:
   Motorkoderna AAZ and 1Z .... Champion L114
   Alla andra motorer .... Ej tillgängligt från Champion
Tomgångsvarvtal (motorkod AAZ) .... 900 ± 30 rpm

Bromsar

Minsta bromsklosstjocklek (inklusive stödplatta) .... 7,0 mm
Minsta bromsbacksbeläggstjocklek .... 2,5 mm

Åtdragningsmoment

	Nm
Hjulbultar	110
Sumpens avtappningsplugg	30
Växellådans pluggar för påfyllning/nivå och avtappning	25

Underhållsintervaller i denna handbok är angivna efter den förutsättningen att du, inte verkstaden, utför arbetet. Dessa är de minimiintervaller vi rekommenderar för bilar i dagligt bruk. Om du vill hålla bilen i konstant toppskick bör du utföra vissa moment oftare. Vi uppmuntrar tätt och regelbundet underhåll eftersom det höjer bilens effektivitet, prestanda och andrahandsvärde.

När bilen är ny ska all service utföras av en auktoriserad verkstad, så att fabriksgarantin gäller.

Var 400:e km eller varje vecka
☐ Se "Veckokontroller"

Var 7 500:e km
☐ Byt motorns olja och filter (avsnitt 3)

Var 15 000:e km
☐ Kontrollera främre bromsklossarnas tjocklek (avsnitt 4)
☐ Byt pollenfilter (avsnitt 5)
☐ Tappa ur vatten ur bränslefiltret (avsnitt 6)

Var 12:e månad
Observera: *Om bilen körs mindre än 15 000 km per år ska även ovan uppräknade arbeten utföras*
☐ Kontrollera funktionen för alla lampor och signalhornet (avsnitt 7)
☐ Kontrollera krockkuddens(arnas) skick (avsnitt 8)
☐ Kontrollera spolarsystemens funktion (avsnitt 9)
☐ Kontrollera alla komponenter under motorhuven och slangar vad gäller vätskeläckage (avsnitt 10)
☐ Kontrollera batteriets elektrolytnivå – där tillämpligt (avsnitt 11)
☐ Smörj alla gångjärn, lås och dörrstoppband (avsnitt 12)
☐ Kontrollera skick och åtdragning för styrningens och fjädringens komponenter (avsnitt 13)
☐ Kontrollera skicket på drivaxeldamaskerna (avsnitt 14)
☐ Kontrollera att bromssystemet inte läcker eller är skadat (avsnitt 15)
☐ Kontrollera skicket på avgassystemet och dess upphängningar (avsnitt 16)
☐ Kontrollera tjockleken på de bakre bromsbacksbeläggen (avsnitt 17)
☐ Kontrollera tomgångsvarvtalet (avsnitt 18)
☐ Kontrollera strålkastarinställningen (avsnitt 19)
☐ Provkör bilen (avsnitt 20)

Var 30 000:e km
Observera: *Om bilen körs mer än 30 000 km per år ska även ovan uppräknade arbeten utföras*
☐ Kontrollera skicket på drivremmen/remmarna och byt vid behov (avsnitt 21)
☐ Byt luftfilter (avsnitt 22)
☐ Kontrollera kamremmens skick och spänning (avsnitt 23)
☐ Byt bränslefilter (avsnitt 24)
☐ Kontrollera oljenivån i växellådan (avsnitt 25)
☐ Kontrollera om växellådan läcker olja eller är skadad (avsnitt 26)
☐ Kontrollera om underredsskyddet är intakt (avsnitt 27)

Var 60 000:e km
☐ Byt kamrem (och spännare på alla motorer utom kod AAZ) (avsnitt 28)

Observera: *VW specificerar kamremsbyte var 90 000:e km. Om bilen huvudsakligen används för korta sträckor, eller stannas och startas ofta, rekommenderar vi dock att detta kortare intervall används. När kamremmen byts är alltså mycket upp till den enskilde ägaren, men med tanke på de skador som kan uppstå om remmen går av under körning, rekommenderar vi att man tar det säkra före det osäkra.*

Vartannat år (oavsett körsträcka)
☐ Byt kylvätska (avsnitt 29)
☐ Byt bromsolja (avsnitt 30)
☐ Kontrollera avgasreningen (avsnitt 31)

Motorrum på senare dieselmodell

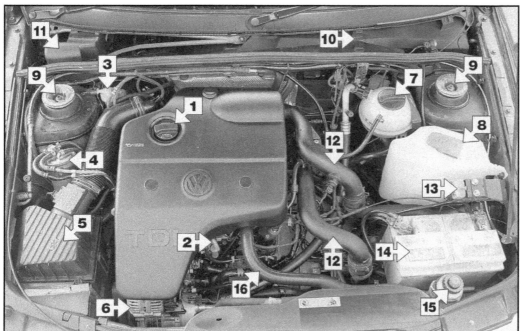

1 Motoroljans påfyllningslock
2 Mätsticka för motorolja
3 Hydrauloljebehållare för bromsar
4 Bränslefilter
5 Luftrenare
6 Generator
7 Expansionskärl
8 Spolvätskebehållare
9 Övre fjäderbensfäste
10 Pollenfiltrets täckpanel
11 Vindrutetorkarmotor
12 Laddluftskylarens luftslangar
13 Styrenhet för glödstift
14 Batteri
15 Servostyrningens oljebehållare
16 Övre kylarslang

Främre underrede

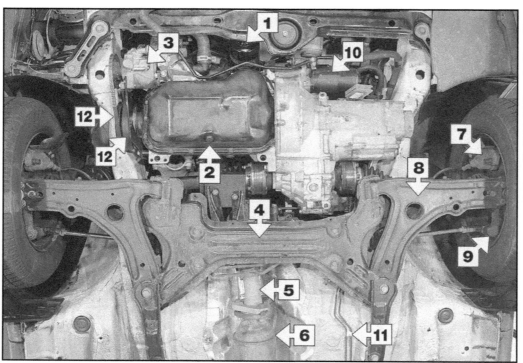

1 Motoroljans filter
2 Motoroljans avtappningsplugg
3 Servostyrningens pump
4 Framfjädringens monteringsram
5 Främre avgasrör
6 Katalysator
7 Främre bromsok
8 Främre bärarm
9 Styrstagskulled
10 Startmotor
11 Bromsrör
12 Drivremmar

Bakre underrede

1 Bränsletank
2 Avgasrörets mynning
3 Bakaxel
4 Bränsleledningar
5 Handbromsvajer
6 Tryckregleringsventil för bakbromsar
7 Nedre fjäderbensfäste

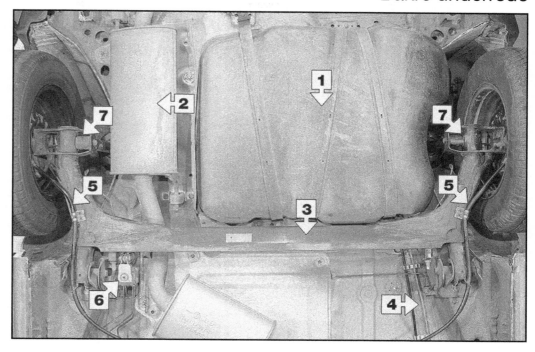

Underhållsarbeten

1 Inledning

Detta kapitel är utformat för att hjälpa hemmamekaniker att underhålla sin bil för att få ut god säkerhet, driftsekonomi, lång tjänstgöring och topprestanda av den.

Kapitlet innehåller ett underhållsschema som följs av avsnitt som i detalj tar upp varje post på schemat. Inspektioner, justeringar, byte av delar och annat nyttigt är inkluderat. Se de tillhörande bilderna av motorrummet och bottenplattan vad gäller de olika delarnas placering.

Underhåll av bilen enligt schemat för tid/körsträcka och de följande avsnitten ger ett planerat underhållsprogram som bör resultera i en lång och pålitlig tjänstgöring för bilen. Planen är heltäckande så ett underhåll bara av vissa delar, men inte andra, vid angivna tidpunkter ger inte samma resultat.

När du arbetar med bilen kommer du att upptäcka att många av arbetena kan – och bör – utföras samtidigt då en viss typ av arbete ändå görs, eller därför att två orelaterade delar finns nära varandra. Om bilen lyfts av någon orsak kan inspektion av avgassystemet utföras samtidigt som styrning och fjädring kontrolleras.

Första steget i detta underhållsprogram är förberedelser innan arbetet påbörjas. Läs igenom relevanta avsnitt, gör sedan upp en lista på vad som behövs och skaffa fram verktyg och delar. Om problem dyker upp, rådfråga en specialist på reservdelar eller vänd dig till återförsäljarens serviceavdelning.

2 Intensivunderhåll

1 Om underhållsschemat följs noga från det att bilen är ny, om vätskenivåer kontrolleras och slitdelar byts enligt rekommendationerna kommer motorn att hållas i ett bra skick. Behovet av extra arbete kommer att minimeras.

2 Det finns möjligheter att motorn periodvis går dåligt på grund av bristen på regelbundet underhåll. Detta är mer troligt med en begagnad bil som inte fått tät och regelbunden service. I sådana fall kan extra arbeten behöva utföras, förutom det normala underhållet.

3 Om motorn misstänks vara sliten ger ett kompressionsprov (se relevant del av kapitel 2) värdefull information om de inre huvuddelarnas skick. Ett kompressionsprov kan användas som beslutsgrund för att avgöra omfattningen på det kommande arbetet. Om provet avslöjar allvarligt inre slitage kommer underhåll enligt detta kapitel inte att nämnvärt förbättra prestandan. Det kan vara så att underhåll då är ett slöseri med tid och pengar innan motorn renoverats.

4 Följande är vad som oftast krävs för att förbättra prestanda på en motor som går allmänt illa:

I första hand

a) Rengör, inspektera och testa batteriet (se "Veckokontroller").
b) Kontrollera alla motorrelaterade vätskor (se "Veckokontroller").
c) Tappa ur vattnet från bränslefiltret (avsnitt 6).
d) Kontrollera skick och spänning för drivremmen (avsnitt 21).
e) Kontrollera luftfiltrets skick och byt vid behov (avsnitt 22).
f) Kontrollera skicket på samtliga slangar och leta efter läckor (avsnitt 10).
g) Kontrollera tomgångsvarvtalets inställning (avsnitt 18 eller kapitel 4C).
h) Kontrollera avgasernas utsläppshalter (avsnitt 31).

5 Om ovanstående inte ger resultat, gör följande:

I andra hand

Alla punkter under "I första hand" samt följande:
a) Kontrollera laddningen (se kapitel 5A).
b) Kontrollera förvärmningen (se kapitel 5C).
c) Byt bränslefilter (avsnitt 24) och kontrollera bränslesystemet (se kapitel 4C).

Var 7 500:e km

3 Motorns olja och filter – byte

1 Täta byten av olja och filter är det viktigaste förebyggande underhåll som kan utföras av en bilägare. När motoroljan slits blir den förtunnad och förorenad vilket leder till ökat motorslitage.

2 Innan arbetet påbörjas, samla ihop alla verktyg och det material som behövs. Se till att ha gott om trasor och gamla tidningar för att torka upp spill. Motoroljan ska helst vara varm eftersom den rinner ut lättare då och även tar med sig slam. Se dock till att inte vidröra avgassystemet eller andra heta delar vid arbete under bilen. Använd handskar vid detta arbete för att undvika skållningsrisker och för att skydda huden mot irritationer och skadliga föroreningar i begagnad motorolja.

3 Åtkomsten av bilens undersida förbättras markant om bilen kan lyftas, köras upp på ramper eller ställas på pallbockar (se "Lyftning och stödpunkter"). Oavsett metod, se till att bilen står plant, eller om den lutar, att oljeavtappningspluggen är längst ned på motorn. Demontera i förekommande fall hasplåten under motorn.

4 Använd hyls- eller ringnyckel och lossa pluggen ungefär ett halvt varv (se bild).

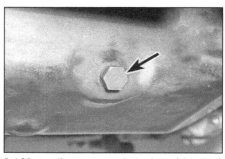

3.4 Motoroljans avtappningsplugg (vid pilen)

Placera avtappningskärlet under pluggen och skruva ur pluggen helt (se Haynes tips). Ta vara på pluggens tätningsring.

5 Ge den gamla oljan tid att rinna ut, lägg märke till att det kan bli nödvändigt att flytta på uppsamlingskärlet när oljeflödet minskar.

6 När all olja runnit ut ska pluggen torkas av med en ren trasa. Montera en ny tätningsbricka, rengör området kring pluggen och skruva in den. Dra fast pluggen rejält.

7 Flytta kärlet till under oljefiltret, som är placerat på blockets framsida.

8 Använd vid behov en filternyckel och lossa på filtret, skruva sedan loss det för hand. Häll ut oljan från filtret i kärlet.

9 Torka bort all olja och allt slam och smuts från filtrets tätningsyta på motorn med en ren trasa. Kontrollera på det gamla filtret att ingen del av gummitätningen sitter fast på motorn. Om någon del av tätningen fastnat ska den försiktigt avlägsnas.

10 Lägg på ett tunt lager ren motorolja på det nya filtrets tätningsring och skruva fast filtret på motorn. Dra endast åt det för hand – använd inte något som helst verktyg.

11 Avlägsna den gamla oljan och alla verktyg

Håll oljepluggen intryckt mot sumpen medan de sista gängvarven skruvas ur för hand. När pluggen lossnar, dra snabbt undan den så att strålen med olja rinner från sumpen till uppsamlingskärlet – inte in i din overallsärm!

från bilens undersida och ställ ned bilen på marken (om tillämpligt).

12 Dra ut mätstickan och skruva upp oljepåfyllningslocket på ventilkåpan. Fyll motorn med rätt klass och typ av olja (se "Smörjmedel och vätskor"). En oljekanna eller tratt kan minska spillet. Börja med att hälla i halva den angivna mängden olja och vänta några minuter så att den hinner sjunka ned i sumpen. Fortsätt fylla på med mängder i taget till dess att nivån når det nedre märket på mätstickan. Ytterligare cirka 1,0 liter tar upp nivån till mätstickans övre märke. Skruva på påfyllningslocket.

13 Starta motorn och låt den gå i några minuter. Leta efter läckor runt oljefiltrets och pluggens tätningar. Observera att det kan ta ett par sekunder innan oljetryckslampan släcks sedan motorn startats första gången efter ett oljebyte, medan oljan cirkulerar runt i kanalerna och det nya filtret innan trycket byggs upp.

14 Stäng av motorn och vänta i några minuter på att oljan ska rinna tillbaka till sumpen. När den nya olja har cirkulerat runt motorn och fyllt filtret ska oljenivån kontrolleras igen, fyll på mer vid behov.

15 Sluthantera den uttjänta oljan på ett säkert sätt, se "Allmänna reparationsanvisningar" i referenskapitlet i denna handbok.

3.10 Montering av nytt oljefilter

Var 15 000:e km

4 Främre bromsklossar – kontroll

1 Dra åt handbromsen rejält, lossa framhjulens bultar och ställ framvagnen på pallbockar (se "Lyftning och stödpunkter"). Lyft av framhjulen.

2 En fullständig kontroll innebär att klossarna demonteras och rengörs. Kontrollera även okens funktion och undersök bromsskivornas skick. Se kapitel 9 (se Haynes tips).

3 Om någon kloss friktionsmaterial är slitet till angiven minimitjocklek eller tunnare *måste alla fyra klossarna bytas som en uppsättning*.

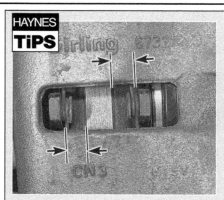

En snabb kontroll av bromsklossbeläggens tjocklek är att mäta dem genom öppningarna i oken.

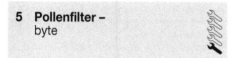

5.1 Pollenfiltrets placering - vänsterstyrda bilar

1 Fäste
2 Filterhållarclips

5 Pollenfilter – byte

1 Pollenfiltret (om monterat) är placerat under luftintagspanelen framför vindrutan på passagerarsidan **(se bild)**.
2 Lossa filterfästena genom att vrida dem efter behov **(se bilder)**.
3 Vik tillbaka gummilisten från relevant sida på torpedplåtens överdel **(se bild)**.

Högerstyrda bilar

4 Lyft av Termotronic-givarens fästbygel och för den och givaren åt sidan **(se bild)**.
5 Om än inte absolut nödvändigt, förbättra åtkomligheten genom att koppla ur vänster spolvätskeslang **(se bild)**. För slangen åt sidan så att den inte är i vägen.

5.3 Dra loss tätningslisten från torpedplåtens överdel

5.6 Lyft av pollenfiltrets täckpanel

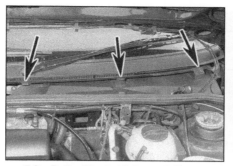

5.2a Pollenfiltrets täckpanelsfästen (vid pilarna)

Alla modeller

6 Lyft ut pollenfiltrets täckpanel **(se bild)**.
7 Lossa de två fjäderclipsen framtill eller på sidan så att filtret lossnar och vrid ut filtret uppåt från sitt läge **(se bild)**.
8 Torka ur filterhuset och montera det nya filtret. Tryck fast filtret på plats och sätt på täckpanelen.
9 Montering sker i omvänd arbetsordning.

6 Avtappning av vatten från bränslefiltret

1 Vatten som samlas i bränslefiltret måste tappas ur med jämna mellanrum.
2 Bränslefiltret är monterat på innerskärmen bakom luftrenaren. Lossa clipset på filtrets överdel och lyft ut styrventilen, lämna bränsleslangen ansluten.

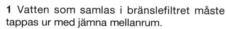

5.4 Lyft ut Termotronic-givaren och fästbygeln

5.7 Lossa fjäderclipset och lyft ut pollenfiltret

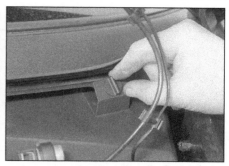

5.2b Lossa täckpanelsfästena genom att vrida på dem

3 Lossa på fästbygelns skruv och lyft något på filtret.
4 Placera ett kärl under filtret och packa omgivningen med trasor för att suga upp eventuellt bränslespill.
5 Skruva upp avtappningsventilen längst ner på filterenheten till dess att bränsle börjar rinna ner i kärlet **(se bild)**. Låt ventilen vara öppen till dess att cirka 1 dl bränsle finns i kärlet.
6 Sätt tillbaka styrventilen på filtrets översida och stick in fästclipset. Stäng avtappningsventilen och torka bort eventuellt bränsle från munstycket.
7 Avlägsna uppsugningstrasorna och uppsamlingskärlet, tryck sedan tillbaka filterenheten i fästet och dra åt skruven.
8 Kör motorn på tomgång och se efter om det läcker bränsle runt filtret.
9 Höj motorvarvet till 2 000 rpm ett flertal gånger och låt motorn återgå till tomgång. Studera bränsleflödet i den genomskinliga slangen till insprutningspumpen och kontrollera att det inte förekommer luftbubblor.

5.5 Lossa vindrutespolarslangen från torpedplåten

6.5 Skruva ur avtappningsventilen (vid pilen) längst ned på filtret

Var 12:e månad

7 Belysning och signalhorn – kontroll

1 Kontrollera funktionen för all ytterbelysning, där så krävs med påslagen tändning.
2 Kontrollera bromsljusen, ta hjälp av någon eller backa upp bilen mot en reflekterande dörr. Kontrollera att samtliga bakljus fungerar oberoende av varandra – tänd exempelvis så många bakre lampor som möjligt och testa sedan bromsljusen. Om resultatets som uppstår är otillfredsställande beror detta vanligen på jordfel i baklyktan.
3 Kontrollera även strålkastarnas funktion för hel- och halvljus med hjälp av en reflekterande dörr eller en medhjälpare.
4 Byt trasiga glödlampor enligt beskrivning i kapitel 12.

 Speciellt på äldre bilar kan glödlampor sluta att lysa därför att glödlampan eller hållaren är korroderad – enbart byte av glödlampa kanske inte åtgärdar felet om så är fallet. Om du stöter på gröna eller vita avlagringar i pulverform vid glödlampsbyte ska dessa slipas bort med smärgelduk.

5 Kontrollera att all innerbelysning fungerar. Slå på tändningen och kontrollera att alla relevanta varningslampor tänds som de ska. Bilens ägarhandbok innehåller detaljerna om detta. Starta sedan motorn och kontrollera att tillämpliga lampor slocknar. Nästa gång du kör i mörker ska du kontrollera att belysning på instrumentpanel och instrumentbräda fungerar korrekt. Om problem påträffas, se kapitel 12.
6 Avsluta med att välja en lämplig tidpunkt och kontrollera signalhornets funktion.

En läcka i kylsystemet visar sig vanligen som vita eller rostfärgade avlagringar i området kring läckan.

8 Krockkudde – kontroll
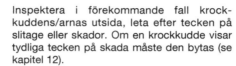

Inspektera i förekommande fall krockkuddens/arnas utsida, leta efter tecken på slitage eller skador. Om en krockkudde visar tydliga tecken på skada måste den bytas (se kapitel 12).

9 Spolsystem – kontroll

Kontrollera att alla spolarmunstycken är öppna och att de ger en kraftig stråle. Munstyckena på bakluckan och strålkastarna (i förekommande fall) ska riktas så att de pekar något över mitten på rutan/strålkastaren. Vindrutespolaren har två munstycken, rikta den ena något över mitten på rutan och det andra något under så att rutan blir helt täckt. Justera vid behov munstyckens inriktning med en nål.

10 Slangar och vätskeläckage - kontroll
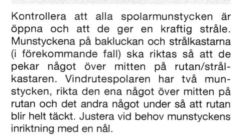

1 Inspektera motorns fogytor, packningar och tätningar, leta efter spår av läckage av vatten eller olja. Var speciellt uppmärksam på områdena kring ventilkåpan, topplocket, oljefiltret och sumpfogen. Tänk på att det med tiden är naturligt med en viss svettning i dessa områden – vad du letar efter är tecken på allvarligt läckage **(se Haynes tips)**. Om ett läckage påträffas, byt den defekta packningen eller tätningen enligt beskrivning i relevant kapitel i denna handbok.
2 Kontrollera även åtdragning och skick för alla motorrelaterade rör och slangar. Kontrollera att alla kabelband och fästclips finns på plats och är i bra skick. Defekta eller saknade clips kan leda till skavningar på slangar, rör och ledningar, vilket kan ge större problem i framtiden.
3 Undersök noga alla kyl- och värmeslangar utmed hela deras längd. Byt alla spruckna, svullna eller eljest skadade slangar. Sprickor är lättare att se om slangen trycks ihop. Var uppmärksam på slangklämmorna, dessa kan klämma och punktera slangar, vilket leder till kylvätskeläckage.
4 Undersök alla delar av kylsystemet (slangar, fogytor etc) vad gäller läckor. Kylvätskeläckage visar sig vanligen som vita eller rostfärgade avlagringar i området nära läckan. I det fall problem av denna natur föreligger ska relevant del eller packning bytas enligt beskrivning i kapitel 3.

5 Lyft upp bilen och undersök om bränsletanken och påfyllningsröret visar tecken på punktering, spricker eller andra skador. Anslutningen mellan påfyllningsröret och tanken är speciellt kritisk. Ibland läcker ett påfyllningsrör av gummi eller en slang beroende på att slangklämmorna är för löst åtdragna eller att gummit åldrats.
6 Undersök noga alla gummislangar och metallrör från tanken. Leta efter lösa anslutningar, åldrade slangar veck på rör och andra skador. Var extra uppmärksam på ventilationsrör och slangar som ofta är lindade runt påfyllningsröret och kan bli igensatta eller veckade. Följ ledningarna till bilens front och kontrollera dem hela vägen. Byt ut skadade sektioner vid behov.
7 I motorrummet, kontrollera alla anslutningar för bränsleledningar och kontrollera att inte bränsle- och vakuumslangar är veckade, skavda eller åldrade.
8 Kontrollera i förekommande fall skicket på servostyrningens rör och slangar.

11 Batteriets elektrolytnivå – kontroll

⚠ *Varning: Elektrolyten i ett batteri är en utspädd syra – det är klokt att använda gummihandskar. Vid påfyllning ska man inte överdriva så att elektrolyt spills ut från cellerna. Om någon elektrolyt spills ska den omedelbart spolas bort. Sätt tillbaka cellocken och skölj av batteriet med massor av vatten. Försök inte sifonera ut elektrolytöverskott.*

1 De flesta modeller som tas upp av denna handbok har ett underhållsfritt batteri som standardutrustning. Om batteriet i din bil är märkt "Freedom", "Maintenance-Free" eller liknande krävs ingen kontroll av elektrolytnivån (denna batterityp är ofta helt förseglad vilket förhindrar påfyllning).
2 Det är möjligt att ett ersättningsbatteri, som inte är av underhållsfri typ, har monterats. Dessa kännetecknas av att de har löstagbara lock över de sex battericellerna - batterihöljet är även ibland genomskinligt så att det är enklare att kontrollera elektrolytnivån. Kontrollera att du inte har ett underhållsfritt batteri innan du försöker fylla på elektrolytnivån.
3 Ta av locken över cellerna och titta ned i dem för att observera nivån eller kontrollera på batterihöljet om det finns nivåmärken. Elektrolyten ska åtminstone täcka batteriplattorna. Om det behövs ska destillerat (avjoniserat) vatten fyllas på, lite i taget, till dess att nivån i alla sex cellerna är korrekt - fyll inte cellerna upp till kanten. Torka upp eventuellt spill och sätt tillbaka locken.

12 Smörjning av gångjärn och lås

Smörj gångjärnen på motorhuv, dörrar och baklucka med en tunn smörjolja. Smörj även alla låstungor, lås och låsplattor samt dörrarnas stoppband. Kontrollera samtidigt låsens fastsättning och funktion, justera vid behov (se kapitel 11).

Smörj huvlåsmekanismen och huvlåsvajern med lite lämpligt fett.

Varning: Försök inte smörja rattlåset.

13 Styrning och fjädring – kontroll

Kontroll av framvagnens fjädring och styrning

1 Ställ framvagnen på pallbockar (se "Lyftning och stödpunkter").

2 Inspektera kulledernas dammskydd och styrväxelns damasker, de får inte vara skavda, spruckna eller eljest defekta. Varje defekt på dessa komponenter leder till förlust av smörjning, vilket tillsammans med intrång av vatten och smuts leder till snabb utslitning av styrväxel eller kulleder.

3 På bilar med servostyrning ska slangarna till denna kontrolleras vad gäller skavning och allmänt skick, kontrollera även att inte rör- eller slanganslutningar läcker. Försäkra dig även om att det inte läcker olja ur styrväxelns damasker när den är under tryck, detta indikerar i så fall blåsta oljetätningar inne i styrväxeln.

4 Greppa hjulet längst upp och längst ned och försök rucka på det **(se bild)**. Ett ytterst litet spel kan märkas, men om rörelsen är av betydande storlek krävs en närmare undersökning för att fastställa orsaken. Fortsätt rucka på hjulet medan en medhjälpare trycker på bromspedalen. Om spelet försvinner eller minskar markant är

det troligen fråga om ett defekt hjullager. Om spelet finns kvar när bromsen är nedtryckt finns det slitage i fjädringens leder eller fästen.

5 Greppa sedan hjulet längst fram och längst bak och försök rucka på det. Märkbart spel är antingen orsakat av hjullagerglapp eller styrstagets kulleder. Om inre eller yttre kulleden är sliten är det synliga spelet tydligt.

6 Använd en stor skruvmejsel eller ett plattjärn och leta efter glapp i fjädrings-fästenas bussningar genom att bända mellan relevant komponent och dess fästpunkt. En viss rörelse är att vänta eftersom bussningarna är av gummi, men större slitage är tydligt. Kontrollera även skicket på synliga gummibussningar, leta efter delningar, sprickor eller föroreningar i gummit.

7 Ställ bilen på marken och låt medhjälparen vrida ratten fram och tillbaka ungefär ett åttondels varv åt vardera hållet. Det ska inte finnas något, eller bara ytterst lite, spel mellan rattens och hjulens rörelser. Om det finns spel, kontrollera noga leder och fästen enligt ovan och dessutom rattstångens universal-knut och själva styrväxelns drev och kugg-stång.

Kontroll av fjäderben/ stötdämpare

8 Leta efter spår av oljeläckage kring fjäderbenet/stötdämparen eller gummi-damasken runt kolvstången. Om det finns oljespår är fjäderbenet/stötdämparen defekt och ska bytas.

Observera: *Fjäderben/stötdämpare ska alltid bytas parvis på samma axel.*

9 Fjäderbenets/stötdämparens effektivitet kan kontrolleras genom att bilen gungas i varje hörn. Generellt ska bilen återta planläge och stanna efter en nedtryckning. Om den höjs och återvänder med en studs är troligen fjäderbenet/stötdämparen defekt. Undersök även om övre och nedre fästen till fjäder-ben/stötdämpare visar tecken på slitage.

14 Drivaxeldamasker och drivknutar – kontroll

1 Ställ bilen på pallbockar (se "Lyftning och stödpunkter") och ge fullt rattutslag, snurra sedan på hjulet. Inspektera yttre drivknutens damasker, kläm på dem så att vecken öppnas. Leta efter spår av sprickor, delningar och åldrat gummi som kan släppa ut fett och släppa in vatten och smuts i drivknuten. Kontrollera även damaskernas clips vad gäller åtdragning och skick. Upprepa kontrollen på den inre drivknuten **(se bild)**. Om skador eller slitage påträffas ska damaskerna bytas (se kapitel 8).

2 Kontrollera samtidigt skicket på driv-knutarna genom att först hålla fast drivaxeln och sedan försöka snurra på hjulet. Håll sedan fast innerknuten och försök vrida på drivaxeln. Varje märkbar rörelse indikerar slitage i drivknutarna, slitage i drivaxelns splines eller att drivaxelns fästmutter är lös.

15 Bromssystem – kontroll

1 Börja under motorhuven och undersök om bromsoljebehållaren och huvudcylindern läcker. Om en bromsoljeläcka förekommer har lacken omkring vanligen blåsor eller rynkor. Kontrollera att rören från huvud-cylindern är hela, undersök sedan om det läcker från bromstrycksregulatorn, servo/ ABS-enheten och tillhörande anslutningar.

2 Ställ bilen på pallbockar (se "Lyftning och stödpunkter") och börja med att inspektera de båda främre bromsoken. Var extra upp-märksam på eventuella läckor i slangen mellan oket och bromsröret, speciellt då anslutningen mellan slangen och metall-anslutningen. Se till att slangen inte är vriden eller veckad och att den inte kan komma i kontakt med andra komponenter vid fullt rattutslag.

3 Följ bromsledningen från oket tillbaka till bilen. Var även här extra uppmärksam på läckage vid anslutningar, men kontrollera även att bromsrören inte är korroderade. Se till att rören är säkert fästa vid bottenplattan med clips.

4 Under bakvagnen, kontrollera bakhjulens bromsar och slangar/ledningar efter tillämp-lighet. Undersök handbromsvajern, följ den från vardera hjulet och kontrollera att vajern inte är fransig eller visar andra tecken på skador. Smörj handbromsvajerns styrningar, pivåer och andra rörliga delar med vanligt maskinfett.

5 Se kapitel 9 för mer information om skador påträffas.

13.4 Kontrollera om navlagren är slitna genom att greppa hjulet och försöka rucka det

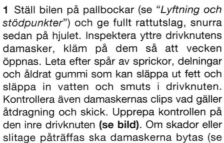

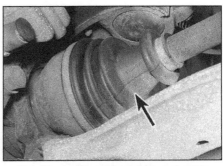

14.1 Kontrollera drivaxeldamaskernas skick (vid pilen)

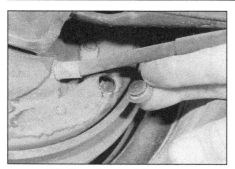

17.2 Dra ut gummipluggen ur bromsskölden och kontrollera bromsbeläggens tjocklek genom öppningen

16 Avgassystem – kontroll

1 Låt motorn kallna (i minst en timme efter det att bilen körts) och kontrollera hela avgassystemet från motorn till avgasrörets mynning. Det enklaste sättet att kontrollera avgassystemet är att lyfta bilen med en billyft, eller ställa den på pallbockar (se "*Lyftning och stödpunkter*") så att avgassystemets delar är tydligt synliga och lätt åtkomliga.
2 Kontrollera om rör eller anslutningar visar tecken på läckage, allvarlig korrosion eller andra skador. Kontrollera att alla fästen och upphängningar är i gott skick och att alla relevanta bultar och muttrar är väl åtdragna. Läckage i någon fog eller annan del visar sig vanligen som en sotfläck in närheten av läckan.
3 Skaller och andra missljud kan ofta härledas till avgassystemet, speciellt då fästen och upphängningar. Försök att skaka

på rör och ljuddämpare. Om någon komponent kan komma i kontakt med kaross eller fjädring ska avgassystemet säkras med nya fästen. I annat fall kan fogarna delas (där möjligt) och rören krökas efter behov för att skapa nödvändigt spelrum.

17 Bakre bromsbackar – kontroll

1 Klossa framhjulen och ställ bakvagnen på pallbockar (se "*Lyftning och stödpunkter*").
2 Vid en snabb kontroll kan friktionsmaterialets tjocklek på ena backen ses genom det hål i bromsskölden som uppstår när gummipluggen petas ut (se bild). Om en stav med samma diameter som den specificerade minsta tjockleken på belägget placeras mot belägget kan slitaget utvärderas. En inspektionslampa krävs troligtvis. Om belägget på någon back är slitet till eller under specificerat minimum måste alla fyra bromsbackarna bytas som en uppsättning.
3 En fullständig kontroll kräver att bromstrummorna demonteras och rengörs. Detta ger även tillfälle att kontrollera hjulcylindrarna och bromstrummans skick (se kapitel 9).

18 Tomgångsvarvtal – kontroll

Motorkod AAZ

1 Starta motorn och varmkör den till normal arbetstemperatur. Dra åt handbromsen, lägg in friläge i växellådan och låt motorn gå på tomgång. Kontrollera att kallstartsknappen är helt intryckt till läge "off".

2 Använd en dieselvarvräknare och kontrollera att varvtalet stämmer med specifikationerna i början av detta kapitel.

Modeller utan luftkonditionering

3 Justera vid behov tomgångsvarvtalet genom att vrida på justerspindeln på insprutningspumpen (se bild). Om tomgången inte kan sänkas med spindeln, lossa låsmuttern till tomgångsstoppskruven och backa stoppskruven ett par varv. Justera sedan tomgången med spindeln. Avsluta med att backa stoppskruven så att den precis berör armen och dra åt låsmuttern.

Modeller med luftkonditionering

4 Justera tomgången genom att lossa på låsmuttern till tomgångsstoppskruven och justera skruven efter behov (se bild). Avsluta med att dra åt låsmuttern.

Alla andra motorer

5 Tomgångsvarvtalet måste kontrolleras av en VAG-verkstad med speciell elektronisk testutrustning.

19 Strålkastarinställning – kontroll

Exakt justering av strålkastarinställningen kräver specialutrustning, så detta arbete ska överlåtas till en VAG-verkstad eller bensinstation som har denna utrustning. Strålkastarinställningen kontrolleras av bilprovningen vid besiktningen.

Grundinställning kan i ett nödläge utföras enligt beskrivning i kapitel 12.

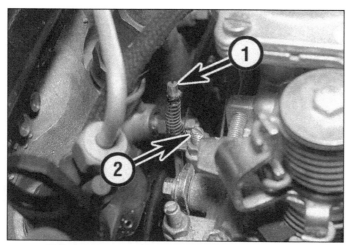

18.3 Justera tomgångsvarvtalet genom att vrida på justerspindeln (1). Stoppskruven för tomgång (2) visas också

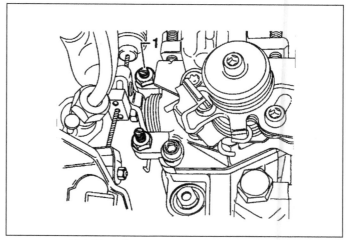

18.4 Tomgångsvarvtalets justerskruv (1) – modeller med luftkonditionering

20 Provkörning

Instrument och elektrisk utrustning

1 Kontrollera funktionen av alla instrument och all elektrisk utrustning.
2 Kontrollera att instrumenten ger korrekta avläsningar och slå turvis på all elektrisk utrustning för att kontrollera att den fungerar korrekt.

Styrning och fjädring

3 Leta efter onormalt uppträdande i styrning, fjädring, köregenskaper och "vägkänsla".
4 Kör bilen och kontrollera att det inte finns ovanliga vibrationer eller ljud.
5 Kontrollera att styrningen känns positiv, utan överdrivet "fladder" eller kärvningar, lyssna efter fjädringsmissljud vid kurvtagning och gupp.

Drivlina

6 Kontrollera hur motorn, kopplingen (där tillämpligt), växellådan och drivaxlarna fungerar.
7 Lyssna efter ovanliga ljud från motor, koppling och växellåda.
8 Kontrollera att motorns tomgång är jämn och att det inte finns tvekan vid gaspådrag.
9 Kontrollera att kopplingen fungerar smidigt och progressivt, att drivkraften tas upp mjukt och att pedalvägen inte är för lång. Lyssna även efter missljud när kopplingspedalen är nedtryckt.
10 Kontrollera att alla växlar går i mjukt, utan missljud och att växelspaken inte är onormalt degig eller ryckig.
11 Lyssna efter metalliska klickljud från framvagnen när bilen körs långsamt i en cirkel med fullt rattutslag. Gör denna kontroll i båda riktningarna. Om man hör ett klickande ljud indikerar detta slitage i en drivknut, som då måste bytas efter behov.

Bromsar

12 Kontrollera att bilen inte drar åt endera sidan vid inbromsning och att hjulen inte låser för tidigt vid hård inbromsning.
13 Kontrollera att det inte finns rattfrossa vid inbromsning.
14 Kontrollera att handbromsen fungerar korrekt utan för lång spakrörelse och att den håller bilen stilla i en backe.
15 Testa bromsservons funktion enligt följande: Stäng av motorn och tryck ned bromspedalen 4 eller 5 gånger för att häva vakuumet. Håll pedalen nedtryckt och starta motorn. När motorn startar ska det finnas ett spel i pedalen medan vakuumet byggs upp. Låt motorn gå i minst två minuter och stäng sedan av den. Om pedalen trycks ned nu ska det gå att höra ett väsande från servon medan pedalen trycks ned. Efter 4 eller 5 nedtryckningar ska det inte höras mer väsande och pedalen ska kännas betydligt styvare.

Var 30 000:e km

21 Drivrem – kontroll och byte

Kontroll

1 Koppla ur batteriets jordledning och flytta den från polen. **Observera:** *Om bilen har en radio med stöldskyddskod, försäkra dig om att du har koden nedskriven innan batteriet kopplas ur. Rådfråga din VAG-återförsäljare om du är tveksam.*
2 Parkera bilen på en plan yta, dra åt handbromsen, klossa bakhjulen, lossa högra framhjulets bultar.
3 Ställ framvagnen på pallbockar (se "Lyftning och stödpunkter") och lyft av höger framhjul.
4 Ge fullt rattutslag åt höger. Demontera i förekommande fall hasplåten och avlägsna den från bilen.
5 Använd en hylsnyckel på vevaxel-remskivans bult och vrid vevaxeln runt så att hela drivremmens längd kan undersökas. Beroende på utrustningsnivå kan det finnas upp till tre drivremmar att kontrollera. Leta efter sprickor, delningar och fransningar på remytan. Leta även efter glaseringar (glänsande fläckar) och skiktseparationer. Om skador eller slitage är synligt ska remmen bytas.
6 Kontrollera drivremmens spänning genom att trycka på den mitt mellan två remskivor. Beroende på remtyp ska den röra sig cirka 5 - 10 mm. Om drivremmen är för spänd eller slack ska remspänningen justeras enligt beskrivning i kapitel 2B.

Byte

7 Om drivremmen ska bytas, följ anvisningarna i relevant del av kapitel 2B.

22 Luftfilter – byte
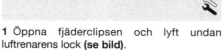

1 Öppna fjäderclipsen och lyft undan luftrenarens lock **(se bild)**.
Varning: På vissa modeller är en luft-flödesmätare integrerad i luftrenarlocket. Hantera denna mätare varsamt, den är ömtålig.
Det räcker med att lyfta locket för att dra ut filtret, men beroende på systemtyp kan det vara nödvändigt att lossa intagstrumman och/eller sammanhörande vakuum- eller bränslesystemkomponenter.

2 Lyft ut filtret.
3 Rengör luftrenarens insida.
4 Placera ett nytt luftfilter på plats, följ eventuella monteringsmärken och kontrollera att kanterna sitter säkert på plats **(se bild)**.
5 Sätt på luftrenarlocket och tryck fast fjäderclipsen.

23 Kamremmens skick och spänning – kontroll
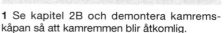

1 Se kapitel 2B och demontera kamrems-kåpan så att kamremmen blir åtkomlig.
2 Undersök om remmen har sprickor eller delningar, speciellt kring tandrötterna eller om det finns tecken på fransning eller skikt-separationer. Om skador kan observeras ska remmen bytas enligt beskrivning i kapitel 2B.

22.1 Öppna fjäderclipsen och lyft upp luftrenarlocket

22.4 Sätt det nya luftfiltret på plats, kontrollera att kanterna sätter sig ordentligt

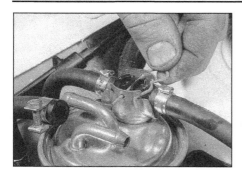

24.2a Lossa clipset . . .

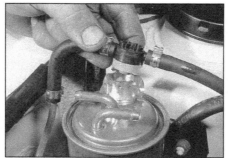

24.2b . . . och lyft ut styrventilen. Lämna kvar slangarna på den

24.4a Lossa skruven . . .

3 Om det finns några som helst spår av att kamremmen är förorenad av olja eller andra vätskor ska remmen bytas och läckaget åtgärdas, i annat fall förorenas snart även den nya remmen.

4 Kontrollera kamremmens spänning genom att vrida på den mitt på den längsta fria sträckan. Det ska precis vara möjligt att vrida den 90° (ett kvarts varv). Remspänningen är ytterst viktig – om den är för slack finns risken att den kuggar över medan en för stram kamrem slits ut i förtid.

24 Bränslefilter – byte

1 Bränslefiltret är monterat på innerskärmen, bakom luftrenaren. Placera ett kärl under filterenheten och klä in det omgivande området med trasor för att suga upp bränslespill.
2 Lossa clipset upptill på filterenheten och lyft ut styrventilen, lämna bränsleslangarna anslutna till den **(se bilder)**.
3 Lossa slangklämmorna och dra loss bränsleslangarna från anslutningarna på filtrets översida. Om krympclips används, skär av dem med en sidavbitare och använd riktiga bränsleslangsclips vid monteringen. Anteckna slangarnas monteringslägen så att korrekt montering underlättas.
Varning: Var beredd på visst bränslespill.
4 Lossa fästbygelns skruv och lyft ut filtret **(se bilder)**.

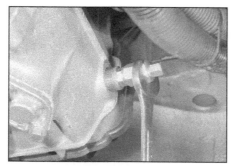

25.3 Skruva ut nivå-/påfyllningspluggen

24.4b . . . och lyft ut filtret ur fästbygeln

5 Montera ett nytt filter i fästet och dra åt skruven.
6 Montera styrventilen på filtrets översida och stick in clipset.
7 Anslut in- och utmatningsslangarna med hjälp av demonteringsanteckningarna – observera bränsleflödespilarna bredvid vardera anslutningen. Där slangkopplingar av krymptyp ursprungligen använts ska dessa bytas mot clips av skruvtyp vid monteringen **(se bild)**. Avlägsna uppsamlingskärl och trasor.
8 Starta motorn och låt den gå på tomgång, leta runt filtret efter bränsleläckage.
Observera: *Det kan ta några sekunders runddragning av motorn innan den startar.*
9 Höj motorvarvet till 2 000 rpm ett flertal gånger och låt motorn återgå till tomgång. Studera bränsleflödet i den genomskinliga slangen till insprutningspumpen och kontrollera att det inte förekommer luftbubblor.

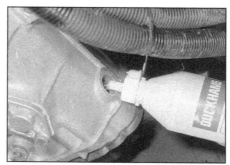

25.4 Påfyllning av växellådsolja

24.7 Koppla in filtrets in- och utgående slangar

25 Oljenivå i växellåda – kontroll

1 Parkera bilen på en plan yta. Oljenivån måste kontrolleras innan bilen körs, eller åtminstone 5 minuter efter det att motorn stängts av. Om nivån kontrolleras omedelbart efter körning kommer en del olja att finnas kringspridd i växellådans delar vilket ger en felaktig nivåavläsning.
2 Där tillämpligt ska clips och skruvar lossas så att hasplåten kan sänkas ned från motorrummet.
3 Torka rent runt nivå-/påfyllningspluggen som finns på differentialhusets framsida **(se bild)**. En speciell insexnyckel krävs för att skruva ur pluggen, som förmodligen är ganska hårt åtdragen.
4 Oljenivån ska vara precis vid hålets nedre kant. En viss mängd olja kommer att finnas samlad bakom pluggen och den kommer att rinna ut när den skruvas ut. Detta är **inte** nödvändigtvis en tecken på att nivån är korrekt. Undersök detta genom att låta den första omgången rinna ut och fyll på olja efter behov till dess att den nya oljan börjar rinna ut. Nivån är korrekt när oljan slutar rinna. Använd endast olja av hög kvalitet och specificerad typ **(se bild)**.
5 Påfyllning av växellådsolja är ett synnerligen krångligt arbete. Framför allt måste oljan få god tid på sig att sätta sig innan den kontrolleras. Om en stor mängd fylls på i växellådan och en stor mängd rinner ut vid

nivåkontrollen, skruva i pluggen och kör bilen en kortare sträcka så att den nya oljan kan fördelas ut i hela växellådan. Kontrollera nivån igen när olja fått tid att sätta sig.

6 Om växellådan överfyllts så att olja strömmar ut när pluggen skruvas ur, kontrollera att bilen står horisontellt både i längs- och sidled och låt överskottet rinna ut i ett lämpligt kärl.

7 När nivån är korrekt, lägg på en ny tätningsbricka på pluggen, skruva i den och dra fast den rejält. Torka upp allt oljespill. Montera i förekommande fall hasplåten och fäst den med skruvarna och clipsen.

26 Växellåda – allmänt underhåll

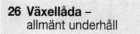

1 Ställ framvagnen på pallbockar (se "Lyftning och stödpunkter") eller kör upp bilen på ramper

2 Leta runt växellådan efter oljeläckor eller skador, i synnerhet då runt drivaxelns olje-tätningar. En viss svettning är inget att vara orolig över, men större läckage måste under-sökas närmare enligt beskrivning i relevant del av kapitel 7.

3 Smörj regelbundet växlingsarmen med fett på de anvisade platserna (se bild).

4 Även om det inte ingår i tillverkarens underhållsschema är det en god idé att byta växellådsoljan med regelbundna mellanrum.

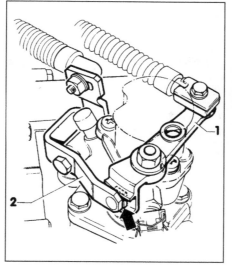

26.3 Smörjställe (vid pilen) för växlingsarm (1) och överföringsarm (2)

Hur ofta detta behövs är individuellt, men det är definitivt att rekommendera på en bil med lång körsträcka.

5 Växellådans avtappningsplugg finns på differentialhusets undersida (se bild) - även denna kräver en speciell insexnyckel för urskruvandet.

6 Kom ihåg att bilen måste stå plant vid påfyllandet av olja för att nivån ska bli korrekt (se avsnitt 25).

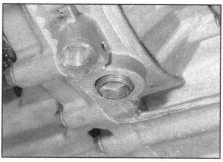

26.5 Växellådans oljeavtappningsplugg

27 Underredsskydd - kontroll

Ställ bilen på pallbockar (se "Lyftning och stödpunkter"). Använd en fick- eller inspektionslampa och studera hela under-redet på bilen, med extra uppmärksamhet på hjulhusen. Leta efter skavanker på den mjuka underredsmassan som kan spricka eller flagna med tilltagande ålder, vilket leder till korrosion. Kontrollera även (i förekommande fall) att innerskärmarna sitter fast i sina clips – om de lossnar kan smuts komma in under dem och upphäva det rostskydd de ger. Om det finns skador på underredsmassan eller korrosion ska detta åtgärdas innan skadorna blir för allvarliga.

Var 60 000:e km

28 Kamrem och spännare – byte

Se kapitel 2B.

Observera: *VW anger att kamremsbyte skall utföras var 90 000:e km. Om bilen huvud-sakligen används för korta sträckor, eller stannas och startas ofta, rekommenderar vi dock att detta kortare intervall används. När kamremmen byts är alltså mycket upp till den* enskilde ägaren, men med tanke på de skador som kan uppstå om remmen går av under körning, rekommenderar vi att man tar det säkra före det osäkra.

Vartannat år (oavsett körsträcka)

29 Kylvätska – byte

Avtappning av kylsystem

⚠️ **Varning: Vänta tills motorn är helt kall innan arbetet påbörjas. Låt inte frostskyddsmedel komma i kontakt med huden eller lackerade ytor på bilen. Spola omedelbart bort eventuellt spill med massor av vatten. Lämna aldrig frost-skyddsmedel i ett öppet kärl eller i en pöl på uppfarten eller garagegolvet. Barn och husdjur kan attraheras av den söta doften och frostskyddsmedel kan vara livsfarligt att förtära.**

1 När motorn är helt kall, täck expan-sionskärlets lock med trasor och vrid sakta locket motsols för att släppa ut övertrycket i kylsystemet (normalt hörs ett väsande ljud). Vänta till dess att allt övertryck är utsläppt och skruva sedan av locket.

2 Där så behövs ska fästena lossas så att hasplåten kan demonteras. Placera en lämplig behållare under nedre kylarslangens anslut-ning. Lossa slangklämman och lirka av slangen från rörstumpen på kylaren. Om det är länge sedan slanganslutningen varit isär kan det bli nödvändigt att försiktigt mani-pulera lös slangen. Använd inte stor kraft, rörstumpen skadas lätt. Låt kylvätskan rinna ner i kärlet.

3 Om kylvätskan tappats ur av någon annan orsak än byte kan den återanvändas, under förutsättning att den är ren och mindre än två år gammal, även om detta inte är att rekom-mendera.

4 När all kylvätska runnit ut ska slangen sättas tillbaka på kylaren och fästas med slangklämman.

Spolning av kylsystem

5 Om kylvätskebyte inte utförs regelbundet eller om frostskyddet spätts ut, kan kyl-systemet med tiden komma att förlora effektivitet. Kylvätskekanalerna sätts igen av rost, kalkavlagringar och annat sediment. En urspolning av systemet kan återställa effektivi-teten.

6 Kylaren ska spolas ur separat från motorn för att undvika onödiga föroreningar.

Kylarspolning

7 Spola ur kylaren genom att lossa övre och nedre slangarna och alla andra relevanta slangar från kylaren, se kapitel 3.

8 Stick in en trädgårdsslang i övre kylarinloppet. Spola rent vatten i kylaren, fortsätt spola till dess att rent vatten rinner ur kylarens nedre utlopp.

9 Om det efter en rimlig period fortfarande inte kommer ut rent vatten kan kylaren spolas ur med kylarrengöringsmedel. Det är viktigt att spolmedelstillverkarens anvisningar följs noga. Om kylaren är svårt förorenad, stick in slangen i nedre utloppet och spola ur kylaren baklänges.

Motorspolning

10 Spola ur motorn genom att först demontera termostaten enligt beskrivning i kapitel 3, sätt tillfälligt tillbaka termostatlocket.

11 Lossa övre och nedre kylarslangarna från kylaren och stick in trädgårdsslangen i övre kylarslangen. Spola in rent vatten, fortsätt att spola till dess att rent vatten rinner ur nedre slangen.

12 När spolningen är färdig ska termostaten sättas tillbaka och slangarna anslutas enligt beskrivning i kapitel 3.

Fyllning av kylsystem

13 Kontrollera innan påfyllningen inleds att alla slangar och slangklämmor är i gott skick och att klämmorna är väl åtdragna. Observera att frostskydd ska användas året runt för att förhindra korrosion i motorn (se följande underavsnitt).

14 Skruva upp expansionskärlets lock och fyll systemet långsamt genom att, sakta så att inte luftlås uppstår, hälla ned kylvätskan i expansionskärlet.

15 Om kylvätskan byts, börja med att hälla i några liter vatten, följt av korrekt mängd frostskydd. Avsluta med att fylla upp med vatten.

16 När nivån i expansionskärlet börjar stiga, kläm på övre och nedre kylarslangarna som hjälp att avlufta systemet. När all luft försvunnit ska systemet fyllas på upp till märket "MAX". Skruva till sist på locket.

17 Starta och varmkör motorn till normal arbetstemperatur. Stäng sedan av motorn och låt den kallna.

18 Leta efter läckor, speciellt kring rubbade komponenter. Kontrollera nivån i expansionskärlet och fyll på efter behov. Kom ihåg att motorn måste vara kall för att ge en korrekt nivåavläsning. Om expansionskärlets lock avlägsnas med varm motor ska det täckas med en tjock trasa. Skruva sedan sakta upp locket så att trycket släpps ut (normalt hörs ett väsande). Vänta till dess att allt övertryck är utsläppt och skruva sedan av locket.

Frostskyddsblandning

19 Frostskyddet ska alltid bytas med angivna mellanrum. Detta inte bara för att bibehålla de frostskyddande egenskaperna utan även för att förhindra korrosion som annars kan uppstå därför att korrosionshämmarna gradvis tappar effektivitet.

20 Använd endast etylenglykolbaserat frostskydd som är lämpat för motorer med blandade metaller i kylsystemet. Mängden frostskydd och skyddsnivå anges i specifikationerna.

21 Innan frostskydd fylls på ska kylsystemet var helt tömt, helst genomspolat och alla slangar ska vara kontrollerade vad gäller skick och fastsättning.

22 När kylsystemet fyllts med frostskydd är det klokt att sätta en etikett på expansionskärlet som anger typ och koncentration för använt frostskydd samt det datum det fylldes på. Varje efterföljande påfyllning ska göras med samma typ och koncentration frostskyddsmedel.

23 Använd inte motorfrostskydd i spolvätskan för vind-/bakruta eftersom den skadar lacken.

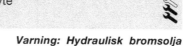

30 Bromsolja – byte

Varning: Hydraulisk bromsolja kan skada dina ögon och lackerade ytor på bilen, så var ytterst försiktig vid hanteringen och hällandet. Använd aldrig olja som stått i ett öppet kärl en märkbar tid eftersom den absorberar luftens fuktighet. För mycket fukt i bromsoljan kan orsaka en livsfarlig förlust av bromseffekt.

1 Arbetet liknar i stort det som beskrivs för avluftning i kapitel 9. Börja med att tömma bromsoljebehållaren genom sifonering, använd en ren hygrometer eller liknande, lämna plats för den gamla olja som töms vid avluftning av en del av kretsen.

2 Arbeta enligt beskrivningen i kapitel 9 och öppna den första avluftningsnippeln i turordningen, pumpa sedan försiktigt på bromspedalen till dess att nästan all olja runnit ut ur huvudcylindern.

HAYNES TIPS *Gammal hydraulolja är oftast mycket mörkare i färgen än färsk, vilket gör det lätt att skilja på dem.*

3 Fyll på med färsk olja till märket "MAX" och fortsätt pumpa till dess att bara färsk olja finns i behållaren och färsk olja börjar komma ut ur nippeln. Dra åt nippeln och fyll behållaren till märket "MAX".

4 Gå igenom resterande nipplar i ordningsföljd och pumpa till dess att färsk olja kommer ur dem. Var noga med att alltid hålla behållarens nivå över strecket "MIN", i annat fall kan luft komma in i systemet vilket leder till att arbetet tar längre tid.

5 När arbetet avslutats, kontrollera att alla avluftningsnipplar är ordentligt åtdragna och att deras dammskydd sitter på plats. Skölj bort alla spår av spilld olja och kontrollera nivån igen.

6 Kontrollera att bromsarna fungerar innan bilen tas i trafik.

31 Avgasrening – kontroll

Denna kontroll ingår i tillverkarens underhållsschema och omfattar test av avgasutsläpp med en dieselavgasanalyserare. Såvida inte ett fel misstänks är denna test inte nödvändig. Lägg dock märke till att den rekommenderas av tillverkaren. Kontroll av avgasreningen ingår i bilprovningens testprotokoll.

Kapitel 2 Del A:
Reparationer med motorn i bilen – bensinmotorer

Innehåll

Svårighetsgrader

Enkelt, passar novisen med lite erfarenhet	Ganska enkelt, passar nybörjaren med viss erfarenhet	Ganska svårt, passar kompetent hemma-mekaniker	Svårt, passar hemmamekaniker med erfarenhet	Mycket svårt, för professionell mekaniker

Specifikationer

Allmänt
Motorkod*
 1.8 liter/1781cc:
  Digifant flerpunktsinsprutning, utan katalysator, 82kW . . . . PB
  Digifant flerpunktsinsprutning, 79kW . . . . PF
  Bosch Mono-Jetronic insprutning,66kW . . . . RP
  Bosch Mono-Motronic insprutning, 55kW, 10/93 och senare . . . . AAM
  Bosch Mono-Motronic insprutning, 66kW, till 10/94 . . . . ABS
  Bosch Mono-Motronic insprutning, 66kW, 10/94 och senare . . . . ADZ
 2.0 liter /1984 cc:
  Digifant flerpunktsinsprutning, 85kW, till 10/94 . . . . 2E
  Simos flerpunktsinsprutning, 85kW, 10/94 och senare . . . . ADY
  Simos flerpunktsinsprutning, 85kW, 08/95 och senare . . . . AGG
* Observera: Se "Reservdelar och identifikationsnummer" för kodmärkningens placering på motorn.

	1.8 liter	2.0 liter
Lopp	81,0 mm	82,5 mm
Slaglängd	86,4 mm	92,8 mm
Kompressionsförhållande:		
RP och AAM	9,0:1	
AGG	9,6:1	
Övriga motorer	10,0:1	
Kompressionstryck (minimum):		
RP och AAM	7,0 bar	
Övriga motorer	7,5 bar	
Tändföljd	1 - 3 - 4 - 2	
Placering för cylinder nr 1	Kamremsänden	

Drivremmar
Kilremmens spänning (avböjning mitt emellan remskivor):
 Ny rem . . . . 2 mm
 Begagnad rem . . . . 5 mm

Smörjsystem
Oljepump . . . . Sumpmonterad, driven indirekt från mellanaxeln
Normalt oljetryck . . . . 2,0 bar minimum (vid 2 000 rpm, oljetemperatur 80°C)
Dödgång i oljepump . . . . 0,20 mm (slitagegräns)
Oljepumpens axialspel . . . . 0,15 mm (slitagegräns)

Atdragningsmoment

	Nm
Generatorns fästbultar	25
Remspännarens bultar till fästet	20
Remspännarens remskivebult	20
Remskivebultar	25
Ventilkåpans bultar/muttrar	10
Kamdrevets bult	80
Vevaxeloljetätningshusets bultar	10
Vevaxeldrevets bult (insex)	180
Vevaxeldrevets bult (splinestyp)*:	
Steg 1	90
Steg 2	Vinkeldra ytterligare 90°
Topplockets bultar*:	
Steg 1	40
Steg 2	60
Steg 3	Vinkeldra ytterligare 90°
Steg 4	Vinkeldra ytterligare 90°
Motorfästen (se bild 14.13b):	
a	25
b	30
c	80
d	50
e	60
f	70
g	55
Avgasgrenrörets muttrar, M8	25
Avgasgrenrörets muttrar, M10	40
Svänghjulets fästbultar*:	
Steg 1	60
Steg 2	Vinkeldra ytterligare 90°
Mellanaxelns tätningsflänsbultar	25
Mellanaxelns drevbult	80
Knackgivarens bult	20
Oljeupptagarens bultar till pumpen	10
Oljetryckskontakt	25
Oljepumpkåpans bultar	10
Oljepumpens bultar till vevaxeln	25
Servostyrpumpens fästbultar	25
Servostyrpumpens övre pivåbult	45
Sumpens fästbultar	20
Kamremskåpans bultar	10
Inre kamremskåpans bultar	20
Kamremsspännarens centrumbult/mutter	45
Momentomvandlarens drivplattebultar*:	
Steg 1	60
Steg 2	Vinkeldra ytterligare 90°

*Använd ny(a) bult(ar)

1 Allmän information

Hur detta kapitel används

Kapitel 2 är uppdelat i tre delar, A, B och C. Reparationsarbeten som kan utföras med motorn på plats i bilen beskrivs i del A (bensinmotorer) och B (dieselmotorer). Del C tar upp hur motorn och växellådan tas ut ur bilen som en enhet samt isärtagning och renovering av motorn.

I delarna A och B utgår arbetsbeskrivningarna från att motorn är på plats i bilen med alla hjälpaggregat monterade. Om motorn ska lyftas ut ur bilen för renovering kan man bortse från den preliminära isärtagning som beskrivs.

Åtkomligheten i motorrummet kan förbättras genom att motorhuv och främre låshållare demonteras, se beskrivning i kapitel 11.

Beskrivning av motorn

Motorer identifieras genomgående i detta kapitel med hjälp av tillverkarens kodbeteckning, inte deras slagvolym. En lista över de motorer som tas upp, inklusive deras beteckningar, finns i specifikationerna i detta kapitel.

Motorerna är vattenkylda fyrcylindriga radmotorer med enkel överliggande kamaxel, motorblocken är i gjutjärn och topplocken av aluminiumbaserad lättmetallegering. Motorerna är placerade på tvären i bilens främre del med växellådan fastbultad på motorns vänstra sida.

Topplocket innehåller kamaxeln som drivs från vevaxeln med en tandrem. I topplocket finns även insugs- och avgasventilerna som stängs med enkla eller dubbla spiralfjädrar. Ventilerna löper i styrningar som är inpressade i topplocket. Kamaxeln påverkar ventilerna direkt via hydrauliska lyftare, även dessa monterade i topplocket. Dessutom innehåller topplocket oljekanaler för matning och smörjning av lyftarna.

Vevaxeln bärs upp av fem ramlager och axialspelet regleras av ett trycklager placerat mellan cylinder 2 och 3.

Kylvätska pumpas runt i systemet av en remdriven pump. Kylsystemet beskrivs i detalj i kapitel 3.

Samtliga motorer har en kamremsdriven mellanaxel som driver fördelaren och oljepumpen.

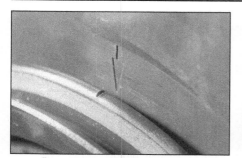

2.5a ÖD-inställningsmärken på vevaxelns remskiva och nedre kamremskåpan – tidiga modeller

Motorns smörjning pumpas runt av en pump som drivs av mellanaxeln. Olja dras från sumpen genom en sil och tvingas sedan genom det externa utbytbara oljefiltret. Från filtret fördelas oljan till topplocket där den smörjer kamaxellager och ventillyftare, liksom till vevhuset där den smörjer ramlager, vevstakslager, kolvbultar och cylinderlopp. Vissa motorer har oljemunstycken monterade längst ner i varje cylinder – dessa sprutar olja på kolvarnas undersidor för att förbättra kylningen. En oljekylare som kyls med motorkylvätskan sänker oljetemperaturen innan den leds in i motorn igen.

Reparationer som kan utföras med motorn på plats i bilen:

Följande arbeten kan utföras utan att motorns lyfts ut ur bilen:

a) Drivrem(mar) – demontering och montering.
b) Kamaxel – demontering och montering. *
c) Kamaxelns oljetätningar – byte.
d) Kamaxelns drev – demontering och montering.
e) Kylvätskepump – demontering och montering (se kapitel 3)
f) Vevaxelns oljetätningar – byte.
g) Vevaxelns drev – demontering och montering.
h) Topplock – demontering och montering. *
i) Motorfästen – inspektion och byte.
j) Mellanaxelns oljetätningar – byte.
k) Oljepump och oljeupptagare – demontering och montering.

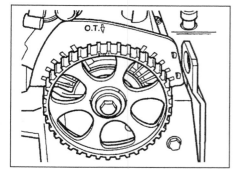

2.6b Kamdrevets synkroniseringsmärken – alla modeller

2.5b Synkroniseringsmärken på vevaxeldrev och mellanaxeldrev – alla modeller

l) Sump – demontering och montering.
m)Kamrem, drev och kåpor – demontering, inspektion och montering.
*Topplockets isärtagning beskrivs i detalj i kapitel 2C, inklusive detaljer kring demontering av kamaxel och hydrauliska ventillyftare.
Observera: Det går att ta bort kolvar och vevstakar (sedan topplock och sump demonterats) utan att lyfta ur motorn. Detta tillvägagångssätt är dock inte att rekommendera. Arbete av denna typ är mycket enklare att utföra med motorn uppsatt i en arbetsbänk, som beskrivet i kapitel 2C.

2 Motorns ihopsättning och synkroniseringsmärken – allmän information och användning

Allmän information

Observera: Detta delavsnitt är skrivet efter den förutsättningen att fördelare, tändkablar och kamrem är korrekt monterade.

1 Dreven på vevaxeln, kamaxeln och mellanaxeln drivs av kamremmen och roterar därmed i takt med varandra. När kamremmen tas bort för underhåll eller reparation kan axlarna rotera oberoende av varandra, vilket gör att synkroniseringen mellan dem går förlorad.
2 Konstruktionen av de motorer som tas upp i detta kapitel är sådan att potentiellt skadlig kontakt kan uppstå mellan kolvar och ventiler om kamaxeln roteras när någon kolv är stilla vid, eller nära, den översta delen av slaget.

2.7a Dra ut inspektionspluggen ur växellådshuset ...

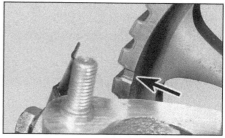

2.6a Kamdrevets bakre synkroniseringsmärke i linje med främre delen av topplocket (eller ventilkåpan om den sitter på) – tidiga modeller

3 Därför är det viktigt att korrekt synkronisering mellan kamaxeln, vevaxeln och mellanaxeln bevaras medan kamremmen är demonterad. Detta uppnås genom att man ställer motorn i ett referensläge (kallat övre dödpunkt eller mer vanligt ÖD) innan kamremmen tas bort och att axlarna sedan låses där till dess att kamremmen åter finns på plats. Om motorn har tagits isär för renovering kan den ställas till ÖD vid ihopsättningen för att korrekt axelsynkronisering ska garanteras.
4 ÖD är den högsta punkt en kolv når i sin cylinder – i en fyrtaktsmotor når varje kolv ÖD två gånger per arbetscykel, en gång i kompressionstakten och en gång i avgastakten. Generellt sett avser ÖD, som referensläge, cylinder nr 1 i kompressionstakten. (Observera att cylindrarna är numrerade från 1 till 4 med början vid motorns kamremssida).
5 Vevaxelns drev har ett märke som, när det är i linje med ett referensmärke på kamremskåpan eller mellanaxelns drev, anger att cylinder nr 1 (och därmed även nr 4) är vid ÖD **(se bilder)**.
6 Även kamdrevet har ett märke. När detta är korrekt uppriktat är motorn synkroniserad och kamremmen kan då monteras och spännas **(se bilder)**.
7 Tidigare modeller är även försedda med ett ÖD-märke på svänghjulet. Detta blir synligt när inspektionspluggen av gummi dras ut ur växellådshuset **(se bilder)**.

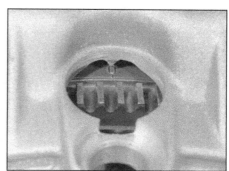

2.7b ... och studera svänghjulets synkroniseringsmärken – tidiga modeller

8 Följande delavsnitt beskriver hur motorn ställs till ÖD för cylinder nr 1.

Inställning av ÖD för cylinder nr 1 – monterad kamrem

Samtliga motorer

8 Inled med att koppla ur batteriets jordledning.

Observera: *Om bilen har en ljudanläggning med stöldskyddskod, se till att du har koden uppskriven innan batteriet kopplas ur. Rådfråga en VAG-verkstad om du är osäker.*

Koppla ur tändsystemet genom att dra ur tändspolens kabel till fördelaren och jorda den till motorblocket med en skarvsladd. Förhindra att bilen flyttas genom att lägga växellådan i friläge, dra åt handbromsen och klossa bakhjulen.

9 Gå till fördelarlocket och notera läget för tändkabeln till cylinder nr 1 i förhållande till fördelardosan. På vissa modeller har tillverkaren gett ett referensmärke i form av ett litet urtag. Om denna märkning saknas, följ tändkabeln från tändstift nr 1 till fördelarlocket. Använd en krita eller kulspetspenna (**inte** blyerts) och märk dosan rakt under anslutningen för tändkabel nr 1 på fördelarlocket.

10 Demontera fördelarlocket enligt beskrivning i kapitel 5B.

11 Lossa tändkablarna från tändstiften, anteckna deras monteringslägen.

12 Vevaxeln måste roteras manuellt för att föra en kolv till ÖD. Gör detta med en hylsnyckel på den bult som fäster vevaxelns remskiva (se avsnitt 5 för detaljer).

13 Vrid vevaxeln i normal rotationsriktning till dess att fördelarens rotorarmselektrod närmar sig märket på fördelardosan.

14 Se avsnitt 4 och demontera den övre yttre kamremskåpan så att kamdrevet blir synligt.

HAYNES TiPS *Skruva ur alla fyra tändstiften – detta gör det lättare att dra runt motorn, se kapitel 1A för detaljer.*

15 Leta upp synkroniseringsmärkena på kamdrevet och på den inre delen av kamremskåpan eller övre delen av topplocket, se bild 2.6a eller b. Vrid vevaxeln medurs så att märkena hamnar exakt i linje med varandra.

16 Leta sedan upp synkroniseringsmärkena på vevaxelns remskiva och kamremskåpan/mellanaxelns drev, se bild 2.5a eller b.

Observera: *Den yttre nedre kamremskåpan måste demonteras för att märkena på mellanaxelns drev ska bli synliga.*

17 På tidigare versioner ska inspektionspluggen i växellådshuset dras ut för en kontroll av att svänghjulets ÖD-märke är korrekt upprjktat, se bilderna 2.7a och b.

18 Kontrollera att elektrodcentrum på rotorarmen nu är upprjktat mot märket för cylinder nr 1 på dosan. Om det inte går att rikta upp rotorarmen mot anslutning 1 och

behålla uppriktningen av kamaxelns synkroniseringsmärken, se kapitel 5B och kontrollera att fördelaren är korrekt monterad.

19 När samtliga ovan angivna steg har utförts med lyckat resultat är motorn ställd till ÖD för cylinder nr 1.

Varning: Om kamremmen ska demonteras, se då till att synkroniseringen mellan vevaxel, kamaxel och mellanaxel bevaras genom att hindra dreven från att rotera.

Inställning av ÖD för cylinder nr 1 – demonterad kamrem

20 Denna arbetsbeskrivning baseras på förutsättningen att kamremmen demonterats och att synkroniseringen mellan vevaxeln, kamaxeln och mellanaxeln gått förlorad – exempelvis efter en isärtagning och översyn av motorn.

21 För alla motorer som tas upp i denna handbok gäller att det föreligger risk för skador om kolvkronorna slår mot ventiltallrikarna ifall kamaxeln vrids med demonterad kamrem och vevaxeln är ställd till ÖD. Av det skälet måste inställningen av ÖD göras i en speciell ordningsföljd, enligt beskrivning i följande paragrafer.

22 Innan topplocket monteras ska vevaxeln vridas i sin normala rotationsriktning, med en hylsnyckel på vevaxelremskivans centrumbult, så att alla fyra kolvarna är **halvvägs ned** i loppen, med kolv 1 på väg uppåt – d v s cirka 90° före ÖD.

23 När topplock och kamdrev monterats ska du leta upp synkroniseringsmärkena på kamdrevet och den inre delen av kamremskåpan eller den övre delen av topplocket, se bild 2.6a eller b.

24 Vrid kamdrevet i normal rotationsriktning så att synkroniseringsmärkena på kamdrevet och den inre delen av kamremskåpan eller den övre delen av topplocket är exakt i linje med varandra.

25 Leta upp synkroniseringsmärkena på vevaxelns remskiva och mellanaxeln, se bild 2.5b. Vrid vevaxeln 90° (ett kvarts varv) med en hylsnyckel på vevaxelremskivans centrumbult så att synkroniseringsmärkena kommer precis i linje med varandra.

26 På tidigare modeller ska inspektionspluggen på växellådshuset dras ut för en kontroll av att svänghjulsmärket är inställt på ÖD, se bilderna 2.7a och b.

27 Kontrollera att elektrodcentrum på rotorarmen nu är upprjktat mot märket för cylinder nr 1 på dosan. Om det inte går att rikta upp rotorarmen mot anslutning 1 och behålla uppriktningen av kamaxelns synkroniseringsmärken, se kapitel 5B och kontrollera att fördelaren är korrekt monterad.

28 När samtliga ovan angivna steg utförts med lyckat resultat är motorn ställd till ÖD för cylinder nr 1. Montera sedan kamremmen enligt beskrivning i avsnitt 4.

Varning: Till dess att kamremmen är på plats ska dreven på kamaxeln, vevaxeln och mellanaxeln förhindras från att rotera så att axlarnas synkronisering inte rubbas.

---

3 Kompressionsprov

1 När motorns prestanda sjunker eller om misständningar uppstår som inte kan hänföras till tändning eller bränslesystem, kan ett kompressionsprov ge ledtrådar till motorns skick. Om kompressionsprov tas regelbundet kan de ge förvarning om problem innan några andra symptom uppträder.

2 Motorn ska vara helt varmkörd, batteriet måste vara fulladdat och alla tändstift ska vara urskruvade (se kapitel 1A). Dessutom behövs en medhjälpare.

3 Koppla ur tändsystemet genom att dra ur tändspolens högspänningskabel och jorda den till motorblocket. Använd en skarvsladd eller liknande för att ge god anslutning. Koppla ur bränslesystemet genom att dra ut bränslepumpens relä ur sin sockel eller genom att ta ur bränslepumpens säkring.

4 Montera kompressionsprovaren i tändstiftshålet i cylinder nr 1 – en kompressionsprovare som skruvas i tändstiftsgängan är att föredra.

5 Låt en medhjälpare trampa gasen i botten och dra runt motorn på startmotorn. Efter ett eller två varv ska trycket byggas upp till ett maxvärde och stabiliseras. Anteckna den högsta avläsningen.

6 Upprepa provet på övriga cylindrar och anteckna trycket i var och en av dem.

7 Alla cylindrar ska ha liknande tryck. En skillnad överstigande 2 bar mellan två av cylindrarna indikerar ett fel. Trycket ska byggas upp snabbt i en frisk motor. Lågt tryck i första slaget följt av ett gradvis stigande indikerar slitna kolvringar. Lågt tryck som inte höjs indikerar läckande ventiler eller trasig topplockspackning (eller ett sprucket topplock). Sot under ventiltallrikarna kan också orsaka låg kompression.

8 I specifikationerna i början av detta kapitel anges lägsta godtagbara kompression – om värdena ligger över dessa minimivärden bör allt vara som det ska.

9 Om trycket i en cylinder är mycket lägre än i de andra, häll i en tesked ren olja i cylindern genom tändstiftshålet och upprepa provet.

10 Om oljan tillfälligt förbättrar kompressionen indikerar detta att slitage på kolvringar eller lopp orsakar tryckfallet. Om ingen förbättring sker tyder det på läckande/brända ventiler eller trasig topplockspackning.

11 Lågt tryck i två angränsande cylindrar är nästan helt säkert ett tecken på att topplockspackningen mellan dem är trasig. Förekomsten av kylvätska i oljan bekräftar detta.

12 Om en cylinder har omkring 20% lägre tryck än de andra och motorns tomgång är något ojämn, kan detta orsakas av en sliten kamlob.

13 Om kompressionen är ovanligt hög är förbränningskamrarna troligen igensotade. Om så är fallet, demontera och sota topplocket.

14 När proverna är genomförda, skruva i tändstiften och koppla in tändsystemet igen.

4 Kamrem och yttre kåpor – demontering och montering

Allmän information

1 Kamremmens primära funktion är att driva kamaxeln, men den driver även vattenpumpen eller mellanaxeln beroende på motorns specifikation. Om remmen slirar eller brister med motorn igång rubbas ventilsynkroniseringen, vilket kan leda till kontakt mellan kolvar och ventiler och därmed åtföljande allvarliga motorskador.

2 Det är viktigt att kamremmen är korrekt spänd och att den undersöks regelbundet vad gäller tecken på slitage eller åldrande.

3 Observera att demontering av den inre kamremskåpan tas upp som en del av demonteringen av topplocket, se avsnitt 11 längre fram i detta kapitel.

Demontering

4 Innan arbetet påbörjas, gör följande:

a) *Koppla ur tändsystemet genom att dra ur spolens högspänningskabel från fördelaren och jorda den till motorblocket med en skarvsladd.*

b) *Koppla ur bränslesystemet genom att dra ut bränslepumpens relä ur sockeln eller genom att ta ut bränslepumpens säkring.*

c) *Koppla loss batteriets jordledning och för den åt sidan.*

Observera: *Om bilen har en ljudanläggning med stöldskyddskod, se till att du har koden uppskriven innan batteriet kopplas ur. Rådfråga en VAG-verkstad om du är osäker.*

d) *Förhindra att bilen rör sig genom att dra åt handbromsen och klossa bakhjulen.*

5 Åtkomligheten av kamremskåporna förbättras om man tar bort lufttrumman mellan luftrenarhuset och trottelhuset och vevhusventilationens slang. Åtkomligheten underifrån förbättras om framvagnen ställs på pallbockar och höger framhjul lyfts av. Vissa senare versioner kan vara försedda med innerskärm av plast som då måste demonteras för att man ska komma åt motorn genom hjulhuset.

6 Lossa översta delen av kamremskåpan genom att öppna fjäderclipsen av metall och i tillämpliga fall skruva ur skruvarna. Lyft av kåpan från motorn **(se bilder)**.

7 Se avsnitt 6 och avlägsna drivremmen/ remmarna

8 Se avsnitt 2 och använd synkroniseringsmärkena till att ställa motorn i ÖD för cylinder nr 1.

9 Skruva ur skruvarna och ta bort remskivan/ skivorna från vevaxelns drev. Kontrollera sedan att motorn fortfarande står i ÖD. Om två remskivor är monterade, kan det hända att den inre har korroderat och fastnat ihop med vevaxeldrevet, och det kan krävas en viss kraft för att det ska lossna

4.6a Öppna clipsen . . .

Förhindra att remskivan vrids medan fästbultarna lossas genom att lägga i högsta växeln (manuell växellåda) eller P (automatväxellåda) och låt en medhjälpare trycka ned fotbromsen. Om detta inte är möjligt, håll åtminstone drevet på plats genom att linda en bit gummislang eller innerslang runt det.

10 Skruva ur bultarna och ta bort vattenpumpens remskiva så att kamremmens nedre kåpa kan demonteras.

11 Skruva ur skruvarna och dra ut clipsen, lyft ut den nedre kamremskåpan.

12 Se avsnitt 5 och slacka kamremsspänningen genom att lossa lite på spännarens mutter så att den kan dras undan något från remmen **(se bild)**.

13 Undersök om det finns märken för rotationsriktning på kamremmen. Om sådana saknas, gör egna med tipp-ex.

Varning: Om kamremmen ser ut att vara i bra skick och därmed kan återanvändas är det viktigt att den monteras för samma rotationsriktning, i annat fall slits den ut mycket snabbare.

14 Lyft av remmen från dreven, var nog med att inte vrida för mycket på den. Kontrollera att dreven fortfarande är uppriktade mot respektive märken även när kamremmen är borttagen.

Varning: Om kamaxeln vrids medan kamremmen är demonterad och motorn ställd i ÖD kan kontakt mellan kolvar och ventiler uppstå, vilket kan leda till allvarliga motorskador.

15 Undersök kamremmen noga, leta efter spår av föroreningar från kylvätska eller olja. Om sådana spår finns ska föroreningskällan först av allt åtgärdas innan något annat utförs. Kontrollera remmens skick vad gäller skador eller slitage, speciellt då kring tändernas framkanter. Byt ut kamremmen om det råder minsta tvivel om dess skick – priset på en ny kamrem är försumbart jämfört med de reparationskostnader som kan uppstå om remmen brister när motorn går. Om du vet att

4.6b . . . och avlägsna övre kamremskåpan (visas med urplockad motor för tydlighetens skull)

remmen använts mer än 60 000 km är det klok att byta den som en förebyggande åtgärd oavsett dess skick.

16 Om inte kamremmen ska monteras omedelbart är det klokt att hänga en varningslapp på ratten för att påminna dig själv och andra om att inte försöka starta motorn.

Montering

17 Kontrollera att synkroniseringsmärkena fortfarande är korrekt uppriktade för cylinder nr 1 på ÖD enligt beskrivning i avsnitt 2.

18 Dra kamremmen löst under drevet på vevaxeln, följ märken för rotationsriktning.

19 Montera provisoriskt remskivan på drevet med två av bultarna – observera att de asymmetriskt placerade hålen bara medger ett monteringsläge.

20 Låt kamremmens tänder greppa i vevaxeldrevet och för remmen på plats över dreven på mellanaxeln och kamaxeln. Var ytterst noga med att inte rubba dreven medan detta moment utförs och följ märkena för rotationsriktning.

21 Dra den plana sidan av remmen över spännrullen – undvik att böja remmen över sig själv eller vrida den överdrivet när detta utförs. Kontrollera att remmen är stram överallt utom den sektion som passerar över spännrullen.

22 Spänn remmen genom att vrida den excentriskt monterade spännaren medurs. Det finns två hål i sidan på spännarens nav för detta – en stabil rätvinklig låsringstång är en bra ersättning för det specialverktyg VAG använder **(se bild)**.

4.12 Slacka på kamremsspänning genom att lossa på spännarens fästmutter (vid pilen) – motorkod 2E visad

4.22 Spänn kamremmen genom att vrida spännaren medurs med en låsringstång

23 Testa kamremmens spänning genom att greppa den mellan tummen och pekfingret mitt emellan mellanaxelns och kamaxels drev och vrida den. Spänningen i remmen är korrekt när den just precis kan vridas 90° (ett kvarts varv) men inte mer.

24 När remspänningen är korrekt ska spännarens mutter dras till angivet moment.

25 Dra runt vevaxeln två hela varv med en hylsnyckel på vevaxelremskivans centrumbult. Ställ motorn i ÖD för cylinder nr 1, se avsnitt 2 och kontrollera att synkroniseringsmärkena är i linje med varandra. Kontrollera kamremmens spänning igen och justera vid behov.

26 Ta bort vevaxelremskivan från drevet så att den nedre delen av yttre kamremskåpan kan monteras på plats och montera sedan remskivan/remskivorna. Lägg märke till att de asymmetriskt placerade hålen bara medger ett monteringsläge. Skruva i och dra åt remskivebultarna till angivet moment.

27 Se kapitel 3 och montera vattenpumpens remskiva.

28 Följ beskrivningen i avsnitt 6 och montera och spänn drivremmen/drivremmarna.

29 Koppla in tändsystemet genom att ansluta högspänningskabeln till fördelaren, koppla sedan in bränslesystemet genom att montera bränslepumpens relä eller säkring. Anslut batteriets jordledning. Om höger framhjul demonterats, sätt tillbaka det och eventuell innerskärm i hjulhuset.

5.5 Dra loss spännaren från sin pinnbult

5 Kamremsdrev och spännare
– demontering, inspektion och montering

1 Innan arbetet påbörjas, gör följande:
a) *Koppla ur tändsystemet genom att dra ur spolens högspänningskabel från fördelaren och jorda den till motorblocket med en skarvsladd.*
b) *Koppla ur bränslesystemet genom att dra ut bränslepumpens relä ur sockeln eller genom att ta ut bränslepumpens säkring.*
c) *Koppla loss batteriets jordledning och för den åt sidan.*

Observera: *Om bilen har en ljudanläggning med stöldskyddskod, se till att du har koden uppskriven innan batteriet kopplas ur. Rådfråga en VAG-verkstad om du är osäker.*

d) *Förhindra att bilen rör sig genom att dra åt handbromsen och klossa bakhjulen.*

2 Gör följande för att komma åt de komponenter som beskrivs i detta avsnitt:
a) *Se avsnitt 6 och demontera drivremmen/drivremmarna*
b) *Se kapitel 3 och demontera vattenpumpens remskiva.*

Kamremmens spännare

Demontering

3 Följ beskrivningarna i relevanta paragrafer i avsnitt 2 och 4, ställ motorn i ÖD för cylinder nr 1 och ta bort övre och nedre kamremskåporna.

4 Lossa fästmuttern i spännarens nav och låt spännaren vridas motsols så att kamremmens spänning släpps. Skruva ur muttern och ta reda på brickan.

5 Dra av spännaren från sin pinnbult **(se bild)**.

Inspektion

6 Torka av spännaren, men använd inga lösningsmedel som kan förorena lagren. Snurra rullen på navet för hand. Kärv rörelse eller för stort spel indikerar allvarligt slitage. Eftersom inget underhåll kan utföras på spännaren måste den bytas mot en ny.

Montering

7 Trä på spännaren på pinnbulten och trä på brickan, skruva på muttern men dra inte åt den i detta läge.

8 Se avsnitt 4 och spänn kamremmen, avsluta med att montera kamremskåporna.

9 Koppla in tändnings- och bränslesystem genom att ansluta tändkabeln och montera reläet (eller säkringen).

Kamdrev

Demontering

10 Se avsnitt 2 och 4, demontera kamremskåporna och ställ motorn i ÖD för cylinder nr 1. Lossa spännarens centrummutter och vrid den motsols så att kamremmen slackar. Ta försiktigt av kamremmen från kamdrevet.

11 Kamdrevet måste hållas fast medan bulten skruvas ur. Om specialverktyget från VAG inte finns tillgängligt kan ett eget verktyg tillverkas av enkla material **(se Haynes tips)**.

12 Spärra kamdrevet med det hemmagjorda verktyget. Skruva ur kamdrevets bult och ta reda på brickan (om monterad).

13 Dra av drevet från kamaxelns ände. Ta reda på woodruff-kilen om sådan finns.

14 När drevet har tagits bort, undersök om kamaxelns oljetätning läcker. Vid behov, gå till avsnitt 8 och följ instruktionerna för byte.

15 Torka rent på drevets och kamaxelns kontaktytor.

Montering

16 Montera i förekommande fall woodruff-kilen i kilspåret med den plana ytan upp. Trä på drevet på kamaxeln så att spåret i drevet greppar runt kilen. Om motorn saknar woodruff-kil ska klacken i drevcentrum greppa i urtaget i kamaxelns ände.

17 Se avsnitt 2 och kontrollera att motorn fortfarande står i ÖD för cylinder nr 1 och montera och spänn kamremmen. Montera kamremskåporna.

18 Montera vevaxelns remskiva/remskivor, skruva i bultarna och dra dem till angivet moment.

19 Se avsnitt 6, montera och spänn drivremmen/drivremmarna.

Vevaxeldrev

Demontering

20 Se avsnitt 2 och 4, demontera kamremskåporna och ställ motorn i ÖD för cylinder nr 1. Lossa spännarens centrummutter och vrid den motsols så att kamremmen slackar. Ta försiktigt av kamremmen från vevaxeldrevet.

Verktygstips: Tillverka en kamdrevshållare av två längder plattjärn, cirka 6 mm tjocklek med 30 mm bred, den ena 600 mm, den andra 200 mm lång (alla mått ungefärliga). Bulta ihop de två plattjärnen så att de utgör en gaffel, låt bulten vara slack så att det kortare benet kan vrids fritt. Skruva i en bult med mutter och låsmutter i vardera benänden så att de kan fungera som hävpunkter, dessa ska greppa i urtagen på kamdrevet och ha ett utstick på cirka 30mm

21 Vevaxeldrevet måste fixeras medan fästbulten lossas. Om det speciella svänghjulslåset från VAG inte finns tillgängligt kan vevaxeln låsas enligt följande: Demontera startmotorn enligt beskrivning i kapitel 5A så att kuggkransen blir åtkomlig. Låt sedan en medhjälpare hålla en kraftig hävarm mellan kuggarna och svänghjulskåpan medan drevbulten lossas.
22 Dra ut bulten, ta vara på brickan och lyft av drevet **(se bild)**.
23 När drevet tagits loss, kontrollera om vevaxelns oljetätning läcker. Se vid behov avsnitt 10 och byt ut den.
24 Torka rent på kontaktytorna mellan drev och vevaxel.

Montering

25 Trä på drevet, låt klacken på insidan av drevets centrum greppa i urtaget på vevaxelns ände. Skruva i bulten och dra den till angivet moment.
26 Se avsnitt 4 och kontrollera att motorn fortfarande står i ÖD för cylinder nr 1. Montera och spänn kamremmen och avsluta med att montera kamremskåporna.
27 Montera vevaxelns remskiva/remskivor, skruva i bultarna och dra dem till angivet moment.
28 Se avsnitt 6 och montera och spänn drivremmen/drivremmarna.

Mellanaxelns drev

Demontering

29 Se avsnitt 2 och 4 och ställ motorn i ÖD för cylinder nr 1, med demonterade kamremskåpor. Lossa spännarens centrummutter och vrid den motsols så att kamremmen slackar. Ta försiktigt av kamremmen från mellanaxelns drev.
30 Mellanaxelns drev måste fixeras medan bulten lossas. Om det speciella VAG-verktyget inte finns till hands kan ett redskap tillverkas av enkla material enligt beskrivningen i underavsnittet för demontering av kamdrevet.
31 Använd det hemmagjorda redskapet och spärra mellanaxelns drev, skruva loss bulten och ta i förekommande fall reda på brickan.
32 Dra av drevet från mellanaxelns ände. Ta i förekommande fall reda på woodruff-kilen.
33 När drevet tagits bort, kontrollera om mellanaxelns oljetätning läcker. Se vid behov avsnitt 9 och byt den.
34 Torka rent på kontaktytorna mellan drevet och axeln.

Montering

35 Placera i förekommande fall woodruff-kilen i kilspåret med den plana ytan upp. Trä på drevet på axeln så att spåret i drevet greppar kring kilen.
36 Se avsnitt 2 och kontrollera att motorn fortfarande står i ÖD för cylinder nr 1. Där så är tillämpligt ska mellanaxelns drev riktas upp mot märkena på vevaxelns remskiva.

5.22 Demontering av vevaxelns drev

37 Dra drevets fästbult till angivet moment, lägg på mothåll med den metod som användes vid demonteringen.
38 Se avsnitt 4 och montera och spänn kamremmen, avsluta med att montera kamremskåporna.
39 Montera vevaxelns remskiva/remskivor, skruva i bultarna och dra dem till angivet moment.
40 Se avsnitt 6 och montera och spänn drivremmen/drivremmarna.

6 Drivrem – demontering, montering och spänning

Allmän information

1 Beroende på bilens specifikation och typ av motor kan en eller två drivremmar finnas monterade. Båda drivs från vevaxelremskivor och de driver generator, vattenpump, servostyrningspump och på bilar med luftkonditionering även kylmediapumpen.
2 Remmarnas dragning och vad de driver beror på specifikation och typ av motor.
3 De flesta modeller fram till 1994 har endast kilremmar. Remmen till generator och vattenpump spänningsregleras genom att generatorn flyttas på sina fästen – en kuggstångsjustering finns för remspänningen **(se bild)**. Servopumpremmens spänning justeras genom att servopumpen vrids i sina fästen.
4 Modeller efter 1994 har en ribbad drivrem, som kan vara försedd med en automatisk spännare beroende på remdragningen (och

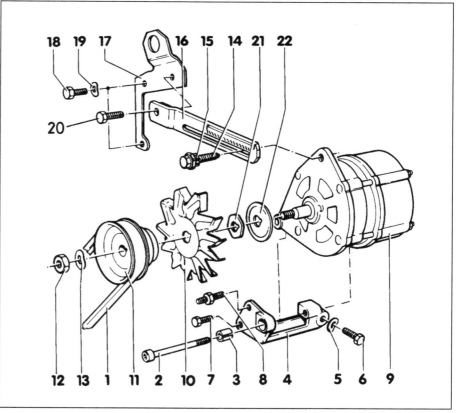

6.3 Generator och fästen – tidiga modeller med kilrem

1 Drivrem	*6 Bult*	*12 Mutter*	*18 Bult*
2 Bult med	*7 Bult*	*13 Bricka*	*19 Bricka*
sexkantsskalle	*8 Pinnbult*	*14 Bult*	*20 Bult*
3 Hylsa	*9 Generator*	*15 Spännpinjong*	*21 Distans*
4 Fäste	*10 Fläktskiva*	*16 Kuggstång*	*22 Bricka*
5 Bricka	*11 Remskiva*	*17 Lyftögla*	

6.13a Kontroll av generatorns kilremsspänning

6.13b Justering av kilremmens spänning

hur många komponenter den driver). I annat fall spänns remmen via generatorfästena, som har en inbyggd spännfjäder. Senare modeller har fortfarande en kilrem till servopumpen.

5 Det är viktigt att drivremmarna har korrekt spänning för att de ska fungera korrekt under alla förhållanden och för att de ska hålla länge.

Drivremmar

Generatorns drivrem

6 Parkera bilen på plan mark och dra åt handbromsen. Lossa batteriets jordledning och för undan den från batteriet.

Observera: Om bilen har en ljudanläggning med stöldskyddskod, se till att du har koden uppskriven innan batteriet kopplas ur. Rådfråga en VAG-verkstad om du är osäker. Ställ framvagnen på pallbockar – se "Lyftning och stödpunkter".

7 Ge fullt rattutslag åt höger. Högra framhjulet kan vid behov lyftas av för bättre åtkomlighet. Vissa senare modeller kan ha innerskärmar av plast som då måste demon-teras för att man ska komma åt motorn genom hjulhuset.

8 Lossa generatorns pivå- och justerbultar och vrid på spännarstångens bult för att flytta generatorn närmare motorn.

9 Om bilen har servostyrning måste servopumpens kilrem demonteras innan generatorremmen kan dras över vevaxelns remskiva.

10 Dra av remmen från generatorns, vevaxelns och vattenpumpens remskivor (efter tillämplighet).

11 Undersök om remmen är sliten eller skadad och byt vid behov.

12 Montera den nya drivremmen på de relevanta remskivorna, kontrollera att remmen sätter sig korrekt i spåren på remskivorna.

13 Spänn remmen genom att vrida spännarstångens bult så att avböjningen på det största avståndet fri rem mellan två remskivor motsvarar specifikationerna i början av detta kapitel **(se bilder)**. När justeringen är klar ska generatorns pivå- och justerbultar dras åt.

14 Rotera vevaxeln två varv i normal riktning och kontrollera remspänningen, justera vid behov. Montera eventuell innerskärm, sätt tillbaka höger framhjul och ställ ned bilen på marken. Montera servopumpens drivrem om denna tagits bort och spänn den enligt anvisningarna i nästa delavsnitt. Koppla in batteriet.

Servopumpens drivrem

15 Se paragraf 6 och 7 för åtkomst av drivremmen.

16 Se kapitel 10 och lossa servopumpens fästbultar så att pumpen kan vridas runt sitt övre fäste i riktning mot motorn.

17 Lossa kilremmen från servopumpens remskiva och i tillämpliga fall vattenpumpens remskiva.

18 Undersök om remmen visar tecken på skador eller slitage och byt ut den vid behov.

19 Montering sker i omvänd arbetsordning, kontrollera att remmen sätter sig i remskivespåren.

Tidiga modeller

20 Remmen spänns med hjälp av en spännbult och en låsbult **(se bilder)**. Lossa pumpens alla fästande bultar och muttrar, vrid

på spännbulten så att korrekt spänning uppstår och dra åt låsbulten. Avsluta med att dra åt övriga fästbultar ordentligt.

Senare modeller

21 Det enklaste sättet att spänna pump-remmen på senare modeller är att greppa tag i pumpens undersida och dra den mot bilens front. Avsluta med att dra pumpens fästbultar till angivet moment.

Samtliga modeller

22 Rotera vevaxeln två varv i normal riktning, kontrollera remspänningen och justera vid behov. Montera eventuell innerskärm och sätt på höger framhjul, ställ ned bilen på marken. Koppla in batteriet.

Luftkonditioneringskompressorns drivrem

23 Denna drivrem spänns på exakt samma sätt som generatorns drivrem, se beskrivningen i paragraf 6 till 14.

Ribbad drivrem

Demontering

24 Parkera bilen på plan mark och dra åt handbromsen. Lossa batteriets jordledning och för undan den från batteriet.

Observera: Om bilen har en ljudanläggning med stöldskyddskod, se till att du har koden uppskriven innan batteriet kopplas ur. Rådfråga en VAG-verkstad om du är osäker. Ställ framvagnen på pallbockar – se "Lyftning och stödpunkter".

25 Ge fullt rattutslag åt höger. Om så önskas kan högra framhjulet lyftas av för bättre åtkomlighet. Vissa senare modeller kan ha innerskärmar av plast som då måste demonteras för att man ska komma åt motorn genom hjulhuset. Demontera i tillämpliga fall kilremmen enligt beskrivning i föregående delavsnitt.

26 Undersök om remmen har märken för rotationsriktningen. Om sådana saknas, märk upp riktningen med tipp-ex eller färg – inga hack eller spår får göras i remmen.

Bilar med automatisk spänning i form av arm och rulle

27 Vrid spännrullens arm medurs mot fjädertrycket så att rullen tvingas från remmen – använd en skiftnyckel som hävstång **(se bild)**.

6.20a Spännbult till servostyrningspumpens drivrem

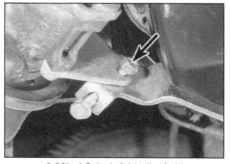

6.20b Låsbult (vid pilen) till servostyrningspumpens spännare

6.27 Vrid spännrullens arm medurs med en skiftnyckel

Bilar med roterande automatisk spänning
28 Placera en ringnyckel över spännarens centrummutter och vrid enheten motsols mot fjäderns tryck.

Bilar utan automatisk spänning
29 Lossa generatorns övre och nedre fästbultar ett till två varv.
30 Tryck generatorn mot sitt stopp mot fjädertrycket så att den vrids runt sitt övre fäste.

Samtliga bilar
31 Dra av remmen från generatorns remskiva och sedan från övriga remskivor.
32 Undersök om remmen visar tecken på skador eller slitage och byt ut den vid behov.
33 Trä den ribbade remmen under vevaxelns remskiva, kontrollera att ribborna sätter sig väl i spåren på remskivan.
Varning: Följ tillverkarens anvisningar för monteringsriktning vid monteringen.

Bilar med automatisk spänning i form av arm och rulle
34 Vrid spännarrullens arm medurs mot fjädertrycket, använd en skiftnyckel som hävarm.
35 Trä remmen runt vattenpumpens eller luftkonditioneringskompressorns remskiva (efter tillämplighet) och sedan över generatorns remskiva.
36 Släpp spännararmen och låt rullen vila på den plana sidan av remmen.

Bilar med roterande automatisk spänning
37 Lägg en ringnyckel på spännarens centrummutter och vrid enheten motsols mot fjädertrycket.
38 Trä den plana sidan av remmen under spännarrullen och sedan över servopumpens och generatorns remskivor.
39 Släpp nyckeln och låt rullen vila på remmens plana sida.

Bilar utan automatisk spänning
40 Tryck generatorn flera gånger mot sitt stopp, mot fjädertrycket, så att den vrids runt övre fästet och kontrollera and den förs tillbaka av fjädertrycket utan att kärva. Lossa vid behov fästbultarna ytterligare ett halvt varv.
41 Håll generatorn nedtryckt mot stoppet, trä remmen över generatorremskivan och släpp generatorn så att den kan spänna remmen.
42 Koppla in batteriet och kör motorn på tomgång i 10 sekunder utan att dra åt generatorbultarna.
43 Stäng av motorn och dra åt generatorbultarna till angivet moment, börja med den nedre bulten.

Samtliga bilar
44 Se i tillämpliga fall relevant underavsnitt och montera kilremmen.
45 Montera eventuell innerskärm och sätt tillbaka höger framhjul om det demonterats, ställ sedan ned bilen på marken. Om det inte redan gjorts, anslut batteriet.

7.6a Avlägsna förstärkningsbanden . . .

7 Ventilkåpa – demontering och montering

Demontering

1 Förhindra motorrörelser genom att göra följande:
a) *Koppla ur bränslesystemet genom att dra ut bränslepumpens relä ur sockeln eller genom att ta ut bränslepumpens säkring.*
b) *Koppla ur tändsystemet genom att dra ur spolens högspänningskabel från fördelaren och jorda den till motorblocket med en skarvsladd.*
c) *Koppla ur batteriets jordledning och för den åt sidan.*

Observera: Om bilen har en ljudanläggning med stöldskyddskod, se till att du har koden uppskriven innan batteriet kopplas ur. Rådfråga en VAG-verkstad om du är osäker.

2 Lossa vevhusventilationens slang(ar) från ventilkåpan. Om slangklämmor av krymptyp används, skär bort dem och ersätt dem med skruvade slangklämmor vid monteringen. På modeller med tryckregulator på ventilkåpan (två slangar) ska tryckregulatorn skruvas loss och tas bort.
3 På senare modeller med motorkod 2E kan åtkomligheten förbättras genom att tomgångens stabiliseringsventil demonteras, se kapitel 4B.
4 Där så behövs för bättre arbetsutrymme kan trottelvajern lossas från trottelhuset, se kapitel 4A.
5 Arbeta runt ventilkåpans kanter och lossa och skruva stegvis ur muttrarna.

7.6b . . . och lyft av ventilkåpan

6 Där förstärkningsband är monterade, lyft undan dessa. Lyft sedan bort kåpan från topplocket **(se bilder)**. Om den sitter fast, försök inte bända loss den med något redskap – lossa den genom att knacka lätt runt kanterna med en gummiklubba.
7 Om det finns ett skvalpskott på kamaxellageröverfallen ska detta demonteras **(se bild)**.
8 Ta reda på ventilkåpans packning **(se bild)**. Lägg märke till att packningen kan bestå av flera delar beroende på motorns specifikation. Undersök packningen noga – byt den om den är skadad, sliten eller har tjänstgjort länge. Om en flerdelad packning används anger VW att packningen alltid måste bytas om den rubbats, oavsett skick.
9 Rengör fogytorna på ventilkåpa och topplock noga, avlägsna alla spår av olja och gammal packning, var dock noga med att inte skada fogytorna.

Montering

10 Ventilkåpan monteras i omvänd arbetsordning, tänk på följande:
a) *Se till att alla packningsdelar är korrekt placerade på topplocket och undvik att rubba dem när ventilkåpan sänks på plats.*
b) *Dra ventilkåpans muttrar till angivet moment.*
c) *När slangar som ursprungligen hade krympclips monteras ska clipsen bytas ut mot standard slangklämmor.*

11 Avsluta med att koppla in bränsle- och tändsystem genom att montera reläet (eller säkringen) till bränslepumpen och ansluta tändkabeln. Sätt tillbaka eventuella delar som demonterats för åtkomlighet och återanslut batteriet.

7.7 Lyft i förekommande fall ur skvalpskottet . . .

7.8 . . . och ta vara på packningen

8 Kamaxelns oljetätning – byte

1 Förhindra motorrörelser genom att göra följande:

a) *Koppla ur bränslesystemet genom att dra ut bränslepumpens relä ur sockeln eller genom att ta ut bränslepumpens säkring.*

b) *Koppla ur tändsystemet genom att dra ur spolens högspänningskabel från fördelaren och jorda den till motorblocket med en skarvsladd.*

c) *Koppla ur batteriets jordledning och för den åt sidan.*

Observera: *Om bilen har en ljudanläggning med stöldskyddskod, se till att du har koden uppskriven innan batteriet kopplas ur. Rådfråga en VAG-verkstad om du är osäker.*

2 Se avsnitt 6 och ta bort drivremmen/-drivremmarna.

3 Se avsnitt 2, 4 och 5 i detta kapitel och demontera remskivor och kamremskåpor. Ställ sedan motorn i ÖD för cylinder nr 1 och demontera kamrem, spännare och kamdrev.

4 Skruva ur skruvarna och lyft undan den inre kamremskåpan från blocket – detta gör oljetätningen synlig.

5 Borra två små hål i den befintliga tätningen, diagonalt motsatta varandra. Skruva i två plåtskruvar i hålen och använd två tänger för att dra ut tätningen. Var noga med att inte borra hål i tätningshuset eller kamaxelns lageryta.

6 Rengör tätningshuset och kamaxelns tätningsyta genom att torka av dem med en luddfri trasa – undvik lösningsmedel som kan komma in i topplocket och påverka smörjningen. Ta bort filspån eller borrskägg som kan orsaka att tätningen läcker.

7 Smörj den nya tätningens läpp med ren motorolja och tryck på den över kamaxeln till dess att den är rakt över huset.

8 Använd hammare och passande hylsa och driv in tätningen i huset **(se bild)**.

Observera: *Välj en hylsa som bara trycker på tätningens hårda yttersida och inte på läppen – den kan lätt ta skada.*

9 Se avsnitt 2, 4 och 5 i detta kapitel, montera kamaxeldrevet och montera och spänn kamremmen. Avsluta med att montera de yttre kamremskåporna och remskivan/-remskivorna.

10 Se avsnitt 6, montera och spänn driv-remmen/drivremmarna.

11 Avsluta med att koppla in bränsle- och tändsystem genom att montera reläet (eller säkringen) till bränslepumpen och ansluta tändkabeln. Anslut batteriet.

9 Mellanaxelns oljetätning – byte

1 Förhindra motorrörelser genom att göra följande:

a) *Koppla ur bränslesystemet genom att dra ut bränslepumpens relä ur sockeln eller genom att ta ut bränslepumpens säkring.*

b) *Koppla ur tändsystemet genom att dra ur spolens högspänningskabel från fördelaren och jorda den till motorblocket med en skarvsladd.*

c) *Koppla ur batteriets jordledning och för den åt sidan.*

Observera: *Om bilen har en ljudanläggning med stöldskyddskod, se till att du har koden uppskriven innan batteriet kopplas ur. Rådfråga en VAG-verkstad om du är osäker.*

2 Se avsnitt 6 och demontera drivremmen/drivremmarna.

3 Se avsnitt 4 och 5 i detta kapitel och demontera remskivor, yttre kamremskåpa, kamrem, spännare och mellanaxelns drev.

4 Skruva ur skruvarna och lyft undan inre kamremskåpan från blocket – detta gör oljetätningens fläns synlig.

5 Se avsnitt 7 i kapitel 2C och demontera mellanaxelns fläns och oljetätningar.

6 Se avsnitt 4 och 5 i detta kapitel och gör följande:

a) *Montera inre kamremskåpan.*

b) *Montera mellanaxelns drev.*

c) *Montera och spänn kamremmen.*

d) *Montera yttre kamremskåpan.*

7 Se avsnitt 6, montera och spänn driv-remmen/drivremmarna.

10 Vevaxelns oljetätningar – byte

Vevaxelns främre oljetätning

1 Förhindra motorrörelser genom att göra följande:

a) *Koppla ur bränslesystemet genom att dra ut bränslepumpens relä ur sockeln eller genom att ta ut bränslepumpens säkring.*

b) *Koppla ur tändsystemet genom att dra ur spolens högspänningskabel från fördelaren och jorda den till motorblocket med en skarvsladd.*

c) *Koppla ur batteriets jordledning och för den åt sidan.*

Observera: *Om bilen har en ljudanläggning med stöldskyddskod, se till att du har koden uppskriven innan batteriet kopplas ur. Rådfråga en VAG-verkstad om du är osäker.*

2 Tappa av motorns olja – se kapitel 1A.

3 Se *"Lyftning och stödpunkter"* och ställ framvagnen på pallbockar.

4 Ge fullt rattutslag åt höger. Om så önskas kan högra framhjulet lyftas av för bättre åtkomlighet. Vissa senare modeller kan ha innerskärmar av plast som då måste demonteras för att man ska komma åt motorn genom hjulhuset.

5 Demontera drivremmen/drivremmarna – se avsnitt 6.

6 Se avsnitt 2, 4 och 5 i detta kapitel och demontera remskivor, yttre kamremskåpor, kamrem och vevaxelns drev.

7 Dra ut oljetätningen, använd den metod som beskrivs för byte av kamaxelns oljetätning i avsnitt 8.

8 Rengör tätningshuset och vevaxelns tätningsyta genom att torka av dem med en luddfri trasa – undvik lösningsmedel som kan komma in i vevhuset och påverka smörjningen. Ta bort filspån eller borrskägg som kan orsaka att tätningen läcker.

9 Smörj den nya tätningens läpp med ren motorolja och tryck på den över vevaxeln till dess att den är rakt över huset. **(se bild)**.

10 Använd hammare och passande hylsa och driv in tätningen i huset **(se bild)**.

8.8 Driv in kamaxelns oljetätning i huset i rät vinkel

10.9 Smörj den nya oljetätningen till vevaxeln och placera den över huset

10.10 Använd hammare och en hylsa och driv in tätningen i huset

Observera: *Välj en hylsa som bara trycker på tätningens hårda yttersida och inte på läppen – den kan lätt ta skada.*

11 Se avsnitt 2, 4 och 5 i detta kapitel, montera vevaxeldrevet och montera och spänn kamremmen. Avsluta med att montera yttre kamremskåporna och remskivan/ remskivorna.

12 Resten av monteringen sker i omvänd arbetsordning enligt följande:

a) *Se avsnitt 6, montera och spänn drivremmen/drivremmarna.*

b) *Sätt på höger framhjul (om det demonterats).*

c) *Se kapitel 1A och fyll motorn med olja av rätt typ och mängd.*

d) *Anslut bränsle- och tändsystemen.*

Vevaxelns främre oljetätningshus – byte av packning

13 Följ beskrivningarna i paragraf 1 till 6 ovan, gå sedan till avsnitt 15 och demontera sumpen.

14 Lossa stegvis och skruva ur oljetätningshusets bultar.

15 Lyft undan huset från motorblocket tillsammans med oljetätningen, vrid lite så att det blir lättare att dra tätningen längs axeln.

16 Ta reda på den gamla packningen till huset på blocket. Om den är helt förstörd, skrapa bort resterna. Var noga med att inte skada fogytorna.

17 Bänd ut oljetätningen ur huset med en stor skruvmejsel.

18 Torka rent i tätningshuset och se efter om det finns spår av skevhet eller sprickor. Lägg huset på en arbetsyta med fogytan nedåt. Tryck in den nya tätningen med en träkloss som press så att den nya tätningen går in rakt i huset.

19 Pensla in vevhusets fogyta med en ej härdande packningsmassa och lägg en ny packning på plats.

20 Lägg ett lager tejp på vevaxelns ände, det skyddar oljetätningen när den monteras.

21 Smörj den inre läppen på vevaxelns oljetätning med ren motorolja och trä på hus och tätning på vevaxelns ände. Skjut försiktigt på tätningen med en skruvande rörelse till dess att huset är jäms med vevhuset.

22 Skruva in bultarna och dra dem stegvis till angivet moment **(se bild)**.

Varning: *Oljetätningens hus är av lättmetall och kan bli skevt om inte bultarna dras åt stegvis.*

23 Se avsnitt 15 och montera sumpen.

24 Se avsnitt 2, 4 och 5 i detta kapitel och montera kamremmens drev, montera och spänn kamremmen. Avsluta med att montera yttre kamremskåpan och remskivan/ remskivorna.

25 Resten av monteringen sker i omvänd arbetsordning enligt följande:

a) *Se avsnitt 6, montera och spänn drivremmen/drivremmarna.*

b) *Sätt på innerskärm och höger framhjul (om det demonterats).*

c) *Se kapitel 1A och fyll motorn med olja av rätt typ och mängd.*

d) *Anslut bränsle- och tändsystemen.*

10.22 Dra främre oljetätningshusets bultar till angivet moment

Vevaxelns bakre oljetätning (svänghjulssidan)

Observera: *Kontrollera att en tätning finns tillgänglig innan du fortsätter.*

26 Följ beskrivningen i paragraf 1 till 3 och demontera sedan sumpen enligt beskrivning i avsnitt 15.

27 Ge fullt rattutslag åt vänster. Om bättre arbetsutrymme önskas kan vänster framhjul lyftas av. Vissa senare modeller kan ha en innerskärm av plast som då måste demonteras för att man ska komma åt motorn genom hjulhuset.

28 Se kapitel 7A eller B efter tillämplighet och demontera växellådan från motorn.

29 För bilar med manuell växellåda, se avsnitt 13 i detta kapitel och demontera svänghjulet, gå sedan till kapitel 6 och demontera kopplingens lamell och tryckplatta.

30 För bilar med automatväxellåda, se avsnitt 13 i detta kapitel och demontera drivplattan från vevaxeln.

31 Där så är tillämpligt ska bultarna skruvas ur så att mellanplattan kan lyftas bort från blocket.

32 Lossa och skruva stegvis ur oljetätningshusets bultar.

33 Lyft undan huset från blocket tillsammans med oljetätningen med en vridande rörelse så att tätningen glider lättare utmed axeln.

34 Ta reda på den gamla packningen till huset på blocket. Om den är helt förstörd, skrapa bort resterna. Var noga med att inte skada fogytorna.

35 Bänd ut oljetätningen ur huset med en stor skruvmejsel.

10.40 Dra bakre oljetätningshusets bultar till angivet moment

36 Torka rent i tätningshuset och se efter om det finns spår av skevhet eller sprickor. Lägg huset på en arbetsyta med fogytan nedåt. Tryck in den nya tätningen med en träkloss som press så att den nya tätningen går in rakt i huset.

37 Pensla in vevhusets fogyta med en ej härdande packningsmassa och lägg en ny packning på plats.

38 En skyddshuv av plast medföljer genuina VAG vevaxeloljetätningar. När denna placeras över vevaxeländen skyddar den mot skador på inre tätningsläppen vid montering. Om huven saknas, använd tejp.

39 Smörj den inre läppen på vevaxelns oljetätning med ren motorolja och trä på hus och tätning på vevaxelns ände. Skjut försiktigt på tätningen med en skruvande rörelse till dess att huset är jäms med vevhuset.

40 Skruva in bultarna och dra dem stegvis till angivet moment **(se bild)**.

Varning: *Oljetätningens hus är av lättmetall och kan bli skevt om inte bultarna dras åt stegvis.*

41 Se avsnitt 15 och montera sumpen.

42 Montera mellanplattan på motorblocket, skruva sedan in och dra åt bultarna.

43 För bilar med automatväxellåda, följ avsnitt 13 i detta kapitel och montera drivplattan på vevaxeln.

44 För bilar med manuell växellåda, följ avsnitt 13 i detta kapitel och montera svänghjulet. Gå sedan till kapitel 6 och följ instruktionerna för montering av lamell och tryckplatta i kopplingen.

45 Följ instruktionerna i kapitel 7A eller B efter tillämplighet och montera växellådan på motorn.

46 Resten av monteringen sker i omvänd arbetsordning enligt följande:

a) *Sätt på innerskärm och vänster framhjul.*

b) *Se kapitel 1A och fyll motorn med olja av rätt typ och mängd.*

c) *Anslut bränsle- och tändsystem.*

11 Topplock och insugs-/avgasgrenrör – demontering, isärtagning och montering

Observera 1: *Från och med mars 1995 monterades en topplockspackning av metall som ersättning för den tidigare typen. Samtidigt infördes modifierade topplocks-bultar som identifieras av tre upphöjda klackar på bultskallarna. Efter detta datum levereras den senare packningstypen till samtliga motorer, vilket innebär att topplocksbultarna måste ersättas med den senare typen.*

Observera 2: *I bilar med motorkoden RP inkluderar fogen mellan grenröret och det nedåtgående röret två fjäderclips som är i det närmaste omöjliga att ta bort utan VW specialverktyg 4140A/2. Se kapitel 4D avsnitt 7 för ytterligare information.*

11.31a Lägg en ny topplockspackning på blocket, låt den greppa i styrstiften – tidig typ av packning visad

Demontering

1 Parkera bilen på en stabil, plan yta. Lämna tillräckligt med utrymme omkring den så att du kan röra dig obehindrat.
2 Se kapitel 11 och lyft av motorhuven från gångjärnen.
3 Lossa batteriets jordledning och för undan den från batteriet.
Observera: *Om bilen har en ljudanläggning med stöldskyddskod, se till att du har koden uppskriven innan batteriet kopplas ur. Rådfråga en VAG-verkstad om du är osäker.*
4 Se kapitel 1A och gör följande:
 a) *Tappa ur motoroljan.*
 b) *Töm kylsystemet.*
5 Se avsnitt 6 och demontera drivremmen/ drivremmarna.
6 Se avsnitt 2 och ställ motorn i ÖD för cylinder nr 1.
7 Se kapitel 3 och gör följande:
 a) *Lossa clipsen och dra ut kylarslangarna från motorn och vattenpumpen/ termostathuset (efter tillämplighet).*
 b) *Lossa clipsen och dra ut expansionskärlets och kupévärmarens in- och utgående kylvätskeslangar från portarna på topplocket.*
8 "Låshållaren" är en panel som består av strålkastarna, kylargrillen (senare modeller) och huvlåset. Även om det inte är nödvändigt att demontera denna panel blir motorn mycket mer lättåtkomlig om det görs, se kapitel 11.
9 Se kapitel 4A eller 4B och dra ur kontakten till lambdasonden från stamkabelhärvan (där tillämpligt).
10 Se kapitel 1A och ta loss tändkablarna från tändstiften och fördelaren.
11 På modeller med flerpunkts bränsle-insprutning ska trottelhus, bränslerör och injektorer demonteras enligt beskrivningen i kapitel 4B.
12 På modeller med enpunkts bränsle-insprutning ska trottelhusets luftlåda och trottelhuset demonteras enligt beskrivning i kapitel 4A.
13 Se avsnitt 2, 4 och 7 och gör följande:
 a) *Demontera ventilkåpan.*
 b) *Demontera yttre kamremskåporna och lossa kamremmen från kamdrevet.*
14 Skruva ur skruvarna eller lossa clipsen och lyft av inre kamremskåpan/kåporna.

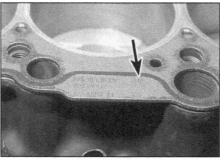

11.31b Kontrollera att tillverkarens märke "TOP" och katalognummer är vända uppåt

15 Se kapitel 4A eller B efter tillämplighet och dra ur kontakten till kylvätskans temperatur-givare.
16 Se kapitel 4D och lossa nedåtgående röret från grenrörets fläns.
17 Där tillämpligt ska varmluftsslangen lossas från grenrörets värmesköld.
18 Skruva ur den bult som fäster motoroljans mätstickerör vid topplocket.
19 Skruva ur den skruv som fäster kabel-härvans bygel vid topplocket.
20 Skruva stegvis ur topplocksbultarna i omvänd ordning mot den som anges i *"Montering"*, ett halvt varv i taget till dess att alla kan skruvas ur för hand.
21 Kontrollera att ingenting sitter kvar på topplocket och lyft av det från motorblocket. Ta om möjligt hjälp av någon – topplocket är tungt, speciellt om det lyfts av komplett med insugsrör och grenrör.
22 Lyft av packningen från blockets översida, lägg märke till styrstiften. Om dessa sitter löst, dra ut dem och förvara dem tillsammans med topplocket. Kassera inte packningen i detta skede – på vissa modeller behövs den för identifiering.
23 Se kapitel 2C om topplocket ska tas isär för översyn/renovering.

Isärtagning av insugs- och grenrör

24 Insugsrörets demontering och montering beskrivs i kapitel 4A eller B, vilket som är tillämpligt.
25 Skruva stegvis ur grenrörets muttrar. Lyft undan grenröret från topplocket och ta reda på packningarna. I förekommande fall ska

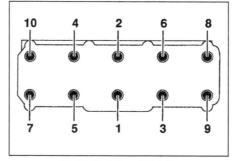

11.35 Ordningsföljd för topplocksbultarnas åtdragning

anslutningen lossas så att CO-prov-tagningsröret kan tas bort från grenröret.
26 Kontrollera att fogytorna är helt rena och montera grenröret med nya packningar. Dra muttrarna till angivet moment.

Förberedelser inför montering

27 Fogytorna mellan motorblock och topp-lock måste vara noggrant rengjorda innan topplocket monteras. Använd en skrapa av hård plast eller trä och ta bort alla packnings-rester och allt sot, rengör även kolvkronorna. Var mycket försiktig vid rengöringen, lättmetallen skadas lätt. Se även till att sot inte kommer in i olje- och vattenkanalerna – detta är särskilt viktigt när det gäller smörjningen eftersom sotpartiklar kan sätta igen olje-kanaler och strypa oljematningen till motordelar. Använd tejp och papper till att försegla kanaler och bulthål i blocket.
28 Kontrollera fogytorna på blocket och topplocket vad gäller repor, hack och andra skador. Smärre skador kan korrigeras med försiktig filning men större skador innebär fräsning eller byte av komponenten.
29 Om topplockets fogyta misstänks vara skev ska den kontrolleras med en stållinjal, se vid behov del C i detta kapitel.
30 I alla de motorer som tas upp i detta kapitel föreligger risk att kolvkronorna kan komma i kontakt med ventilerna om kamaxeln vrids medan kamremmen är demonterad och vevaxeln står i ÖD. Därför måste vevaxeln ställas i ett annat läge innan topplocket monteras. Vrid vevaxeln, med en hylsnyckel på vevaxelremskivans centrumbult, i normal rotationsriktning så att alla fyra kolvarna är halvvägs ned i loppen med kolv 1 på väg upp – d v s 90° före ÖD.

Montering

31 Lägg en ny topplockspackning på blocket så att den greppar i styrstiften. Var försiktig vid hanterandet av metallpackningen, varje skada på silikonskiktet eller valkarna kommer att resultera i läckor. Kontrollera att till-verkarens märke "TOP" och katalognummer är vända uppåt **(se bilder)**.
32 Ta hjälp av någon och placera topplock och insugs-/grenrör centralt på blocket, se till att styrstiften greppar i urtagen på topplocket. Kontrollera att topplockspackningen är korrekt placerad innan topplockets hela vikt vilar på den.
33 Lägg lite fett på topplocksbultarnas gängor och på bultskallarnas undersidor, använd ett fett av god kvalitet med hög smältpunkt.
34 För försiktigt in varje bult i sitt hål *(låt dem inte falla in)* och skruva in dem för hand så mycket du kan med enbart fingrarna.
35 Arbeta stegvis i visad ordningsföljd och dra topplocksbultarna till momentet för steg 1 med momentnyckel och hylsa **(se bild)**. Upprepa sedan åtdragningsföljden för moment enligt steg 2.

36 När alla bultar dragits till steg 2 ska de vinkeldras med hylsa och förlängningsskaft till steg 3 i samma ordningsföljd. En vinkelmätare rekommenderas för steg 3 för exakthet. Om en vinkelmätare inte finns tillgänglig, gör uppriktningsmärken med vit färg på bultskallen och topplocket innan åtdragningen. Använd märket till att kontrollera att bulten dragits i korrekt vinkel. Upprepa förfarandet för steg 4.

37 Montera inre kamremskåpan och dra åt skruvarna rejält.

38 Se avsnitt 2 och följ beskrivningen för inställning av motorn till ÖD för cylinder nr 1, med demonterad kamrem. Avsluta med att montera kamremmen (se avsnitt 4).

39 Resten av monteringen sker i omvänd arbetsordning enligt följande:

a) Skruva om tillämpligt fast motoroljans mätstickerör på topplocket.

b) Se kapitel 4D och anslut nedåtgående avgasröret till grenröret.

c) För motor med flerpunkts bränsleinsprutning, se kapitel 4B och montera injektorer, bränslerör och trottelhus.

d) För motor med enpunkts bränsleinsprutning, se kapitel 4A och montera trottelhus och luftlåda.

e) Se kapitel 1A och anslut tändkablarna.

f) Se avsnitt 7 och montera ventilkåpan.

g) Se kapitel 11 och montera låshållaren om denna demonterats för bättre åtkomlighet.

h) Se kapitel 3 och anslut alla kylvätskeslangar till kylaren, expansionskärlet och kupévärmaren. Koppla in kylvätskans temperaturgivare.

i) Se avsnitt 6 och montera drivremmen/drivremmarna.

j) Anslut batteriet.

k) Se kapitel 11 och montera motorhuven.

40 Avsluta med att se kapitel 1A och göra följande:

a) Fyll kylsystemet med rätt mängd ny kylvätska.

b) Fyll motorn med olja av rätt typ och mängd.

12 Hydrauliska ventillyftare – funktionstest

⚠️ **Varning: När hydrauliska ventillyftare monterats, vänta minst 30 minuter (men helst till nästa dag) innan motorn startas så att lyftarna får tid att sätta sig. I annat fall kan kolvkronorna slå i ventilerna.**

1 De hydrauliska ventillyftarna är självjusterande och kräver därmed ingen tillsyn vid drift.

2 Om de hydrauliska ventillyftarna blir för högljudda kan deras funktion kontrolleras enligt följande.

3 Varmkör motorn till normal arbetstemperatur. Stäng av motorn och demontera ventilkåpan enligt beskrivning i avsnitt 7.

4 Vrid på kamaxeln genom att vrida vevaxeln med en hylsnyckel till dess att den första kamloben över cylinder nr 1 pekar uppåt.

5 Använd ett bladmått och mät spelet mellan kamlobens fot och ventillyftarens överdel. Om spelet överstiger 0,1 mm är lyftaren defekt och måste då bytas.

6 Om spelet understiger 0,1 mm, tryck ned lyftarens överdel till dess att det känns att den kommer i kontakt med ventilskaftets överdel **(se bild)**. Använd ett redskap av trä eller plast som inte skadar ventillyftarens yta.

7 Om lyftaren flyttar sig mer än 0,1 mm innan den kommer i kontakt med skaftet är lyftaren defekt och ska då bytas.

8 Demontering och montering av hydrauliska ventillyftare beskrivs som en del av topplocksrenovering, se kapitel 2C för en detaljbeskrivning.

13 Svänghjul/drivplatta – demontering, inspektion och montering

Allmän information

Manuell växellåda

1 Svänghjulet är monterat på vevaxeln med tryckplattan påbultad. Demontering av svänghjulet beskrivs nedan.

Automatväxellåda

2 Momentomvandlarens drivplatta är fastbultad på vevaxelns ände. Demontering av drivplattan beskrivs nedan. Demontering av automatväxellåda och momentomvandlare beskrivs i kapitel 7B.

Svänghjul

Demontering

3 Demontera växellådan och kopplingen enligt beskrivningarna i kapitel 7A respektive 6.

4 Lås svänghjulet på plats med ett hemmagjort verktyg tillverkat av metallskrot. Bulta fast det i ett av svänghjulskåpans hål **(se bild)**. Märk upp svänghjulets läge i förhållande till vevaxeln med en färgklick.

5 Skruva ur svänghjulets fästbultar och lyft av svänghjulet.

Varning: Ta hjälp av någon – svänghjulet är mycket tungt.

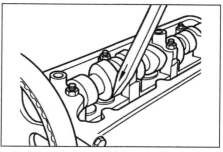

12.6 Tryck ned ventillyftaren till dess att den kommer i kontakt med ventilskaftets överdel

Inspektion

6 Om svänghjulets anliggningsyta mot kopplingen har djupa repor, sprickor eller andra skador måste svänghjulet i regel bytas. Det kan dock vara möjligt att slipa om ytan, rådfråga en VAG-verkstad eller en renoveringsspecialist.

7 Om kuggkransen är mycket sliten eller saknar kuggar måste svänghjulet bytas.

Montering

8 Rengör fogytorna på svänghjulet och vevaxeln. Avlägsna alla spår av gammalt gänglås ur hålen i vevaxeln, använd helst en gängtapp i korrekt storlek.

HAYNES TiPS *Om en gängtapp i rätt storlek inte finns tillgänglig, gör två spår tvärs över gängorna på en gammal svänghjulsbult med en bågfil och använd bulten till att rensa gängorna från gänglås.*

9 Om de nya svänghjulsbultarna inte levererats med redan belagda gängor ska en lämplig gänglåsmassa läggas på varje bults gängor **(se bild)**.

10 För upp svänghjulet mot vevaxeln, följ gjorda uppriktningsmärken och skruva i de nya bultarna.

11 Lås svänghjulet som vid demonteringen och dra svänghjulsbultarna till angivet moment **(se bild)**.

12 Montera kopplingen enligt beskrivning i kapitel 6. Avlägsna låsredskapet och montera växellådan enligt beskrivning i kapitel 7A.

13.4 Svänghjulet låst i läge med ett hemmagjort verktyg

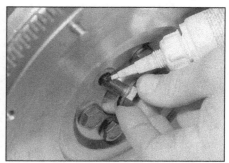

13.9 Lägg vid behov på flytande gänglås på de nya svänghjulsbultarna

13.11 Dra svänghjulsbultarna till angivet moment

Drivplatta

Demontering

13 Demontera växellådan enligt beskrivning i kapitel 7B.
14 Lås drivplattan i läge genom att bulta fast en skrotbit mellan drivplattan och ett hål på svänghjulskåpan. Märk drivplattans läge i förhållande till vevaxeln med en färgklick.
15 Skruva ur drivplattans fästbultar och lyft ut drivplattan. Ta reda på distansplattan och mellanlägget (i förekommande fall) **(se bild)**.

Montering

16 Montering sker i omvänd arbetsordning, följ uppriktningsmärkningen. Använd nya bultar och dra dem till angivet moment. Avlägsna låsredskapet och montera växel-lådan enligt beskrivning i kapitel 7B.

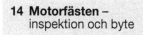

14 Motorfästen –
inspektion och byte

Inspektion

1 Ställ framvagnen på pallbockar om bättre åtkomlighet behövs.
2 Se efter om fästgummina är spruckna, förhårdnande eller delade från metallen på någon punkt. Byt fästet om det har sådana skador eller om slitage är tydligt.
3 Kontrollera att alla fästets förband är väl åtdragna, använd om möjligt en moment-nyckel.
4 Använd en stor skruvmejsel eller ett bräckjärn och kontrollera slitaget i fästet genom att bryta mot det och leta efter spel. Där detta inte är möjligt, låt en medhjälpare vicka på motorn/växellådan, framåt/bakåt och i sidled medan du studerar fästet. Ett visst spel är att vänta även från nya delar men större slitage är tydligt. Om för stort spel förekommer, kontrollera först att fästets förband är väl åtdragna och byt sedan slitna delar enligt beskrivningen nedan.

Byte

Främre motorfäste

5 Lossa batteriets jordledning och för undan den från polen.
6 Placera en garagedomkraft under motorn

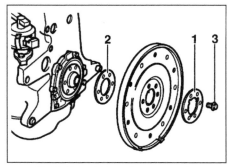

13.15 Drivplattans komponenter
1 Distansplatta   3 Bult
2 Mellanlägg

så att domkraftshuvudet är rakt under fogen mellan motorblocket och svänghjulskåpan.
7 Lyft så mycket på domkraften att främre motorfästet precis avlastas.
8 Skruva ur motorfästets genomgående bult.
9 Se kapitel 5A och demontera startmotorn.
10 Skruva ur bultarna mellan motorfästet och svänghjulskåpan och dra ut bygeln.
11 Skruva ur motorfästesblockets skruv under motorfästets främre tvärbalk.

14.13a Klacken (vid pilen) på monteringsblockets översida greppar i urtaget i fästet

12 Lyft ut fästblocket ur skålen på tvär-balken.
13 Montering sker i omvänd arbetsordning men lägg märke till följande:

a) Se till att den riktningsklack som sticker ut på övre ytan av fästblocket greppar i urtaget på bygeln **(se bild)**.
b) Dra alla bultar till angivet moment **(se bild)**.

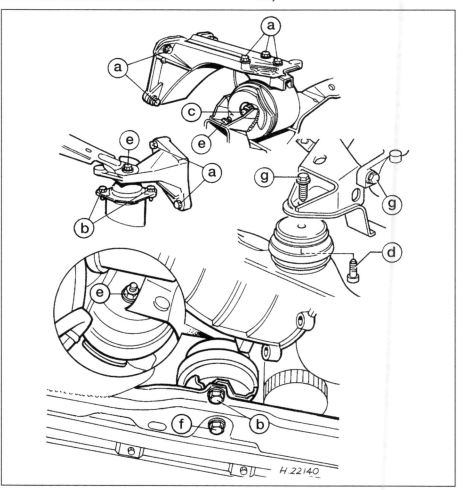

14.13b Motorfästen och bultar – se specifikationerna för åtdragningsmoment

Höger bakre motorfäste

14 Lossa batteriets jordledning.
15 Placera en motorlyftbalk över motor-rummet och koppla bommen till topplockets lyftöglor. Alternativt kan en motorlyft användas. Lyft motorn så mycket att fästet avlastas.
16 Skruva ur motorfästets genomgående bult.
17 Skruva loss motorfästbygeln från blocket.
18 Skruva loss motorfästblocket från karossen och ta ut det ur motorrummet.
19 Montering sker i omvänd arbetsordning men lägg märke till följande:
  a) *Se till att den riktningsklack som sticker ut på övre ytan av fästblocket greppar i urtaget på bygeln.*
  b) *Dra alla bultar till angivet moment (se bild 14.13b).*

Vänster bakre motorfäste

20 Lossa batteriets jordledning och för undan den från polen.
21 Placera en garagedomkraft under motorn så att domkraftshuvudet är rakt under fogen mellan motorblocket och svänghjulskåpan
22 Lyft så mycket på domkraften att vänstra bakre motorfästet precis avlastas.
23 Skruva ur motorfästets genomgående bult.
24 Skruva loss motorfästets bygel från växelådshusets ände.
25 Skruva loss motorfästblocket från karossen och ta ut det ur motorrummet (se bild).
26 Montering sker i omvänd arbetsordning men lägg märke till följande:
  a) *Se till att den riktningsklack som sticker ut på övre ytan av fästblocket greppar i urtaget på bygeln.*
  b) *Dra alla bultar till angivet moment (se bild 14.13b).*

15 Sump –
demontering och montering

Demontering

1 Lossa batteriets jordledning och för undan den från batteriet.
Observera: *Om bilen har en ljudanläggning med stöldskyddskod, se till att du har koden uppskriven innan batteriet kopplas ur. Rådfråga en VAG-verkstad om du är osäker.*

Se kapitel 1A och tappa ur motoroljan. Skruva i förekommande fall loss hasplåten och ta bort den från bilen.
2 Parkera bilen på en plan yta, dra åt handbromsen och klossa bakhjulen.
3 Ställ framvagnen på pallbockar eller ramper, se *"Lyftning och stödpunkter"*.
4 Förbättra sumpens åtkomlighet genom att följa beskrivningen i kapitel 8 för demontering av höger drivaxel från växellådans utgående fläns. Där så behövs kan motorns nedre stänkskydd demonteras.

14.25 Demontering av vänster sidas motorfästblock

5 Arbeta runt sumpens utsida och skruva stegvis ur bultarna (se bild). På vissa modeller måste svänghjulets täckplatta demonteras för att man ska komma åt vänster sidas sumpfästen.
6 Bryt fogen genom att slå på sumpen med handflatan, sänk ned sumpen och avlägsna den från bilens undersida. Ta reda på och kassera sumppackningen. Om ett skvalpskott är monterat, lägg då märke till att det endast kan demonteras sedan oljepumpen skruvats loss (se avsnitt 16).
7 När sumpen är demonterad, tag då tillfället i akt och kontrollera om oljepumpens upp-tagare/sil är igensatt eller sliten. Demontera vid behov pumpen enligt beskrivning i avsnitt 16 och rengör eller byt silen.

Montering

8 Avlägsna alla spår av tätning från fogytorna på sumpen och blocket och torka ur sumpen med en ren trasa.
9 Kontrollera att fogytorna på sump och block är rena och torra, lägg sedan på lämplig packningsmassa på fogytorna.
10 Lägg en ny sumppackning på sumpens fogyta och för upp sumpen och skruva i bultarna. Dra bultar och muttrar jämnt och stegvis till angivet moment.
11 Där så är tillämpligt ska drivaxel och hasplåt sättas tillbaka.
12 Se kapitel 1A och fyll motorn med olja av rätt typ och mängd.
13 Anslut batteriet.

16 Oljepump och oljeupptagare
– demontering, inspektion och montering

Allmän information

1 Oljepump och upptagare är monterade i sumpen. Pumpen drivs från mellanaxeln som roterar med halva vevaxelhastigheten.

Demontering

2 Se avsnitt 15 och demontera sumpen.
3 Skruva ur de bultar som fäster pumpen vid foten av vevhuset (se bild).
4 Sänk ned oljepumpen och upptagaren från vevhuset, ta i förekommande fall reda på skvalpskottet.

15.5 Skruva ur sumpbultarna (motorn urlyft och vänd upp och ned för tydlighetens skull)

Inspektion

5 Skruva ur skruvarna från kopplingsflänsen och lyft undan upptagningsröret. Ta vara på o-ringen. Skruva ur skruvarna och ta bort pumphuset.
6 Rengör pumpen noga och kontrollera att inte kuggarna är slitna eller skadade.
7 Kontrollera i förekommande fall skicket på oljepumpens drivkedja, om länkarna är mycket slitna eller speciellt lösa ska kedjan bytas.

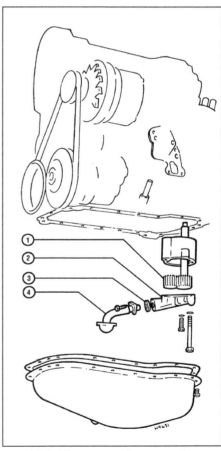

16.3 Oljepumpens komponenter

1 Kugghjul	*3 O-ring*
2 Oljepumpens hus	*4 Upptagningsrör*

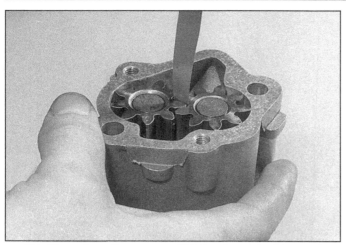

16.8 Kontroll av oljepumpens dödgång (motorkod 2E visad)

16.9 Kontroll av oljepumpens axialspel (motorkod 2E visad)

8 Kontrollera pumpens dödgång med ett bladmått mellan ingreppande kuggar genom att vicka kugghjulen mot varandra för maximalt spel **(se bild)**. Jämför måttet med det gränsvärde som anges i specifikationerna.
9 Kontrollera pumpens axialspel enligt följande. Lägg en ställinjal tvärs över pumphuset och mät spelet mellan linjalen och dreven med ett bladmått **(se bild)**. Jämför

måttet med det gränsvärde som anges i specifikationerna.
10 Om endera måttet ligger utanför angivna gränsvärden är pumpen utsliten och ska därmed bytas.

Montering

11 Montera oljepumpens hus och dra skruvarna till angivet moment.

12 Montera oljeupptagaren på pumpen med ny o-ring, dra skruvarna till angivet moment.
13 Montera i förekommande fall skvalpskottet på plats.
14 För upp pumpen mot vevhuset och dra skruvarna till angivet moment.
15 Se avsnitt 15 och montera sumpen.

Kapitel 2 Del B:
Reparationer med motorn i bilen – dieselmotorer

Innehåll

Svårighetsgrader

Enkelt, passar novisen med lite erfarenhet		Ganska enkelt, passar nybörjaren med viss erfarenhet		Ganska svårt, passar kompetent hemmamekaniker		Svårt, passar hemmamekaniker med erfarenhet		Mycket svårt, för professionell mekaniker	

Specifikationer

Allmänt

Motorkod*
1896cc, mekanisk insprutning, turboladdning, 55 kW	AAZ
1896cc, elektronisk direktinsprutning, turboladdning, 66 kW	1Z eller AHU
1896cc, elektronisk direktinsprutning, turboladdning, 81 kW (01/96 och senare)	AFN

* Observera: Se "Reservdelar och identifikationsnummer" för kodmärkningens placering på motorn.

Lopp	79,5 mm
Slaglängd	95,5 mm

Kompressionsförhållande:
AAZ	22,5:1
Övriga motorer	19,5:1

Kompressionstryck (slitagegräns):
AAZ	26 bar
Övriga motorer	19 bar
Tändföljd	1 - 3 - 4 - 2
Placering för cylinder nr 1	Kamremsänden

Smörjsystem

Oljepump	Sumpmonterad, driven indirekt från mellanaxeln
Normalt oljetryck	2,0 bar minimum (vid 2 000 rpm, oljetemperatur 80°C)
Dödgång i oljepump	0,20 mm (slitagegräns)
Oljepumpens axialspel	0,15 mm (slitagegräns)

Drivremmar

Kilremmens spänning (avböjning mitt emellan remskivor):

Ny rem	2 mm
Begagnad rem	5 mm

Åtdragningsmoment

	Nm
Generatorns fästbultar	25
Remspännarens bultar till fästet	20
Remspännarens remskivebult	20
Remskivebultar	25
Ventilkåpans muttrar	10
Kamdrevets bult	80
Vevaxelremskivans skruvar	25
Främre vevaxeloljetätningshusets bultar	25
Bakre vevaxeloljetätningshusets bultar	10
Vevaxeldrevets bult (splinestyp)*:	
Steg 1	90
Steg 2	Vinkeldra ytterligare 90°
Topplockets bultar*:	
Steg 1	40
Steg 2	60
Steg 3	Vinkeldra ytterligare 90°
Steg 4	Vinkeldra ytterligare 90°
Motorfästen (se bild 14.13b):	
a	25
b	30
c	80
d	50
e	60
f	70
g	55
Avgasgrenrörets muttrar	25
Svänghjulets fästbultar*:	
Steg 1	60
Steg 2	Vinkeldra ytterligare 90°
Glödstift:	
Motorkod AAZ	25
Övriga motorer	15
Tomgångsrulle till kamremskåpa (ej kod AAZ)	25
Insprutningspumpens drevbultar (kod AAZ, 10/94 och senare)	25
Insprutningspumpens drevmutter:	
Motorkod AAZ	45
Övriga motorer	55
Insprutningsrörets anslutningar	25
Insugsrörets bultar	25
Mellanaxelns drevbult	45
Oljekylarens fästmutter	25
Oljefilterfästets bultar till motorn	25
Oljetrycksvakten	25
Oljepumphusets skruvar	10
Oljepumpens fästbultar	25
Oljepumpens upptagningsrör, skruvar	10
Styrservopumpens fästbultar	25
Sumpkåpans bultar (motorkod AFN)	10
Sumpens fästbultar	20
Kamremsspännarens låsmutter (se texten):	
Normal spännare	45
Halvautomatisk spännare	20
Turboaggregatets oljematningsrör till aggregatet (endast motorkod AFN)	10
Turboaggregatets oljematningsrör, anslutningsbultar	25
Turboaggregatets oljereturrör, anslutningsbultar	30
Turboaggregatets muttrar/bultar till avgasgrenröret:	
Motorkod AAZ*	45
Motorkoderna 1Z and AHU	35
Motorkod AFN*	25

Använd nya bultar/muttrar

1 Allmän information

Hur detta kapitel används

Kapitel 2 är uppdelat i tre delar, A, B och C. Reparationsarbeten som kan utföras med motorn på plats i bilen beskrivs i del A (bensinmotorer) och B (dieselmotorer). Del C tar upp hur motorn och växellådan tas ut ur bilen som en enhet samt isärtagning och renovering av motorn.

I delarna A och B utgår arbetsbeskrivningarna från att motorn är på plats i bilen med alla hjälpaggregat monterade. Om motorn lyfts ur för renovering kan den preliminära isärtagning som beskrivs ignoreras.

Åtkomligheten i motorrummet kan förbättras genom att motorhuv och främre låshållare demonteras, se beskrivning i kapitel 11.

Beskrivning av motorn

Motorer identifieras genomgående i detta kapitel med hjälp av tillverkarens kodbeteckning, inte deras slagvolym. En lista över de motorer som tas upp, inklusive deras beteckningar, finns i specifikationerna i detta kapitel.

Motorerna är vattenkylda fyrcylindriga radmotorer med enkel överliggande kamaxel, motorblocken är i gjutjärn och topplocken av aluminiumbaserad lättmetallegering. Motorerna är placerade på tvären i bilens främre del med växellådan fastbultad på motorns vänstra sida.

Topplocket innehåller kamaxeln som drivs från vevaxeln med en tandrem. I topplocket finns även insugs- och avgasventilerna som stängs med enkla eller dubbla spiralfjädrar. Ventilerna löper i styrningar som är inpressade i topplocket. Kamaxeln påverkar ventilerna direkt via hydrauliska lyftare, även dessa monterade i topplocket. Dessutom innehåller topplocket oljekanaler för matning och smörjning av lyftarna.

På motortypen AAZ (indirekt insprutning) har topplocket virvelkammare. Övriga motorer (direktinsprutade) har kolvkronor utformade som förbränningskammare.

Vevaxeln bärs upp av fem ramlager och axialspelet regleras av ett trycklager placerat mellan cylinder 2 och 3.

Samtliga dieselmotorer har en kamremsdriven mellanaxel som driver bromsservons vakuumpump och oljepumpen.

Kylvätska pumpas runt i systemet av en remdriven pump. Kylsystemet beskrivs i detalj i kapitel 3.

Motorns smörjning pumpas runt av en pump som drivs av mellanaxeln. Olja dras från sumpen genom en sil och tvingas sedan genom det externa utbytbara oljefiltret. Från filtret fördelas oljan till topplocket där den smörjer kamaxelns lager och ventillyftarna liksom till vevhuset där den smörjer ramlager, vevstakslager, kolvbultar och cylinderlopp. Motorerna har oljemunstycken monterade längst ner i varje cylinder – dessa sprutar olja på kolvarnas undersidor för att förbättra kylningen. En oljekylare som kyls med motorkylvätskan sänker oljetemperaturen innan den leds in i motorn igen.

Reparationer som kan utföras med motorn på plats i bilen:

Följande arbeten kan utföras utan att motorns lyfts ut ur bilen:

a) Drivremmar – demontering och montering.
b) Kamaxel/kamaxlar – demontering och montering. *
c) Kamaxelns oljetätningar – byte.
d) Kamaxelns drev – demontering och montering.
e) Vattenpump – demontering och montering (se kapitel 3)
f) Vevaxelns oljetätningar – byte.
g) Vevaxelns drev – demontering och montering.
h) Topplock – demontering och montering. *
i) Motorfästen – inspektion och byte.
j) Mellanaxelns oljetätningar – byte.
k) Oljepump och upptagare – demontering och montering.
l) Sump – demontering och montering.
m) Kamrem, drev och kåpor – demontering, inspektion och montering.
*Topplockets isärtagning beskrivs i detalj i kapitel 2C, inklusive detaljer kring demontering av kamaxel och hydrauliska ventillyftare.

Observera: Det går att ta bort kolvar och vevstakar (sedan topplock och sump demonterats) utan att lyfta ur motorn. Detta tillvägagångssätt är dock inte att rekommendera. Arbete av denna typ är mycket enklare att utföra med motorn uppsatt i en arbetsbänk, som beskrivet i kapitel 2C.

2 Inställning av ÖD för cylinder nr 1

1 Demontera motorns övre kåpa (i förekommande fall), ventilkåpa, drivremmar och yttre kamremskåpor enligt beskrivningarna i avsnitt 17, 7, 6 och 4.
2 Dra ut inspektionspluggen från svänghjulskåpan. Vrid vevaxeln medurs med hylsnyckel så att synkroniseringsmärket på svänghjulets kant kommer i linje med pekaren på svänghjulskåpan (se bilder).
3 För att låsa motorn i läget ÖD måste kamaxeln (inte drevet) och insprutningspumpen låsas i referensläget med speciella låsredskap. Det går att tillverka egna verktyg, men på grund av de exakta mått och den bearbetning som krävs rekommenderar vi starkt att en uppsättning låsredskap hyrs eller lånas från en VAG-verkstad eller inköps från en välkänd verktygstillverkare. Sykes Pickavant tillverkar exempelvis en sats låsredskap för kamaxel och insprutningspump speciellt för de motorer som tas upp i detta kapitel (se bild).
4 Låt kanten på låsstaven greppa i spåret på kamaxelns ände (se bild).
5 Vrid kamaxeln något, med låsstaven på plats (genom att vrida vevaxeln), så att staven tippas åt ena sidan till dess att den berör topplocket. Mät spelet mellan staven och topplocket i stavens andra ände med ett bladmått.

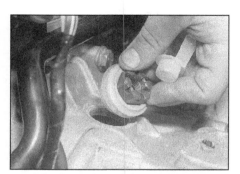

2.2a Dra ut inspektionspluggen ur svänghjulskåpan

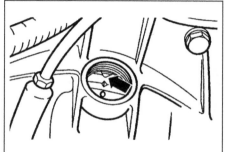

2.2b Synkroniseringsmärke på svänghjulets kant (vid pilen) i linje med pekaren på svänghjulskåpan

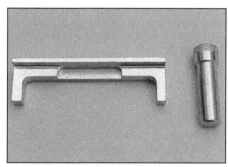

2.3 Redskap för låsning av motorn

2.4 För in låsstaven i spåret på kamaxeln

2.6 Kamaxel centrerad och låst med låsstav och bladmått

2.7 Insprutningspumpens drev låst med låsstift (vid pilen) - motorkod AAZ

6 Vrid kamaxeln något och dra ut bladmåttet. Sedan ska staven låsas i läge med två bladmått, vardera med *halva* tjockleken av det först uppmätta spelet, i var ände på låsstaven mellan den och topplocket. Detta centrerar kamaxeln och ställer ventilsynkroniseringen till referensläget **(se bild)**.
7 Stick in låsstiftet genom insprutnings-pumpens drev och gänga in den i stödbygeln bakom drevet. Detta låser insprutnings-pumpen i referensläget **(se bild)**.
8 Motorn är nu ställd till ÖD för cylinder 1.

3 Kompressionsprov

Kompressionsprov

Observera: *För detta prov måste en kompressionsprovare speciellt avsedd för dieselmotorer användas.*

1 När motorns prestanda sjunker eller om misständningar uppstår, kan ett kompres-sionsprov ge ledtrådar till motorns skick. Om kompressionsprov tas regelbundet kan de ge förvarning om problem innan några andra symptom uppträder.
2 En kompressionsprovare speciellt avsedd för dieselmotorer måste användas eftersom trycket är så mycket högre. Provaren är ansluten till en adapter som är inskruvad i glödstifts- eller insprutarhålet. Det är inte troligt att det är ekonomiskt försvarbart att köpa en sådan provare för sporadiskt bruk, men det kan gå att låna eller hyra en. Om detta inte är möjligt, låt en verkstad utföra kompressionsprovet.
3 Såvida inte specifika instruktioner som medföljer provaren anger annat ska följande iakttagas:
  a) *Batteriet ska vara väl laddat, luftfiltret måste vara rent och motorn ska hålla normal arbetstemperatur.*
  b) *Om motorn har koden AFN ska övre motorkåpan demonteras (avsnitt 17).*
  c) *Alla injektorer ELLER glödstift (beroende på vilket typ av provare som används) ska vara urskruvade innan provningen inleds. Om injektorerna skruvas ur ska även*

flamskyddsbrickorna tas bort, i annat fall kan de blåsas ut.
  d) *Stoppsolenoiden måste kopplas ur så att motorn inte kan gå eller bränsle matas.*
4 Det finns ingen anledning att hålla gaspedalen nedtryckt under provet eftersom en dieselmotors luftintag inte är strypt.
5 VAG anger slitagegränser för kompres-sionstryck – se specifikationerna. Rådfråga en VAG-verkstad eller dieselspecialist om du är tveksam om ett avläst tryck är godtagbart.
6 Orsaken till dålig kompression är svårare att fastställa på en dieselmotor än en bensin-motor. Effekten av att tillföra olja i cylindrarna ("våt" testning) är inte entydig eftersom det finns en risk att oljan sätter sig i virvel-kammaren eller urtagen i kolvkronorna i stället för att ledas till kolvringarna. Följande är dock en grov diagnos.
7 Alla cylindrar ska ha liknande tryck. En skillnad överstigande 5 bar mellan två av cylindrarna indikerar ett fel. Trycket ska byggas upp snabbt i en frisk motor. Lågt tryck i första slaget följt av ett gradvis stigande indikerar slitna kolvringar. Lågt tryck som inte höjs indikerar läckande ventiler eller trasig topplockspackning (eller ett sprucket topplock).
8 Lågt tryck i två angränsande cylindrar är nästan helt säkert ett tecken på att topplocks-packningen mellan dem är trasig. Före-komsten av kylvätska i oljan bekräftar detta.
9 Om kompressionen är ovanligt hög är förbränningskamrarna, ventilerna och kolvarna troligen igensotade. Om så är fallet, demontera och sota topplocket (se del C i detta kapitel).

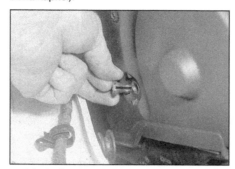

4.6 Avlägsna tryckknappsfästena från övre kamremskåpan

Läckagetest

10 Ett läckagetest mäter hur snabbt trycket sjunker på tryckluft som förs in i cylindern. Det är ett alternativ till kompressionsprov som på många sätt är överlägset, eftersom den utströmmande luften anger var tryckfallet uppstår (kolvringar, ventiler eller topplocks-packning).
11 Den utrustning som krävs för läckagetest är som regel inte tillgänglig för hemma-mekaniker. Om dålig kompression misstänks ska detta prov därför utföras av en verkstad med lämplig utrustning.

4 Kamrem och yttre kåpor – demontering och montering

Allmän information

1 Kamremmens primära funktion är att driva kamaxeln, men den driver även insprut-ningspumpen och mellanaxeln. Om remmen slirar eller brister med motorn igång rubbas ventilsynkroniseringen vilket kan leda till kontakt mellan kolvar och ventiler och därmed åtföljande allvarliga motorskador.
2 Därför är det ytterst viktigt att kamremmen är korrekt spänd och att den inspekteras regelbundet vad gäller tecken på slitage eller åldrande.
3 Observera att demontering av den *inre* kamremskåpan tas upp som en del av demonteringen av topplocket, se avsnitt 11 längre fram i detta kapitel.

Demontering

4 Innan arbetet inleds ska motorn låsas genom att bränsleavstängningssolenoiden kopplas ur (se kapitel 4C). Förhindra att bilen rör sig genom att dra åt handbromsen och klossa bakhjulen.
5 Kamremskåporna åtkomlighet kan för-bättras genom att luftrenarhuset demonteras – se kapitel 4C. På motorer med koden AFN ska övre motorkåpan demonteras (avsnitt 17).
6 Lossa översta delen av kamremskåpan genom att öppna fjäderclipsen av metall och i tillämpliga fall ta loss tryckknappsfästena **(se bild)**. Lyft av kåpan från motorn.

7 Se avsnitt 6 och avlägsna drivremmen/-remmarna. Skruva ur skruvarna och lyft ut vattenpumpens remskiva.

8 Se avsnitt 2 och använd synkroniseringsmärkena till att ställa in motorn till ÖD för cylinder nr 1.

9 Skruva ur skruvarna och ta loss remskivan/remskivorna från vevaxelns drev. **(se bild)**. Avsluta med att kontrollera att motorn fortfarande står i ÖD.

HAYNES TiPS *Förhindra att remskivan vrids medan fästbultarna lossas genom att lägga i ettan och låta en medhjälpare trycka ned bromspedalen. Eller håll åtminstone drevet på plats genom att linda en bit gummislang eller innerslang runt det.*

10 Skruva ur skruvarna, dra ut clipsen och lyft ut nedre kamremskåpan.

11 För motorn AAZ, som har tvådelat drev till insprutningspumpen, gäller att kontrollera att låsstiftet till drevet sitter fast på plats (se avsnitt 2). Lossa sedan de yttre drevfästbultarna ett halvt varv.

Varning: Lossa inte drevets centrumbult eftersom detta ändrar insprutningspumpens grundinställning.

12 Se avsnitt 5 och slacka kamremsspänningen genom att lossa lite på spännarens mutter så att den kan vridas undan något från remmen.

13 På samtliga motorer utom AAZ, skruva ur bulten och ta loss mellanrullen från den inre kamremskåpan.

14 Undersök om det finns märken för rotationsriktning på kamremmen. Om sådana saknas, gör egna med tipp-ex eller en färgklick – man får inte på något sätt skära i eller skåra remmen.

Varning: Om kamremmen ser ut att vara i bra skick och därmed kan återanvändas, är det viktigt att den monteras för samma

4.9 Demontera vevaxelns remskivor

rotationsriktning – i annat fall slits den ut mycket snabbare.

15 Lyft av remmen från dreven, var noga med att inte vrida för mycket på den.

16 Undersök kamremmen noga, leta efter spår av föroreningar från kylvätska eller olja. Om sådana spår finns ska föroreningskällan först av allt åtgärdas innan något annat utförs. Kontrollera remmens skick vad gäller skador eller slitage, speciellt kring tändernas framkanter. Byt ut kamremmen om det råder minsta tvivel om dess skick, priset på en ny kamrem är försumbart jämfört med de reparationskostnader som kan uppstå om en rem brister när motorn går. Om du vet att remmen använts mer än 60 000 km är det klokt att byta den som en förebyggande åtgärd, oavsett skick.

17 Om inte kamremmen ska monteras omedelbart är det klokt att hänga en varningslapp på ratten för att påminna dig själv och andra om att inte försöka starta motorn.

Montering

18 Kontrollera att vevaxeln står i ÖD för cylinder nr 1 enligt beskrivning i avsnitt 2.

19 Följ beskrivningen i avsnitt 5 och lossa kamdrevsbulten ett halvt varv. Lossa drevet från kamaxelkonan genom att försiktigt knacka på det med en spetsig dorn instucket i hålet i inre kamremskåpan **(se bild)**.

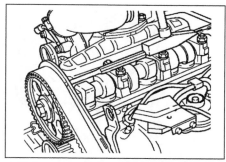
4.19 Lossa kamdrevet från konan med ett dorn

20 Dra kamremmen löst under drevet på vevaxeln.

Varning: följ märkena för rotationsriktning.

21 Låt kamremmens tänder greppa i vevaxeldrevet och för remmen på plats över dreven på insprutningspumpen och kamaxeln. Kontrollera att tänderna sätter sig korrekt på dreven.

Observera: *Små justeringar av kamdrevets (och i tillämpliga fall insprutningspumpens drevs) läge kan krävas för att uppnå detta.*

22 Dra den plana sidan av remmen över mellanaxelns drev och spännrullen – undvik att böja remmen över sig själv eller vrida den överdrivet när detta utförs.

23 På alla motorer utom AAZ, montera mellanrullen på inre kamremskåpan och dra bulten till angivet moment.

24 Om motorn har ett insprutningspumpdrev i ett stycke, dra ut låsstiftet från drevet (se avsnitt 2).

25 Kontrollera att remmen är stram överallt utom den sektion som passerar över spännrullen.

26 Spänn remmen genom att vrida den excentriskt monterade spännaren medurs. Det finns två hål i sidan på spännarens nav för detta – en stabil rätvinklad låsringstång är en bra ersättning för det specialverktyg VAG använder **(se bilder)**.

4.26a Spänn kamremmen genom att vrida spännaren med en låsringstång

4.26b Korrekt monterad kamrem

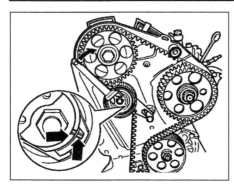

4.27 Synkroniseringsmärken på remskiva och nav – motorer med halvautomatisk spännare

27 Om motorn har halvautomatisk rem-spännare ska denna vridas medurs till dess att märkena på remskiva och nav är i linje med varandra (se bild).

28 Testa kamremmens spänning genom att greppa den mellan tummen och pekfingret mitt emellan mellanaxelns och kamaxelns drev och vrida den. Spänningen i remmen är korrekt när den just precis kan vridas 90° (ett kvarts varv) men inte mer.

29 När remspänningen är korrekt ska spännarens mutter dras till angivet moment.

30 Om motorn saknar halvautomatisk kam-remsspännare måste remspänningen mätas exakt och justeras vid behov – detta innebär användandet av specialutrustning och det rekommenderas att detta utförs av en VAG-verkstad.

31 Kontrollera i detta skede att vevaxeln fortfarande står i ÖD för cylinder nr 1 (se avsnitt 2).

32 Följ beskrivningen i avsnitt 5 och dra kamdrevsbulten till angivet moment.

33 Om motorn är av typen AAZ med ett tvådelat insprutningspumpdrev, dra åt de yttre drevbultarna och dra ut drevlåsstiftet.

34 Se avsnitt 2 och ta loss kamaxelns låsstav.

35 Dra runt vevaxeln två hela varv med en hylsnyckel på vevaxelremskivans centrumbult. Ställ motorn i ÖD för cylinder nr 1, se avsnitt 2. Kontrollera att låsstiftet till insprutnings-pumpens drev kan stickas in. Kontrollera kamremmens spänning igen och justera vid behov.

36 Montera de yttre kamremskåporna, dra åt skruvarna ordentligt

37 Montera vattenpumpens remskiva och dra skruvarna till angivet moment.

38 Montera vevaxelremskivan och dra skruvarna till angivet moment, lås vevaxeln som vid demonteringen. Lägg märke till att de asymmetriskt placerade hålen bara medger ett monteringsläge.

39 Följ beskrivningen i avsnitt 6 och montera och spänn drivremmen/drivremmarna.

40 Aktivera bränslesystemet genom att koppla in bränsleavstängningssolenoiden (se kapitel 4C).

41 Avsluta med att kontrollera insprutnings-pumpens synkronisering enligt beskrivning i kapitel 4C.

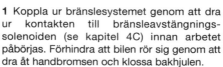

5 Kamremsdrev och spännare
– demontering och montering

1 Koppla ur bränslesystemet genom att dra ur kontakten till bränsleavstängnings-solenoiden (se kapitel 4C) innan arbetet påbörjas. Förhindra att bilen rör sig genom att dra åt handbromsen och klossa bakhjulen.

2 För att komma åt de komponenter som beskrivs i detta avsnitt, se avsnitt 6 och demontera drivremmen/drivremmarna.

Kamremmens spännare

Demontering

3 Följ beskrivningarna i relevanta paragrafer i avsnitt 2 och 4, ställ motorn i ÖD för cylinder nr 1 och demontera övre och nedre kamrems-kåporna.

4 Lossa fästmuttern i spännarens nav och låt spännaren vridas motsols så att kamremmens spänning släpps. Skruva ur muttern och ta reda på brickan. (se bild).

5 Dra av spännaren från sin pinnbult (se bild).

Inspektion

6 Torka ren spännaren, men använd inga lösningsmedel som kan förorena lagren. Snurra rullen på navet för hand. Kärv rörelse eller för stort spel indikerar allvarligt slitage. Eftersom inget underhåll kan utföras på spännaren måste den bytas mot en ny.

Montering

7 Trä på spännaren på pinnbulten. Om motorn har halvautomatisk spännare, låt den gafflade änden på stödplattan greppa i kamremmens stolpe.

8 Skruva på spännarens mutter och bricka – dra inte åt muttern helt i detta läge.

9 Se avsnitt 4 och montera och spänn kamremmen.

10 Om motorn har halvautomatisk spännare kan dennas funktion kontrolleras på följande sätt: tryck med fingret på kamremmen mitt emellan kam- och vevaxeldreven. Spännarens uppriktningsmärken ska föras isär med stigande tryck och återgå till sina ursprungliga platser när trycket tas bort (se bild 4.27).

11 Aktivera bränslesystemet genom att koppla in bränsleavstängningssolenoiden.

12 Se avsnitt 4 och montera kamrems-kåporna.

Kamdrev

Demontering

13 Se avsnitt 2 och 4 och ställ motorn i ÖD för cylinder nr 1 med demonterade kam-remskåpor. Lossa spännarens centrummutter och vrid den motsols så att kamremmen slackar. Trä försiktigt av kamremmen från kamdrevet.

14 Kamdrevet måste hållas fast medan bulten skruvas ur. Om specialverktyget från VAG inte finns tillgängligt kan ett eget verktyg tillverkas av enkla material (se Haynes tips).

15 Spärra kamdrevet med det hemmagjorda verktyget. Skruva ur kamdrevets bult och ta reda på brickan (om monterad).

16 Dra av drevet från kamaxelns ände (se bild). Ta i förekommande fall reda på woodruff-kilen.

5.4 Skruva ur spännarens mutter och avlägsna brickan

5.5 Dra loss spännaren från sin pinnbult

Verktygstips: Tillverka en kamdrevs-hållare av två längder plattjärn, cirka 6 mm tjocka och 30 mm breda, den ena 600 mm och den andra 200 mm lång (alla mått ungefärliga). Bulta ihop de två plattjärnen så att de utgör en gaffel, låt bulten vara slack så att det kortare benet kan vridas fritt. Skruva i en bult med mutter och låsmutter i vardera benänden så att de kan fungera som hävpunkter, dessa ska greppa i urtagen på kamdrevet och ha ett utstick på cirka 30 mm

5.16 Demontering av kamdrev

5.28a För in vevaxeldrevets bult . . .

5.28b . . . dra den till momentet för steg 1 . . .

17 När drevet tagits bort ska du undersöka om kamaxelns oljetätning läcker. Vid behov, gå till avsnitt 8 och följ instruktionerna för byte.
18 Torka rent på drevets och kamaxelns kontaktytor.

Montering

19 Montera i förekommande fall woodruff-kilen i kilspåret med den plana ytan upp. Trä på drevet på kamaxeln så att spåret i drevet greppar runt kilen. Om motorn saknar woodruff-kil ska klacken i drevcentrum greppa i urtaget i kamaxelns ände.
20 Se avsnitt 2 och 4, kontrollera att motorn fortfarande står i ÖD för cylinder nr 1 och montera och spänn kamremmen. Montera kamremskåporna.
21 Montera vevaxelns remskiva/remskivor, skruva i bultarna och dra dem till angivet moment.
22 Se avsnitt 6 och montera och spänn drivremmen/drivremmarna.

Vevaxeldrev

Demontering

23 Se avsnitt 2 och 4 och ställ motorn i ÖD för cylinder nr 1, med demonterade kamremskåpor. Lossa spännarens centrummutter och vrid den moturs så att kamremmen slackar. Trä försiktigt av kamremmen från vevaxeldrevet.
24 Vevaxeldrevet måste fixeras medan fästbulten lossas. Om det speciella svänghjulslåset från VAG inte finns tillgängligt kan vevaxeln låsas på följande sätt. Demontera startmotorn enligt beskrivning i kapitel 5A så att kuggkransen blir åtkomlig och låt sedan en medhjälpare hålla en kraftig hävarm mellan kuggarna och svänghjulskåpan medan drevbulten lossas.
25 Dra ut bulten, ta reda på brickan och lyft av drevet.
26 När drevet har tagits loss, kontrollera om vevaxelns oljetätning läcker. Se vid behov avsnitt 10 och byt ut den.
27 Torka rent på kontaktytorna mellan drev och vevaxel.

Montering

28 Trä på drevet, låt klacken på insidan av drevets centrum greppa i urtaget på

vevaxelns ände. Skruva i bulten och dra den till angivet moment **(se bilder)**.
29 Se avsnitt 2 och 4, kontrollera att motorn fortfarande står i ÖD för cylinder nr 1 och montera och spänn kamremmen. Montera kamremskåporna.
30 Montera vevaxelns remskiva/remskivor.
31 Se avsnitt 6 och montera och spänn drivremmen/drivremmarna.

Mellanaxelns drev

Demontering

32 Se avsnitt 2 och 4, ställ motorn i ÖD för cylinder nr 1, med demonterade kamremskåpor. Lossa spännarens centrummutter och vrid den moturs så att kamremmen slackar. Trä försiktigt av kamremmen från mellanaxelns drev.
33 Mellanaxelns drev måste fixeras medan bulten lossas. Om tillgång till det speciella VAG-verktyget saknas kan ett redskap tillverkas av enkla material enligt beskrivningen i underavsnittet för demontering av kamdrevet.
34 Använd hylsa och förlängare, lås mellanaxelns drev och skruva ur drevbulten. Ta i förekommande fall vara på brickan **(se bild)**.
35 Dra av drevet från mellanaxelns ände. Ta i förekommande fall vara på woodruff-kilen.
36 När drevet tagits loss, kontrollera om mellanaxelns oljetätning läcker. Se vid behov avsnitt 9 och byt den.
37 Torka rent på kontaktytorna mellan drevet och axeln.

Montering

38 Placera i förekommande fall woodruff-kilen i kilspåret med den plana ytan upp. Trä på drevet på axeln så att spåret i drevet greppar kring kilen.
39 Dra drevbulten till angivet moment, spärra drevet som vid demonteringen.
40 Se avsnitt 2 och kontrollera att motorn fortfarande står i ÖD för cylinder nr 1. Se avsnitt 4 och montera och spänn kamremmen, avsluta med att montera kamremskåporna.
41 Montera vevaxelns remskiva/remskivor, skruva i bultarna och dra dem till angivet moment.
42 Se avsnitt 6 och montera och spänn drivremmen/drivremmarna.

Insprutningspumpens drev

43 Se kapitel 4C.

6 Drivrem – demontering, montering och spänning

Allmän information

1 Beroende på bilens specifikation och typ av motor kan en eller två drivremmar finnas monterade. Båda drivs från vevaxelremskivor och driver generator, vattenpump, servostyrningspump och på bilar med luftkonditionering även kylmediapumpen.
2 Remmarnas dragning och vad de driver beror på specifikation och typ av motor. I och

5.28c . . . och sedan vinkeln för steg 2

5.34 Lås mellanaxelns drev och skruva ur bulten

6.9 Demontering av drivrem

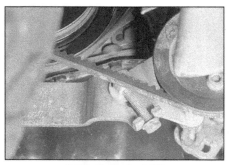

6.12a Spännbult till servostyrningspumpens drivrem

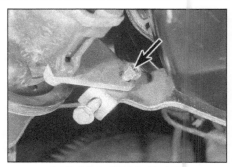

6.12b Låsbult (vid pilen) till servostyrningspumpens spännare

med detta kan vattenpumpen och servopumpen ha remskivor för antingen ribbad rem eller kilrem.

3 Den ribbade remmen kan ha en automatisk spännare beroende på dragning (och vad den driver). I annat fall spänns remmen via generatorfästena, som har en inbyggs spännfjäder. V-remmen spännes genom att servopumpen vrids på sina fästen.

4 Det är ytterst viktigt att drivremmarna har korrekt spänning om de ska fungera korrekt under alla förhållanden och hålla länge.

Kilrem

Demontering

5 Parkera bilen på plan mark och dra åt handbromsen. Lossa batteriets jordledning och för undan den från batteriet.

Observera: *Om bilen har en ljudanläggning med stöldskyddskod, se till att du har koden uppskriven innan batteriet kopplas ur. Rådfråga en VAG-verkstad om du är osäker.*

Ställ framvagnen på pallbockar – se *"Lyftning och stödpunkter".*

6 Åtkomligheten kan förbättras genom att luftrenaren demonteras – se kapitel 4C. Om motorn är av typ AFN ska övre motorkåpan demonteras (avsnitt 17).

7 Ge fullt rattutslag åt höger. Om så önskas kan höger framhjulet lyftas av för bättre åtkomlighet. Vissa senare modeller kan ha innerskärmar av plast som då måste demonteras för att man ska komma åt motorn genom hjulhuset.

8 Följ beskrivningen i kapitel 10 och lossa servopumpens fästbultar så att pumpen kan vridas runt sitt övre fäste mot motorn.

6.13 Dra åt servostyrningspumpens bult

9 Dra av kilremmen från servopumpens remskiva och i förekommande fall vattenpumpens remskiva **(se bild)**.

10 Undersök om remmen är sliten eller skadad och byt den vid behov.

Montering och spänning

11 Montering sker i omvänd arbetsordning. Kontrollera att remmen sätter sig korrekt i spåren på remskivorna.

Tidiga modeller

12 Remmen spänns med hjälp av en spännbult och en låsbult **(se bilder)**. Lossa alla fästande bultar och muttrar för pumpen, vrid på spännbulten så att korrekt spänning uppstår och dra åt låsbulten. Avsluta med att dra åt övriga bultar och muttrar ordentligt.

Senare modeller

13 Spänn remmen genom att ta tag i pumpens undersida och dra den mot bilens front. Spänningen är korrekt när remmen på sin längsta fria sträcka kan tryckas in maximalt så mycket som anges i specifikationerna i början av detta kapitel. Avsluta med att dra pumpens fästbultar till angivet moment **(se bild)**

Samtliga modeller

14 Rotera vevaxeln två varv i normal riktning och kontrollera remspänningen, justera vid behov.

Ribbad rem

Demontering

15 Parkera bilen på plan mark och dra åt handbromsen. Lossa batteriets jordledning och för undan den från batteriet.

6.18 Vrid spännrullens arm medursmed en skiftnyckel och avlägsna remmen

Observera: *Om bilen har en ljudanläggning med stöldskyddskod, kontrollera att du har koden uppskriven innan batteriet kopplas ur. Rådfråga en VAG-verkstad om du är osäker.*

Ställ framvagnen på pallbockar – se *"Lyftning och stödpunkter".*

16 Ge fullt rattutslag åt höger. Om så önskas kan höger framhjulet lyftas av för bättre åtkomlighet. Vissa senare modeller kan ha innerskärmar av plast som då måste demonteras för att man ska komma åt motorn genom hjulhuset. Demontera i tillämpliga fall kilremmen enligt beskrivning i föregående delavsnitt.

17 Undersök om remmen har märken för rotationsriktningen. Om sådana saknas märk upp riktningen med tipp-ex eller färg – inga hack eller spår får göras i remmen.

Bilar med automatisk spänning i form av arm och rulle

18 Vrid spännrullens arm medurs mot fjädertrycket så att rullen tvingas från remmen – använd en skiftnyckel som hävstång **(se bild)**.

Bilar med roterande automatisk spänning

19 Placera en ringnyckel över spännarens centrummutter och vrid enheten motsols mot fjäderns tryck.

Bilar utan automatisk spänning

20 Lossa generatorns övre och nedre fästbultar ett till två varv.

21 Tryck generatorn mot sitt stopp mot fjädertrycket så att den vrids runt sitt övre fäste.

Samtliga bilar

22 Dra av remmen från generatorns remskiva och därefter från övriga remskivor.

Montering och spänning

Varning: Följ tillverkarens anvisningar för monteringsriktning vid monteringen.

23 Trä den ribbade remmen under vevaxelns remskiva, kontrollera att ribborna sätter sig väl i spåren på remskivan.

Bilar med automatisk spänning i form av arm och rulle

24 Vrid spännarrullens arm medurs mot fjädertrycket, använd en skiftnyckel som hävarm **(se bild 6.18)**.

25 Trä remmen runt vattenpumpens eller luftkonditioneringskompressorns remskiva

7.3 Vevhusventilationens reglerventil

7.4 Mutter till ventilkåpan

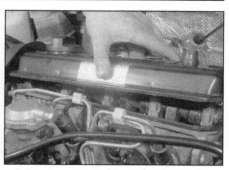

7.5 Lyft av ventilkåpan från topplocket

(efter tillämplighet) och sedan över generatorns remskiva.
26 Släpp spännararmen och låt rullen vila på den plana sidan av remmen.

Bilar med roterande automatisk spänning
27 Lägg en ringnyckel på spännarens centrummutter och vrid enheten motsols mot fjädertrycket.
28 Trä den plana sidan av remmen under spännarrullen och sedan över servopumpens och generatorns remskivor.
29 Släpp nyckeln och låt rullen vila på remmens plana sida.

Bilar utan automatisk spänning
30 Tryck generatorn flera gånger mot sitt stopp, mot fjädertrycket, så att den vrids runt övre fästet och kontrollera and den förs tillbaka av fjädertrycket utan kärvning. Lossa vid behov fästbultarna ytterligare ett halvt varv.
31 Håll generatorn nedtryckt mot stoppet, trä remmen över generatorremskivan och släpp generatorn så att den kan spänna remmen.
32 Koppla in batteriet och kör motorn på tomgång i 10 sekunder utan att dra åt generatorbultarna.
33 Stäng av motorn och dra åt generatorbultarna till angivet moment, börja med den nedre bulten.

Samtliga bilar
34 Se i tillämpliga fall relevant underavsnitt och montera kilremmen.
35 Sätt på höger framhjul, om avtaget, sedan innerskärmen monterats och ställ ned bilen på marken. Om det inte redan gjorts, anslut batteriet.

7 Ventilkåpa – demontering och montering

Demontering

1 Om motorn är av typ AFN ska övre motorkåpan demonteras (avsnitt 17).
2 Spärra motorn genom att dra ur kontakten till bränsleavstängningssolenoiden, se kapitel 4C.
3 Lossa vevhusventilationens slang och tryckreglerventil från ventilkåpan **(se bild)**.
4 Skruva ur de tre ventilkåpemuttrarna – ta reda på brickor och tätningar **(se bild)**.
5 Lyft av ventilkåpan från topplocket **(se bild)**. Om den sitter fast, försök inte bända loss den med något redskap – lossa den genom att knacka lätt runt kanterna med en gummiklubba.
6 Ta reda på ventilkåpans packning **(se bild)**. Undersök den noga och byt ut den om den visar tecken på skador eller slitage.
7 Rengör fogytorna på ventilkåpa och topplock noga, ta bort alla spår av olja och gammal packning, var dock noga med att inte skada ytorna.

Montering

8 Ventilkåpan monteras i omvänd arbetsordning, tänk på följande:
  a) Se till att alla packningsdelar är korrekt placerade på topplocket och undvik att rubba dem när ventilkåpan sänks på plats. **(se bild)**
  b) Dra ventilkåpans muttrar till angivet moment.

c) När slangar som ursprungligen hade krympclips monteras ska clipsen bytas ut mot standard slangklämmor.
9 Avsluta med att koppla in bränsleavstängningssolenoiden.
10 Om motorn är av typ AFN, montera övre motorkåpan.

8 Kamaxelns oljetätning – byte

1 Om motorn är av typ AFN ska övre motorkåpan demonteras (avsnitt 17).
2 Spärra motorn genom att dra ur kontakten till bränsleavstängningssolenoiden, se kapitel 4C.
3 Se avsnitt 6 och ta bort drivremmen/-drivremmarna.
4 Se avsnitt 2, 4 och 5 i detta kapitel och demontera remskivor och kamremskåpor. Ställ sedan motorn i ÖD för cylinder nr 1 och demontera kamrem, spännare (i förekommande fall) och kamdrev.
5 Skruva ur skruvarna och lyft undan inre kamremskåpan från blocket.
6 Se relevant avsnitt av kapitel 2C och gör följande:
  a) Skruva loss kamaxellageröverfall nr 1 och dra ut den gamla tätningen.
  b) Smörj ytan på den nya oljetätningen med ren motorolja och trä på den på kamaxeländen.
  c) Lägg på en lämplig packningsmassa på lageröverfallets fogyta, montera överfallet och dra muttrarna stegvis till angivet moment **(se bild)**.

7.6 Ta reda på ventilkåpspackningen

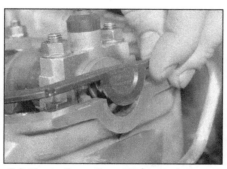

7.8 Kontrollera att ventilkåpspackningen sitter korrekt på topplocket

8.6 Montering av kamaxelns lageröverfall

10.7 Avlägsna vevaxelns främre oljetätning med hjälp av självgängande skruvar

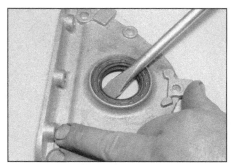

10.17 Bänd ut den gamla oljetätningen ur huset

10.19 Lägg den nya packningen till vevaxelns främre oljetätningshus på plats

7 Se avsnitt 7 och montera ventilkåpan.
8 Se avsnitt 2, 4 och 5 i detta kapitel och montera inre kamremskåpan och kamaxeldrevet, montera och spänn kamremmen. Avsluta med att montera de yttre kamremskåporna.
9 Se avsnitt 6 och montera och spänn drivremmen/drivremmarna.
10 Montera i förekommande fall övre motorkåpan.

9 Mellanaxelns oljetätning – byte

1 Om motorn är av typ AFN ska övre motorkåpan demonteras (avsnitt 17).
2 Spärra motorn genom att dra ur kontakten till bränsleavstängningssolenoiden, se kapitel 4C.
3 Se avsnitt 6 och ta bort drivremmen/-drivremmarna.
4 Se avsnitt 4 och 5 i detta kapitel och demontera remskivor, yttre kamremskåpa, kamrem, spännare (i förekommande fall) och mellanaxelns drev.
5 Skruva ur skruvarna och lyft undan inre kamremskåpan från blocket – detta gör oljetätningens fläns synlig.
6 Se avsnitt 7 i kapitel 2C och demontera mellanaxelns fläns och oljetätningar.
7 Se avsnitt 4 och 5 i detta kapitel och gör följande:
   a) Montera inre kamremskåpan.
   b) Montera mellanaxelns drev.
   c) Montera och spänn kamremmen.
   d) Montera yttre kamremskåpan.
8 Se avsnitt 6 och montera och spänn drivremmen/drivremmarna.

10 Vevaxelns oljetätningar – byte

Vevaxelns främre oljetätning

1 Om motorn är av typ AFN ska övre motorkåpan demonteras (avsnitt 17).
2 Spärra motorn genom att dra ur kontakten till bränsleavstängningssolenoiden, se kapitel 4C.

3 Tappa ur motorns olja – se kapitel 1B.
4 Se *"Lyftning och stödpunkter"* och ställ framvagnen på pallbockar
5 Demontera drivremmen/drivremmarna – se avsnitt 6.
6 Se avsnitt 4 och 5 i detta kapitel och demontera remskivor, yttre kamremskåpor, kamrem och vevaxelns drev.
7 Borra två små hål i den befintliga tätningen, diagonalt motsatta varandra. Skruva i två plåtskruvar i hålen och använd två tänger för att dra ut tätningen **(se bild)**. Var noga med att inte borra hål i tätningshuset eller kamaxelns lageryta.
8 Rengör tätningshuset och vevaxelns tätningsyta genom att torka av dem med en luddfri trasa – undvik lösningsmedel som kan komma in i vevhuset och påverka smörjningen. Ta bort filspån eller borrskägg som kan orsaka att tätningen läcker.
9 Smörj den nya tätningens läpp med ren motorolja och placera den över huset.
10 Använd hammare och passande hylsa och driv in tätningen i huset.
Observera: *Välj en hylsa som bara trycker på tätningens hårda yttersida och inte på läppen – den kan lätt ta skada.*
11 Se avsnitt 2, 4 och 5 i detta kapitel och montera vevaxeldrevet och montera och spänn kamremmen. Avsluta med att montera de yttre kamremskåporna och remskivan/remskivorna.
12 Resten av monteringen sker i omvänd arbetsordning enligt följande:
   a) Se avsnitt 6 och montera och spänn drivremmen/drivremmarna.
   b) Se kapitel 1B och fyll motorn med olja av rätt typ och mängd.
   c) Aktivera bränslesystemet.
   d) Montera i förekommande fall övre motorkåpan (motor AFN).

Vevaxelns främre oljetätningshus – byte av packning

13 Följ beskrivningarna i paragraf 1 till 6 ovan, gå sedan till avsnitt 15 och demontera sumpen.
14 Lossa stegvis och skruva ur oljetätningshusets bultar.
15 Lyft undan huset från motorblocket tillsammans med oljetätningen, vrid lite så att det blir lättare att dra tätningen längs axeln.

16 Ta reda på den gamla packningen till huset på blocket. Om den är helt förstörd, skrapa bort resterna. Var noga med att inte skada fogytorna.
17 Bänd ut oljetätningen ur huset med en stor skruvmejsel **(se bild)**.
18 Torka rent i tätningshuset och se efter om det finns spår av skevhet eller sprickor. Lägg huset på en arbetsyta med fogytan nedåt. Tryck in den nya tätningen med en träkloss som press så att den nya tätningen går in rakt i huset.
19 Pensla in vevhusets fogyta med en ej härdande packningsmassa och lägg en ny packning på plats **(se bild)**.
20 Lägg ett lager tejp på vevaxelns ände, det skyddar oljetätningen när den monteras.
21 Smörj den inre läppen på vevaxelns oljetätning med ren motorolja och trä på hus och tätning på vevaxelns ände. Skjut försiktigt på tätningen med en skruvande rörelse till dess att huset är jäms med vevhuset **(se bild)**.
22 Skruva in bultarna och dra dem stegvis till angivet moment.
Varning: Oljetätningens hus är av lättmetall och kan bli skevt om inte bultarna dras åt stegvis.
23 Se avsnitt 15 och montera sumpen.
24 Se avsnitt 2, 4 och 5 i detta kapitel och montera kamremmens drev, montera och spänn kamremmen. Avsluta med att montera den yttre kamremskåpan och remskivan/-remskivorna.

10.21 För oljetätningen och huset mot vevaxeln – observera tejpen runt vevaxeländen för att skydda tätningen när den träs på vevaxeln

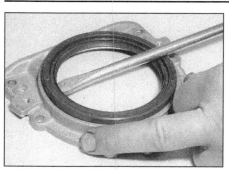

10.33 Bänd ut vevaxelns bakre oljetätning ur huset

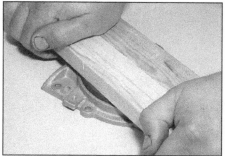

10.34 Pressa in den nya oljetätningen med en träkloss

10.35 Lägg den nya packningen till vevaxelns bakre oljetätningshus på plats

25 Resten av monteringen sker i omvänd arbetsordning enligt följande:
a) Se avsnitt 6 och montera och spänn drivremmen/drivremmarna.
b) Se kapitel 1B och fyll motorn med olja av rätt typ och mängd.
c) Aktivera bränslesystemet.
d) Montera i förekommande fall övre motorkåpan (motorn AFN).

Vevaxelns bakre oljetätning (svänghjulssidan)

Observera: Se till att en ny oljetätning finns tillgänglig innan arbetet påbörjas.
26 Följ beskrivningen i paragraf 1 till 3 och demontera sedan sumpen enligt beskrivning i avsnitt 15.
27 Se kapitel 7A och demontera växellådan från motorn.
28 Se avsnitt 13 i detta kapitel och demontera svänghjulet, gå sedan till kapitel 6 och demontera kopplingens lamell och tryckplatta.
29 Där så är tillämpligt ska bultarna skruvas ur så att mellanplattan kan lyftas bort från blocket.
30 Lossa och skruva stegvis ur oljetätningshusets bultar.
31 Lyft undan huset från blocket tillsammans med oljetätningen med en vridande rörelse så att tätningen glider lättare utmed axeln.
32 Ta reda på den gamla packningen till huset på blocket. Om den är helt förstörd, skrapa bort resterna. Var noga med att inte skada fogytorna.

33 Bänd ut oljetätningen ur huset med en stor skruvmejsel (se bild).
34 Torka rent i tätningshuset och se efter om det finns tecken på skevhet eller sprickor. Lägg huset på en arbetsyta med fogytan nedåt. Tryck in den nya tätningen med en träkloss som press så att den nya tätningen går in rakt i huset. (se bild).
35 Smörj in vevhusets fogyta med en ej härdande packningsmassa och lägg en ny packning på plats. (se bild).
36 En skyddshuv av plast medföljer genuina VAG vevaxeloljetätningar. När denna placeras över vevaxeländen skyddar den mot skador på den inre tätningsläppen vid montering (se bild). Om denna huv saknas, använd tejp.
37 Smörj den inre läppen på vevaxelns oljetätning med ren motorolja och trä på hus och tätning på vevaxelns ände. Skjut försiktigt på tätningen med en skruvande rörelse till dess att huset är jäms med vevhuset (se bild).
38 Skruva in bultarna och dra dem stegvis till angivet moment (se bild).

Varning: Oljetätningens hus är av lättmetall och kan bli skevt om inte bultarna dras åt stegvis.

39 Se avsnitt 15 och montera sumpen.
40 Montera mellanplattan på motorblocket, skruva sedan in och dra åt bultarna.
41 Se kapitel 6 och montera svänghjul, lamell och tryckplatta.
42 Montera växellådan på motorn, se kapitel 7A
43 Resten av monteringen sker i omvänd arbetsordning enligt följande:

a) Se kapitel 1B och fyll motorn med olja av rätt typ och mängd.
b) Aktivera bränslesystemet.
c) Montera i förekommande fall övre motorkåpan (motorn AFN)

11 Topplock och insugs-/avgasgrenrör – demontering, isärtagning och montering

Demontering

1 Parkera bilen på en stabil, plan yta. Lämna tillräckligt med utrymme omkring den så att du kan röra dig obehindrat.
2 Se kapitel 11 och lyft av motorhuven från gångjärnen.
3 Lossa batteriets jordledning och för undan den från batteriet.
Observera: Om bilen har en ljudanläggning med stöldskyddskod, se till att du har koden uppskriven innan batteriet kopplas ur.
4 Se kapitel 1A och gör följande:
a) Tappa ur motoroljan.
b) Töm kylsystemet.

5 Se avsnitt 6 och demontera drivremmen-/drivremmarna.
6 Se avsnitt 2 och ställ motorn i ÖD för cylinder nr 1.
7 Se kapitel 3 och gör följande:
a) Lossa clipsen och dra ut kylarslangarna från topplocket.

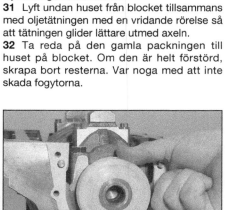

10.36 En skyddshylsa av plast medföljer genuina VAG vevaxeloljetätningar

10.37 Montering av vevaxelns bakre oljetätning och hus

10.38 Åtdragning av bultarna till vevaxelns bakre oljetätningshus

11.7 Lossa värmarens kylvätskeslangar från anslutningarna på topplocket

11.11a Skruva ur skruvarna ...

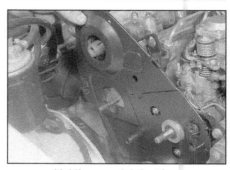

11.11b ... och lyft ut inre kamremskåporna

b) Lossa clipsen och dra ut expansionskärlets slang och kupévärmarens in- och utgående kylvätskeslangar från anslutningarna på topplocket **(se bild)**.

8 "Låshållaren" är en panel som består av strålkastarna, kylargrillen (senare modeller) och huvlåset. Även om det inte är nödvändigt att demontera denna panel blir motorn mycket mer lättåtkomlig om det görs, se kapitel 11.

9 Se kapitel 4C och gör följande:
a) Ta loss bränslematningsslangarna från injektorerna och insprutningspumpen.
b) Lossa injektorernas avluftningsslang från insprutningspumpens returanslutning.
c) Dra ur alla relevanta elektriska kontakter för bränslesystemet, märk ledningarna för att underlätta monteringen.

10 Se avsnitt 2, 4 och 7 och gör följande:
a) Demontera ventilkåpan.
b) Demontera de yttre kamremskåporna och lossa kamremmen från kamdrevet
c) Demontera kamremsspännare, kamdrev och insprutningspumpens drev.

11 Skruva ur skruvarna och lyft av de inre kamremskåporna **(se bilder)**.

12 Se kapitel 3 eller 4C efter tillämplighet och dra ur kontakten till kylvätskans temperatur givare **(se bild)**.

13 Se kapitel 4D och gör följande:
a) Skruva ur bultarna och lossa det nedåtgående avgasröret från grenrörets fläns.
b) Demontera turboaggregatet från avgasgrenröret.
c) Demontera i förekommande fall EGR-ventilen och tillhörande rör från insugs- och avgasgrenröret.

d) Skruva loss matningsledningen från glödstiftet på cylinder nr 4 **(se bild)**.

14 Skruva ur den skruv som fäster kabelhärvans bygel vid topplocket **(se bild)**.

15 Skruva stegvis ur topplocksbultarna ett halvt varv i taget, i omvänd ordning mot den som visas i *"Montering"*, till dess att alla kan skruvas ur för hand. Kassera bultarna – nya måste användas vid ihopsättningen.

16 Kontrollera att ingenting sitter kvar på topplocket och lyft av det från motorblocket. Ta om möjligt hjälp av någon – topplocket är tungt, speciellt om det lyfts ur komplett med insugsrör och avgasgrenrör **(se bild)**.

17 Lyft av packningen från blockets översida, lägg märke till styrstiften. Om dessa sitter löst, dra ut dem och förvara dem tillsammans med topplocket. Kassera inte packningen i detta skede – den behövs för identifiering.

18 Se kapitel 2C om topplocket ska tas isär för översyn/renovering.

Isärtagning av insugs- och grenrör

19 Lägg topplocket på en arbetsyta och skruva ur insugsrörets bultar, lyft undan insugsröret och ta reda på packningen.

20 Skruva loss värmeskölden **(se bild)**, skruva sedan stegvis ur grenrörets muttrar. Lyft undan grenröret från topplocket och ta reda på packningarna.

21 Kontrollera att fogytorna på insugs- och avgasgrenrör är helt rena. Montera avgasgrenröret med nya packningar. Kontrollera att

11.12 Dra ur kontakten till kylvätskans temperaturgivare

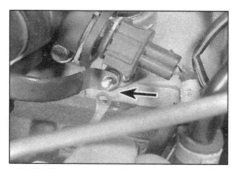

11.13 Skruva loss matningsledningen från glödstiftet på cylinder 4

11.14 Avlägsna kabelhärvefästet från topplocket

11.16 Lyft av topplocket från motorblocket

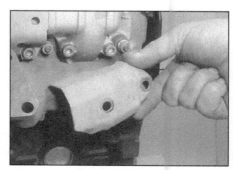

11.20 Skruva loss och avlägsna grenrörets värmesköld

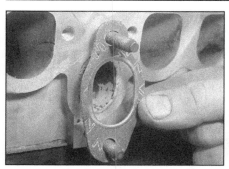

11.21a Montera grenrörspackningarna ...

11.21b ... och grenröret. Dra muttrarna till angivet moment

11.23a Montera en ny insugsrörspackning på topplocket ...

packningarna är rättvända, i annat fall stör de insugsrörets packning. Dra grenrörsmuttrarna till angivet moment **(se bilder)**.
22 Montera värmeskölden på pinnbultarna på grenröret och skruva åt muttrarna.
23 Montera en ny insugsrörspackning på topplocket och lyft insugsröret på plats. Skruva i bultarna och dra dem till angivet moment **(se bilder)**.

Förberedelser inför montering

24 Fogytorna mellan motorblock och topplock måste vara noggrant rengjorda innan topplocket monteras. Använd en skrapa av hård plast eller trä och ta bort alla packningsrester och allt sot, rengör även kolvkronorna. Var mycket försiktig vid rengöringen, lättmetallen skadas lätt. Se även till att sot inte kommer in i olje- och vattenkanalerna – detta är särskilt viktigt när det gäller smörjningen eftersom sotpartiklar kan sätta igen oljekanaler och strypa oljematningen till motordelar. Använd tejp och papper till att försegla kanaler och bulthål i blocket.
25 Kontrollera fogytorna på blocket och

11.23b ... och lyft insugsröret på plats

11.23c Stick in bultarna och dra dem till angivet moment

topplocket vad gäller repor, hack och andra skador. Smärre skador kan korrigeras med slippapper men fräsning av topplocket är inte möjlig – se kapitel 2C.
26 Om topplockets fogyta misstänks vara skev ska den kontrolleras med en stållinjal, se vid behov kapitel 2C.
27 Rensa gängorna i topplocksbultarnas hål med en passande gängtapp. Om en sådan inte finns kan ett ersättningsverktyg tillverkas **(se Haynes tips)**.
28 I alla de motorer som tas upp i detta kapitel kan kolvkronorna komma i kontakt med ventilerna om kamaxeln vrids medan kamremman är demonterad och vevaxeln står i ÖD. Därför måste vevaxeln ställas i ett annat läge innan topplocket monteras. Vrid vevaxeln, med en hylsnyckel på vevaxelremskivans centrumbult, i normal rotationsriktning så att alla fyra kolvarna är halvvägs ned i loppen med kolv 1 på väg upp – d v s 90° före ÖD.

Montering

29 Kontrollera på den gamla topplockspackningen vilka märkningar den har. Dessa förekommer antingen som stansade hål eller ett katalognummer på packningens kant **(se bild)**. Under förutsättning att inte nya kolvar monterats måste den nya topplockspackningen vara av samma typ som den gamla.
30 Om nya kolvar monteras som en del av en renovering måste du först följa beskrivningen i avsnitt 13 i kapitel 2C och mäta kolvutsticket.

Köp sedan en topplockspackning efter mätresultatet (se kapitel 2C, Specifikationer).
31 Lägg en ny topplockspackning på blocket så att den greppar i styrstiften. Kontrollera att tillverkarens märke "TOP" och katalognummer är vända uppåt.
32 Skär av skallarna på två gamla topplocksbultar och ta upp spår för en skruvmejsel i övre änden på vardera bulten. Dessa kan sedan användas som styrstift och hjälpa till att få topplocket på plats **(se bild)**.
33 Ta hjälp av någon och placera topplock och insugs-/avgasgrenrör centralt på blocket, se till att styrstiften greppar i urtagen på topplocket. Kontrollera att topplockspackningen är korrekt placerad innan topplockets hela vikt vilar på den.
34 Skruva ur de hemmagjorda styrstiften med en flatklingad skruvmejsel.

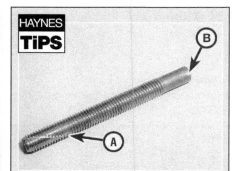

HAYNES TiPS

Verktygstips: Om en passande gängtapp inte finns tillgänglig går det att tillverka ett substitut genom att ta upp ett spår (A) längs med gängorna på en gammal topplocksbult. När den använts kan skallen kapas så att den förvandlas till ett styrstift för att underlätta topplocksmonteringen. Ta upp ett skruvmejselspår (B) i stiftets topp så att det kan skruvas ur efteråt

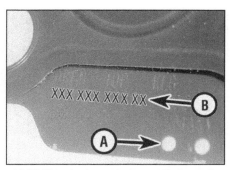

11.29 Topplockspackning med stansade hål (A) och katalognummer (B)

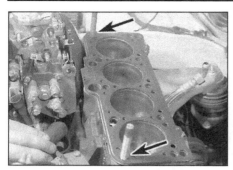

11.32 Två av de gamla topplocksbultarna (vid pilarna) använda som styrstift för topplocksmontering

35 Lägg lite fett på topplocksbultarnas gängor och på bultskallarnas undersidor.

36 Olja in bultgängorna och skruva försiktigt in varje bult i sitt hål *(låt dem inte falla in)* och skruva in dem för hand så mycket du kan med enbart fingrarna **(se bild)**.

37 Arbeta stegvis i visad ordningsföljd och dra topplocksbultarna till momentet för steg 1 med momentnyckel och hylsa **(se bild)**. Upprepa sedan åtdragningsföljden för moment enligt steg 2.

38 När alla bultar dragits till steg 2 ska de vinkeldras med hylsa och förlängningsskaft till steg 3 i samma ordningsföljd. En vinkelmätare rekommenderas för steg 3 för exakthet. Om en vinkelmätare inte finns tillgänglig, gör uppriktningsmärken med vit färg på bultskallen och topplocket innan åtdragningen. Använd märket till att kontrollera att bulten dragits i korrekt vinkel. Upprepa förfarandet för steg 4. **(se bild)**.

39 Montera den inre kamremskåpan och dra åt skruvarna ordentligt.

40 Se avsnitt 2 och 5 och montera kamremsspännaren och dreven.

41 Se avsnitt 2 och följ beskrivningen för inställning av motorn till ÖD för cylinder nr 1, med demonterad kamrem. Avsluta med att montera kamremmen, se avsnitt 4.

42 Resten av monteringen sker i omvänd arbetsordning enligt följande:
a) Se kapitel 4D och montera turboaggregatet, nedåtgående avgasröret, EGR-ventilen (i förekommande fall) och glödstiftsledningarna.
b) Se kapitel 4C och anslut

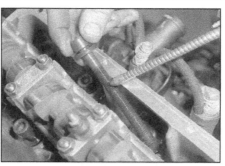

11.36 Olja in topplocksbultarnas gängor och för in varje bult i sitt hål

bränslematningsslangarna till injektorerna och insprutningspumpen. Anslut bränslesystemets elkontakter. Anslut injektorernas avluftningsslang till insprutningspumpens returanslutning.
c) Montera motorkabelhärvans fästbygel på topplocket.
d) Montera ventilkåpan (se avsnitt 7).
e) Se kapitel 11 och montera låshållaren om denna demonterats för bättre åtkomst.
f) Se kapitel 3 och anslut alla kylvätskeslangar till kylaren, expansionskärlet och kupévärmaren. Koppla in kylvätskans temperaturgivare.
g) Se avsnitt 6 och montera drivremmen/drivremmarna.
h) Koppla in batteriet.
i) Se kapitel 11 och montera motorhuven.
j) Montera i förekommande fall övre motorkåpan (motorn AFN).

43 Avsluta med att gå till kapitel 1B och göra följande:
a) Fyll kylsystemet med rätt mängd ny kylvätska.
b) Fyll motorn med olja av rätt typ och mängd.
Observera: *Efterdragning av topplocksbultarna krävs inte.*

12 Hydrauliska ventillyftare – funktionstest

1 De hydrauliska ventillyftarna är självjusterande och kräver därmed ingen tillsyn vid drift.

2 Om de hydrauliska ventillyftarna blir för högljudda kan deras funktion kontrolleras enligt följande.

3 Varmkör motorn till normal arbetstemperatur. Stäng av motorn och demontera ventilkåpan enligt beskrivning i avsnitt 7.

4 Vrid på kamaxeln genom att vrida vevaxeln med en hylsnyckel till dess att den första kamloben över cylinder nr 1 pekar uppåt.

5 Använd ett bladmått och mät spelet mellan kamlobens fot och ventillyftarens överdel. Om spelet överstiger 0,1 mm är lyftaren defekt och ska då bytas.

6 Om spelet understiger 0,1 mm, tryck ned lyftarens överdel till dess att det känns att den kommer i kontakt med ventilskaftets överdel. Använd ett redskap av trä eller plast som inte skadar ventillyftarens yta.

7 Om lyftaren flyttar sig mer än 0,1 mm innan den kommer i kontakt med skaftet är lyftaren defekt och ska då bytas.

8 Demontering och montering av hydrauliska ventillyftare beskrivs som en del av topplocksrenovering, se kapitel 2C för en detaljbeskrivning.

⚠ **Varning: När hydrauliska ventillyftare monterats, vänta minst 30 minuter (men helst till nästa dag) innan motorn startas så att lyftarna får tid att sätta sig. I annat fall kan kolvkronorna slå i ventilerna.**

13 Svänghjul – demontering, inspektion och montering

Allmän information

Demontering av svänghjulet följer beskrivningen i avsnitt 13 i kapitel 2A.

14 Motorfästen – inspektion och byte

Inspektion

1 Ställ framvagnen på pallbockar om bättre åtkomlighet behövs.

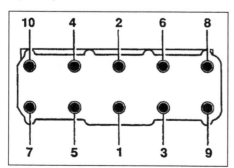

11.37a Ordningsföljd för topplocksbultars åtdragning

11.37b Dra åt topplocksbultarna med momentnyckel och hylsa

11.38 Vinkeldragning av topplocksbult

14.10a Skruva ur bultarna mellan motorfästet och svänghjulskåpan . . .

14.10b . . . och avlägsna fästet

14.11 Skruva ur motorfästblockets bult

2 Se efter om fästgummina är spruckna, förhårdnande eller delade från metallen på någon punkt. Byt fästet om det har sådana skador eller om slitage är tydligt.
3 Kontrollera att alla fästets förband är väl åtdragna, använd om möjligt momentnyckel.
4 Använd en stor skruvmejsel eller ett bräckjärn och kontrollera slitaget i fästet genom att bryta mot det och leta efter spel. Där detta inte är möjligt, låt en medhjälpare vicka på motorn/växellådan, framåt/bakåt och i sidled medan du studerar fästet. Ett visst spel är att vänta även från nya delar med större slitage är tydligt. Om för stort spel förekommer, kontrollera först att fästets förband är väl åtdragna och byt sedan slitna delar enligt beskrivningen nedan.

Byte

Främre motorfäste

5 Lossa batteriets jordledning och för undan den från polen.
Observera: *Om bilen har en ljudanläggning med stöldskyddskod, se till att du har koden uppskriven innan batteriet kopplas ur. Rådfråga en VAG-verkstad om du är osäker.*
6 Placera en garagedomkraft under motorn så att domkraftshuvudet är rakt under fogen mellan motorblocket och svänghjulskåpan.
7 Lyft så mycket på domkraften att främre motorfästet precis avlastas.
8 Skruva ur motorfästets genomgående bult.
9 Se kapitel 5A och demontera startmotorn.
10 Skruva ur bultarna mellan motorfästet och svänghjulskåpan och avlägsna fästet **(se bilder)**.
11 Skruva ur motorfästesblockets bult under motorfästets främre tvärbalk **(se bild)**.
12 Lyft ut fästblocket ur skålen på tvärbalken **(se bild)**.
13 Montering sker i omvänd arbetsordning men lägg märke till följande:
   a) *Se till att den riktningsklack som sticker ut på övre ytan av fästblocket greppar i urtaget på fästet (se bild).*
   b) *Dra alla bultar till angivet moment (se bild).*

Höger bakre motorfäste

14 Lossa batteriets jordledning och för undan den från polen.
Observera: *Om bilen har en ljudanläggning med stöldskyddskod, se till att du har koden uppskriven innan batteriet kopplas ur. Rådfråga en VAG-verkstad om du är osäker.*

14.12 Lyft ut motorfästblocket ur skålen på tvärbalken

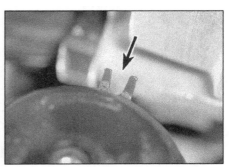

14.13a Klacken (vid pilen) på översidan greppar i urtaget i fästet

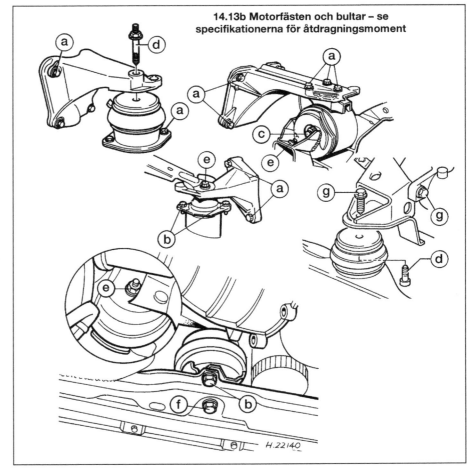

14.13b Motorfästen och bultar – se specifikationerna för åtdragningsmoment

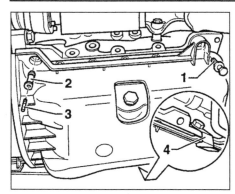

15.5 Sumpkåpans fästen – motorkod AFN

1	*Bult*	*3*	*Stift*
2	*Clips*	*4*	*Fjäderclips*

15 Placera en motorlyftbalk över motorrummet och koppla bommen till topplockets lyftöglor. Alternativt kan en motorlyft användas. Lyft motorn så mycket att fästet avlastas.
16 Skruva ur motorfästets genomgående bult.
17 Skruva loss motorfästbygeln från blocket.
18 Skruva loss motorfästblocket från karossen och ta ut det ur motorrummet.
19 Montering sker med omvänd arbetsordning men lägg märke till följande:
  a) *Se till att den riktningsklack som sticker ut på övre ytan av fästblocket greppar i urtaget på bygeln.*
  b) *Dra alla bultar till angivet moment (se bild 14.13b).*

Vänster bakre motorfäste

20 Lossa batteriets jordledning och för undan den från polen.
Observera: *Om bilen har en ljudanläggning med stöldskyddskod, se till att du har koden uppskriven innan batteriet kopplas ur. Rådfråga en VAG-verkstad om du är osäker.*
21 Placera en garagedomkraft under motorn så att domkraftshuvudet är rakt under fogen mellan motorblocket och svänghjulskåpan
22 Lyft så mycket på domkraften att vänstra bakre motorfästet precis avlastas.
23 Skruva ur motorfästets genomgående bult.

17.2a Peta av locken. . .

24 Skruva loss motorfästets bygel från växelådshusets ände.
25 Skruva loss motorfästblocket från karossen och ta ut det ur motorrummet.
26 Montering sker i omvänd arbetsordning men lägg märke till följande:
  a) *Se till att den riktningsklack som sticker ut på övre ytan av fästblocket greppar i urtaget på bygeln.*
  b) *Dra alla bultar till angivet moment (se bild 14.13b).*

15 Sump – demontering, inspektion och montering

Demontering

1 Lossa batteriets jordledning och för undan den från batteriet.
Observera: *Om bilen har en ljudanläggning med stöldskyddskod, se till att du har koden uppskriven innan batteriet kopplas ur. Rådfråga en VAG-verkstad om du är osäker.*
Se kapitel 1B och tappa av motoroljan. Skruva i förekommande fall loss hasplåten och ta bort den från bilen.
2 Parkera bilen på en plan yta, dra åt handbromsen och klossa bakhjulen.
3 Ställ framvagnen på pallbockar eller ramper, se "Lyftning och stödpunkter".
4 Förbättra sumpens åtkomlighet genom att gå till kapitel 8 och följa beskrivningen för demontering av höger drivaxel från växellådans utgående fläns. Där så behövs ska motorns nedre stänkskydd demonteras.
5 Om motorn är av typ AFN måste sumpkåpan demonteras innan sumpen blir åtkomlig. Skruva ur de två bultarna, dra ut spridarstiften från clipsen och avlägsna clipsen. Kåpan hålls även med ett fjäderclips i framkanten – lossa clipset och sänk ned sumpkåpan **(se bild)**.
6 Arbeta runt sumpens utsida och skruva stegvis ur bultarna. Där så är tillämpligt ska svänghjulets täckplatta tas bort för att man ska kunna komma åt vänster sidas sumpfästen.
7 Bryt fogen genom att slå på sumpen med handflatan, sänk ned sumpen och ta bort den från bilens undersida. Ta reda på och kassera

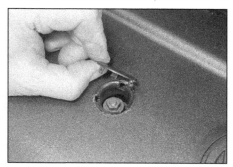

17.2b . . . för att komma åt muttrarna

sumppackningen. Om ett skvalpskott är monterat, observera att det endast kan demonteras sedan oljepumpen skruvats loss (se avsnitt 16).
8 När sumpen är demonterad, tag tillfället i akt och kontrollera om oljepumpens upptagare/sil är igensatt eller sliten och demontera vid behov pumpen enligt beskrivning i avsnitt 16 och rengör eller byt silen.

Montering

9 Avlägsna alla spår av tätning från fogytorna på sumpen och blocket och torka ur sumpen med en ren trasa.
10 Kontrollera att fogytorna på sump och block är rena och torra, lägg sedan på lämplig packningsmassa på fogytorna.
11 Lägg en ny sumppackning på sumpens fogyta, för upp sumpen och skruva i bultarna. Dra bultar och muttrar jämnt och stegvis till angivet moment.
12 Där så är tillämpligt ska drivaxel och hasplåt sättas tillbaka.
13 Om motorn är av typ AFN ska sumpkåpan monteras.
14 Se kapitel 1B och fyll motorn med olja av rätt typ och mängd.
15 Anslut batteriet.

16 Oljepump och oljeupptagare – demontering, inspektion och montering

Allmän information

1 Oljepump och uppsugare är monterade i sumpen. Pumpen drivs från mellanaxeln som roterar med halva vevaxelhastigheten.
2 Oljepumpen är identisk med den som sitter i bensinmotorer, se kapitel 2A för information.

17 Övre motorkåpa (motorkod AFN) – demontering och montering

1 Modeller med den senare koden AFN har en stor plastkåpa monterad över motorn som fungerar som ljuddämpare. Demontering av denna kåpa gör att man kommer åt många detaljer mycket lättare.
2 Använd en skruvmejsel eller liknande och peta av plastlocken över fästmuttrarna **(se bilder)**.
3 Skruva ur muttrarna och lyft upp kåpan. Se till att inte tappa några av de gummidistanser som sitter på pinnbultarna när kåpan tas bort.
4 Montering sker i omvänd arbetsordning. Kontrollera att inga slangar kläms eller nyps under kåpan när den monteras. Dra muttrarna ordentligt.

Kapitel 2 Del C:
Urlyftning och renovering av motor

Innehåll

Svårighetsgrader

Enkelt, passar novisen med lite erfarenhet		Ganska enkelt, passar nybörjaren med viss erfarenhet		Ganska svårt, passar kompetent hemma-mekaniker		Svårt, passar hemmamekaniker med erfarenhet		Mycket svårt, för professionell mekaniker	

Specifikationer

Motorkoder
Se kapitel 2A eller B.

Topplock
Topplockets packningsyta, maximal skevhet .... 0,1 mm
Minsta topplockshöjd:
 Bensinmotor .... 132,6 mm
 Dieselmotor .... Topplocket kan ej bearbetas
Maximalt utstick på virvelkammare (dieselmotorer) .... 0,07 mm

Topplockspackning
Identifieringsmarkeringar (stansade hål), endast dieselmotorer*:
 Alla dieselmotorer utom AAZ:
  Kolvutstick:
   0,91 till 1,00 mm .... 1 hål
   1,01 till 1,10 mm .... 2 hål
   1,11 till 1,20 mm .... 3 hål
 Motorkod AAZ:
  Kolvutstick:
   0,66 till 0,86 mm .... 1 hål
   0,87 till 0,90 mm .... 2 hål
   0,91 till 1,02 mm .... 3 hål
*Observera: Se text i kapitel 2B och i avsnitt 4 och 13 i detta kapitel för detaljer.

Ventiler

	Insug	Avgas
Ventilskaftets diameter:		
Motorkod AAM, ADZ, ADY, AGG:		
T o m november 1994	7,97 mm	7,95 mm
Fr o m december 1994	6,92 ± 0,02 mm	6,92 ± 0,02 mm
Övriga motorer	7,97 mm	7,95 mm
Maximal ventiltallriksavböjning (ventilskaftets ände i jämnhöjd med styrningens överkant:		
Dieselmotor	1,3 mm	1,3 mm
Bensinmotor	1,0 mm	1,3 mm

Kamaxel

Axialspel, samtliga motorer .... 0,15 mm
Maximalt kast, samtliga motorer .... 0,01 mm
Maximalt spel:
   Dieselmotor .... 0,11 mm
   Bensinmotor .... 0,10 mm
Kamaxelns märkning:
   Motorkod PB, PF .... G 026
   Motorkod RP .... N eller Q 026
   Motorkod 1Z, AHU och AFN .... W 028F
   Motorkod AAZ .... W 028D
   Motorkod AAM .... M 026
   Motorkod ABS, ADZ .... Q 026
   Motorkod 2E .... A 026
   Motorkod ADY .... D 048
   Motorkod AGG .... A 050

Mellanaxel

Maximalt axialspel:
   Bensinmotor .... 0,25 mm
   Dieselmotor .... Uppgift saknas

Motorblock

Loppets diameter:
  1.8 liters motorer:
   Standard .... 81,01 mm
   Överstorlek 1 .... 81,26 mm
   Överstorlek 2 .... 81,51 mm
   Maximalt slitage på loppet .... 0,08 mm
  2.0 liters motorer:
   Standard .... 82,51 mm
   Överstorlek 1 .... 82,76 mm
   Överstorlek 2 .... 83,01 mm
   Maximalt slitage på loppet .... 0,08 mm
  Dieselmotor:
   Standard .... 79,51 mm
   Överstorlek 1 .... 79,76 mm
   Överstorlek 2 .... 80,01 mm
   Maximalt slitage på loppet .... 0,10 mm

Kolvar och kolvringar

Kolvdiameter:
  2.0 liters motor:
   Standard .... 82,485 mm
   Överstorlek 1 .... 82,735 mm
   Överstorlek 2 .... 82,985 mm
   Maximal avvikelse .... 0,04 mm
  1.8 liters motor:
   Standard .... 80,985 mm
   Överstorlek 1 .... 81,235 mm
   Överstorlek 2 .... 81,485 mm
   Maximal avvikelse .... 0,04 mm
  Motorkod AAZ:
   Standard .... 79,48 mm
   Överstorlek 1 .... 79,73 mm
   Överstorlek 2 .... 79,98 mm
   Maximal avvikelse .... 0,04 mm
  Motorkod 1Z, AHU, AFN:
   Standard .... 79,47 mm
   Överstorlek 1 .... 79,92 mm
   Överstorlek 2 .... 79,97 mm
   Maximal avvikelse .... 0,04 mm
Kolvbultens yttre diameter:
   Dieselmotor .... 26,0 mm
  Bensinmotor:
   1.8 liter .... 20,0 mm
   2.0 liter .... 21,0 mm

Spel mellan kolvring och kolvringsspår:
　Bensinmotor:
　　Övre kompressionsring:
　　　Standard .... 0,02 - 0,05 mm
　　　Slitagegräns .... 0,15 mm
　　Nedre kompressionsring:
　　　Standard .... 0,02 - 0,05 mm
　　　Slitagegräns .... 0,15 mm
　　Oljering:
　　　Standard .... 0,02 - 0,05 mm
　　　Slitagegräns .... 0,15 mm
　Motorkod1Z, AHU och AFN:
　　Övre kompressionsring:
　　　Standard .... 0,06 - 0,09 mm
　　　Slitagegräns .... 0,25 mm
　　Nedre kompressionsring:
　　　Standard .... 0,05 - 0,08 mm
　　　Slitagegräns .... 0,25 mm
　　Oljering:
　　　Standard .... 0,03 - 0,06 mm
　　　Slitagegräns .... 0,15 mm
　Motorkod AAZ:
　　Övre kompressionsring:
　　　Standard .... 0,09 - 0,12 mm
　　　Slitagegräns .... 0,25 mm
　　Nedre kompressionsring:
　　　Standard .... 0,05 - 0,08 mm
　　　Slitagegräns .... 0,25 mm
　　Oljering:
　　　Standard .... 0,03 - 0,06 mm
　　　Slitagegräns .... 0,15 mm
Kolvrings ändgap:
　Samtliga motorer utom AAZ:
　　Övre kompressionsring:
　　　Standard .... 0,20 - 0,40 mm
　　　Slitagegräns .... 1,0 mm
　　Nedre kompressionsring:
　　　Standard .... 0,20 - 0,40 mm
　　　Slitagegräns .... 1,0 mm
　　Oljering (tvådelad):
　　　Standard .... 0,25 - 0,50 mm
　　　Slitagegräns .... 1,0 mm
　　Oljering (tredelad):
　　　Standard .... 0,40 - 0,50 mm
　　　Slitagegräns .... 1,0 mm
　Motorkod AAZ:
　　Övre kompressionsring:
　　　Standard .... 0,20 - 0,40 mm
　　　Slitagegräns .... 1,2 mm
　　Nedre kompressionsring:
　　　Standard .... 0,20 - 0,40 mm
　　　Slitagegräns .... 0,6 mm
　　Oljering:
　　　Standard .... 0,25 - 0,50 mm
　　　Slitagegräns .... 1,2 mm

Vevstakar
Längd:
　Dieselmotor .... 144 mm
　Bensinmotor .... Uppgift saknas
Storändens spel:
　Bensinmotor:
　　Standard .... 0,05 - 0,31 mm
　　Slitagegräns .... 0,37 mm
　Dieselmotor:
　　Standard .... Uppgift saknas
　　Slitagegräns .... 0,37 mm

Vevaxel

Maximalt kast .... Uppgift saknas
Maximalt axialspel:
  Bensinmotor:
    Standard .... 0,07 - 0,17 mm
    Slitagegräns .... 0,25 mm
  Dieselmotor:
    Standard .... 0,07 - 0,17 mm
    Slitagegräns .... 0,37 mm
Ramlagertapparnas diameter:
  Alla motorkoder:
    Standard .... 54,00 mm
    Understorlek 1 .... 53,75 mm
    Understorlek 2 .... 53,50 mm
    Understorlek 3 .... 53,25 mm
    Tolerans .... -0,022 - -0,042 mm
Ramlagerspel:
  Bensinmotor:
    Standard .... 0,02 - 0,06 mm
    Slitagegräns .... 0,17 mm
  Dieselmotor:
    Standard .... 0,03 - 0,08 mm
    Slitagegräns .... 0,17 mm
Vevlagertapparnas diameter:
  Standard .... 47,80 mm
  Understorlek 1 .... 47,55 mm
  Understorlek 2 .... 47,30 mm
  Understorlek 3 .... 47,05 mm
  Tolerans .... -0,022 - -0,042 mm
Storändens lagerspel:
  Bensinmotor:
    Standard .... 0,01 - 0,06 mm
    Slitagegräns .... 0,12 mm
  Dieselmotor:
    Standard .... Uppgift saknas
    Slitagegräns .... 0,08 mm

Åtdragningsmoment   Nm

Storändens lageröverfall, bultar/muttrar*:
  Steg 1 30
  Steg 2 .... Vinkeldra ytterligare 90°
Kamaxellageröverfall, muttrar* 20
Ramlageröverfall, bultar*:
  Motorkod AAZ, 1Z, AHU, AFN, ADZ, ADY, AGG:
    Steg 1 65
    Steg 2 .... Vinkeldra ytterligare 90°
  Motorkod PB, PF, RP, AAM, ABS, 2E 65
Drivaxelfläns, bultar 45
Motorfästen till kaross, bultar 80
Avgasrör till grenrör (bensin) 40
Avgasrör till turbo (diesel) 25
Svänghjulets täckplatta 10
Mellanaxelns fläns, bultar 25
Mellanaxeldrev, bult:
  Dieselmotor 45
  Bensinmotor 80
Låshållaren, bultar 5
Kolvens oljemunstycke/övertrycksventil 27
Momentomvandlare till drivplatta, muttrar 60
Svänghjulskåpa till motor, skruvar:
  M10 60
  M12 80
*Använd alltid nya bultar/muttrar

1 Demontering av motor och växellåda – förberedelser och föreskrifter

Om du bestämt dig för att motorn måste lyftas ut för renovering eller större reparationer måste flera förberedande steg vidtas.

En lämplig arbetsplats är synnerligen viktigt. Tillräckligt med arbetsutrymme och plats att förvara bilen krävs. Om en verkstad eller ett garage inte finns tillgängligt krävs åtminstone en solid, plan och ren arbetsyta.

Rensa om möjligt några hyllor och använd dem till att förvara motordelar och hjälp-aggregat som demonteras och tas isär. Det gör att komponenterna får större chans att hållas rena och hela under renoveringsarbetet. Att lägga ut delarna i logiska grupper tillsammans med respektive bultar/skruvar/-muttrar etc sparar tid och undviker att delar blandas ihop vid monteringen.

Rengör motorrummet och motorn/-växellådan innan urlyftningen inleds, det ger bättre synlighet och hjälper till att hålla verktygen rena.

En medhjälpare bör finnas tillgänglig, det finns vissa moment då en person inte ensam på ett säkert sätt kan utföra allt som krävs för att lyfta ur motorn. Säkerhet är av största vikt med tanke på de potentiella risker som hör samman med detta arbete. En andra person bör alltid finnas till hands för hjälp i ett nödläge. Om det är första gången du lyfter ur en motor är råd och hjälp från en mer erfaren person till stor nytta.

2.5a Övre kylarslangens anslutning till motorn

Planera arbetet i förväg. Skaffa alla verktyg och all utrustning som behövs innan arbetet påbörjas. Tillgång till följande gör arbetet med att lyfta ur och installera motorn/växellådan säkert och relativt enkelt: en garagedomkraft – klassad högre än den sammanlagda vikten av motorn och växellådan, en komplett uppsättning nycklar och hylsor enligt beskrivning i början av handboken, träblock och en mängd trasor och rengörande lösnings-medel för att torka upp spill av olja, kylvätska och bränsle. Ett urval förvaringslådor av plast kan vara till god hjälp för att hålla samman isärtagna delar. Om någon utrustning ska hyras, se då till att den är inbokad i förväg och gör allt som går att göra utan den först. Detta kan spara dig både tid och pengar.

Planera för att bilen kommer att vara ur drift en tid, speciellt om motorn ska renoveras. Läs igenom hela detta avsnitt och skapa en strategi baserad på dina egna erfarenheter och vad resurser du har i form av verktyg, tid och arbetsutrymme. Vissa moment av renoveringen kanske måste utföras av en VAG-verkstad eller en motorspecialist – dessa är oftast ganska välbokade så det kan vara klokt att rådgöra med dem innan motorn lyfts ur eller tas isär, så att du får en uppfattning om den tid som går åt för att utföra arbetet.

När motorn lyfts ur bilen ska du vara metodisk vid demonteringen av de yttre komponenterna. Märk upp ledningar och slangar när de lossas så blir monterandet mycket enklare.

Var alltid ytterst försiktig när motorn/-växellådan lyfts ut ur motorrummet. Vårds-löshet kan orsaka allvarliga olyckor. Om hjälp behövs är det bättre att vänta på den än att riskera personskador och/eller skador på komponenter genom att fortsätta på egen hand. Med god planering och gott om tid kan ett arbete av denna natur utföras framgångs-rikt och olycksfritt, trots att det är frågan om ett omfattande arbete.

För alla modeller som tas upp i denna handbok gäller att motorn och växellådan lyfts ut framåt och uppåt som en enhet. Det innebär även att låshållaren demonteras. Denna är en panel som utgör den övre, främre delen av motorrummet. Trots att låshållaren är

en ganska stor del är den inte svår att demontera och fördelarna i form av ökad åtkomlighet väger mer än väl upp den ansträngningen.

Lägg märke till att motorn och växellådan helst ska lyftas ur med bilen stående på alla fyra hjulen, men drivaxlar och nedåtgående avgasrör är lättare att demontera om framvagnen tillfälligt ställs på pallbockar.

Observera: *Om bilens motorkod är RP har fogen mellan grenröret och nedåtgående avgasröret två fjäderclips som är i det närmaste omöjliga att avlägsna utan VW specialverktyg 4140A/2. Se kapitel 4D, avsnitt 7 för fler detaljer.*

2 Motor och växellåda – demontering, delning och montering

Demontering

Samtliga modeller

1 Välj en solid, plan yta och parkera bilen på den. Se till att ha tillräckligt med arbets-utrymme runt om.

2 Se kapitel 11 och demontera motorhuven från gångjärnen. Demontera även låshållaren och hasplåten (om monterad).

3 Lossa batteriets jordledning och för undan den från polen.

Observera: *Om bilens ljudanläggning har en stöldskyddskod ska du kontrollera att du har koden uppskriven innan batteriet kopplas ur, se kapitel 12 för detaljer.*

4 Se kapitel 1A eller B efter tillämplighet och gör följande:

  a) Tappa ur oljan om motorn ska tas isär.

  b) Tappa ur kylsystemet.

  c) Demontera drivremmen/drivremmarna.

5 Se kapitel 3 och gör följande:

  a) Lossa slangklämmorna och avlägsna kylarslangarna från motorn **(se bild)** och termostathuset/vattenpumpen (efter tillämplighet).

  b) Lossa slangarna från expansionskärlet och kupévärmarens rör **(se bilder)**.

2.5b Värmarslangens anslutning till motorns baksida

2.5c Expansionskärlets överströmningsslang

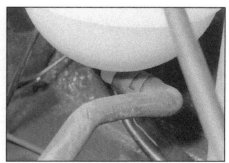

2.5d Expansionskärlets nedre slanganslutning

c) Dra ur kontakterna från kylaren och kylfläktsmotorn/motorerna.

d) Lossa övre och nedre kylarslangarna från kylaren. Lyft kylaren, komplett med fläkt(ar) från nedre fästena och avlägsna den från bilen.

6 Om bilen har luftkonditionering, se kapitel 3 och gör dessutom följande:

a) Skruva loss luftkonditioneringens vätskebehållare från fästena och låt den hänga fritt.

b) Skruva ur bultarna från de clips som fäster kylkondenserarens matnings- och returrör.

c) Skruva loss luftkonditioneringens kompressor från motorn och lägg den på golvet med kylaren. Kontrollera att köldmediaslangarna inte belastas.

7 Demontera luftrenaren och luftintagstrumman enligt beskrivning i tillämplig del av kapitel 4.

Bensinmotorer

8 Om bilen har katalysator, se kapitel 4D och dra ur kontakten till Lambdasonden från kabelhärvans flervägskontakt.

9 Lossa den ingående tändkabeln från fördelarlocket och bind upp den undan från motorn.

10 Se kapitel 9 och lossa bromsservons slang från insugsrörets anslutning.

11 Om bilen har ett EGR-system, se kapitel 4D och koppla ur vakuumslangarna från anslutningarna på EGR-ventilen, servobromsens vakuumslang och luftintagsslangen. Gör noggranna anteckningar om anslutningsordningen så att de kan monteras korrekt.

12 Om bilen har utsläppsreglering med kolkanister, se kapitel 4D och lossa vakuumslangen från trottelhuset. Skriv upp anslutningspunkten för korrekt montering.

Modeller med enpunktsinsprutning

13 Se kapitel 4A och gör följande:

a) Släpp ut trycket ur bränslesystemet

b) Avlägsna lufttrummorna mellan grenröret och luftrenaren och trottelhuset och luftrenaren från motorrummet.

c) Demontera luftlådan från trottelhusets överdel, anteckna vakuumslangens anslutning för korrekt montering.

d) Lossa gasvajern från trottelns spindelarm.

e) Lossa bränsleslangarna från trottelhuset – se föreskrifterna i början av kapitel 4A.

Modeller med flerpunktsinsprutning

14 Se kapitel 4B och gör följande:

a) Släpp ut trycket ur bränslesystemet.

b) Lossa clipsen och lyft ut lufttrummorna mellan grenröret och luftrenaren och trottelhuset och luftflödesmätaren från motorrummet.

c) Lossa gasvajern från trottelns spindelarm.

d) Lossa bränsleslangarna från trottelhuset – se föreskrifterna i början av kapitel 4B.

15 Om bilen är försedd med automatisk växellåda krävs mer utrymme om motorn och växellådan lyfts ur som en enhet. Demontera remskivorna från vevaxeln och i förekommande fall vattenpumpen för att få detta – se kapitel 2A.

Dieselmotorer

 Varning: Vid isärtagning av någon del av luftintaget på en bil med turboaggregat, se till att inga främmande föremål kan komma in i turbons luftintag. Täck öppningen med ett plastskynke som säkras med gummiband. Turbons turbinblad kan få allvarliga skador när motorn startar om det finns skräp i luftintaget.

16 Om motorkoden är AFN ska övre motorkåpan demonteras. Det är även klokt att demontera sumpkåpan så att den inte riskerar att skadas.

17 Se kapitel 9 och lossa servobromsens vakuumslang från vakuumpumpen.

18 Om bilen har ett EGR-system, se kapitel 4D och koppla ur vakuumslangarna från anslutningarna på EGR-ventilen, servobromsens vakuumslang och luftintagsslangen samt i förekommande fall insprutningspumpen. Gör en noggrann anteckning om anslutningsordningen så att de kan monteras korrekt.

19 Se kapitel 4C och gör följande:

a) Skruva ur banjobultarna och lossa bränsleslangarna från insprutningspumpen.

b) Lossa clipset och koppla ur injektoravluftningsslangen från bränslereturens anslutning.

Motorkod AAZ

c) Lossa clipsen och koppla loss intagsluftens slang från luftrenaren, vevhusventilationens slang eller turboaggregatets intag efter tillämplighet.

d) Lossa gasvajern från insprutningspumpen.

e) Lossa i förekommande fall kallstartsgasvajern från insprutningspumpen.

Motorkod 1Z, AHU och AFN

f) Lossa clipsen och koppla loss intagsluftens slang från luftmängdsmätaren, turboaggregatets intag och vevhusventilationens slang.

g) Lossa clipsen och koppla loss matnings- och returluftslangarna från turboaggregatet till laddluftskylaren och tillbaka. Det är nödvändigt att dra ur kontakten till insugsluftens temperaturmätare.

h) Lossa vakuumstyrslangen från anslutningen till laddlufttryckets styrmembran på turboaggregatssidan, se kapitel 4D för detaljer.

Samtliga modeller

20 Se kapitel 5A och dra ur kontakterna till generatorn, startmotorn och solenoiden.

21 Se kapitel 5B och kapitel 4A, B eller C efter tillämplighet och leta upp de kabelhärvesektioner som fortfarande är anslutna till motorns givare och aktiverare. Märk kontakterna noga så att de kan monteras korrekt **(se bilder)**.

22 Om bilen har servostyrning, se kapitel 10 och gör följande:

a) Lossa de skruvar och öppna de clips som fäster servostyrningens matnings- och returrör.

b) Skruva ur de skruvar som fäster servostyrningens oljebehållare och sänk ned den så att den vilar utan att belasta rören.

c) Skruva loss servopumpen med fästbyglar från motorn. Stötta den så att rören inte belastas.

Observera: Servostyrningens slangar kan vara kvar på pumpen och behållaren, så det finns ingen anledning att tappa ur systemet.

23 Om bilen har manuell växellåda, se kapitel 7A och gör följande:

a) Dra ur backljuslampans kontakt överst på växellådshuset. Om bilen har elektronisk hastighetsmätare, dra ur kontakten från hastighetsgivaren överst på växellådshuset **(se bild)**.

b) Om bilen har mekanisk hastighetsmätare, skruva loss kragen och lossa hastighetsmätarvajern från växellådan **(se bild)**.

c) Lossa växelväljarmekanismen från växellådan **(se bild)**.

d) Om bilen har vajermanövrerad koppling, se kapitel 6 och lossa kopplingsvajern från urtrampningsmekanismen på växellådshusets framsida.

2.21a Dra ur kontakterna till varningsbrytarna för högt . . .

2.21b . . . och lågt oljetryck

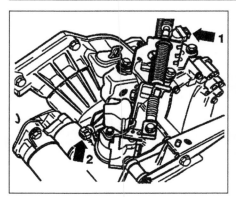

2.23a Kontakterna till den elektroniska hastighetsmätarens givare (1) och backljuslampan (2)

e) Om bilen har hydraulmanövrerad koppling, lossa den genomgående bulten på väljarens överföringsarm och dra ut slavcylindern från växellådshuset. Lämna hydraulledningen ansluten till cylindern och för cylindern ur vägen.

24 Om bilen har automatväxellåda, se kapitel 7B och gör följande:
a) Välj läge P och lossa väljarvajern från armen överst på växellådshuset.
b) Kläm hop kylvätskeslangarna till växellådans oljekylare, lossa clipsen och dra ur slangarna från kylaranslutningarna.
c) Lossa kabelhärvan från växellådan genom att dra ur kontakterna, märk upp dem som monteringshjälp.
25 Se kapitel 8 och lossa drivaxlarna från differentialens utgående axlar.

2.33 Urlyftning av motor och växellåda

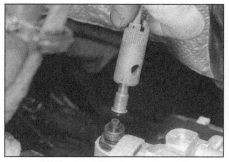

2.23b Om bilen har mekanisk hastighetsmätare, koppla ur hastighetsmätarvajern

26 Se kapitel 4D och skruva loss nedåtgående röret från grenröret (eller turbon). Ta reda på packningen och kassera den. Om bilen har motorkod RP krävs ett specialverktyg för att dela de två fjäderclipsen på var sida om fogen mellan grenröret och nedåtgående röret – se anmärkningen i slutet av avsnitt 1.
27 Skruva loss motorns och växellådans jordningar från karossen.
28 Om inte redan gjort ska nu framvagnen ställas på pallbockar.
29 Avlägsna vibrationsdämparen från monteringsramen.
30 Avlägsna höger drivaxelsköld från motorn.
31 Koppla till en lyft och höj den så mycket att motorns och växellådans vikt bärs upp. Placera lyft och sling så att motorn och växellådan hålls plana när de lyfts från bilen.
32 Skruva ur motorns och växellådans fästbultar. Där möjligt ska gummifästena på stödpunkterna lämnas på plats eftersom man då slipper rikta upp dem igen vid ihopsättningen.
33 Kontrollera kring motorn och växellådan att alla anslutningar lossats och är placerade ur vägen. Använd en medhjälpare och styr undan motorn/växellådan från omgivande delar och lyft försiktigt på paketet så att det går fritt från fästena och när det är på en lämplig höjd ska paketet dras framåt från bilen (se bild).
34 När motorn och växellådan är fria från bilen ska de föras till en plats där de kan rengöras innan arbetet påbörjas.

2.23c Koppla ur väljaren och växlingsvajrarna

Delning

35 Ställ motorn och växellådan på en stabil, plan yta och stötta med träklossar.

Manuell växellåda

36 Växellådan är fastsatt på motorn med en kombination av maskinskruvar och pinnbultar ingängade i blocket och svänghjulskåpan – antalet förband beror på växellådstyp och bilens specifikation. Lägg märke till att två av dessa förband även fäster startmotorn och främre motorfästet.
37 Börja nederst och skruva ur alla skruvar och muttrar, dra sedan försiktigt av växellådan från motorn och ställ den på klossar (se bilder). Ta vara på styrstiften om de är lösa nog att dras ut.
Varning: Var noga med att inte luta på växellådan förrän ingående axeln går helt fri från kopplingslamellen.
38 Se kapitel 6 och demontera urtrampningsmekanism, tryckplatta och lamell.

Automatväxellåda

39 Skruva loss hasplåten under växellådsoljesumpen.
40 Skruva loss skyddsplattan på svänghjulskåpans undersida, detta blottar drivplattans baksida.
41 Märk momentomvandlarens läge i förhållande till drivplattan med krita eller märkpenna. Skruva ur det tre muttrar som fäster drivplattan vid momentomvandlaren. Dra runt motorn med en hylsnyckel på vevaxelremskivans centrumbult så att drivplattemuttrarna blir synliga, en i taget.

2.37a Skruva ur bultarna mellan motor och växellåda . . .

2.37b . . . och sidokåpan (i förekommande fall) . . .

2.37c . . . och lyft av växellådan från motorn

42 Växellådan är fastsatt på motorn med en kombination av maskinskruvar och pinnbultar ingängade i blocket och svänghjulskåpan – antalet förband beror på växellådstyp och bilens specifikation. Lägg märke till att två av dessa förband även fäster startmotorn och främre motorfästet.

43 Börja nederst och skruva ur alla skruvar och muttrar, dra sedan försiktigt av växellådan från motorn och ställ den på klossar. Ta vara på styrstiften om de är lösa nog att dras ut. *Varning: Var noga med att förhindra att momentomvandlaren dras av från den ingående axeln – håll den på plats medan växellådan dras ut.*

44 Spänn fast en plankstump över öppningen i svänghjulskåpan med kabelband så att den håller momentomvandlaren på plats i sitt hus.

Montering

45 Om motorn och växellådan inte delats, gå till paragraf 50.

Manuell växellåda

46 Lägg lite temperaturtåligt fett på splinesen på växellådans ingående axel. Använd inte för mycket eftersom detta riskerar att förorena lamellen. För växellådan försiktigt mot motorn, samtidigt som styrstiften placeras i sina hål i motorblocket.

47 Skruva i svänghjulskåpans bultar och muttrar, fingerdra dem för att hålla växellådan på plats. *Observera: Dra inte åt dem för att tvinga ihop motor och växellåda.* Se till att fogytorna på motor och svänghjulskåpa möts jämnt utan hinder innan bultar och muttrar dras till angivet moment.

Automatväxellåda

48 Avlägsna momentomvandlarens låsning från svänghjulskåpan. Kontrollera att drivklackarna i momentomvandlaren greppar korrekt i urtagen i det inre hjulet på växellådans oljepump.

49 För växellådan försiktigt mot motorn, samtidigt som styrstiften placeras i sina hål i motorblocket. Följ demonteringsmärkningen så att det blir korrekt uppriktning mellan momentomvandlare och drivplatta.

50 Skruva i svänghjulskåpans bultar och muttrar, fingerdra dem för att hålla växellådan på plats. *Observera: Dra inte åt dem för att tvinga ihop motor och växellåda.* Se till att fogytorna på motor och svänghjulskåpa möts jämnt utan hinder innan bultar och muttrar dras till angivet moment.

Samtliga modeller

51 Se kapitel 5A och montera startmotorn tillsammans med det främre motorfästet och dra bultarna till angivet moment.

52 Koppla motorlyften i topplockets lyftöglor och lyft motorn och växellådan från marken.

53 För lyften till bilens front och styr, tillsammans med en medhjälpare, ned motor och växellådan i motorrummet. Vrid paketet något så att växellådshuset går in först och lotsa remskivorna förbi karossdelarna.

54 Rikta upp bakre motorfästena med fästpunkterna i karossen. Lägg märke till att uppriktningsklackar sticker ut från metallskivorna som är limmade på varje motorfäste. Dessa måste passas in i urtagen på undersidan av motorns fästbyglar (kapitel 2A eller 2B).

55 Montera främre motorfästets gummiblock i urgröpningen i tvärbalken, stick in bulten genom tvärbalkens undersida och dra den till angivet moment.

56 Sänk ned motor och växellåda på plats, kontrollera att styrklackarna på främre motorfästet passar in i urtagen i fästbygeln. Stick in främre och bakre fästenas genomgående bultar, fingerdra dem endast till att börja med.

57 Lossa motorlyftanordningen från lyftöglorna.

58 Låt motorn och växellådan sätta sig i fästena genom att gunga på enheten framåt och bakåt och dra sedan de genomgående bultarna till angivet moment.

59 Se kapitel 8 och koppla ihop drivaxlarna med växellådan.

60 Resterande montering sker i omvänd demonteringsordning, tänk på följande:
a) Se till att alla sektioner av kabelhärvorna följer sin ursprungliga dragning, fäst dem med nya kabelband och håll dem undan från allt som kan värma eller nöta kablarna.
b) Om bilen har manuell växellåda, se kapitel 7A och anslut växelslängen till växellådan. Justera vid behov växlingsstängen/vajrarna.
c) Om bilen har hydrauliskt manövrerad koppling, se kapitel 6 och montera slavcylindern. Under förutsättning att röranslutningarna inte rubbats ska det inte föreligga behov av att avlufta kopplingens hydraulsystem.
d) Om bilen har vajermanövrerad koppling, se kapitel 6 och anslut vajern till växellådan och kontrollera att den automatiska justeringen fungerar.
e) Om bilen har automatväxellåda, se kapitel 7B och anslut väljarvajern till växellådan och kontrollera sedan (och justera vid behov) växelväljarmekanismens funktion.
f) Se kapitel 11 och montera låshållaren på bilens front, kontrollera att alla kabelhärveanslutningar är korrekt utförda och dra förbanden till angivna moment.
g) Kontrollera att alla slangar är korrekt dragna och säkrade med korrekta slangklämmor där dessa används. Om slangklämmorna ursprungligen var av krymptyp kan de inte användas igen. Vanliga slangklämmor med skruv ska monteras som ersättning, om inte annat särskilt anges.
h) Fyll kylsystemet som beskrivet i kapitel 1A eller B.
i) Fyll motorn med olja av korrekt klass och mängd (kapitel 1A eller B).

Dieselmotorer
j) Motorkod AAZ: se kapitel 4D, när kallstartsgasvajern anslutits till bränslepumpen ska kallstartssystemets funktion testas och vid behov justeras.

Bensinmotorer
k) Se kapitel 4A eller B efter tillämplighet och anslut gasvajern, justera efter behov.

Samtliga modeller
61 När motorn startas första gången efter isättandet, leta då efter läckage av luft, kylvätska, olja eller bränsle från insugsrör, grenrör, slangar etc. Om motorn renoverats, läs anmärkningarna i avsnitt 14 innan motorn startas.

3 Motorrenovering – allmän information

Det är mycket enklare att ta isär och arbeta med en motor om den är uppsatt i ett flyttbart motorställ. Dessa kan ofta hyras från en verktygsuthyrningsfirma. Innan motorn sätts upp i stället ska svänghjulet demonteras så att ställets bultar kan dras fast i änden på motorblocket.

Om ett ställ inte finns tillgängligt går det att ta isär motorn på en stabil arbetsbänk eller på golvet. Var försiktig så att du inte välter motorn om du arbetar utan ställ.

Om du avser att skaffa en renoverad motor måste alla hjälpaggregat demonteras först, så att de kan flyttas över till utbytesmotorn (precis som om du själv renoverar motorn). Dessa komponenter inkluderar följande:

Bensinmotorer
a) Styrningens servopump (kapitel 10) – i förekommande fall.
b) Luftkonditioneringens kompressor (kapitel 3) – i förekommande fall.
c) Generator (inklusive fästen) och startmotor (kapitel 5A).
d) Tändsystem och högspänningsdelar, inklusive alla givare, fördelare, tändkablar och tändstift (kapitel 1A och 5B).
e) Bränsleinsprutningens komponenter (kapitel 4A och B)
f) Alla elektriska omkopplare, aktiverare och givare samt motorns kabelhärva (kapitel 4A och B, kapitel 5B).
g) Insugsrör och grenrör (kapitel 2C).
h) Motoroljans mätsticka och rör (kapitel 2C).
i) Motorfästen (kapitel 2A).
j) Svänghjul/drivplatta (kapitel 2C)
k) Kopplingens komponenter (kapitel 6) – manuell växellåda

Dieselmotorer
a) Styrningens servopump (kapitel 10) – i förekommande fall.
b) Luftkonditioneringens kompressor (kapitel 3) – i förekommande fall.
c) Generator (inklusive fästen) och startmotor (kapitel 5A).
d) Glödstift/förvärmningskomponenter (kapitel 5C)
e) Bränslesystemets komponenter, inklusive insprutningspump, alla givare och aktiverare (kapitel 4C)

f) Bromsarnas vakuumpump (kapitel 9)
g) Alla elektriska omkopplare, aktiverare och givare samt motorns kabelhärva (kapitel 4A och B, kapitel 5A).
h) Insugsrör och grenrör samt i förekommande fall, turboaggregat (kapitel 4D).
i) Motoroljans mätsticka och rör (kapitel 2C)
j) Motorfästen (kapitel 2B).
k) Svänghjul (kapitel 2C).
l) Kopplingens komponenter (kapitel 6).

Observera: *Vid demonteringen av yttre komponenter från motorn, var mycket uppmärksam på detaljer som kan underlätta eller vara viktiga vid hopsättningen. Anteckna monteringslägen för packningar, tätningar, distanser, stift, brickor, bultar och andra smådelar.*

Om du skaffar ett "kort" block (motorblock, vevaxel, kolvar och vevstakar monterade) måste topplock, sump och skvalpskott, oljepump, kamrem (med spännare och kåpor), drivrem (med spännare), vattenpump, termostathus, kylvätskekrökar, oljfilterhus samt i förekommande fall oljekylare också demonteras.

Om du planerar en fullständig renovering kan motorn tas isär i den ordning som anges nedan:
a) Insugsrör och grenrör
b) Kamrem, drev och spännare
c) Topplock
d) Svänghjul/drivplatta
e) Sump
f) Oljepump.
g) Kolvar/vevstakar
h) Vevaxel

4 Topplock –
isärtagning, rengöring, inspektion och ihopsättning

Observera: *Nya och renoverade topplock finns att köpa från VW och motorspecialister. Specialverktyg krävs för isärtagning och inspektion och nya delar kan vara svåra att få tag på. Det kan därför vara mer praktiskt för en hemmamekaniker att köpa ett färdigrenoverat topplock än att ta isär och renovera det ursprungliga topplocket.*

Isärtagning

1 Avlägsna topplocket från motorblocket och ta loss insugsrör och grenrör från det (del A eller B i detta kapitel).
2 På en dieselmotor, demontera injektorer och glödstift (se kapitel 4C och kapitel 5C).
3 Se kapitel 3 och demontera kylvätskekröken, komplett med packning/o-ring.
4 Skruva i förekommande fall loss kylvätskegivaren och oljetryckskontakten från topplocket.
5 Demontera kamdrevet från kamaxeln (del A eller B i detta kapitel).
6 Det är viktigt att grupper av delar hålls samman när de demonterats och om de kan återanvändas att de monteras i samma grupper. Om de monteras slumpmässigt leder ökat slitage till snabbare haveri. Att förvara

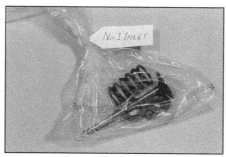

4.6 Håll ihop komponentgrupper i märkta påsar eller lådor

grupper av delar i plastpåsar eller lådor hjälper till att hålla reda på dem – märk dem efter monteringsplats, exempelvis "avgas 1", "insug 2" etc. **(se bild).** (Cylinder nr 1 är den närmast kamremmen.)
7 Kontrollera att tillverkarens igenkänningsmärken är synliga på kamaxelns lageröverfall, om du inte ser några ska du göra egna med en ritsnål eller körnare.

8 Kamaxellageröverfallens muttrar måste skruvas ur stegvis och i följande ordning för att undvika att belasta kamaxeln:

Dieselmotorer

9 Lossa muttrarna från överfallen 5, 1 och 3 först och sedan överfallen 2 och 4. Lossa muttrarna alternerande och diagonalt ett halv varv i taget till dess att de kan skruvas ur för hand.
Observera: *Kamaxelns lageröverfall är numrerade 1 till 5, räknat från kamremssidan.*

Bensinmotorer

10 Börja med att lossa och skruva ur muttrarna från lageröverfall 1 och 3 och sedan överfallen 2 och 5. Lossa muttrarna alternerande och diagonalt ett halv varv i taget till dess att de kan skruvas ur för hand.
Observera: *Kamaxelns lageröverfall är numrerade 1 till 5, räknat från kamremssidan, men det finns inget överfall monterat i position 4 **(se bild)**.*

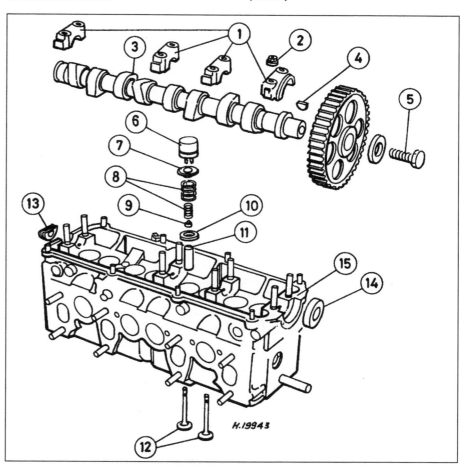

H.19943

4.10 Topplockets komponenter – bensinmotor

1 Kamaxelns lageröverfall	6 Hydraulisk ventillyftare	11 Ventilstyrning
2 Mutter	7 Övre ventilfjädersäte	12 Ventiler
3 Kamaxel	8 Ventilfjädrar	13 Plugg
4 Krysskil	9 Ventilpackboxar	14 Kamaxelns oljetätning
5 Kamdrevsbult	10 Nedre ventilfjädersäte	15 Topplock

4.14 Tryck ihop ventilfjädrarna och ta ut knastret

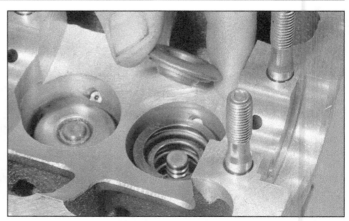

4.15a Lyft ut övre ventilfjädersätet . . .

4.15b . . . inre ventilfjädern . . .

4.15c . . . yttre ventilfjädern . . .

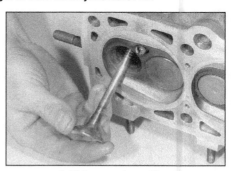

4.15d . . . och ventilen

Samtliga motorer

11 Dra av oljetätningen från drevänden av kamaxeln och kassera den, en ny måste användas vid hopsättningen.

12 Lyft försiktigt upp kamaxeln från topplocket – luta den inte. Stötta båda ändar när den lyfts så att inte lagertappar och lober skadas.

13 Lyft ut de hydrauliska ventillyftarna från sina lopp och förvara dem med ventilkontaktytan vänd nedåt så att oljan inte rinner ur dem. Alternativt kan lyftarna placeras i ett kärl med så mycket olja i att ventilernas olja inte kan rinna ut. Notera varje lyftares

position eftersom de måste monteras i sina gamla hål vid ihopsättningen – i annat fall ökas slitagetempot vilket leder till förtida haveri.

14 Ställ topplocket på ena sidan. Använd en ventilfjäderhoptryckare och tryck i tur och ordning ihop alla ventilfjädrar, dra ut knastren när övre fjädersätet tryckts ned tillräckligt långt på skaftet. Om fjädersätet sitter fast, knacka på hoptryckarens övre käft med en hammare för att lossa det **(se bild)**.

15 Lossa hoptryckaren och ta ut övre fjädersätet fjädern/fjädrarna och nedre fjädersätet **(se bilder)**.

Observera: *Beroende på tillverkningsår och specifikation kan motorn ha koncentriska dubbla ventilfjädrar eller en ventilfjäder utan nedre säte.*

16 Dra ut ventilens oljetätning med en tång. Dra ut själva ventilen från topplocks-packningssidan. Om ventilen sitter kärvt i styrningen ska ytan försiktigt avgradas med fint slippapper. Upprepa med resterande ventiler.

17 För motorkod AAZ, om virvelkamrarna är mycket nedsotade eller brända och ska bytas, stick då in ett tunt dorn genom vardera insprutningshålen och driv varsamt ut virvel-kamrarna med en klubba **(se bild)**.

4.15e Avlägsna nedre ventilfjädersätet

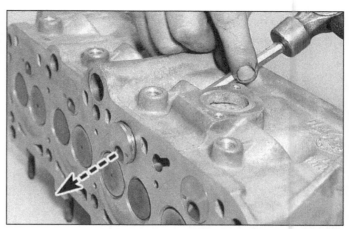

4.17 Demontering av virvelkammare (dieselmotorkod AAZ)

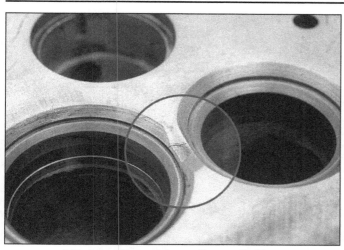

4.21 Leta efter sprickor mellan ventilsätena

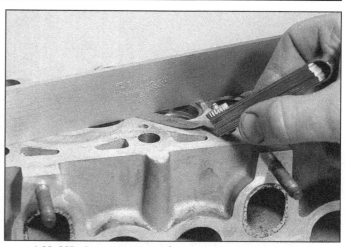

4.23 Mätning av skevhet på topplockets packningsytor

Rengöring

18 Använd ett passande avfettningsmedel och avlägsna alla spår av oljeavlagringar från topplocket, var extra noga med lagerytor, ventillyftarnas lopp, ventilstyrningar och oljekanaler. Skrapa bort alla packningsrester från fogytorna, var dock noga med att inte repa dem eller göra hack. Om smärgelduk används, använd inte grövre än 100. Vänd på topplocket och skrapa bort alla sotavlagringar från förbränningskamrarna och portarna.
Varning: Slipa inte på ventilsätens tätningsytor. Avsluta med att tvätta hela topplocket med ett lämpligt lösningsmedel för att avlägsna allt kvarvarande skräp.

19 Rengör ventilernas tallrikar och skaft med en fin stålborste. Om ventilen har mycket sot, skrapa först bort det mesta med ett slött blad och borsta sedan bort resten.
Varning: Slipa inte på ventilsätenas tätningsytor.

20 Rengör resterande delar noga med lösningsmedel och låt dem torka helt. Kassera alla oljetätningar, nya måste användas när topplocket sätts ihop.

Inspektion

Topplockets gjutgods

Observera: *På dieselmotorer kan topplock och ventiler inte bearbetas (även om ventiltallrikarna kan slipas in), nya eller utbytesenheter måste köpas.*

21 Undersök noga om gjutgodset är skadat eller sprucket **(se bild)**. Var extra uppmärksam kring bulthål, ventilsäten och tändstiftshål. Om sprickor finns mellan ventilsäten anger Volkswagen att topplocket kan återanvändas om sprickorna inte är bredare än 0,5 mm. Allvarligare skador innebär att komponenten måste bytas.

22 Lätt gropiga eller brända ventilsäten kan repareras med inslipning av ventilerna vid hopsättningen, detta beskrivs längre fram i detta kapitel. Svårt slitna eller skadade säten kan fräsas om. Detta är en mycket speciali-

serad operation som innebär precisionsbearbetning och precis vinkelmätning och därför ska överlåtas till en specialist på topplocksrenoveringar.

23 Mät upp eventuell skevhet på packningsytorna med stållinjal och bladmått. Gör en mätning i längsled på både insugsrörets och grenrörets fogytor. Gör flera mätningar tvärs över topplockets fogyta mot blocket för utvärdering av skevhet i alla plan **(se bild)**. Jämför avlästa mått med specifikationerna. För bensinmotorer, om topplocket ligger utanför specifikationerna kan det gå att slipa ned höga punkter med fint slippapper.

24 Minsta topplockshöjd (måttet mellan fogytorna till cylindern och ventilkåpan) anges i specifikationerna i de fall tillverkaren angett denna. Om topplocket ska fräsas, tänk då på följande:

a) *Minsta topplockshöjd (där angiven) måste efterlevas.*

b) *Ventilsätena måste fräsas om för att passa med den nya höjden, i annat fall kan ventiler och kolvar komma i kontakt med varandra.*

c) *Kontrollera innan sätena fräses om att det finns tillräckligt med material kvar på topplocket, om för mycket avlägsnats kan ventilskaftet få för stort utstick vilket leder till att ventillyftarna inte fungerar korrekt. Rådfråga en topplocksspecialist.*

Observera: *Beroende på motortyp kan det vara möjligt att skaffa nya ventiler med kortare skaft– rådfråga en VAG-verkstad.*

Kamaxel

25 Kamaxeln identifieras med märken instansade på axelns sida mellan insugs- och avgasloberna – se specifikationerna för detaljer **(se bild)**.

26 Se efter om kamaxeln visar tecken på slitage på lober och lagerytor. Normalt ska dessa ytor ha en matt glans, leta efter repor, erosion eller gropar eller områden som verkar högpolerade – dessa är tecken på att slitage har börjat uppstå. Slitaget sker snabbt när de

härdade ytorna på kamaxeln skadats, så byt alltid slitna delar.

Observera: *Om dessa symptom syns på kamlobernas spetsar, kontrollera då motsvarande lyftare eftersom de då troligtvis också är slitna.*

27 Undersök i förekommande fall fördelarens drivning vad gäller slitage eller skador. Slack i drivningen, som orsakas av slitna kuggar, påverkar tändläget.

28 Om de bearbetade ytorna på kamaxeln verkar missfärgade eller "blåanlöpta" är det troligt att de vid något tillfälle överhettat, förmodligen beroende på otillfredsställande smörjning. Detta kan ha förvrängt kamaxeln, så kontrollera kastet enligt följande: placera kamaxeln mellan två V-block och använd en mätklocka till att mäta den centrala lagertappens kast. Om det överskrider vad specifikationerna i början av detta kapitel anger bör ett kamaxelbyte övervägas.

29 Mät kamaxelns axialspel genom att provisoriskt montera kamaxeln på topplocket med första och sista lageröverfallet, vars bultar ska dras till första stegets moment – *"Ihopsättning"* för detaljer. Montera en mätklocka stabilt på topplockets kamdrevssida och rikta in sonden längs med kamaxeln. Tryck kamaxeln så långt den går mot ena änden av topplocket och placera

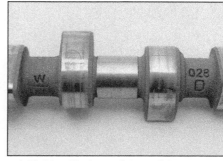

4.25 Identifieringsmärken på kamaxeln

4.29 Kontroll av kamaxelns axialspel med mätklocka

mätklockans sond mot kamaxelns ände och nollställ mätklockan. Tryck sedan kamaxeln så långt den går åt andra hållet och anteckna mätklockans avläsning. Verifiera avläsningen genom att trycka tillbaka kamaxeln och kontrollera att mätklockan visar noll **(se bild)**. **Observera:** *De hydrauliska ventillyftarna får* **inte** *vara monterade när denna mätning utförs.*

30 Kontrollera att kamaxelns axialspel ligger inom specifikationerna. Slitage utanför gränsvärdet är troligtvis inte begränsat till en enstaka komponent, vilket innebär att byte av kamaxel, topplock och lageröverfall måste övervägas. Rådfråga en specialist på topplocksrenoveringar.

31 Skillnaden mellan ytterdiameter på kamaxelns lagerytor och överfallens innerdiameter, även känt som lagerspelet, måste sedan mätas upp.

32 Måtten på kamaxelns lagertappar anges inte av tillverkaren så att mäta spelet med mikrometer och håltolk eller skjutmått kan inte rekommenderas i detta fall.

33 En annan (mer precis) metod att mäta lagerspel är användandet av Plastigauge. Detta är ett mjukt plastmaterial som levereras i tunna stickor med ungefär en synåls diameter. Bitar av Plastigauge kapas för passa lagerbredden och läggs på kamaxelns lagerytor och kläms när lageröverfallen provisoriskt monteras och dras fast. Plastigauge sprids i sidled när det kläms och lagerspelet kan avläsas genom att man mäter breddökningen med hjälp av det tolkkort som följer med satsen.

34 Följande paragrafer detaljbeskriver

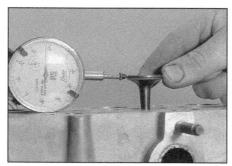

4.46 Mätning med mätklocka av ventilens maximala avböjning i styrningen

mätandet stegvis, lägg märke till att en liknande metod används för att mäta vevaxelns lagerspel, se bilderna i avsnitt 11 för mer vägledning.

35 Se till att topplock, lageröverfall och kamaxelns lagringsytor är helt rena och torra. Lägg kamaxeln på plats i topplocket.

36 Lägg en bit Plastigauge överst på vardera lagertappen.

37 Smörj varje lageröverfall med lite silikonsläppmedel och lägg dem på plats över kamaxeln och dra sedan överfallsmuttrarna till angivet moment – se *"Ihopsättning"* längre fram i detta avsnitt. **Observera:** *Där åtdragningsmoment anges i flera steg, dra överfallsmuttrarna endast till första steget. Vrid inte på kamaxeln med överfallen på plats eftersom det påverkar mätningen.*

38 Avlägsna försiktigt överfallen, lyft dem rakt av från kamaxeln för att inte störa remsorna med Plastigauge. Plastigauge-remsorna ska finnas kvar på kamaxelns lagerytor, klämda till en jämntjock korvform. Om denna förstörs när överfallen lyfts, rengör komponenterna igen och gör om mätningen med lite mer släppmedel på överfallen.

39 Håll kortet med mätskalan (medföljer satsen) mot vardera lagertappen och matcha bredden på remsan Plastigauge med de graderade märkena på kortet för att avgöra lagerspelet.

40 Jämför de uppmätta lagerspelen med specifikationerna. Om de ligger utanför angivna toleranser ska kamaxel och topplock bytas. Observera att kamaxlar i understorlek, med passande lagerskålar, finna att få från

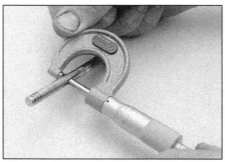

4.42 Mätning av ventilskaftens diameter med mikrometer

VAG-verkstäder, men endast som en del av ett komplett utbytestopplock.

41 Avsluta med att avlägsna överfall och kamaxel, rengör dem från alla spår av Plastigauge och släppmedel.

Ventiler och sammanhörande komponenter

Observera: *För samtliga motorer gäller att ventiltallrikarna inte kan skäras om (men de kan slipas in), nya eller utbytes enheter måste köpas.*

42 Undersök varje ventil noga, leta efter spår av slitage. Kontrollera att ventilskaften inte har vändkanter, brännmärken eller varierande diameter. Mät ventilskaftens diameter på flera ställen utmed deras längd med en mikrometer **(se bild)**.

43 Ventiltallrikarna ska inte vara spruckna, djupt repade eller hårt brända. Smärre skavanker kan åtgärdas med inslipning vid ihopsättningen, vilket beskrivs längre fram i detta avsnitt.

44 Kontrollera att ventilskaftens ändar inte har djupa gropar eller intryck, dessa är i förekommande fall orsakade av defekta hydrauliska ventillyftare.

45 Placera ventilerna i V-block och mät tallrikarnas kast med en mätklocka. Tillverkaren anger inget maximalt godtagbart värde, ventilen ska dock bytas om kastet verkar vara överdrivet.

46 Stick in varje ventil i respektive styrning i topplocket och montera en mätklocka mot ventiltallrikens kant. För ventilen så att skaftets övre ände är i jämnhöjd med ventilstyrningens överkant och mät ventilens maximala avböjning i sidled **(se bild)**.

47 Om det uppmätta värdet överstiger angivna toleranser ska ventil och styrning bytas som ett par.

Observera: *Ventilstyrningarna är press-passade i topplocket och demontering av dem kräver tillgång till en hydraulisk press. Det är därför bäst att överlåta detta arbete till en verkstad eller specialist på topplocks-renoveringar.*

48 Använd skjutmått och mät den obelastade längden på varje ventilfjäder. I och med att tillverkaren inte angett något mått är det enda sättet att kontrollera fjäderlängden att jämföra med en ny. Lägg märke till att ventilfjädrar vanligen byts rutinmässigt vid en större motorrenovering **(se bild)**.

49 Ställ varje fjäder på sin ände på en plan yta mot en vinkelhake **(se bild)**. Kontrollera fjäderns rätvinklighet visuellt, om den inte ser ut av vara korrekt ska fjädern bytas. Tillverkaren anger inga gränsvärden.

50 Mätning av ventilfjädrars förbelastning innebär att trycka ihop dem med en given vikt och mäta höjdminskningen. Detta kan vara svårt för en hemmamekaniker att utföra, så det kan vara klokt att be en lokal mekanik- eller bilverkstad om hjälp. Slappa ventilfjädrar medför i bästa fall ökat motorljud och i värsta fall dålig kompression, så defekta ventilfjädrar ska bytas ut.

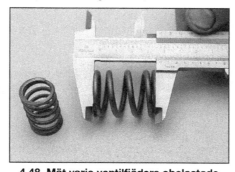

4.48 Mät varje ventilfjäders obelastade längd

4.49 Kontroll av ventilfjädrars rätvinklighet

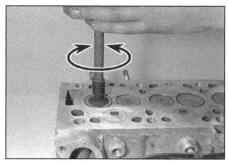

4.52 Inslipning av ventil

4.57a Montering av virvelkammare
(dieselmotorkod AAZ)

Ihopsättning

Varning: Såvida inte helt nya delar används ska alla sättas tillbaka på sina ursprungliga platser när ventilmekanismerna monteras - blanda inte delar mellan cylindrarna.

51 För att få en gastät passning mellan ventiler och säten måste ventilerna slipas in. För att utföra detta krävs fin/grov ventilslippasta och ett slipverktyg – detta kan antingen vara en pinne med sugkopp eller automatiskt och drivet av ett roterande elverktyg.

52 Lägg på lite *finkornig* slippasta på ventiltallrikens tätningsyta. Vänd på topplocket så att förbränningskamrarna pekar uppåt och stick in ventilen i sin egen styrning. Anslut slipverktyget till ventiltallriken och slipa in ventilen i sätet med en roterande rörelse framåt och bakåt. Lyft på ventilen med jämna mellanrum och fördela slippasta jämnt **(se bild)**.

53 Fortsätt denna process till dess att kontakten mellan ventilen och sätet visar en obruten, mattgrå ring med jämn bredd både på ventilen och sätet. Upprepa med resterande ventiler.

54 Om ventiler och säten är i så dåligt skick att grov slippasta måste användas, kontrollera först att det finns tillräckligt med material på båda komponenterna för att detta arbete ska vara befogat – om det finns för lite material kvar kan ventilskaften komma att sticka för långt ut ur styrningarna vilket förhindrar att de hydrauliska ventillyftarna fungerar korrekt. Rådfråga en verkstad eller specialist på topplocksrenoveringar.

4.57b Virvelkammarens styrspår

55 Under förutsättning att reparation är möjlig, följ beskrivningen i föregående paragraf, men börja med den grovkorniga pastan till dess att en matt yta uppstår på både säte och tallrik. Avlägsna sedan den grova pastan med lösningsmedel och upprepa med den fina pastan till dess att korrekt yta uppstår.

56 När alla ventiler är inslipade, avlägsna alla spår av slippasta från topplock och ventiler och låt dem torka helt.

57 För motorkod AAZ, montera vid behov nya virvelkammare genom att driva in dem i sina respektive hus med klubba – använd mellanlägg av trä så att inte virvelkammarens ytor skadas. Lägg märke till styrspåren på kammarens sida och motsvarande styrning på huset **(se bilder)**.

4.58 Mätning av virvelkammares utstick med mätklocka

58 Avsluta med att mäta virvelkammarutsticket från topplockets yta med en mätklocka, jämför avläst mått med specifikationerna **(se bild)**. Om detta gränsvärde överstigs finns det risk att kolven slår i kammaren. Om så skulle vara fallet, rådfråga en specialist på topplocksrenoveringar eller en maskinverkstad.

59 Vänd på topplocket och ställ det på ett ställ eller träklossar. Montera i förekommande fall först nedre fjädersätet med den konvexa sidan mot topplocket **(se bild)**.

60 Arbeta med en ventil i taget och smörj ventilskaftet med ren motorolja. Stick in ventilen i styrningen. Montera en skyddshylsa av plast (följer med ventilens oljetätning) över skaftets ände – detta skydda oljetätningen vid monteringen **(se bilder)**.

4.59 Montera nedre fjädersätet med den konvexa ytan vänd mot topplocket

4.60a Smörj ventilskaftet med ren motorolja och för in den i sin styrning

4.60b Montera en av plastskyddshylsorna över ventilskaftets ände

4.61a Trä på en ny oljetätning över ventilskaftet

4.61b Tryck ned oljetätningen med en lång hylsa

4.62 Montering av ventilfjäder

61 Doppa den nya ventiloljetätningen i ren motorolja och trä försiktigt på den på ventilskaftets ände – se till att inte skada tätningen när den passerar över ventilskaftets ände. Använd en passande djup hylsa och tryck den på plats **(se bilder)**.
62 Placera ventilfjädern/fjädrarna över ventilskaftet **(se bild)**. Om det finns ett nedre fjädersäte, se till att fjädern placeras korrekt på sätets ansats.
Observera: *Beroende på årsmodell och specifikation kan motorn antingen ha koncentriska dubbla ventilfjädrar **eller** enkla ventilfjädrar utan nedre fjädersäten.*
63 Placera övre sätet över fjäderns överdel och använd en ventilfjäderhoptryckare och tryck ihop så att övre sätet går förbi knasterspåret i ventilskaftet. Montera det

delade knastret, håll de två halvorna i spåret med en fettklick **(se bilder)**. Släpp långsamt hoptryckaren, kontrollera att knastret förblir på plats när fjädern expanderar. Om det sitter korrekt ska övre fjädersätet tvinga ihop knasterhalvorna och hålla fast dem ordentligt i spåret i ventilskaftets ände.
64 Upprepa med resterande ventiler. Låt komponenterna sätta sig väl efter monteringen genom att slå på ventilskaftens ändar med en klubba. Använd trämellanlägg så att inte ändarna skadas. Kontrollera innan du fortsätter med nästa steg att knastren sitter stadigt på ventilskaften.
65 Smörj lyftarnas sidor med ren motorolja och placera dem i sina lopp. Tryck ned dem till dess att de kontaktar ventilerna och smörj sedan kamlobernas kontaktytor **(se bild)**.

66 Smörj kamaxelns och topplockets lagerytor med ren motorolja och sänk försiktigt ned kamaxeln på plats i topplocket. Stötta axelns båda ändar för att undvika skador på lober och lagertappar **(se bilder)**.
67 För dieselmotor, se kapitel 2B och smörj läppen på den nya oljetätningen med ren motorolja och trä den över kamaxelns ände. För tätningen utmed kamaxeln till dess att den kommer på plats i nedre halvan av huset på topplocket **(se bild)**.
68 Olja in de övre ytorna på kamaxelns lagertappar och montera överfallen på sina respektive platser, vända åt rätt håll. Skruva sedan på och dra åt muttrarna enligt följande:
Observera: *För samtliga motorer gäller att nya överfallsmuttrar måste användas vid monteringen.*

4.63a Montera övre sätet ovanför ventilfjädern

4.63b Fäst det tvådelade knastret i spåret med en fettklick

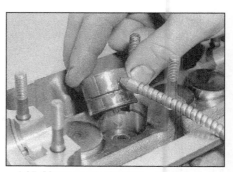

4.65 Montera ventillyftarna i sina lopp i topplocket

4.66a Smörj kamaxellagren med ren motorolja . . .

4.66b . . . och sänk ned kamaxeln på sin plats i topplocket

4.67 Montering av kamaxelns oljetätning (dieselmotor)

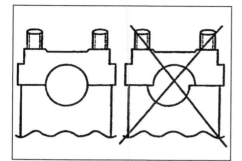

4.69 Kamaxelns lageröverfallshål är asymmetriskt borrade

4.72 Montering av ny kamaxeloljetätning

4.75 Lägg packningsmassa på fogytorna på överfall 1

Bensinmotorer

69 Lageröverfallens fästhål är asymmetriskt borrade, kontrollera att de är monterade åt rätt håll **(se bild)**.

70 Montera överfall 2 och 5 över kamaxeln och dra muttrarna alternerande och diagonalt till angivet moment.

71 Smörj fogytorna för överfall 1 med tätning. Placera överfall 1 och 3 över kamaxeln och skruva på och dra muttrarna till angivet moment **(se bild 4.75)**.

72 Se kapitel 2A eller B efter tillämplighet och smörj den nya oljetätningens läpp med ren motorolja, trä på den på kamaxelns ände. Använd en klubba och lång hylsa till att driva in tätningen rakt i huset, till dess att den vilar mot det inre stoppet – försök inte tvinga in den för långt **(se bild)**.

Dieselmotorer

73 Lageröverfallens fästhål är asymmetriskt borrade, kontrollera att de är monterade åt rätt håll **(se bild 4.69)**.

74 Montera överfall 2 och 4 över kamaxeln och dra muttrarna alternerande och diagonalt till angivet moment.

75 Smörj fogytorna för överfall 1 med tätning och montera det samt överfall 3 och 5 över kamaxeln och dra muttrarna till angivet moment **(se bild)**.

Samtliga motorer

76 Montera kylvätskeutloppet, vid behov med ny packning/o-ring **(se bild)**.

77 Montera kylvätskegivaren och oljetrycks-kontakten.

78 Se kapitel 2A eller B efter tillämplighet och gör följande:
a) Montera kamdrevet på kamaxeln.
b) Montera insugs och grenrör, komplett med nya packningar.

79 Om dieselmotor, montera insprutare och glödstift – se kapitel 4C och 5C.

80 Se kapitel 2A eller B efter tillämplighet och montera topplocket på motorblocket.

5 Kolvar och vevstakar – demontering och inspektion 🔧

Demontering

1 Se del A eller B i detta kapitel (efter tillämplighet) och demontera topplock, svänghjul, sump med skvalpskott, oljepump och upptagare.

2 Inspektera övre delen av cylinderloppen, eventuella vändkanter där kolvarna når ÖD måste avlägsnas, i annat fall kan kolvarna skadas när de trycks ur loppen. Vändkanterna kan avlägsnas med en skrapa eller en vändkantsbrotch.

3 Rista in varje kolvs nummer på kronan för senare identifiering, cylinder nr 1 är närmast kamremmen.

4 Använd bladmått och mät spelet mellan storänden och balansen på varje vevstake och anteckna värdena att referera till senare.

5 Skruva i förekommande fall ur skruvarna och dra ur kolvarnas oljekylningsmunstycken

4.76 Montera kylvätskeutloppet med ny o-ring eller packning

ur sina hål. Om motorkoden är 2E inkluderar munstycksfästet en tryckavlastningsventil, se till att inte skada denna vid demonteringen **(se bilder)**.

6 Vrid vevaxeln till dess att kolv 1 och 4 är vid nedre dödpunkt. Om de inte redan är märkta ska storändens lageröverfall och vevstakarna märkas med respektive kolvs nummer med en körnare eller ritsnål **(se bild)**. Anteckna hur överfallen är vända i förhållande till vevstaken, det kan vara svårt att se tillverkarens markeringar i detta skede, så rista in riktningspilar på båda för att säkerställa korrekt ihopsättning. Lossa överfallens bultar/muttrar ett halvt varv i taget till dess att de kan skruvas ur för hand. Ta reda på nedre lagerskålen och tejpa fast den på överfallet för säker förvaring. Om lagerskålarna ska användas igen måste de monteras på sina ursprungliga vevstakar.

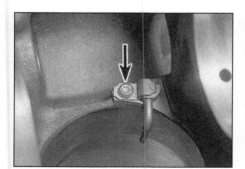

5.5a Skruva ur skruven (vid pilen) från kolvkylningsmunstycket . . .

5.5b . . . och dra ut munstycket ur sitt hål

5.6 Märk storändsöverfall och vevstakar med respektive kolvnummer (vid pilarna)

5.7 Tejpa över bultgängorna

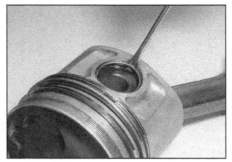

5.10a Stick in en liten skruvmejsel i spåret och bänd ut kolvbultens låsringar

5.10b Tryck ut kolvbulten och sära på kolv och vevstake

7 På vissa motorer sitter överfallsbultarna kvar på vevstaken. Om så är fallet ska bultarnas gängor tejpas över som skydd, så att de inte repar vevtapparna när kolvarna dras ut ur loppen **(se bild)**.

8 Driv ut kolvarna ur loppens överdel genom att trycka på kolvkronans undersida med en pinne eller ett hammarskaft. När kolven och staken tittar ut ur loppet, ta reda på övre lagerskålen och tejpa fast den på vevstaken för säker förvaring.

9 Vrid vevaxeln ett halvt varv och följ ovanstående beskrivning med kolvarna 2 och 3. Kom ihåg att hålla ihop delarna efter respektive cylindrar när de är urplockade.

10 Stick in en smal, flatklingad skruvmejsel i urtagningsspåret och bänd ut kolvbultens låsringar på varje kolv. Tryck ut kolvbulten och dela på kolv och stake **(se bilder)**. Kassera låsringarna, nya måste användas vid hopsättningen. Om kolvbulten är svår att avlägsna, värm kolven till 60°C med varmt vatten, då expanderar den och delarna kan tas isär.

Inspektion

11 Innan kolvarna kan inspekteras måste de befintliga kolvringarna avlägsnas med en kolvringsavdragare/påsättare, eller ett gammalt bladmått om ett specialredskap inte finns tillgängligt. Dra alltid av övre kolvringen först, bänd ut dem så att de går fria från kolvkronan. Kolvringar är sköra och bryts om de böjs för mycket – detta skapar då vassa kanter, så skydda ögon och händer. Kassera avdragna kolvringar, nya ska användas när motorn sätts ihop **(se bild)**.

12 Använd en bit gammal kolvring och skrapa ur soten ur ringspåren, se till att inte göra repor eller hack i spåren eller spårens kanter.

13 Skrapa försiktigt bort allt sot från kolvarnas översidor. En handhållen stålborste (eller finkornig smärgelduk) kan användas när de flesta avlagringar skrapats bort. Var noga med att inte avlägsna metall från kolven, den är relativt mjuk.

Observera: *Se till att inte ta bort de kolv-märkningar som gjordes vid demonteringen.*

14 När avlagringarna är borta ska kolvar och vevstakar rengöras med fotogen eller lämpligt lösningsmedel och torkas noga. Försäkra dig om att oljereturhålen i ringspåren är helt rena.

15 Undersök om kolven visar tecken på överdrivet slitage eller skador. Visst normalt slitage är att förvänta i form av vertikala mönster på kolvens tryckytor och lite glapp för övre kompressionsringen i sitt spår. Större slitage måste undersökas noga för att utvärdera om kolven är användbar och varför slitaget uppstått.

16 Repor på kolvkjolen kan indikera överhettning, antingen genom otillräcklig kylning eller smörjning, eller abnorm förbränningstemperatur. Brännmärken på kjolen anger att förbiblåsning uppstått, kanske på grund av slitet lopp eller slitna kolvringar. Brända områden på kolvkronan är vanligen ett tecken på förtändning, spikning eller detonation. I

extrema fall kan kolvkronan smälta vid körning under sådana förhållanden. Korrosionsgropar på kolvkronan indikerar att kylvätska läckt ut i förbränningskammaren och/eller vevhuset. Fel som orsakar dylika symptom måste åtgärdas innan motorn sätts ihop och tas i drift, annars uppstår samma skada snart igen.

17 Kontrollera om kolvar, vevstakar, kolvbultar och lageröverfall har sprickor. Lägg vevstakarna på en plan yta och avsyna den i längsled för att kontrollera att de inte är böjda eller vridna. Om du tvivlar på deras skick, låt en mekanisk verkstad mäta upp dem. Kontrollera att inte lilländens bussningar är slitna eller spruckna.

18 Mät alla fyra kolvarnas diameter på en punkt 10 mm ovanför kjolnederkanten med en mikrometer, mät i rät vinkel mot kolvbulten **(se bild)**. Jämför mätresultatet med specifikationerna. Om kolvdiametern ligger utan för toleransbandet för den givna storleken måste den bytas.

Observera: *Om motorblocket borrats om under en tidigare renovering kan kolvar i överstorlek finnas monterade.*

Anteckna måtten och använd dem till att kontrollera kolvspelet när cylinderloppen mäts enligt beskrivning senare i detta kapitel.

19 Placera en ny kolvring i tillämpligt spår och mät spelet mellan ring och spår med bladmått **(se bild)**. Lägg märke till att ringarna har olika bredder, så använd rätt ring för spåret. Jämför måttet med specifikationerna, om spelet är utanför toleransbandet måste

5.11 Kolvringar kan avlägsnas med hjälp av ett gammal bladmått

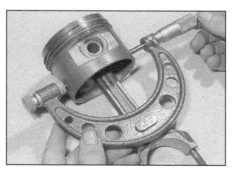

5.18 Använd mikrometer och mät diametern på alla fyra kolvarna

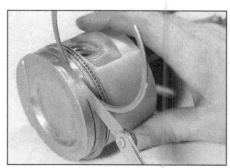

5.19 Mätning av spel mellan kolvring och spår med bladmått

kolven bytas. Bekräfta genom att mäta kolvringens bredd med en mikrometer.

20 Använd ett skjutmått och mät den interna diametern på lilländens bussning och kolvbultens ytterdiameter. Dra kolvbultens diameter från bussningens för att få lagerspelet. Om detta mått ligger utanför specifikationerna (där sådana finns) måste kolv och bussning modifieras och en ny kolvbult monteras. En mekanisk verkstad har den utrustning som krävs för detta arbete.

21 Kolvens riktning i relation till vevstaken måste vara korrekt vid ihopsättningen av de två. Kolvkronan är märkt med en pil (som kan vara dold av sotavlagringar). Pilen måste peka mot motorns kamremssida när kolven är på plats. Vevstaken och överfallet har frästa urtag nära fogytorna – dessa urtag ska vara vända åt samma håll som pilen på kolvkronan (d v s mot motorns kamremssida) om de är korrekt monterade **(se bild)**. Montera ihop komponenterna så att detta villkor är uppfyllt.

Observera: *I vissa motorer har vevstakarnas storändar förskjutna styrstift som passar i hål i överfallen.*

22 Smörj kolvbult och lilländsbussning med ren motorolja. Tryck in kolvbulten i kolven, genom lilländsbussningen. Montera två nya låsringar i kolven på vardera kolvbultsänden så att de öppna ändarna är 180° från demonteringsspåret i kolven. Upprepa med resterande kolvar.

---

6 Vevaxel –
demontering och inspektion

Demontering

1 Observera: *Om inte något arbete ska utföras på kolvar och vevstakar är det inte nödvändigt att demontera topplocket. Det räcker med att trycka upp kolvarna så långt i loppet att de går fria från vevtapparna. Användning av motorställ rekommenderas å det starkaste.*

2 Se kapitel 2A eller B efter tillämplighet och gör följande:

a) Demontera vevaxelns kamremsdrev.
b) Demontera koppling och svänghjul.
c) Demontera sump, skvalpskott, oljepump och upptagare.
d) Demontera vevaxelns främre och bakre oljetätningar och deras hus.

3 Demontera kolv och vevstakar som beskrivet i avsnitt 5 (se "*Observera*" ovan).

4 Kontrollera vevaxelns axialspel enligt följande:

Observera: *Detta kan endast utföras medan vevaxeln fortfarande är monterad i motorblocket, men kan röras fritt.*

Placera en mätklocka så att sonden är i linje med vevaxelns längdriktning och i kontakt med en fast punkt på vevaxelns ände. Tryck vevaxeln utmed sin längdaxel så långt den går

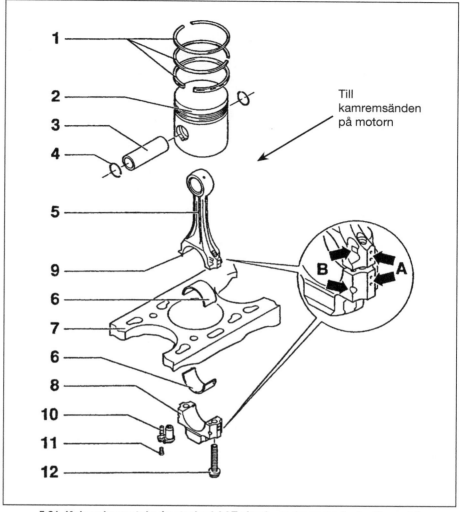

5.21 Kolv och vevstake (motorkod AAZ visad – andra motorkoder liknande)

1 Kolvringar	6 Storändens lagerskål	10 Oljemunstycke för
2 Kolv	7 Blockets överdel	kolvkylning (i
3 Kolvbult	8 Storändens lageröverfall	förekommande fall)
4 Låsring	9 Styrstift (i förekommande	11 Oljemunstyckets skruv
5 Vevstake	fall)	12 Storändens
		lageröverfallsbultar

A Identifikationsmärken på vevstake/lageröverfall
B Riktningsmärken på vevstake/lageröverfall

och nollställ mätklockan. Tryck sedan vevaxeln så långt den går åt andra hållet och avläs det spel som noteras på mätklockan **(se bild)**. Jämför med specifikationerna för att fastställa om nya tryckbrickor behövs.

5 Om mätklocka saknas kan bladmått användas. Tryck först vevaxeln fullt mot motorns svänghjulssida och stick in bladmåttet för att mäta gapet mellan balansen på cylinder nr 2 och ramlagrets tryckbricka **(se bild)**. Jämför med specifikationerna.

6 Lägg märke till tillverkarens identifikationsmärken på ramlageröverfallen. Numret anger vevhuspositionen, räknat från motorns kamremssida **(se bild)**.

6.4 Mätning av vevaxelns axialspel med mätklocka

Till kamremsänden på motorn

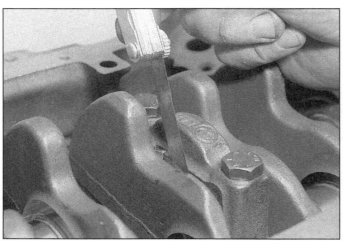

6.5 Mätning av vevaxelns axialspel med bladmått

6.6 Tillverkarens märkning av ramlageröverfallets identitet (vid pilen)

7 Lossa ramlageröverfallens bultar ett kvarts varv i taget till dess att de kan skruvas ur för hand. Använd en mjuk klubba och knacka lätt på överfallen för att lossa dem från vevhuset. Ta reda på nedre lagerskålarna och tejpa fast dem på överfallen för säker förvaring. Märk dem med outplånligt bläck som identifieringshjälp, men gör inga repor eller märken i dem.

8 Lyft försiktigt ut vevaxeln, var noga med att inte rubba de övre lagerskålarna (se bild). Det är klokt att ta hjälp av någon eftersom vevaxeln är ganska tung. Lägg ned den på en ren, plan yta och stötta med klossar så att den inte kan rulla.

9 Dra ut de övre lagerskålarna från vevhuset och tejpa fast dem på respektive överfall. Demontera de två tryckbrickslagren på var sida om balans nr 3.

10 När lagerskålarna demonterats, observera de urtag som är frästa på överfallen och vevaxeln – dessa ger styrning för de klackar som sticker ut från lagerskålarna så att de inte kan montera felvänt.

Inspektion

11 Tvätta av vevaxeln med lämpligt lösningsmedel och låt den torka. Spola ur oljehålen noga, se till att de inte är igensatta – använd piprensare eller en nålborste vid behov. Avlägsna alla vassa kanter från hålkanter som kan skada nya lager vid monteringen.

12 Inspektera ramlager och vevtappar noga, om vevaxeln är ojämnt sliten, sprucken, repad eller gropig måste vevaxeln slipas om av en verkstad och monteras på motorn med lager i understorlek.

13 Använd en mikrometer och mät varje ramlagertapps diameter (se bild). Gör flera mätningar på varje tapps yta för att se efter om den är ojämnt sliten. Diameterskillnader mätta med 90° mellanrum indikerar att tappen inte är rund. Diameterskillnader i längsled indikerar en konisk lagertapp. Även här gäller att om slitage påvisas måste vevaxeln slipas om och monteras med lager i understorlek (se "Ihopsättning").

14 Kontrollera oljetätningarnas anliggningsytor i vardera vevaxeländen. Om de är repiga eller skadade kan de orsaka att nya tätningar läcker när motorn sätts ihop. Det kan vara möjligt att reparera anliggningsytan, rådfråga en verkstad eller VW-återförsäljare.

15 Mät upp vevaxelns kast med en mätklocka placerad på det centrala ramlagrets yta och rotera på vevaxeln i V-block. Maximal avvikelse anger kastet. Se till att skydda lagertappens yta och oljetätningarnas anliggningsytor vid mätningen. Tillverkaren anger inte maximalt godtagbart kast, men 0,05 mm är ett ungefärligt maxvärde. Om kastet är större än så ska ett byte av vevaxeln övervägas - rådfråga en VAG-verkstad eller specialist på motorrenoveringar.

16 Se avsnitt 9 för detaljer om inspektion av ram- och storändslager.

7 Mellanaxel – demontering och montering

Demontering

1 Se kapitel 1A eller B och gör följande:
a) Demontera kamremmen.
b) Demontera mellanaxelns drev.

2 Innan axeln demonteras måste axialspelet kontrolleras. Montera en mätklocka på blocket med sonden i linje med mellanaxelns längsled. Tryck in axeln så långt det går i blocket, nollställ mätklockan och dra ut axeln så långt det går. Notera uppmätt distans och jämför den med specifikationerna – byt mellanaxel om axialspelet överskrider gränsvärdet (se bild).

6.8 Lyft ut vevaxeln ur vevhuset

6.13 Mät varje ramlagertapp med mikrometer

7.2 Mätning av mellanaxelns axialspel med mätklocka

7.3a Lossa bultarna (vid pilarna) . . .

7.3b . . . och dra ut mellanaxelns fläns

7.3c Tryck ut oljetätningen . . .

3 Skruva ur bultarna och dra ut mellanaxelns fläns. Ta vara på o-ringen och pressa ut oljetätningen **(se bilder)**.
4 Dra ut mellanaxeln från blocket och inspektera drevet i axelns ände, om kuggarna är för slitna eller skadade ska mellanaxeln bytas.
5 Om oljetätningen läcker, kontrollera om axelns anliggningsyta är repad eller skadad.

Montering

6 Smörj mellanaxelns lagerytor och drev ordentligt med ren motorolja och för in axeln i blocket, placera lagerytan på främre änden i ingrepp med stödlagret.
7 Pressa in en ny oljetätning i huset i mellanaxelns fläns och montera en ny o-ring på flänsens inre tätningsyta.
8 Smörj tätningsläppen med ren motorolja och trä på fläns och tätning på mellanaxelns ände. Se till att o-ringen sitter korrekt och skruva i flänsbultarna, dra dem till angivet moment. Kontrollera att mellanaxeln kan rotera fritt.
9 Se kapitel 2A eller B och gör följande:
  a) Montera kamremsdrevet på mellanaxeln och dra centrumbulten till angivet moment.
  b) Montera kamremmen. För bensinmotor, följ i förekommande fall instruktionerna för mellanaxelns uppriktning till fullo för att bibehålla korrekt uppriktning av fördelarens drev.

8 Motorblock/vevhus – rengöring och inspektion

Rengöring

1 Demontera alla yttre delar och elektriska omkopplare/kontakter från blocket. För en fullständig rengöring ska frostpluggarna helst tas ut. Borra ett litet hål i vardera pluggen och skruva i en plåtskruv. Dra ut pluggen genom att dra i skruven med en tång eller använd draghammare.
2 Skrapa bort alla packningsrester från blocket och vevhuset, se till att inte skada fogytorna.

3 Avlägsna alla oljekanalpluggar (om befintliga). Dessa pluggar sitter vanligen mycket hårt – det kan bli nödvändigt att borra ur dem och gänga om hålen. Använd nya pluggar när motorn sätts ihop.
4 Om motorblocket är extremt smutsigt ska det ångtvättas. Rengör sedan alla oljekanaler och oljehål en gång till. Spola alla interna passager med varmt vatten till dess att vattnet rinner rent. Torka noga och lägg på en tunn oljefilm på alla fogytor och cylinderlopp för att förhindra rost. Om du har tillgång till tryckluft, använd den till att skynda på torkandet och blåsa rent i alla oljehål och kanaler.

⚠️ **Varning: Bär skyddsglasögon när du arbetar med tryckluft!**

5 Om gjutdelarna inte är för smutsiga går det att göra ett godtagbart tvättjobb med hett tvålvatten och en styv borste. Tag god tid på dig och gör ett grundligt arbete. Oavsett tvättmetod ska du se till att rengöra alla oljehål och kanaler mycket noga och att torka alla delar ordentligt. Skydda cylinderloppen enligt ovan för att förhindra rost.
6 Alla gängade hål måste vara rena för att ge korrekt åtdragningsmoment vid ihop-sättningen. Rengör gängorna med en gängtapp i korrekt storlek inkörd i hålen, ett efter ett, för att avlägsna rost, korrosion, gänglås och slam. Det återställer även eventuella skadade gängor **(se bild)**. Använd om möjligt tryckluft för att rengöra hålen från det avfall som uppstår vid detta arbete.

8.6 Rengör gängorna i motorblocket med en gängtapp i rätt storlek

7.3d . . . och ta sedan vara på o-ringen

Observera: *Var extra noga med att avlägsna all vätska från blinda gänghål eftersom blocket kan spräckas av hydraultryck om en bult skruvas in i ett hål som innehåller vätska.*
7 Lägg på ett lämpligt tätningsmedel på de nya oljekanalpluggarna och för in dem i hålen i blocket. Dra åt dem rejält.
8 Om motorn inte omedelbart ska sättas ihop, täck då över blocket med ett skynke av plast så att det hålls rent, rostskydda alla fogytor och cylinderlopp enligt ovan.

Inspektion

9 Inspektera gjutdelarna, leta efter sprickor och korrosion. Leta efter defekta gängor i hålen. Om det har förekommit internt vattenläckage kan det vara värt besväret att låta en renoveringsspecialist kontrollera motorblocket/vevhuset med specialutrustning. Byt omedelbart defekta delar om de inte går att reparera.
10 Kontrollera att det inte förekommer repor i cylinderloppen. Varje tecken på skador av denna typ ska korskontrolleras mot kolvinspektion, se avsnitt 5 i detta kapitel. Om skadan är i ett tidigt skede kan det vara möjligt att reparera blocket och omborrning. Rådfråga en maskinverkstad innan du fortsätter.
11 För en precis utvärdering av slitaget på cylinderloppen krävs att diametern mäts på ett flertal punkter enligt följande. Stick in en håltolk i lopp nr 1 och ta tre mått i linje med vevaxelns längdriktning, ett cirka 10 mm under vändkanten, ett halvvägs ned i loppet och ett cirka 10 mm ovanför loppets nederkant.

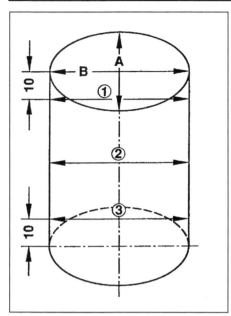

8.12 Mätpunkter för cylinderlopp

Observera: *Ställ blocket rakt på en arbetsbänk under detta arbete, felaktiga resultat kan uppkomma om motorn är monterad i ett ställ.*

12 Vrid håltolken 90° så att den är i rät vinkel mot vevaxelns längsled och upprepa mätningarna enligt paragraf 11 **(se bild)**. Anteckna alla sex måtten och jämför med specifikationerna. Om skillnaden i diameter mellan två lopp överskrider slitagegränsen eller om någon cylinder överskrider maximal diameter måste *alla fyra* loppen borras om och kolvar i överstorlek måste monteras. Lägg märke till att den obalans som skulle uppstå av att inte borra om alla cylindrar samtidigt skulle göra motorn obrukbar.

13 Gå till de tidigare uppskrivna kolvdiametermåtten (se avsnitt 5) och beräkna spelet mellan kolv och lopp. Tillverkaren har inte angett gränsvärden, så rådfråga en VAG-

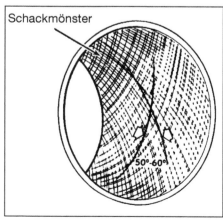

8.17 Cylinderloppets honingsmönster

verkstad eller en specialist på motorrenoveringar.

14 Placera motorblocket på en plan arbetsyta med vevhuset nedåt. Använt stållinjal och bladmått för att mäta om det finns skevhet i fogytan till topplocket i något av planen. Tillverkaren har inte angett gränsvärde men 0,05 mm är en god tumregel. Om skevheten överstiger detta värde kan det gå att reparera med fräsning – rådfråga en VAG-verkstad.

15 Innan motorn kan sättas ihop måste cylinderloppen honas. Detta innebär att man använder ett slipverktyg för att skapa ett fint kryssmönster på loppets inre yta. Effekten av detta är att ge kolvringarna möjlighet att sätta sig med god tätning mellan kolv och cylinder. Det finns två typer av honare som används av hemmamekaniker, båda drivs av ett roterande elverktyg, exempelvis en borrmaskin. "Flaskborsten" är en styv cylindrisk borste med slipstenar på borsten. Den mer konventionella hemmahonaren har slipstenar monterade på fjäderbelastade ben. Mindre rutinerade hemmamekaniker får lättare ett tillfredsställande resultat med flaskborsten.

Observera: *Om du inte vill utföra detta moment själv kan en maskinverkstad utföra det till en rimlig kostnad.*

16 Gör så här för att hona loppen: det krävs ett honingsverktyg enligt föregående beskrivning, en borrmaskin eller tryckluftsmutterdragare, rena trasor, honingsolja och skyddsglasögon.

17 Montera honaren i chucken. Smörj loppen med honingsolja och stick in honaren i det första loppet, tryck ihop stenarna så att de passar. Starta verktyget och för det upp och ned i loppet medan det roterar, så att ett fint kryssmönster uppstår på ytan. Linjerna i mönstret ska helst korsa i mellan 50 och 60° **(se bild)**, men tillverkare kan ange andra vinklar, kontrollera den dokumentation som följer med kolvringarna.

> ⚠ **Varning: Använd skyddsglasögon för att skydda ögonen mot skräp som lossnar från honaren.**

18 Använd rikligt med olja under honingen. Avlägsna inte mer material än vad som krävs för att ge önskad yta. När honaren dras ut ur loppet får den inte längre rotera, fortsätt rörelsen upp och ned till dess att chucken har stannat, dra sedan ut honaren samtidigt som du vrider chucken för hand i normal rotationsriktning.

19 Torka av olja och spån med en trasa och gå vidare till nästa lopp. När alla fyra honats ska hela motorblocket rengöras noga i varmt tvålvatten för att avlägsna alla spår av honingsolja och skräp. Blocket är att betrakta som rent när en trasa, fuktad med ren motorolja inte tar upp grå avlagringar när den dras utmed loppet.

20 Lägg på ett tunt lager motorolja på fogytor och i cylinderlopp för att förhindra rost. Förvara blocket i en plastpåse till dess att motorn ska sättas ihop.

9 Ram och storändslager – inspektion och urval

Inspektion

1 Även om ram- och storändslagren ska bytas vid renoveringen ska de gamla lagren behållas för undersökning, eftersom de kan ge värdefull information om motorns skick **(se bild)**.

2 Lagerhaveri kan uppstå på grund av otillräcklig smörjning, förekomst av smuts eller andra främmande partiklar, överbelastning av motorn eller korrosion. Oavsett orsak måste den åtgärdas innan motorn sätts ihop så att det inte inträffar igen.

3 När lagerskålarna undersöks ska de tas ut ur blocket/vevhuset, liksom ramlager-överfallen, vevstakarna och storändsöverfallen. Lägg ut dem på en ren yta i ungefär samma läge som deras placering i motorn. Det gär att du kan matcha lagerproblem med motsvarande vevtapp. *Berör inte* någon skåls inre lageryta med fingrarna vid kontrollen eftersom den ömtåliga ytan kan repas.

4 Smuts och andra främmande partiklar kan komma in i motorn på många sätt. Det kan bli lämnat kvar i motorn vid ihopsättning, eller komma in genom filter eller vevhusventilationen. Det kan komma in i oljan och därmed lagren. Metallspån från bearbetning och normalt slitage förekommer ofta. Slipmedel lämnas ibland kvar i motorn efter renovering, speciellt om delarna inte rengjorts noga på rätt sätt. Oavsett var de kommer ifrån hamnar dessa främmande föremål ofta som inbäddningar i lagermaterialet och är där lätta att känna igen. Större partiklar bäddas inte in

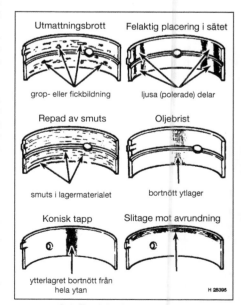

9.1 Typiska lagerhaverier

utan repar lager och tapp. Bästa sättet att förebygga lagerhaverier är att rengöra alla delar noga och hålla allt perfekt rent under ihopsättningen av motorn. Täta och regelbundna oljebyten är också att rekommendera.

5 Brist på smörjning (eller nedbruten smörjning) har ett antal sammanhörande orsaker. Överhettning (som tunnar ut oljan), överbelastning (som tränger undan olja från lagerytan) och oljeläckage (från överdrivna lagerspel, sliten oljepump eller höga motorvarv) bidrar alla till sammanbrott i smörjningen. Igensatta oljekanaler, som vanligen är ett resultat av att oljehålen i lagerskålen inte är korrekt uppriktade, svälter lagren på olja och förstör dem. I de fall brist på smörjning orsakar lagerhaveri kletas lagermaterialet ut från skålens stödplatta. Temperaturen kan stiga så mycket att stålplattan blånerar av överhettning.

6 Körstil kan ha en betydande inverkan på lagers livslängd. Full gas från låga varv (segdragning) belastar lagren mycket hårt och tenderar att pressa ut oljefilmen. Dessa belastningar kan även orsaka att lagret flexar, vilket ger fina sprickor på lagerytan (uttröttning). Förr eller senare kommer stycken av lagermaterialet att lossna och slitas bort från skålens stålplatta.

7 Korta körsträckor leder till korrosion i lagren därför att det inte alstras nog med värme i motorn för att driva ut kondensvatten och frätande gaser. Dessa produkter samlas i motoroljan och bildar syra och slam. När oljan leds till motorlagren angriper syran lagermaterialet.

8 Felaktig installation av lagren vid ihopsättning leder också till haveri. Tätt åtsittande lager ger för litet spel och resulterar i oljesvält. Smuts eller främmande partiklar som fastnar bakom en lagerskål ger höga punkter i lagret vilket leder till haveri.

9 *Berör inte* någon lagerskåls inre yta med fingrarna under hopsättningen, det finns en risk att den ömtåliga ytan repas eller att smutspartiklar lämnas på ytan.

10 Som nämnt i början av detta avsnitt ska lagerskålarna bytas som rutinåtgärd vid motorrenovering, allt annat är i längden oekonomiskt.

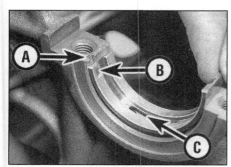

11.3 Korrekt monterade lagerskålar

A *Urtag i lagersadeln*
B *Klack på lagerskålen*
C *Oljehål*

Val av ram- och storändslager

11 Ram- och storändslager till motorer som tas upp i detta kapitel finns i standard storlek och ett antal understorlekar – se specifikationerna för detaljer.

12 Lagerspelen måste kontrolleras när vevaxeln monteras med nya lager (se avsnitt 11).

10 Motorrenovering – ordningsföljd för ihopsättning

1 Innan hopsättningen påbörjas, kontrollera att alla nya delar har skaffats och att alla nödvändiga verktyg finns tillgängliga. Läs igenom hela arbetsbeskrivningen och kontrollera att allt som behövs verkligen finns tillgängligt. Förutom alla normala verktyg och material krävs flytande gänglås. Packningsmassa på tub krävs för fogar som saknar packningar. Vi rekommenderar att tillverkarens egna produkter används, eftersom de är speciellt formulerade för sitt ändamål. Relevanta produktnamn anges i texten i varje avsnitt, där så krävs.

2 För att spara tid och undvika problem ska motorn helst sättas ihop i denna ordning:
  a) *Vevaxel*
  b) *Kolvar och vevstakar*
  c) *Oljepump (se kapitel 2A eller B)*
  d) *Sump (se kapitel 2A eller B)*
  e) *Svänghjul/drivplatta (se kapitel 2A eller B)*
  f) *Topplock med packning (se kapitel 2A eller B)*
  g) *Kamrem med spännare och drev (se kapitel 2A eller B)*
  h) *Motorns yttre komponenter och hjälpaggregat*
  i) *Drivrem(mar), remskivor och spännare (se kapitel 2A eller B)*

3 I detta skede ska alla motorkomponenter var absolut rena och torra med alla fel åtgärdade. Komponenterna ska läggas ut (eller finnas i individuella behållare) på en fullständigt ren arbetsyta.

11 Vevaxel – montering och kontroll av lagerspel

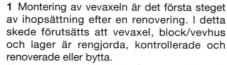

1 Montering av vevaxeln är det första steget av ihopsättning efter en renovering. I detta skede förutsätts att vevaxel, block/vevhus och lager är rengjorda, kontrollerade och renoverade eller bytta.

2 Placera motorblocket på en ren, plan yta med vevhuset vänt uppåt. Skruva loss lageröverfallen från vevhuset, lägg upp dem i korrekt ordning för ihopsättning. Om fortfarande på plats, avlägsna lagerskålarna från överfallen och vevhuset och torka ur de inre ytorna med en ren trasa – dessa ytor måste hållas kliniskt rena.

3 Rengör de nya lagerskålarnas bakre ytor med en ren trasa och lägg ned dem i lagersadlarna. Kontrollera att styrklackarna på skålarna greppar i sadelurtagen och att oljehålen är korrekt uppriktade **(se bild)**. Lagerskålarna får inte hamras eller på annat sätt tvingas på plats. Det är ytterst viktigt att lagerytorna hålls fria från skador och föroreningar.

4 Rengör de nymonterade lagerskålarna och vevaxeltapparna en sista gång med en ren trasa. Kontrollera att oljehålen i vevaxeln är fria från smuts eftersom smuts här bäddas in i de nya lagren när motorn startas.

5 Lägg försiktigt vevaxeln på plats i vevhuset, var noga med att inte rubba lagerskålarna.

Kontroll av lagerspel

6 När vevaxel och lager monterats måste det finnas ett spel mellan dem så att smörjolja kan cirkulera. Detta spel går inte att kontrollera med bladmått, så istället används Plastigauge. Detta är en tunn remsa mjukplast som kläms mellan lagerytan och tappen när överfallen dras åt. Plastremsans breddändring visar spelet.

7 Skär till fem bitar Plastigauge som är något kortare än lagertappens längd. Lägg en bit på varje tapp längs med axeln **(se bild)**.

8 Torka de bakre ytorna på de nya nedre ramlagerskålarna och passa in dem i överfallen, se till att styrklackarna greppar korrekt **(se bild)**.

9 Torka av de främre ytorna på lagerskålarna och täck dem lätt med lite silikonbaserat släppmedel – detta förhindrar att Plastigauge fastnar på lagret. Montera överfallen på sina respektive platser på lagersadlarna, använd tillverkarens markeringar. Kontrollera att de är vända åt rätt håll – överfallen ska vara monterade så att urtagen för lagerskålarnas styrklackar är på samma sida som dem i lagersadeln.

10 Börja med det centrala ramlagret och dra alla bultar ett halv varv i taget till *korrekt moment för första steget*. Låt inte vevaxeln rotera medan Plastigauge är på plats. Skruva stegvis loss överfallen och avlägsna dem, var noga med att inte rubba Plastigauge.

11.7 Lägg en remsa Plastigauge (vid pilen) utmed vevaxelns längsled på varje tapp

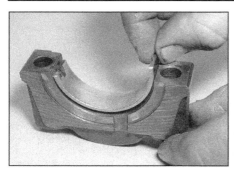

11.8 Montera ramlagerhalvorna på överfallen

11.11 Mät bredden på den hopklämda biten Plastigauge med den medföljande tolken

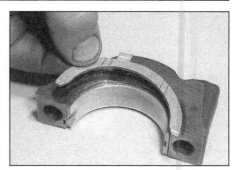

11.16 Montering av tryckbrickorna på överfall 3

11 Bredden på den klämda Plastigauge-remsan mäts sedan med den medföljande tolken **(se bild)**. Använd rätt skala, både metriska och imperiemått är tryckta. Detta mått indikerar lagerspelet – jämför med specifikationerna. Om spelet ligger utanför gränsvärdet kan detta bero på smuts under lagerytan, försök att rengöra dem igen och upprepa kontrollen. Om resultatet fortfarande inte är acceptabelt, kontrollera tapparnas diameter och lagerstorleken igen. Om Plastigauge-remsan är tjockare i ena änden kan tapparna vara koniska, vilket kräver omslipning.

12 När spelet är tillfredsställande ska alla spår av Plastigauge avlägsnas från lagerytorna, använd en mjuk skrapa av plast eller trä, metall skadar troligtvis ytorna.

Vevaxel – slutlig montering

13 Lyft ut vevaxeln ur vevhuset. Torka av lagringsytorna i vevhuset och på överfallen. Montera tryckbrickorna på var sida om lagersadel nr 3, mellan cylindrarna nr 2 och nr 3. Håll dem på plats med lite fett, kontrollera att de sitter korrekt i spåren med oljespåren vända utåt.

14 Täck lagerskålarna i vevhuset med rikligt med ren motorolja av korrekt klass.

15 Sänk ned vevaxeln i läge så att tapp nr 2 och nr 3 är vid ÖD. Tapp nr 1 och nr 4 är då vid ND, redo för montering av kolv nr 1.

16 Smörj de nedre lagerskålarna i ram-lageröverfallen med ren motorolja och montera tryckbrickorna på var sida om överfall 3, observera att de klackar som sticker ut från brickorna ska greppa i urtagen på överfallets sidor **(se bild)**. Kontrollera att styrklackarna på lagerskålarna fortfarande greppar i respektive urtag i överfallen.

17 Montera ramlageröverfallen i korrekt ordning med rätt riktning – överfall nr 1 ska vara vid motorns kamremssida och lager-skålarnas styrurtag i sadlar och överfall ska vara bredvid varandra **(se bild)**. Skruva in överfallsbultarna och fingerdra dem.

18 Arbeta från det centrala ramlagret och utåt och dra överfallsbultarna till angivna moment. Om åtdragningsmomentet anges i flera steg, dra samtliga bultar till första steget och upprepa åtdragningen i samma följd stegvis **(se bild)**.

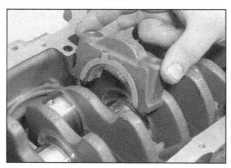

11.17 Montering av ramlagerskål

19 Montera vevaxelns bakre oljetätningshus med ny tätning, se del A eller B i detta kapitel för detaljer (efter tillämplighet).

20 Kontrollera att vevaxeln roterar fritt för hand. Om motstånd märks, kontrollera lagerspelen enligt beskrivningen ovan.

21 Kontrollera vevaxelns axialspel enligt beskrivning i början av avsnitt 6. Om vev-axelns tryckytor kontrollerats och nya trycklager monterats ska axialspelet ligga inom specificerade toleranser.

12 Kolvar och kolvringar – ihopsättning

1 I detta skede förutsätts att kolvarna är korrekt hopsatta med respektive vevstakar och att spelet mellan kolvringar och spår kontrollerats. Om så inte är fallet, se slutet på avsnitt 5.

2 Innan ringarna kan monteras på kolvarna måste ändgapet kontrolleras med ringarna i loppen.

3 Lägg ut kolvar/stakar och de nya ring-satserna på en ren arbetsyta så att respektive cylinders delar hålls samman både före och efter kontrollen av ändgapet. Placera vevhuset liggande på sidan på en arbetsyta så att bägge ändar av loppen är åtkomliga.

4 Ta övre ringen till kolv nr 1 och för in den i loppets överdel. Använd kolv nr 1 som påskjutare och tryck ned ringen till nära loppets underkant, vid den lägsta punkten på

11.18 Dra överfallets bultar till angivet moment

kolvens slag. Kontrollera att ringen är helt vinkelrätt mot loppet genom att trycka den ordentligt mot kolvkronan.

5 Använd bladmått och mät gapet mellan kolvringens ändar. Blad med rätt avstånd löper genom gapet med ett minimalt mot-stånd **(se bild)**. Jämför erhållet mått med specifikationerna. Kontrollera att du har korrekt kolvring innan du avgör att avståndet inte är korrekt. Upprepa med samtliga 12 kolvringar.

6 Om nya kolvringar monteras är det inte troligt att gapet är för litet. Om ett mått visar understorlek måste detta korrigeras, i annat fall finns risken att kolvringsändarna kommer i kontakt när motorn går, vilket kan leda till allvarliga motorskador. Avståndet kan ökas genom att man filar kolvringsändarna med en fil som är uppsatt i ett skruvstycke. Placera kolvringen så att bägge ändarna är i kontakt

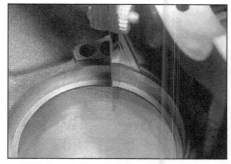

12.5 Kontroll av kolvringsändgap med bladmått

med filens båda sidor. För ringen utmed filen och avlägsna små mängder material i taget. Var mycket försiktig eftersom kolvringar är spröda och bildar vassa kanter om de bryts. Kom ihåg att hålla ihop ringar och kolvar cylindervis, i rätt ordning.

7 När alla kolvringars ändgap verifierats ska de monteras på kolvarna. Börja med den nedersta ringen (oljeskrapringen) och arbeta uppåt. Lägg märke till att oljeskrapringen består av två sidoskenor åtskilda av en expanderring. Lägg även märke till att de två kompressionsringarna har olika tvärsnitt och därför måste monteras i rätt spår vända åt rätt håll med hjälp av en kolvringspåsättare. Bägge kompressionsringarna har instansade märken på ena sidan för att ange övre sida. Se till att dessa märken är vända uppåt när ringarna monteras **(se bild)**.

8 Fördela ändgapen jämnt runt kolven med 120° mellanrum.

Observera: *Om kolvringstillverkaren anger specifika monteringsinstruktioner ska dessa följas.*

13 Kolvar och vevstakar – montering och kontroll av storändens lagerspel

Kontroll av storändens lagerspel

Observera: *I detta skede förutsätts att vevaxeln monteras i vevhuset som beskrivet i avsnitt 11.*

1 Liksom ramlagren (avsnitt 11) måste storändslagren ha ett spel så att olja kan cirkulera. Det finns två sätt att kontrollera spelets storlek, dessa beskrivs i följande paragrafer:

2 Placera blocket på en ren, plan arbetsyta med vevhuset vänt uppåt. Placera vevaxeln så att tapp nr 1 och nr 4 är vid ND.

3 Den första metoden är mindre exakt och den går ut på att bulta fast lageröverfallen på storändarna, undan från vevaxeln, med lagerskålarna på plats.

Observera: *Rätt uppriktning av överfallen är kritisk, se "Observera" i avsnitt 5. Innerdiametern av den hopsatta storänden mäts med ett invändigt skjutmått. Motsvarande vevtapps diameter dras sedan från detta mått, resultatet är lagerspelet.*

4 Den andra metoden för kontroll av spelet är att använda Plastigauge på samma sätt som vid kontroll av ramlagerspelet (se avsnitt 11) och den är mycket mer exakt än förgående metod. Rengör alla fyra vevtapparna med en ren trasa. Börja med att ställa tapp nr 1 och nr 4 till ND och placera en bit Plastigauge på vardera lagertappen.

5 Montera övre storändslagerskålarna på stakarna, kontrollera att styrklackarna greppar korrekt i urtagen. Montera vevstakarna provisoriskt på vevaxeln och skruva fast överfallen, följ tillverkarens markeringar så att de monteras rätt väg - se *"Avslutande montering"* för detaljer.

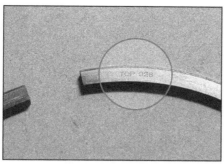

12.7 "TOP"-märkning på kolvring

6 Dra överfallens bultar/muttrar enligt beskrivningen nedan. Var noga med att inte rubba Plastigauge eller vrida på vevstakarna under åtdragningen.

7 Ta isär stakar och överfall utan att vrida på stakarna. Använd den tryckta tolken på kuvertet med Plastigauge till att fastställa storändens lagerspel och jämför med specifikationerna.

8 Om spelet betydligt avviker från det förväntade kan lagerskålarna vara av fel storlek (eller utslitna om de gamla återanvänds). Kontrollera att inte smuts eller olja fångats mellan skålar och överfall eller stakar när spelet mättes. Kontrollera också vevtapparnas diameter. Om Plastigauge var bredare i ena änden kan vevtapparna vara koniska. När problemet hittas, montera nya lagerskålar eller slipa om vevtapparna till en listad understorlek efter tillämplighet.

9 Avsluta med att försiktigt skrapa bort alla spår av Plastigauge från tappar och lagerskålar. Använd en skrapa av plast eller trä som är mjuk nog att inte repa lagerytorna.

Kolvar och vevstakar – avslutande montering

10 Observera att följande arbetsbeskrivning förutsätter att vevaxelns ramlageröverfall är på plats (se avsnitt 11).

11 Kontrollera att lagerskålarna är korrekt monterade enligt beskrivningen i början av detta avsnitt. Om nya lagerskålar används, kontrollera att alla spår av skyddsfett

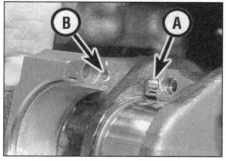

13.17 Montering av storändens lageröverfall

A Styrstift
B Styrhål

avlägsnats med fotogen. Torka av skålar och stakar med en luddfri trasa.

12 Smörj cylinderlopp, kolvar och kolvringar med ren motorolja. Lägg ut vevstakarna/kolvarna i korrekt ordningsföljd på en arbetsyta. Om storändsbultarna i just den motor du arbetar med sitter permanent på vevstakarna ska bultgängorna kläs in med tejp eller gummislang för att skydda loppen under ihopsättningen.

13 Börja med kolv 1. Kontrollera att kolvringarna är placerade som beskrivet i avsnitt 12 och kläm ihop dem med en kolvringshoptryckare.

14 Stick in kolven/vevstaken genom toppen av lopp nr 1 med vevstaken först, skydda loppet och storändsbultarna.

15 Kontrollera att kolven är rättvänd – kolvkronan, vevstaken och storändsöverfallen har märken som ska peka framåt mot motorns kamremssida när kolven installeras i loppet – se avsnitt 5 för detaljer.

16 Använd en träkloss eller ett hammarskaft på kolvkronan och knacka ned kolven i loppet till dess att kolvkronan är i jämnhöjd med loppets överkant.

17 Kontrollera att lagerskålen fortfarande är korrekt monterad. Smörj vevtappen och båda lagerskålarna rikligt med ren motorolja. Var noga med att inte repa loppet och knacka ned vevstaken/kolven genom loppet och på vevtappen. Montera storändens lageröverfall, till att börja med, med fingerdragna bultar/muttrar **(se bild)**. Kom ihåg att lageröverfallets riktning i relation till vevstaken måste vara korrekt när de två sätts ihop. Vevstaken och överfallet har båda urfrästa urtag nära fogytorna – dessa urtag måste vara vända åt samma håll som pilen på kolvkronan (d v s mot motorns kamremssida) för att vara korrekt monterade – se bilderna i avsnitt 5 för detaljer.

Observera: *I vissa motorer är vevstakarnas storändar försedda med förskjutna styrstift som går in i hål i överfallen.*

18 För motorkod 1Z, AHU och AFN (direktinsprutade dieselmotorer) har kolvkronorna en speciell utformning. I och med detta skiljer sig kolv 1 och 2 från nr 3 och nr 4. Om korrekt monterade ska de större insugsventilkamrarna på kolv nr 1 och nr 2 vara vända mot motorns svänghjulssida och de större insugsventilkamrarna på kolv nr 3 och nr 4 ska vara vända mot motorns kamremssida. Nya kolvar har siffermärken på kronan för att ange typ; "1/2" anger kolv 1 eller 2, "3/4" anger kolv 3 eller 4 **(se bild)**.

19 Arbeta stegvis runt varje lageröverfall och dra muttrarna ett halvt varv i taget till angivet moment **(se bilder)**.

20 Montera resterande kolvar/vevstakar på samma sätt.

21 Dra runt vevaxeln för hand. Kontrollera att den snurrar fritt. En viss strävhet kan förväntas om nya delar monterats, med det ska inte förekomma kärvningar eller snäva punkter.

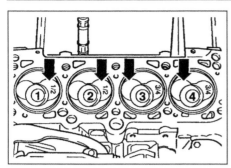

13.18 Kolvens riktning och monteringsordning (motorkoderna 1Z, AHU och AFN)

13.19a Dra storändens lageröverfallsbultar till momentet för steg 1 . . .

13.19b . . . och steg 2

Dieselmotorer

22 Om nya kolvar ska monteras eller om ett nytt kort block installeras måste utsticket för kolvkronorna från topplockets fogyta vid ÖD mätas för att avgöra vilken typ av topplockspackning som ska monteras.

23 Vänd på blocket (så att vevhuset är vänt nedåt) och ställ det på klossar eller i ett ställ. Montera med mätklocka på blocket och nollställ den på topplockets fogyta. Ställ sedan mätsonden på kronan till kolv nr 1 och vrid sakta vevaxeln för hand så att kolven går förbi ÖD. Mät upp och anteckna maximal avvikelse vid ÖD.

24 Upprepa mätningen med kolv nr 4, vrid sedan vevaxeln 180° och mät upp kolv nr 2 och 3.

25 Om måtten skiljer sig mellan kolvarna, använd det högsta värdet för att bestämma vilket topplockspackning som ska användas – se specifikationerna för detaljer.

26 Lägg märke till att om de ursprungliga kolvarna används måste den nya topplockspackningen vara av samma typ som den gamla, se kapitel 2B för detaljer för hur topplockspackningstyper identifieras.

14 Motor – första start efter renovering och ihopsättning

1 Montera resterande motordelar i den ordningsföljd som anges i avsnitt 10 i detta kapitel, se del A eller B där så behövs. Montera motorn (och växellådan) i bilen som beskrivet i avsnitt 2 i detta kapitel. Dubbelkontrollera nivån för motorolja och kylvätska och gör en sista kontroll att allt kopplats in.

Försäkra dig om att inga verktyg eller trasor glömts kvar i motorrummet.

Bensinmotor

2 Skruva ur tändstiften, se kapitel 1A för detaljer.

3 Motorn måste hindras från att gå, på ett sådant sätt att den kan dras runt på startmotorn utan att starta – koppla ur bränslepumpens relä från reläplattan, se relevant del av kapitel 4 för detaljer. Alternativt, leta upp och dra ut bränslepumpens säkring.

Varning: Om bilen har katalysator är det potentiellt skadligt att koppla ur tändningen utan att koppla ur bränslesystemet, i och med att ej förbränt bränsle kan samlas i katalysatorn.

4 Dra runt motorn med startmotorn till dess att oljetryckslampan släcks. Om lampan inte släcks efter ett flertal sekunders runddragning, kontrollera motorns oljenivå och att oljefiltret sitter fast. Om dessa är som de ska, kontrollera att kontakten till oljetryckskontakten sitter i – fortsätt inte förrän du är säker på att oljan pumpas runt i motorn med tillräckligt tryck.

5 Skruva i tändstiften och koppla in pumpreläet (eller montera bränslepumpens säkring).

Dieselmotor

6 Dra ur kontakten till bränsleavstängningsventilen (stoppsolenoiden) vid bränslepumpen - se kapitel 4C för detaljer.

7 Dra runt motorn med startmotorn till dess att oljetryckslampan släcks.

8 Om lampan inte släcks efter ett flertal sekunders runddragning, kontrollera motorns

oljenivå och att oljefiltret sitter fast. Om dessa är korrekta, kontrollera att kontakten till oljetryckskontakten sitter i - fortsätt inte förrän du är säker på att oljan pumpas runt i motorn med tillräckligt tryck.

9 Koppla in bränsleavstängningsventilen.

Samtliga motorer

10 Starta motorn, var beredd på att det kan ta lite längre tid än vanligt eftersom bränslesystemets delar rubbats.

11 Låt motorn gå på tomgång och undersök om det förekommer läckage av bränsle, kylvätska eller olja. Var inte orolig om det förekommer ovanliga dofter och tillfälliga rökpuffar medan delarna värms upp och bränner bort oljeavlagringar.

12 Under förutsättning att allt är OK, låt motorn gå på tomgång till dess att man kan känna att varmvatten cirkulerar genom övre kylarslangen.

13 På dieselmotor, kontrollera bränslepumpens inställning och tomgångens varvtal som beskrivet i kapitel 4C och/eller kapitel 1B.

14 Kontrollera efter några minuter att oljans och kylvätskans nivåer är korrekta och fyll på efter behov.

15 För samtliga motorer som tas upp i detta kapitel gäller att topplocksbultarna inte behöver efterdras när motorn körts efter ihopsättning.

16 Om nya kolvar, kolvringar eller vevaxellager monterats ska motorn behandlas som en ny och köras in de första 1 000 kilometrarna. *Ge inte* full gas och segdrag inte på någon växel. Det är rekommendabelt att byta motorns olja och oljefilter efter denna körsträcka.

Kapitel 3
System för kylning, värme och ventilation

Innehållsförteckning

Svårighetsgrader

Enkelt, passar novisen med lite erfarenhet		Ganska enkelt, passar nybörjaren med viss erfarenhet		Ganska svårt, passar kompetent hemma-mekaniker		Svårt, passar hemmamekaniker med erfarenhet		Mycket svårt, för professionell mekaniker	

Specifikationer

Systemtyp	Trycksatt med kylare, termostat och expansionskärl, remdriven vattenpump. Termostatstyrd elektrisk kylfläkt
Systemets arbetstryck	1,2 - 1,5 bar

Termostat

Börjar öppna vid	85°C
Helt öppen vid	105°C
Slaglängd (minimum)	7 mm

Elektrisk kylfläkts termobrytare

Arbetstemperatur:

Hastighet 1 på	92 - 97°C
Hastighet 1 av	84 - 91°C
Hastighet 2 på	99 - 105°C
Hastighet 2 av	91 - 98°C

Fläktens omkopplare efter körning (insprutarkylning, senare modeller):

Slår på	100°C
Stänger av	90°C

Åtdragningsmoment

	Nm
Luftkonditioneringskompressorns fästbultar:	
M8	25
M10	45
Vattenpumpens remskivebultar	25
Vattenpumpens fästbultar till blocket:	
Modeller med V-rem	20
Modeller med ribbad rem*:	
Steg 1	20
Steg 2 (vinkeldragning)	dra ytterligare 90°
Vattenpumpens bultar till huset	10
Kylarens bultar till låshållaren	10
Termoomkopplare (kylfläkt)	35
Termostathusets bultar	10

*Använd nya bultar

1 Allmän beskrivning

Kylsystemet är av den trycksatta typen och består bl a en frontmonterad kylare, en vattenpump som drivs av en drivrem, en termostat (placerad i vattenpumpens hus) och en termostatstyrd elektrisk kylfläkt. Ett expansionskärl finns på samtliga modeller och systemtrycket regleras av tryck/påfyllnings-locket i expansionskärlet.

Systemet fungerar enligt följande: När motorn är kall är termostaten stängd och vattenpumpen tvingar kylvätskan genom kanaler, via förbiledningsslangen och värmar-kretsen över termostatkapseln tillbaka till vattenpumpens inlopp. Denna cirkulation av kylvätska kyler cylinderlopp, förbrännings-kammare och ventilsäten. Men när kylvätskan når en förbestämd temperatur börjar termostaten öppna och kylvätskan börjar cirkulera genom den övre kylarslangen till kylarens överdel. När den passerar genom kylaren kyls den ned av den förbiströmmande luften när bilen rör sig framåt, vid behov förstärkt av den elektriska kylfläktens arbete. Slutligen återvänder kylvätskan till vatten-pumpen via nedre kylarslangen och den öppna termostaten.

Den elektriska kylfläkten styrs av en termoomkopplare placerad på vänster sida om kylaren. Förutom den vanliga kylvätske-temperaturgivaren finns termoomkopplare och temperatursändare monterade för att aktivera komponenter i bränsleinsprutningen och tändningen.

Ett konventionellt värmesystem finns monterat där kylvätskan cirkulerar genom ett element i värmaren. Luftkonditionering finns monterad på senare modeller, där så är fallet ska föreskrifterna i avsnitt 14 följas vid arbete på någon del av systemet.

 Försök inte ta av expansions-kärlets lock eller lossa någon del av kylsystemet medan motorn är varm, eftersom detta medför en stor skållningsrisk. Om systemet måste öppnas innan motor och kylare är kalla (rekommenderas inte) måste trycket först släppas ut ur systemet. Täck expansions-kärlets lock med ett tjockt lager trasor, så att du inte skållar dig och skruva sakta upp locket till dess att ett väsande hörs. När väsandet upphör anger detta att trycket sjunkit, skruva sakta upp locket till dess att det kan avlägsnas. Om mer väsande hörs, vänta till dess att det upphör innan locket skruvas av helt. Håll dig hela tiden på betryggande avstånd från öppningen.

 Låt inte frostskydd komma i kontakt med hud eller lackerade ytor på bilen. Skölj omedelbart bort eventuella spill med stora mängder vatten. Lämna aldrig frostskydd i öppna kärl eller pölar på uppfarten eller garagegolvet. Barn och husdjur attraheras av den söta doften, men frostskydd kan vara livsfarligt att förtära.

 Om motorn är varm kan den elektriska kylfläkten starta, även om motorn står stilla, så håll undan händer, hår och lösa kläder om du arbetar i motorrummet.

Se avsnitt 14 för föreskrifter vid arbete på modeller med luftkonditionering.

2 Kylsystemets slangar – urkoppling och byte

Observera: Se varningarna i avsnitt 1 i detta kapitel innan du fortsätter.

1 Om de kontroller som beskrivs i kapitel 1 påvisar en defekt slang måste den bytas enligt följande:

2 Tappa först ur kylsystemet (se kapitel 1). Om det inte är dags att byta kylvätska kan den återanvändas om den förvaras i ett rent kärl.

3 Lossa en slang genom att först lossa slangklämman och dra den utmed slangen, fri från relevant anslutning **(se bild)**. Lossa slangen försiktigt. Slangar kan lossas tämligen enkelt om de är nya eller varma, **försök inte** koppla ur någon del av systemet medan det är varmt.

4 Var uppmärksam på att kylarens anslutningsrör är sköra, använd därför inte stor kraft vid försök att lossa slangarna. Om en slang sitter fast, försök att rotera på änden innan fler avdragningsförsök görs.

 Om inget annat lyckas, skär av slangen med en vass kniv och dela den så att den kan lossas i två bitar. Även om detta kan vara lite dyrt om slangen i övrigt är i bra skick är det billigare än att köpa en ny kylare.

5 När en slang monteras, trä först på slangklämmorna på slangen och lirka slangen på plats. Om slangklämmor av krymptyp var monterade från början är det en god idé att byta dem mot skruvade standardslang-klämmor vid monteringen. Om slangen är stel kan lite tvålvatten användas som smörjmedel, eller så kan slangen mjukas upp med ett bad i varmvatten.

6 För slangen på plats, kontrollera att den är korrekt dragen och dra vardera klämman utmed slangen till dess att den passerar över flänsen på relevant anslutning innan slangen säkras på plats med slangklämman.

7 Fyll kylsystemet (se kapitel 1).

8 Så snart någon del av kylsystemet rubbats ska eventuella läckor spåras.

2.3 Koppla ur termostathusets slang (dieselmotor visad)

3 Kylare – demontering och montering

Demontering

 Om ett läckage är orsaken till att du vill demontera kylaren, tänk på att smärre läckor ofta kan åtgärdas med kylarcement, med kylaren på plats.

1 Koppla ur batteriets jordledning.
Observera: Om bilen har en ljudanläggning med stöldskyddskod, kontrollera att du har koden uppskriven innan batteriet kopplas ur. Rådfråga en VAG-verkstad om du är osäker.
2 Tappa ur kylsystemet enligt beskrivning i avsnitt 3.
3 Se kapitel 11 för detaljer och avlägsna främre låshållaren, komplett med strålkastare från bilen.
4 Lossa slangklämmorna och lossa övre och nedre slangarna från kylaren **(se bilder)**.
5 Dra ur kontakten till kylfläktens termo-brytare **(se bild)**.
6 Om bilen har luftkonditionering måste följande göras för att skapa utrymme att demontera kylaren. Skruva ur muttrarna och lossa luftkonditioneringens köldmedia-behållare och torkare från sitt fäste. Lossa köldmedialedningarna från alla relevanta fästclips och skruva sedan ur bultarna och flytta kondenseraren så långt framåt som det går utan att nämnvärt belasta köldmedia-ledningarna. **Koppla inte ur** köldmedial-edningarna från kondenseraren (se varningarna i avsnitt 14).
7 Kontrollera att alla anslutningar är ur-kopplade och lyft försiktigt ut kylaren ur bilen **(se bild)**.
8 Vid behov ska kylfläkten och fläktkåpan lossas från kylaren, skruva sedan ur muttrarna och sära fläkten och motorn från kåpan **(se bild)**. Skruva ur termobrytaren och avlägsna packningen vid behov.
9 Kylarreparationer ska helst överlåtas åt en specialist, men mindre läckor kan tätas med

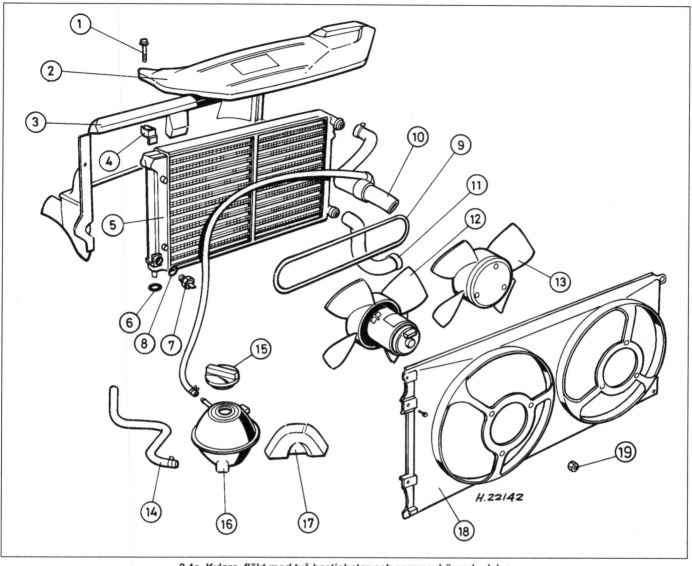

3.4a Kylare, fläkt med två hastigheter och sammanhörande delar

1 Bult	6 Gummibricka	11 Nedre kylarslang	15 Påfyllning/trycklock
2 Täckpanel	7 Fläktens termobrytare	12 Fläkt	16 Expansionskärl
3 Lufttrumma	8 Tätningsring	13 Sekundär fläkt (i	17 Hölje
4 Fäste	9 Drivrem	förekommande fall)	18 Fläktkåpa
5 Kylarelement	10 Övre kylarslang	14 Kylvätskeslang	19 Mutter

3.4b Övre kylarslangens anslutning

3.4c Nedre kylarslangens anslutning

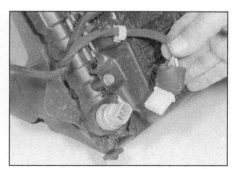

3.5 Fläktens termobrytare och kontakt

3.7 Demontera kylare och fläkt

3.8 Bult mellan kylare och fläktkåpa

3.11 Låshållarens bultar greppar i övre kylarfästena

flytande kylarcement tillsatt i kylvätskan. Rengör kylarelementet från flugor och smålöv med en mjuk borste eller spola av det med vatten.

10 Spola kylaren baklänges enligt beskrivning i kapitel 1 och byt skadade eller åldrade slangar och slangklämmor.

Montering

11 Montera kylaren med omvänd demonteringsordning, tänk på följande punkter:

a) Byt gummiupphängningarnas brickor (placerade på klackarna på kylarfoten) om de är slitna eller defekta.
b) När kylaren sänks på plats ska den greppa i de två styrklackarna.
c) När låshållaren monteras, var då noga med att de två bultarna på övre ytan

4.2a Skruva ur termostatlockets två bultar . . .

greppar i urtagen på kylarens överdel *(se bild)*. Se kapitel 11 för en detaljbeskrivning av hur låshållaren monteras.

d) Fyll kylsystemet enligt beskrivning i kapitel 1. Om en ny kylare monterats måste kylvätskan bytas.
e) Kontrollera strålkastarnas funktion och inställning enligt beskrivning i kapitel 12.

4 Termostat – demontering, testning och montering

Demontering

1 Termostaten är placerad i botten på vattenpumpens hus. Vid demontering av termostaten, tappa först ur kylsystemet (se kapitel 1). Förbättra åtkomligheten genom att dra åt handbromsen, klossa bakhjulen och ställa framvagnen på pallbockar (se *"Lyftning och stödpunkter"*).

2 Skruva ur de två bultarna och lyft av termostatlocket, dra ut termostaten och o-ringen ur huset i vattenpumpens fot **(se bilder)**.

Testning

3 Testa om termostaten fungerar genom att hänga upp den i ett snöre i en kastrull med vatten. Värm vattnet och notera vid vilken

temperatur termostaten börjar öppna och vid vilken den är helt öppen. Lyft ur termostaten och kontrollera att den stänger helt när den kallnar. Byt termostat om den inte följer specifikationerna.

Montering

4 Rengör termostathuset och locket.

5 För in termostaten i huset, kontrollera att den är rättvänd som visat **(se bild)**. För in en ny o-ring, sätt locket på plats och dra bultarna till angivet moment.

6 Anslut kylarslangarna, ställ ned bilen på marken (om lyft) och fyll kylsystemet enligt beskrivning i kapitel 1.

5 Vattenpump – demontering och montering

Demontering

1 Tappa ur kylsystemet enligt beskrivning i kapitel 1.

2 Demontera generator och drivrem enligt beskrivning i kapitel 5A.

3 Avlägsna i förekommande fall servostyrpumpen enligt beskrivning i kapitel 10.

4 Om bilen har luftkonditionering, skruva loss kompressorn från sitt fäste och placera den så att den går fri från motorn.

4.2b . . . avlägsna sedan o-ring . . .

4.2c . . . och termostat

4.5 Termostatens monteringsriktning och o-ringens plats i locket

5.5a Skruva ur bultarna . . .

5.5b . . . och demontera vattenpumpens remskiva (remskiva för V-rem visad)

5.6 Koppla ur förbiledningsslangen

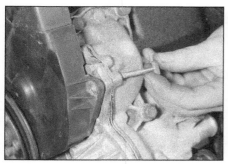

5.7 Skruva ur bulten mellan nedre kamremskåpan och vattenpumpen

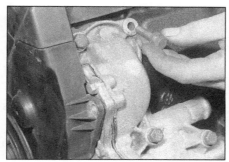

5.8a Skruva ur bultarna . . .

5.8b . . . och dra ut vattenpumpen

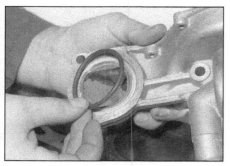

5.8c Avlägsna o-ringen

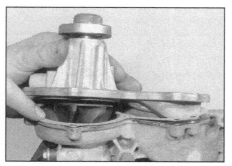

5.9a Avlägsna vattenpumpen från sitt hus

5.9b Demonterad vattenpump

Observera: *Lossa inte köldmediaslangarna från kompressorn (se avsnitt 14).*

5 Skruva loss vattenpumpens remskiva med en insexnyckel **(se bilder).**

6 Lossa slangklämmorna och dra av slangarna från vattenpumpens hus **(se bild).**

7 Skruva ur muttern och den speciella bult som fäster nedre kamremskåpan vid vattenpumpen **(se bild).**

8 Skruva loss vattenpumpen från blocket och ta vara på o-ringen **(se bilder).**

9 Skruva ur bultarna och ta ut vattenpumpen ur huset **(se bilder).** Om den sitter fast kan den försiktigt knackas lös med en träklubba, avlägsna packningen.

10 Om vattenpumpen är defekt ska den bytas, reservdelar saknas. Rengör fogytorna mellan vattenpumpen och huset.

Montering

11 Montering sker i omvänd arbetsordning, använd ny packning eller o-ring efter tillämplighet. Fyll kylsystemet enligt beskrivning i kapitel 1. Spänn drivremmen enligt beskrivning i kapitel 2.

6 Kylfläkt och motor – demontering och montering

Demontering

1 Koppla ur batteriets jordledning.

Observera: *Om bilen har en ljudanläggning med stöldskyddskod, kontrollera att du har koden uppskriven innan batteriet kopplas ur. Rådfråga en VAG-verkstad om du är osäker.*

6.2 Enkel kylfläkt och motor ansluten till kylare och fläktkåpa

2 Dra ur kontakterna från kylfläktens motor och stödramen **(se bild)**.
3 Skruva ur bultarna och skruvarna, lyft sedan av kåpan, tillsammans med fläkt och motor, från kylaren.
4 Skruva ur muttrarna och sära fläkt och motor från kåpan. Om det finns två fläktar ska drivremmen lossas från remskivorna på fläktarnas framsidor **(se bild)**.

Montering

5 Montering sker i omvänd arbetsordning. Avsluta med funktionskontroll.

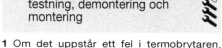

7 Kylfläktens termobrytare – testning, demontering och montering

1 Om det uppstår ett fel i termobrytaren, placerad på kylarens nedre vänstra sida, beror detta troligtvis på en bruten krets. Detta leder till att fläktmotorn står stilla även sedan kylvätskan nått arbetstemperatur.

Testning

2 Testa om termobrytarens krets är bruten genom att dra ur kontakten och koppla ihop jord och fas på lämpligt sätt. Fläkten ska då starta (även med avstängd tändning), om inte är termobrytaren defekt och ska bytas.

Demontering

3 Tappa antingen ur kylsystemet till under brytarens nivå (enligt beskrivning i kapitel 1) eller ha en lämplig plugg till hålet i kylaren

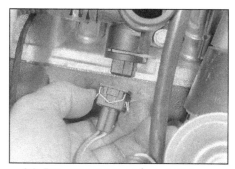

8.3 Dra ut kontakten från kylvätskans temperaturgivare - motorkod RP visad

---

6.4 Dubbla kylfläktar och drivrem

redo för att täppa igen hålet medan brytaren är demonterad. Om en plugg används, var noga med att inte skada kylaren och använd inte något som låter främmande föremål komma in i kylaren.
4 Koppla ur batteriets jordledning.
Observera: *Om bilen har en ljudanläggning med stöldskyddskod, kontrollera att du har koden uppskriven innan batteriet kopplas ur. Rådfråga en VAG-verkstad om du är osäker.*
5 Dra ur kontakten och skruva loss termobrytaren från kylaren, ta ut brickan.
6 Kontrollera brytarens arbetstemperatur genom att hänga upp den så att enbart den gängade delen är nedsänkt i en kastrull med vatten (inte kontakterna). Koppla antingen en ohmmätare eller ett ficklampsbatteri och glödlampa i serie med brytaren. Placera en termometer i kastrullen och värm vattnet, anteckna den temperatur då den stänger, så att ohmmätaren visar 0 eller glödlampan tänds. Låt vattnet svalna och anteckna den temperatur då brytarnas kontakter öppnas. Kassera brytaren och montera en ny om arbetstemperaturerna inte ligger inom specificerade gränser.

Montering

7 Montering sker i omvänd arbetsordning, montera alltid en ny tätningsbricka. Fyll kylsystemet enligt beskrivning i kapitel 1, eller fyll på enligt beskrivning i *"Veckokontroller"*.

---

8 Kylvätskans temperaturgivare – testning, demontering och montering

Testning

1 Kylvätskans temperaturgivare, monterad på instrumentpanelen, matas med en stabiliserad spänning från instrumentpanelens matning (via tändningslåset och en säkring) och jorden regleras av givaren.
2 Givaren sitter i kylvätskeutgången framför topplocket, den är monterad med clips eller iskruvad och finns antingen på över- eller undersidan av utgången. Givaren innehåller en termistor, som består av en elektronisk komponent vars elektriska motstånd sjunker med en förbestämd takt när temperaturen stiger. När kylvätskan är kall är givarens

---

motstånd högt, det sänker strömflödet genom mätaren så att visaren pekar på den "kalla" änden av skalan. Om givaren är defekt måste den bytas.
3 Om mätaren visar fel, kontrollera först övriga instrument. Om dessa inte alls fungerar, kontrollera instrumentpanelens strömförsörjning. Om avläsningarna är ryckiga kan det finnas ett fel i instrumentpanelen. Om enbart temperaturgivaren är defekt ska den kontrolleras enligt följande:
4 Om visaren konstant pekar på den "kalla" änden av skalan, dra ur givarens kontakt och jorda givarledningen (se *"Kopplingsscheman"* för detaljer) till topplocket. Om visaren rör sig när tändningen slås på är givaren defekt och ska bytas. Om visaren inte rör sig, demontera instrumentpanelen (kapitel 12) och kontrollera om det finns kontinuitet mellan givaren och visaren och ström till visaren. Om det finns kontinuitet och felet kvarstår är visaren defekt och ska bytas.

Demontering

5 Tappa antingen ur kylsystemet till under brytarens nivå (enligt beskrivning i kapitel 1) eller ha en lämplig plugg till hålet i kylaren redo för att täppa igen hålet medan brytaren är demonterad. Om en plugg används, var noga med att inte skada kylaren och använd inte något som låter främmande föremål komma in i kylaren.
6 Koppla ur batteriets jordledning.
Observera: *Om bilen har en ljudanläggning med stöldskyddskod, kontrollera att du har koden uppskriven innan batteriet kopplas ur. Rådfråga en VAG-verkstad om du är osäker.*
7 Dra ur givarens kontakt.
8 Tryck antingen in givaren och dra ut den ur fästclipset, eller skruva ur den (efter tillämplighet). Dra ut givaren ur kylvätskeutgången och ta reda på tätningsringen eller brickan.

Montering

9 Montera en ny tätningsring eller bricka på givaren och montera den på kylvätskeutgången, skruva åt den rejält eller fäst upp den med clipset.
10 Anslut kontakten och fyll kylsystemet enligt beskrivning i kapitel 1, eller fyll på enligt beskrivning i *"Veckokontroller"*.

---

9 Bränslesystemets temperaturomkopplare – information, demontering och montering

Information

1 Beroende på modell kan olika extra temperaturomkopplare/givare vara monterade på topplockets kylvätskeutgång, de används av bränslesystemet och är enligt följande:
 a) Motorkoderna PB och PF:
   Luftflödesmätarens kylvätsketemperaturgivare finns placerad på utgångens yttre ände på topplockssidan. Den har en blå kontakt.

b) Motorkoden 2E: Termobrytaren till insprutningen/tändningen finns placerad på utgången på topplockssidan (inombords). Den har en blå kontakt.

c) Motorkoden RP: Termobrytaren till insugsrörets förvärmare finns på utgångens yttre sida på topplockssidan. Den har en röd kontakt. Dessutom finns en termobrytare för insprutningssystemet monterad på insidan på utgången på topplockssidan. Den har en blå kontakt.

2 På senare modeller har arrangemanget med flera brytare övergivits och en enhet utför alla funktioner för temperaturavkänning av kylvätskan. På dieselmotorer ger kylvätskans temperaturgivare information som används av förvärmningen. Information från kylvätske-temperaturgivaren används även av luftkonditioneringen.

Demontering

3 I samtliga fall demonteras dessa givare eller brytare enligt följande: Tappa antingen ur kylsystemet till under brytarens nivå (enligt beskrivning i kapitel 1) eller ha en lämplig plugg till hålet i kylaren redo för att täppa igen hålet medan brytaren är demonterad. Om en plugg används, var noga med att inte skada kylaren och använd inte något som låter främmande föremål komma in i kylaren.

4 Koppla ur batteriets jordledning.

Observera: *Om bilen har en ljudanläggning med stöldskyddskod, kontrollera att du har koden uppskriven innan batteriet kopplas ur. Rådfråga en VAG-verkstad om du är osäker.*

5 Dra ur berörd kontakt, lossa fästclipset och dra ut enheten tillsammans med o-ringen **(se bilder).**

6 Demontera kylvätskeutgången genom att först dra ur kontakterna till omkopplarna/-givarna och sedan lossa kylvätskeslangarna, skruva sedan ur bultarna och avlägsna utgången. Observera den tätande o-ringen **(se bild).**

Montering

7 Montering sker i omvänd arbetsordning, använd alltid ny o-ring. Fyll kylsystemet enligt beskrivning i kapitel 1, eller fyll på enligt beskrivning i *"Veckokontroller".*

9.5a Demontering av insugsrörets termobrytare och givare – motorkod RP. Dra ur kontakten . . .

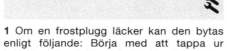

10 Frostplugg – byte

1 Om en frostplugg läcker kan den bytas enligt följande: Börja med att tappa ur kylsystemet enligt beskrivning i kapitel 1.

2 Mät upp och anteckna frostpluggens monteringsdjup.

3 Borra ett eller två små hål genom pluggen och skruva i en eller två självgängande skruvar och dra ut pluggen med en tång. Om pluggen är fastrostad, borra ett större hål och bänd ut den.

4 Rengör pluggsätet i blocket och lägg på lite icke stelnande packningsmassa i det. Använd en massa som är lämpad för kylsystems-komponenter.

5 Använd en stor hylsa eller en rörstump och knacka in den nya pluggen i blocket till det tidigare uppmätta djupet.

6 Fyll kylsystemet enligt beskrivning i kapitel 1.

11 Värme och ventilation – allmän information

1 Systemet för värme och ventilation består av en fläkt med fyra hastigheter (placerad i kupén), luftmunstycken i ansiktshöjd, mitt på och på vardera änden av instrumentbrädan samt lufttrummor till främre och bakre fotbrunnarna.

9.5b . . . dra ut clipset . . .

2 Reglagen finns på instrumentbrädan och styr klaffar för att leda och blanda luftströmmar genom olika delar av systemet. Klaffarna är placerade i luftfördelningshuset som fungerar som central fördelningsenhet och leder luften till de olika trummorna och munstyckena.

3 Kall luft kommer in i systemet genom grillen i motorrummets bakre del. Senare modeller har ett pollenfilter i luftintaget som hindrar att damm, sot, pollen och sporer kommer in i bilen.

4 Luftflödet, som kan förstärkas av fläkten, strömmar sedan genom de olika trummorna enligt reglagens inställning. Gammal luft pressas ut genom trummor placerade baktill i bilen. Om varmluft önskas passerar den kalla luften genom värmarens element som värms upp av motorns kylvätska.

5 Vid behov kan luften utifrån stängas av för att låta kupéluften återcirkulera. Detta kan användas för att stänga ute obehagliga dofter från utsidan, men ska endast användas kortvarigt eftersom den återcirkulerande luften snabbt blir sämre.

6 På senare modeller kan det finnas ett automatiskt temperaturhållningssystem kallat "Termotronic". Systemet ersätter de normala värmereglagen - det centrala reglaget är då märkt med temperaturinställningar. Systemet använder två givare - en bredvid ljudanläggningen och en i luftintaget på torpedplåtens överdel samt en elektronisk styrenhet placerad bakom värmereglage-panelen för att automatiskt blanda luften till den valda temperaturen.

9.5c . . . dra ut termobrytare och givare . . .

9.5d . . . och o-ring

9.6 Demontering av kylvätskeutgång – motorkod RP. Notera o-ringens placering

7 För detaljer om luftkonditioneringen, se avsnitt 14.

8 Vissa modeller kan vara försedda med uppvärmda framsäten. Värmen alstras av elektriskt uppvärmda mattor i sitsar och ryggstöd (se kapitel 12). Temperaturen styrs automatiskt med termostat och kan inte justeras manuellt.

12 Komponenter i värme/ventilation – demontering och montering

Modeller utan luftkonditionering

Reglage och värmeelement

1 Koppla ur batteriets jordledning.

12.3 Anslutningar för kylvätskans matning och retur på torpedplåten

Observera: *Om bilen har en ljudanläggning med stöldskyddskod, kontrollera att du har koden uppskriven innan batteriet kopplas ur.*

Rådfråga en VAG-verkstad om du är osäker.

2 Tappa ur kylsystemet enligt beskrivning i kapitel 1.

3 Lossa slangklämmorna och koppla loss matnings- och returslangarna från värmarens anslutningar på torpedplåtens motorrumssida **(se bild)**.

4 Demontera ratten enligt beskrivning i kapitel 10.

5 Se tillämpliga avsnitt i kapitlen 11 och 12 och demontera instrumentbrädan, sammanhörande klädsel och reglagepanelerna **(se bild)**. Vartefter kontakter dras ur ska deras placeringar och ledningsdragningar antecknas.

a) *Mittkonsol*
b) *Sänk ned instrumentbrädans högra och vänstra klädselpaneler*
c) *Ljudanläggning*
d) *Värmereglagepanel, lämna styrvajrarna kopplade till reglagepanelen och värmaren. När reglagepanelen frigjorts från instrumentbrädan kan den dras ut tillsammans med värmaren (och kollas ur vid behov)*
e) *Handskfack*
f) *Höger och vänster luftmunstycken*
g) *Instrumentpanel*
h) *Komplett instrumentbräda*

6 Om fortfarande på plats ska isoleringspanelen under värmefläktens motor tas ut.

7 Skruva ur värmarens två fästmuttrar **(se bild)** på torpedplåtens motorrumssida. Lyft på klaffen i isoleringspanelen för att komma åt den nedre fästmuttern.

8 Kontrollera att alla ledningar och sammanhörande fästen går fria, kalla på en medhjälpare och dra delvis ut värmaren, lossa lufttrumman mellan värmaren och fläkten. Var noga med att inte luta värmaren för mycket framåt när den dras ut eftersom kvarvarande kylvätska då rinner ut.

9 Dra loss elementet från värmaren så att det kan inspekteras **(se bild)**.

10 Om styrvajrarna ska hakas loss, anteckna hur de är monterade på klaffar (eller armar) som monteringshjälp **(se bilder)**.

12.5 Kupévärmare och sammanhörande delar

1 *Vattenavledarlock av plast*	8 *Resistor*	15 *Lufttrumma*
2 *Luftintagsgrill*	9 *Friskluftsfläkt*	16 *Luftfördelare*
3 *Tätning*	10 *Pedalkåpa*	17 *Lufttrumma*
4 *Mellanstycke*	11 *Utblås i fotbrunn*	18 *Bakre lufttrummans tätning*
5 *Värmeelement*	12 *Lufttrummehölje*	19 *Bakre lufttrumma*
6 *Luftfördelarens hus*	13 *Vajrar*	20 *Munstyckshus*
7 *Lufttrumma och klaff*	14 *Reglage för varmluft och friskluft*	

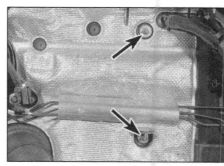

12.7 Värmarens muttrar (vid pilarna)

12.9 Demontering av värmeelement

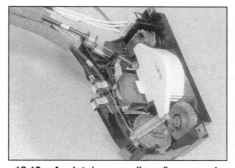

12.10a Anslutningar mellan värmare och vajrar

12.10b Värmarens vajeranslutningar

11 Om så behövs kan värmarhuset delas genom att clipsen öppnas och skruvarna skruvas ur **(se bilder)**.
12 Montering sker i omvänd arbetsordning. Kontrollera att alla tätningar och packningar är i bra skick och korrekt monterade. Kontrollera även att styrvajrarna är korrekt anslutna och att de manövrerar klaffarna korrekt innan värmaren monteras.
13 När värmaren monteras, var noga med att klackarna går in i styrhålen.
14 Kontrollera att alla kontakter är korrekt och väl isatta. Kontrollera alla brytares och reglages funktioner när batteriet kopplats in.
15 Fyll kylsystemet enligt beskrivning i kapitel 1, leta efter läckor från värmarslangarnas anslutningar.

Värmereglagepanel och vajrar

16 Koppla ur batteriets jordledning.
Observera: *Om bilen har en ljudanläggning med stöldskyddskod, kontrollera att du har koden uppskriven innan batteriet kopplas ur. Rådfråga en VAG-verkstad om du är osäker.*
17 Lossa försiktigt dekoren från reglage-panelens framsida **(se bild)**.

12.11a Värmarhusets clips och skruv

18 Demontera mittkonsolen enligt beskrivning i kapitel 11.
19 Skruva ur de fyra skruvarna och tryck först in och sedan ned reglagepanelen och dra ut den från instrumentbrädans undersida. Kontakter och vajeranslutningar blir nu åtkomliga **(se bild)**.
20 Om vajrarna ska lossas från panelen, anteckna deras respektive anslutningar för att undvika förväxling vid monteringen **(se bild)**.
21 Montering sker i omvänd arbetsordning. Avsluta med att kontrollera reglagens funktion.

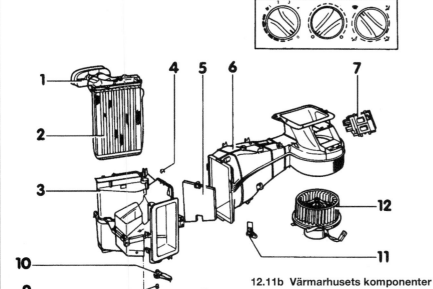

12.11b Värmarhusets komponenter

1 Tätning	8 Temperaturklaffens arm
2 Värmeelement	
3 Luftfördelningens hus	9 Armhållande cylinder
4 Clips	10 Mellanklaffens arm
5 Huvudklaff	11 Huvudklaffens arm
6 Lufttrummans huvudklaff	12 Friskluftsfläkt
	13 Utblås i fotbrunn
7 Resistor	14 Pedalkåpa

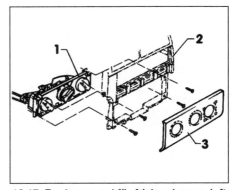

12.17 Reglagepanel för frisk och varm luft

1 Reglage	3 Reglagepanelens dekor
2 Panel	

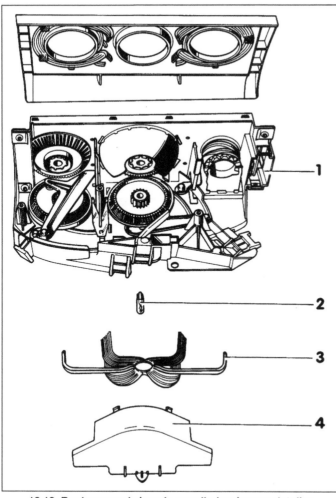

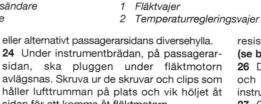

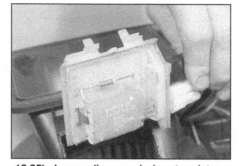

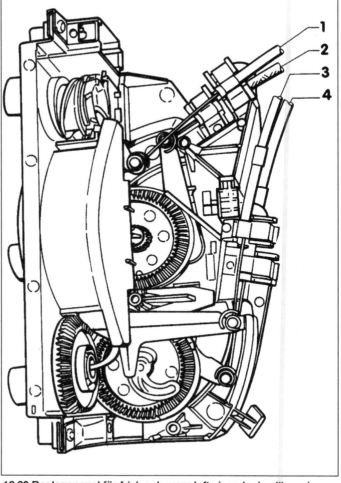

12.19 Reglagepanel visande panelbelysningens detaljer

1 Regulator	3 Ljussändare
2 Glödlampa	4 Hölje

12.20 Reglagepanel för frisk och varm luft visande de olika vajrarna

1 Fläktvajer	3 Luftfördelningsvajer (övre arm)
2 Temperaturregleringsvajer	4 Luftfördelningsvajer (nedre arm)

Fläktmotor och resistor

22 Koppla ur batteriets jordledning.

Observera: *Om bilen har en ljudanläggning med stöldskyddskod, kontrollera att du har koden uppskriven innan batteriet kopplas ur. Rådfråga en VAG-verkstad om du är osäker.*

23 Se kapitel 11 och demontera handskfacket eller alternativt passagerarsidans diversehylla.

24 Under instrumentbrädan, på passagerarsidan, ska pluggen under fläktmotorn avlägsnas. Skruva ur de skruvar och clips som håller lufttrumman på plats och vik höljet åt sidan för att komma åt fläktmotorn.

25 Resistorn kan nu avlägsnas, dra ur kontakterna och lossa clipsen, sänk ned resistorn från instrumentbrädans undersida **(se bilder)**.

26 Dra ur motorns kontakter. Lossa clipset och vrid ut och sänk ned motorn från instrumentbrädans undersida **(se bilder)**.

27 Om en utbytesmotor ska monteras, koppla in den och koppla tillfälligt in batteriet för en funktionskontroll av motorn innan

12.25a Värmefläktmotorns resistor (värmaren demonterad)

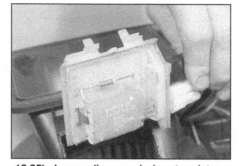

12.25b Lossa clipsen och dra ut resistorn

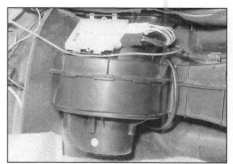

12.26a Placering för värmefläktens motor

**12.26b Lossa clipset och vrid på motorn
för att lossa den från huset**

dekoren monteras. Montering sker i omvänd
arbetsordning. Avsluta med att åter
kontrollera motorns funktion.

Termotronic-givare

28 Se avsnitt 13 för demontering av den
interna temperaturgivaren.
29 Intagsluftens temperaturgivare är
monterad högst upp på torpedplåten på
passagerarsidan **(se bild)**. Demontera givaren
genom att lossa den från fästclipset och dra
ur kontakten. Montering sker i omvänd
arbetsordning.

Modeller med luftkonditionering

Observera: *Följande information är endast
tillämpbar på manuellt reglerade luftkonditio-
neringssystem. I skrivande stund saknas
information om modeller med det automatiska
systemet "Climatronic".*

Värmeelement

30 På bilar med luftkonditionering kan inte
värmeelementet avlägsnas utan att köld-
mediakretsen bryts (se avsnitt 14). Detta
arbete måste överlåtas till en VAG-verkstad.

Värmereglagepanel och vajrar

31 Se paragraf 16 till 21.

Fläktmotor och resistor

32 Följ beskrivningen i paragraf 22 och 23.
33 Resistorn kan nu vid behov avlägsnas.
Dra ur fyrledningskontakten och skruva ur
skruvarna. Dra ut resistorn från instrument-
brädans undersida.

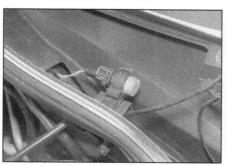

**12.29 Insugsluftens temperaturgivare,
system Termotronic**

34 Dra ur motorns kontakt. Skruva ur
skruvarna och sänk ned motorn.
35 Om en utbytesmotor ska monteras,
koppla in den och koppla tillfälligt in batteriet
för en funktionskontroll av motorn innan
dekoren monteras. Montering sker med
omvänd arbetsordning. Avsluta med att åter
kontrollera motorns funktion.

13 Varmluftsutblås och hus – demontering och montering

Munstycksgrillar

1 Alla munstyckens grillar kan försiktigt
bändas ut med en liten flat skruvmejsel, var
noga med att inte repa husen **(se bild)**.
2 Vid monteringen ska grillen försiktigt
tryckas på plats, kontrollera att den greppar
på styrklackarna.

Instrumentpanelens dekorlist – senare modeller

3 På senare modeller måste dekorlisten runt
instrumentpanelen demonteras för att
munstyckshusen på förarsidan och i centrum
ska bli åtkomliga.
4 Demontera först de tre grillarna från husen
på förarsidan och i centrum. Demontera den
vridbara ljusomkopplaren (se kapitel 12).
5 Lossa dekorpanelen direkt bakom rattens
vänstra sida.

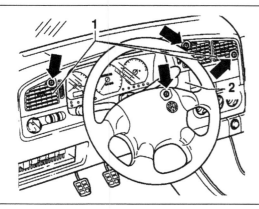

**13.6 Skruvar till
instrumentpanelens dekorlist –
vid pilarna (senare modeller)**

1 Grillar
2 Dekorpanel

**13.1 Demontering av grill från
instrumentbrädan**

6 Skruva ur fyra skruvar – en bakom vardera
grillen och bakom den panel som demon-
terades i paragraf 5 – och lyft ut instrument-
panelens dekorlist **(se bild)**.
7 Montering sker i omvänd arbetsordning.

Förarsidans munstyckshus

8 På senare modeller, demontera instrument-
panelens dekorlist enligt beskrivning i
paragraf 3 till 6.
9 Demontera ljusomkopplaren enligt beskriv-
ning i kapitel 12.
10 Om inte redan gjort, demontera grillen
från förarsidans munstyckshus. Skruva ur
skruven och dra ut huset från instrument-
brädan.
11 Montering sker i omvänd arbetsordning.

Instrumentbrädans centrala munstyckshus

12 På senare modeller, demontera instru-
mentpanelens dekorlist enligt beskrivning i
paragraf 3 till 6.
13 Demontera ljudanläggningen enligt
beskrivning i kapitel 12.
14 Om inte redan gjort, demontera grillen
från munstyckshuset. Avlägsna dekorlisterna
runt omkopplaren och värmereglagepanelen.
15 Det kan vara nödvändigt att följa
beskrivningen i kapitel 11 och lossa främre
delen av mittkonsolen för att komma åt de två
skruvar under värmereglagepanelen som
fäster munstyckshuset.
16 Skruva ur skruvarna och dra ut huset från
instrumentbrädan.
17 Montering sker i omvänd arbetsordning.

Passagerarsidans munstyckshus

18 Avlägsna grillen från passagerarsidans
munstyckshus.
19 Skruva ur skruven och dra ut huset från
instrumentbrädan.
20 Montering sker med omvänd arbets-
ordning.

Termotronic-givarens hus/dekorpanel

21 Se kapitel 12 och demontera ljud-
anläggningen.
22 Arbeta genom ljudanläggningens hål efter
behov och dra av huset/dekorpanelen för
Termotronic-givaren.

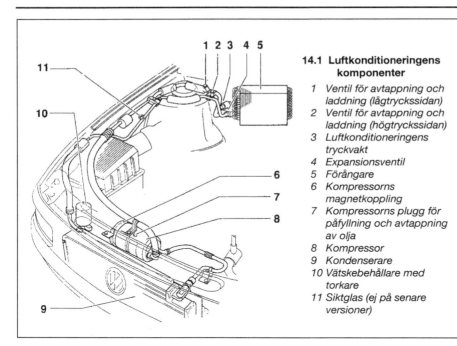

14.1 Luftkonditioneringens komponenter

1 Ventil för avtappning och laddning (lågtryckssidan)
2 Ventil för avtappning och laddning (högtryckssidan)
3 Luftkonditioneringens tryckvakt
4 Expansionsventil
5 Förångare
6 Kompressorns magnetkoppling
7 Kompressorns plugg för påfyllning och avtappning av olja
8 Kompressor
9 Kondenserare
10 Vätskebehållare med torkare
11 Siktglas (ej på senare versioner)

23 Vid behov kan givaren dras ut genom ljudanläggningens hål sedan plastclipsen på var sida lossats med en skruvmejsel och kontakten dragits ur.
24 Montering sker i omvänd arbetsordning.

14 Luftkonditionering – allmän information, föreskrifter och underhåll

Allmän information

1 En luftkonditioneringsanläggning förekommer på vissa modeller. Den kan sänka intagsluftens temperatur och avfukta luften, vilket ger snabbare imborttagning och ökad komfort **(se bild)**.
2 Kylsidan av systemet fungerar på samma sätt som ett vanligt kylskåp. Köldmedia i gasform sugs in i en remdriven kompressor och passerar en kondenserare som är monterad framför kylaren. Där förlorar den värme och blir flytande. Vätskan passerar genom en expansionsventil till en förångare där den omvandlas från vätska under högt tryck till gas under lågt tryck. Denna förändring åtföljs av ett temperaturfall som kyler ned förångaren. Köldmediat återvänder sedan till kompressorn och cykeln upprepas.
3 Luft strömmar genom förångaren till luftfördelaren där den blandas med varmluft som passerat värmeelementet så att önskvärd kupétemperatur uppstår.
4 Värmesidan av systemet fungerar som i bilar utan luftkonditionering (se avsnitt 11).
5 Systemets arbete styrs elektroniskt via kylvätsketemperaturbrytare och tryckvakter som finns inskruvade i kompressorns högtrycksledning. Alla problem med systemet ska överlåtas till en VAG-verkstad.

Föreskrifter

 Varning: Kylkretsen innehåller ett flytande köldmedia (freon) vilket gör det farligt att koppla ur någon del av systemet utan speciella kunskaper och verktyg. Köldmediat är potentiellt farligt och ska endast hanteras av kvalificerade personer. Om det stänker på huden kan det orsaka frostskador. Det är inte giftigt i sig, men bildar i närvaro av öppen eld (inklusive en tänd cigarett) en giftig gas. Okontrollerade utsläpp av köldmedia är riskabelt och potentiellt miljöfarligt.
6 Använd inte luftkonditioneringen om det är känt att köldmedianivån är låg eftersom detta kan skada kompressorn.
7 I de fall kompressor eller kondenserare är i vägen för andra mekaniska arbeten som urlyftning av motorn är det godtagbart att

skruva loss dem från fästena och flytta dem så mycket som slangarna medger men **inte** att koppla ur slangarna. Om det fortfarande inte finns utrymme för krävt arbete måste systemet tömmas innan delarna demonteras. Systemet måste givetvis laddas om efter avslutat arbete.
8 Systemet måste även tömmas om svetsning ska utföras i närheten av det eller slangarna eller om området ska värmas till över 80°C i en lackeringsbox eftersom temperaturökningen kan spränga systemet.
9 Arbeta inte på en bil med köldmedialäckage, speciellt inte i ett slutet, ej ventilerat utrymme. Ventilera verkstaden och låt en specialist tömma systemet innan du gör någonting annat. Köldmediat är färglöst och luktlöst. Det kan orsaka kvävning i ett ej ventilerat utrymme och ge frostskador vid hudkontakt.
10 I händelse av ett oavsiktligt utsläpp av köldmedia (R12 freon), spola av berörda kroppsdelar med kallt vatten i minst 15 minuter och sök omedelbart läkarhjälp. Detta är särskilt viktigt ifall köldmedia kommer i kontakt med ögonen. Badda dem det inte gör ont.

Underhåll

11 Kontrollera med regelbundna mellanrum om kondenseraren – bakom kylaren – är igensatt. Spola bort insekter och smuts med vatten eller tryckluft.

 Varning: Bär skyddsglasögon när du arbetar med tryckluft!

12 Kontrollera kompressordrivremmens spänning och skick enligt beskrivning i kapitlen 1 och 2.

15 Luftkonditioneringens komponenter – demontering och montering

 Varning: Försök inte öppna köldmediakretsen. Se föreskrifterna i avsnitt 14.

1 Det enda arbete som enkelt kan utföras utan att köldmediat tappas ur är byte av kompressorns drivrem, detta beskrivs i kapitel 2. Alla andra arbeten måste överlåtas till en VAG-verkstad eller specialist på luftkonditioneringsanläggningar.
2 Vid behov kan kompressorn skruvas loss och föras åt sidan, utan att koppla ur slangarna, sedan drivremmen demonterats.

Kapitel 4 Del A:
Bränslesystem – enpunktsinsprutning, bensin

Innehåll

Svårighetsgrader

Enkelt, passar novisen med lite erfarenhet		Ganska enkelt, passar nybörjaren med viss erfarenhet		Ganska svårt, passar kompetent hemma-mekaniker		Svårt, passar hemmamekaniker med erfarenhet		Mycket svårt, för professionell mekaniker	

Specifikationer

Systemtyp
Motorkod RP (till 08/90) .... Bosch Mono-Jetronic
Motorkod AAM, ABS, ADZ och RP (fr o m 08/90) .... Bosch Mono-Motronic

Bränslesystem, data
Bränslepump, typ .... Elektrisk, nedsänkt i tanken
Bränslepump, matning .... 1 000 cm^3 / min (batterispänning 12,5 V)
Reglerat bränsletryck .... 0,8 till 1,2 bar
Tomgångens varvtal .... 700 - 1 000 rpm (ej justerbart, elektroniskt styrd)
Maximalt motorvarvtal .... 6 300 rpm (elektroniskt styrd)
Insprutarnas elektriskt motstånd:
   Mono-Jetronic .... 3,0 till 4,0 ohm
   Mono-Motronic .... 1,2 till 1,6 ohm vid 15°C

Rekommenderat bränsle
Minsta oktantal:
   Motorkod RP och AAM .... 91 RON blyfritt
   Motorkod ABS och ADZ .... 95 RON blyfritt

Åtdragningsmoment

	Nm
Fästet för CO-provtagningsröret till insugsröret	20
Bränsletankens fästbandsbultar	25
Insprutarlock/skruv till lufttemperaturgivarhuset	5
Insugsrörets värmares fästskruvar	10
Insugsrörets muttrar/bultar	25
Lambdasond	50
Trottelhusets luftlådas fästskruv	10
Trottelhusets fästskruvar	10
Trottelventilens lägesmoduls skruvar	6
Varmluftens uppsamlare till insugsröret	20

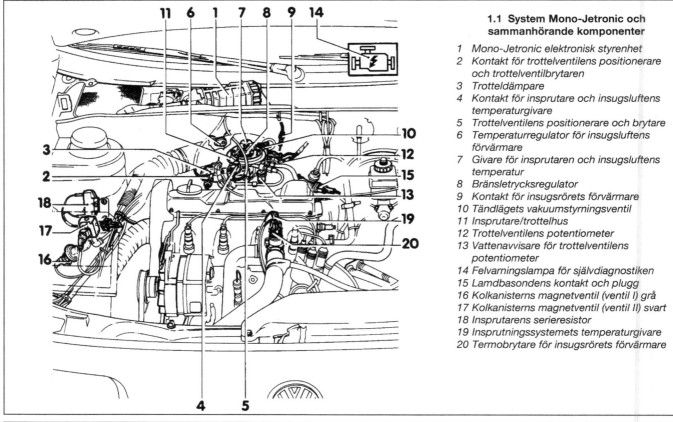

1.1 System Mono-Jetronic och sammanhörande komponenter

1 Mono-Jetronic elektronisk styrenhet
2 Kontakt för trottelventilens positionerare och trottelventilbrytaren
3 Trotteldämpare
4 Kontakt för insprutare och insugsluftens temperaturgivare
5 Trottelventilens positionerare och brytare
6 Temperaturregulator för insugsluftens förvärmare
7 Givare för insprutaren och insugsluftens temperatur
8 Bränsletrycksregulator
9 Kontakt för insugsrörets förvärmare
10 Tändlägets vakuumstyrningsventil
11 Insprutare/trottelhus
12 Trottelventilens potentiometer
13 Vattenavvisare för trottelventilens potentiometer
14 Felvarningslampa för självdiagnostiken
15 Lambdasondens kontakt och plugg
16 Kolkanisterns magnetventil (ventil I) grå
17 Kolkanisterns magnetventil (ventil II) svart
18 Insprutarens serieresistor
19 Insprutningssystemets temperaturgivare
20 Termobrytare för insugsrörets förvärmare

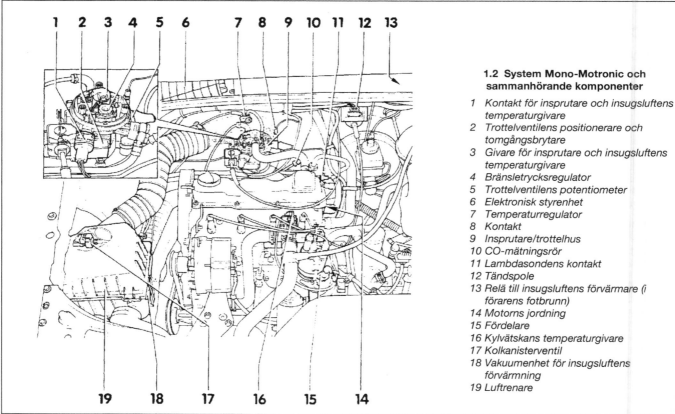

1.2 System Mono-Motronic och sammanhörande komponenter

1 Kontakt för insprutare och insugsluftens temperaturgivare
2 Trottelventilens positionerare och tomgångsbrytare
3 Givare för insprutare och insugsluftens temperaturgivare
4 Bränsletrycksregulator
5 Trottelventilens potentiometer
6 Elektronisk styrenhet
7 Temperaturregulator
8 Kontakt
9 Insprutare/trottelhus
10 CO-mätningsrör
11 Lambdasondens kontakt
12 Tändspole
13 Relä till insugsluftens förvärmare (i förarens fotbrunn)
14 Motorns jordning
15 Fördelare
16 Kylvätskans temperaturgivare
17 Kolkanisterventil
18 Vakuumenhet för insugsluftens förvärmning
19 Luftrenare

1 Allmän information och föreskrifter

Allmän information

Systemet Bosch Mono-Jetronic är ett enpunkts- eller trottelhusinsprutningssystem som har en insprutare monterad på insugsröret, ungefär som en förgasare (se bild). Elek-troniska givare övervakar motorns varvtal, belastning och temperatur. Signalerna från dessa givare behandlas av en elektronisk styrenhet. Hall-effekttändsystemet fungerar oberoende av insprutningssystemet – se kapitel 5B.

Det senare Bosch Mono-Motronic systemet är mycket likt det tidigare Mono-Jetronic systemet, men är ett komplett motor-styrningssystem som styr både insprutning och tändning (se bild). Detta kapitel tar endast upp bränsleinsprutningens komponenter – se kapitel 5B för detaljer om tändsystemets delar.

Bränsleinsprutningssystemet består av en bränsletank, en elektrisk bränslepump, ett bränslefilter, matnings- och returledningar för bränsle, ett trottelhus med integrerad elektronisk insprutare och en elektronisk styrenhet samt tillhörande givare, aktiverare och ledningar.

Bränslepumpen matar konstant bränsle till trottelhuset via en filterpatron med ett tryck som är något högre än vad som krävs. Tryckregulatorn (integrerad i trottelhuset) upprätthåller ett konstant tryck till insprutaren och returnerar överskottet till tanken via returledningen. Detta system med konstant flöde hjälper till att sänka bränslets temperatur och förhindrar förångning.

Insprutaren öppnas och stängs av den elek-troniska styrenheten som beräknar tidpunkten för insprutningen samt dess varaktighet utifrån signaler om motorns varvtal, trottelns position och öppningstempo, insugsluftens temperatur, kylvätskans temperatur, bilens hastighet och avgasernas syreinnehåll. Dessa signaler kommer från givare placerade på motorn.

Insugsluften dras in i motorn genom luftrenaren som innehåller ett luftfilter av papper. Insugsluftens temperatur styrs av en vakuummanövrerad ventil placerad på luftrenaren. Den blandar omgivande luft med varmluft som hämtas från grenrörets ovansida.

Tomgångsvarvtalet regleras av en elek-tronisk trottellägesmodul som är monterad på trottelhusets sida. I systemet Mono-Motronic ges extra tomgångsreglering av tändsystemet som finjusterar varvtalet genom att modifiera tändläget. Detta medför att manuell justering av tomgångsvarvtalet inte behövs (eller är möjlig utan speciell VW testutrustning).

Start och tomgång i kyla (och bränsle-ekonomi) förbättras av ett elektriskt värme-element som är placerat under insugsröret.

Detta förhindrar att bränsleångor kondenseras när motorn är kall. Värmaren får ström från ett relä som styrs av styrenheten.

Avgasernas syrehalt övervakas konstant av styrenheten via Lambdasonden i avgasröret. Styrenheten använder informationen från denna till att modifiera tidpunkt och varaktighet för insprutningen så att optimal bränsleblandning erhålls – ett resultat av detta är att manuell justering av CO-halten inte behövs. Alla modeller är dessutom försedda med katalysator – se kapitel 4D för detaljer.

Därtill reglerar styrenheten kolkanisterns avdunstningsreglering – se kapitel 4D för fler detaljer.

Observera att diagnostisering av fel endast kan utföras med speciell elektronisk test-utrustning. Problem med systemets funktion måste därför överlåtas till en VAG-verkstad för utvärdering. När fel identifierats anger arbetsbeskrivningarna i följande avsnitt hur defekta eller utslitna komponenter byts ut efter behov.

Observera: *Genomgående i detta kapitel är att motorer betecknas med sina respektive motorkoder, inte slagvolymen – se kapitel 2A för en lista över motorkoder.*

Föreskrifter

⚠️ *Varning: Bensin är ytterst lättantändlig – stor försiktighet måste iakttagas vid arbete med bränslesystemets komponenter.*

Rök inte, tillåt inte nakna lågor eller glödlampor nära arbetsplatsen. Kom ihåg att gasdriven hushållsutrustning, eller oljepannor med pilotlåga också utgör en brandfara – tänk på detta om du arbetar i närheten av sådan utrustning. Ha alltid en lämplig brandsläckare lätt tillgänglig vid arbetsplatsen, se dessutom till att du vet hur den används innan du börjar arbeta. Använd skyddsglasögon vid arbete med bränslesystem och tvätta omedelbart bort eventuellt spill med tvål och vatten. Kom ihåg att bränsleångor är minst lika farliga som flytande bränsle. Ett kärl som tömts på flytande bränsle innehåller fortfarande ångor och kan därmed vara potentiellt explosivt.

Många av de arbeten som beskrivs i detta kapitel innebär bl a att koppla ur bränsleledningar, vilket orsakar ett visst bränslespill. Innan arbete påbörjas, läs varningen ovan och informationen i "Säkerheten främst!" i början av denna handbok.

Det finns ett visst övertryck i bränsle-systemet långt efter det att motorn stängts av. Detta måste utjämnas på ett kontrol-lerat sätt innan arbete på någon del av bränslesystemet kan inledas – se avsnitt 8 för detaljer.

Var extra noga med renlighet vid arbete med bränslesystem – smuts som tränger in kan orsaka igensättningar som leder till dålig motorgång.

Många av följande arbetsbeskrivningar anger att batteriets jordledning ska lossas. Detta med tanke på personlig säkerhet och skydd av utrustning. För det första så elimineras risken för oavsiktliga kort-slutningar under arbetet, för det andra förhindras skador på elektronisk ut-rustning (givare, aktiverare, styrenheter etc) som är synnerligen känsliga för strömtoppar orsakade av in- och urkopplingar till strömförande kabelage.

Lägg dock märke till att de system som beskrivs i detta kapitel (och kapitel 5B) har en förmåga att "lära sig" att anpassa sig till den individuella motorns driftsegenskaper vartefter den slits med användning. Denna "inlärda" information går förlorad när batteriet kopplas ur och systemet kan då behöva en viss tid för "återinlärning" av motorns specifika egenskaper – detta kan medföra (tillfälliga) symptom som ojämn tomgång, sämre gensvar på trotteln och möjligen en något ökad bränsleförbrukning till dess att systemet är finjusterat. Hur lång finjusteringsperioden är beror på hur ofta och under vilka driftsförhållanden bilen körs.

2 Luftrenare och insugsystem – demontering och montering

Demontering

1 Öppna slangklämmorna och lossa luft-trummorna från luftrenaren.

2 Lyft av plastlocket, skruva ur skruvarna (se bild) och avlägsna trottelhusets luftlåda, ta vara på tätningen.

3 Lossa vakuumslangarna från insugslufts-regulatorns vakuumbrytare, anteckna deras monteringsföljd.

4 Haka loss gummibanden från klackarna på chassit (se bild).

5 Dra luftrenaren mot motorn och lossa luftintagsslangen.

2.2 Skruva ur skruvarna (vid pilarna) till trottelhusets luftlåda

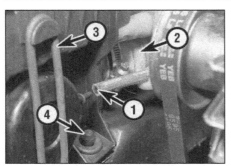

2.4 Luftrenarens vakuumslang (1) varmluftstrumma (2) fästband (3) och styrklack (4)

6 Lyft av luftrenaren från styrklackarna och avlägsna den från motorrummet.
7 Öppna vid behov clipsen och lyft av luftrenarlocket. Ta ut filtret (se kapitel 1A för detaljer).

Montering

8 Montering sker i omvänd arbetsordning.

3 Insugsluftens temperaturregulator – test, demontering och montering

Test

1 Denna kontroll måste utföras med kall motor och intagsluftens temperatur måste

4.2 Gasvajerns anslutning (vid pilen) till pedalen

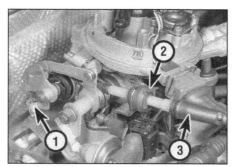

4.3a Gasvajerns anslutning till trottelhuset

1 Vajer och nippel/ clips
2 Vajerjustering och stöd
3 Vajerhölje

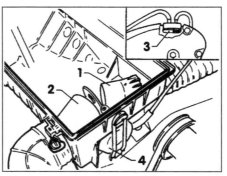

3.2 Kontroll av temperaturregulatorns funktion

1 Varmluftskanal 3 Temperaturregulator
2 Kalluftskanal 4 Vakuumenhet

understiga 40°C. Lyft av luftrenarlocket och lyft ut filtret.
2 Kontrollera att luftregulatorklaffen i renarhuset rör sig fritt och att varmluftskanalen är stängd när motorn är kall och står stilla **(se bild)**. Starta motorn och låt den gå på tomgång, kontrollera sedan att klaffen nu stängt kalluftskanalen.
3 Om klaffen inte fungerar som beskrivet, lossa temperaturregulatorns ledningar och koppla ihop dem. Om varmluftskanalen förblir stängd är vakuumenheten defekt. Om klaffen stänger kalluftskanalen är temperaturregulatorn defekt. Byt efter behov.
4 När motorn går bestäms klaffens läge av temperaturregulatorn. Den ska öppnas och stänga av kalluften när lufttemperaturen understiger 35°C. När lufttemperaturen överstigen 45°C ska regulatorn stängas och därmed öppna kalluften.

Demontering

5 Lossa vakuumslangarna från temperaturregulatorn, anteckna deras placeringar.
6 Demontera trottelhusets luftlåda/ luftrenaren, enligt beskrivning i avsnitt 2.
7 Bänd loss fästplattan av metall och dra ut regulatorn ur trottelhusets luftlåda **(se bilder)**. Ta reda på packningen.

Montering

8 Montering sker i omvänd arbetsordning.

4.3b Lossa vajerns clips (vid pilen) . . .

3.7a Temperaturregulatorns fästplatta av metall

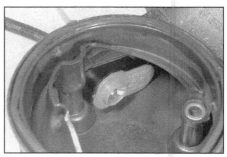

3.7b Temperaturregulatorn i trottelhusets luftlåda

4 Gasvajer – demontering, montering och justering

Demontering

1 Demontera de nedre instrumentbrädespanelerna på förarsidan så att gasvajerns anslutning till pedalen blir åtkomlig.
2 Lossa vajern från pedalen genom att trycka ut gummibussningen **(se bild)**.
3 Stötta motorhuven i öppet läge. Lossa vajern från trottelventilen genom att lossa vajerhållaren från kvadranten och haka av vajernippeln **(se bilder)**. Lossa vajerhöljet genom att dra det uppåt från fästet. Lägg märke till att det U-formade clipset framför fästet ställer in vajerjusteringen. Om detta clips ska demonteras måste monteringsläget mätas upp som vägledning vid montering av vajern.

4.3c . . . för att lossa nippeln från kvadranten

4 Skissa upp vajerns dragning och dra ut den genom torpedplåten.

Montering

5 Montering sker i omvänd arbetsordning. Avsluta med att kontrollera att trotteln öppnar och stänger helt utan kärvningar.

Justering

Med manuell växellåda

6 Justerclipset måste vara så placerat att trotteln är helt öppen när gaspedalen är i botten **(se bild)**. När pedalen är uppsläppt får spelet inte överstiga 1,0 mm.

Med automatväxellåda

7 Stick in en 15 mm tjock träbit mellan gaspedalen och stoppet **(se bild)**. Dra i vajerhöljet vid trotteländen så att trotteln är vidöppen och lås den där genom att föra in justerclipset. Lossa pedalen och ta ut distansen. Kontrollera att kickdownkontakten fungerar korrekt genom att koppla en multimätare till stiften på den. När gaspedalen är helt uppsläppt ska det avlästa värdet vara oändligt. Tryck långsamt ned pedalen till tryckpunkten för kickdown (just ovanför stoppet). Det avlästa motståndet ska där vara noll ohm.

---

5 Bränsleinsprutningssystemets komponenter – demontering och montering

Observera: *Följ säkerhetsföreskrifterna i avsnitt 1 innan arbete påbörjas på någon del av bränslesystemet.*

Trottelhus

Demontering

1 Se avsnitt 2 och demontera luftrenaren/trottelhusets luftlåda.
2 Se avsnitt 8 och tryckutjämna bränslesystemet, lossa sedan batteriets jordledning och för undan den från polen.
Observera: *Om bilen har en ljudanläggning med stöldskyddskod, kontrollera att du har koden uppskriven innan batteriet kopplas ur. Rådfråga en VAG-verkstad om du är osäker.*
3 Lossa matnings- och returledningarna från trottelhusets sida. Lägg märke till de pilar som

5.3 Trottelhusets matnings- och returanslutningar

4.6 Gasvajerns justerclips och ändbeslag

anger flödesriktningen och märk slangarna efter dessa **(se bild)**.
4 Dra ur kabelhärvans kontakter från trottelhuset, märk upp dem som monteringshjälp.
5 Se avsnitt 4 och lossa gasvajern från trottelhuset.
6 Skruva ur de genomgående bultarna och lyft av trottelhuset från insugsröret, ta vara på packningen.

Montering

7 Montering sker i omvänd arbetsordning, byt alla tillämpliga packningar. Avsluta med att kontrollera och vid behov justera gasvajern. Om nedre delen av trottelhuset byts (med integrerad trottelpotentiometer) på en bil med elektroniskt styrd automatväxellåda måste den nya potentiometern matchas med växellådans styrenhet. Rådfråga en VAG-verkstad om detta eftersom speciell testutrustning krävs.

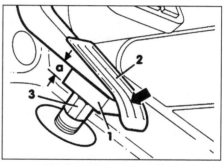

4.7 Justering av gasvajer – modell med automatisk växellåda

1 Distans	*3 Stopp*
2 Pedal	*a = 15 mm*

Bränsleinsprutare

Observera: *Om insprutaren misstänks vara defekt kan det vara idé att försöka med en insprutarrengörande bränsletillsats innan insprutaren demonteras eller döms ut.*

Demontering

8 Se avsnitt 2 och demontera luftrenaren/-trottelhusets luftlåda.
9 Se avsnitt 8 och tryckutjämna bränslesystemet. Lossa batteriets jordledning och för undan den från polen (se paragraf 2).
10 Dra ur insprutarens kontakter, märk upp dem som monteringshjälp.
11 Ta loss skruven och ta bort insprutarens lock/huset till insugsluftens temperaturgivare.
12 Lyft ut insprutaren ur trottelhuset och ta vara på o-ringarna **(se bild)**.

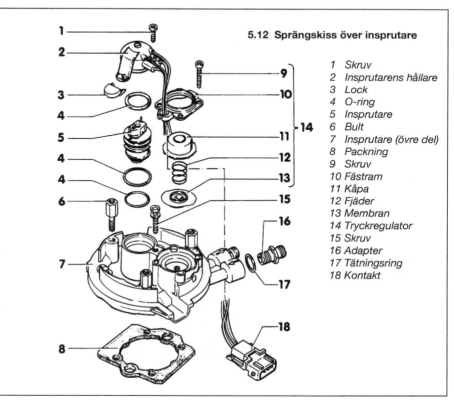

5.12 Sprängskiss över insprutare

1 Skruv
2 Insprutarens hållare
3 Lock
4 O-ring
5 Insprutare
6 Bult
7 Insprutare (övre del)
8 Packning
9 Skruv
10 Fästram
11 Kåpa
12 Fjäder
13 Membran
14 Tryckregulator
15 Skruv
16 Adapter
17 Tätningsring
18 Kontakt

13 Kontrollera insprutarens elektriska motstånd med en multimätare och jämför resultatet med specifikationerna.

Montering

14 Montering sker i omvänd arbetsordning, använd nya o-ringar. Dra fästskruven till angivet moment.

Insugsluftens temperaturgivare

15 Insugsluftens temperaturgivare är en integrerad del i insprutarens lock. Demontering sker enligt föregående beskrivning. Kontrol-lera det elektriska motståndet med en multimätare **(se bild 5.12)**.

Bränsletrycksregulator

Demontering

16 Om bränsletrycksregulatorn inte verkar fungera som den ska, ta isär enheten enligt följande beskrivning och kontrollera att komponenterna är hela och rena.
17 Se avsnitt 2 och demontera luftrenaren/-trottelhusets luftlåda.
18 Se avsnitt 8 och tryckutjämna bränsle-systemet. Lossa batteriets jordledning och för undan den från polen (se paragraf 2).
19 Se relevant avsnitt och skruva ur skruven och lyft av insprutarens lock/huset till insugs-luftens temperaturgivare.
20 Skruva ur skruvarna och lyft undan bränsletrycksregulatorns ram **(se bild 5.12)**.
21 Lyft ut övre höljet, fjädern och membranet.
22 Rengör alla delar noga och kontrollera om membranet har sprickor eller delningar, byt vid behov.

Montering

23 Montering sker i omvänd arbetsordning.

Trottelventilens lägesmodul

Demontering

24 Lossa batteriets jordledning och för undan den från polen (se paragraf 2). Se avsnitt 2 och demontera luftrenaren/trottelhusets luftlåda.
25 Se avsnitt 4 och lossa gasvajern från trottelhuset.
26 Dra ur kontakten från sidan på trottel-ventilens lägesmodul **(se bild)**.
27 Skruva ur skruvarna och lyft undan modulen tillsammans med gasvajerfästet från trottelhuset.

Montering

28 Montering sker i omvänd arbetsordning. Lägg märke till att om en ny modul monterats måste justeringen av tomgångsbrytaren kontrolleras – rådfråga en VAG-verkstad om detta eftersom speciell testutrustning krävs.

Trottelventilens potentiometer

29 Se relevant underavsnitt och demontera trottelhuset. Trottelventilens potentiometer är en integrerad av trottelhusets nederdel och kan inte bytas separat.
30 Om nedre delen av trottelhuset bytts (med integrerad trottelventilpotentiometer) på en bil med elektroniskt styrd automatväxellåda måste den nya potentiometern matchas med växellådans styrenhet. Rådfråga en VAG-verkstad om detta eftersom speciell testutrustning krävs.

Tomgångsbrytare

31 Se relevant underavsnitt och demontera trottelventilens lägesmodul. Tomgångs-brytaren är en integrerad del av modulen och kan inte bytas separat.
32 Om en ny modul monterats måste justeringen av tomgångsbrytaren kontrolleras – rådfråga en VAG-verkstad om detta eftersom speciell testutrustning krävs.

Lambdasond

Demontering

33 Lambdasonden är inskruvad i grenröret. Se kapitel 4D för detaljer om hur den fungerar.

34 Lossa batteriets jordledning och för undan den från polen (se paragraf 2). Dra ut kabelhärvans kontakt från Lambdasonden.
35 Observera: *I och med att en tråd förblir ansluten till givaren sedan den kopplats ur krävs en hylsa med spår för att skruva ur sonden om inte en blocknyckel i rätt storlek finns tillgänglig.* Arbeta under bilen och skruva ur givaren, var försiktig så att sondspetsen inte skadas vid demonteringen.

Montering

36 Lägg på lite antikärvningsfett på sondens gängor – håll sondspetsen ren.
37 Skruva fast sonden i huset, dra den till korrekt moment. Koppla in kabelhärvan. Lägg märke till att typ av Lambdasond varierar med bilens specifikation – om sonden byts, var noga med att du köper rätt del.

Kylvätskans temperaturgivare

Demontering

38 Lossa batteriets jordledning och för undan den från polen (se paragraf 2). Se kapitel 1A och tappa ur cirka en fjärdedel av motorns kylvätska.
39 Givaren är monterad i övre kylvätske-utgången på topplockets framsida.
40 Lossa givaren från huset och ta reda på tätningar och o-ring - var beredd på ett visst kylvätskespill.

Montering

41 Montering sker i omvänd arbetsordning, använd nya tätningar och o-ringar. Se kapitel 1A eller *"Veckokontroller"* och fyll på kylsystemet.

Insprutarens serieresistor – endast tidiga modeller

Demontering

42 Dra ur kontakten **(se bild)**.
43 Skruva ur muttrarna och ta bort resistorn från fjäderbenstornet.

5.26 Trottelventilens lägesmodul (1) och kontakt (2)

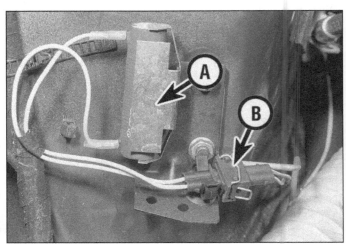

5.42 Serieresistor (A) och kontakt (B)

5.45 Lossa plastkåpans fästclips genom att vrida det 90°

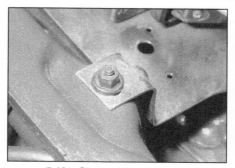

5.46a Skruva ur muttern . . .

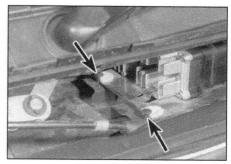

5.46b . . . och lossa styrenhetens stödplatta från styrstiften (vid pilarna)

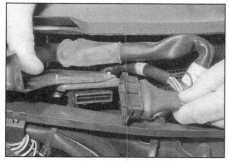

5.47a Dra ur multikontakten TCI-H (endast tidiga modeller) . . .

5.47b . . . och styrenhetens multikontakt

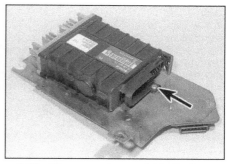

5.47c Skruva ur skruven (vid pilen) . . .

Montering

44 Montering sker i omvänd arbetsordning.

Elektronisk styrenhet

Demontering

45 Denna enhet är placerad i ett hålrum på torpedplåtens baksida. Den blir åtkomlig sedan locket lossats genom att dess clips vrids ett kvarts varv **(se bild)** och locket avlägsnats från torpedplåtens översida.
46 Kontrollera att tändningen är avstängd (ta ut nyckeln). Skruva ur muttern och dra ut enheten från stolparna **(se bilder)**.
47 Dra ur styrenhetens kontakt(er) och lyft ut den ur hålrummet, komplett med stödplatta. Stödplattan kan lossas från styrenhetens fästklackar sedan skruven skruvats ur **(se bilder)**.

Montering

48 Montering sker i omvänd arbetsordning.

Insugsrörets förvärmare

49 Denna enhet är monterad på insugsrörets undersida och är lättast att komma åt om insugsröret först demonteras enligt beskrivning i avsnitt 9.
50 Dra ur kontakten, skruva ur skruvarna och avlägsna förvärmaren från insugsröret **(se bild)**, avlägsna packningen.
51 Montering sker i omvänd arbetsordning. Kontrollera att fogytorna är rena och använd en ny packning.

6 Bränslepump och bränslemätarens givare – demontering och montering

Observera: *Följ föreskrifterna i avsnitt 1 innan arbete påbörjas med någon del av bränslesystemet.*

⚠️ **Varning: Undvik direkt kontakt mellan hud och bränsle - använd skyddskläder och handskar vid hantering av bränslesystemets komponenter. Se till att arbetsplatsen är väl ventilerad så att bränsleångor inte samlas - detta arbete ska inte utföras i en smörjgrop.**

Allmän information

1 Bränslepumpen och nivågivaren är

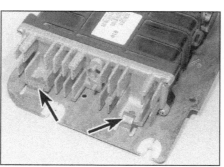

5.47d . . . och lossa styrenheten från fästklackarna (vid pilarna)

sammanbyggda till en enhet som är monterad på bränsletankens ovansida. Den är åtkomlig via en lucka i bagageutrymmets golv. Enheten sticker ned i bränsletanken och demontering av denna innebär att tankens innehåll exponeras för luften.

Demontering

2 Tryckutjämna bränslesystemet (avsnitt 8).
3 Parkera på plan mark. Lossa batteriets jordledning och för undan den från polen.
Observera: *Om bilen har en ljudanläggning med stöldskyddskod, kontrollera att du har koden uppskriven innan batteriet kopplas ur. Rådfråga en VAG-verkstad om du är osäker.*
4 Se vid behov kapitel 11 och avlägsna klädseln från bagageutrymmets golv.
5 Skruva ur luckans skruvar och lyft upp luckan från golvet **(se bild)**.

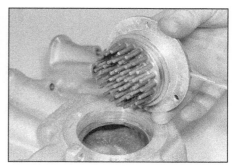

5.50 Insugsrörets förvärmare

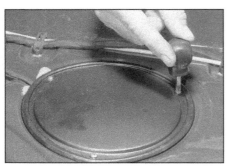

6.5 Skruva ur golvluckans skruvar

6.6 Dra ur kontakten från pumpen/givaren

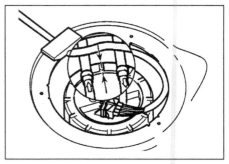

6.14a Pilarna på givaren och tanken måste vara i linje med varandra

6 Dra ur kontakten från pumpen/givaren **(se bild)**.
7 Täck området kring matnings- och returslangarna med trasor som kan suga upp spill, lossa sedan slangklämmorna och för undan dem från anslutningarna på givaren. Följ pilarna för matning och retur på anslutningarna och märk upp slangarna så att de monteras korrekt.
8 Skruva loss låsringen av plast och lyft ut den. Använd en polygrip på låsringen.
9 Vrid pumpen/givaren åt vänster så att den lossnar från sin bajonettfattning och dra ut den, håll den över bränsleytan till dess att allt runnit ur. Ta vara på gummitätningen.
10 Avlägsna pumpen/givaren från bilen och lägg den på absorberande kartong eller trasor. Inspektera flottören i änden på givarens rörliga arm, om den har punktering och spår av bränsleintrång eller visar andra tecken på skador ska den bytas.

7.5a Påfyllningsrörets bultar

11 Enhetens bränsleupptagare är fjäderbelastad så att den alltid suger upp bränsle från tankens lägsta del. Kontrollera att upptagaren rör sig fritt under fjäderbelastning i förhållande till givarhuset.
12 Kontrollera skicket på gummiringen kring öppningen i tanken – byt vid behov.
13 Kontrollera givarens arm och spår, avlägsna eventuell smuts och kontrollera om spåret är brutet.

Montering

14 Montering sker i omvänd arbetsordning, lägg märke till följande:
a) *Pilarna på sändarens hus och på tanken måste vara i linje med varandra* **(se bild)**.
b) *Smörj tanköppningens gummitätning med rent bränsle innan monteringen.*
c) *Anslut bränsleslangarna på sina korrekta platser – följ pilmarkeringarna* **(se bild)**.

7 Bränsletank – demontering och montering

Observera: *Följ föreskrifterna i avsnitt 1 innan arbete påbörjas med någon del av bränslesystemet.*

Demontering

1 Innan tanken kan demonteras måste den tömmas så väl som möjligt. Eftersom avtappningsplugg saknas är det lämpligt att göra detta när tanken är tämligen tom.
2 Lossa batteriets jordledning och för undan den från polen.

6.14b Anslut bränsleslangarna korrekt - följ pilmarkeringarna

Observera: *Om bilen har en ljudanläggning med stöldskyddskod, kontrollera att du har koden uppskriven innan batteriet kopplas ur. Rådfråga en VAG-verkstad om du är osäker.* Använd en handpump eller sifon och töm ur bränslet i tankens botten.
3 Se avsnitt 6 och gör följande:
a) *Dra ur kontakten på bränslepumpens/ givarens ovansida.*
b) *Lossa bränsleslangarna för matning och retur från pumpen/givaren.*
4 Placera en garagedomkraft under tankens centrum. Använd trämellanlägg så att tankens yta inte skadas och höj domkraften så att tankens vikt precis bärs upp.
5 Arbeta inne i höger bakre hjulhus och skruva ur de skruvar som fäster tankens påfyllningsrör. Öppna luckan över tanklocket och lösgör tätningsflänsen av gummi från karossen **(se bilder)**.
6 Skruva ur bultarna från tankens fästband **(se bilder)**, stötta tanken med ena handen när den lossnar från fästena.

7.5b Demontera påfyllningsrörets låsring och muff

7.6a Bultar till bränsletankens fästband (framtill)

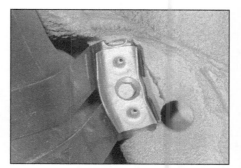

7.6b Bult till bränsletankens fästband (höger bak)

7.6c Bult till bränsletankens fästband (vänster bak)

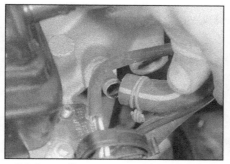

9.4 Lossa bromsservons vakuumslang från insugsröret

9.6a Lossa varmluftstrumman . . .

7 Sänk ned domkraften och dra ut den och tanken från bilens undersida, lossa kolkanisterns ventilationsrör från anslutningen på påfyllningsröret när den blir synlig. Leta upp jordledningen och lossa den från stiftet på påfyllningsröret.

8 Om tankens innehåll är förorenat med sediment eller vatten, skruva loss bränslepumpen (se avsnitt 6) och skölj ur tanken med rent bränsle. Tanken är av formgjuten plast, om den är skadad ska den i regel bytas. Det kan dock i vissa fall vara möjligt att reparera smärre läckor eller skador. Rådfråga en lämplig specialist innan försök görs att reparera tanken.

Montering

9 Montering sker i omvänd arbetsordning, lägg märke till följande:

a) *Kontrollera att fästgummina är korrekt placerade när tanken lyfts på plats och se till att ingen slang kommer i kläm mellan tanken och bottenplattan.*

b) *Kontrollera att alla rör och slangar är korrekt dragna och hålls på plats med sina clips.*

c) *Anslut jordledningen till stiftet på påfyllningsröret.*

d) *Dra tankens fästbandsbultar till angivet moment.*

e) *Avsluta med att fylla tanken med bränsle och grundligt undersöka om det finns några läckor innan bilen tas i trafik.*

8 Bränsleinsprutningssystem – tryckutjämning

Observera: *Följ föreskrifterna i avsnitt 1 innan arbete påbörjas med någon del av bränslesystemet.*

⚠️ **Varning: Följande procedur kommer endast att utjämna trycket i bränslesystemet i förhållande till atmosfären – kom ihåg att det fortfarande finns bränsle i systemets komponenter och vidta nödvändiga försiktighetsåtgärder innan delarna tas isär.**

1 Det bränslesystem som tas upp i detta avsnitt består av tankmonterad bränslepump, bränslefilter, insprutare, trottelhusmonterad tryckregulator och samtliga bränsleledningar mellan dessa komponenter. Samtliga innehåller bränsle som är under tryck när motorn går och/eller tändningen är påslagen. Trycket finns kvar en tid efter det att tändningen stängts av och måste utjämnas innan någon av komponenterna tas loss för underhåll. Helst ska motorn ges tid att kallna helt innan arbetet påbörjas.

2 Se kapitel 12 och leta upp bränslepumpens relä eller säkring och dra ut den och dra runt motorn några sekunder. Motorn kan starta och gå en liten stund, men fortsätt att dra runt den till dess att den stannar. Insprutaren ska ha öppnat så många gånger under runddragningen att trycket i bränsleledningarna reducerats avsevärt.

3 Lossa batteriets jordledning och för undan den från polen.

Observera: *Om bilen har en ljudanläggning med stöldskyddskod, kontrollera att du har koden uppskriven innan batteriet kopplas ur. Rådfråga en VAG-verkstad om du är osäker.*

4 Placera ett lämpligt kärl under den anslutning som ska öppnas och ha en stor trasa redo för att suga upp spill.

5 Lossa sakta anslutningen/muttern (efter tillämplighet) så att ett plötsligt tryckfall undviks och placera trasan runt anslutningen för att suga upp utmatat bränsle. När övertrycket är utjämnat kan bränsleledningen lossas. Plugga öppningarna för att minimera spill och förhindra smutsintrång i bränslesystemet.

9 Insugsrör – demontering och montering

Observera: *Följ föreskrifterna i avsnitt 1 innan arbete påbörjas med någon del av bränslesystemet.*

Demontering

1 Lossa batteriets jordledning och för undan den från polen.

Observera: *Om bilen har en ljudanläggning med stöldskyddskod, kontrollera att du har koden uppskriven innan batteriet kopplas ur. Rådfråga en VAG-verkstad om du är osäker.* Se kapitel 1A och tappa ur motorns kylvätska.

2 Se avsnitt 5 och demontera trottelhuset från insugsröret. Kassera packningen och avlägsna i förekommande fall mellanflänsen.

3 Lossa slangklämmorna och dra loss kylvätskeslangarna från insugsröret.

4 Se kapitel 9 och lossa bromsservons vakuumslang från anslutningen på insugsröret **(se bild)**.

5 Dra ur kontakten till insugsrörets värmare.

6 Arbeta på insugsrörets undersida och skruva loss varmluftstrumman och CO-mätarens rör från insugsrörets stötta **(se bilder)**.

7 Skruva ur insugsrörets muttrar/bultar och dra av insugsröret från topplocket **(se bilder)**. Avlägsna insugsrörets packning och kylvätskepassagens tätning.

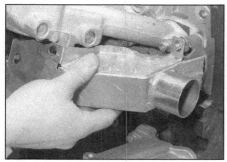

9.6b . . . och demontera uppsamlingsplattan

9.6c Skruva loss och avlägsna CO-mätningsröret och fästet

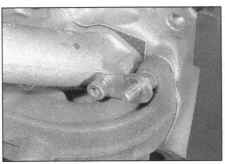

9.7a Skruva loss och avlägsna bultar och
muttrar till insugsröret och insugsrörets
fästning till grenröret . . .

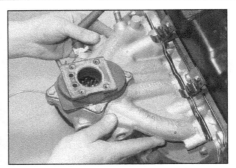

9.7b . . . och avlägsna insugsröret

8 Skruva vid behov ur värmarens skruvar och
lyft undan den (se avsnitt 5).

Montering

9 Montering sker i omvänd arbetsordning,
lägg märke till följande:

a) Insugsrörets och topplockets fogytor ska
vara rengjorda och torra. Montera
insugsröret med ny packning och tätning
(se bilder), dra muttrarna/bultarna till
angivet moment.

b) Kontrollera att alla relevanta slangar är
monterade på sina ursprungliga
anslutningar och att de är säkert fastsatta
(där så krävs) med clips.

c) Montera trottelhuset enligt beskrivning i
avsnitt 5.

d) Avsluta med att fylla på kylsystemet enligt
beskrivning i kapitel 1A.

10 Bränsleinsprutningssystem –
test och justering

1 Om ett fel uppstår i bränsleinsprutnings-
systemet, kontrollera först att alla kontakter är
väl anslutna och fria från korrosion.
Kontrollera sedan att felet inte beror på
eftersatt underhåll, d v s kontrollera att
luftfiltret är rent, att tändstiften är i gott skick
och har korrekt elektrodavstånd, att
cylindrarnas kompressionstryck är korrekt, att
tändläget är korrekt och att motor-
ventilationens slangar är hela och utan
igensättningar, se kapitel 1A, 2A och 5B för
mer information.

2 Om dessa kontroller inte visar på
problemets orsak ska bilen tas till en lämpligt
utrustad VAG-verkstad för test. En diagnos-
kontakt finns i motorstyrningens kabelhärva.
Speciell elektronisk testutrustning kopplas in
på denna. Testutrustningen kan fråga styr-
enheten elektroniskt och kalla upp felkods-
loggen i denna. Det gör att fel kan hittas
snabbt och enkelt även om de uppträder
intermittent. Testning av alla system-
komponenter på individuell bas för att hitta ett
fel genom eliminering är ett tidsödande arbete
som troligtvis inte är framgångsrik (speciellt
om felet är dynamiskt) och medför stor risk att
skada styrenheten internt.

3 Erfarna hemmamekaniker utrustade med en
precisionsvarvräknare och en noggrant
kalibrerad avgasanalyserare kan kontrollera
avgasernas CO-halt och tomgångens varvtal.
Om dessa ligger utanför specifikationerna
måste bilen tas till en lämpligt utrustad VAG-
verkstad för utvärdering. Varken bränsle-
blandningen (avgasernas CO-halt) eller
tomgångsvarvtalet kan justeras manuellt. Ej
korrekta testresultat indikerar ett fel i
bränsleinsprutningssystemet.

11 Blyfri bensin –
allmän information
och användning

Observera: Informationen i detta kapitel är i
skrivandets stund korrekt. Kontrollera dock
med en VAG-verkstad eftersom senare
information kan finnas tillgänglig. Om du ska
färdas utomlands, kontrollera med en
motororganisation eller liknande vad sorts
bensin som finns tillgänglig och hur lämpad
den är för din bil.

1 Det bränsle VW rekommenderar finns
angivet i detta kapitels specifikationer.

2 Alla bilar med katalysator ska endast köras
på blyfri bensin. Användning av blyad bensin
skadar katalysatorn.

3 RON och MON är olika teststandarder.
RON står för Research Octane Number (även
betecknat RM) medan MON står för Motor
Octane Number (även betecknat MM).

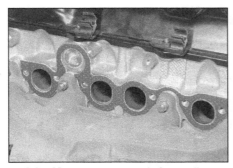

9.8a Montera en ny packning mellan
insugsröret och topplocket . . .

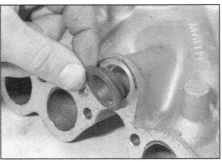

9.8b . . . och en ny tätning till
kylvätskepassagen

Kapitel 4 Del B:
Bränslesystem – flerpunktsinsprutning, bensin

Innehåll

Svårighetsgrader

Enkelt, passar novisen med lite erfarenhet		Ganska enkelt, passar nybörjaren med viss erfarenhet		Ganska svårt, passar kompetent hemma-mekaniker		Svårt, passar hemmamekaniker med erfarenhet		Mycket svårt, för professionell mekaniker	

Specifikationer

Systemtyp

Motorkoder PB, PF och 2E	Digifant
Motorkoder ADY och AGG	Simos

Bränslesystem

Bränslepump, typ	Elektrisk, nedsänkt i tanken
Bränslepump, matning	1 100 cm³ / min (batterispänning 12,6 V)
Reglerat bränsletryck	2,5 bar
Tomgångens varvtal (ej justerbart med system Simos)	750 till 850 rpm
Avgasernas CO-halt vid tomgång:	
Motorkod PB	0,5 till 1,5%
Motorkoderna PF och 2E	0,3 till 1,1%
Motorkoderna ADY och AGG	Uppgift saknas
Insprutares elektriska motstånd	15 till 20 ohm

Rekommenderat bränsle

Minsta oktantal:	
Samtliga motorer utom kod PB (ej katalysator)	95 RON
Motorkod PB (ej katalysator)	98 RON

Åtdragningsmoment

	Nm
Bränsletrycksregulatorns bultar	15
Bränslerörets skruvar/bultar:	
Alla utom motorkoderna ADY och AGG	10
Motorkoder ADY och AGG:	
M6 bultar	10
M8 bultar	20
Insprutarinfattning (endast motorkoderna PB och PF)	20
Insugsrör till topplock	25
Stödstag till insugsrör och avgasgrenrör:	
Motorkoder PB och PF	15
Motorkod 2E	20
Lambdasond	50
Stabiliseringsventilens fäste (till insugsröret)	10
Trotteldämparens mutter	20
Trottelhusets genomgående bultar (M6)	10
Trottelhusets genomgående bultar (M8)	20
Varmluftsuppsamlarens platta:	
Motorkoder PB, PF och 2E	20
Motorkoder ADY och AGG	30

1 Allmän information och föreskrifter

Allmän information

Systemen Bosch Digifant och Simos är helomfattande motorstyrningssystem som styr både insprutning och tändning. Detta kapitel tar endast upp bränslesystemets komponenter – se kapitel 5B för detaljer om tändsystemet.

Bränslesystemet består av en bränsletank, en elektrisk bränslepump, ett bränslefilter, bränsleledningar för matning och retur, trottelhus, bränslerör, en bränsletrycksregulator, fyra elektroniska insprutare och en elektronisk styrenhet samt tillhörande givare, aktiverare och ledningar. Komponenternas utformning varierar från system till system – se relevant avsnitt för detaljer.

Bränslepumpen matar konstant bränsle till bränsleröret via en filterpatron med ett tryck som är något högre än vad som krävs. Tryckregulatorn upprätthåller ett konstant tryck till insprutarna och returnerar överskottet till tanken via returledningen. Detta system med konstant flöde hjälper till att sänka bränslets temperatur och förhindrar förångning.

Insprutarna öppnas och stängs av den elektroniska styrenheten som beräknar insprutningens tidpunkt och varaktighet utifrån signaler om motorns varvtal, vevaxelns läge, trottelns position och öppningstempo, insugsrörets undertryck (eller insugsluftens flöde beroende på systemtyp), insugsluftens temperatur, kylvätskans temperatur, bilens hastighet och avgasernas syreinnehåll. Dessa signaler kommer från givare placerade på och kring motorn. Se relevant avsnitt för specifika detaljer om komponenter som används i respektive system.

Insugsluften dras in i motorn genom luftrenaren som innehåller ett utbytbart pappersfilter. I systemet Digifant styrs insugsluftens temperatur av en vakuummanövrerad ventil, monterad i luftrenaren, som blandar ytterluft med varmluft från avgasgrenröret. I system Simos system övervakas insugsluftens temperatur av en givare i luftrenarhuset.

Tomgångens varvtal regleras delvis av en elektronisk lägesmodul för trottelventilen, placerad på trottelhusets sida, delvis av tändsystemet som finjusterar tomgångsvarvet genom att modifiera tändläget. I system Digifant fram till juli 1992, är tomgång och grundtändläge justerbara – se avsnitt 5 och kapitel 5B.

Avgasernas syrehalt övervakas konstant av styrenheten via Lambdasonden som är monterad i avgasröret. Styrenheten använder informationen från denna till att modifiera tidpunkt och varaktighet för insprutningen så att optimal bränsleblandning erhålls. De flesta

modeller är dessutom försedda med katalysator – se kapitel 4D.

Därtill reglerar styrenheten i förekommande fall kolkanisterns avdunstningsreglering – se kapitel 4D för ytterligare detaljer.

Observera att diagnostisering av fel på de motorstyrningssystem som behandlas i detta kapitel endast kan utföras med speciell elektronisk testutrustning. Problem med systemets funktion måste därför överlåtas till en VAG-verkstad för utvärdering. När fel identifierats anger arbetsbeskrivningarna i följande avsnitt hur tillämpliga komponenter byts ut efter behov.

Observera: *Genomgående i detta kapitel är att motorer betecknas med sina respektive motorkoder, inte slagvolymen – se kapitel 2A för en lista över motorkoder.*

Föreskrifter

Varning: Bensin är ytterst lättantändlig – stor försiktighet måste iakttagas vid arbete med bränslesystemets komponenter.

Rök inte och ha inte nakna lågor eller glödlampor nära arbetsplatsen. Kom ihåg att gasdriven hushållsutrustning eller oljepannor med pilotlåga också utgör en brandfara – tänk på detta om du arbetar i närheten av sådan utrustning. Ha alltid en lämplig brandsläckare lätt tillgänglig vid arbetsplatsen och se till att du vet hur den används innan arbetet påbörjas. Använd skyddsglasögon vid arbete med bränslesystem och tvätta omedelbart bort eventuellt spill med tvål och vatten. Kom ihåg att bränsleångor är minst lika farliga som flytande bränsle. Ett kärl som tömts på flytande bränsle innehåller fortfarande ångor och kan därmed vara potentiellt explosivt.

Många av de arbeten som beskrivs i detta kapitel omfattar losskopplande av bränsleledningar vilket orsakar ett visst bränslespill. Innan arbete påbörjas, läs varningen ovan och informationen i "Säkerheten främst!" i början av denna handbok.

Det finns ett visst övertryck i bränslesystemet långt efter det att motorn stängts av. Detta måste utjämnas på ett kontrollerat sätt innan arbete på någon del av bränslesystemet kan inledas – se avsnitt 8 för detaljer.

Var extra noga med renlighet vid arbete med bränslesystem – smuts som tränger in kan orsaka igensättningar som leder till dålig motorgång.

Många av de följande arbetsbeskrivningarna anger att batteriets jordledning ska lossas. Detta med tanke på personlig säkerhet och skydd av utrustning. För det första så elimineras risken för oavsiktliga

kortslutningar under arbetet, för det andra förhindras skador på elektronisk utrustning (givare, aktiverare, styrenheter etc.) som är synnerligen känsliga för strömtoppar orsakade av in- och urkopplingar till strömförande kabelage.

Lägg dock märke till att de system som beskrivs i detta kapitel (och kapitel 5B) har en "inlärningsförmåga" som låter systemet anpassa sig till den individuella motorns driftsegenskaper vartefter den slits med användning. Denna "inlärda" information går förlorad när batteriet kopplas ur och systemet kan då behöva en viss tid för "återinlärning" av motorns specifika egenskaper – detta kan visa (tillfälliga) symptom som ojämn tomgång, sämre gensvar på trotteln och möjligen en något ökad bränsleförbrukning till dess att systemet är finjusterat. Hur lång denna finjusteringsperiod är beror på hur ofta och under vilka driftsförhållanden bilen körs.

2 Luftrenare och luftintag – demontering och montering

Demontering

1 Öppna slangklämmorna och lossa lufttrummorna från luftrenaren.

2 Öppna i förekommande fall clipset och lossa varmluftstrumman från luftrenarens nederdel.

3 Se avsnitt 6 eller 7 efter tillämplighet och ta bort luftflödesmätaren från luftrenaren.

Varning: Luftflödesmätaren är ömtålig – hantera den varsamt.

4 Lossa vakuumslangarna från insugsluftens temperaturregulators vakuumbrytare, anteckna deras monteringsordning.

5 Haka loss gummibanden från klackarna på chassit.

6 Dra luftrenaren mot motorn och lossa luftintagsslangen.

7 Lyft av luftrenaren från styrpiggarna och ta bort den från motorrummet. Ta reda på gummibanden.

8 Öppna vid behov clipsen och lyft av luftrenarlocket. Ta ut filtret (se kapitel 1A för detaljer).

Montering

9 Montering sker i omvänd arbetsordning.

3 Insugsluftens temperaturreglering – allmän information och byte av komponenter

Observera: *Detta system är endast monterat på modeller med motorstyrningssystemet Digifant (motorkoderna PB, PF och 2E).*

Allmän information

1 Insugsluftens temperaturreglering består av en temperaturstyrd vakuumbrytare monterad i luftrenarhuset, en vakuummanövrerad klaffventil, ett antal sammankopplade vakuumslangar och en varmluftsslang från grenröret. Brytaren känner av insugsluftens temperatur och öppnar klaffen när en förinställd lägre gräns uppnås. Den styr då vakuum från insugsröret till klaffventilen som då öppnar och släpper in varmluft från grenrörets närhet, som blandas med insugsluften.

Test

2 Lossa vakuumslangen från temperaturregulatorns vakuumenhet.
3 Lyft av luftrenarens lock och dra ut filtret. Kontrollera att regulatorklaffen i nedre delen av huset stänger varmluftskanalen.
4 Anslut en passande slanglängd till vakuumenhetens slang och sug genom den. Kontrollera att regulatorklaffen rör sig fritt och stänger kalluftskanalen.
5 Starta motorn och kör den på tomgång. Anslut förlängningsslangen till mässingsröret och kontrollera temperaturregulatorns funktion. Beroende på regulatorns temperatur ska klaffen efter 20 sekunder antingen stänga: (a) kalluftskanalen om temperaturen understiger 20°C eller (b) varmluftskanalen om temperaturen överstiger 30°C.

Byte av komponenter

Temperaturbrytare

6 Se avsnitt 2 och lyft av luftrenarens lock.
7 Lossa vakuumslangarna från temperaturbrytaren, anteckna deras monteringsordning så att de kan sättas tillbaka på sina rätta platser.
8 Bänd loss metallclipset från temperaturbrytaranslutningen och tryck ut brytaren från luftrenarens topp, ta reda på packningen.
9 Montering sker i omvänd arbetsordning.

Klaffventil

10 Klaffventilen är integrerad med nedre delen av luftrenaren och kan inte bytas separat från denna.

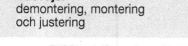

4 Gasvajer –
demontering, montering och justering

Observera: *Följ föreskrifterna i avsnitt 1 innan arbete påbörjas med någon del av bränslesystemet.*

Demontering

1 Demontera luftrenaren enligt beskrivning i avsnitt 2.
2 Öppna clipset på trottelhuset och lossa gasvajern från trottelventilens spindel (se bilder).

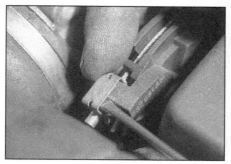

4.2a Lossa clipset från trottelhuset . . .

3 Ta bort clipset och dra av vajerhöljet från fästet (se bilder).
4 Se kapitel 11 och loss klädselpanelerna under rattstången.
5 Tryck ned gaspedalen något och haka av gasvajern från pedalförlängaren.
6 Skruva loss locket från den tvådelade muffen där gasvajern går genom torpedplåten, så att vajern kan röras fritt.
7 Lossa gasvajern från fästclipsen och dra ut den genom torpedplåten.

Montering

8 Montering sker i omvänd arbetsordning.

Justering

Med manuell växellåda

9 Fixera vajerhöljets läge på trottelhuset genom att sätta in metallclipset i ett av styrspåren, så att när gaspedalen är i botten är trottelventilen vidöppen vid sitt stopp.

Med automatväxellåda

10 Om bilen har automatisk växellåda, stick in en 15 mm tjock träkloss mellan gaspedalens undersida och stoppet på golvet och tryck pedalen mot klossen.
11 Fixera vajerhöljets läge på trottelhuset genom att sätta in metallclipset i ett av styrspåren så att när gaspedalen är nedtryckt (på klossen) är trottelventilen vidöppen vid sitt stopp.
12 Dra ut klossen och släpp upp gaspedalen. Se kapitel 7B och använd en kontinuitetsprovare för att kontrollera att kickdownkontakten stänger när gaspedalen går förbi

---

4.3a Ta bort metallclipset . . .

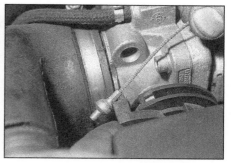

4.2b . . . och haka av gasvajern från trottelventilen

fullgasläget, men innan pedalen kommer i kontakt med stoppet på golvet.

---

5 Digifant system – kontroll och justering av tomgångens varvtal och blandning (CO)

Observera: *Med Digifant system fram till och med juli 1992 ska tomgångens varvtal och blandning normalt inte kräva regelbunden justering. Hur som helst ger manuell justering bara ett grundvärde från vilket styrenheten i Digifant systemet kan ge inställningar som är lämpliga för alla arbetsvillkor. Tomgångens varvtal och blandning kan inte justeras på bilar med Digifant system tillverkade från och med augusti 1992 eller bilar utrustade med motorstyrningssystemet Simos.*

1 Varvräknare och avgasanalyserare krävs för följande kontroll. Om justering krävs behövs en nyckel till justerskruvarna.
2 Motorn måste hålla normal arbetstemperatur.
3 Alla elektriska komponenter måste vara avstängda och kylfläkten får inte gå under justeringen.
4 Avgassystemet måste vara i bra skick.
5 Tändläget måste vara korrekt – se kapitel 5B.
6 I förekommande fall måste Lambdastyrningen fungera korrekt.
7 Om bilen har automatväxellåda måste kickdown-funktionen vara korrekt.
8 Trottelventilen måste vara i normalt tomgångsläge.

4.3b . . . och dra ut vajerhöljet ur fästet (motor 2E visad)

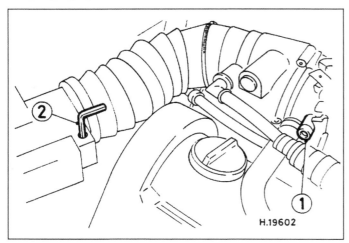

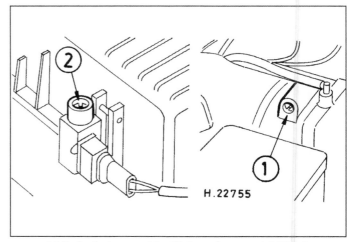

5.14a Justeringspunkter för tomgångsvarvtal (1) och bränsleblandning (2) - motorerna PB och PF

5.14b Justeringspunkter för tomgångsvarvtal (1) och bränsleblandning (2) - motorn 2E

9 Om insprutarrören lossats måste motorn rusas till 3000 rpm ett flertal gånger och sedan gå på tomgång i minst två minuter innan justeringar utförs.

10 Luftkonditioneringen (i förekommande fall) måste vara avstängd.

11 Stäng av tändningen och anslut varvräknare och avgasanalyserare enligt tillverkarnas instruktioner. Avgasanalyseraren monteras i avgasrörets mynning utom på motorn PF där, om en passande anslutning finns, den kan anslutas till CO-mätarröret i grenrörsänden.

12 Lossa vevhusventilationsslangen från tryckregleringsventilen och plugga slangen.

13 Starta motorn och låt den gå på tomgång i en minut, dra sedan ur den blå kontakten från kylvätskans temperaturgivare. Öppna och stäng trotteln tre gånger. Varje gång trotteln öppnas måste motorvarvet överstiga 3000 rpm.

14 Låt motorn återgå till tomgång och kontrollera sedan tomgångens varvtal och CO-halt. Om justering krävs ska förseglingarna (i förekommande fall) tas bort så att en passande nyckel kan användas på justerskruvarna för varvtal och bränsleblandning **(se bilder)**.

15 Anslut temperaturgivarens kontakt och öppna trotteln rejält ytterligare tre gånger (överstigande 3000 rpm) och låt motorn återgå till tomgång, kontrollera sedan att varvtal och CO-halt är enligt specifikationerna.

16 När vevhusventilationens slang ansluts kan CO-halten komma att stiga. Detta beror sannolikt på justeringsproceduren. En tripp med bilen kommer att reducera bränsleuppbyggnaden i motoroljan vilket gör att CO-halten återgår till den normala. Ytterligare justeringar ska därmed inte vara nödvändiga.

17 På motorer med katalysator, kontrollera Lambdastyrningen. Kontrollera att den blå temperaturgivarkontakten är ansluten och dra loss trottelhusets tryckregulatorslang, håll den stängd. CO-halten ska tillfälligt stiga och sedan sjunka tillbaka till den normala.

18 Om tomgångsvarvtal och CO-halt är tillfredsställande ska slangarna kopplas in och varvräknare och avgasanalyserare tas bort. Om justeringarna inte lyckades, låt en VAG-verkstad kontrollera tomgångskontakten (manuell växellåda) eller trottelventilens potentiometer (automatväxellåda). Specialutrustning krävs för att kontrollera dessa.

6 Digifant system – demontering och montering av komponenter

Observera: *Följ föreskrifterna i avsnitt 1 innan arbete påbörjas med någon del av bränslesystemet.*

Luftflödesmätare

Demontering

1 Lossa batteriets jordledning och för undan den från polen.
Observera: *Om bilen har en ljudanläggning med stöldskyddskod, se till att du har koden uppskriven innan batteriet kopplas ur. Rådfråga en VAG-verkstad om du är osäker.*
2 Se avsnitt 2 och lossa clipsen så att trumman kan lossas från luftflödesmätaren på luftrenarhusets baksida.

6.3 Dra ur luftflödesmätarens kontakt (endast motorn 2E)

3 Dra ut luftflödesmätarens kontakt **(se bild)**.
4 Skruva ur skruvarna och dra ut mätaren från luftrenarhuset, ta reda på tätningen. *Varning: Hantera luftflödesmätaren varsamt – de interna komponenterna är mycket ömtåliga.*

Montering

5 Montering sker i omvänd arbetsordning. Byt o-ringen om den är skadad.
Observera: *Efter bytet måste luftflödesmätaren matchas med den elektroniska styrenheten i Digifant – detta kräver tillgång till specialutrustning, rådfråga en VAG-verkstad.*

Trottelventilens potentiometer

Demontering

6 Lossa batteriets jordledning och för undan den från polen (se paragraf 1).
7 Dra ur kontakten till potentiometern **(se bild)**.
8 Skruva ur skruvarna och lyft av potentiometern från trottelhuset. Ta i förekommande fall reda på o-ringen.

Montering

9 Montering sker i omvänd arbetsordning, lägg märke till följande:
  a) Byt i förekommande fall o-ringen om den är skadad.

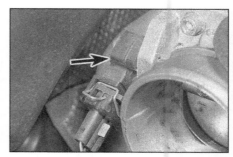

6.7 Dra ur kontakten (vid pilen) från trottelns potentiometer - insugsluftstrumman demonterad för tydlighet

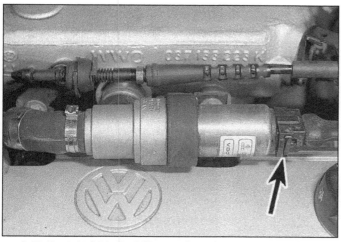

6.12 Kontakt (vid pilen) för tomgångens stabiliseringsventil

6.18 Dra ur kontakten (vid pilen) från kylvätskans
temperaturgivare (motorn 2E visad)

b) *Kontrollera att potentiometerns drivning greppar korrekt i spindelns förlängning.*

c) *Efter bytet måste potentiometern matchas med den elektroniska styrenheten i Digifant – detta kräver tillgång till specialutrustning, rådfråga en VAG-verkstad.*

d) *Om bilen har automatväxellåda måste potentiometern matchas med växellådans styrenhet – detta kräver tillgång till specialutrustning, rådfråga en VAG-verkstad.*

Insugsluftens temperaturgivare

10 Givaren är integrerad i luftflödesmätaren och kan inte bytas separat.

Tomgångens stabiliseringsventil

Demontering

11 Ventilen är monterad på ett fäste på insugsröret ovanför ventilkåpan.
12 Lossa batteriets jordledning och för undan den från polen (se paragraf 1). Dra ut ventilens kontakt **(se bild)**.
13 Lossa clipset och dra av slangen från anslutningen på stabiliseringsventilen.
14 Lossa fästets clips och dra försiktigt ut ventilen från insugsröret.

Montering

15 Montering sker i omvänd arbetsordning.

Hastighetsgivare (endast senare modeller)

16 Hastighetsgivaren är kombinerad med den elektroniska hastighetsmätarens sändare och är monterad på växellådan – se kapitel 7A, avsnitt 6.

Kylvätskans temperaturgivare

Demontering

17 Kylvätskans temperaturgivare är monterad i kylvätskeutgången på topplockets framsida (se kapitel 3).
18 Lossa batteriets jordledning och för undan den från polen (se paragraf 1). Dra ut givarens kontakt **(se bild)**.

19 Se kapitel 1A och tappa av cirka en fjärdedel av motorns kylvätska.
20 Dra ut clipset och lyft ut givaren från kylvätskeutgången – var beredd på ett visst spill av kylvätska och ta reda på o-ringen.

Montering

21 Montering sker i omvänd arbetsordning, använd ny o-ring/tätningsbricka. Se kapitel 1A eller *"Veckokontroller"* och fyll på kylsystemet.

Motorvarvtalsgivare (senare modeller)

Demontering

22 Motorvarvtalsgivaren är monterad på motorblockets framsida bredvid fogytan mellan blocket och svänghjulskåpan.
23 Lossa batteriets jordledning och för undan den från polen (se paragraf 1). Dra ut givarens kontakt.
24 Skruva ur givarens fästskruv och dra försiktigt ut givaren ur blocket.

Montering

25 Montering sker i omvänd arbetsordning.

Kallstartsventil (motorkod 2E fram till juli 1993)

Demontering

26 Se avsnitt 10 och tryckutjämna bränslesystemet.
27 Lossa batteriets jordledning och för undan den från polen (se paragraf 1).
28 Dra ur kallstartsventilens kontakt.
29 Lossa clipset och dra loss bränsleslangen från kallstartsventilens baksida.
30 Skruva loss och dra ut kallstartsventilen från insugsröret. Kassera packningen.

Montering

31 Montering sker i omvänd arbetsordning, använd en ny packning.

Trottelhus

32 Se avsnitt 4 och lossa gasvajern från trottelventilens arm.

33 Lossa clipsen och dra av insugslufts-trumman från trottelhuset.
34 Lossa batteriets jordledning och för undan den från polen (se paragraf 1). Dra ur kontakten till trottelns potentiometer.
35 Lossa vakuumslangarna från anslutningarna på trottelhuset, anteckna deras respektive placeringar. Lossa kabelhärvan från styrclipset.
36 Skruva ur övre och nedre genomgående bultarna **(se bild)** och lyft av trottelhuset från insugsröret. Kassera packningen.
37 Se vid behov relevant underavsnitt och demontera trottelns potentiometer.

Montering

38 Montering sker i omvänd arbetsordning, lägg märke till följande:

a) *Använd en ny packning mellan trottelhuset och insugsröret.*

b) *Dra trottelhusets genomgående bultar till angivet moment.*

c) *Kontrollera att alla vakuumslangar och kontakter är väl anslutna.*

d) *Se avsnitt 4 och kontrollera gasvajern, justera efter behov.*

6.36 Trottelhusets övre genomgående bultar (vid pilarna)

Bränsleinsprutare och bränslerör

Observera: *Om insprutare misstänks vara defekta kan det löna sig att försöka med en insprutarrengörande bränsletillsats innan insprutarna demonteras eller döms ut.*

Demontering

39 Lossa batteriets jordledning och för undan den från polen (se paragraf 1).
40 Se relevant underavsnitt i detta kapitel och demontera trottelhuset.
41 Dra loss insprutarnas kabelhärva från multikontakten.
42 Se avsnitt 10 och tryckutjämna bränslesystemet.
43 Lossa vakuumslangen från bränsletrycksregulatorns ovansida.
44 Lossa clipset och dra av bränslets matnings- och returledningar från bränslerörets ände. Anteckna *noga* hur slangarna är monterade – matningsslangen är färgad svart/vit och returledningen är blå.
45 Skruva ur bränslerörets skruvar och lyft försiktigt av bränslerörret, tillsammans med insprutarna, från insugsröret. Ta reda på insprutarnas nedre o-ringar när de kommer ut ur insugsröret.

Motorkoderna PB och PF
46 Dra ur insprutarnas kontakter och lossa kabelhärvan från bränsleröret. Insprutarna kan nu tas bort en och en genom att man lossar respektive clips – anteckna hur de är monterade. Ta reda på vardera insprutares övre o-ring. Vid behov kan insprutarinfattningarna sedan skruvas ur topplocket.

Motorkod 2E
47 Skruva ur skruven och sära bränslerörets övre del från den nedre, ta bort och kassera packningen. Insprutarna kan sedan varsamt tryckas ut från bränsleröret en och en. Ta reda på insprutarnas övre o-ringar.

Samtliga motorer
48 Demontera vid behov bränsletrycksregulatorn, se relevant underavsnitt.
49 Kontrollera insprutarnas elektriska motstånd och jämför med specifikationerna.

Montering

50 Montering sker i omvänd arbetsordning, lägg märke till följande:
a) Använd nya o-ringar på insprutarna (och/eller infattningar om tillämpligt) om de är skadade. Lägg på ett tunt lager motorolja på o-ringarna som monteringshjälp.
b) På motorkod 2E, använd en ny packning mellan bränslerörshalvorna och dra skruven till angivet moment.
c) Kontrollera att insprutarnas clips (i förekommande fall) sitter säkert.
d) Kontrollera att bränsleledningarna är korrekt monterade – se färgkodningen beskriven under rubriken "Demontering".
e) Kontrollera att alla elektriska och vakuumanslutningar är korrekta och att de sitter säkert.

f) Avsluta med en noggrann kontroll av att inget bränsleläckage förekommer innan bilen tas i trafik.

Bränsletrycksregulator

Demontering

51 Lossa batteriets jordledning och för undan den från polen (se paragraf 1).
52 Se avsnitt 10 och tryckutjämna bränslesystemet.
53 Lossa vakuumslangen på bränsletrycksregulatorns ovansida.
54 Lossa clipset och dra loss matningsslangen från bränslerörets ände. Detta låter största delen av bränslet i regulatorn rinna ut. Var beredd på ett visst spill – placera ett litet kärl och några trasor under regulatorhuset.
55 Dra ut clipset från regulatorhusets sida och lyft ut huset, ta reda på o-ringen.

Montering

56 Montering sker i omvänd arbetsordning, lägg märke till följande:
a) Byt o-ringar om de är slitna eller skadade.
b) Kontrollera att regulatorns fästclips sitter säkert fast.
c) Anslut regulatorns vakuumslang på ett säkert sätt.

Lambdasond (modeller med katalysator)

Demontering

57 Lambdasonden är inskruvad i avgasröret framför katalysatorn. Se kapitel 4D för detaljer.
58 Lossa batteriets jordledning och för undan den från polen (se paragraf 1). Dra ur kontakten från Lambdasonden.
59 Arbeta under bilen och skruva ur givaren, var försiktig så att sondspetsen inte skadas vid demonteringen.
Observera: *Eftersom en tråd förblir ansluten till givaren sedan den kopplats ur krävs en hylsa med spår för att skruva ur sonden om inte en blocknyckel i rätt storlek finns tillgänglig.*

Montering

60 Lägg på lite antikärvningsfett på sondens gängor men håll sondspetsen ren.
61 Skruva fast sonden i huset och dra den till korrekt moment. Koppla in kabelhärvan.

7 Simos system – demontering och montering av komponenter

Observera: *Följ föreskrifterna i avsnitt 1 innan arbete påbörjas med någon del av bränslesystemet.*

Luftflödesmätare

Demontering

1 Lossa batteriets jordledning och för undan den från polen.

Observera: *Om bilen har en ljudanläggning med stöldskyddskod, se till att du har koden uppskriven innan batteriet kopplas ur. Rådfråga en VAG-verkstad om du är osäker.*
2 Se avsnitt 2 och lossa clipset så att lufttrumman kan dras av från luftflödesmätaren på luftrenarhusets baksida.
3 Dra ur luftflödesmätarens kontakt **(se bild)**.
4 Skruva ur skruvarna och dra ut mätaren från luftrenarhuset, ta reda på tätningen.
Varning: Hantera luftflödesmätaren varsamt – de interna komponenterna är mycket ömtåliga.

Montering

5 Montering sker i omvänd arbetsordning. Byt o-ring om den är skadad.

Trottelventilens potentiometer

6 Trottelventilens potentiometer är en integrerad del av trottelhuset, se relevant underavsnitt.

Insugsluftens temperaturgivare

Demontering

7 Givaren är monterad på luftrenarhusets sida.
8 Lossa batteriets jordledning och för undan den från polen (se paragraf 1). Dra ur kontakten från givaren.
9 Dra ut clipset och dra ut givaren ur huset.

Montering

10 Montering sker i omvänd arbetsordning.

Hastighetsgivare

11 Hastighetsgivaren är kombinerad med den elektroniska hastighetsmätarens givare och monterad på växellådan – se kapitel 7A, avsnitt 6.

Kylvätskans temperaturgivare

Demontering

12 Kylvätskans temperaturgivare är monterad i kylvätskeutgången på topplockets framsida (se kapitel 3).
13 Lossa batteriets jordledning och för undan den från polen (se paragraf 1). Dra ut givarens kontakt.
14 Se kapitel 1A och tappa ur cirka en fjärdedel av motorns kylvätska.
15 Dra ut clipset och lyft ut givaren ur kylvätskeutgången – var beredd på ett visst spill. Ta reda på o-ringen.

Montering

16 Montering sker i omvänd arbetsordning, använd en ny o-ring. Se kapitel 1A eller "Veckokontroller" och fyll på kylsystemet.

Varvtalsgivare

Demontering

17 Varvtalsgivaren är monterad på blockets framsida bredvid fogytan mellan motorblocket och svänghjulskåpan. Tappa vid behov ur motoroljan och ta bort oljefiltret (samt i förekommande fall oljekylaren) för bättre åtkomlighet – se kapitel 1A för detaljer.

18 Lossa batteriets jordledning och för undan den från polen (se paragraf 1). Dra ut givarens kontakt.
19 Skruva ur skruven och dra ut givaren från blocket.

Montering

20 Montering sker i omvänd arbetsordning.

Trottelhus

21 Se avsnitt 4 och lossa gasvajern från trottelventilens arm.
22 Lossa clipset och dra av insugsluft-trumman från trottelhuset.
23 Lossa batteriets jordledning och för undan den från polen (se paragraf 1). Dra ut kontakten från trottelpositioneringsventilens modul på trottelhusets baksida.
24 Lossa vakuumslangen från trottelhuset och kabelhärvan från styrclipset.

25 Se kapitel 1A och tappa ur cirka en fjärdedel av kylvätskan. Lossa slang-klämmorna och dra av kylvätskeslangarna från anslutningarna på trottelhusets nederdel, var noga med att anteckna deras mon-teringslägen.
26 Lossa avdunstningsregleringens vakuum-slang från trottelhusets överdel.
27 Skruva ur de genomgående bultarna och lyft av trottelhuset från insugsröret, ta ut och kassera packningen.

Montering

28 Montering sker i omvänd arbetsordning, lägg märke till följande:
   a) *Använd en ny packning mellan trottelhus och insugsrör.*
   b) *Dra trottelhusbultarna till angivet moment vid monteringen.*

   c) *Kontrollera att kylvätskeslangarna är korrekt monterade – slangen från topplocket ska vara ansluten längst bort från insugsröret.*
   d) *Kontrollera att alla vakuumslangar och elektriska kontakter monterats säkert.*
   e) *Se kapitel 1A eller "Veckokontroller" och fyll på kylsystemet.*
   f) *Kontrollera gasvajern och justera den vid behov.*

Bränsleinsprutare och bränslerör

Observera: *Om insprutare misstänks vara defekta kan det löna sig att försöka med en insprutarrengörande bränsletillsats innan insprutarna demonteras eller döms ut.*

Demontering

29 Lossa batteriets jordledning och för undan den från polen (se paragraf 1).
30 Dra ut insprutarnas kontakter, märk dem för att underlätta monteringen.
31 Tryckutjämna bränslesystemet (avsnitt 10).
32 Lossa vakuumslangen på bränsletrycks-regulatorns ovansida.
33 Lossa clipset och dra av bränslets matnings- och returledningar från bränsle-rörets ände. Anteckna *noga,* som mon-teringshjälp, hur slangarna är dragna.
34 Skruva ur bränslerörets skruvar och lyft försiktigt undan det från insugsröret, komplett med insprutare. Ta reda på insprutarnas infattningar och nedre o-ringar.
35 Insprutarna kan lossas en och en från bränsleröret genom att relevant clips dras ut och insprutaren lirkas loss. Ta reda på insprutarnas övre o-ringar.
36 Demontera vid behov bränsletrycks-regulatorn, se relevant underavsnitt.
37 Kontrollera insprutarnas elektriska mot-stånd och jämför med specifikationerna

Montering

38 Montering sker i omvänd arbetsordning, lägg märke till följande:
   a) *Byt insprutarnas o-ringar (och/eller infattningar) om de är skadade.*
   b) *Kontrollera att insprutarnas fästclips sitter fast säkert.*
   c) *Kontrollera att bränsleledningarna är korrekt monterade – se demonterings-anteckningarna – bränslets returanslutning pekar nedåt.*
   d) *Kontrollera att alla elektriska och vakuumanslutningar är korrekta och sitter säkert.*
   e) *Avsluta med en noggrann kontroll av att inget bränsleläckage förekommer innan bilen tas i användning.*

Bränsletrycksregulator

Demontering

39 Lossa batteriets jordledning och för undan den från polen (se paragraf 1).
40 Tryckutjämna bränslesystemet (avsnitt 10).

7.3 Komponenter i motorstyrningssystemet Simos

1 Kolkanisterventil
2 Luftflödesmätare
3 Lambdasondens kontakt
4 Trottelhus
5 Styrenhet
6 Insprutare
7 Bränsletrycksregulator

8 Tändspole
9 Hastighetsmätarens givare
10 Knacksensorns kontakt
11 Kabelhärvans kontakt
12 Varvtalsgivare
13 Varvtalsgivarens kontakt
14 Fördelare

15 Kylvätskans temperaturgivare
16 Knacksensor
17 Jordanslutning
18 Insugsluftens temperaturgivare
19 Träkolsfilter

41 Lossa vakuumslangen på bränsletrycks-regulatorns ovansida.

42 Lossa clipset och dra av bränslereturslangen från bränslerörets ände.

Observera: *Returanslutningen är vänd nedåt. Detta låter nästan allt bränsle i röret rinna ut. Var beredd på ett visst spill – placera ett litet kärl och trasor under anslutningen.*

43 Dra ut clipset från regulatorns sida och lyft ut regulatorhuset, ta reda på o-ringarna och silen.

44 Undersök om silen är förorenad och rengör den vid behov med rent bränsle.

Montering

45 Montering sker i omvänd arbetsordning, lägg märke till följande:

a) *Byt o-ringar om de är slitna eller skadade.*
b) *Kontrollera att regulatorns fästclips sitter fast säkert.*
c) *Montera vakuumslangen ordentligt.*

Lambdasond

Demontering

46 Lambdasonden är inskruvad i avgasröret framför katalysatorn. Se kapitel 4D för detaljer.

47 Lossa batteriets jordledning och för undan den från polen (se paragraf 1). Dra ur kontakten från Lambdasonden.

48 Arbeta under bilen och skruva ur givaren, var försiktig så att sondspetsen inte skadas vid demonteringen.

Observera: *Eftersom en tråd förblir ansluten till givaren sedan den kopplats ur krävs en hylsa med spår för att skruva ur sonden om inte en blocknyckel i rätt storlek finns tillgänglig.*

Montering

49 Lägg på lite antikärvningsfett på sondens gängor men håll sondspetsen ren.

50 Skruva fast sonden i huset och dra den till korrekt moment. Koppla in kabelhärvan.

8 Bränslepump och bränslemätarens givare – demontering och montering

Se kapitel 4A, avsnitt 6.

9 Bränsletank – demontering och montering

Se kapitel 4A, avsnitt 7.

10 Bränsleinsprutningssystem – tryckutjämning

Se kapitel 4A, avsnitt 8.

11 Insugsrör – demontering och montering

Demontering

1 Se avsnitt 10 och tryckutjämna bränslesystemet, lossa sedan batteriets jordledning och för undan den från polen.

Observera: *Om bilen har en ljudanläggning med stöldskyddskod, se till att du har koden uppskriven innan batteriet kopplas ur. Rådfråga en VAG-verkstad om du är osäker.*

2 Se avsnitt 2 och lossa luftintagstrumman från trottelhuset.

3 Se avsnitt 6 eller 7 efter tillämplighet och demontera trottelhuset från insugsröret.

4 Lossa gasvajern från fästet på insugsröret.

5 Lossa bromsservons vakuumslang från anslutningen på insugsrörets sida.

6 Se avsnitt 6 eller 7 efter tillämplighet och demontera bränslerör och insprutare tillsammans med bränsletrycksregulatorn.

Observera: *Bränsleröret kan föras åt sidan med anslutna bränsleledningar, undvik dock att sträcka på dessa.*

Motorkoderna PB, PF och 2E

7 Lossa tomgångens stabiliseringsventil från insugsröret, komplett med fäste.

8 Lossa CO-mätningens rör från insugsrörets undersida genom att skruva ur clipsets skruv. För röret åt sidan så att det går fritt från insugsröret, det får inte böjas eller brytas.

9 Skruva loss och ta bort stödplattan mellan insugsröret och avgasgrenröret.

10 Skruva ur den kvarvarande bulten och lossa insugsrörets jordledning.

11 Dra efter tillämplighet och behov ur kontakterna från tomgångs- och fulltrottel-brytarna eller trottelventilens potentiometer.

Motorkoderna ADY och AGG

12 Dra ur kontakten från temperaturgivaren på insugsröret.

Alla motorer

13 Skruva ur insugsrörets bultar. Lyft undan insugsröret och ta reda på packningen.

Montering

14 Montering sker i omvänd arbetsordning, lägg märke till följande:

a) *Använd en ny packning mellan insugsrör och topplock.*
b) *Dra insugsrörets bultar till angivet moment.*
c) *Kontrollera att alla vakuum- och elanslutningar är korrekta och sitter ordentligt.*
d) *Avsluta med att noga leta efter bränsleläckor innan bilen tas i användning.*

12 Bränsleinsprutningssystem – test och justering

1 Om ett fel uppstår i bränsleinsprutningssystemet, kontrollera först att alla kontakter är väl anslutna och fria från korrosion. Kontrollera sedan att felet inte beror på eftersatt underhåll, d v s kontrollera att luftfiltret är rent, att tändstiften är i gott skick och har korrekt elektrodavstånd, att cylindrarnas kompressionstryck är korrekt, att tändläget är korrekt (om justerbart) och att motorventilationens slangar är hela och utan igensättningar – se kapitlen 1A, 2A och 5B för mer information.

2 Om dessa kontroller inte visar på problemets orsak ska bilen tas till en lämpligt utrustad VAG-verkstad för test. En diagnoskontakt finns i motorstyrningens kabelhärva och speciell elektronisk testutrustning kopplas till denna. Testutrustningen kan fråga styrenheten elektroniskt och kalla upp felkodsloggen i denna. Det gör att fel kan hittas snabbt och enkelt även om de uppträder intermittent. Testning av alla systemkomponenter på individuell bas för att hitta ett fel genom eliminering är en tidsödande operation. Den är troligtvis inte framgångsrik (speciellt om felet är dynamiskt) och medför stor risk för interna skador på styrenheten.

3 Erfarna hemmamekaniker utrustade med en precisionsvarvräknare och en noggrant kalibrerad avgasanalyserare kan kontrollera avgasernas CO-halt och tomgångens varvtal. Om dessa ligger utanför specifikationerna måste bilen tas till en lämpligt utrustad VAG-verkstad för utvärdering. Endast med tidiga versioner av Digifant system kan tändläge och CO-halt justeras och då endast för att ge ett grundläge som systemet använder för att automatiskt ställa in idealvärden för alla körförhållanden. Inkorrekta testresultat indikerar fel i bränsleinsprutningssystemet.

13 Blyfri bensin – allmän information och användning

Observera: *Informationen i detta kapitel är i skrivandets stund korrekt. Kontrollera dock med en VAG-verkstad eftersom senare information kan finnas tillgänglig. Om du ska färdas utomlands, kontrollera med en motororganisation eller liknande vilken sorts bränsle som finns tillgänglig och hur lämpad den är för din bil.*

1 Det bränsle VW rekommenderar finns angivet i detta kapitels specifikationer.

2 Alla bilar med katalysator ska **endast** köras på blyfri bensin. Användning av blyad bensin skadar katalysatorn.

3 RON och MON är olika teststandarder. RON står för Research Octane Number (även betecknat RM) medan MON står för Motor Octane Number (även betecknat MM).

Kapitel 4 Del C:
Bränslesystem – diesel

Innehåll

Svårighetsgrader

Enkelt, passar novisen med lite erfarenhet	**Ganska enkelt,** passar nybörjaren med viss erfarenhet	**Ganska svårt,** passar kompetent hemma-mekaniker	**Svårt,** passar hemmamekaniker med erfarenhet	**Mycket svårt,** för professionell mekaniker

Specifikationer

Motorkoder
Se kapitel 2B, Specifikationer.

Allmänt
Tändföljd	1-3-4-2
Maximalt varvtal (motorkod AAZ)	5 200 ± 100 rpm
Tomgångsvarvtal (motorkod AAZ)	900 ± 30 rpm
Snabbtomgångens varvtal (motorkod AAZ)	1 050 ± 50 rpm

Insprutningspump
Insprutningspumpens synkronisering, avläsning med indikatorklocka (motorkod AAZ):
Kontroll	0,83 till 0,97 mm
Inställning	0,90 ± 0,02 mm

Åtdragningsmoment
	Nm
Bränsletankens fästbands bultar	25
Insprutningspumpens banjobultar för matnings- och returledningar . . .	25
Insprutningspumpens låsmuttrar på anslutningar	20
Insprutningspumpens bränsleanslutningar	25
Insprutningspumpens drevbultar (motorkod AAZ, efter 10/94)	25
Insprutningspumpens drevmutter:	
Motorkod AAZ	45
Alla andra motorer	55
Insprutningspumpens synkroniseringsplugg	15
Insprutningspumpens främre stöds bultar	25
Insprutningspumpens bakre stöds bultar	25
Insprutningspumpens övre kåpas skruvar (ej motorkod AAZ)	10
Insprutarnas bränslerörsanslutningar	25
Insprutare	70

1 Allmän information och föreskrifter

Allmän information

Motorkod AAZ

Bränslesystemet består av en bränsletank, en insprutningspump, ett bränslefilter i motorrummet med integrerad vattenavskiljare, bränsleledningar för matning och retur samt fyra insprutare.

Insprutningspumpen drivs av kamremmen med halv vevaxelhastighet. Bränsle dras från tanken genom filtret av insprutningspumpen, som fördelar bränslet under mycket högt tryck till insprutarna via separata matningsrör.

Insprutarna är fjäderbelastade mekaniska ventiler som öppnar när trycket på det bränsle som matas till dem överstiger ett förinställt gränsvärde. Bränslet sprutas då från insprutningsmunstycket till cylindern via en virvelkammare (indirekt insprutning). Motortypen AAZ är utrustad med tvåstegs insprutare som öppnar stegvis med stigande bränsletryck, vilket förbättrar förbränningsegenskaperna i motorn och leder till mjukare gång och ökad effektivitet.

Grundvärdet för insprutningens synkronisering ställs in med pumpens läge i fästet. När motorn går flyttas insprutningstiden framåt eller bakåt mekaniskt av själva pumpen, under inflytande av i huvudsak gaspedalens läge och motorns varvtal.

Motorn stängs av med en magnetventil som stänger av pumpens bränsleflöde när den stängs.

På tidigare modeller kan tomgången höjas manuellt vid kallstart med en kallstartsgasvajer reglerad från instrumentbrädan. På senare modeller kan kallstartsgasvajern vara ersatt med en automatisk tomgångshöjare monterad på insprutningspumpens sida.

Senare modeller är även utrustade med elektronisk självdiagnos och felkodsloggning för bränslepumpen. Detta system kan endast underhållas med speciell elektronisk testutrustning. Problem med systemets funktion ska därför överlåtas till en VAG-verkstad för utvärdering. När felet väl hittats ger följande avsnitt en beskrivning av hur relevant del byts ut.

Senare modeller är utrustade med ett stöldskyddslås som stänger av matningen till insprutningspumpen när det aktiveras. Avstängningsventilen är monterad på pumpen med två brytskallebultar. Detta stöldskydd kan eftermonteras på tidigare modeller, men detta måste utföras av en VAG-verkstad eftersom ventilen måste matchas till den elektroniska styrenheten.

Motorkoderna 1Z, AHU och AFN

Det direktinsprutade bränslesystemet styrs elektroniskt av ett motorstyrningssystem som består av en styrenhet och tillhörande givare, aktiverare och ledningar.

Grundläggande insprutningssynkronisering ställs in med pumpens läge i fästet. Dynamisk synkronisering och insprutningstid styrs av styrenheten utifrån information om motorns varvtal, trottelns position och öppningstakt, insugsflöde, insugsluftens temperatur, kylvätskans temperatur, bränslets temperatur, lufttryck och insugsrörets undertryck. Denna information hämtas från givare på och kring motorn. Styrning av insprutningstiden med sluten slinga uppnås med en givare för insprutarnålens lyfthöjd. Insprutare nummer 3 är utrustad med en givare för insprutarnålens lyfthöjd.

Tvåstegs insprutare används som förbättrar förbränningsegenskaperna för att uppnå tystare gång och renare avgaser.

Dessutom hanterar styrenheten EGR-systemet, turboaggregatets laddningsreglering och glödstiftsstyrningen (kapitel 4D).

Observera att diagnostisering av fel i dieselmotorstyrningen endast kan utföras med speciell elektronisk utrustning. Problem med systemets funktion ska därför överlåtas åt en VAG-verkstad för utvärdering. När felet väl hittats beskriver följande avsnitt hur relevant komponent byts.

Observera: *Genomgående i detta kapitel är att motorer betecknas med sina respektive motorkoder, inte slagvolymen – se kapitel 2B för en lista över motorkoder.*

Föreskrifter

I många av de arbetsmoment som beskrivs i detta kapitel måste man koppla ur bränsleledningar vilket orsakar ett visst bränslespill. Innan arbete påbörjas, läs varningarna nedan och informationen i *"Säkerheten främst!"* i början av denna handbok.

⚠ *Varning: Undvik direkt kontakt mellan hud och bränsle – använd skyddskläder och handskar vid hantering av bränslesystemets komponenter. Se till att arbetsplatsen är väl ventilerad så att bränsleångor inte samlas – detta arbete ska inte utföras från en smörjgrop eftersom dieselångor kan samlas i gropen.*

Insprutarna arbetar med extremt högt tryck – bränslestrålen från munstycket är kapabel att tränga genom huden, vilket

kan ha dödlig utgång. Vid arbete med insprutare under tryck ska stor försiktighet iakttagas så att ingen del av kroppen utsätts för bränslesprut. Vi rekommenderar att all trycktestning av systemets komponenter utförs av en specialist på dieselsystem.

Under inga omständigheter ska dieselolja låtas komma i kontakt med kylsystemets slangar – torka omedelbart upp allt spill. Slangar som under en tid förorenats av dieselolja ska bytas. Dieselsystem är extra känsliga för förorening av smuts, luft och vatten. Var extra noga med renligheten vid arbete med bränslesystemets komponenter så att smutsintrång förhindras. Rengör mycket noga kring anslutningar innan de öppnas. Förvara demonterade komponenter i förseglade behållare så att de inte utsätts för föroreningar eller kondens. Använd endast luddfria trasor och ren dieselolja för rengöring. Undvik att använda tryckluft vid rengöring av delar som sitter kvar i bilen.

2 Luftrenare – demontering och montering

Demontering

1 Lossa slangklämmorna och dra av lufttrummorna från luftrenaren (motorkod AAZ) eller luftflödesmätaren (övriga motorer) **(se bild)**.

2 Haka av gummibanden från klackarna på chassibalken **(se bild)**.

3 Dra luftrenaren mot motorn och lossa luftintagsslangen.

4 Lyft ut luftrenaren ur motorrummet. På motortyperna 1Z, AHU och AFN, skruva ur skruvarna och demontera luftflödesmätaren från luftrenaren.

Varning: Luftflödesmätaren är ömtålig – hantera den varsamt.

5 Bänd vid behov upp clipsen och lyft av luftrenarens lock. Ta ut luftfiltret (se kapitel 1B för mer detaljer).

2.1 Lossa lufttrummorna från luftrenaren

2.2 Haka loss gummibanden från klackarna på chassit

2.6 För in klacken i urtaget (vid pilen) i innerskärmen

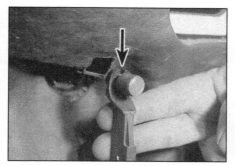

3.3 Lossa gasvajerns ände (vid pilen) från pedalens förlängda arm

3.5 Lossa gasvajern från insprutningspumpens arm

Montering

6 Montering sker i omvänd arbetsordning. Där så är tillämpligt ska monteringsklacken greppa i urtaget i innerskärmen **(se bild)**.

3 Gasvajer (motorkod AAZ) – demontering, montering och justering

1 Detta avsnitt tar endast upp motorkoden AAZ. Övriga modeller har en elektronisk avkänning av gaspedalens läge (se avsnitt 13).

Demontering

2 Se kapitel 11 och demontera klädselpanelerna under rattstången.
3 Tryck ned gaspedalen lite och haka av gasvajern från pedalens arm **(se bild)**.
4 Skruva av locket från den tvådelade muffen där vajern går genom torpedplåten så att vajern kan röras fritt.
5 Gå till motorrummet och ta bort clipset så att gasvajerns ände kan hakas av från insprutningspumpens arm **(se bild)**.
6 Dra gummimuffen bakåt och dra ut vajerhöljet från fästet **(se bild)**.
7 Lossa vajern från sina clips och dra ut den genom torpedplåten.

Montering

8 Montering sker i omvänd arbetsordning.

Justering

9 Fixera vajerhöljets läge på insprutningspumpen genom att sticka in metallclipset i ett

av styrspåren så att trottelarmen är vidöppen när gaspedalen är tryckt i botten.

4 Kallstartsgasvajer (motorkod AAZ) – demontering, montering och justering

Demontering

1 Lossa skruven på insprutningspumpen och lossa kallstartsgasvajern från insprutningspumpens arm.
2 Öppna clipset och dra av vajerhöljet från fästet på insprutningspumpens sida, ta reda på brickan.
3 Lossa vajern från de clips som fäster den i motorrummet.
4 Demontera klädselpanelerna under rattstången (se kapitel 11) så att instrumentbrädans insida blir åtkomlig.
5 Dra ut kallstartsknappen så att den bakre delen blir synlig och lossa vajern från knappen genom att öppna clipset.
6 Lossa vajerhöljet från instrumentbrädan genom att skruva ur muttern.
7 Dra in vajern i kupén, styr den genom torpedplåtsgenomföringen.

Montering

8 Montering sker i omvänd arbetsordning.

Justering

9 Tryck in kallstartsknappen hela vägen till "helt avstängd".

10 Trä kallstartsgasvajern genom borrhålet på insprutningspumpens arm. Håll kallstartsarmen i det stängda läget och dra vajern så att den är spänd och skruva åt låsskruven.
11 Dra ut kallstartsknappen i kupén och kontrollera att pumparmen rör sig hela slaget.
12 Tryck in kallstartsknappen helt, starta motorn och kontrollera tomgångens varvtal enligt beskrivning i kapitel 1B.
13 Dra ut kallstartsknappen helt och kontrollera att tomgången stiger till cirka 1 050 rpm. Justera vid behov vajern.

5 Bränslemätarens nivågivare – demontering och montering

1 Nivågivaren är placerad på bränsletankens ovansida och är åtkomlig via en lucka i bagageutrymmets golv. Enheten avger en signal med variabel spänning som driver instrumentbrädans nivåvisare. Här finns även bränsleledningarna anslutna till tanken.
2 Enheten sticker ned i bränsletanken och demontering av denna innebär att tankens innehåll exponeras för luften.

> ⚠️ **Varning: Undvik direkt kontakt mellan hud och bränsle – använd skyddskläder och handskar vid hantering av bränslesystemets komponenter. Se till att arbetsplatsen är väl ventilerad så att bränsleångor inte samlas.**

Demontering

3 Parkera på plan mark. Lossa batteriets jordledning och för undan den från polen.
Observera: Om bilen har en ljudanläggning med stöldskyddskod, se till att du har koden uppskriven innan batteriet kopplas ur. Rådfråga en VAG-verkstad om du är osäker.
4 Ta bort klädseln från lastutrymmets golv.
5 Skruva ur luckans skruvar och lyft upp luckan från golvet **(se bild)**.
6 Dra ur givarens kontakt **(se bild)**.
7 Täck området kring matnings- och returslangarna med trasor som kan suga upp spill, lossa sedan slangklämmorna och för undan dem från anslutningarna på givaren **(se bild)**. Följ pilarna för matning och retur på

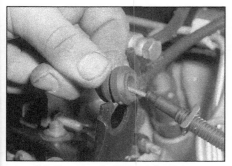

3.6 Dra ut vajerhöljet från fästet

5.5 Skruva ur golvluckans skruvar och lyft undan luckan

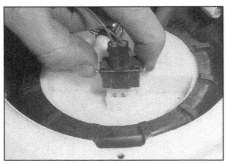

5.6 Dra ur givarens kontakt

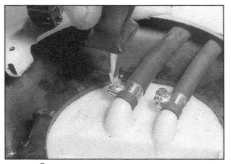

5.7 Öppna slangklämmorna och lossa bränsleledningarna från givaren

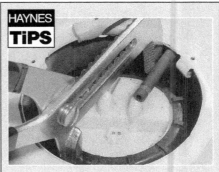

Använd en polygrip till att vrida låsringen till bränslemätarens givare

anslutningarna och märk upp slangarna så att de kan monteras korrekt.

8 Skruva loss låsringen av plast och lyft ut den **(se Haynes tips)**. Vrid där så är tillämpligt givaren åt vänster så att den lossnar från sin bajonettfattning och dra ut den, håll den över bränsleytan till dess att allt runnit ur. Ta reda på gummitätningen. **(se bilder)**.

9 Ta bort givaren från bilen och lägg den på absorberande kartong eller trasor. Undersök flottören i änden på givarens rörliga arm – om den har punktering och spår av bränsleintrång eller visar andra tecken på skador ska den bytas.

10 Enhetens bränsleupptagare är fjäderbelastad så att den alltid suger upp bränsle från tankens lägsta del. Kontrollera att upptagaren rör sig fritt med fjäderbelastning i förhållande till givarhuset.

11 Kontrollera skicket på gummiringen kring öppningen i tanken – byt den vid behov **(se bild 5.8c)**.

12 Kontrollera givarens arm och spår, ta bort eventuell smuts och kontrollera om spåret är brutet **(se bild)**. En elektrisk specifikation för givaren har inte angetts av VW, men integriteten kan verifieras genom att en ohmmätare ansluts över givarens stift. Motståndet ska ändras likformigt när flottörarmen förs upp och ned. En avläsning som anger kretsbrott på någon punkt indikerar att givaren är defekt och ska bytas.

Montering

13 Montering sker i omvänd arbetsordning, lägg märke till följande:
a) *Pilarna på sändarens hus och tanken måste vara i linje med varandra (se bild).*
b) *Smörj tanköppningens gummitätning med rent bränsle innan monteringen.*
c) *Anslut bränsleslangarna på sina korrekta platser – följ pilmarkeringarna så som sagts i paragraf 7.*

6 Bränsletank – demontering och montering

Observera: *Följ föreskrifterna i avsnitt 1 innan arbete påbörjas med någon del av bränslesystemet.*

Demontering

1 Innan tanken kan demonteras måste den tömmas så långt det går. Eftersom avtappningsplugg saknas är det lämpligt att göra detta när tanken är tämligen tom. Var dock noga med att inte köra helt slut på bränslet eftersom luft då dras in i systemet, vilket gör det nödvändigt att avlufta systemet. Det kan även skada insprutningspumpen.

2 Lossa batteriets jordledning och för undan den från polen.

Observera: *Om bilen har en ljudanläggning med stöldskyddskod, se till att du har koden uppskriven innan batteriet kopplas ur. Rådfråga en VAG-verkstad om du är osäker. Använd en handpump eller sifon och töm ur bränslet i tankens botten.*

3 Se avsnitt 5 och gör följande:
a) *Dra ur givarens kontakt.*
b) *Lossa bränsleledningarna från givaren.*

4 Placera en garagedomkraft mitt under tanken. Använd trämellanlägg så att tankens yta inte skadas och höj domkraften så att tankens vikt precis bärs upp (se *"Lyftning och stödpunkter"*).

5.8a Skruva ur låsringen av plast och lyft undan den

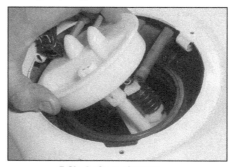

5.8b Lyft ut givaren . . .

5.8c . . . och ta reda på gummitätningen

5.12 Leta efter brott på givarens motståndsspår

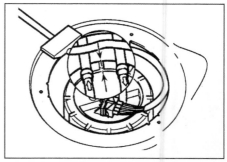

5.13 Pilarna på givaren och tanken måste vara i linje med varandra

7.4 Koppla en tvåbent avdragare på insprutningspumpens drev

7.5a Lyft av pumpdrevet . . .

7.5b . . . och ta reda på woodruff-kilen

5 Arbeta inne i höger bakre hjulhus och skruva ur de skruvar som fäster tankens påfyllningsrör. Öppna luckan över tanklocket och lossa tätningsflänsen av gummi från karossen.
6 Skruva ur bultarna från tankens fästband, stötta tanken med ena handen när den lossnar från fästena.
7 Sänk ned domkraften och dra ut den och tanken från bilens undersida, lossa ventilationsslangarna från påfyllningsröret när de blir synliga. Leta upp jordledningen och lossa den från stiftet på påfyllningsröret
8 Om tankens innehåll är förorenat med sediment eller vatten, skruva loss nivågivaren (se avsnitt 5) och skölj ur tanken med rent bränsle. Tanken är formgjuten av plast, om den är skadad ska den i regel bytas. Det kan dock i vissa fall vara möjligt att reparera smärre läckor eller skador. Rådfråga en lämplig specialist innan försök görs att reparera tanken.

Montering

9 Montering sker i omvänd arbetsordning, lägg märke till följande:
a) Kontrollera att fästgummina är korrekt placerade när tanken lyfts på plats och se till att ingen slang kommer i kläm mellan tanken och bottenplattan.
b) Kontrollera att alla rör och slangar är korrekt dragna och hållna på plats med sina clips.
c) Anslut jordledningen till stiftet på påfyllningsröret.
d) Dra bultarna till tankens fästband till angivet moment.

e) Avsluta med att fylla tanken med bränsle och utföra en omfattande sökning av läckor innan bilen tas i trafik.

7 Insprutningspump – demontering och montering

Observera: På motorerna 1Z, AHU och AFN måste insprutningspumpens inställning för insprutningsstart kontrolleras och vid behov justeras efter montering. Insprutningsstarten styrs elektroniskt av styrenheten och påverkas av ett antal parametrar, inklusive kylvätskans temperatur och motorns läge/hastighet. Även om justeringen i sig är mekanisk kan kontroll endast utföras av VAG-verkstäder eftersom speciell testutrustning krävs för inkopplandet till insprutningens styrenhet.

Demontering

1 Lossa batteriets jordledning och för undan den från polen.
Observera: Om bilen har en ljudanläggning med stöldskyddskod, se till att du har koden uppskriven innan batteriet kopplas ur. Rådfråga en VAG-verkstad om du är osäker.
2 Se kapitel 2B och gör följande:
a) Demontera luftrenaren (och luftflödesmätaren på motorerna 1Z, AHU och AFN) och tillhörande lufttrummor.
b) Demontera ventilkåpan och yttre kamremskåpan.
c) Ställ motorn till ÖD för cylinder nr 1.
d) Lossa kamremmen från kamaxelns och insprutningspumpens drev.

3 Lossa muttern eller bultarna (efter tillämplighet) som fäster kamremsdrevet vid insprutningspumpens axel. Drevet måste hållas stilla medan fixturerna lossas – ett redskap för detta är lätt att tillverka, se avsnitt 5 i kapitel 2B för detaljer.
Varning: På motorerna AAZ och 1Y efter oktober 1994 är drevet tvådelat, fastsatt med tre bultar. Under inga omständigheter får axelns centrummutter lossas eftersom detta skulle ändra grundläget för insprutningen.
4 Koppla en tvåbent avdragare på insprutningspumpens drev och spänn avdragaren gradvis till dess att drevet är under ett fast tryck (se bild).
Varning: Förhindra skador på pumpens axel genom att placera en platt bit metallskrot mellan axeländen och avdragarens centrumbult.
5 Knacka hårt på avdragarens centrumbult med en hammare – detta lossar drevet från den koniska axeln. Ta bort avdragaren och skruva ur drevets fixturer, lyft av drevet och ta reda på woodruff-kilen (se bilder).
6 Lossa bränslerörens anslutningar på insprutningspumpens baksida och insprutarna och lyft undan bränslerören (se bilder).
Varning: Var beredd på ett visst bränslespill vid detta arbete, placera ett litet kärl under den anslutning som ska öppnas och täck området med trasor för att fånga upp spillet. Var noga med att inte belasta bränslerören när de demonteras.
7 Täck över de öppna rören och anslutningarna för att förhindra smutsintrång och överdrivet bränsleläckage (se Haynes tips).

7.6a Lossa bränslerörsanslutningarna på insprutningspumpens baksida

7.6b Lyft undan bränslerören från motorn

HAYNES TiPS

Skär av fingerspetsarna på ett par gamla gummihandskar och fäst dessa över anslutningarna med gummiband

Placera en bit gummislang över banjobulten (vid pilen) så att borrhålen täcks och skruva tillbaka bulten i insprutningspumpens anslutning

8 Lossa matningens och returens banjobultar i insprutningspumpens anslutningar, se till att minimera spillet. Täck över de öppna rören och anslutningarna för att förhindra smutsintrång och överdrivet bränsleläckage **(se Haynes tips)**.

9 Lossa insprutaravluftningsslangen från bränslereturanslutningen **(se bild)**.

10 Se avsnitt 12 och dra ur kontakten från stoppventilen.

11 På motorn AAZ, se avsnitt 3 och 4 och haka (i förekommande fall) av kallstartsgasvajern från insprutningspumpen.

12 På motorn AAZ, lossa gasvajern från insprutningspumpen.

13 På motorerna 1Z, AHU och AFN, dra ur kontakterna från bränsleavstängnings-/insprutningsstartens ventil och mängdjusteringsmodulen, märk upp ledningarna som monteringshjälp.

14 För alla motorer utom AAZ efter oktober 1994, om den befintliga insprutningspumpen ska monteras igen, märk upp förhållandet mellan pumphuset och främre fästet med en penna eller ritsnål. Detta ger en ungefärlig inställning av pumpens synkronisering vid monteringen.

Motorkod AAZ, oktober 1994 och senare

15 Dra ur kontakterna från följande komponenter och märk upp dem som monteringshjälp:

7.18 Dra ur insprutningspumpens bakre fästbult

7.9 Lossa insprutaravluftningsslangen från returbränsleanslutningen (vid pilen)

a) *Insprutningsstartens ventil.*
b) *Insprutningstidens givare.*
c) *Avstängningsventil för laddtrycksberikning.*
d) *På bilar utan luftkonditionering, tomgångshöjarens aktivering.*

16 På senare modeller där insprutningspumpen saknar individuella kontakter ska multikontakten dras ur fästet och jorden skruvas loss **(se bild)**.

Observera: *Nya insprutningspumpar levereras inte med kontakthus. Om pumpen ska bytas måste relevanta stift tryckas ut ur det befintliga kontakthuset så att de från den nya pumpen kan monteras.*

17 Om bilen har luftkonditionering ska vakuumslangen från tomgångshöjningen kopplas ur.

Samtliga modeller

18 Skruva ur den bult som fäster insprutningspumpen vid bakre fästet **(se bild)**.

Varning: Lossa inte insprutningspumpens fördelarhusbultar eftersom detta kan orsaka allvarliga interna skador på insprutningspumpen.

19 Skruva ur de tre bultar/muttrar som fäster insprutningspumpen vid främre fästet. Lägg märke till att där bultar används är de tvä yttre hållna med metallbyglar. Stötta pumphuset när den sista fixturen skruvas ur. Kontrollera att inte någonting är anslutet till pumpen och lyft undan den från motorn.

Montering

20 För upp insprutningspumpen mot motorn och stick in insprutningspumpens bakre fästbult och dra den till angivet moment.

7.28 Åtdragning av insprutningspumpens drev med ett hemmagjort låsverktyg

7.16 Insprutningspumpens kontakt (1) och jordning (2)

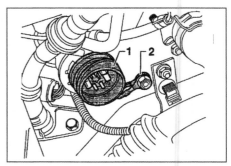

21 Stick in de främre fästbultarna och dra dem till angivet moment.

Observera: *På alla motorer utom AAZ efter oktober 1994 är fästhålen förlängda för att medge justering – om en ny pump monteras, placera den så att bultarna inledningsvis är i hålens centrum för att ge största möjliga justeringsmån. Alternativt, om den befintliga pumpen sätts tillbaka ska uppriktningsmarkeringarna från demonteringen användas.*

22 På alla motorer utom AAZ före oktober 1994, om en ny insprutningspump monteras ska den snapsas genom att en liten tratt monteras på returanslutningen så att håligheten kan fyllas med ren dieselolja. Klä in området runt anslutningen med trasor för att suga upp spill.

23 Anslut matningsrören till insprutarna och pumphuvudet och dra åt anslutningarna till angivet moment.

24 Anslut matnings och returledningarna till pumpen, använd nya tätningsbrickor och dra banjobultarna till angivet moment.

Observera: *Innerdiametern på banjobulten till returledningen är mindre än den för matningen och den är märkt "OUT".*

25 Tryck fast insprutaravluftningsslangen på sin plats på returanslutningen.

26 Montera kamremsdrevet på insprutningspumpens axel, kontrollera att woodruff-kilen sätter sig korrekt. Montera brickan och muttern/bultarna efter tillämplighet och fingerdra dem bara tills vidare.

27 Lås insprutningspumpens drev på plats med en stång eller bult genom inriktningshålet och borrhålet i främre pumpfästet. Det ska vara minimalt spel i drevet när det är låst på plats.

28 Se kapitel 2B och montera kamremmen, kontrollera sedan insprutningspumpens synkronisering med kamaxeln. Avsluta med att spänna kamremmen och skruva fast pumpdrevet med angivet moment **(se bild)**. Montera yttre kamremskåpan och ventilkåpan, använd ny packning där så behövs.

29 Resterande montering sker i omvänd arbetsordning, tänk på följande:

a) *Sätt i alla kontakter på pumpen, följ märkningen från demonteringen. Om en ny pump monteras på en AAZ-motor tillverkad efter oktober 1994, tryck fast stiften på sina respektive platser i det*

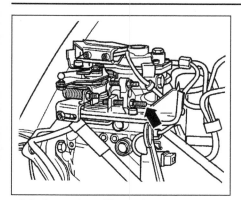

8.3 Justerskruv för maximalt motorvarv (motorn AAZ)

befintliga kontakthuset, se kopplings-schemana längst bak i handboken för identifiering av ledningarna.

b) Montera luftrenaren (och luftflödesmätaren på motorerna 1Z, AHU och AFN) samt lufttrummorna.

c) Anslut batteriets jordledning.

Motorkoderna 1Z, AHU och AFN

30 Insprutningsstarten ska nu kontrolleras dynamiskt och vid behov justeras av en VAG-verkstad. Se anmärkningen i början av detta avsnitt.

Motorkod AAZ

31 Gör följande:
a) Anslut gasvajern och kallstartsgasvajern till pumpen och justera dem efter behov.
b) På motorer före oktober 1994, kontrollera pumpens statiska inställning och justera efter behov enligt beskrivning i avsnitt 10.
c) Kontrollera tomgångens varvtal, justera vid behov enligt beskrivning i kapitel 1B.
d) Kontrollera motorns maxvarv, justera vid behov enligt beskrivning i avsnitt 8.
e) Kontrollera snabbtomgångens varvtal, justera vid behov enligt beskrivning i avsnitt 9.

8 Maximalt varvtal (motorkod AAZ) – kontroll och justering

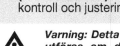

⚠️ *Varning: Detta moment ska inte utföras om det råder minsta tvivel om kamremmens skick. Kontrollen innebär att motorn körs med maximalt varvtal, vilket medför stora påfrestningar på kamremmen. Under förutsättning att kamremmen är i bra skick ska det inte vara några problem, men om kamremmen brister blir resultatet allvarliga motorskador.*

Observera: *Följ föreskrifterna i avsnitt 1 innan arbete påbörjas med någon del av bränsle-systemet.*

1 Starta motorn och kontrollera att hand-bromsen är åtdragen och växellådan i friläge. Låt en medhjälpare trycka gaspedalen i botten och bygg upp maximalt varvtal under en period av några sekunder.

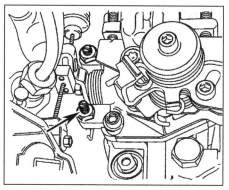

9.3 Justerskruv (vid pilen) för snabbtomgång

2 Kontrollera med en dieselvarvräknare att det maximala varvtalet är enligt specifika-tionerna.

Varning: Håll inte maxvarv mer än i 2 – 3 sekunder.

3 Justera vid behov maxvarvet genom att lossa på låsmuttern och vrida justerskruven **(se bild)**.

4 Avsluta med att dra åt låsmuttern.

9 Snabbtomgång (motorkod AAZ) – kontroll och justering

Observera: *Följ föreskrifterna i avsnitt 1 innan arbete påbörjas med någon del av bränsle-systemet.*

1 Se kapitel 1B och kontrollera tomgångens varvtal, justera vid behov.

Modeller med instrumentbrädesmonterad kallstartsstyrning

2 Dra ut kallstartsknappen hela vägen och kontrollera med en dieselvarvräknare att varvtalet stiger till det snabbtomgångsvärde som anges i specifikationerna.

3 Justera vid behov inställningen genom att lossa på låsmuttern och vrida på snabb-tomgångsskruven **(se bild)**.

4 Avsluta med att dra åt låsmuttern.

Modeller med kallstartsaktiverare

5 I de fall en elektrisk eller pneumatisk kall-startsaktiverare används i stället för en instrumentbrädesmonterad manuell styrning utförs justering av snabbtomgången enligt följande:

6 För tomgångshastighetens arm för hand så att den kommer i kontakt med juster-skruven för snabbtomgång **(se bild)**, kontrollera att varvtalet är enligt speci-fikationerna.

7 Justera vid behov inställningen genom att lossa på låsmuttern och vrida på snabb-tomgångsskruven **(se bild 9.3)**.

8 Avsluta med att dra åt låsmuttern.

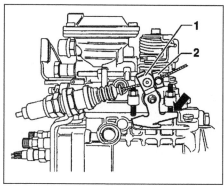

9.6 Elektrisk kallstartsaktiverare - tomgångshastighetsarmen (1) i kontakt med justerskruven för snabbtomgång (vid pilen). Vajerklammern (2) visas också

9 Kontrollera att det inte finns något slack i manövervajern när armen hålls mot juster-skruven. Lossa vid behov skruvnippeln på vajeränden, hämta hem slacket och skruva åt nippeln igen.

10 Insprutningspumpens synkronisering (motorkod AAZ) – kontroll och justering

Observera: *På motorerna 1Z, AHU och AFN kan insprutningspumpens synkronisering endast kontrolleras och justeras med speciell testutrustning. Rådfråga en VAG-verkstad.*

Observera: *Följ föreskrifterna i avsnitt 1 innan arbete påbörjas med någon del av bränsle-systemet.*

Kontroll

1 Lossa batteriets jordledning och för undan den från polen.

Observera: *Om bilen har en ljudanläggning med stöldskyddskod, se till att du har koden uppskriven innan batteriet kopplas ur. Rådfråga en VAG-verkstad om du är osäker.*

2 Se kapitel 2B och ställ motorn till ÖD för cylinder 1. Kontrollera uppriktningen mellan insprutningspumpens och kamaxelns drev, justera vid behov. Avsluta med att ställa tillbaka motorn till ÖD för cylinder 1.

3 Skruva ur inställningspluggen på pumpens baksida, ta reda på tätningen **(se bild)**.

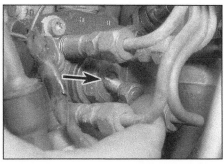

10.3 Skruva ur pluggen (vid pilen) från pumphuvudet och ta reda på tätningen

10.4 Skruva in en indikatorklocka i pumphuvudet

4 Använd en passande adapter och skruva in en indikatorklocka i pumplocket **(se bild)**. Förbelasta indikatorklockan med ett avläsningsvärde på cirka 2,5 mm.
5 Dra sakta runt vevaxeln motsols med en hylsnyckel på remskivebulten. Indikatorklockan indikerar rörelse – vrid vevaxeln till dess att rörelsen precis upphör.
6 Nollställ indikatorklockan med en förbelastning på cirka 1,0 mm.
7 Vrid sedan vevaxeln medurs tillbaka till ÖD för cylinder nr 1. Observera vad indikatorklockan anger och jämför med specifikationerna.
8 Om avläsningen ligger inom angivna toleranser, skruva ur indikatorklockan och skruva i pluggen. Använd en ny tätning och dra pluggen till angivet moment.
9 Om avläsningen ligger utanför angivna toleranser, se följande beskrivning.

11.6 Demontering av en insprutare från topplocket

Justering

10 Lossa pumpens fästbultar på främre och bakre fästena (se avsnitt 7).
11 Vrid pumphuset till dess att avläsningen "Inställning" (se specifikationerna) indikeras på indikatorklockan.
12 Avsluta med att dra pumpens fästbultar till angivet moment.
13 Skruva ur indikatorklockan och skruva i pluggen. Använd en ny tätning och dra pluggen till angivet moment.

11 Bränsleinsprutare – allmän information, demontering och montering

 Varning: Iakttag extrem försiktighet vid arbete med insprutare. Utsätt aldrig händer eller andra kroppsdelar för strålar från insprutarna eftersom det höga arbetstrycket kan orsaka att bränslet tränger genom huden, vilket kan vara livsfarligt. Det rekommenderas starkt att arbete som innebär testande av insprutare under tryck ska utföras av en märkesverkstad eller specialist på insprutningssystem. Se föreskrifterna i avsnitt 1 innan arbete påbörjas med någon del av bränslesystemet.

Allmän information

1 Insprutare slits med tiden, det är rimligt att förvänta att de behöver renoveras eller bytas efter ungefär 100 000 km. Precis testning, renovering och kalibrering av insprutare måste överlåtas åt en specialist. En defekt insprutare som orsakar knackningar eller rök kan identifieras utan isärtagning enligt följande.
2 Kör motorn på snabbtomgång. Lossa varje insprutaranslutning i turordning, placera trasor runt för att fånga upp spill och se till att inte utsätta huden för sprut. När anslutningen till den defekta insprutaren lossas upphör knackningarna eller röken.

Demontering

Observera: *Var ytterst noga med att inte låta smuts komma in i insprutarna eller bränslerören vid detta arbete. Tappa inte insprutare och*

skada inte nålspetsarna. Insprutarna är precisionstillverkade med ytterst fina toleranser och ska hanteras varsamt.
3 Lossa batteriets jordledning och för undan den från polen.
Observera: *Om bilen har en ljudanläggning med stöldskyddskod, se till att du har koden uppskriven innan batteriet kopplas ur. Rådfråga en VAG-verkstad om du är osäker.*
Täck generatorn med en ren trasa eller plastpåse så att den skyddas mot eventuellt spill.
4 Rengör noga kring insprutarna och anslutningarnas muttrar, lossa insprutarens returrör.
5 Torka rent rörens anslutningar och lossa muttern till relevant rör till varje insprutare på pumpens baksida (rören demonteras som en enhet). När varje pumpanslutnings mutter lossas ska adaptern hållas på plats med en passande blocknyckel så att den inte skruvas loss från pumpen. När anslutningsmuttrarna skruvats ur ska rören tas bort från motorn. Täck över alla öppningar för att förhindra smutsintrång.

> **HAYNES TiPS** *Skär av fingertopparna från en gammal gummihandske och fäst dem över de öppna anslutningarna med gummiband för att förhindra smutsintrång (se avsnitt 7).*

6 Skruva ut insprutaren, använd en djup hylsa eller en blocknyckel och ta bort den från topplocket **(se bild)**.
7 Ta reda på värmeskölds brickan **(se bild)**.

Montering

8 Montera en ny värmeskölds bricka på topplocket, lägg märke till att den konvexa sidan ska vara vänd mot topplocket **(se bild)**.
9 Skruva in insprutaren på plats och dra den till angivet moment **(se bild)**.
10 Montera insprutningsrören och dra anslutnings muttrarna till angivet moment. Placera eventuella clips på rören som de satt innan demonteringen.
11 Anslut insprutarens returrör.
12 Koppla in batteriet och kontrollera motorgången.

11.7 Ta reda på värmesköldsbrickan

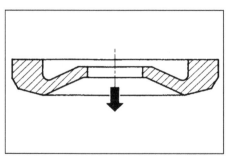

11.8 Värmesköldsbrickan måste monteras med den konvexa sidan ned (pilen vänd mot topplocket)

11.9 Skruva fast insprutaren och dra den till angivet moment

12 Bränsleavstängningsventil – demontering och montering

Observera: *Se föreskrifterna i avsnitt 1 innan arbete påbörjas med bränslesystemet.*

Demontering

1 Bränsleavstängningsventilen är placerad på insprutningspumpens baksida.
2 Lossa batteriets jordledning och för undan den från polen.
Observera: *Om bilen har en ljudanläggning med stöldskyddskod, se till att du har koden uppskriven innan batteriet kopplas ur. Rådfråga en VAG-verkstad om du är osäker.* Dra ur ventilens kontakt **(se bild)**.
3 Lossa ventilhuset och dra ut det från pumpen. Ta reda på tätningsbricka, o-ring och kolv.

Montering

4 Montering sker i omvänd arbetsordning. Använd ny tätningsbricka och o-ring.

13 Dieselmotorstyrsystem – demontering och montering av komponenter

Observera: *Detta avsnitt är endast tillämpbart på motorerna 1Z, AHU och AFN.*
Observera: *Se föreskrifterna i avsnitt 1 innan arbete påbörjas med bränslesystemet.*

Gaspedalens lägesgivare

Demontering

1 Lossa batteriets jordledning och för undan den från polen.
Observera: *Om bilen har en ljudanläggning med stöldskyddskod, se till att du har koden uppskriven innan batteriet kopplas ur. Rådfråga en VAG-verkstad om du är osäker.*
2 Se kapitel 11 och demontera klädseln under rattstången så att pedalerna blir åtkomliga.
3 Lossa clipset från änden på gaspedalspindeln, dra ut spindeln och ta reda på bussningen och fjädern.
4 Lyft ut gaspedalen ur pedalstället, lossa den från positionsgivarvajerns kamplatta.
5 Dra ur positionsgivarens kontakt.
6 Skruva ur den skruv som fäster positionsgivaren vid pedalstället.
7 Demontera givaren från pedalstället, skruva ur fixturerna och lossa den från fästet.
8 Skruva ur spindelmuttern och dra loss vajerkamplattan från spindeln.

Montering

9 Montering sker i omvänd arbetsordning, lägg märke till följande:
a) *Vajerkamplattan måste monteras på positionsgivarspindeln enligt visade mått* **(se bild)**.
b) *Avsluta med att få justeringen av positionsgivaren verifierad elektroniskt med speciell testutrustning – Rådfråga en VAG-verkstad.*

12.2 Kontakt (vid pilen) till bränsleavstängningsventilen

Kylvätskans temperaturgivare

Demontering

10 Lossa batteriets jordledning och för undan den från polen (se paragraf 1). Se kapitel 1B och tappa ur cirka en fjärdedel av motorns kylvätska.
11 Givaren sitter ovanpå övre kylvätskeutgången på topplockets framsida. På motortypen AFN måste övre motorkåpan tas bort för åtkomst. Dra ur givarens kontakt.
12 Dra ur clipset och dra ut givaren ur sitt hus, ta reda på o-ringen – var beredd på kylvätskespill.

Montering

13 Montering sker i omvänd arbetsordning, använd en ny o-ring. Se kapitel 1B eller *"Veckokontroller"* och fyll på kylsystemet.

Bränslets temperaturgivare

Demontering

14 Lossa batteriets jordledning och för undan den från polen (se paragraf 1). På motortypen

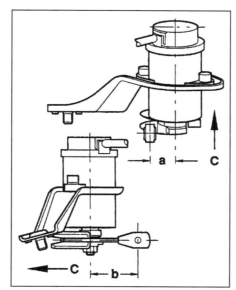

13.9 Montering av lägesgivarens vajerkamplatta
a 22 ± 0,5 mm   C Mot bilens
b 41± 0,5 mm   front

AFN ska övre motorkåpan demonteras för åtkomst.
15 Skruva ur skruvarna och lyft av insprutningspumpens toppkåpa. Ta reda på packningen.
16 Skruva ur skruvarna och lyft ut bränsletemperaturgivaren.

Montering

17 Montering sker i omvänd arbetsordning. Dra skruvarna till pumpens toppkåpa till angivet moment.

Insugsluftens temperaturgivare

Demontering

18 Lossa batteriets jordledning och för undan den från polen (se paragraf 1).
19 Givaren är monterad i lufttrumman mellan laddluftskylaren och insugsröret. Dra ut givarens kontakt.
20 Ta bort clipset och dra ut givaren ur huset, ta reda på o-ringen.

Montering

21 Montering sker i omvänd arbetsordning, använd en ny o-ring.

Motorns hastighetsgivare

Demontering

22 Motorns hastighetsgivare är placerad framtill på blocket, bredvid fogytan mellan blocket och svänghjulskåpan.
23 Lossa batteriets jordledning och för undan den från polen (se paragraf 1), dra sedan ur givarens kontakt.
24 Skruva ur skruven och dra ut givaren från blocket.

Montering

25 Montering sker i omvänd arbetsordning.

Luftflödesmätare

Demontering

26 Lossa batteriets jordledning och för undan den från polen (se paragraf 1),
27 Se avsnitt 2 och lossa clipsen, dra sedan av lufttrumman från luftflödesmätaren på luftrenarens baksida.
28 Dra ur luftflödesmätarens kontakt.
29 Skruva ur skruvarna och dra ut mätaren från luftrenarhuset, ta reda på o-ringen.
Varning: Hantera luftflödesmätaren varsamt – de interna delarna är ömtåliga.

Montering

30 Montering sker i omvänd arbetsordning. Byt o-ringen om den är skadad.

Insugsrörets tryckgivare

31 Insugsrörets tryckgivare är en integrerad del av den elektroniska styrenheten och kan inte bytas separat.

Lufttrycksgivare (höjd över havet)

Bilar fram till augusti 1994

32 Givaren är monterad bakom instrumentbrädan, ovanför relähållaren. Se kapitel 11 och demontera relevanta sektioner av instrumentbrädan för åtkomst.

13.41 Styrenhetens placering, kontakten visas (vid pilen)

33 Lossa batteriets jordledning och för undan den från polen (se paragraf 1). Lossa givaren från fästet och dra ut givarens kontakt.

Bilar från och med augusti 1994

34 Lufttrycksgivaren är en integrerad del av den elektroniska styrenheten och kan inte bytas separat.

Laddtrycksventil

Demontering

35 Laddtrycksventilen än monterad på innerskärmen bakom luftrenaren.
36 Lossa batteriets jordledning och för undan den från polen (se paragraf 1). Dra ur ventilens kontakt.
37 Frigör vakuumslangarna från anslutningarna på laddtrycksventilen, anteckna deras placeringar som monteringshjälp.
38 Skruva ur skruven och lyft av ventilen från innerskärmen. Montering sker i omvänd arbetsordning.

Elektronisk styrenhet

39 Den elektroniska styrenheten är monterad under vindrutans grillpaneler i bakre delen av motorrummet.
40 Lossa batteriets jordledning och för undan den från polen (se paragraf 1).
41 Se kapitel 1 och demontera pollenfiltrets täckpanel för att komma åt styrenheten (se bild).
42 Dra ur styrenhetens kontakt, skruva sedan ur muttern och lossa enheten från fästet. Ta bort styrenheten från bilen.
43 Montering sker i omvänd arbetsordning. Kontrollera att tändningen är avstängd (eller batteriets jordledning lossad) innan styrenhetens kontakt sätts i.

14 Laddluftskylare – allmän information, demontering och montering av komponenter

Allmän information

1 Motortyperna 1Z, AHU och AFN är försedda med en laddluftskylare. Det är i praktiken en luftkylare, vars funktion är att kyla ned övertrycksluften från turboaggregatet innan den går in i insugsröret.
2 Turboaggregatet drivs av de heta avgaserna och blir därför snabbt varmt. Denna värme överförs till den luft som passerar genom aggregatet. Komprimeringen av luften från luftrenaren värmer också upp den. Resultatet blir att den luft som kommer till insugsröret är betydligt varmare än den omgivande luften.
3 Med laddluftskylning styrs luften från turboaggregatet genom grova rör till laddluftskylaren, som i stort liknar och fungerar som kylvätskekylaren. Laddluftskylaren är placerad i luftströmmen framtill på bilen i motorrummets vänstra sida (se bild).
4 Den uppvärmda luften från turboaggregatet leds in nedtill i kylaren, kyls ned av luftströmmen över laddluftskylarens flänsar och lämnar kylaren på ovansidan betydligt kallare, och leds sedan till insugsröret. En lufttemperaturgivare finns i lufttrumman och ger information till styrenheten (se bild).

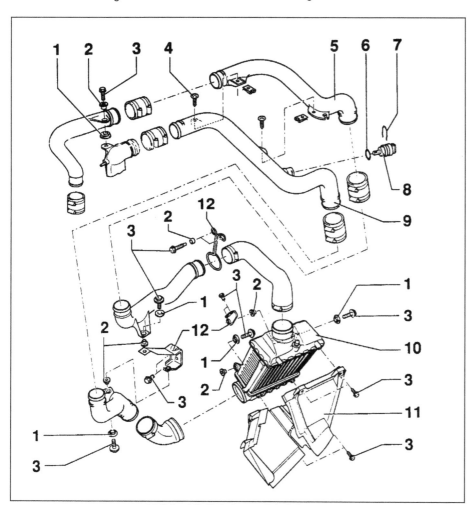

14.3 Laddluftskylare och luftslangar

1 Gummifäste
2 Distans
3 Bult
4 Skruv
5 Lufttrumma mellan turboaggregat och laddluftskylare
6 O-ring
7 Clips
8 Insugsrörets temperaturgivare
9 Lufttrumma mellan laddluftskylare och insugsrör
10 Laddluftskylare
11 Lufttrummor
12 Fäste

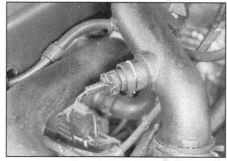

14.4 Insugsluftens temperaturgivare i trumman mellan laddluftskylaren och insugsröret

5 Fördelen med att kyla insugsluften är att kallare luft är tätare, vilket gör att en större effektiv mängd luft tvingas in i cylindrarna för förbränning. Detta leder till att motorns effekt höjs utan att bränsleförbrukningen drabbas. Större mängd luft i cylindrarna ger även en mer komplett förbränning och därmed färre utsläpp.

Demontering och montering av komponenter

Laddluftskylare

5 Lossa batteriets jordledning och för undan den från polen.

Observera: *Om bilen har en ljudanläggning med stöldskyddskod, se till att du har koden uppskriven innan batteriet kopplas ur. Rådfråga en VAG-verkstad om du är osäker.*

6 Hur komponenterna sitter under motorhuven, vilket varierar mellan modellerna, avgör det enklaste sättet att demontera laddluftskylaren. I de flesta fall är den enklare att lyfta ut underifrån, men i vissa fall är det enklare att ta ut den uppifrån. Om enheten ska lyftas ur uppifrån, se vid behov kapitel 5A och ta ut batteriet ur motorrummet och om möjligt även batterihyllan.

7 Om laddluftskylaren ska tas ut från undersidan, dra åt handbromsen och ställ framvagnen på pallbockar. Demontera i förekommande fall hasplåten under motorn.

8 Öppna luftslangarnas slangklämmor på laddluftskylarens övre och nedre delar och dra loss slangarna.

9 Skruva ur de fyra bultar (2 uppe, 2 nere) som fäster laddluftskylaren i bilens front.

10 Skruva ur de två genomgående bultarna på laddluftskylarens baksida och dra ut enheten.

11 Montering sker i omvänd arbetsordning. Dra åt fästbultar och slangklämmor rejält och leta efter luftläckor när motorn startas.

Luftslangar

12 Form, placering och dragning av luftslangarna till laddluftskylaren varierar med modell, men demontering och montering ska vara tämligen självklar efter en inspektion. Märk vid behov slangarna vid demonteringen så att de inte blandas ihop vid monteringen.

Varning: Om turboaggregatets luftslang avlägsnas, täck över anslutningen på aggregatet så att det inte kommer in skräp i det.

Kontrollera alltid vid monteringen att bultar och skruvar är väl åtdragna, att slangklämmorna sitter fast ordentligt och att det inte förekommer luftläckage.

Anteckningar

Kapitel 4 Del D:
Avgassystem och avgasrening

Innehåll

Svårighetsgrader

Enkelt, passar novisen med lite erfarenhet	Ganska enkelt, passar nybörjaren med viss erfarenhet	Ganska svårt, passar kompetent hemma-mekaniker	Svårt, passar hemmamekaniker med erfarenhet	Mycket svårt, för professionell mekaniker

Specifikationer

Turboaggregat
Typ .... Garrett eller KKK
Maximalt laddtryck:
  Motorkod AAZ .... 0,60 till 0,83 bar vid 4 000 rpm
  Motorkod 1Z/AHU .... 0,50 till 0,65 bar vid 3 500 till 4 000 rpm
  Motorkod AFN .... Information saknas i skrivande stund

Åtdragningsmoment — Nm
EGR-ventilens muttrar/bultar 25
Muttrar, nedåtgående avgasrör till turboaggregat 25
Bultar, avgassystemsfästen till underrede 40
Avgassystemets klammerbultar 25
Muttrar/bultar, turboaggregat till grenrör:
  Motorkod AAZ* 45
  Motorkod 1Z och AHU 35
  Motorkod AFN* 25
Bultar, turboaggregatets fästbygel:
  M8 25
  M10 30
Turboaggregatets oljematningsrörs anslutning (endast
  motorkod AFN) 10
Bultar, turboaggregatets oljematningsrörs anslutning 25
Bultar, turboaggregatets oljereturrörs anslutning 30
*Använd nya muttrar/bultar

1 Allmän information

System för avgasrening
Alla bensinmodeller kan använda blyfri bensin (rådfråga en VAG-representant om du är osäker) och de flesta styrs av ett motor-styrningssystem som är inställt för att ge den bästa kompromissen mellan körbarhet, bränsleförbrukning och utsläpp. Dessutom finns andra system som hjälper till av reducera utsläpp av skadliga ämnen. Alla modeller har ett system för vevhusventilation, vilket minskar föroreningar från motorns smörj-system. En katalysator som reducerar avgasutsläppen finns på de flesta modeller (se bild) liksom en avdunstningsreglering som reducerar utsläpp av gasformiga kolväten från tanken.

Alla dieselmodeller har också vevhus-ventilation. Dessutom har alla modeller även katalysator och återcirkulation av avgaser (EGR) för att reducera avgasutsläppen.

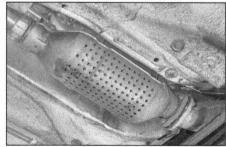

1.1 Katalysator – bensinmotorversion visad

Vevhusventilation

I syfte att minska utsläppen av ej förbrända kolväten från vevhuset till atmosfären är motorn tätad och förbiblåsningsgaser och oljedimma dras från vevhusets insida genom en oljeavskiljare till insugsröret och förbränns på normalt sätt av motorn.

När högt undertryck råder i insugsröret (tomgång, inbromsning) sugs gaserna ut ur vevhuset. När lågt undertryck råder (acceleration, fullgaskörning) tvingas vevhusgaserna ut ur vevhuset av det (relativt) högre vevhustrycket. Om motorn är sliten kommer det ökade vevhustrycket (beroende på ökad förbiblåsning) att orsaka ett visst utflöde ur vevhuset oavsett trycket i insugsröret. Vissa motorer är försedda med en tryckregleringsventil (på ventilkåpan) som styr vevhusgasernas utflöde.

Avgasrening – bensinmodeller

I syfte att minimera föroreningar i atmosfären är de flesta modeller försedda med en katalysator i avgassystemet. Alla modeller med katalysator är utrustade med ett bränslesystem av typen sluten slinga, där en Lambdasond i avgassystemet ger motorns styrenhet konstant information så att styrenheten kan justera bränsleblandningen för optimal förbränning.

Lambdasonden har ett inbyggt värmeelement som styrs av styrenheten via ett relä för att snabbt få upp sondspetsen till optimal arbetstemperatur. Sondspetsen känner av syrehalten i avgaserna och avger en konstant, varierande, signal till styrenheten. Om bränsleblandningen är för fet är avgaserna syrefattiga och sonden sänder då en låg spänning till styrenheten. Signalspänningen stiger när blandningen magrar och syrehalten i avgaserna därmed stiger. Maximal omvandlingseffekt för alla större föroreningar uppstår när bränsleblandningen hålls vid den kemiskt korrekta kvoten för fullständig förbränning av bensin, som är 14,7 delar (vikt) luft till 1 del bensin (den "stoikometriska" kvoten). Sondens signalspänning ändras ett stort steg vid denna punkt och styrenheten använder detta som referens och korrigerar bränsleblandningen efter detta genom att modifiera insprutningens pulsbredd (duration). Detaljbeskrivning av Lambdasondens demontering och montering finns i kapitel 4A eller B efter tillämplighet.

Avgasrening – dieselmodeller

En oxideringskatalysator är monterad i avgassystemet på samtliga dieselmodeller. Denna avlägsnar en stor del gasformiga kolväten, koloxid och partiklar från avgaserna.

Ett system för återcirkulation av avgaser (EGR) finns på alla dieselmodeller. Detta reducerar halten kväveoxider från förbränningen genom att tillföra en del avgaser till insuget via en plungerventil under vissa arbetsförhållanden. Systemet styrs elektroniskt av glödstiftsstyrmodulen på motorn AAZ eller motorstyrningens styrenhet på övriga dieselmotorer.

Avdunstningsreglering – bensinmodeller

I syfte att minimera utsläpp av ej förbrända kolväten i atmosfären finns ett system för avdunstningsreglering monterat på alla bensinmodeller med katalysator. Tanklocket är tätat och en kolkanister är monterad i höger främre hjulhus för att samla upp bensinångor från tanken. Dessa sparas i kanistern till dess att de sugs ut (under ledning av motorstyrningens styrenhet) via en rensventil i insuget för normal förbränning i motorn.

För att säkerställa korrekt motorgång när den är kall och/eller går på tomgång och för att skydda katalysatorn från en för fet bränsleblandning öppnas inte ventilen av styrenheten förrän motorn är varmkörd och belastas. Om förhållandena är de rätta öppnas och stängs ventilen för att leda sparade ångor till insuget.

Avgassystem

Avgassystemet består av grenröret, en eller två ljuddämpare (beroende på modell och specifikation), en katalysator (i förekommande fall), ett antal upphängningar och en serie anslutande rör.

På dieselmotorer är ett turboaggregat monterat på grenröret, se avsnitt 6 för fler detaljer.

2 Avdunstningsreglering – allmän information och byte av komponenter

Allmän information

1 Avdunstningsregleringen består av rensventil, kolkanister och en uppsättning anslutande vakuumslangar.
2 Rensventilen är monterad på ett fäste bakom luftrenarhuset och kolkanistern är monterad i höger främre hjulhus.

Byte av komponenter

Rensventil

3 Rensventilen är placerad ovanpå höger innerskärm, bakom luftrenaren. Kontrollera att tändningen är avslagen och dra ut rensventilens kontakt (se bild).
4 Lossa clipsen och dra loss vakuumslangarna från rensventilens anslutningar. Anteckna deras placeringar som monteringshjälp.
5 Dra ut rensventilen ur fästringen och lyft ut den ur motorrummet.
6 Montering sker i omvänd arbetsordning.

Kolkanister

7 Leta upp kanistern i hjulhuset. Beroende på modell kan det bli nödvändigt att demontera luftrenarhuset för bättre åtkomst (se tillämplig del av kapitel 4). Lossa kanisterns vakuumslangar, anteckna hur de är monterade. Skruva antingen ur de två bultarna eller tryck ned låsfliken på sidan om låsbandet och lyft ut kanistern ur hjulhuset.
8 Montering sker i omvänd arbetsordning.

3 Vevhusventilation – allmän information

Vevhusventilationen består av en serie slangar som ansluter vevhuset till ventilkåpan och luftintaget, en tryckregleringsventil (i förekommande fall) och en oljeavskiljare.

Systemet kräver inget underhåll, förutom regelbunden kontroll att slangarna är hela och fria från igensättningar.

4 Återcirkulation av avgaser (EGR) (dieselmotorer) – information och byte av komponenter

Information

1 EGR-systemet består av en EGR-ventil och en sats anslutande vakuumslangar.
2 På motorerna AAZ och 1Z är EGR-ventilen monterad på en flänsfog på insugsröret och ansluten till en andra flänsfog på grenröret med ett semiflexibelt rör.
3 På motorn AFN är EGR-ventilen integrerad i insugsröret och kan inte bytas separat. Ett semiflexibelt rör ansluter ventilen till grenröret.

Byte av komponent

EGR-ventil (endast motorerna AAZ och 1Z)

4 Lossa vakuumslangen från EGR-ventilens ovansida.
5 Skruva ur de bultar som fäster det semiflexibla röret vid EGR-ventilens fläns (se bild). Ta ut och kassera anslutningens packning.
6 Skruva ur de bultar som fäster EGR-ventilen vid insugsrörets fläns och lyft av ventilen. Ta ut och kassera packningen.

2.3 Dra ut rensventilens kontakt (vid pilen)

7 Montering sker i omvänd arbetsordning, tänk på följande:

a) *Använd nya flänsfogspackningar och självlåsande muttrar.*

b) *När det semiflexibla röret ansluts ska bultarna först fingerdras, kontrollera sedan att röret inte är utsatt för belastningar innan bultarna dras till angivet moment.*

EGR-ventil till grenrör

8 Skruva ur de bultar som fäster det semiflexibla röret vid EGR-ventilens fläns. Ta ut och kassera packningen.

9 Skruva ur de bultar som fäster det semiflexibla röret vid grenröret och lyft undan röret.

10 Montering sker i omvänd arbetsordning, tänk på följande:

a) *Använd nya flänsfogspackningar och självlåsande muttrar.*

b) *När det semiflexibla röret ansluts ska bultarna först fingerdras, kontrollera sedan att röret inte är utsatt för belastningar innan bultarna dras till angivet moment.*

5 Grenrör –
demontering och montering

Demontering av grenröret beskrivs som en del att topplockets demontering, se kapitel 2A eller B efter tillämplighet. Se avsnitt 7 för delning av grenrör och nedåtgående rör.

6 Turboaggregat –
demontering och montering

Allmän information

1 Samtliga dieselmotorer är utrustade med ett turboaggregat. Detta är monterat direkt på grenröret och smörjs av en egen oljematning direkt från oljefilterfästet. Oljan leds tillbaka till sumpen via ett returrör som är anslutet till motorblockets sida. Turboaggregatet har en integrerad övertrycksventil och ett vakuum-aktiverat membran som används till att reglera det laddtryck som leds till insugsröret.

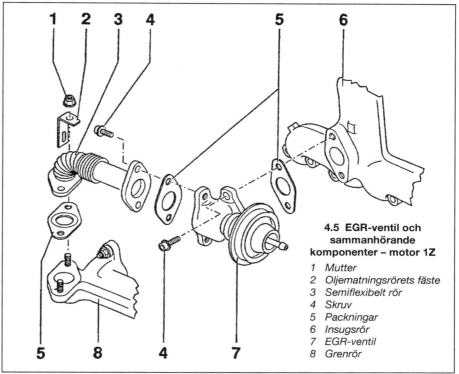

4.5 EGR-ventil och sammanhörande komponenter – motor 1Z

1 Mutter
2 Oljematningsrörets fäste
3 Semiflexibelt rör
4 Skruv
5 Packningar
6 Insugsrör
7 EGR-ventil
8 Grenrör

2 Turboaggregatets interna komponenter roterar med mycket hög hastighet och är därmed mycket känsliga för föroreningar. Stora skador kan orsakas av små smutspartiklar, speciellt om dessa slår mot de ömtåliga turbinbladen.

Varning: Var ytterst noga vid rengöringen kring alla oljerörsanslutningar innan de öppnas, så att smutsintrång förhindras. Förvara demonterade komponenter i en lufttät behållare så att förorening undviks. Täck över turboaggregatets luftintag för att förhindra att skräp kommer in och rengör endast med luddfria trasor.

⚠️ *Kör inte motorn med turbo-aggregatets luftintagstrumma demonterad. Undertrycket i in-taget kan byggas upp ytterst snabbt om motorns varvtal höjs. Det finns då risk att främmande föremål sugs in och sedan slungas ut med mycket hög hastighet.*

Motor AAZ

Demontering

3 Lossa batteriets jordledning och för undan den från polen.

Observera: *Om bilen har en ljudanläggning med stöldskyddskod, kontrollera att du har koden uppskriven innan batteriet kopplas ur. Rådfråga en VAG-verkstad om du är osäker.*

4 Öppna slangklämmorna och avlägsna luft-trummorna mellan turboaggregatet och insugsröret **(se bilder)** samt mellan luft-renaren och turboaggregatet.

5 Lossa vakuumslangarna från övertrycks-ventilens membranhus. Anteckna deras dragning och färgkodning som monterings-hjälp.

6 Öppna anslutningarna och lossa turbo-aggregatets oljerör **(se bilder)**. Ta ut tätnings-brickorna och kassera dem – nya måste användas vid montering. Lossa matningsröret från clipset på insugsröret.

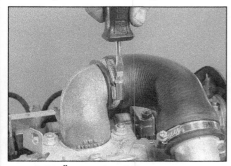

6.4a **Öppna slangklämmorna . . .**

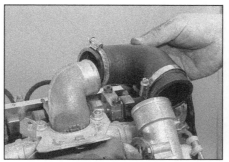

6.4b **. . . och avlägsna lufttrumman mellan turboaggregatet och insugsröret**

6.6a **Lossa oljereturrörets anslutning på turboaggregatet**

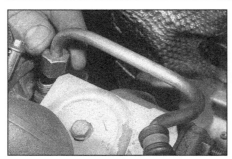

6.6b Lossa oljematningsrörets anslutning på turboaggregatet

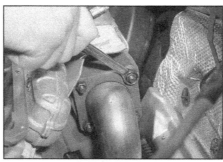

6.7a Skruva ur muttrarna och lossa nedåtgående röret från turboaggregatets utlopp

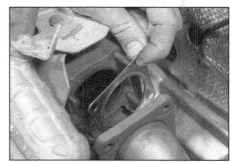

6.7b Ta ut och kassera packningen

7 Skruva ur muttrarna och lossa nedåtgående röret från turboaggregatets utlopp. Ta ut och kassera packningen – en ny måste användas vid montering **(se bilder)**. Lossa fästena och avlägsna nedåtgående röret från grenrörets stötta.

8 Skruva ur de bultar som fäster turboaggregatet vid grenröret.

Observera: *Åtkomst av den nedre bulten är begränsad, ett förlängningsskaft med universalknut underlättar urskruvandet. Kassera bultarna – nya ska användas vid montering.*

9 Lyft av turboaggregatet från grenröret.

Montering

10 Montering sker i omvänd arbetsordning, tänk på följande:
  a) *För upp turbon mot grenröret och fingerdra det nedåtgående rörets muttrar.*
  b) *Lägg på högtemperaturfett på gängor och skallar på de nya bultarna mellan turbon och grenröret och dra åt dem till angivet moment.*
  c) *Dra nedåtgående rörets muttrar till angivet moment.*

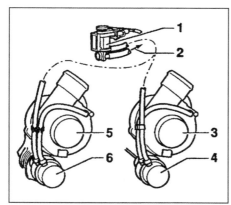

6.10 Övertrycksventilens vakuumslanganslutningar – motor AAZ

1 *Tvåvägsventil*
2 *Till vakuumpumpen*
3 *Turboaggregat (KKK)*
4 *Övertrycksventilens aktiverare*
5 *Turboaggregat (Garrett)*
6 *Övertrycksventilens aktiverare*

  d) *Snapsa oljematningsröret och turbons oljeingång med ren motorolja innan ihopkopplingen och dra anslutningen till angivet moment.*
  e) *Dra åt oljereturanslutningen till angivet moment.*
  f) *Anslut vakuumslangarna till övertrycksaktiveraren enligt gjorda noteringar* **(se bild)**.
  g) *När motorn startas efter ihopsättandet, låt den gå på tomgång i ungefär en minut så att oljan får tid att cirkulera runt turbinaxelns lager.*

Motor 1Z

Demontering

11 Lossa batteriets jordledning och för undan den från polen (se paragraf 3). Öppna slangklämmorna och avlägsna lufttrummorna

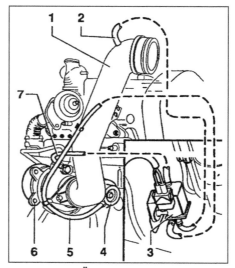

6.18 Övertrycksventilens vakuumslanganslutningar – motor 1Z

1 *Insugstrumma*
2 *Slang med svart färgkodning*
3 *Laddtryckets styrventil*
4 *Övertrycksventilens aktiverare*
5 *Slang med blå färgkodning*
6 *Turboaggregat*
7 *Slang med röd färgkodning*

mellan turboaggregatet och laddluftskylaren samt mellan luftrenaren och turboaggregatet.

12 Lossa vakuumslangarna för laddtrycksregleringsventilen från övertrycksventilens aktiverares membranhus, notera deras dragning och färgkodning som monteringshjälp.

13 Skruva ur muttrarna och lossa nedåtgående röret från turboaggregatets utlopp. Ta ut och kassera packningen – en ny måste användas vid montering.

14 Öppna anslutningarna och lossa turboaggregatets oljerör. Ta ut tätningsbrickorna och kassera dem – nya måste användas vid montering. Lossa matningsröret från clipset på insugsröret.

15 Skruva ur muttrarna och lossa nedåtgående röret från turboaggregatets utlopp.

16 Skruva ur de två bultarna mellan turboaggregatet och insugsröret från ovansidan, skruva sedan ur muttern på grenrörets undersida.

17 Lyft av turboaggregatet från grenröret.

Montering

18 Montering sker i omvänd arbetsordning, tänk på följande:
  a) *För upp turbon mot grenröret och fingerdra nedåtgående rörets muttrar.*
  b) *Skruva på muttern till turboaggregatet på grenrörets undersida och dra den till angivet moment.*
  c) *Lägg på högtemperaturfett på gängor och skallar på de nya bultarna mellan turbon och grenröret och dra åt dem till angivet moment.*
  d) *Dra nedåtgående rörets muttrar till angivet moment.*
  e) *Snapsa oljematningsröret och turbons oljeingång med ren motorolja innan ihopkopplingen och dra anslutningen till angivet moment.*
  f) *Dra åt oljereturanslutningen till angivet moment, använd en ny tätning.*
  g) *Anslut vakuumslangarna till övertrycksaktiveraren enligt gjorda noteringar* **(se bild)**.
  h) *När motorn startas efter ihopsättandet, låt den gå på tomgång i ungefär en minut så att oljan får tid att cirkulera runt turbinaxelns lager.*

Motor AFN

Demontering

19 Lossa batteriets jordledning och för undan den från polen (se paragraf 3). Avlägsna motorns toppkåpa. Öppna slangklämmorna och avlägsna lufttrummorna mellan turboaggregatet och laddluftskylaren samt mellan luftrenaren och turboaggregatet.
20 Lossa vakuumslangarna för laddtrycksregleringsventilen från övertrycksventilens aktiverares membranhus.
21 Lossa oljematningsröret från turboaggregatet. Ta ut och kassera o-ringen – en ny måste användas vid montering. Skruva loss bulten och muttern och lossa matningsröret från fästet på insugsröret.
22 Skruva ur muttrarna och lossa nedåtgående röret från turboaggregatets utlopp. Ta ut och kassera packningen – en ny måste användas vid montering.
23 Skruva loss turboaggregatets fästbygel från turboaggregatet och topplocket.
24 Skruva ur de två bultarna från oljereturanslutningen på turboaggregatets fot. När turbon avlägsnats, ta ut och kassera packningen – en ny ska användas vid montering.
25 Skruva ur de två muttrar som fäster turbon vid grenröret från undersidan, skruva sedan ur muttern på ovansidan. Kassera muttrarna – nya ska användas vid montering.
26 Lyft av turboaggregatet från grenröret.

Montering

27 Montering sker i omvänd arbetsordning, tänk på följande:
a) Smörj gängorna på pinnbultarna mellan turbon och grenröret med högtemperaturfett.
b) För upp turbon mot grenröret och fingerdra den övre muttern.
c) Skruva på de två undre turboaggregatsmuttrarna, dra dem till angivet moment.
d) Montera en ny packning och skruva i de två oljereturrörsbultarna i anslutningen i turboaggregatets fot och dra dem till angivet moment.
e) Skruva fast turboaggregatets fäste på topplocket och turbon, dra bultarna till angivet moment.
f) Dra den övre bulten mellan grenröret och turbon till angivet moment.
g) Montera en ny packning på turboaggregatets pinnbultar, montera nedåtgående röret och dra muttrarna till angivet moment.
h) Snapsa oljeingången på turboaggregatet med ren motorolja. Montera en ny o-ring på oljematningsröret innan detta kopplas in, dra anslutningen till angivet moment. Montera oljematningsröret till fästet på insugsröret.
i) Anslut vakuumslangen till övertrycksventilens aktiverare.
j) När motorn startas efter hopsättandet, låt den gå på tomgång i ungefär en minut så att oljan får tid att cirkulera runt turbinaxelns lager.

7 Avgassystem – allmän information och byte av komponenter

Allmän information

1 Avgassystemet består av det nedåtgående röret, katalysatorn (eller främre ljuddämparen, beroende på modell), en mellanljuddämpare tvärs över bilen och slutstycket som innehåller bakre ljuddämparen. På senare modeller är mellanljuddämparen och slutstycket ursprungligen utförd i ett stycke, men individuella sektioner finns som reservdelar.
2 På samtliga modeller är systemet upphängt i gummifästen som är fastbultade på underredet med fästen.

Demontering

 Varning: Ge avgassystemet tillräckligt med tid att svalna innan arbetet påbörjas. I synnerhet katalysatorn (i förekommande fall) arbetar med mycket hög temperatur och kan orsaka allvarliga brännskador vid vårdslös hantering. Om det finns någon risk för att systemet är varmt ska handskar användas.
3 Varje sektion i avgassystemet kan demonteras separat, eller så kan hela systemet demonteras som en enhet.
4 Vid demontering av avgassystemet, ställ

först fram- eller bakvagnen på pallbockar (se *"Lyftning och stödpunkter"*). Alternativt kan bilen ställas över en smörjgrop eller på ramper.

Nedåtgående rör – utom bilar med motorkod RP

6 Placera träklossar under katalysatorn/främre ljuddämparen som stöd. Se i förekommande fall kapitel 4A eller B och skruva ur Lambdasonden ur avgasröret.
7 Skruva ur de muttrar som fäster nedåtgående röret vid katalysatorn/främre ljuddämparen (efter tillämplighet). Skruva ur bultarna och ta reda på fogtätningen.
8 Skruva ur muttrarna och lossa nedåtgående röret från grenröret. Ta reda på packningen och avlägsna nedåtgående röret från bilens undersida.

Nedåtgående rör – bilar med motorkod RP

9 På bilar med motorn RP är fogen mellan grenrör och nedåtgående avgasrör en trattfläns som hålls ihop av två mycket stela clips. Om tillgängligt ska VW specialverktyg 41 40A/2 användas för att tvinga isär clipsen i turordning för demontering. Detta verktyg är i princip en kilformad platta. Om verktyget inte är tillgängligt kan ett passande substitut tillverkas som passar i clipset, för röret åt sidan mot det kilade clipset så att spelet på den sidan reduceras och kan dras ut **(se bilder)**. Det är troligtvis nödvändigt att lossa nedåtgående rörets fästen så att röret kan flyttas i sidled. Observera att clipsen säkras i fogen av säten i flänsarna. När väl ett clips lösgjorts, tryck röret mot den andra sidan och upprepa förfarandet för att avlägsna det andra clipset. Sänk ned röret och avlägsna fogens tätning. Lägg märke till att det inte ska vara nödvändigt (och rekommenderas heller inte) att bända lös clipsen, eftersom de då troligen flyger av och kan orsaka personskador. Demontering av dämparvikten från styrningens monteringsram och avgasrörets värmesköld rekommenderas för att förbättra åtkomsten. Denna fog är inte lätt att dela (eller montera) så försiktighet och tålamod krävs.
10 Löstagande av det nedåtgående röret på motorn RP är i övrigt beskrivet i paragraf 6 till 8.

7.9a Fog och fästclips mellan grenrör och nedåtgående rör (endast motorn RP)

7.9b Fästclips och kil (motorn RP)

7.9c Fästclips med intvingad kil (motorn RP)

Katalysator

11 Skruva ur de muttrar som fäster nedåtgående röret vid katalysatorn. Skruva ur bultarna och ta ut fogens tätning.
12 Lossa bultarna på de klammrar som fäster katalysatorn vid mellanröret.
13 Lossa katalysatorn från mellanröret och dra ut den från bilens undersida.
Observera: *Kom ihåg att katalysatorn är BRÄCKLIG (och dyr att byta) - tappa den inte! Hantera den varsamt i alla situationer.*

Mellanljuddämpare – tidiga modeller

14 Lossa klammerbultarna och dra av klammern från fogen mellan mellanljuddämparen och slutstycket och fogen mellan mellanljuddämparen och katalysatorn/främre ljuddämparen.
15 Lossa mellanröret från slutstycket och katalysatorn/främre ljuddämparen, avlägsna den från bilen.

Mellanljuddämpare – senare modeller

16 Lossa klammerbultarna och dra av klammern från fogen mellan mellanljuddämparen och katalysatorn/främre ljuddämparen.
17 Lossa mellanröret från katalysatorn och avlägsna hela stycket från bilen.
18 Om enbart mellanljuddämparen ska bytas måste röret mellan slut- och mellanljuddämparna, som är krökt över bakaxeln, kapas. Två anvisningar för avkapning finns markerade med tre intryck runt röret – kapa vid det bakre märket om mellanljuddämparen ska bytas. Om en icke-VW ljuddämpare ska monteras kan det tänkas att en annan kapningspunkt behövs, så kapa inte röret förrän den nya ljuddämparen är inköpt. Vid tveksamhet ska detta arbete överlåtas till en VAG-verkstad eller specialist på avgassystem.

Slutstycke och bakre ljuddämpare – tidiga modeller

19 Lossa klammerbultarna och sära slutstycket i fogen mellan bakre och mellanljuddämparna.
20 Haka loss slutstycket från gummiupphängningarna och avlägsna det från bilen.

Slutstycke och bakre ljuddämpare – senare modeller

21 Lossa klammerbultarna och dra av klammern från fogen mellan mellanljuddämparen och katalysatorn/främre ljuddämparen.
22 Lossa mellanröret från katalysatorn och avlägsna hela stycket från bilen.
23 Om enbart bakre ljuddämparen ska bytas måste röret mellan slut- och mellanljuddämparna, som är krökt över bakaxeln, kapas. Två kapanvisningar finns markerade med tre intryck runt röret – kapa vid den främre anvisningen om bakre ljuddämparen ska bytas. Om en icke-VW ljuddämpare ska

monteras kan det tänkas att en annan kapningspunkt behövs, så kapa inte röret förrän den nya ljuddämparen är inköpt. Vid tveksamhet ska detta arbete överlåtas till en VAG-verkstad eller specialist på avgassystem.

Komplett avgassystem

24 Lossa främre röret från grenröret – se paragraf 6 till 10.
25 Ta hjälp av någon och haka av systemet från alla gummiupphängningar och avlägsna det från bilens undersida.

Värmesköldar

26 Värmesköldarna är fästa på underredet med en blandning av muttrar, bultar och clips. Varje sköld kan avlägsnas sedan relevant del av avgassystemet demonterats. Lägg märke till att om skölden ska demonteras för att man vill komma åt en komponent bakom den kan det i vissa fall räcka med att lossa skölden och sänka ned den, utan att avgassystemet behöver demonteras.

Montering

27 Varje sektion monteras i omvänd arbetsordning, lägg märke till följande:
a) Avlägsna alla spår av rost från flänsarna och byt alla packningar **(se bild)**.
b) Kontrollera gummiupphängningarnas skick och byt efter behov.
c) Byt tätning i fogen mellan nedåtgående röret och katalysatorn/främre ljuddämparen.
d) I fogar som hålls samman av klammrar ska lite avgastätningsmassa läggas på fogytorna för att säkerställa en gastät fog. Dra klammermuttrarna jämt och stegvis till angivet moment så att spelet mellan klammerhalvorna är lika på båda sidorna.
e) Kontrollera innan avgassystemets fästen dras åt att alla gummiupphängningar är korrekt placerade och att det finns tillräckligt med spel mellan avgassystemet och underredet. Greppa systemet och försök röra det i sidled i fästena. Kontrollera även rörelsemånen i längsled. Om det på någon punkt uppstår kontakt mellan avgassystem och underrede, lossa klammrarna på berörd del och vrid den i förhållande till resten av systemet. Praktiskt tänkande och handlande bör lösa alla problem.

7.27 Packning mellan grenrör och nedåtgående rör – motorn RP

8 Katalysator – allmän information och föreskrifter

1 Katalysatorn är en enkel och pålitlig enhet som i sig är underhållsfri, men man måste känna till vissa fakta om den, så att den ska kunna fungera korrekt under hela sin livstid.

Bensinmodeller

a) *ANVÄND INTE blyad bensin i en bil med katalysator – blyet täcker över ädelmetallerna och reducerar deras katalysförmåga och förstör med tiden hela katalysatorn.*

b) *Systemen för bränsle och tändning ska hela tiden vara väl underhållna i enlighet med tillverkarens underhållsschema (se kapitel 1A).*

c) *Om motorn börjar misstända ska bilen inte köras alls (eller åtminstone så lite som möjligt) innan felet åtgärdats.*

d) *STARTA INTE bilen med knuff eller bogsering – detta dränker katalysatorn med ej förbränt bränsle, vilket gör att den överhettar när motorn väl startar.*

e) *STÄNG INTE av tändningen vid höga motorvarv (d v s kupera inte motorn just innan den stängs av).*

f) *I vissa fall kan en svaveldoft (som av ruttna ägg) märkas från avgassystemet. Detta är vanligt på många katalysatorförsedda bilar, men när den körts några tusen km brukar problemet upphöra. Lågkvalitativt bränsle med hög svavelhalt förstärker denna effekt.*

g) *Katalysatorn i en väl underhållen och körd bil ska hålla mellan 80 000 och 160 000 km – om den inte längre är effektiv måste den bytas.*

Bensin- och dieselmodeller

h) *ANVÄND INTE tillsatser till bränsle eller motorolja – dessa kan innehålla ämnen som skadar katalysatorn.*

i) *KÖR INTE bilen om motorn förbränner så mycket olja att den avger blå rök.*

j) *Kom ihåg att katalysatorn arbetar med mycket hög temperatur. PARKERA INTE bilen i torr undervegetation, över långt gräs eller lövhögar efter en längre körsträcka.*

k) *Kom ihåg att katalysatorn är BRÄCKLIG – slå inte på den med verktyg vid arbete.*

Kapitel 5 Del A:
Start och laddning

Innehåll

Svårighetsgrader

| Enkelt, passar novisen med lite erfarenhet | Ganska enkelt, passar nybörjaren med viss erfarenhet | Ganska svårt, passar kompetent hemma-mekaniker | Svårt, passar hemmamekaniker med erfarenhet | Mycket svårt, för professionell mekaniker |

Specifikationer

Allmänt
Systemtyp . . . . 12 volt, negativ jord

Startmotor
Klassning:
  Bensinmotor . . . . 12V, 1,0 eller 1,1 kW
  Dieselmotor . . . . 12V, 1,7 kW

Batteri
Klassning . . . . 36 till 110 Ah (beroende på modell och marknad)

Generator
Borstlängd (ny) . . . . 12 mm
Minsta borstlängd . . . . 5 mm (tolerans +1mm, -0 mm)

Åtdragningsmoment Nm
Generatorns fästbultar 25
Batteriklammerplattans bultar 20
Batteripolernas bultar 5
Startmotorns fästmuttrar/bultar:
  M8 10
  M10 60
Startmotorns bult till motorfästet 55

1 Allmän information och föreskrifter

Allmän information

Motorns elsystem består i huvudsak av laddning och start. I och med deras motorrelaterade funktioner behandlas de separat från karossens elektriska enheter som instrument och belysning etc (dessa tas upp i kapitel 12). Om bilen har bensinmotor, se del B av detta kapitel för information om tändsystemet. Om bilen har dieselmotor, se del C för information om förvärmningen.

Elsystemet är av typen 12 volt negativ jord.

Batteriet kan vara av typen lågunderhåll eller "underhållsfritt" (livstidsförseglat) och laddas av generatorn, som drivs med en rem från vevaxelns remskiva.

Startmotorn är av föringreppad typ med en integrerad solenoid. Vid start för solenoiden drivpinjongen till ingrepp med kuggkransen på svänghjulet innan startmotorn ges ström. När motorn startat förhindrar en envägskoppling att startmotorns armatur drivs av motorn, till dess att pinjongen släpper från kuggkransen.

Detaljinformation om de olika system ges i relevanta avsnitt i detta kapitel. Även om vissa reparationer beskrivs är det normala tillvägagångssättet att byta defekta komponenter. Ägare vars intresse går utöver enbart komponentbyte bör skaffa ett exemplar av "Bilens elektriska och elektroniska system" från detta förlag.

Föreskrifter

Varning: Det är nödvändigt att iakttaga extra försiktighet vid arbete med elsystem för att undvika skador på halvledarenheter (dioder och transistorer) och personskador. Förutom föreskrifterna i "Säkerheten främst!, tänk på följande vid arbete med elsystem:

Ta alltid av ringar, klocka och liknande innan arbete med elsystem. Även med urkopplat batteri kan urladdning inträffa om en komponents strömstift jordas genom ett metallföremål. Detta kan ge en stöt eller elak brännskada.

Kasta inte om batteripolerna. Komponenter som generatorn och andra som innehåller halvledare kan skadas bortom alla reparationsmöjligheter.

Koppla aldrig loss batterikablar, generator, testinstrument eller elkontakter medan motorn går.

Låt inte motorn driva generatorn om inte generatorn är inkopplad.

"Testa" aldrig en generator genom att gnistra strömkabeln mot jord.

Kontrollera alltid att batteriets jordledning är urkopplad innan arbete med elsystemet inleds.

Om motorn startas med hjälpbatteri och startkablar, anslut batterierna **plus till plus** och **minus till minus** (se "Starthjälp"). Detta gäller även vid inkoppling av batteriladdare.

Använd **aldrig** en ohmmätare av en typ som har en handvevad generator för testning av kretsar eller kontinuitet.

Batterikablar och generatorns anslutningar måste kopplas ur , liksom styrenheter för bränsleinsprutning/ tändning innan någon form av elsvetsning sker så att de inte riskerar skador.

Observera: *Vissa standardmonterade ljudanläggningar har en inbyggd skyddskod för att avskräcka tjuvar. Om strömmen till enheten bryts aktiveras systemet. Även om strömmen omedelbart återställs kommer enheten inte att fungera förrän korrekt kod angetts. Om du inte känner till koden för ljudanläggningen ska du inte lossa batteriets jordledning eller ta ut enheten ur bilen. Kontrollera med en VAG-handlare om ljudanläggningen i din bil har en stöldskyddskod.*

2 Batteri – test och laddning

Standard- och lågunderhållsbatteri – test

1 Om bilen körs en kort årlig sträcka är det värt mödan att kontrollera batterielektrolytens specifika vikt var tredje månad för att avgöra batteriets laddningsstatus. Använd hydrometer för kontrollen och jämför resultatet med följande tabell. Temperaturen i tabellen är den omgivande luftens. Avläsningarna förutsätter en lufttemperatur på 15°C. För varje 10°C under 15°C lägg till 0,007. För varje 10°C över 15°C minska med 0,007.

	Över 25°C	Under 25°C
Fulladdat	1,210 till 1,230	1,270 till 1,290
70% laddning	1,170 till 1,190	1,230 till 1,250
Urladdat	1,050 till 1,070	1,110 till 1,130

2 Om batteriets skick är misstänkt, kontrollera först elektrolytens specifika vikt i varje cell. En variation överstigande 0,040 mellan några celler indikerar förlust av elektrolyt eller nedbrytning av plattor.

3 Om skillnader över 0,040 förekommer i den specifika vikten ska batteriet bytas ut. Om variationen mellan cellerna är tillfredsställande men batteriet är urladdat ska det laddas upp enligt beskrivning längre fram i detta avsnitt.

Underhållsfritt batteri – test

4 Om ett underhållsfritt "livstidsförseglat" batteri är monterat kan elektrolyten inte testas eller fyllas på. Batteriets skick kan därför bara testas med en batteriindikator eller en voltmätare.

5 Vissa modeller kan vara utrustade med ett underhållsfritt batteri med inbyggd laddningsindikator. Denna finns då överst på batterihöljet och indikerar batteriets status med färg. Om indikatorn är grön är batteriet i gott skick. Om indikatorn mörknar, möjligen ända till svart, behöver batteriet laddas enligt beskrivning längre fram i detta avsnitt. Om indikatorn är klar/gul är elektrolytnivån för låg för fortsatt användning och batteriet ska bytas ut. Gör **inga som helst** försök att ladda eller hjälpstarta ett batteri om indikatorn är klar/gul.

6 Om batteriet testas med voltmätare, koppla den över batteriet och avläs spänningen. Testen är endast rättvisande om batteriet inte fått någon form av laddning under de senaste 6 timmarna. Om så inte är fallet, tänd strålkastarna under 30 sekunder och vänta 5 minuter innan batteriet testas. Alla andra kretsar ska vara frånslagna, så kontrollera att dörrar och backlucka verkligen är stängda när testen görs.

7 Om uppmätt spänning understiger 12,2 volt är batteriet urladdat, en avläsning mellan 12,2 och 12,4 volt anger delvis urladdning.

8 Om batteriet ska laddas, ta ut det ur bilen och ladda enligt beskrivning längre fram i detta avsnitt.

Standard- och lågunderhållsbatteri – laddning

Observera: *Följande är endast avsett som en guide. Följ alltid tillverkarens rekommendationer (ofta på en tryckt etikett på batteriet) vid laddning av ett batteri.*

9 Ladda i en takt som motsvarar cirka 10% av batteriets kapacitet (d v s för ett 45 Ah batteri, ladda med 4,5 A) och fortsätt ladda i denna takt till dess att ingen ökning av elektrolytens specifika vikt noterats under en fyratimmarsperiod.

10 Alternativt kan en droppladdare med takten 1,5 Amp stå och ladda hela natten.

11 Speciella "snabbladdare" som gör anspråk på att återställa batteriets styrka på 1 -2 timmar är inte att rekommendera i och med att de kan orsaka allvarliga skador på plattorna genom överhettning.

12 När ett batteri laddas ska elektrolytens temperatur inte överstiga 37,8°C.

Underhållsfritt batteri – laddning

Observera: *Följande är endast avsett som en guide. Följ alltid tillverkarens rekommendationer (ofta på en tryckt etikett på batteriet) vid laddning av ett batteri.*

13 Denna batterityp tar avsevärt längre tid att ladda fullt, jämfört med standardtypen. Tidsåtgången beror på hur urladdat det är, men kan vara ända upp till tre dygn.

14 En laddare av konstantspänningstyp krävs och ska ställas till mellan 13,9 och 14,9 volt med en laddström understigande 25 Amp. Med denna metod bör batteriet vara användbart inom 3 timmar med en spänning på 12,5 volt, men detta gäller ett delvis urladdat batteri. Som sagt, full laddning kan ta avsevärt längre tid.

15 Om batteriet ska laddas från fullständig urladdning (under 12,2 volt) låt en VAG-verkstad eller bilelektriker ladda batteriet i och med att laddningstakten är högre och konstant övervakning krävs.

3 Batteri – demontering och montering

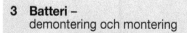

Demontering

1 Observera: *Om bilens ljudanläggning har stöldskyddskod, kontrollera att du har koden uppskriven innan batteriets jordledning lossas, se varningen i avsnitt 1.*

2 Lossa klammerskruven och lossa batteriets jordledning från polen.

3 Ta av plastlocket och koppla loss strömkabeln på samma sätt.

4 Vid batterifoten, skruva ur skruven och lyft upp klammerplattan **(se bild)**.

5 Lyft ut batteriet ur motorrummet.

Montering

6 Montering sker i omvänd arbetsordning. Dra klammerplattans skruv till angivet moment.

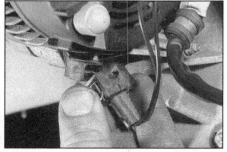

5.3 Dra ut avkännarkabelns kontakt från generatorn (senare dieselmotor visad)

3.4 Batteriklammerplattans skruv (vid pilen)

4 Generator/laddning – kontroll i bilen

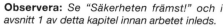

Observera: *Se "Säkerheten främst!" och i avsnitt 1 av detta kapitel innan arbetet inleds.*

1 Om laddningslampan inte tänds när tändningen slås på, kontrollera först generatorledningarnas anslutningar. Om de är godtagbara, kontrollera att inte glödlampan har brunnit och att glödlampssockeln sitter väl fast i instrumentpanelen. Om lampan fortfarande inte tänds, kontrollera att ström går genom ledningen från generatorn till lampan. Om allt är OK är generatorn defekt och ska bytas eller tas till en bilelektriker för test och reparation.

2 Om laddningslampan tänds när tändningen slås på men slocknar långsamt när motorn startas kan detta indikera ett begynnande generatorproblem. Kontrollera alla poster på listan i föregående paragraf och låt en bilelektriker titta på problemet om inget tydligt fel påträffas.

3 Om laddningslampan tänds när motorn går, stoppa motorn och kontrollera att generatorns drivrem är korrekt spänd (se kapitel 2A eller B) och att generatorns kontakter är OK. Om inget fel påträffats ännu, kontrollera generatorns borstar och släpringar enligt beskrivning i avsnitt 6. Om felet ändå kvarstår är generatorn defekt och ska bytas eller tas till en bilelektriker för test och reparation.

4 Om generatorns utmatning är misstänkt även om laddningslampan fungerar korrekt så kan spänningsregulatorn kontrolleras enligt följande:

5 Koppla en voltmätare över batteripolerna och starta motorn.

6 Öka varvtalet till dess att voltmätaren avger en stadig avläsning. Den ska vara ungefär mellan 12 och 13 volt och får inte överstiga 14 volt.

7 Slå på alla elektriska funktioner och kontrollera att generatorn upprätthåller reglerad spänning mellan 13 och 14 volt.

8 Om reglerad spänning inte ligger inom dessa parametrar kan felet vara slitna borstar, svaga borstfjädrar, defekt spänningsregulator, defekt diod, kapad fasledning eller slitna/-skadade släpringar. Borstar och släpringar kan kontrolleras (se avsnitt 6), men om något annat fel föreligger är generatorn defekt och ska bytas eller tas till en bilelektriker för test och reparation.

5 Generator – demontering och montering

Demontering

1 Lossa batteriets jordledning och för undan den från polen (se varningen i avsnitt 1).

2 Avlägsna drivremmen från generatorns remskiva (se kapitel 2A eller 2B).

3 Dra ut generatorns kontakt **(se bild)**.

4 Avlägsna skyddslocket, skruva ur muttern och brickorna och lossa strömkabeln från generatorns skruvstift. Skruva i förekommande fall också loss kabelstyrningen **(se bilder)**.

5 Skruva ur de nedre och övre bultarna och lyft ut generatorn ur fästet **(se bild)**. Där tillämpligt ska spännarrullen vridas ur vägen så att man kommer åt den nedre bulten. Det kan även vara nödvändigt att dra ut en plugg ur kamremskåpan för att komma åt pivå-bulten. På tidiga modeller kan justerings-länken skruvas loss från topplocket om så önskas **(se bild)**.

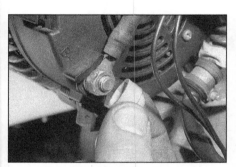

5.4a Ta av skyddslocket . . .

5.4b . . . skruva ur muttern och brickorna och koppla loss strömkabeln

5.4c Skruva i förekommande fall loss kabelstyrning och avlägsna den

5.5a Urlyftning av generatorn från fästet
(dieselmotor visad)

5.5b Generator på en tidig modell, visande drivremmens
justeringslänk

6 Se avsnitt 6 om demontering av borst-hållaren/regulatorn krävs.

Montering

7 Montering sker i omvänd arbetsordning. Se kapitel 2A eller B efter tillämplighet för detaljer om montering och spänning av drivremmen.
8 Avsluta med att dra generatorns fästbultar till angivet moment.

6 Generator –
byte av borsthållare/regulator

1 På de flesta modeller är generatorns baksida lätt att komma åt och borstar och spänningsregulator kan demonteras med generatorn på plats i bilen.

2 Alternativt demonteras generatorn enligt beskrivning i avsnitt 5 och placeras på en ren arbetsyta med remskivan vänd nedåt.
3 Skruva där tillämpligt ur skruvarna, öppna sedan clipsen och lyft av modulen från generatorns baksida (se bilder).
4 Skruva ur borsthållar-/regulatorskruvarna och ta av modulen från generatorn (se bilder).

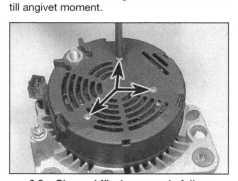

6.3a Skruva i förekommande fall ur skruvarna (vid pilarna) . . .

6.3b . . . öppna sedan clipsen . . .

6.3c . . . och lyft av plastkåpan från generatorns baksida

6.4a Skruva ur skruvarna från borsthållaren/regulatorn . . .

6.4b . . . och lyft av modulen från generatorn

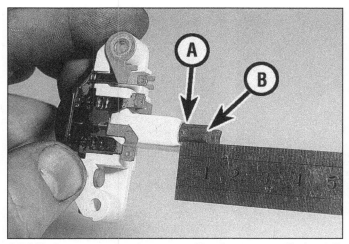

6.5 Mätning av generatorborstarnas längd – se texten för A och B

6.6 Inspektera släpringsytorna (vid pilarna) i på generatoraxelns ände

5 Mät borstkontakternas fria längd – ta måttet från tillverkarens emblem(A), som är inetsat på borstkontaktens sida, till den grundaste delen av borstens krökta yta (B) **(se bild)**. Kontrollera att måttet ligger inom specifikationerna. Byt modul om borstarna är slitna till under minimigränsen.

6 Inspektera ytan på släpringarna på generatoraxelns ände **(se bild)**. Om de verkar mycket slitna, brända eller gropiga måste ett byte övervägas, rådfråga en bilelektriker.

7 Montering sker i omvänd arbetsordning. Om generatorn demonterades, se avsnitt 5 och montera generatorn.

7 Startsystem – test

Observera: Se föreskrifterna i "Säkerheten främst!" och avsnitt 1 i detta kapitel innan arbetet påbörjas.

1 Om startmotorn inte arbetar när tändningsnyckeln vrids till startläget kan något av följande vara orsaken:

   a) *Defekt batteri.*
   b) *En elektrisk anslutning mellan startnyckel, solenoid, batteri och startmotor släpper inte igenom ström från batteriet genom startmotorn till jord.*
   c) *Defekt solenoid.*
   d) *Elektrisk eller mekanisk defekt i startmotorn.*

2 Kontrollera batteriet genom att tända strålkastarna. Om de försvagas efter ett par sekunder är batteriet urladdat. Ladda (se avsnitt 2) eller byt batteri. Om strålkastarna lyser klart, vrid på startnyckeln. Om de då försvagas når strömmen startmotorn vilket anger att felet finns i startmotorn. Om strålkastarna lyser klart (och inget klick hörs från solenoiden) indikerar detta ett fel i kretsen eller solenoiden – se kommande paragrafer. Om startmotorn snurrar långsamt men

batteriet är i bra skick indikerar detta antingen ett fel i startmotorn eller ett avsevärt motstånd någonstans i kretsen.

3 Om ett kretsfel misstänks, lossa batterikablarna (inklusive jordanslutningen till karossen), ledningarna till startmotorn/-solenoiden och jordledningen från motorn/-axellådan, (se varningen i avsnitt 1). Rengör alla anslutningar noga och anslut dem igen. Använd sedan en voltmätare eller testlampa och kontrollera att full batterispänning finns vid strömkabelns anslutning till solenoiden och att jordförbindelsen är god. Smörj in batteripolerna med vaselin så att korrosion undviks – korroderade anslutningar är en av de vanligaste orsakerna till elektriska systemfel.

4 Om batteriet och alla anslutningar är i bra skick, kontrollera kretsen genom att lossa ledningen från solenoidens bladstift. Koppla en voltmätare eller testlampa mellan ledningen och en bra jord (exempelvis batteriets minuspol) och kontrollera att ledningen är strömförande när tändnings-nyckeln vrids till startläget. Om den är strömförande är kretsen god, om inte kan kretsen kontrolleras enligt beskrivning i kapitel 12.

5 Solenoidens kontakter kan kontrolleras med en voltmätare eller testlampa mellan strömkabeln på solenoidens startmotorsida och jord. När tändningsnyckeln vrids till start ska det bli ett utslag. Om inget utslag påträffas (tänd lampa eller mätaravläsning) är solenoiden defekt och ska bytas.

6 Om både krets och solenoid är friska måste felet finnas i startmotorn. Inled kontrollen av den genom att demontera den (se avsnitt 8) och kontrollera borstarna. Om felet inte finns där måste motorns lindning vara defekt. I det fallet kan det vara möjligt att låta en specialist renovera den, men kontrollera först pris och tillgång på reservdelar. Det kan mycket väl vara billigare att köpa en ny eller utbytes startmotor.

8 Startmotor – demontering och montering

1 Startmotorn är placerad på svänghjulskåpan på motorns framsida och har en fästbult gemensam med främre motorfästet.

Observera: *Urskruvande av bulten mellan startmotorn och motorfästet kräver att motorn stöttas medan bulten är urskruvad – se kapitel 2A eller B efter tillämplighet för fler detaljer.*

Demontering

2 Lossa batteriets jordledning och för undan den från polen (se varningen i avsnitt 1).

3 Se kapitel 2A eller B efter tillämplighet, stötta motorn och skruva ur den bult som fäster startmotorn vid främre motorfästet.

4 Haka i tillämpliga fall av kontakten från ledningsstyrningen ovanpå solenoiden och avlägsna styrningen. Dra ur solenoidens strömförsörjningskontakt **(se bilder)**.

5 Skruva ur muttern och brickan från strömkabelns stift på solenoidens baksida och lyft av strömkabeln **(se bild)**.

6 Skruva ur startmotorns övre bult och muttern från pinnbulten under startmotorn.

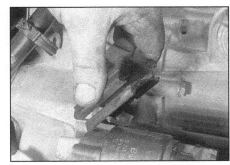

8.4a Avlägsna kabelstyrningen från solenoiden . . .

8.4b ... och dra ut kontakten till solenoidens strömförsörjning

8.5 Skruva ur muttern och brickorna och koppla ur strömkablarna

8.7 Dra ut startmotorn och solenoiden ur öppningen i svänghjulskåpan

7 Dra ut startmotorn och solenoiden från öppningen i svänghjulskåpan **(se bild)**.

Montering

8 Montering sker i omvänd arbetsordning. Dra fästbultarna till angivet moment. Se kapitel 2A eller B efter tillämplighet och skruva i bulten i främre motorfästet.

9 Startmotor – test och renovering

Om startmotorn misstänks vara defekt, demontera den och ta den till en bilelektriker för kontroll. I de flesta fall kan nya borstar monteras för en rimlig summa. Kontrollera dock reparationskostnaderna, det kan vara billigare med en ny eller renoverad utbytes startmotor.

Kapitel 5 Del B:
Tändsystem – bensinmotorer

Innehåll

Svårighetsgrader

Enkelt, passar novisen med lite erfarenhet	Ganska enkelt, passar nybörjaren med viss erfarenhet	Ganska svårt, passar kompetent hemma-mekaniker	Svårt, passar hemmamekaniker med erfarenhet	Mycket svårt, för professionell mekaniker

Specifikationer

Allmänt

Systemtyp:
Motorkod RP (till 08/90) . . . . Halleffekt (TCI-H), Bosch Mono-Jetronic
Motorkoderna AAM, ABS, ADZ och RP (från och med 08/90) . . . . Bosch Mono-Motronic
Motorkoderna PB, PF och 2E . . . . . . Digifant
Motorkoderna ADY och AGG . . . . . . Simos

Tändspole

Primärlindningens motstånd (typiskt):
Utom system Simos . . . . . . 0,5 - 0,8 ohm
System Simos . . . . . . 0,5 - 1,5 ohm
Sekundärlindningens motstånd (typiskt):
Tändspole med grön etikett . . . . . . 2,4 - 3,5 kohm
Tändspole med grå etikett . . . . . . 6,9 - 8,5 kohm
Övriga tändspolar . . . . . . 3 - 4 kohm

Fördelare

Typ . . . . . . Brytarlös
Tändläge:
Halleffektsystem . . . . . . 6 ± 1° FÖD vid tomgång, fördelarens vakuumslang urkopplad och pluggad
System Digifant fram till 07/92 . . . . . . 6 ± 1° FÖD vid 2 000 - 2 500 varv/min, blå kontakt till kylvätskans temperaturgivare urdragen
Övriga system . . . . . . Varierande vid tomgång, styrt av motorns styrsystem – justering inte möjlig utan speciell VW-utrustning

Tändstift

Se specifikationerna i kapitel 1A

Åtdragningsmoment

	Nm
Fördelarens klammerplattebult	25
Knacksensorns fästbult	20

1 Allmän information

Halleffektsystem, TCI-H fördelare

Det transistorstyrda tändsystemet har en elektronisk givare i fördelaren. En elektronisk fjärromkopplare styr tändspolens primärslinga.

Tändläget justeras automatiskt för att ge gnista i rätt ögonblick för den aktuella belastningen vid det aktuella varvtalet. Tändförställningen styrs av vakuumenheten på fördelardosan. Vakuumenheten består av ett membran vars ena sida är ansluten till insugsröret med ett finkalibrigt rör och andra sidan är ansluten till basplattan. Undertryck i insugsröret, som varierar med motorns varvtal och trottelns öppning, gör att membranet rör sig, vilket flyttar på basplattan som i sin tur då flyttar fram eller backar tändläget. En precis styrning uppnås med en fjäder i vakuum-enheten.

Lågspänningskretsen avbryts regelbundet av Hallgivaren i fördelaren, vilket gör att magnetfältet runt tändspolens primärlindning kollapsar. Tändspolens sekundärlindning är placerad ovanför primärlindningen och magnetfältet inducerar en högspänd ström. Denna ström leds till tändstiftet via fördelar-locket och rotorn.

Det exakta tändläget är beroende av motorns varvtal och belastning för att ge effektivaste möjliga inställning.

Fördelaren är monterad i motorblocket och drivs med drev från mellanaxeln.

System Digifant fram till juli 1992

Tändsystemet Digifant använder fram till 1992 ovan beskrivna Halleffektsystem, men inkluderar även en knacksensor som känner av tendenser till förtändning och backar då tändläget i enlighet med detta. Tändläget justeras automatiskt av den datoriserade styrmodulen, som även styr bränsle-insprutningen. Detta gör att fördelaren saknar centrifugalmekanism för tändlägesförställning.

Övriga system

Bosch Mono-Motronic, senare Digifant (från och med augusti 1992) och Simos är helomfattande motorstyrningssystem som styr både bränsle och tändning. Detta kapitel behandlar endast tändsystemets kompo-nenter, se kapitel 4A eller B för detaljer om bränslesystemets komponenter.

Grundfunktionen är följande: Styrenheten matar spänning till tändspolens ingång, vilket magnetiserar primärlindningen. Matnings-spänningen avbryts med jämna mellanrum av styrenheten vilket gör att det primära magnetfältet kollapsar. Det i sin tur inducerar en mycket högre spänning i sekundär-lindningen. Denna spänning leds av för-delaren, via tändkabeln till tändstiftet i den cylinder som är i tändningstakten. Tänd-stiftets elektrodavstånd är litet nog för att spänningen ska överbrygga det med en båge. Denna gnista antänder bränsle-/luftblandningen i cylindern. Tidpunkten för denna sekvens är kritisk och styrs helt av styrenheten.

Styrenheten beräknar och styr tändläge och vilovinkel framför allt efter information om motorns varvtal, vevaxelns läge och insugsrörets undertryck (eller inluftens volym, beroende på systemtyp). Denna information kommer från givare på och kring motorn. Andra parametrar som påverkar tändläget är trottelns position och öppningstakt, insugs-luftens temperatur, kylvätskans temperatur och i vissa system motorknackningar. Även dessa parametrar övervakas av givare på motorn.

I system som har knackreglering finns knacksensorn/sensorerna monterade på motorblocket. De har kapacitet att upptäcka när motorn börjar förtända (spika) innan detta blir hörbart. Om förtändning uppstår backar styrenheten tändläget för den knackande cylindern stegvis till dess att förtändningen upphör. Styrenheten flyttar sedan fram tändläget stegvis till det normala, eller till dess att knackning uppstår igen.

Styrning av tomgångsvarvtalet uppnås

delvis med en elektronisk lägesmodul för trottelventilen, som är placerad på trottel-husets sida och delvis av tändsystemet, som fininställer varvtalet genom att justera tändläget. Ett resultat av detta är att manuell justering av tomgångsvarvtalet inte är nödvändig eller ens möjlig.

I vissa system har styrenheten kapacitet att genomföra flera tändcykler vid kallstart. När motorn dras runt tänder varje tändstift flera gånger per arbetstakt till dess att motorn startar. Detta ger en stor förbättring av kallstartsegenskaperna.

Lägg märke till att en omfattande fel-sökning av motorstyrningssystem som tas upp i detta kapitel endast kan utföras med speciell elektronisk testutrustning. Problem med en systemfunktion som inte kan fastställas efter de grundläggande riktlinjerna i avsnitt 2 ska därför överlåtas till en VAG-verkstad för utvärdering. När fel identifierats anger arbetsbeskrivningarna i följande avsnitt hur tillämpliga komponenter byts ut efter behov.

Observera: *I detta kapitel betecknas motorer genomgående med sina respektive motorkoder, inte slagvolymen – se kapitel 2A för en lista över motorkoder.*

2 Tändsystem – test

⚠️ **Varning: Extrem försiktighet måste iakttagas vid arbete med systemet när tändningen är påslagen. Det finns risk för allvarliga stötar från bilens tändsystem. Personer med pacemaker för hjärtat ska hålla sig på betryggande avstånd från tändningens kretsar, komponenter och testutrustning. Slå alltid av tändningen innan någon komponent kopplas till eller från, liksom när en multimätare används för att testa motstånd.**

Allmänt

1 De flesta tändningsfel beror troligen på lösa eller smutsiga anslutningar eller oavsiktlig jordning av högspänning till smuts, fukt eller skadad isolering (sk krypström), inte på att en systemkomponent havererar. Kontrollera **alltid** alla ledningar noga innan en elektrisk komponent döms ut och arbeta metodiskt med att eliminera alla andra möjligheter innan du bestämmer dig för vilken komponent som är defekt.

2 Den gamla ovanan att leta efter gnista genom att hålla änden på en strömförande tändkabel nära motorn är absolut inte att rekommendera. Det finns inte bara en stor risk för stötar, tändspolen kan ta skada. Du ska heller **aldrig** försöka "diagnosticera" miss-tändningar genom att koppla ur en tändkabel i taget.

Motorn startar inte

3 Om motorn inte alls går runt eller snurrar långsamt, kontrollera batteri och startmotor. Koppla en voltmätare över batteripolerna, + till +, koppla ur tändspolens kabel från för-delardosan och jorda den. Anteckna voltavläsningen medan motorn drar runt på startmotorn i maximalt 10 sekunder. Om den understiger cirka 9,5, kontrollera först batteriet, startmotorn och laddningen (se kapitel 5A).

4 Om motorn går runt med normal fart men inte startar, kontrollera högspänningskretsen genom att koppla in ett stroboskop (enligt tillverkarens anvisningar) och dra runt motorn på startmotorn. Om det blinkar når ström fram till tändstiften, så kontrollera dem först. Om det inte blinkar, kontrollera tändkablar, fördelardosa, kolborste och rotorarm enligt information i kapitel 1.

5 Om det finns gnista, kontrollera bränsle-systemet, se relevant del av kapitel 4 för mer information.

6 Om det fortfarande inte finns gnista, kontrollera tändkablar, tändspole och fördelarlock. Om detta inte avslöjar problemet måste motorstyrningen (i förekommande fall) misstänkas. Ta i så fall bilen till en VAG-verkstad.

Motorn misständer

7 Oregelbunden misständning indikerar antingen en lös anslutning eller ett oregel-bundet återkommande fel i primärkretsen, eller ett högspänningsfel på spolens sida av rotorarmen.

8 Slå av tändningen och kontrollera systemet. Se till att alla anslutningar är rena och åtsittande. Om utrustning finns tillgänglig, kontrollera lågspänningssidan enligt ovan-stående beskrivning.

9 Kontrollera att tändspole, fördelarlock och tändkablar är rena och torra. Kontrollera kablar och tändstift (med utbyte vid behov). Kontrollera sedan fördelardosa, kolborste och rotorarm enligt beskrivning längre fram i detta avsnitt.

10 Regelbunden misständning är nästan säkert orsakad av ett fel i fördelarlocket, spolen, tändkablar eller tändstift. Använd stroboskop (se paragraf 4) och undersök om högspänning finns i alla kablar.

11 Om högspänning inte finns i en kabel finns felet i kabeln eller fördelarlocket. Om hög-spänning finns i alla kablar finns felet i tändstiften, kontrollera och byt om det finns minsta tvivel på skicket.

12 Om ingen högspänning finns, kontrollera tändspolen. Sekundärlindningen kan bryta ihop under belastning.

Andra problem

13 Problem med systemet som inte kan påträffas enligt riktlinjerna i föregående paragrafer ska överlåtas till en VAG-verkstad för diagnos.

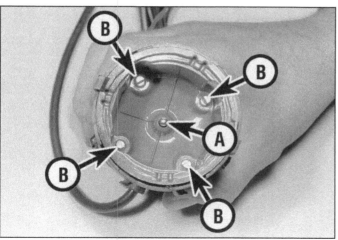

2.21 Fördelarlockets kontrollpunkter - kolborste (A) och tändkabelsegment (B)

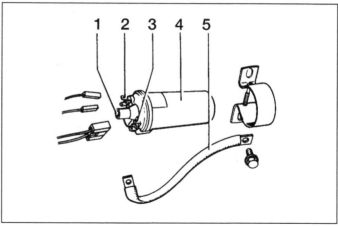

2.29a Anslutningar på tidig tändspole

1 Stift 4 (anslutning för	2 Stift 15 (+)
högspänningsledningen	3 Stift 1 (-)
mellan spolen och	4 Tändspole
fördelaren)	5 Jordledning

Kontroll av tändsystemets komponenter

Tändkablar

14 Tändkablarnas skick ska alltid kontrolleras när man byter tändstift (se beskrivning i kapitel 1A).

15 Dra loss tändkabeln från stiftet med ett grepp om tändhatten, inte kabeln eftersom detta kan bryta av ledaren.

 Kontrollera att tändkablarna är numrerade innan de lossas, så att de inte förväxlas vid monteringen.

16 Kontrollera om tändhattens insida visar spår av korrosion, som i så fall liknar ett vitt pulver. Tryck tillbaka tändhatten på stiftet och kontrollera att den sitter ordentligt fast. Om inte, dra av hatten igen och kläm försiktigt ihop metallkontakten i hatten med en tång så att den sitter ordentligt fast på tändstiftets ände.

17 Använd en ren trasa och torka ren hela tändkabeln. När den är ren, leta efter brännmärken, sprickor eller andra skador. Böj inte kabeln för mycket och dra inte i den i längsled, ledaren i kabeln kan brytas av.

18 Lossa kabelns andra ände från fördelarlocket. Dra endast i ändstycket. Kontrollera passform och korrosion som i tändstiftsänden. Om en ohmmätare finns tillgänglig, kontrollera tändkabelns motstånd genom att koppla mätaren mellan tändstiftsänden och segmentet i fördelarlocket. Avsluta med att sätta tillbaka tändkabeln ordentligt.

19 Kontrollera resterande tändkablar, en i taget, på samma sätt.

20 Om nya tändkablar krävs, köp då en sats avsedd för just din bil och motor.

Fördelarlock

21 Skruva ur skruvarna eller öppna clipsen och lyft av fördelarlocket. Torka det rent och inspektera både in- och utsidorna noga, leta efter sprickor, kolstrimmor och slitna, brunna eller lösa kontakter. Kontrollera att lockets kolborste inte är sliten, att den rör sig fritt mot fjädertrycket och att den har god kontakt med rotorarmen (se bild). Kontrollera även skicket på lockets tätning och byt om den är skadad (se Haynes tips).

 När ett nytt fördelarlock monteras, lossa kablarna från det gamla en i taget och montera dem på det nya locket i samma position.

22 Avlägsna inte alla tändkablarna från det gamla locket på en gång, eftersom det kan leda till förväxling av tändföljden. När locket sätts på ska skruvarna dras åt ordentligt, alternativt clipsen sitta korrekt.

23 Även när tändsystemets komponenter är i förstklassigt skick kan vissa motorer ibland vara svårstartade beroende på att tändsystemet är fuktigt. Driv ut fukten med en rejäl dos vattenavvisande spray.

Rotorarm

24 Se föregående underavsnitt och demontera fördelarlocket med avskärmning (i förekommande fall).

25 Dra av rotorarmen från fördelaraxeln och inspektera rotorn. Det är vanligt att byta fördelarlock och rotorarm när nya tändkablar monteras.

26 Inspektera fördelaraxelns kontakter och rengör dem vid behov.

27 Montering sker i omvänd arbetsordning – kontrollera att rotorarmens styrklack greppar i urtaget på fördelaraxeln innan locket monteras.

Tändspole

28 Lossa ledningarna och huven från tändspolen, märk ledningarna vid behov.

29 Anslut en multimätare mellan stiften 1(–) och 15(+), kontrollera att primärlindningens motstånd följer specifikationerna (se bilder).

30 Anslut multimätaren mellan stiften 4 (HT) och 15(+), kontrollera att sekundärlindningens motstånd följer specifikationerna.

31 Anslut ledningarna igen.

3 Tändspole – demontering och montering

Demontering

1 På samtliga modeller är tändspolen monterad baktill i motorrummet, nära expansionskärlet.

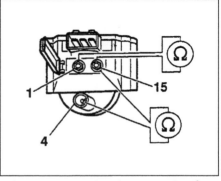

2.29b Kontroll av lindningarnas motstånd, senare typ av tändspole

1 Lågspänningsanslutning (-)
4 Högspänningsanslutning
15 Lågspänningsanslutning (+)

3.3 Dra ur tändkabeln från spolen vid kontakten – senare typ av spole visad

3.4 Lossa lågspänningsledningen från tändspolen vid multikontakten

Observera: Se bild 2.29a för detaljer om tidig typ av tändspole

2 Lossa batteriets jordledning och för undan den från polen.
Observera: *Om bilen har en ljudanläggning med stöldskyddskod, kontrollera att du har koden uppskriven innan batteriet kopplas ur. Rådfråga en VAG-verkstad om du är osäker.*

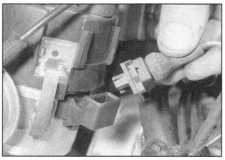

4.5 Dra ur fördelarens kontakt

3 Dra ur tändspolens tändkabelkontakt **(se bild)**.
4 Dra ur tändspolens lågspänningsledning eller dra ur multikontakten **(se bild)**.
5 Skruva ur skruvarna och lyft ut tändspolen.

Montering

6 Montering sker i omvänd arbetsordning.

4 Fördelare – demontering, inspektion och montering

Demontering

1 Lossa batteriets jordledning och för undan den från polen.
Observera: *Om bilen har en ljudanläggning med stöldskyddskod, kontrollera att du har koden uppskriven innan batteriet kopplas ur.*

Rådfråga en VAG-verkstad om du är osäker.
2 Se avsnitt 2 i kapitel 2A och ställ motorn till ÖD för cylinder 1.
3 Lossa vid behov alla fem tändkablarna från fördelarlocket, märke dem som monteringshjälp.
4 Skruva i förekommande fall ur skruvarna och lyft ut avskärmningshuven.
5 Dra ur fördelardosans kontakt **(se bild)**.
6 Skruva ur skruvarna/öppna clipsen (efter tillämplighet) och lyft av fördelarlocket. Kontrollera vid denna punkt att centrum av rotorarmens elektrod är i linje med märket för cylinder 1 på fördelardosans kant **(se bild)**.
7 Märk relationen mellan fördelardosan och drevhusets fläns med inristade pilar.
8 Skruva ur bulten och lyft ut klammerplattan. Dra sedan ut fördelaren ur motorblocket **(se bild)**. På motor RP, lossa i förekommande fall vakuumslangen från tändförställningskapseln.

4.6 Rotorarmens elektrod uppriktad mot inställningsmärket på fördelardosans kant

4.8 Skruva ur bulten och lyft ut fördelaren (tidig motor av typen RP visad)

Inspektion

9 Ta ut o-ringarna i dosans botten och inspektera dem **(se bild)**. Byt om de visar minsta tecken på slitage eller skada.
10 Kontrollera om kuggarna på fördelardrevet visar tecken på slitage eller skador **(se bild)**. Varje glapp i fördelardrivningen påverkar tändläget. Byt fördelardosa om drivningen är sliten eller defekt.

Montering

11 Innan monteringen påbörjas, kontrollera att motorn fortfarande står vid ÖD för cylinder 1.
12 Med motortyperna PB, PF, ADY, AGG och RP (fram till augusti 1990), kontrollera att oljepumpaxelns drivtunga är i linje med vevaxelns längdriktning **(se bild)**.
13 På övriga motorer ska oljepumpaxelns drivtunga vara i linje med det gängade hålet bredvid fördelaröppningen **(se bild)**.
14 Installera fördelardosan och montera klammerplattan och bulten löst. Det kan bli nödvändigt att vrida något på axeln så att den går i ingrepp med mellanaxelns drev. Vrid fördelardosan så att uppriktningsmärkena riktas mot varandra.
15 Axeln är monterad i korrekt vinkel när centrum på rotorarmens elektrod pekar direkt på märket för cylinder 1 på fördelardosan. Det kan ta några försök att få det rätt eftersom de spiralskurna dreven gör det

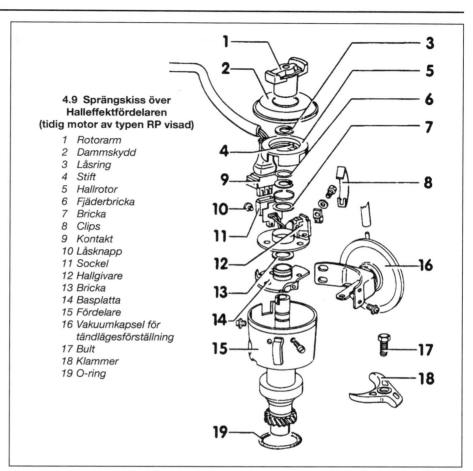

4.9 Sprängskiss över Halleffektfördelaren
(tidig motor av typen RP visad)

1 Rotorarm
2 Dammskydd
3 Låsring
4 Stift
5 Hallrotor
6 Fjäderbricka
7 Bricka
8 Clips
9 Kontakt
10 Låsknapp
11 Sockel
12 Hallgivare
13 Bricka
14 Basplatta
15 Fördelare
16 Vakuumkapsel för tändlägesförställning
17 Bult
18 Klammer
19 O-ring

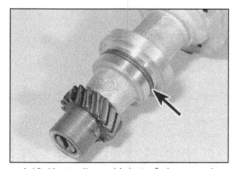

4.10 Kontrollera skicket på drevet och o-ringen (vid pilen)

svårt att uppskatta inriktningen. På motorerna ADY och AGG är fördelardosan korrekt monterad när de två stiften i dosans fot är på var sida om klammerbultens gängade hål **(se bild)**.

Observera: *Om det inte går att rikta upp dosan korrekt, kontrollera att mellanaxelns drev är korrekt uppriktat i relation till vevaxelns remskiva – se kapitel 2A för mer vägledning.*

16 När fördelardosan är korrekt installerad ska klammerbulten dras till angivet moment.

17 Sätt på fördelarlocket och tryck fast clipsen / skruva i skruvarna (vad som finns).
18 Sätt i fördelarnas kontakt.
19 Montera i förekommande fall avskärmningshuven och dra åt skruvarna väl.
20 Börja med stift 1 och anslut tändkablarna mellan stiften och fördelarlocket. Tändföljden är 1-3-4-2.
21 Anslut tändkabeln mellan spolen och fördelarlockets centrum.
22 Tändläget ska nu kontrolleras och vid behov justeras – se avsnitt 5.

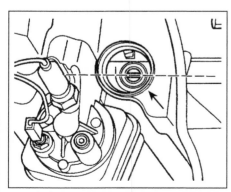

4.12 Oljepumpsaxelns drivtunga i linje med vevaxelns längdriktning

4.13 Oljepumpsaxelns drivtunga i linje med det gängade hålet (vid pilen) bredvid fördelaröppningen

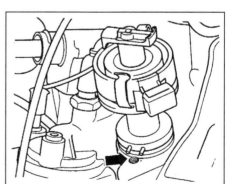

4.15 Stiften i fördelarens fot måste vara uppriktade på bägge sidor om klammerbultens gängade hål

5.3 Ta ut inspektionspluggen från växellådshuset . . .

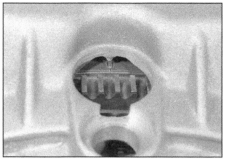

5.4a . . . för att se svänghjulets ÖD-märkning . . .

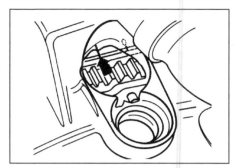

5.4b . . . och tändlägesmärket (vid pilen)

5 Tändläge – kontroll och justering

Motorerna RP (fram till augusti 1990), PB, PF och 2E (fram till juli 1992)

1 Innan tändläget kontrolleras och justeras, försäkra dig om att resten av tändsystemet är i gott skick. Kontrollera speciellt att alla relevanta ledningar är väl anslutna och att tändstiften är rena och har rätt elektrodavstånd. Undersök även att bränslesystemet är korrekt justerat (tomgångsvarv och CO-halt).
2 Kontrollera i förekommande fall att luftkonditioneringen är avstängd.
3 Dra ut pluggen från växellådshusets inspektionshål (se bild).
4 Vrid vevaxeln med en nyckel på vevaxelns remskivebult, eller genom att lägga i högsta växeln (manuell växellåda) och rulla bilen framåt eller bakåt till dess att svänghjulsmärkena syns genom hålet (se bilder). Använd en klick snabbtorkande vit färg och framhäv tändlägesmärket på svänghjulet och det V-formade urtaget i nedre kanten på inspektionshålet.
5 Varmkör motorn till normal arbetstemperatur.
6 Stoppa motorn och koppla in ett stroboskop enligt tillverkarens instruktioner.
7 På motorerna PB, PF och 2E ska den blå kontakten dras ut från temperaturgivaren (se

bild). Starta motorn och kör den med 2 000 till 2 500 varv/min.
8 På motorn RP ska vakuumslangen till tändlägeskapseln dras ur och pluggas. Starta motorn och låt den gå på tomgång.
9 Peka med stroboskopet i inspektionshålet. Om tändläget är korrekt ska det framhävda märket på svänghjulet vara i linje med urtaget i hålets nederdel.
10 Om justering krävs ska fördelarens klammerbult lossas (avlägsna förseglingen om sådan finns) och vrid fördelaren efter behov så att tändlägesmärkena riktas upp. Dra bulten till angivet moment (och montera förseglingen om sådan finnes) efter gjord justering.
11 Stäng av motorn när tändläget är korrekt och sätt i pluggen i inspektionshålet. Koppla ur stroboskopet och koppla in temperaturgivaren eller fördelarens vakuumslang (om demonterad). Om en större justering gjorts av tändläget kan det nu vara nödvändigt att justera tomgången (se kapitel 4A eller B, efter tillämplighet).

Övriga motorer

12 Tändläget styrs av motorstyrningens styrenhet och kan inte justeras manuellt utan tillgång till speciell elektronisk testutrustning. En grundinställning kan inte anges eftersom tändläget hela tiden ändras för att styra tomgången (se avsnitt 1).
13 Efter det att fördelaren rubbats måste grundtändläget verifieras. Detta kan endast utföras genom att ställa systemet i grundinställningsläge med VAG testutrustning.

14 Bilen ska tas till en VAG-verkstad om tändläget behöver kontroll eller justering.

6 Tändsystemets givare – demontering och montering

1 Många av motorstyrsystemets givare ger signaler till både bränsleinsprutningen och tändningen. De som är specifika för tändningen tas upp i detta avsnitt.
2 De givare som är gemensamma för båda systemen behandlas i kapitel 4A eller B efter tillämplighet. De inkluderar kylvätskans temperaturgivare, insugsluftens temperaturgivare, luftflödesmätaren, motorns varvtalsgivare, trottelns potentiometer, tomgångsbrytaren och Lambdasonden.

Knacksensor
Demontering

3 Lossa batteriets jordledning och för undan den från polen.

Observera: *Om bilen har en ljudanläggning med stöldskyddskod, kontrollera att du har koden uppskriven innan batteriet kopplas ur. Rådfråga en VAG-verkstad om du är osäker.*

4 Knacksensorn är placerad på motorblockets framsida under tändstift 2.
5 Dra ur sensorns kontakt, den finns bredvid fördelaren.
6 Skruva ur bulten och lyft ut sensorn (se bild).

Montering

7 Montering sker i omvänd arbetsordning, lägg märke till att sensorns funktion påverkas om fästbulten inte dras till exakt det angivna momentet.

Halleffektgivare för cylinder 1

8 Denna givare är en integrerad del av fördelaren. Den kan demonteras och bytas separat, men det kräver att fördelaren tas isär. Vi rekommenderar att detta arbete överlåts till en bilelektrisk specialist.

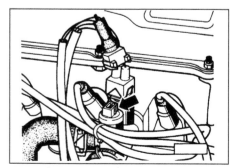

5.7 Blå kontakt (vid pilen) på kylvätskans temperaturgivare

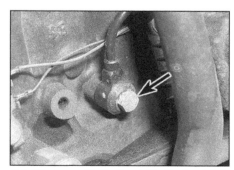

6.6 Skruva ur fästbulten (vid pilen) och lyft ut knacksensorn

Kapitel 5 Del C:
Förvärmning – dieselmotorer

Innehåll

Svårighetsgrader

Enkelt, passar novisen med lite erfarenhet		Ganska enkelt, passar nybörjaren med viss erfarenhet		Ganska svårt, passar kompetent hemma-mekaniker		Svårt, passar hemmamekaniker med erfarenhet		Mycket svårt, för professionell mekaniker	

Specifikationer

Glödstift
Strömförbrukning:
Motorkod AAZ . . . . 8 amp (per glödstift)
Övriga motorer . . . . Uppgift saknas i skrivande stund

Åtdragningsmoment   Nm
Glödstift till topplock:
Motorkod AAZ 25
Övriga motorer 15

1 Allmän information

Som hjälp vid kallstart är dieselmodeller försedda med ett system för förvärmning. Det består av fyra glödstift, en styrenhet (i många versioner inkluderad i motorstyrningen), en varningslampa på instrumentbrädan och sammanhörande ledningar.

Normalt uppnår en dieselmotor förbränning genom den värme som alstras av trycket i cylindrarna då luften i dem komprimeras. Bränslet sprutas sedan in och antänds. När motorn är kall är processen inte lika enkel, så glödstiften finns där för att ge den värmen som saknas. Startsvårigheter orsakas ofta av defekta glödstift, speciellt vid kall väderlek. När det är varmt kan en motor starta ganska bra med ett eller två defekta glödstift, men vid kyla framhävs problem med glödstifts-systemet.

Glödstiften är elektriska värmeelement i miniatyr, inkapslade i ett metallhölje med en spets i ena änden och en kontakt i den andra. Varje virvelkammare/insugsport har ett inskruvat glödstift och stiftspetsen är placerad direkt i det insprutade bränslets färdväg. När glödstiftet är aktivt värms det bränsle som passerar över det upp, så att optimal förbränningstemperatur blir lättare att erhålla när bränslet når cylindern.

Förvärmningens varaktighet regleras av glödstiftsstyrningen, som övervakar motorns temperatur via kylvätskans temperaturgivare och anpassar förvärmningen efter arbets-villkoren.

En varningslampa på instrumentbrädan meddelar föraren när förvärmning pågår.

Lampan slocknar när tillräcklig förvärmning skett för att starta motorn, men glödstiften är aktiva till dess att motorn startar. Om inget startförsök görs stängs strömmen till glöd-stiften av för att förhindra att stiften bränns ut och att batteriet laddas ur. Lägg märke till att på vissa modeller tänds varningslampan vid körning om ett fel uppstår med förvärmnings-systemet.

Generellt startas förvärmningen av att tändningsnyckeln vrids till det andra läget. Men motor AAZ är försedd med ett för-värmningssystem som aktiveras när förar-dörren öppnas och stängs. Se bilens ägarhandbok för mer information.

När motorn startat är glödstiften aktiva under en period. Detta förbättrar förbrän-ningen medan motorn varmkörs, vilket resulterar i tystare och mjukare motorgång och minskade utsläpp.

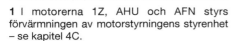

2.3 Glödstiftens styrenhet
(senare modeller)

3.2 Placering för glödstiftsstyrningens
säkring

2 Glödstiftens styrenhet – demontering och montering

1 I motorerna 1Z, AHU och AFN styrs förvärmningen av motorstyrningens styrenhet – se kapitel 4C.

Demontering

2 På tidigare modeller finns glödstifts-styrningen bakom instrumentbrädan, ovanför relälådan – se kapitel 11 och demontera relevant klädsel för åtkomst.
3 På senare modeller finns glödstifts-styrningen i motorrummet, bredvid spolar-vätskebehållaren (se bild).
4 Lossa batteriets jordledning och för undan den från polen.
Observera: Om bilen har en ljudanläggning med stöldskyddskod, kontrollera att du har koden uppskriven innan batteriet kopplas ur. Rådfråga en VAG-verkstad om du är osäker.
5 Dra ut kontakten från styrenheten.
6 Skruva ur skruvarna och lyft ut styrenheten ur fästet.

Montering

7 Montering sker i omvänd arbetsordning.

3 Glödstift – test, demontering och montering

Test

1 Om systemet inte fungerar korrekt måste det slutligen testas genom att man byter ut misstänkta delar mot veterligen fungerande, men vissa kontroller kan utföras först, enligt beskrivningen i följande paragrafer.
2 På modeller där glödstiftsstyrningen är placerad i motorrummet kan glödstifts-styrningens säkring granskas genom plast-locket över den (se bild). Om säkringen brunnit indikerar detta ett allvarligt fel i kretsen – byt inte säkring utan att först försöka hitta felet. Se kapitel 12.
3 Anslut en voltmätare eller 12 volt testlampa mellan glödstiftens strömförsörjning och en bra jord på motorn.
Varning: Se till att den strömförande anslutningen hålls på betryggande avstånd från motorn och karossen.
4 Låt en medhjälpare aktivera förvärmningen (antingen med tändningsnyckeln eller genom att öppna och stänga förardörren, efter tillämplighet) och kontrollera att batteri-spänning når fram till glödstiftskontakten.

(Kom ihåg att spänningen sjunker till noll när förvärmningsperioden är över).
5 Om glödstiften inte får ström är antingen glödstiftsreläet (i förekommande fall) eller matningskretsen defekt.
6 Hitta ett defekt glödstift genom att först lossa batteriets jordledning och föra undan den från polen.
Observera: Om bilen har en ljudanläggning med stöldskyddskod, kontrollera att du har koden uppskriven innan batteriet kopplas ur. Rådfråga en VAG-verkstad om du är osäker.
7 Se nästa underavsnitt och lossa ström-försörjningen från glödstiftsanslutningen. Mät motståndet mellan glödstiftsanslutningen och motorns jord. Ett mätresultat överstigande ett fåtal ohm indikerar att glödstiftet är defekt.
8 Om en passande amperemätare finns tillgänglig, anslut den mellan glödstiftet och strömförsörjningen och mät upp den konstanta strömförbrukningen (ignorera den inledande strömtoppen som är cirka 50% högre). Jämför mätresultatet med speci-fikationerna – hög förbrukning (eller ingen alls) indikerar ett defekt glödstift.
9 Som en sista kontroll, skruva ur glödstiften och undersök dem enligt beskrivning i nästa underavsnitt.

Demontering

10 Om inte redan gjort, lossa batteriets jordledning och för undan den från polen (se paragraf 6).
11 Skruva ur muttern och brickorna från glödstiftsanslutningen. Lyft av ledaren (se bild).
12 Skruva ur glödstiftet (se bild).
13 Kontrollera om glödstiftsspetsen är skadad. En svårt bränd glödstiftsspets indi-kerar vanligen en defekt insprutare, se kapitel 4C.

Montering

14 Montering sker i omvänd arbetsordning, dra glödstiftet till angivet moment (se bild).

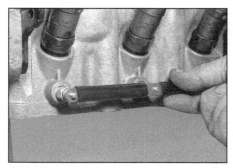

3.11 Skruva ur muttern och brickorna från glödstiftsanslutningen. Lyft av ledaren

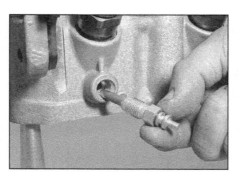

3.12 Skruva ur glödstiftet

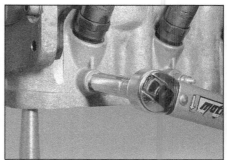

3.14 Dra glödstiftet till angivet moment

Kapitel 6
Koppling

Innehåll

Svårighetsgrader

Enkelt, passar novisen med lite erfarenhet	Ganska enkelt, passar nybörjaren med viss erfarenhet	Ganska svårt, passar kompetent hemma-mekaniker	Svårt, passar hemmamekaniker med erfarenhet	Mycket svårt, för professionell mekaniker

Specifikationer

Typ .... Enkel torrlamell, tallriksfjäder, tryckplatta, manövrerad med vajer eller hydraulik

Lamell
Diameter .... 200 mm, 215 mm eller 228 mm, beroende på modell
Kast (maximalt, mätt 2,5 mm från ytterkanten) .... 0,8 mm

Tryckplatta
Maximal tillåten skevhet .... 0,2 mm

Tallriksfjäder
Maximalt djup på repor .... 0,3 mm
Hydrauloljetyp/specifikation .... Delad med bromssystemet – se "Smörjmedel, vätskor och däcktryck"

Åtdragningsmoment   **Nm**
Kopplingshusets bultar 20
Svänghjulets fästbultar*:
  Steg 1 60
  Steg 2 .... Vinkeldra ytterligare 90°
Hydraulrörsanslutning 20
Urtrampningsarmens kulklack 25
Slavcylinderns bultar 25
*Använd nya bultar

1 Allmän beskrivning

Kopplingen är av typen enkel torrlamell, inkluderande tallriksfjäder och tryckplatta och manövreras hydrauliskt eller med vajer.

Kopplingshuset är fastbultat på svänghjulets bakre yta och lamellen är placerad mellan husets tryckplatta och svänghjulets friktionsyta. Lamellnavet är splinesmonterat på växellådans ingående axel och rör sig fritt

på denna. Friktionsmaterial finns fastnitat på vardera sidan på lamellen och lamellnavet är avfjädrat för att absorbera ryck och ge en mjuk upptagning av drivkraften.

När kopplingspedalen trycks ned för slavcylinderns tryckstång urtrampningsarmen framåt och urtrampningslagret tvingas mot tallriksfjäderns fingrar. När fjäderns centrum trycks in trycks ytterdelen ut, vilket tvingar loss tryckplattan från lamellen. Drivkraft överförs då inte längre till växellådan.

När kopplingspedalen släpps upp tvingar tallriksfjädern tryckplattan i kontakt med lamellens belägg och trycker samtidigt

lamellen något framåt på splinesen till kontakt med svänghjulet. Lamellen kläms då fast mellan tryckplattan och svänghjulet. Detta gör att drivkraften överförs till växellådan.

I takt med att lamellbeläggen slits flyttas tryckplattans viloläge närmare svänghjulet, vilket lyfter tallriksfjäderfingrarnas viloläge. Med vajermanövrerad koppling krävs någon form av justering medan en hydrauliskt manövrerad koppling är automatiskt självjusterande i och med att oljan i hydraulkretsen automatiskt kompenserar för slitage varje gång kopplingspedalen trycks ned.

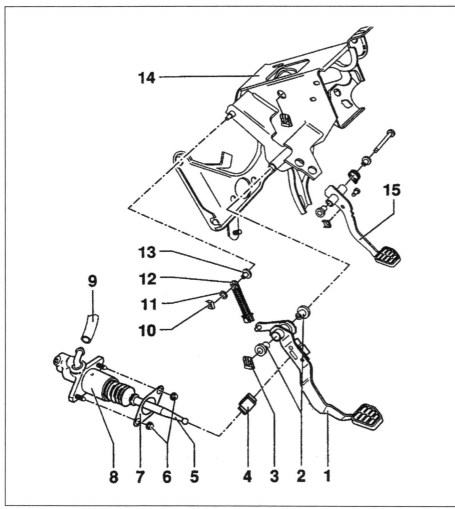

2.6 Kopplingspedalens komponenter

1 Pedal	6 Självlåsande mutter	11 Bricka
2 Bussning	7 Packning	12 Centrumfjäder
3 Clips	8 Huvudcylinder	13 Bussning
4 Hållare	9 Oljematningsslang	14 Fäste
5 Manöverstång/huvudcylinder	10 Låsclips	15 Bromspedal

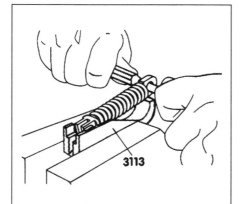

2.9 Inställning av kopplingspedalen centrumfjäder med VW verktyg 3113

2 Kopplingspedal – demontering och montering

Demontering

1 Lossa batteriets jordledning och för undan den från polen.

Observera: *Om bilen har en ljudanläggning med stöldskyddskod, kontrollera att du har koden uppskriven innan batteriet kopplas ur. Rådfråga en VAG-verkstad om du är osäker.*

2 Öppna säkringsdosans/relälådans lock, skruva ur skruvarna och avlägsna panel och isolering under instrumentbrädan.

3 Skruva ur de två skruvarna och lyft av nedre rattstångshöljet.

4 Om kopplingen är hydraulisk, lossa clipset och dra ut pedalens gaffelstift.

5 Om kopplingen manövreras med vajer, se avsnitt 7 och lossa vajern först från manöverarmen och sedan pedaländen.

6 Sträck in handen mellan övre och nedre varmluftstrummorna, lossa clipset från pedaltappen **(se bild)**, och tryck ut tappen åt höger.

7 Lossa pedalen från centrumfjädern och lyft ut pedalen. Om pedalens bussning är mycket sliten kan den pressas ut (och en ny in) med hjälp av ett skruvstycke.

8 Centrumfjädern lossas genom att clipset och brickan avlägsnas.

Montering

9 Montering sker i omvänd arbetsordning. När centrumfjädern monteras måste längden på den förinställas med VW verktyg 3113 om tillgängligt **(se bild)**, eller en liknande metod.

10 Om kopplingen manövreras med vajer, se avsnitt 7 och justera vajern.

3 Kopplingens hydraulik – avluftning

1 Ställ vid behov framvagnen på pallbockar så att slavcylinderns avluftningsnippel blir lättare att komma åt.

2 Börja med att avlufta kopplingens huvudcylinder.

Observera: *Alla modeller har inte avluftningsnippel på huvudcylindern – gå i så fall till paragraf 9 och avlufta slavcylindern.*

3 Kopplingens huvudcylinder finns i motorrummets bakre del, bredvid bromsservon **(se bild)**. Dra av nippelns gummihuv på cylinderns översida.

4 Trä en avluftningsslang på nippeln och placera andra slangänden i ett kärl med lite bromsolja i.

5 Kontrollera att oljenivån i broms/kopplingsoljebehållaren är vid maxmärket och ha färsk bromsolja tillhands för påfyllning.

6 Öppna nippeln ett halvt varv och låt en medhjälpare trycka kopplingspedalen helt. Stäng nippeln när pedalen når botten. Upprepa detta tills dess att ren bromsolja, utan luftbubblor, rinner ut i kärlet. Se till att nivån i behållaren inte sjunker under cylinderutloppet, eftersom luft då dras in i systemet.

7 Dra åt nippeln med nedtryckt kopplingspedal, släpp upp pedalen och fyll på bromsoljebehållaren efter behov.

8 Dra av slangen och trä på skyddshuven av gummi.

9 Dra av gummihuven från slavcylinderns nippel, trä på avluftningsslangen och upprepa proceduren ovan för att avlufta slavcylindern **(se bild)**.

10 Avsluta med att dra loss avluftningsslangen, trä på skyddshuven och ställ ned bilen.

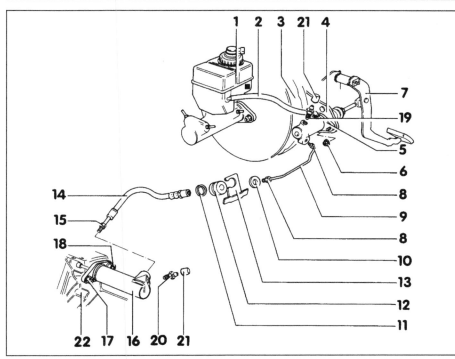

3.2 Komponenterna i kopplingens hydraulsystem

1 Oljebehållare (gemensam för bromsar och koppling)
2 Matningsslang
3 Bromsservo och huvudcylinder
4 Fäste för kopplingens huvudcylinder och bromsservo
5 Kopplingens huvudcylinder
6 Mutter
7 Kopplingspedal
8 Röranslutning
9 Tryckrör
10 Bricka
11 Bricka
12 Bussning
13 Fäste
14 Slang
15 Mutter
16 Slavcylinder
17 Mutter
18 Mutter
19 Avluftningsnippel (huvudcylinder) - inte alla modeller
20 Avluftningsnippel (slavcylinder)
21 Dammskydd
22 Växellåda

nödvändigt att lossa växelväljaren och dra ut den så mycket att slavcylindern kan avlägsnas. Lämna i så fall vajrarna kvar på växelväljaren.
4 Tryck inte ned kopplingspedalen medan slavcylindern är demonterad.

Renovering

5 I skrivandets stund finns inte reparationssatser att få från VW, men de kan finnas på annat håll.
6 Inled renoveringen av slavcylindern med att rengöra den utvändigt.
7 Dra av damasken och demontera tryckstången.
8 Ta ut fjäderclipset ur cylindermynningen och dra ut kolv och fjäder.
9 Rengör delarna och undersök om de är slitna eller skadade. Om kolv och lopp är mycket slitna eller om korrosion förekommer ska cylindern bytas. Om de är i bra skick, byt kolvens packning.
10 Doppa den nya packningen i bromsolja och trä på den på kolven, använd endast fingrarna (inga verktyg). Se till att tätningsläppen är vänd mot kolvens fjädersida.
11 För in fjädern i cylindern, doppa kolven i bromsolja och för in den varsamt.
12 Håll kolven nedtryckt med en skruvmejsel och tryck in ett nytt fjäderclips i cylindermynningen, se till att benen på clipset greppar i cylindern.
13 Montera tryckstången och trä på damasken.

Montering

14 Montering sker i omvänd arbetsordning, avsluta med att avlufta systemet enligt beskrivning i avsnitt 3. Den ände på tryckstången som är i kontakt med urtrampningsarmen ska smörjas med ett tunt skikt molybdendisulfidfett. Om en stödring av plast är monterad ska den smörjas med samma fett.

| 4 | Kopplingens slavcylinder – demontering, renovering och montering | |

Demontering

1 Om en passande slangklamma finns tillgänglig, kläm ihop slavcylinderns hydraul-slang nära anslutningen. Detta minimerar spillet när slangen lossas och förenklar avluftningen efter monteringen.
2 Lossa hydraulanslutningen på cylindern och dra loss slangen. Om slangen inte är hopklämd ska den pluggas för att minimera spill och förhindra smutsintrång.
3 Skruva ur bultarna och dra ut slavcylindern från växellådan **(se bilder)**. Det kan bli

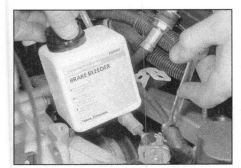

3.9 Avluftning av kopplingens slavcylinder

4.3a Skruva ur bultarna ...

4.3b ... och demontera kopplingens slavcylinder

5.6 Damask (1) till huvudcylinderns tryckstång och huvudcylinderns fästmuttrar (2)

5 Kopplingens huvudcylinder – demontering, renovering och montering

Demontering

1 Kopplingens huvudcylinder är monterad i motorrummet bredvid bromsservon.
2 Demontera nedre instrumentbrädespanelen under rattstången.
3 Öppna clipset och dra ut gaffelstiftet som fäster tryckstången vid kopplingspedalen.
4 Om en lämplig slangklamma finns tillgänglig ska slangen från kopplingens/bromsarnas oljebehållare klämmas ihop vid huvudcylindern för att minimera spill. Lossa sedan slangen från huvudcylindern. Plugga öppna

ändar för att förhindra smutsinträng (och minimera spill om slangen inte är hopklämd).
5 Skruva ur muttern och lossa ledningen mellan huvudcylindern och slavcylindern. Plugga öppningarna för att förhindra smutsinträng.
6 Lossa damasken från torpedplåten inne i kupén **(se bild)**.
7 Skruva ur muttrarna och dra ut huvudcylindern.

Renovering

8 I skrivandets stund finns inte reparationssatser att få från VW, men de kan finnas på annat håll.
9 Inled renoveringen av huvudcylindern med att rengöra den utvändigt.
10 Dra av damasken och demontera tryckstången. Lossa vid behov låsmuttern, skruva ur gaffeln och låsmuttern och lossa tryckstången från damasken.
11 Dra ut låsringen från cylindermynningen och dra ut bricka, kolv och fjäder, lägg märke till att fjäderns mindre ände är i kontakt med kolven.
12 Rengör delarna med denaturerad sprit och undersök om de är slitna eller skadade. Om kolven och loppet är mycket slitna ska cylindern bytas, men om de är i bra skick ska kolvens packningar bytas.
13 Doppa de nya packningarna i bromsolja och trä på dem på kolven, använde bara fingrarna till att föra dem i läge. Kontrollera att

tätningsläpparna är vända mot kolvens fjäderände.
14 För in fjädern i cylindern med den större änden först. Doppa kolven i bromsolja, placera den på fjädern och för in den varsamt i cylindern.
15 Montera brickan och placera låsringen i spåret.
16 Lägg på lite fett på tryckstångens ände, placera den på kolven och montera damasken. Skruva på gaffeln och låsmuttern, avsluta med att dra åt låsmuttern.

Montering

17 Montering sker i omvänd arbetsordning, avsluta med att avlufta systemet enligt beskrivning i avsnitt 3.
18 Smörj gaffelstiftet med lite fett.

6 Kopplingsvajer – demontering, montering och justering

Demontering

1 Demontera nedre instrumentbrädespanelen på förarsidan så att kopplingspedalen och vajeranslutningen blir åtkomliga.
2 Tryck ned kopplingspedalen i botten och släpp upp den. Upprepa ett antal gånger och tryck sedan ihop självjusteringsmekanismen genom att trycka manöverarmen bakåt mot sitt stopp. Håll justeringen hoptryckt och lossa vajern från armen. Om det är omöjligt att trycka ihop självjusteraren är den defekt och vajern måste då kapas. Då behövs en ny kopplingsvajer vid monteringen. Ta inte isär självjusteringen.
3 Lossa vajern från styrningen på expansionskärlet på torpedplåten **(se bild)**.
4 Lossa vajern från pedalen och dra ut den till motorrummet.

Montering och justering

5 Om en ny kopplingsvajer monteras hålls självjusteringsmekanismen hoptryckt med ett band. Öppna inte bandet i detta skede **(se bild)**.

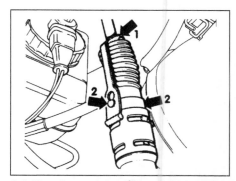

6.5 Kopplingsvajerns låsband (för att hålla självjusteringsmekanismen hoptryckt) visande övre (1) och nedre (2) fästpunkter

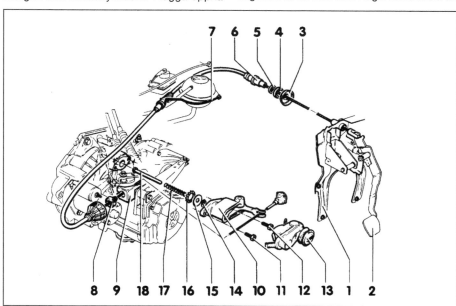

6.3 Kopplingsvajer och sammanhörande komponenter

1 Fäste	7 Hållare	13 Damask
2 Kopplingspedal	8 Gummistoppklack	14 Låsbricka
3 Hylsa	9 Stöd	15 Bricka
4 Klammerbricka	10 Hus och arm	16 Stjärnbricka
5 Tätningsringar	11 Bult	17 Fjäder
6 Vajer (och självjusteringsmekanism)	12 Bult	18 Tryckstång

6 Fäst vajern på pedalen, dra den korrekt i motorrummet men lägg inte in den i styrningen ännu.

7 Fäst vajern vid kopplingens manöverarm.

8 Om en ny kopplingsvajer monteras ska den nu placeras i styrningen, lossa sedan det band som håller självjusteringsmekanismen hoptryckt.

9 Om den gamla vajern monteras, tryck ihop självjusteringsmekanismen genom att dra genomföringen framåt och bakåt så långt den går ett antal gånger.

Observera: *Låt inte någon av vajeränderna lossna.* Placera sedan vajern i styrningen genom att trycka på gummibufferten samtidigt som självjusteringsmekanismen hålls hoptryckt.

10 Kontrollera vid monteringen att vajern går fri från växelväljaren på växellådans ovansida.

11 Inledande justering av kopplingsvajern görs genom att pedalen trycks i botten fem gånger. För sedan armen 10 mm bakåt och kontrollera att den rör sig fritt **(se bild)**.

12 Montera de nedre instrumentbrädespanelerna.

7 Koppling –
demontering, kontroll och montering

Demontering

1 Kopplingen blir åtkomlig sedan motorn och växellådan lyfts ut och delats enligt beskrivning i kapitel 2C, eller genom att enbart växellådan lyfts ut enligt beskrivning i kapitel 7A. Såvida inte även motorn ska repareras är det enklare att enbart lyfta ut växellådan. Detta gäller särskilt på motor RP, i och med att det undviker delning av grenrör och nedåtgående rör, vilket kan, som anges i kapitel 4D, vara svårt att göra.

2 När växellådan lyfts av ska kopplingshusets och svänghjulets inbördes läge märkas upp som monteringshjälp.

3 Håll svänghjulet stilla och skruva stegvis, i diagonal följd, ur bultarna. När bultarna

skruvats ur 2 – 3 varv, kontrollera då att kopplingshuset inte kärvar på styrstiften. Bänd vid behov loss huset med en skruvmejsel.

4 Skruva ur alla bultar och lyft av kopplingshus och lamell från svänghjulet.

Kontroll

Observera: *Med tanke på det arbete som krävs för att komma åt kopplingen är det inte att rekommendera att gamla komponenter sätts tillbaka, såvida inte det är känt att de är ganska nya, eller att det är tydligt att de inte är slitna. Det är dessutom vanligt att köpa en komplett sats (lamell, tryckplatta och urtrampningslager), inte bara en ny lamell vid underhåll av kopplingen.*

5 Rengör huset, lamellen och svänghjulet. Andas inte in dammet, det kan innehålla asbest vilket är hälsovådligt.

6 Kontrollera att det inte finns repor eller slitage på tallriksfjäderns fingrar. Om djupet på någon repa överskrider vad som anges i specifikationerna i början av detta kapitel måste ett nytt kopplingshus monteras **(se bild)**.

7 Kontrollera om tryckplattan är repad, sprucken eller missfärgad. Smårepor är godtagbara, men om de är för djupa måste ett nytt kopplingshus monteras. Tryckplattans skevhet får inte överstiga vad som anges i specifikationerna i början av detta kapitel **(se bild)**.

8 Kontrollera om lamellens belägg är slitna, spruckna eller förorenade av olja eller fett. Beläggen är utslitna om de slitna ned till, eller nära nitskallarna. Kontrollera om lamellens nav är slitet genom att trä på den på ingående växellådsaxeln. Byt lamell vid behov. Kontrollera om möjligt att lamellens kast, mätt 2,5 mm från ytterkanten, inte överstiger vad som anges i specifikationerna.

9 Om det finns några spår av föroreningar av fett eller olja måste källan till dessa spåras och åtgärdas innan nya komponenter monteras. I annat fall blir de nya delarna snart förorenade. Det finns inget tillfredsställande sätt att avfetta lamellen om den förorenats.

10 Kontrollera om svänghjulets friktionsyta är

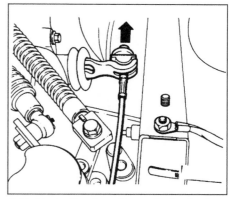

6.11 Kontroll av kopplingsvajer/mekanism - för armen cirka 10 mm i visad riktning för att kontrollera funktionen - se texten

repad, sprucken eller missfärgad (orsakas av överhettning). Om skadorna är för stora kan det vara möjligt att få svänghjulet svarvat på en mekanisk verkstad, i annat fall måste det bytas.

11 Innan kopplingen monteras är det klokt att kontrollera skicket på urtrampningslagret och armen, se beskrivning i avsnitt 8.

Montering

12 Kontrollera att alla delar är rena och fria från olja eller fett innan monteringen påbörjas. Lägg en mycket liten klick fett med hög smältpunkt i splinesen på lamellen. Notera att nya tryckplattor och kopplingshus kan levereras täckta med skyddsfett. Det är endast tillåtet att ta bort fettet från lamellens kontaktyta. Om fettet avlägsnas från andra ytor förkortas kopplingens livslängd.

13 Inled ihopsättningen med att placera lamellen på svänghjulet med den utstickande delen av navet vänd mot växellådan **(se bild)**.

14 Placera kopplingshuset över lamellen och på styrstiften **(se bild)**. Håll lamellen på plats när detta görs. Om det gamla huset monteras ska märkningen följas.

15 Fingerdra bultarna så att huset hålls på plats men lamellrörelser medges.

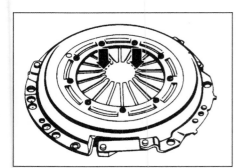

7.6 Kontrollera slitaget på tallriksfjäderns fingrar

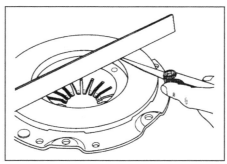

7.7 Kontrollera tryckplattans skevhet

7.13 Lamellens monteringsriktning

7.14 Montering av lamell och kopplingshus

16 Lamellen ska sedan centreras för att bli korrekt uppriktad med ingående växellådsaxeln och tapplagret på vevaxeln. För detta krävs ett centreringsverktyg, alternativt kan en trädocka tillverkas som passar. För verktyget genom lamellen in i tapplagret, se till att det är centralt. Underlåtenhet att centrera lamellen innebär att växellådans ingående axel inte går genom kopplingen, vilket gör det omöjligt att sätta ihop motorn och växellådan. Den tid som går åt till att få centreringen korrekt är väl använd.
17 Dra åt kopplingshusets bultar stegvis i diagonal följd till angivet moment och dra ut centreringsverktyget.
18 Sätt motorn och/eller växellådan på plats enligt beskrivning i kapitel 2C eller 7A efter tillämplighet.

8 Urtrampningslager och arm – demontering och montering

Demontering

1 Urtrampningslagret och armen är endast åtkomliga när motorn och växellådan delats – se paragraf 1 i föregående avsnitt.

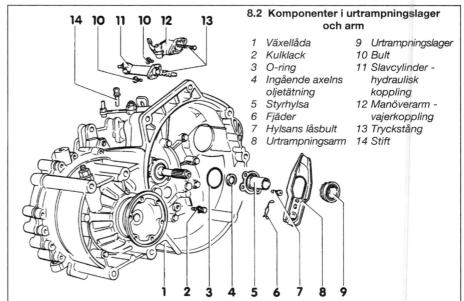

8.2 Komponenter i urtrampningslager och arm

1	Växellåda	9	Urtrampningslager
2	Kulklack	10	Bult
3	O-ring	11	Slavcylinder -
4	Ingående axelns		hydraulisk
	oljetätning		koppling
5	Styrhylsa	12	Manöverarm -
6	Fjäder		vajerkoppling
7	Hylsans låsbult	13	Tryckstång
8	Urtrampningsarm	14	Stift

2 Använd en skruvmejsel och bänd loss armen från kulklacken på växellådshuset **(se bild)**. Om detta är svårt, tryck först lös fjädern från urtrampningsarmen. Lossa plastkudden från klacken.
3 Dra av urtrampningslagret, med arm, från styrhylsan och dra ut det över ingående växellådsaxeln **(se bild)**.
4 Lossa urtrampningslagret från armen **(se bild)**.
5 Snurra urtrampningslagret för hand och kontrollera att det löper mjukt. Varje tendens till kärvning eller ojämnhet gör det nödvändigt att byta lagret. Om det ska återanvändas, torka rent det med en torr trasa. Under inga som helst omständigheter ska lagret rengöras i flytande lösningsmedel, eftersom detta avlägsnar det interna fettet. Se anmärkningen i avsnitt 7 innan lagret sätts tillbaka.
6 Rengör urtrampningsarmen, kulklacken och styrhylsan.

7 Om en ny urtrampningsarm ska monteras på en vajermanövrerad koppling, för in brickan som visat **(se bild)**. Stjärnbrickan måste monteras med den konvexa sidan mot huset. Använd ett rör med passande diameter och driv brickan på plats. När den är monterad ska den plana brickan (B) kunna röra sig fritt.

Montering

8 Montering sker i omvänd arbetsordning, smörj kulklacken med molybdendisulfidfett. Lägg på en liten fettklick på urtrampningslagrets kontaktyta mot tallriksfjäderns fingrar i kopplingshuset. Montera fjädern på urtrampningsarmen. Tryck fast urtrampningsarmen på kulklacken så att fjädern håller den på plats.
9 Sätt motorn och/eller växellådan på plats enligt beskrivning i kapitel 2C eller 7A efter tillämplighet.

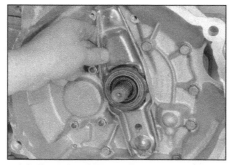

8.3 Demontering av urtrampningslager och arm

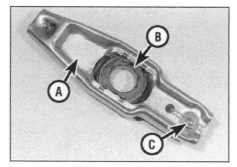

8.4 Urtrampningsarm (A), urtrampningslager (B) och kulklackssockel (C)

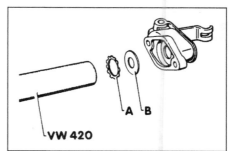

8.7 Urtrampningsarm på vajermanövrerad koppling visande stjärnbricka (A), plan bricka (B) och VWs monteringsverktyg

Kapitel 7 Del A:
Manuell växellåda

Innehåll

Svårighetsgrader

Enkelt, passar novisen med lite erfarenhet	Ganska enkelt, passar nybörjaren med viss erfarenhet	Ganska svårt, passar kompetent hemma-mekaniker	Svårt, passar hemmamekaniker med erfarenhet	Mycket svårt, för professionell mekaniker

Specifikationer

Allmänt

Typ	Tvärställd, framhjulsdrivning med integrerad differential/slutväxel, 5 lägen framåt, helsynkroniserad, 1 växel bakåt
Växellådans typnummer	02A
Växellådsolja	Se "Smörjmedel, vätskor och däcktryck"
Växellådsoljans volym	Se specifikationerna i kapitel 1A eller 1B

Utväxlingsförhållanden (typiska)

1:an	3,778:1
2:an	2,105:1
3:an	1,345:1
4:an	0,971:1
5:an	0,795:1
Back	3,800:1
Slutväxel	3,944:1

Åtdragningsmoment

	Nm
Väljarvajrar	25
Bultar, svänghjulskåpa till motor, M10	60
Bultar, svänghjulskåpa till motor, M12	80
Oljepluggar, påfyllning/nivå och avtappning	25
Växellådans stödbultar	60
Vibrationsdämpare till monteringsram	30

För övriga fästen till motor/växellåda, se specifikationerna i kapitel 2A eller 2B

1 Allmän information

Den manuella växellådan är tvärställd i motorrummet, fastbultad direkt på motorn. Denna utformning har den fördelen att den ger kortast möjliga kraftöverföringssträcka till framhjulen, förutom att den placerar växellådan i luftströmmen i motorrummet, vilket optimerar kylningen. Växellådshuset är gjort i lättmetall.

Drivkraft från vevaxeln överförs via kopp-lingen till växellådans ingående axel, som är förbunden med kopplingslamellen med splines.

Alla växlar framåt är försedda med synkro-niseringsdon. När en växel väljs överförs rörelsen från den golvmonterade växelspaken till växellådan av en väljare och vajrar. Detta aktiverar en serie väljargafflar i växellådan som sitter i spår på synkroniseringshylsorna. Hylsorna, som är låsta på växellådans axlar men är flyttbara utmed axlarna tack vare splinesförsedda nav, trycker ringar i kontakt med respektive drev. De koniska kontakt-ytorna mellan ringarna och dreven fungerar som friktionskopplingar som gradvis matchar synkroniseringshylsans hastighet (och där-med växellådsaxelns) med drevets. Tänderna på ringen förhindrar att hylsan greppar drevet förrän deras hastigheter är matchade. Detta ger mjuka växlingar och minskar oväsen och mekaniskt slitage orsakat av snabba väx-lingar.

Drivkraften överförs till differentialens kron-hjul, som roterar med differentialhuset och planetdreven, vilket driver soldreven och driv-axlarna. Planetdrevens rotation på sina axlar vilket gör att de inre hjulet kan rotera lång-sammare än de yttre i svängar.

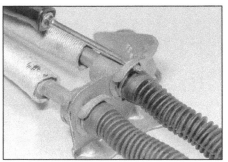

2.2 Lossa ett av väljarvajerfästets clips

2.4 Lossa och ta bort nedåtgående avgasröret

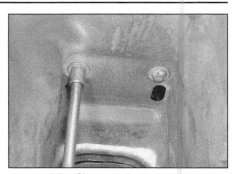

2.5a Skruva ur bultarna . . .

2.5b . . . och klammerbrickorna för att demontera värmeskölden

2.6 Skruva ur bultarna under växelspakshuset

2 Växelväljarvajrar och arm – demontering, montering och justering

Demontering

1 Börja med att lossa vajrarna på växellådan **(se bild 3.9a till 3.9e)**.

2 Öppna vajerfästets clips **(se bild)** och lossa vajrarna från fästet.

3 Ställ framvagnen på pallbockar (se *"Lyftning och stödpunkter"*). Skapa utrymme att demontera främre delen av avgassystemet.

4 Se kapitel 4D och demontera det nedåtgående avgasröret **(se bild)**.

5 Demontera i förekommande fall värmeskölden under kraftöverföringstunneln. Den är fäst med klammerbrickor framtill och två bultar baktill **(se bilder)**.

6 Skruva ur de två bultar som fäster växelväljarens bakdel vid golvet **(se bild)**.

7 Skruva loss växelspakens knopp och lägg den åt sidan **(se bild)**.

8 Demontera växelspaksdamasken. Dra i förekommande fall ur kontakterna.

9 Skruva ur de två svarta plastmuttrarna och sänk ned växelspaken. Ta bort den och vajrarna från bilens undersida **(se bilder)**.

10 Lossa vajrarna från växelväljaren genom att öppna låsflikarna på var sida om huset och demontera undre täckplattan från huset **(se bild)**.

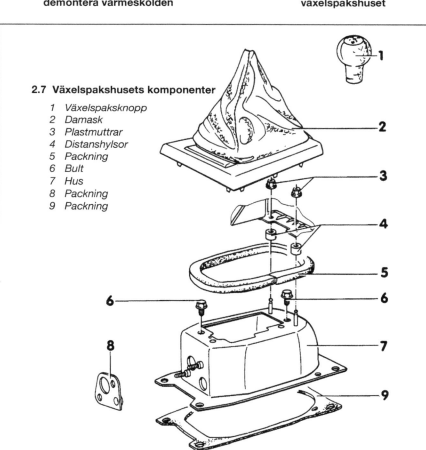

2.7 Växelspakshusets komponenter

1 *Växelspaksknopp*
2 *Damask*
3 *Plastmuttrar*
4 *Distanshylsor*
5 *Packning*
6 *Bult*
7 *Hus*
8 *Packning*
9 *Packning*

2.9a Inne i bilen, skruva ur plastmuttrarna . . .

2.9b ... sänk sedan ned växelspaken och dra ut den från undersidan

2.10 Demontera den undre täckplattan för att komma åt växelväljarhuset

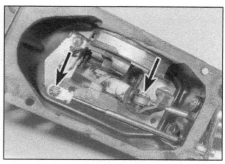

2.12 Väljarvajrarnas anslutning i huset (vid pilarna)

11 Skruva ur de muttrar som fäster vajrarna vid huset och lossa sedan vajerstyrplattan från huset.

12 Dra ut clipsen och lossa vajrarna från anslutningarna till växelspaken och väljararmen **(se bild)**. Dra ut vajrarna.

13 Växelväljarhusets delar sitter som visat **(se bild)**. Ta isär enheten genom att öppna/skruva ur relevanta clips/bult(ar). Anteckna monteringsläge för komponenterna vartefter de tas isär.

14 Byt alla slitna eller defekta delar. Lägg märke till att vissa delar är modifierade på senare modeller och det är viktigt att korrekta reservdelar köps.

15 Ihopsättning sker i omvänd arbetsordning. Lägg märke till att grindväljarbussningen bara kan monteras i ett läge. Placera trimsäkringshylsan så att den är 40 mm från växelspaksknoppen. Om en ny huv monteras på kulan i botten av väljarhuset underlättas monteringen av huven om den värms i hett vatten så att den blir smidigare. Montera den genom att klämma ihop huven (så att hålet förlängs) och montera den från sidan som visat **(se bild)**.

16 När väljarvajerfästet monteras, var då noga med att inte skada bussningen.

Montering och justering

17 Vajrar och växelspak monteras med omvänd arbetsordning. Om vajrar och/eller delar i väljaren bytts ska väljarens injustering kontrolleras, så att växlingarna kan ske på ett tillfredsställande sätt. VW verktyg nr 3192 krävs för precis kontroll/justering, men utan detta verktyg kan en grundkontroll göras

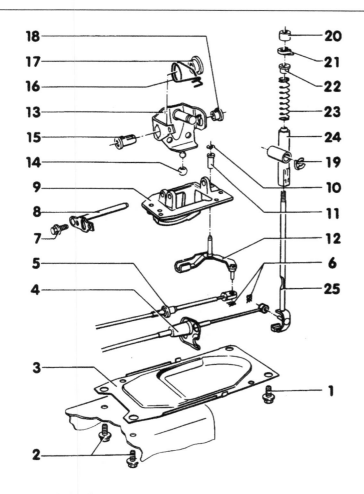

2.13 Växelspak och sammanhörande komponenter

1 Bult	7 Bult	13 Väljarhus	20 Dekorlåshylsa
2 Bult	8 Stift	14 Huv	21 Låsbricka
3 Täckplatta	9 Platta	15 Bussning	22 Distansbussning
4 Växlingsvajer	10 Låsbricka	16 Fjäder	23 Fjäder
5 Väljarvajer	11 Bussning	17 Styrbussning	24 Styrning
6 Clips	12 Grindväljararm	18 Bussning	25 Växelspak
		19 Clips	

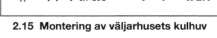

2.15 Montering av väljarhusets kulhuv

2.17 För in en borr eller stång som visat för att hjälpa uppriktningen vid anslutning och justering av väljarvajerns bult och mutter

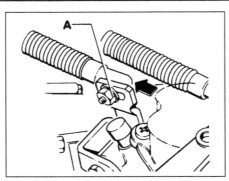

2.18 Lossa muttern (A) och tryck monteringsstiftet i angiven riktning för att hämta hem spelet

genom att växelspaken centreras i mitten av friläget. Gör detta genom att lossa växelspaken och överföringsarmens vajeranslutningsbult/mutter, centrera armen (se bild) och dra åt bulten/muttern. Kontrollera justeringen för samtliga växlar. Fler små justeringar kan komma att krävas.

18 Kontrollera väljarstagets slag genom att lägga i ettan och för spaken full till vänster. Släpp den sedan medan en medhjälpare mäter väljarstagets slag vid växellådan. Staget ska flytta sig cirka 1 mm. Om justering krävs, lossa överföringsarmens vajermutter och hämta in spelet genom att trycka stiftet mot vajern (se bild). Dra sedan åt muttern igen.

19 Om en grundinställning gjorts är det rekommendabelt att låta en VAG-verkstad kontrollera justeringen så snart som möjligt.

3 Manuell växellåda – demontering och montering

Demontering

1 Välj en stabil och plan yta att parkera bilen på. Dra åt handbromsen och klossa bakhjulen.

2 Lossa batteriets jordledning och för undan den från polen.

Observera: *Om bilen har en ljudanläggning med stöldskyddskod, kontrollera att du har koden uppskriven innan batteriet kopplas ur, se kapitel 5A, avsnitt 1 för detaljer.*

3 Låshållaren är en panel som består av strålkastare, kylargrill (senare modeller) och huvlåsets mekanism. Även om det inte är

nödvändigt att demontera denna blir åtkomligheten bättre om det görs, se kapitel 11.

4 Lossa, om befintlig, kopplingsvajern från urtrampningsarmen (se kapitel 6).

5 Med dieselmotor, demontera så mycket som behövs av laddluftskylarens trummor för bättre åtkomst – se kapitel 4C. På motor AFN ska toppkåpan demonteras.

6 Skruva antingen ur kragen och lossa hastighetsmätarvajern (se bild) eller dra ur hastighetsgivarens kontakt.

7 Lossa växellådans jordledning.

8 Se avsnitt 5 och dra ut backljuslampans kontakt (se bild).

9 Lossa växel- och grindväljarvajrarna från växelspak och överföringsarm, skruva sedan loss vajerbygeln från växellådans ovansida (se bilder). Vajrarna kan vara kvar på bygeln, men för den och vajrarna ur vägen för demontering av växellådan.

10 Lossa bulten till växelväljaren/överföringsarmen från växellådan så att väljaren kan lyftas något. Skruva sedan ur bultarna och dra undan kopplingens slavcylinder ur kopplingshuset. Lyft på växelväljaren så att cylindern kan dras ut. Hydraulslangen kan lämnas kvar på slavcylindern, men stötta den ur vägen, så att slangen inte sträcks och håll tryckstången helt inne i cylindern.

11 Skruva ur de övre bultarna mellan motorn och växellådan.

12 Ställ framvagnen på pallbockar. Växellådan plockas ut från undersidan, så lämna tillräckligt med plats.

13 Skruva ur växellådans oljeavtappningsplugg från differentialhuset och töm växellådsoljan i ett lämpligt kärl, skruva i pluggen igen.

14 Motorns vikt måste nu bäras upp medan motor/växellådsfästena lossas. Gör det med ett lyftsling kopplat på motorn och höj motorlyften så mycket att motorns vikt tas upp, eller stötta motorn stabilt underifrån, se då till att inte skada sumpen. Alternativt kan man använda ett motorstöd liknande det som VAG-mekaniker använder (se bild).

15 Skruva ur de tre bultarna från höger motorfäste (på baksidan).

3.6 Lossa hastighetsmätarvajern

3.8 Lossa backljuskontakten

3.9a Skruva ur bulten för att lossa växelväljarvajern

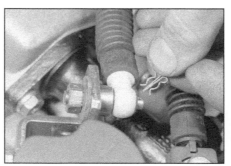

3.9b Dra ut clipset . . .

3.9c . . . och lossa grindväljarvajern (tidig modell visad)

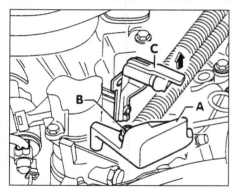

3.9d På modell från och med oktober 1991, ta bort balansvikten (A) och växelväljarvajern (B) från växelspaken. Grindväljarvajern (C) tas bort genom att klacken lyfts i pilens riktning

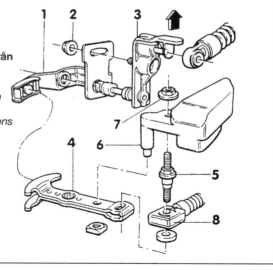

3.9e Sprängskiss över växlingsmekanism monterad från och med oktober 1991

1 Överföringsarm
2 Mutter mellan aktiverararm och överföringsarm
3 Aktiverararm - lyft klacken i pilens riktning för att ta bort/montera grindväljarvajern
4 Växelväljararm
5 Växelväljarvajer/ balansviktspinnbult
6 Balansvikt
7 Balansviktens mutter
8 Växelväljarvajer

16 Skruva ur bulten från växellådans bakre fäste på vänster sida. För i tillämpliga fall servostyrningens slangar åt sidan så att de inte är i vägen. Om bilen har ABS kan det bli nödvändigt att demontera expansionskärlet för att komma åt bulten. För slangarna åt sidan och använd hylsnyckel med förlängare och skruva ur bulten.
17 Skruva ur främre motorfästets mutter.
18 Demontera startmotorn enligt beskrivning i kapitel 5A och för den åt sidan (med anslutna ledningar).
19 Skruva loss främre motorfästet. Där så behövs, sätt tillbaka servostyrningens slangar över bussningarna och säkra dem ur vägen.
20 På bilens undersida, skruva loss vibrationsdämparvikten från styrväxelns monteringsram. Stötta vikten väl vid de fyra bultarna skruvas ur och var beredd att stötta den avsevärda vikten när den avlägsnas.
21 Skruva loss värmeskölden från höger inre drivknut och avlägsna den från bilen.
22 Se kapitel 8 för detaljerna och skruva loss höger och vänster drivaxel från växellådans utgående flänsar. Bind upp axlarna ur vägen när de lösgjorts.
23 För motorn och växellådan så långt åt höger som möjligt och lyft något på vänster sida.
24 Skruva ur bultarna och avlägsna växellådans stödstag **(se bild).**
25 Tryck motorn mot torpedplåten och skruva ut nedre bulten ("C" i bild 3.24) ur fästet. Skruva ur resten av bultarna och avlägsna fästet från torpedplåten.
26 Skruva ur bultarna och ta bort kopplingshusets nedre täckplatta.
27 Placera en domkraft under växellådshuset så att den bär upp växellådans vikt. En garagedomkraft med passande skål ska helst användas, om sådan finns till hands.
28 Skruva ur de nedre bultarna mellan motorn och växellådan.
29 Kontrollera att alla anslutningar till växellådan lösgjorts och förts undan och bänd försiktigt loss växellådan från motorn så att den går fri från styrstiften på motorns bakre

fläns. Be helst en medhjälpare styra växellådan när den dras ut, sänks och avlägsnas.

> **Varning: Stötta växellådan så att den står stadigt på domkraften. Håll växellådan i nivå med motorn till dess att den ingående växellådsaxeln är helt utdragen från lamellen.**

30 När växellådan går fri från motorn ska den sänkas ned och avlägsnas från bilens undersida, kontrollera dock att motorn är väl stöttad.

Montering

31 Innan växellådan monteras, kontrollera att styrstiften sitter på motorns baksida. Lägg lite högtemperaturfett i splinesen på den ingående växellådsaxeln.
32 Montering sker i omvänd arbetsordning, lägg märke till följande:

a) Innan växellådan förs i läge ska inspektionspluggen på svänghjulskåpan dras ut. Tryck sedan urtrampningsarmen mot växellådan och säkra den i läge med en M8 x 22 bult. När växellådan är på plats, skruva ur bulten för att släppa armen och stick in pluggen igen.

b) Kontrollera att fästena till motorn och växellådan inte är belastade innan bultarna och muttrarna dras åt. Dra alla fixturer till angivna moment, se kapitel 2 vid behov.
c) Anslut och justera växellådsvajrarna enligt beskrivning i avsnitt 2.
d) Avsluta med att fylla växellådan med angiven kvalitet och kvantitet olja (se kapitel 1).

4 Manuell växellåda, renovering – allmän information

Renovering av en växellåda är ett svårt (och ofta dyrt) arbete för en hemmamekaniker. Det omfattar isärtagning och ihopsättning av många små delar. Ett stort antal toleranser måste mätas precist och vid behov justeras med distanser och låsringar. Interna växellådsdelar är ofta svåra att få tag på och i många fall mycket dyra. Detta betyder att om växellådan uppvisar fel eller missljud är det bäst att låta en specialist renovera lådan eller att skaffa en renoverad utbyteslåda.

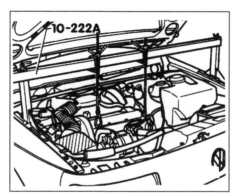

3.14 Motorstödbygel använd att bära upp motorns vikt

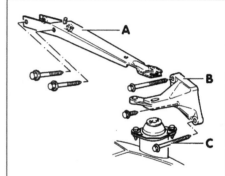

3.24 Växellådans stödstag (A) fäste (B) och nedre bult (C)

Det är dock möjligt för en erfaren hemma-mekaniker att renovera en växellåda, under förutsättning att de verktyg som behövs finns tillgängliga och att arbetet utförs metodiskt och stegvis, utan att något förbises.

De verktyg som krävs är tänger för inre och yttre låsringar, en lageravdragare, en drag-hammare, en sats drivdorn, en indikator-klocka, möjligen en hydraulpress samt en stabil arbetsbänk med skruvstycke.

Vid isärtagning av växellådan, anteckna och skissa noga hur alla delar är monterade så att ihopsättningen underlättas och blir mer precis **(se bild)**.

Innan växellådan tas isär är det en god hjälp om du har en aning om var problemet finns. Vissa problem kan höra nära samman med vissa delar av växellådan vilket kan underlätta undersökandet och bytet av komponenter. Se avsnittet om felsökning i denna handbok för mer information.

5 Backljuskontakt – test, demontering och montering

Test

1 Kontrollera att tändningen är avstängd.
2 Dra ur backljuskontaktens ledningskontakt. Kontakten finns på växellådans ovansida **(se bild 3.8)**.
3 Anslut sonderna på en kontinuitetsprovare eller multimätare inställd på motståndsmätning mellan stiften på backljuskontakten.
4 Kontakten är normalt öppen, så med varje annat växellådsläge än backen ska provaren registrera en bruten krets. När backen läggs in ska kontakten stängas och provaren regi-strera en sluten krets.
5 Om kontrakten är konstant öppen eller sluten, eller fungerar ojämnt ska den bytas.

Demontering

6 Kontrollera att tändningen är avstängd.
7 Om inte redan gjort ska backljuskontaktens elkontakt dras ut.
8 Lossa på kontakthuset med en ringnyckel och skruva ur den. Ta reda på tätningen.

Montering

9 Montering sker i omvänd arbetsordning. Avsluta med att dra fast kontakten väl och kontrollera att den fungerar.

6 Hastighetsmätardrivning – demontering och montering

Mekanisk hastighetsmätare

1 Tidiga modeller är försedda med en konventionell mekanisk hastighetsmätare som drivs med vajer och drev från slutväxeln.
2 Skruva loss kragen från hastighetsmätar-vajern och dra ut vajeränden ur drivningen.

4.4 Sprängskiss över manuella växellådans hus och sammanhörande komponenter

1 Bult	14 Femmans drev	27 Växelväljare
2 Bricka	15 Nållager	28 Koppling/differentialhus
3 Ändkåpa	16 5:ans drev (drivet)	29 Hylsa
4 Packning	17 Bult	30 Påfyllnings-/nivåplugg
5 Bult	18 Styrstift	31 Magnet
6 Styrstift	19 O-ring	32 Hastighetsmätardrivning
7 5:ans väljargaffel	20 Bult	33 O-ring
8 Bult	21 Lagerhylsans hölje	34 Styrhylsa och tätning
9 Bussning	22 Växellådans hus	35 Bult
10 5:ans låsring	23 Avtappningsplugg	36 Bult
11 5:ans synkroniseringsnav	24 Drivfläns	37 Backväxelaxelns stödbult
12 Fjäder	25 Låsring	38 Backväxelaxelns stödbult
13 5:ans synkroniseringsring	26 Bult	39 Startmotorbussning

3 Drivningen kan sedan skruvas loss från växellådan med en passande ringnyckel.
4 Ta vara på tätningen.
5 Montering sker i omvänd arbetsordning. Använd en ny o-ring och dra fast drivningen ordentligt. För in vajeränden i drivningens topp, vrid något på den så att den greppar korrekt och låskragen kan skruvas på.

Elektronisk hastighetsmätare

6 Senare växellådor har en elektronisk hastighetsgivare. Denna mäter slutväxelns rotationshastighet och omvandlar informa-tionen till en elektronisk signal som sänds till hastighetsmätarmodulen på instrument-panelen. I vissa modeller används den signalen även som indata för motor-styrningens styrenhet.
7 Kontrollera att tändningen är avstängd.
8 Leta upp hastighetsgivaren på växellådans ovansida. Dra ur givarens kontakt.
9 Skruva ur givaren från växellådshuset.
10 Ta i förekommande fall vara på tätnings-ringen.
11 Montering sker i omvänd arbetsordning. Använd en ny o-ring om sådan finns.

Kapitel 7 Del B:
Automatväxellåda

Innehåll

Svårighetsgrader

Enkelt, passar novisen med lite erfarenhet	Ganska enkelt, passar nybörjaren med viss erfarenhet	Ganska svårt, passar kompetent hemma-mekaniker	Svårt, passar hemmamekaniker med erfarenhet	Mycket svårt, för professionell mekaniker

Specifikationer

Allmänt

Beteckning:
Fram till januari 1995	096
Från och med januari 1995	01M

Beskrivning:

096 .... Elektro-hydrauliskt styrd planetväxellåda med fyra växlar framåt och en backväxel. Drivkraft överförs via en hydrokinetisk momentomvandlare. Låskoppling på de två högsta växlarna, elektronisk styrenhet, två valbara arbetslägen

01M .... Som 096, men med låskoppling på alla växlar framåt och "fuzzy logic" styrenhet som ger oändligt variabla växlingspunkter. Körlägen väljs automatiskt utifrån trottelns position

Oljetyp .... Se "Smörjmedel, vätskor och däcktryck"

Oljevolym .... Se specifikationer i kapitel 1A

Utväxlingsförhållanden (typiska)

1:an	2,714:1
2:an	1,551:1
3:an	1,000:1
4:an	0,679:1
Back	2,111:1
Slutväxel	4,222:1

Åtdragningsmoment

	Nm
Låsbult, väljarvajer till väljararm	25
Momentomvandlarens sköld	15
Bultar, momentomvandlare till drivplatta	60
Bultar, svänghjulskåpa till motor, M10	60
Bultar, svänghjulskåpa till motor, M12	80

För motor-/växellådsfästen, se specifikationer i kapitel 2A

1 Allmän information

Växellåda typ 096

VW automatväxellåda typ 096 har fyra hastigheter framåt (och en bakåt). De automatiska växlingarna styrs elektroniskt, till skillnad mot tidigare konventionella typers hydrauliska styrning. Fördelen med elektronisk styrning är snabbare gensvar på växlingsimpulser. Kickdown finns för att ge snabbare acceleration när så önskas.

Växellådan består av tre huvuddelar – momentomvandlaren som är direkt ansluten till motorn, slutväxeln som inkluderar differentialen samt planetväxellådan med flerlamellskopplingar och bromsband. Slutväxeln har självständig smörjning medan växellådan smörjs med speciell olja för automatväxellådor. Oljekylare och filter för växellådan är monterade utvändigt för att förenkla underhållet.

I momentomvandlaren finns en automatisk låsfunktion som eliminerar varje möjlighet till omvandlarslirning på de två högsta växlarna, vilket förbättrar prestanda och ekonomi. Förutom de normala alternativen för manuell växling finns en tvålägesomkopplare på mittkonsolen (bredvid växelväljaren) för lägena "sport" och "ekonomi". I läget "sport" fördröjs uppväxlingarna för att full nytta ska dras av all motorstyrka och i läget "ekonomi" sker uppväxlingar snarast möjligt för att ge optimal driftsekonomi.

En annan egenskap hos denna växellåda är växelväljarlåset som gör att växelväljaren kan läggas till lägena "P" eller "N" med gående motor och en hastighet under 5 km/t. Under dessa förhållanden kan växling från "P" eller "N" endast utföras med nedtryckt bromspedal.

Växellåda typ 01M

Växellådstypen 01M som finns från och med januari 1995 är mycket lik typ 096 vad gäller konstruktion, egenskaper och allmän funktion, men prestanda är förbättrade av ett antal modifieringar.

Momentomvandlarens låsfunktion är utbyggd till alla växlar framåt för att ge bättre bränsleekonomi. Den elektroniska styrenheten inkluderar "fuzzy logic", vilket ger oändligt varierande växlingspunkter som gensvar på förarens begäran och körförhållanden, för maximal prestanda eller maximal ekonomi. Omkopplaren mellan sport och ekonomi är således slopad – beslut om arbetsläge bestäms nu efter trottelns position och ändringstempo. På så vis kan växlingspunkterna vara ekonomioptimerade, men full acceleration är alltid tillgänglig på begäran. Ännu en förbättring är införandet av en växlingslägeskarta för backar som låter styrenheten välja bästa utväxling för uppförs-

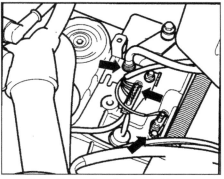

2.6a Dra ur flervägskontakterna (vid pilarna) . . .

backar i relation till motorns uteffekt och ge tillräcklig motorbromsning i nedförsbackar.

Alla växellådor

Ett system för feldiagnostik finns inbyggt i styrenheten, men analys kan endast utföras med specialutrustning. Om ett fel skulle uppstå i växellådans elektriska system kommer växlingarna fortfarande att ske automatiskt, men de är då märkbart ryckigare. Om växling inte längre kan ske automatiskt, kan växlarna fortfarande väljas manuellt. I bägge fallen är det dock viktigt att felet spåras och åtgärdas så snart som möjligt. Förseningar av detta orsakar bara fler problem.

På grund av behovet av speciell testutrustning, vissa delars enormt komplexa uppbyggnad och behovet av klinisk renlighet vid arbete med automatväxellådor, är det arbete bilägaren själv kan utföra begränsat (detta gäller i synnerhet för typ 01M). Reparation av slutväxelns differential är inte heller att rekommendera. De flesta större arbeten ska överlåtas till en VAG-verkstad som har den nödvändiga utrustningen för diagnos och reparationer. Informationen i detta kapitel begränsas därför till en beskrivning av växellådans demontering och montering som en komplett enhet. Även demontering, montering och justering av väljarvajern beskrivs.

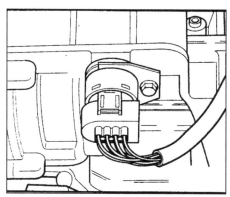

2.6b . . . och flerfunktionsomkopplaren

Om problem uppstår med växellådan ska en VAG-verkstad eller specialist på automatväxellådor rådfrågas innan växellådan demonteras, eftersom största delen av all felsökning utförs med växellådan på plats i bilen.

2 Automatväxellåda – demontering och montering

Demontering

1 Parkera bilen på en stabil och plan yta. Dra åt handbromsen och klossa bakhjulen.
2 Lossa batteriets jordledning och för undan den från polen. **Observera:** *Om bilen har en ljudanläggning med stöldskyddskod, se till att du har koden uppskriven innan batteriet kopplas ur, se kapitel 5A avsnitt 1 för detaljer.*
3 Låshållaren är en panel som består av strålkastare, kylargrill (senare modeller) och huvlåsets mekanism. Även om det inte är nödvändigt att demontera denna blir åtkomligheten bättre om det görs, se kapitel 11.
4 Ställ framvagnen på pallbockar (se *"Lyftning och stödpunkter"*). Se till att det finns tillräckligt med utrymme under bilen för att växellådan ska kunna demonteras.
5 Koppla antingen loss hastighetsmätarvajern från växellådan eller dra ur hastighetsgivarens kontakt.
6 Dra ur alla kontakter från växellådan, märk dem så att de kan sättas tillbaka på sina ursprungliga platser **(se bilder)**. Demontera flerfunktionsomkopplaren.
7 För växelväljaren till läge "P" och lossa väljarvajern från armen på växellådan genom att skruva ur den ansatsförsedda bulten. Lossa vajerclipset och för undan vajern.
8 Kläm ihop växellådsoljekylarens slangar så nära kylaren som möjligt **(se bild)** och lossa dem från oljekylaren.
9 Dra ur kontakten till kylfläktens motor.
10 Skruva ur de övre bultarna mellan motorn och växellådan.

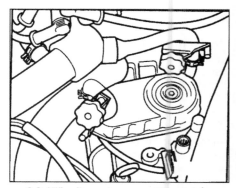

2.8 Kläm ihop slangarna till och från växellådans oljekylare (slangklämmorna vid pilarna)

11 Motorns vikt måste nu bäras upp medan motor-/växellådsfästena lossas. Gör det med ett lyftsling kopplat till motorn och höj motorlyften såpass att motorns vikt tas upp, eller stötta motorn stabilt underifrån men se då till att inte skada sumpen. Alternativt kan ett motorstöd användas, liknande det som VAG-mekaniker använder **(se bild)**.

12 Demontera startmotorn enligt beskrivning i kapitel 5A, för den åt sidan (med anslutna ledningar).

13 Skruva loss expansionskärlet och för det åt sidan, med slangarna anslutna.

14 Demontera vänster fäste för motor/växellåda.

15 Demontera skyddsplattan för växellådans oljesump.

16 Demontera främre fäste för motor/växellåda.

17 Skruva loss flänsbultarna och lossa båda drivaxlarna från växellådan. Det blir troligen nödvändig att ta bort vänster drivaxel helt (se kapitel 8 för detaljer). Bind upp höger drivaxel så högt som möjligt med kabelband eller vajer. Ge fullt rattutslag åt höger.

18 Se kapitel 10 och lossa vänster bärarm från den nedre kulleden **(se bild)**.

19 På bilens undersida, skruva loss vibrationsdämparvikten (om monterad) från styrväxelns monteringsram. Stötta vikten väl när de fyra bultarna skruvas ur och var beredd att stötta den avsevärda vikten när den lossas.

20 Skruva loss och ta bort momentomvandlarhusets nedre täckplatta.

21 Arbeta genom startmotoröppningen och skruva ur bultarna mellan momentomvandlaren och drivplattan, en i taget. När en bult skruvats ur, vrid på vevaxeln med en hylsnyckel på vevaxelremskivans centrumbult, så att nästa bult blir synlig. Fortsätt till dess att alla bultar är urskruvade.

22 Sänk ned motorn så långt den går, med vikten fortfarande uppburen. Placera en domkraft (helst av garagetyp, om tillgänglig) under växellådan så att växellådans vikt bärs upp medan den säras från motorn.

23 Skruva ur de nedre bultarna mellan motorn och växellådan.

24 Kontrollera att alla anslutningar till växellådan lösgjorts och förts undan. Ta hjälp av någon till att styra växellådan när den dras ut, sänks ned och avlägsnas.

25 När växellådan går fri från motorn ska den sänkas ned och lyftas ut från bilens undersida. Växellådan är kopplad till motorn med styrstift och om den sitter fast på dessa kan det bli nödvändigt att försiktigt knacka och bända loss växellådan från styrstiften för att den ska säras från motorn.

 Varning: Stötta växellådan så att den står stadigt på domkraften. Se till att momentomvandlaren sitter kvar på axeln i momentomvandlarhuset.

26 När växellådan demonterats, bulta fast en lämplig stång och distans tvärs över momentomvandlarhuset för att hålla momentomvandlaren på plats.

Montering

27 Montering sker i omvänd arbetsordning, lägg märke till följande:
a) *När växellådan monteras på motorn, se då till att styrstiften finns på plats och att växellådan är korrekt uppriktad med dem innan den trycks på plats. När momentomvandlaren monteras, kontrollera då att drivstiften i centrum av momentomvandlarens nav greppar i urtagen i växellådsoljepumpens inre hjul.*
b) *Dra alla bultar till angivna moment.*
c) *Fyll på växellådsolja och slutväxelolja med angivna smörjmedel.*
d) *Anslut och justera väljarvajern enligt beskrivning i avsnitt 4.*
e) *Låt kontrollera framhjulsinställningen så snart som möjligt.*

3 Automatväxellåda, renovering – allmän information

Om ett fel uppstår måste man avgöra om felet är av elektrisk, mekanisk eller hydraulisk natur innan reparation kan övervägas. Diagnos kräver detaljkunskaper om växellådans funktion och konstruktion, utöver speciell testutrustning, vilket ligger utanför denna handboks omfattning. Det är därmed nödvändigt att överlåta problem med en automatväxellåda till en VAG-verkstad för utvärdering.

Lägg märke till att en defekt växellåda inte bör demonteras innan den utvärderats, eftersom felsökning utförs med växellådan på plats i bilen.

4 Väljarvajer – demontering, montering och justering

Demontering

1 Lossa batteriets jordledning och för undan den från polen. **Observera:** *Om bilen har en ljudanläggning med stöldskyddskod, se till att du har koden uppskriven innan batteriet kopplas ur, se kapitel 5A, avsnitt 1 för detaljer.*

2 Ställ framvagnen på pallbockar (se *"Lyftning och stödpunkter"*). Se till att det finns tillräckligt med arbetsutrymme under bilen.

3 För växelväljaren till läge "P".

4 Skruva ur låsstiftet i änden på armen och lyft av handtaget från armen. På växellåda 096 är låsstiftet försett med gänglåsmassa, så det kan vara svårt att skruva ur. Efter urskruvandet ska låsstiftets gängor rengöras inför monteringen.

5 Lossa och lyft upp växelväljarkåpan från mittkonsolen. När den lyfts undan, stick in handen under och dra ur kontakterna till lägesväljaren (endast typ 096) och glödlampan.

6 Lossa låsringen och frigör vajern från växlingsmekanismen **(se bild)**.

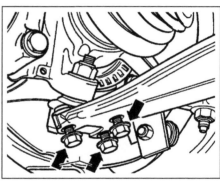

2.18 Bultar (vid pilarna) mellan bärarm och kulled

7 Dra ut vajern ur väljararmens hus, följ vajern utmed hela längden och den från clipsen. Gör en noggrann anteckning om vajerdragningen för att underlätta monteringen.

8 I växellådsänden, skruva loss låsbulten och lossa vajern från växellådans väljaraxel.

Montering

9 Montering sker i omvänd arbetsordning. Använd en ny låsring när vajern monteras på väljararmen. Kontrollera att vajern är korrekt dragen (se gjorda anteckningar) och att den sitter säkert i clipsen.

10 På typ 096, när låsskruven skruvas i väljararmen ska gängorna vara rengjorda och försedda med färsk gänglåsmassa, dra åt skruven ordentligt.

11 Innan vajeranslutningen på väljaraxeln dras åt ska vajern justeras enligt nedan.

Justering

12 För växelväljaren till läge "P".

13 På växellådan, lossa vajerns låsbult på väljaraxelns sida. Tryck väljaraxeln till stoppet, vilket motsvarar läge "P", och dra låsbulten till angivet moment.

14 Bekräfta växelväljarens funktion genom att föra den mellan alla lägen och kontrollera att alla lägen kan väljas mjukt och utan fördröjning.

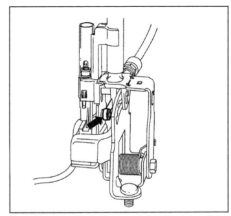

4.6 Öppna låsringen och lossa vajern (vid pilen) från växlingsmekanismen

Anteckningar

Kapitel 8
Drivaxlar

Innehåll

Svårighetsgrader

Enkelt, passar novisen med lite erfarenhet	Ganska enkelt, passar nybörjaren med viss erfarenhet	Ganska svårt, passar kompetent hemma-mekaniker	Svårt, passar hemmamekaniker med erfarenhet	Mycket svårt, för professionell mekaniker

Specifikationer

Typ . . . . Stålaxlar med CV-knutar av typen kulbur i var ände (senare modeller med automatväxellåda har inre knutar av typen tripod)

Åtdragningsmoment   **Nm**

Drivaxelbult:*
  M14:
    Steg 1 115
    Steg 2 . . . . Vinkeldra ytterligare 180°
  M16:
    Steg 1 190
    Steg 2 . . . . Vinkeldra ytterligare 90°
Drivaxelmutter* 265
Bultar, inre CV-knut till drivfläns:
  Drivaxlar med tripodknut (M10) 80
  Övriga drivaxlar 45
Bärarmskulledens fästbultar 35
Hjulbultar 110
*Använd ny bult/mutter

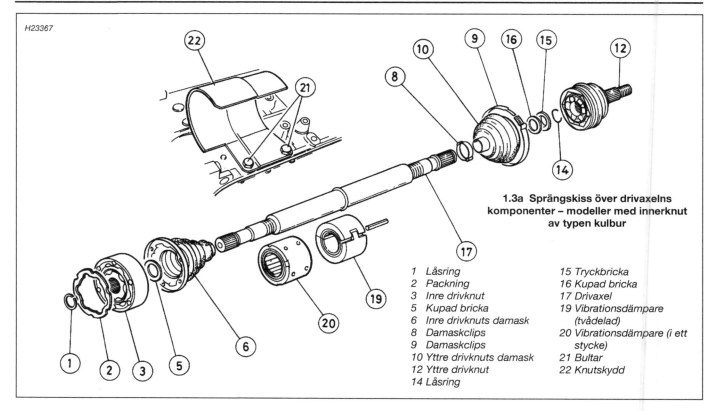

H23367

1.3a Sprängskiss över drivaxelns komponenter – modeller med innerknut av typen kulbur

1 Låsring	15 Tryckbricka
2 Packning	16 Kupad bricka
3 Inre drivknut	17 Drivaxel
5 Kupad bricka	19 Vibrationsdämpare
6 Inre drivknuts damask	(tvådelad)
8 Damaskclips	20 Vibrationsdämpare (i ett
9 Damaskclips	stycke)
10 Yttre drivknuts damask	21 Bultar
12 Yttre drivknut	22 Knutskydd
14 Låsring	

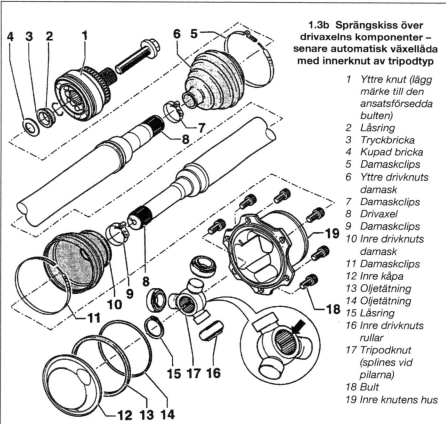

1.3b Sprängskiss över drivaxelns komponenter – senare automatisk växellåda med innerknut av tripodtyp

1 Yttre knut (lägg märke till den ansatsförsedda bulten)
2 Låsring
3 Tryckbricka
4 Kupad bricka
5 Damaskclips
6 Yttre drivknuts damask
7 Damaskclips
8 Drivaxel
9 Damaskclips
10 Inre drivknuts damask
11 Damaskclips
12 Inre kåpa
13 Oljetätning
14 Oljetätning
15 Låsring
16 Inre drivknuts rullar
17 Tripodknut (splines vid pilarna)
18 Bult
19 Inre knutens hus

1 Allmän information

Drivkraft överförs från differentialen till framhjulen via två massiva drivaxlar av stål som är av olika längd. Höger drivaxel är längre på grund av växellådans placering.

Båda drivaxlarna har splines i yttre änden för ingrepp i hjulnaven och är gängade så att naven kan fästas med en stor mutter eller bult. Vardera drivaxelns inre ände är fastbultad på en drivfläns på växellådan.

Drivknutar av typen konstant hastighet (CV-knutar) finns på var ände på drivaxlarna för att ge mjuk och effektiv kraftöverföring i alla möjliga hjulvinklar, vartefter hjulen rör sig upp och ned i fjädringen och i sidled vid styrning. Med manuella växellådor och tidiga automatväxellådor är både inre och yttre drivknutarna av typen kulbur (se bild). Senare modeller med automatväxellåda har yttre drivknutar av typen kulbur, medan de inre drivknutarna är av typen tripod (se bild). Dessa senare drivaxlar känns även igen på att en ansatsförsedd bult fäster drivaxelns yttre ände vid navet, inte en mutter.

2 Drivaxel –
demontering och montering

Observera: *En ny drivaxelmutter/bult krävs vid monteringen.*

Demontering

Observera: *På senare modeller med automatväxellåda och tripodknutar (se avsnitt 3, paragraf 1), kan det bli nödvändigt att skruva loss främre och bakre motorfästena (se kapitel 2A) och lyfta motorn något.*

1 Demontera hjulsidan/navkapseln (efter tillämplighet) och lossa drivaxelns mutter/bult medan bilen står på marken **(se bild)**. Lossa även hjulbultarna.

2 Klossa bakhjulen, dra åt handbromsen och ställ framvagnen på pallbockar. Lyft av framhjulet.

3 Skruva ur de splinesbultar som fäster drivaxelns inre knut vid växellådsflänsen, ta vid behov vara på låsbrickorna under bultskallarna **(se bilder)**. Stötta drivaxeln genom att hänga upp den med vajer eller snöre – låt den inte hänga fritt eftersom detta kan skada drivknuten.

4 Använd en lämplig märkpenna och rita runt bärarmsänden för att märka upp kulledens monteringsläge. Skruva ur kulledens fästbultar och ta bort låsplattan från bärarmens ovansida.

Observera: *På vissa modeller har kulledens inre bult spår. På dessa modeller kan man lossa på den inre bulten och lämna plattan och bulten på plats på bärarmen medan kulleden lossas från bulten.*

5 Åtkomligheten av höger drivaxel förbättras avsevärt om dämparvikten skruvas loss från styrväxelns monteringsram och ledskyddet demonteras från motorn **(se bild)**. Stötta dämparvikten när den demonteras – den är ganska tung.

6 Skruva ur drivaxelns mutter/bult och ta (vid behov) bort brickan.

7 Dra försiktigt ut navet och dra ut yttre drivknuten ur navet. Yttre knuten sitter fast mycket hårt, knacka ut den med en mjuk klubba. Om detta inte lossar knuten från navet måste den pressas ut med ett passande verktyg fastbultat på navet.

8 Demontera drivaxeln från bilens undersida och (om monterad) ta ut packningen från inre drivknutens ände. Kassera packningen, en ny måste användas vid montering.

Låt inte bilen stå på hjulen med ena eller båda drivaxlarna demonterade eftersom detta kan skada hjullagren.

9 Om det inte går att undvika att flytta bilen, montera provisoriskt de yttre drivaxeländarna i naven och dra åt drivaxelbulten/muttern. I detta fall måste de inre drivaxeländarna stöttas, exempelvis genom att de binds upp med snöre eller vajer i underredet. ***Låt inte drivaxlar hänga fritt eftersom detta kan skada drivknutarna.***

2.1 Ta bort hjulsidan/navkapseln och lossa drivaxelns låsmutter

Montering

10 Kontrollera att fogytorna mellan växellådans fläns och inre drivknuten är rena och torra. Där så behövs, montera en ny packning på knuten genom att dra loss folien och klistra fast den på plats.

11 Kontrollera att splinesen i navet och yttre drivknuten är rena och torra.

12 För drivaxeln på plats och låt ytterknuten greppa i navet. Kontrollera att gängorna är rena och lägg på lite olja på kontaktytan på den nya drivaxelmuttern/bulten. Montera i förekommande fall brickan och muttern/-bulten och dra knuten på plats. Försök inte slutdra drivaxelns mutter/bult förrän bilen står på marken.

13 Montera bärarmens kulledsbultar och dra dem till angivet moment, använd lägesmärkningen för att få kulleden på rätt plats.

14 Rikta upp den inre drivknuten med växellådans fläns och skruva i bultarna (i förekommande fall med låsbrickor). Dra bultarna till angivet moment.

15 Kontrollera att den yttre knuten är dragen på plats. Sätt på hjulet och ställ ned bilen på marken.

16 Dra drivaxelns mutter/bult till angivet moment. I de fall en bult används ska en vinkelmätare användas vid steg 2 i åtdragningen för att ge korrekt resultat.

17 När drivaxelns mutter/bult är korrekt åtdragen ska hjulbultarna dras till angivet moment, avsluta med att montera hjulsidan/-navkapseln.

2.3b Använd en passande nyckel eller hylsa, lossa innerknutens bultar och ta varapå låsbrickorna

2.3a Inre drivknutens splinesbultar och låsbrickor

3 Drivaxeldamasker –
byte

Yttre drivaxeldamask

1 Demontera drivaxeln enligt beskrivning i avsnitt 2.

2 Lås drivaxeln i ett skruvstycke med mjuka käftar och lossa ytterdamaskens clips. Vid behov kan clipsen kapas för demontering.

3 Dra damasken utmed axeln för att blotta drivknuten och gräv ut överskottsfett.

4 Använd en mjuk klubba och knacka loss drivknuten från drivaxelns ände.

5 Ta ut låsringen ur drivaxelns spår och dra av tryckbrickan och den kupade brickan, anteckna monteringslägena.

6 Dra av damasken från drivaxeln och kassera den.

7 Rengör drivknutarna noga med fotogen eller lämpligt lösningsmedel och torka dem noga. Inspektera dem enligt följande.

8 För den inre splinesförsedda drivdelen från sida till sida så att varje kula visas i turordning i toppen av sin bana. Undersök om kulorna är spruckna, har platta punkter eller spår av ytgropar.

9 Undersök kulbanorna på inre och yttre delarna. Om banorna har breddats har kulorna inte längre en tät passning. Kontrollera samtidigt kulburarnas fönster vad gäller slitage eller spricker mellan fönstren.

10 Om någon del av drivknuten är sliten eller skadad måste hela knuten bytas. Om knuten

2.5 Demontering av höger innerknuts skydd

är i tillfredsställande skick, skaffa en ny damask och clips, en drivknutslåsring och korrekt typ av fett. Fett medföljer oftast knutrenoveringssatsen – om inte, använd molybdendisulfidfett av hög kvalitet.

11 Tejpa över splinesen på drivaxeländen som skydd och trä på den nya damasken.

12 Trä den nya damasken över drivaxeländen och ta sedan bort skyddstejpen från splinesen.

13 Trä på den kupade brickan, kontrollera att den konvexa sidan är inåt och trä sedan på tryckbrickan.

14 Montera en ny låsring på drivaxeln och knacka på drivknuten till dess att låsringen greppar i spåret. Kontrollera att knuten hålls fast av låsringen.

15 Packa in knuten med fett från reparationssatsen (där tillämpligt) eller med passande molybdendisulfidfett. Arbeta in fettet väl i kulbanorna, vrid på knuten och fyll damasken med resterande fett.

16 Dra damasken över knuten, kontrollera att läpparna är korrekt placerade på både drivaxeln och knuten. Lyft på den yttre läppen för att släppa ut eventuell luft i damsken.

17 Montera det stora metallclipset på damasken. Dra åt clipset så hårt som möjligt och placera hakarna på clipset i sina spår. Avlägsna allt slack i damaskens clips genom att försiktigt trycka ihop clipsets upphöjda del. I avsaknad av ett specialverktyg kan en sidavbitartång användas, med försiktighet så att clipset inte kapas. Säkra det lilla clipset på samma sätt.

18 Kontrollera att drivknuten rör sig fritt i alla riktningar och montera drivaxeln enligt beskrivning i avsnitt 2.

Inre drivaxeldamask

19 En hydraulisk press och ett flertal specialverktyg krävs för demontering och montering av den inre drivknuten. Det rekommenderas därför att damaskbyte överlåts till en VAG-verkstad.

4 Drivaxel, renovering – allmän information

1 Om någon av de kontroller som beskrivs i kapitel 1 visar på slitage i någon drivknut, demontera först hjulsidan/navkapseln (efter tillämplighet) och kontrollera att drivaxelns mutter/bult är väl åtdragen.

2 Om muttern/bulten är väl åtdragen, montera hjulsidan/navkapseln. Upprepa kontrollen på den andra drivaxelns mutter/bult.

3 Provkör bilen och lyssna efter metalliska klick från framvagnen när bilen körs sakta i en cirkel med fullt rattutslag. Om ett klickande hörs indikerar detta slitage i den yttre drivknuten. Detta innebär byte av drivknuten eftersom den inte kan renoveras.

4 Om vibrationer, som följer hastigheten, känns i bilen under acceleration finns ett möjligt slitage i de inre drivknutarna.

5 Drivaxlarna måste tas isär för kontroll av knutarna. Den yttre knuten kan tas loss och kontrolleras, men arbete på den inre drivknuten måste överlåtas till en VAG-verkstad (se avsnitt 3). Om slitage eller spel förekommer måste påverkad knut bytas.

Kapitel 9
Bromsar

Innehåll

Svårighetsgrader

Enkelt, passar novisen med lite erfarenhet	Ganska enkelt, passar nybörjaren med viss erfarenhet	Ganska svårt, passar kompetent hemma-mekaniker	Svårt, passar hemmamekaniker med erfarenhet	Mycket svårt, för professionell mekaniker

Specifikationer

Systemtyp .... Skivbromsar fram, trum- eller skivbromsar bak. Tvåkrets diagonalt delad hydraulik med vakuumservo. Motordriven vakuumpump på dieselmodeller. Mekanisk tryckregulator för bakbromsar monterade på bakaxeln. Vajermanövrerad handbroms som påverkar bakhjulen. Låsningsfria bromsar (ABS) på vissa modeller

Låsningsfria bromsar (ABS)

Systemtyp:
Vänsterstyrda modeller fram till juli 1995 .... Teves 02 system – hydrauliskt (utan servo)
Högerstyrda modeller fram till juli 1995 .... Teves 04 system – vakuumunderstött (fjärrservo)
Alla modeller från och med juli 1995 .... Teves 20 GI system – vakuumunderstött, mekanisk tryckregulator ej längre monterad

Framhjulsbromsar

Skivdiameter .... 256 mm
Skivtjocklek:
  Ny (ej ventilerad) .... 13 mm
  Ny (ventilerad) .... 20 mm
  Slitagegräns (ej ventilerad) .... 11 mm
  Slitagegräns (ventilerad) .... 18 mm
Tjocklekstolerans .... 0,01 mm
Maximalt tillåtet kast .... 0,03 mm
Bromsklosstjocklek:
  Ny (ej ventilerad) .... 14 mm
  Ny (ventilerad) .... 11 mm
  Slitagegräns (inklusive stödplatta) .... 7 mm

Bakre trumbromsar

Trumdiameter:
Ny .... 200 mm eller 230 mm
Maximal diameter .... 201,0 mm eller 231,5 mm
Maximal ovalitet på trumma .... 0,1 mm
Bromsbacksbeläggens tjocklek:
Ny .... 5,0 mm
Minimum .... 2,5 mm

Bakre skivbromsar

Skivdiameter .... 226 mm
Skivtjocklek:
Ny .... 10 mm
Minimum .... 8 mm
Maximalt kast .... 0,1 mm
Bromsklosstjocklek:
Ny .... 12 mm
Minimum .... 7 mm

Åtdragningsmoment   Nm

Fästmuttrar, ABS hydraulenhet:
Fram till juli 1995 (Teves 02/04) 25
Från och med juli 1995 (Teves 20 GI) 10
Muttrar, ABS hydraulenhetsfäste till kaross 25
Fästbultar, ABS hjulgivare 10
Bromsrörsanslutningar:
M10 15
M12 18
Främre bromsok:
Fästbultar, VW ok 25
Girling ok:
Styrstiftsbultar 35
Fästets bultar 125
Bultar, stänkskydd för frambroms 10
Fästmuttrar, huvudcylinder:
Modeller utan ABS 20
Modeller med ABS 25
Bultar, bakre bromssköld 60
Bakre bromsok:
Styrstiftsbultar 35
Fästets bultar 65
Bultar, bakhjuls bromscylinder 10
Hjulbultar 110
Monteringsmuttrar, servoenhet 20
Klammerbult, vakuumpump 20

1 Allmän information

Bromssystemet är av servoassisterad två-kretstyp. Systemet är arrangerat så att vardera kretsen påverkar en främre och en bakre broms från en tandemarbetande huvudcylinder. Under normala förhållanden arbetar båda kretsarna som en enhet, men om ett hydraulfel uppstår i en krets finns full bromskraft fortfarande på två hjul.

Alla modeller med 2,0 liters motor har som standard skivbromsar runtom. Övriga modeller har skivbromsar fram och trum-bromsar bak. ABS är standard på vissa modeller och finns som tillval på de flesta

andra (se avsnitt 22 för mer information om ABS-systemets funktion).

De främre skivbromsarna aktiveras av flytande enkelkolvsok som ger lika tryck på vardera bromsklossen.

På modeller med trumbromsar bak har de bakre bromsarna ledande och släpande backar som aktiveras av tvåkolvs hjul-cylindrar. En självjusteringsmekanism ingår som kompenserar för slitage av broms-backarna.

På modeller med skivbromsar bak aktiveras bromsarna av flytande enkelkolvsok som inkluderar en mekaniskt manövrerad hand-bromsmekanism.

En tryckreglering ingår i bromssystemet som hjälper till att förhindra att bakhjulen låser vid hård inbromsning. Tryckregleringen består

av en enkel tryckavkännande ventil kopplad till bakaxeln.

Handbromsen ger ett oberoende mekaniskt sätt att bromsa bakhjulen.

På dieselmodeller ger en motordriven vakuumpump matning till vakuumservon. På bensinmodeller matas servon med vakuum från ett hål i insugsröret.

Observera: *Vid arbete med någon del av systemet ska arbetet utföras varsamt och metodiskt och klinisk renhet måste iakttagas. Byt alltid komponenter (axelvis där tillämpligt) om tvivel råder på deras skick och använd endast genuina VW reservdelar, eller åtminstone delar av erkänt god kvalitet. Observera varningarna rörande faror med asbestdamm och hydraulolja i "Säkerheten främst!" och på relevanta platser i detta kapitel.*

2 Hydraulsystem – avluftning

⚠️ *Varning: Hydraulolja är giftig. Om olja kommer på huden, skölj omedelbart bort den med massor av vatten. Sök omedelbart läkarhjälp om hydraulolja sväljs eller kommer i ögonen. Vissa typer av hydraulolja är lättantändliga och kan antändas vid kontakt med heta komponenter. Vid underhåll av ett hydraulsystem är det säkrast att förut-sätta att oljan är lättantändlig och vidta samma åtgärder som vid bensinhantering. Hydraulolja är dessutom ett effektivt färgborttagningsmedel och angriper många plaster. Om den spills måste den spolas bort med massor av vatten. Hydraulolja är också hygroskopisk (den absorberar luftens fuktighet) – gammal olja kan vara förorenad och oduglig för användning. Vid påfyllning eller byte ska alltid rekommenderad typ användas och den måste komma från en nyligen öppnad förseglad behållare.*

Allmänt

1 Korrekt funktion i ett hydrauliskt system är endast möjlig om all luft avlägsnats från komponenter och kretsar. Detta uppnås genom att systemet avluftas.
2 Vid avluftning ska endast ren, färsk hydraulolja av rekommenderad typ användas. Återanvänd inte olja som tappats ur systemet. Se till att ha tillräckligt med olja innan arbetet påbörjas.
3 Om det finns någon möjlighet att fel typ av olja finns i systemet måste bromsarnas delar och kretsar spolas ur helt med korrekt olja utan föroreningar och samtliga tätningar måste bytas.
4 Om systemet förlorat hydraulolja eller luft trängt in från en läcka, se till att åtgärda problemet innan du fortsätter.
5 Parkera bilen på plan mark, stäng av motorn och lägg i ettan eller backen, klossa sedan hjulen och släpp handbromsen.

2.14 Dammskydd (vid pilen) över avluftningsnippeln på bakbromsens hjulcylinder – bilar med trumbromsar bak

6 Kontrollera att alla rör och slangar sitter fast, att anslutningarna är täta och att nipplarna är stängda. Avlägsna all smuts från områdena kring nipplarna.
7 Se *"Veckokontroller"* vid behov, skruva av locket från huvudcylinderns behållare, fyll på till MAX-linjen och skruva sedan på locket löst. Kom ihåg att alltid hålla nivån över MIN-linjen, i annat fall finns det risk för att mer luft kommer in i systemet.

Alla modeller utom vänsterstyrda med Teves 02 ABS

8 Det finns ett antal olika satser, som låter en person avlufta bromssystemet, att köpa från tillbehörsbutiker. Vi rekommenderar att en sådan sats används närhelst möjligt eftersom de i hög grad förenklar arbetet och minskar risken av att avtappad olja och luft sugs tillbaka in i systemet. Om en sådan sats inte finns tillgänglig måste grundmetoden (för två personer) användas, den beskrivs i detalj nedan.
9 Om en sats används, förbered bilen enligt föregående beskrivning och följ sats-tillverkarens instruktioner. Proceduren kan variera något beroende på använd typ men generellt sett följer de beskrivningen nedan i relevant underavsnitt.
10 Oavsett metod måste samma avluftningsordning följas (paragraf 11 och 12) för att man med säkerhet ska få ut all luft ur systemet .

Ordningsföljd för avluftning

11 Om systemet bara delvis kopplats ur och lämpliga åtgärder vidtagits för att minimera oljeförlust ska det bara vara nödvändigt att avlufta den delen av systemet (d v s primär- eller sekundärkretsen).
12 Om hela systemet ska avluftas ska arbetet utföras i följande ordning:

a) Höger bakbroms.
b) Vänster bakbroms.
c) Höger frambroms.
d) Vänster frambroms.

Observera: *När de bakre bromsarna avluftas måste en medhjälpare, placerad under bilen, trycka bromstrycksreguletorventilens arm (om monterad) mot bakaxeln.*

⚠️ *Varning: På modeller med ABS skall under inga som helst omständigheter hydraulenhetens nipplar öppnas.*

Avluftning – grundmetod (för två personer)

13 Skaffa en ren glasburk, en passande längd slang av gummi eller plast som passar tätt på nippeln samt en ringnyckel som passar nippelns fattning.
14 Dra av dammskyddet från den första nippeln i ordningen **(se bild)**. Trä nyckel och slang på nippeln och för ned andra

slangänden i glasburken. Häll i tillräckligt med hydraulolja för att väl täcka slangänden.
15 Försäkra dig om att nivån i huvudcylinderns oljebehållare hela tiden överstiger MIN-linjen.
16 Låt medhjälparen trampa bromsen i botten ett flertal gånger, så att trycket byggs upp, och sedan hålla kvar bromsen i botten.
17 Medan pedaltrycket upprätthålls, skruva upp nippeln (cirka ett varv) och låt olja/luft strömma ut i burken. Medhjälparen måste hålla trycket på pedalen, ända ner till golvet om så behövs, och inte släppa förrän du säger till. När flödet stannar, dra åt nippeln, låt medhjälparen sakta släppa upp pedalen och kontrollera sedan nivån i oljebehållaren.
18 Upprepa stegen i paragraf 16 och 17 till dess att oljan som kommer ut ur nippeln är fri från luftbubblor. Om huvudcylindern tappats av och fyllts på och luften släppts ut från första nippeln, låt det gå cirka 5 sekunder mellan cyklerna så att passagerna i huvudcylindern får tid att fyllas på.
19 När inga fler luftbubblor syns, dra åt nippeln till angivet moment, ta bort nyckel och slang och montera dammskyddet. Dra inte åt nippeln för hårt.
20 Upprepa med resterande nipplar i ordningsföljd till dess att all luft släppts ut ur systemet och bromspedalen åter känns fast.

Avluftning – med envägsventil

21 Som namnet anger består dessa satser av en slanglängd med en envägsventil som förhindrar att avtappad olja/luft sugs tillbaka in i systemet. Vissa satser har en genomskinlig behållare som kan placeras så att luftbubblorna lätt kan observeras vid slangänden.
22 Satsen monteras på nippeln som sedan öppnas. Användaren går till förarsätet och trampar ned bromspedalen med en mjuk, stadig rörelse och släpper upp den sakta. Detta upprepas till dess att hydrauloljan som kommer ut är fri från luftbubblor **(se bild)**.
23 Lägg märke till att dessa satser förenklar arbetet så mycket att det är lätt att glömma bort nivån i oljebehållaren. Se till att den alltid överstiger MIN-strecket.

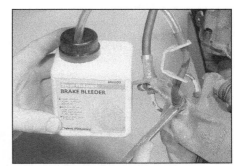

2.22 Bromsavluftning med "enmans"- sats

Avluftning –
med sats för trycksatt avluftning

24 Dessa drivs vanligen av lufttrycket i reservdäcket. Observera dock att det troligen krävs att detta tryck reduceras till under normal nivå, se satstillverkarens medföljande instruktioner.

25 När en trycksatt oljefylld behållare kopplas till bromsoljans behållare kan avluftningen utföras genom att nipplarna öppnas i turordning så att oljan kan strömma ut till dess att den är bubbelfri.

26 Denna metod har den extra fördelen av att den stora oljebehållaren ger skydd mot luftintrång under avluftningen.

27 Trycksatt avluftning är speciellt effektiv för avluftning av "svåra" system och vid rutinbyte av all olja.

Alla metoder

28 Efter avslutad avluftning och när pedalkänslan är fast, spola bort eventuellt spill och dra nipplarna till angivet moment, samt sätt på dammskydden.

29 Kontrollera nivån i huvudcylinderns behållare, fyll på vid behov (se *"Vecko-kontroller"*).

30 Kassera all olja som tappats ur systemet, den kan inte återanvändas.

31 Kontrollera bromspedalens känsla. Om den känns det minsta svampig finns det fortfarande luft i systemet, så mer avluftning krävs. Om fullständig avluftning inte uppnås efter ett rimligt antal avluftningsförsök kan detta bero på slitna tätningar i huvud-cylindern. Leta dock noga igenom systemet efter läckor (kontrollera i synnerhet hjul-cylindrarna på bilar med bakre trumbromsar) innan beslut om renovering av huvudcylindern fattas.

Vänsterstyrda modeller
Teves 02 ABS

32 Avluftning av bromssystemet på vänsterstyrda bilar med Teves 02 ABS är i mycket liknande den för bromsarna på andra modeller. Men följande skillnader finns och måste observeras vid avluftning av ABS-bromsar.

Ordningsföljd för avluftning

33 Om systemet bara delvis kopplats ur och lämpliga åtgärder vidtagits för att minimera oljeförlust ska det bara vara nödvändigt att avlufta den delen av systemet.

34 Om hela systemet ska avluftas ska arbetet utföras i följande ordning:
a) *Höger frambroms.*
b) *Vänster frambroms.*
c) *Höger bakbroms.*
d) *Vänster bakbroms.*

Observera: *När de bakre bromsarna avluftas måste en medhjälpare, placerad under bilen, trycka bromstrycksreguletorventilens arm (om monterad) mot bakaxeln.*

 Varning: På modeller med ABS skall under inga som helst omständigheter hydraulenhetens nipplar öppnas.

Avluftningsmetod

35 Kontrollera att tändningen är avstängd. Trampa ned och släpp upp bromspedalen 20 gånger för att häva trycket i ackumulatorn. Fyll oljebehållaren till brädden innan avluftningen inleds och skruva på locket ordentligt. Kontrollera att nivån inte sjunker under MIN-strecket under avluftningen.

36 Se paragraf 13 till 19 och avlufta endast frambromsarna. Om så önskas kan en enmans avluftningssats användas (paragraf 21 till 23), men **inte** en tryckavluftningssats.

37 Innan de bakre bromsarna avluftas, kontrollera först att tändningen är avstängd. Låt sedan en medhjälpare trycka ned och släppa upp bromspedalen 20 gånger och sedan hålla den tryckt i botten.

38 Anslut avluftningsslangen till den första nippeln och låt medhjälparen slå på tändningen. Öppna nippeln och låt oljan strömma ur kretsen till dess att bubblor inte längre syns. Följ bromspedalen sakta till golvet och håll den där – pumpande med pedalen ska inte vara nödvändigt. När det inte längre kommer luft ur nippeln ska denna dras åt. Låt medhjälparen stänga av tändningen.

39 Kör inte pumpen kontinuerligt längre än 2 minuter i taget. Om den måste köras längre, stäng av tändningen och låt pumpen svalna i 10 minuter innan du fortsätter.

40 Kontrollera behållarens oljenivå och fyll på vid behov innan fortsättning sker.

41 Upprepa beskrivningen i paragraf 38 och 39 med den andra nippeln.

42 När väl alla nipplar är åtdragna, slå på tändningen och låt pumpen gå till dess att den stänger av sig själv. Om pumpen inte stänger av inom 2 minuter, kontrollera om systemet läcker och gör om avluftningen från början.

43 Avsluta med att fylla på olja till MAX-linjen.

3 Hydraulrör och slangar – byte

Observera: *Se anmärkningen i avsnitt 2 rörande risker med hydraulolja.*

1 Om någon slang eller något rör ska bytas, minimera oljespillet genom att först skruva upp locket på huvudcylinderns behållare och sen skruva på det igen över en bit tunn plast så att det blir lufttätt. Alternativt kan slangar klämmas med bromsslangklämmor **(se bild)**, röranslutningar kan pluggas (om försiktighet iakttages så att smuts inte tränger in i systemet) eller förses med lock så snart de lossas. Placera trasor under de anslutningar som ska lossas för att fånga upp spill.

3.1 Hydraulslangklämmare monterad för att minimera spill

2 Om en slang ska kopplas ur, skruva först ur röranslutningens mutter innan slangens fjäderclips lossas från fästet **(se bild)**.

3 När anslutningsmuttrarna ska skruvas ur är det bäst att använda en bromsrörsnyckel av korrekt storlek, de finns att få tag i hos välsorterade tillbehörsaffärer. Om detta inte är möjligt krävs en tätt passande öppen nyckel. Om muttrarna sitter hårt eller är korroderade är det lätt att runddra dem och i så fall krävs ofta en självlåsande nyckel för att lossa en envis anslutning. Detta leder dock till att röret och den skadade muttern måste bytas vid monteringen. Rengör alltid anslutningen och området kring den innan den lossas. Om en komponent med mer än en anslutning lossas, anteckna/skissa hur de är monterade innan de lossas

4 Om ett bromsrör ska bytas kan det nya skaffas från en VW-handlare, färdigkapat och med muttrar och flänsar på plats. Allt man då behöver göra innan det monteras är att kröka det med det gamla röret som mall. Alternativt kan de flesta tillbehörsbutiker bygga upp bromsrör av satser men detta kräver mycket noggrann uppmätning av originalet så att utbytesdelen håller rätt längd. Det bästa är att ta med det gamla bromsröret som mall.

5 För demontering av bromsrör, skruva ur muttrarna i var ände, öppna clipsen (om befintliga) och dra ut röret **(se bild)**. Vid montering ska anslutningsmuttrarna inte dras åt för hårt. Det krävs inte råstyrka för en tät fog.

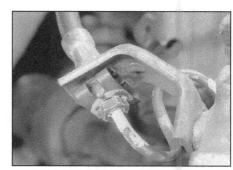

3.2 Anslutning mellan rör och slang visande fäste och clips

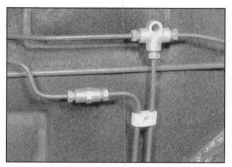

3.5 Typiska bromsrör och anslutningar

4.3 På VW bromsok, skruva ur okets fästbultar

6 Kontrollera att rör och slangar dras korrekt, utan veck och att de är monterade på clips och fästen. Efter monteringen, ta ut plastbiten ur oljebehållaren och avlufta systemet enligt beskrivning i avsnitt 2. Skölj bort all spill, leta efter läckor.

4 Främre bromsklossar – byte

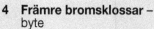
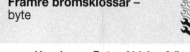

Varning: Byt ALLA främre bromsklossar samtidigt – aldrig bara på ena hjulet eftersom detta kan ge ojämn bromsverkan. Notera att dammet från bromsklossarnas slitage kan innehålla asbest vilket är en hälsorisk. BLÅS INTE bort dammet med tryckluft och ANDAS INTE in det – använd ansiktsmask. ANVÄND INTE bensin eller petroleumbaserade lösningsmedel för att avlägsna dammet, endast bromsrengöringsvätska eller denaturerad sprit.

1 Dra åt handbromsen, ställ framvagnen på pallbockar och lyft av framhjulen.
2 Följ ledningen från slitagevarnaren (om monterad) från klossarna och dra ur kontakten. Anteckna ledningens dragning och lossa den från eventuella clips. Följ sedan beskrivningen under tillämplig underrubrik.

VW ok

3 Använd en passande insexnyckel och skruva ur okbultarna. Lyft undan oket från bromsklossarna och navet och bind fast det i fjäderbenet med en bit vajer **(se bild)**. Låt inte oket hänga i bromsslangen.
4 Dra ur de två bromsklossarna ur navet och ta reda på antiskallerfjädrarna, anteckna deras monteringslägen. Lägg märke till att fjädrarna är olika och inte sins emellan utbytbara.
5 Börja med att mäta bromsklossarnas tjocklek (inklusive stödplatta). Om endera klossen på någon punkt är sliten till eller under angiven minimitjocklek måste alla fyra klossarna bytas. Klossarna ska även bytas om de är förorenade med fett eller olja, det finns inget tillfredsställande sätt att avfetta förorenat friktionsmaterial. Om någon bromskloss är ojämnt sliten eller förorenad ska orsaken spåras och åtgärdas innan ihopsättningen. Satser med nya bromsklossar finns hos VAG-handlare.
6 Om en av klossarna är betydligt mer sliten än den andra beror detta troligtvis på att oket är delvis skuret. Med urtagna bromsklossar ska oket röra sig fritt på styrhylsorna. Om funktionen är misstänkt, ta isär och rengör oket, se avsnitt 10.
7 Om bromsklossarna fortfarande är användbara, rengör dem noga med en fin stålborste eller liknande, var extra noga med stödplattans kanter och baksida. Rengör i förekommande fall spåren i beläggen och ta

bort eventuella inbäddade större smutspartiklar. Rengör klossplatserna i oket/fästet noga.
8 Kontrollera innan klossarna monteras att distanserna löper lätt i okets bussningar och att de är en någorlunda tät passning. Borsta av damm och smuts från ok och kolv, men *andas inte in* dammet eftersom det är hälsovådligt. Kontrollera att kolvens dammskydd är intakt och om kolven visar spår av oljeläckage, korrosion eller skador. Om någon av dessa komponenter måste åtgärdas, se avsnitt 10.
9 Om nya bromsklossar ska monteras måste okets kolv tryckas in i cylindern för att skapa plats för dem. Använd en skruvtving eller liknande, eller passande trästycken som brytredskap. Under förutsättning att huvudcylinderns behållare inte överfyllts, bör det inte bli något spill, men håll ett öga på oljenivån när kolven trycks tillbaka. Om oljenivån stiger över MAX-linjen ska överskottet sifoneras upp eller matas ut genom ett plaströr anslutet till avluftningsnippeln (se avsnitt 2).
Observera: *Sifonera inte bromsolja med munnen eftersom den är giftig, använd en gammal hydrometer eller en bollspruta.*
10 Montera nya antiskallerfjädrar på navet, kontrollera att de är korrekt placerade och montera sedan klossarna. Kontrollera att friktionsmaterialet är vänt mot bromsskivan. Om en kloss är försedd med slitagevarnare ska den monteras som inre kloss **(se bilder)**.
11 Placera oket över klossarna och dra slitagevarnarens ledning (om befintlig) genom okets öppning **(se bild)**.
12 Tryck oket på plats så mycket att det går att skruva i okbultarna. Dra okbultarna till angivet moment.
Observera: *Tryck inte för hårt på oket eftersom detta deformerar fjädrarna, vilket leder till oljud från bromsarna.*
13 Anslut slitagevarnarens kontakt, kontrollera att ledningen är korrekt dragen.
14 Tryck ned bromspedalen upprepade gånger till dess att klossarna är i fast kontakt med skivan och normalt (icke assisterat) pedaltryck är återställt.

4.10a Montera antiskallerfjädrarna på navet, kontrollera att de är korrekt placerade . . .

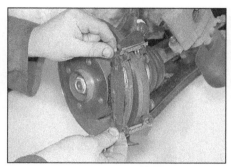

4.10b . . . och installera bromsklossarna med beläggen vända mot skivan

4.11 När klossar och fjädrar är på sina rätta platser ska oket föras på plats

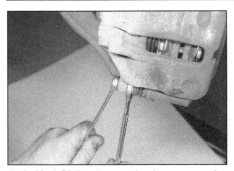

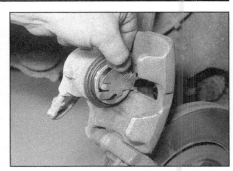

4.18 Med Girling bromsok, skruva ur nedre styrstiftsbulten med mothåll på stiftet som visat

4.19a Vrid upp oket . . .

4.19b . . . ta reda på mellanlägget från kolven . . .

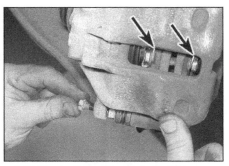

4.20 . . . och lyft ur bromsklossarna från okfästet

4.23 Kontrollera att antiskallerfjädrarna (vid pilarna) är på plats och skruva i den nya styrstiftsbulten

15 Upprepa ovanstående arbete med det andra främre bromsoket.
16 Sätt på hjulen, ställ bilen på marken och dra hjulbultarna till angivet moment.
17 Nya klossar ger inte omedelbart full effekt förrän de bäddats in. Var beredd på detta och undvik i största möjliga utsträckning hårda inbromsningar de första hundra km efter bytet.

Girling ok

18 Skruva ur okets nedre styrstiftsbult med en smal öppen nyckel för att förhindra att styrstiftet roterar **(se bild)**. Kassera bulten – en ny ska användas vid montering.
19 Vrid sedan oket uppåt till dess att det går fritt från bromsklossarna och fästet. Ta bort mellanlägget från okets kolv **(se bilder)**.

20 Dra ut de två bromsklossarna ur okfästet **(se bild)**.
21 Undersök klossar och ok enligt paragraf 5 till 9, men läs styrstift i stället för distanser och bussningar.
22 Installera klossarna i okfästet, kontrollera att beläggen är vända mot bromsskivan. Notera att klossen med slitagevarnare ska monteras på insidan.
23 Placera mellanlägget på oket. Vrid ned oket i läge och dra slitagevarnarens ledning genom oköppningen. Om gängorna på den nya styrstiftsbulten inte redan är täckta med gänglåsmassa ska lämplig sådan strykas på. Tryck oket på plats och kontrollera samtidigt att antiskallerfjädrarna placeras korrekt i oket. Skruva in styrstiftsbulten och dra den till angivet moment, med mothåll med öppen nyckel på styrstiftet **(se bild)**.

24 Anslut i förekommande fall slitagevarnarens kontakt och kontrollera att ledningen är korrekt dragen.
25 Tryck ned bromspedalen upprepade gånger till dess att klossarna är i fast kontakt med skivan och normalt (icke assisterat) pedaltryck är återställt.
26 Upprepa ovanstående arbete med det andra främre bromsoket.
27 Sätt på hjulen, ställ bilen på marken och dra hjulbultarna till angivet moment.
28 Kontrollera bromsoljenivån enligt beskrivning i "Veckokontroller".

5 Bakre bromsklossar – byte

Observera: Se varningen i början av avsnitt 4 innan arbetet påbörjas.

1 Klossa framhjulen, lägg i ettan (eller "P") och ställ bakvagnen på pallbockar. Ta av bakhjulen.
2 Slacka handbromsvajern och lossa den från oket enligt beskrivning i avsnitt 19.
3 Skruva ur okets styrstiftsbultar med en tunn öppen nyckel så att styrstiften inte roterar **(se bild)**. Kassera bultarna – nya ska användas vid montering.
4 Lyft undan oket från bromsklossarna och bind upp det med en vajer **(se bild)**. Låt inte oket hänga fritt i bromsslangen.

5.3 Lägg mothåll på styrstiftet och skruva ur bakre okets styrstiftsbultar

5.4 Lyft undan oket . . .

5.5a . . . och avlägsna klossarna . . .

5.5b . . . samt antiskallerfjädrarna från okfästet

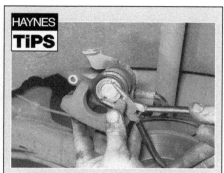

Verktygstips: I avsaknad av special-verktyget kan kolven skruvas in i loppet med en låsringstång

5 Dra ut bromsklossarna ur okfästet och ta reda på antiskallerfjädrarna, anteckna deras monteringslägen **(se bilder)**.

6 Börja med att mäta bromsklossarnas tjocklek (inklusive stödplatta). Om endera klossen på någon punkt är sliten ned till eller under angiven minimitjocklek måste **alla fyra** klossarna bytas. Klossarna ska även bytas om de är förorenade med fett eller olja, det finns inget tillfredsställande sätt att avfetta förorenat friktionsmaterial. Om någon bromskloss är ojämnt sliten eller förorenad ska orsaken spåras och åtgärdas innan ihopsättningen. Satser med nya bromsklossar finns hos VAG-handlare.

7 Om en av klossarna är betydligt mer sliten än den andra beror detta troligtvis på att oket är delvis skuret. Med urtagna bromsklossar ska oket röra sig fritt på styrhylsorna. Om funktionen är misstänkt, ta isär och rengör oket, se avsnitt 11.

8 Om bromsklossarna fortfarande är användbara, rengör dem noga med en fin stålborste eller liknande, var extra noga med stödplattans kanter och baksida. Rengör i förekommande fall spåren i beläggen och avlägsna eventuella inbäddade större smutspartiklar. Rengör klossplatserna i oket/fästet noga.

9 Kontrollera innan klossarna monteras att styrstiften löper lätt i okfästet och att styr-stiftsdamaskerna är hela. Borsta av damm och smuts från ok och kolv, men *andas inte in* dammet eftersom det är hälsovådligt. Kontrollera att kolvens dammskydd är intakt och om kolven visar spår av oljeläckage, korrosion eller skador. Om någon av dessa komponenter måste åtgärdas, se avsnitt 11.

10 Om nya bromsklossar monteras måste kolven tryckas in helt i oket genom att det vrids medurs **(se Haynes tips)**. Under förutsättning att huvudcylinderns behållare inte överfyllts bör det inte bli något spill, men håll ett öga på oljenivån när kolven trycks tillbaka. Om oljenivån stiger över MAX-linjen ska överskottet sifoneras upp eller matas ut genom ett plaströr anslutet till avluftnings-nippeln (se avsnitt 2).

⚠️ *Observera: Sifonera inte broms-olja med munnen eftersom den är giftig, använd en gammal hydrometer eller bollspruta.*

11 Montera antiskallerfjädrarna i okfästet, kontrollera att de placera rätt. Installera klossarna i fästet, kontrollera att beläggen är vända mot bromsskivan.

12 Trä oket på plats över bromsklossarna.

13 Om gängorna på de nya styrstiftsbultarna inte redan är täckta med gänglåsmassa ska lämplig sådan strykas på. Tryck oket på plats och skruva in styrstiftsbultarna, dra dem till angivet moment med mothåll med öppen nyckel på styrstiftet.

14 Tryck ned bromspedalen upprepade gånger till dess att klossarna är i fast kontakt med skivan och normalt (icke assisterat) pedaltryck är återställt.

15 Upprepa ovanstående arbete med det andra bakre bromsoket.

16 Anslut handbromsvajrarna till oken och justera handbromsen enligt beskrivning i avsnitt 17.

17 Sätt på hjulen, ställ bilen på marken och dra hjulbultarna till angivet moment.

18 Kontrollera bromsoljenivån enligt beskriv-ning i *"Veckokontroller"*.

19 Nya klossar ger inte omedelbart full effekt förrän de bäddats in. Var beredd på detta och undvik i största möjliga utsträckning hårda inbromsningar de första hundra km efter bytet.

6 Bakre bromsbackar – byte

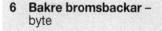

Observera: *Se varningen i början av avsnitt 4 innan arbetet påbörjas.*

1 Demontera bromstrummorna (se avsnitt 9).

2 Arbeta försiktigt, följ alla säkerhets-föreskrifter och avlägsna alla spår av damm från trumman, bromsskölden och backarna.

3 Mät upp tjockleken på beläggen på flera ställen på varje. Om någon back är sliten ned till eller under angivet minimum måste **alla fyra** backarna bytas som en sats. Backarna ska även bytas om någon är förorenad med fett eller olja eftersom det inte finns något sätt att avfetta förorenat friktionsmaterial.

4 Om någon av backarna är ojämnt sliten eller förorenad med olja eller fett ska orsaken spåras och åtgärdas innan ihopsättningen.

5 Byt bromsbackar enligt följande beskriv-ning. Om allt är OK, montera bromstrumman enligt beskrivning i avsnitt 9.

6 Anteckna backarnas och fjädrarnas monteringslägen och märk vid behov back-arna som monteringshjälp – gör en skiss om så önskas. Arbeta bara med en broms i taget så att den andra kan användas som guide för monteringen.

7 Använd en tång och avlägsna backhållar-fjädrarnas säten genom att trycka ned och vrida dem 90°. När sätena tagits bort ska fjädrarna lyftas av och stiften dras ut **(se bilder)**.

8 Lirka ut backarna en i taget från nedre pivån för att slacka returfjäderns spänning, haka sedan av nedre returfjädern från bägge backarna **(se bild)**.

6.7a Använd tången och vrid fjädersätet 90° . . .

6.7b . . . lyft sedan av fjädern . . .

6.7c ... och dra ut stiftet från bromsköldens baksida

6.8 Haka loss backarna från nedre pivåpunkten och avlägsna nedre returfjädern

6.9a Lossa backarna från hjulcylindern. Lägg märke till gummibandet (vid pilen) som håller kolvarna intryckta ...

9 Lirka ut backarnas övre ändar från hjulcylindern, var noga med att inte skada cylindertätningarna och lossa handbromsvajern från den släpande backen. Bromsbackarna kan nu lyftas ut från bromsskölden. Tryck inte ned bromspedalen förrän bromsarna är ihopsatta. Linda ett kraftigt gummiband runt hjulcylinderns kolvar för att hålla dem på plats **(se bilder)**.
10 Anteckna alla komponenters korrekta monteringslägen **(se bild)**, haka sedan av den övre returfjädern och lossa kilfjädern.
11 Haka av spännarfjädern och ta bort tryckstången från den släpande backen tillsammans med kilen.
12 Kontrollera om någon komponent visar spår av slitage eller skador och byt efter

behov. Alla returfjädrar ska bytas oavsett synbarligt skick. Även om separata bromsbelägg (utan backar) finns att få från VW är byte av kompletta backar enklare, såvida inte nödvändiga kunskaper och verktyg finns för byte av enbart belägg.
13 Dra tillbaka damaskerna och kontrollera om hjulcylindern läcker olja eller är på annat sätt skadad. Kontrollera att båda kolvarna rör sig fritt. Se vid behov avsnitt 12 för information om renovering av hjulcylinder.
14 Lägg på lite bromsfett på kontaktytan mellan tryckstången och handbromsarmen.
15 Haka fast spännfjädern på den släpande backen. Låt tryckstången greppa i den andra änden och vrid tryckstången på plats på den släpande backen **(se bilder)**.

16 Montera kilen mellan den släpande backen och tryckstången, kontrollera att den är rättvänd **(se bild)**.
17 Placera den ledande backens handbromsarm i tryckstången och montera övre returfjädern med en tång **(se bilder)**.
18 Montera fjädern på kilen och haka fast den på den släpande backen **(se bild)**.
19 Före installation ska bromsskölden rengöras. Lägg på ett tunt lager högtemperaturfett eller antikärvmedel på de ytor på skölden som är i kontakt med backarna, speciellt hjulcylinderns kolvar och nedre pivån. Låt inte smörjmedlet förorena friktionsmaterialet.
20 Ta bort gummibandet runt hjulcylindern och för upp bromsbackarna.

6.9b ... lossa sedan handbromsvajern och lyft av bromsbackarna

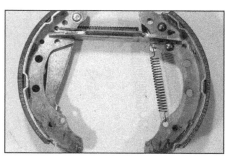

6.10 Anteckna de korrekta monteringslägena för bromsbackarnas komponenter innan isärtagningen

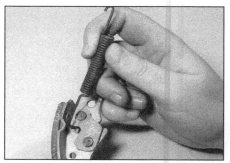

6.15a Haka på spännarfjädern i den släpande backen ...

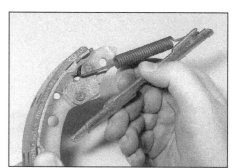

6.15b ... låt sedan tryckstången greppa i fjäderns andra ände ...

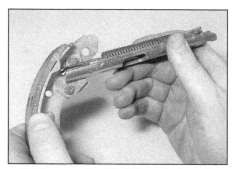

6.15c ... och vrid stöttan på plats på backen

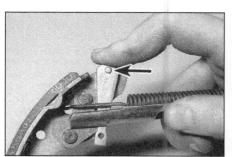

6.16 För kilen på plats. Kontrollera att den upphöjda punkten (vid pilen) är vänd från backen

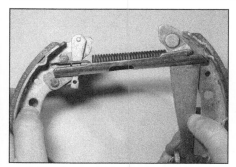

6.17a Placera den ledande backen i tryckstången . . .

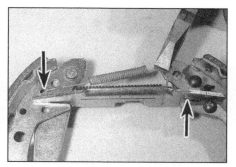

6.17b . . . och haka på övre returfjädern i den ledande backen och tryckstången (vid pilarna)

6.18 Montera fjädern på kilen och haka på den på den släpande backen

21 Koppla handbromsvajern till armen och placera de övre delarna av backarna i hjulcylinderns kolvspår.
22 Montera den nedre returfjädern på backarna och bänd på backarnas nederdelar på den nedre ankaret.
23 Knacka på backarna för att centrera dem med bromsskölden och montera backhållarnas stift och fjädrar, säkra dem på plats med fjädersätena.
24 Montera bromstrumman enligt beskrivning i avsnitt 9.
25 Upprepa ovanstående arbete med den andra bakbromsen.
26 När bägge uppsättningarna bromsbackar bytts och trummorna monterats, justera spelet mellan belägg och trumma genom att trycka ned bromspedalen upprepade gånger till dess att normalt (ej assisterat) pedaltryck återställs.
27 Kontrollera och justera vid behov handbromsen enligt beskrivning i avsnitt 17.
28 Avsluta med att kontrollera bromsoljenivån enligt beskrivning i "Veckokontroller".
29 Nya backar ger inte omedelbart full effekt förrän de bäddats in. Var beredd på detta och undvik i största möjliga utsträckning hårda inbromsningar de första hundra km efter bytet.

7 Främre bromsskiva – kontroll, demontering och montering

Observera: Innan arbetet påbörjas, se varningen i början av avsnitt 4 rörande riskerna med asbestdamm.

Kontroll

Observera: Om endera skivan kräver byte måste BÅDA bytas samtidigt för att jämn och konsekvent inbromsning ska garanteras. Nya bromsklossar ska då monteras.

1 Dra åt handbromsen och ställ framvagnen på pallbockar. Ta av relevant hjul.
2 Vrid sakta bromsskivan så att hela ytan på båda sidorna kan kontrolleras. Demontera klossarna om så behövs för att du lättare ska komma åt insidan. Små repor är normalt på

den yta som sveps av klossarna, men om grova repor eller sprickor påträffas måste skivan bytas.
3 Det finns normalt en läpp med rost och bromsdamm runt skivans ytterkant, denna kan vid behov skrapas bort. Men om en läpp uppstått beroende på stort slitage på den klosssvepta ytan måste skivans tjocklek mätas med mikrometer **(se bild)**. Mät på flera ställen runt skivan, på in- och utsidan av den svepta ytan. Om skivan på någon punkt är sliten ned till eller under angiven minimitjocklek måste skivan bytas.
4 Om skivan misstänks vara skev kan kastet mätas. Använd antingen en indikatorklocka monterad på någon passande fast punkt, med långsamt roterande skiva, eller använd bladmått (på flera punkter runt skivan) och mät spelet mellan skivan och en fast punkt som exempelvis okfästet. Om mätresultatet är vid eller över angivet maxvärde är skivan för skev och ska bytas. Det är dock värt att först kontrollera att hjullagret är i bra skick (kapitel 1 och/eller 10). Om kastet är för stort, byt skiva.
5 Kontrollera om skivan är sprucken, speciellt kring hjulbultshålen, eller om den är på annat sätt sliten eller skadad och byt vid behov.

Demontering

6 På bilar med VW bromsok, ta bort klossarna enligt beskrivning i avsnitt 4.
7 På bilar med Girling bromsok, skruva ur de

två bultar som fäster oket vid navet och dra av oket från skivan. Bind upp oket på spiralfjädern så att bromsslangen inte belastas.
8 Använd krita eller färg och märk skivans läge i förhållande till navet, skruva sedan ur den skruv som fäster skivan vid navet och lyft av skivan **(se bild)**. Om den sitter fast, knacka lös den med en mjuk klubba.

Montering

9 Montering sker i omvänd arbetsordning, lägg märke till följande:
a) Kontrollera att fogytorna mellan skivan och navet är rena och släta.
b) Rikta in märkena gjorda vid demonteringen (om tillämpligt) och skruva fast skruven väl.
c) Om en ny skiva monteras ska skyddsmedel torkas bort från skivan med lämpligt lösningsmedel innan oket monteras.
d) På bilar med Girling bromsok, trä på oket över skivan, kontrollera att klossarna kommer på var sida. Dra okbultarna till angivet moment.
e) På bilar med VW bromsok, montera klossarna enligt beskrivning i avsnitt 4.
f) Sätt på hjulet, ställ ned bilen och dra hjulbultarna till angivet moment. Avsluta med att trycka ned bromspedalen upprepade gånger till dess att normalt (ej assisterat) pedaltryck återställs.

7.3 Mätning av bromsskivans tjocklek med en mikrometer

7.8 Skruva ur skruven och lyft av främre bromsskivan

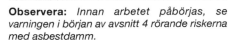
9.2 Bänd ut huven från bromstrummans centrum

8 Bakre bromsskiva – kontroll, demontering och montering

Observera: *Innan arbetet påbörjas, se varningen i början av avsnitt 4 rörande riskerna med asbestdamm.*

Inspektion

Observera: *Om endera skivan kräver byte måste BÅDA bytas samtidigt för att jämn och konsekvent inbromsning ska garanteras. Nya bromsklossar ska då monteras.*

1 Klossa framhjulen, lägg i ettan (eller "P") och ställ bakvagnen på pallbockar. Ta av relevant hjul.
2 Undersök skivan enligt beskrivning i avsnitt 7.

Demontering

3 Skruva ur de två bultar som håller okfästet på plats och dra loss oket från skivan. Bind upp oket i spiralfjädern så att inte broms-slangen belastas.
4 Använd hammare och en stor flatklingad skruvmejsel och knacka och bänd försiktigt ut huven ur bromsskivans centrum. Byt huv om den missformas.
5 Dra ut låssprinten från navmuttern och ta bort låsringen. Kassera sprinten, en ny måste användas vid montering.
6 Skruva ur baknavsmuttern, dra ut den tandade brickan och ta bort yttre lagret från skivans centrum.
7 Skivan kan sedan dras av från axeltappen.

Montering

8 Om en ny skiva monteras, använd lämpligt lösningsmedel och torka bort allt rostskydd från skivan. Installera vid behov lagerbanor, inre lager och oljetätning enligt beskrivning i kapitel 10 och fetta in yttre lagret ordentligt.
9 Lägg på en fettklick på skivans oljetätning och trä på skivan på axeltappen.
10 Montera yttre lagret och den tandade tryckbrickan med tänderna i ingrepp i axeltappens spår.
11 Skruva på navmuttern, dra den såpass att den just kommer i kontakt med brickan, samtidigt som skivan snurras så att lagren sätter sig på plats. Lossa lite på navmuttern, till dess att tandbrickan precis kan föras från sida till sida med en skruvmejsel.

Observera: *Det ska inte behövas mycket kraft för att flytta brickan. När navmuttern är på rätt plats ska den låsas i läge med en ny sprint.*

12 Montera huven i bromsskivans centrum, driv in den helt på plats.
13 Kontrollera innan bromsoket monteras att bägge sidor av skivan är helt rengjorda. Trä oket på plats över skivan, kontrollera att klossarna hamnar på var sida. Dra okbultarna till angivet moment.
14 Sätt på hjulen, ställ bilen på marken och dra hjulbultarna till angivet moment.

9 Bakre bromstrumma – demontering, kontroll och montering

Observera: *Innan arbetet påbörjas, se varningen i början av avsnitt 4 rörande riskerna med asbestdamm.*

Demontering

1 Klossa framhjulen, lägg i ettan (eller "P") och ställ bakvagnen på pallbockar. Ta av relevant hjul.
2 Använd hammare och en stor flatklingad skruvmejsel och knacka och bänd försiktigt ut huven ur bromstrummans centrum **(se bild)**. Byt huv om den missformas.
3 Dra ut låssprinten från navmuttern och ta bort låshuven **(se bild)**. Kassera sprinten, en ny måste användas vid montering.

9.3 Ta ur sprinten och låshuven . . .

4 Skruva ur baknavsmuttern, dra ut den tandade brickan och ta bort det yttre lagret från trummans centrum **(se bilder)**.
5 Det ska nu vara möjligt att dra ut bromstrumman för hand **(se bild)**. Det kan vara svårt att ta bort trumman beroende på att lagret sitter tätt på axeltappen eller därför att bromsbackarna ligger an mot trumman. Om lagret sitter åt, knacka på trummans ytter-kanter med en mjuk klubba eller använd en universalavdragare fastskruvad i trumman med hjulbultarna och dra av den. Om bromsbackarna ligger an, kontrollera först att handbromsen inte är åtdragen och fortsätt sedan som följer.
6 Se avsnitt 17 och lossa handbromsvajerns justering helt för att få maximalt spel i vajern.
7 För in en skruvmejsel genom ett av hjulbultshålen i bromstrumman och bänd upp kilen så att backarna kan dras tillbaka hela vägen **(se bilder)**. Dra sedan ut broms-trumman.

Kontroll

Observera: *Om endera trumman måste bytas, ska BÅDA trummorna bytas för att säkerställa jämn och konsekvent bromsning. Montera då även nya bromsbackar.*

8 Arbeta försiktigt och avlägsna alla spår av bromsdamm från trumman, undvik att andas in dammet eftersom det är hälsovådligt.
9 Rengör trummans utsida och leta efter tydliga spår av skador som sprickor kring hjulbultshålen. Byt trumma vid behov.
10 Undersök trummans insida mycket noga. Lätta repor på friktionsytan är normalt, men

9.4a . . . skruva sedan ur muttern och avlägsna tandbrickan

9.4b Dra ut yttre lagret . . .

9.5 . . . och lyft av bromstrumman

9.7a Släpp upp bromsbackarna genom att sticka in en skruvmejsel genom hålet i trumman . . .

9.7b . . . och bänd kilen (vid pilen) uppåt

grova repor innebär byte av trumma. Vanligen finns en läpp på trummans innerkant som består av rost och bromsdamm. Denna ska skrapas bort och lämna en jämn yta som kan poleras med fin (120 – 150) smärgelduk. Men om läppen beror på att friktionsytan är nedsliten måste trumman bytas.

11 Om trumman är mycket sliten eller oval måste innerdiametern mätas på flera punkter med en internmikrometer. Gör mätningarna parvis, andra paret i rät vinkel mot det första och jämför måtten för att kontrollera eventuell ovalitet. Under förutsättning att trumman inte förstoras bortom maximal diameter kan det vara möjligt att slipa eller svarva den. Om detta inte är möjligt måste bägge trummorna bytas. Observera att om en trumma måste svarvas ska BÅDA svarvas till samma diameter.

Montering

12 Om en ny bromstrumma ska monteras, använd lämpligt lösningsmedel och avlägsna eventuellt skyddslager som finns på insidan. Installera vid behov lagerbanor, innerlager och oljetätning enligt beskrivning i kapitel 10, fetta in ytterlagret rejält.

13 Innan monteringen ska bromsbackarna dras helt bakåt genom att kilen lyfts.

14 Lägg på lite fett på trummans oljetätning och trä trumman på axeltappen.

15 Montera ytterlagret och den tandade tryckbrickan, kontrollera att tanden greppar i axelns spår.

16 Skruva på navmuttern, dra den såpass att den just kommer i kontakt med brickan, samtidigt som trumman snurras så att lagren sätter sig på plats. Lossa lite på navmuttern, till dess att tandbrickan precis kan föras från sida till sida med en skruvmejsel.

Observera: Det ska inte behövas mycket kraft för att flytta brickan. När navmuttern är på rätt plats ska den låsas i läge med en ny sprint.

17 Montera huven på trummans centrum, driv fast den på plats.

18 Kontrollera att bägge trummorna är på plats och tryck ned bromspedalen ett flertal gånger för att aktivera självjusterings-mekanismen.

19 Upprepa vid behov med den andra bromstrumman och kontrollera handbroms-vajern, justera den vid behov (se avsnitt 17).

20 Avsluta med att sätta på hjulen, ställa ned bilen och dra hjulbultarna till angivet moment.

10 Främre bromsok –
demontering, renovering och montering

Observera: Innan arbetet påbörjas, se varningen i början av avsnitt 2 rörande risker med hydraulolja och varningen i början av avsnitt 4 rörande risker med asbestdamm.

Demontering

1 Dra åt handbromsen, ställ framvagnen på pallbockar och ta av relevant hjul.

2 Minimera spill genom att först skruva av huvudcylinderbehållarens lock och skruva på det igen över en bit tunn plast så att det blir lufttätt. Alternativt, använd en bromsslang-klämma, G-klammer eller liknande och kläm ihop slangen.

3 Rengör runt anslutningen och skruva ur anslutningsmuttern.

4 Demontera bromsklossarna enligt beskrivning i avsnitt 4.

5 Om bilen har VW bromsok, skruva loss oket från bromsslangen och lyft ut det.

6 Om bilen har Girling bromsok, skruva ur övre styrstiftsbulten med en tunn nyckel så att styrstiftet inte vrids **(se bild)**, skruva loss oket från bromsslangen och lyft ut det. Kassera styrstiftsbulten – en ny måste användas vid montering.

Renovering

7 Lägg oket på en arbetsbänk och torka bort alla spår av smuts och damm men *undvik att andas in dammet eftersom det är hälsovådligt.*

8 Dra ut kolven ur oket och ta bort kolvens dammskydd.

> **HAYNES TIPS** *Om kolven inte kan dras ut för hand kan den tryckas ut med tryckluft matad till bromsslangsanslutningen. Endast lågt tryck ska behövas, exempelvis från en fotpump. Se upp så att inte fingrarna kläms mellan kolven och oket när kolven trycks ut.*

9 Använd en liten skruvmejsel och lirka ut kolvens oljetätning, var försiktig så att inte loppet skadas **(se bild)**.

10 Rengör alla komponenter noga, använd endast denaturerad sprit eller ren bromsolja som tvättmedel. Använd aldrig lösningsmedel som bensin eller fotogen eftersom dessa angriper hydraulsystemets gummidelar. Torka omedelbart av delarna med tryckluft eller en ren luddfri trasa. Blås ur oljekanalerna med tryckluft.

11 På VW ok, dra ut distanserna från okets bussningar.

12 På Girling ok, dra ut styrstiften från okfästet och ta bort gummidamaskerna.

13 Kontrollera alla komponenter och byt alla som är slitna eller skadade. Var extra noga med att kontrollera lopp och kolv. Dessa ska bytas (det innehär hela huset) om de är det minsta repade, slitna eller korroderade. Kontrollera även skicket på distanser/styrstift och bussningar/lopp (efter tillämplighet). Bägge distanserna/styrstiften ska vara oskadda och (när de är rengjorda) ha en rimligt tät passning i sina lopp. Varje komponent vars skick är det minsta tvivelaktigt ska bytas.

14 Om oket kan användas, skaffa en tillämplig renoveringssats. Komponenter finns hos VAG-handlare i olika kombinationer.

15 Byt alla gummitätningar, dammskydd och huvar som rubbats vid isärtagningen som en rutinåtgärd, dessa ska aldrig återanvändas.

10.6 Mothåll på styrstiftet medan styrstiftsbulten skruvas ur (Girling ok)

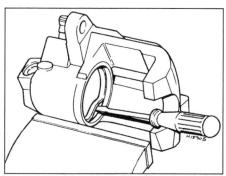

10.9 Dra ut kolvtätningen – var noga med att inte repa loppet

16 Vid ihopsättningen ska alla delar vara rena och torra.

17 Doppa kolven och den nya oljetätningen i ren bromsolja. Smörj även loppet.

18 Montera kolvens oljetätning med enbart fingrarna, placera den i spåret i loppet. Montera det nya dammskyddet på kolven och för in kolven i loppet med en vridande rörelse. Se till att kolven kommer in rakt i loppet. Tryck in kolven hela vägen och tryck in dammskyddet i oket.

19 På VW ok, lägg på det fett som medföljer renoveringssatsen (eller kopparbaserat högtemperaturfett eller antikärvmedel) på distanserna och stick in dem i bussningarna.

20 På Girling ok, lägg på det fett som medföljer renoveringssatsen (eller kopparbaserat högtemperaturfett eller antikärvmedel) på styrstiften och montera de nya damaskerna. Montera styrstiften på okfästet, kontrollera att damaskerna är korrekt placerade i spåren på både hylsan och fästet.

Montering

21 Skruva på oket på bromsslangen.

22 Montera bromsklossarna (se avsnitt 4).

23 Dra åt bromsrörsanslutningens mutter rejält.

24 Ta bort bromsslangsklämman eller plasten (efter tillämplighet) och avlufta hydraulsystemet enligt beskrivning i avsnitt 2. Under förutsättning att spillet minimerats ska det bara vara nödvändigt att avlufta relevant frambroms.

25 Sätt på hjulet, ställ ned bilen på marken och dra hjulbultarna till angivet moment.

11 Bakre bromsok –
demontering, renovering och montering

Observera: *Innan arbetet påbörjas, se varningen i början av avsnitt 2 rörande risker med hydraulolja och varningen i början av avsnitt 4 rörande risker med asbestdamm.*

Demontering

1 Klossa framhjulen, lägg i ettan (eller "P") och ställ bakvagnen på pallbockar. Ta av relevant bakhjul.

2 Minimera spill genom att först skruva av huvudcylinderbehållarens lock och skruva på det igen över en bit tunn plast så att det blir lufttätt. Alternativt, använd en bromsslang-klämma, G-klammer eller liknande och kläm ihop slangen.

3 Se avsnitt 19 och lossa handbromsvajer och hölje från okarm respektive fäste.

4 Ta bort bromsklossarna enligt beskrivning i avsnitt 4.

5 Rengör runt anslutningen och skruva ur anslutningsmuttern. Skruva loss oket från bromsslangen och lyft ut det.

Renovering

Observera: *Det går inte att renovera okets handbromsmekanism. Om mekanismen är defekt eller om olja läcker från bromsarmens tätning måste oket bytas.*

6 Lägg oket på en arbetsbänk och torka bort alla spår av smuts och damm men undvik att andas in dammet eftersom det är hälsovådligt.

7 Använd en liten skruvmejsel och lirka ut dammskyddet ur loppet, var försiktig så att inte loppet skadas.

8 Dra ut kolven ur loppet genom att vrida den motsols. Detta kan utföras med en passande låsringstång som greppar i kolvens spår. När kolven vrids runt fritt men inte kommer längre ut kan den dras ut för hand.

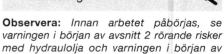

> **HAYNES TiPS** *Om kolven inte kan dras ut för hand kan den tryckas ut med tryckluft matad till bromsslangsanslutningen. Endast lågt tryck ska behövas, exempelvis från en fotpump. Se upp så att inte fingrarna kläms mellan kolven och oket när kolven trycks ut.*

9 Använd en liten skruvmejsel och lirka ut kolvens oljetätning(ar), var försiktig så att inte loppet skadas.

10 Dra ut styrstiften från okfästet och ta bort gummidamaskerna.

11 Rengör alla komponenter noga, använd endast denaturerad sprit eller ren bromsolja som tvättmedel. Använd aldrig lösningsmedel som bensin eller fotogen eftersom dessa angriper hydraulsystemets gummidelar. Torka omedelbart av delarna med tryckluft eller en ren luddfri trasa. Blås ur oljekanalerna med tryckluft.

12 Undersök alla delar enligt beskrivning i avsnitt 10, paragraf 13 till 16 och byt efter behov. Notera att handbromsmekanismen **inte** får tas isär.

13 Doppa kolven och den nya oljetätningen i ren bromsolja. Smörj även loppet. Montera kolvens oljetätning(ar) med enbart fingrarna, placera den/m i spåret/n i loppet.

14 Montera det nya dammskyddet på kolven och för in kolven i loppet med en vridande rörelse. Se till att kolven kommer in rakt i loppet. Tryck in kolven hela vägen och tryck in dammskyddet i oket.

15 Lägg på det fett som medföljer renoveringssatsen (eller kopparbaserat högtemperaturfett eller antikärvmedel) på styrstiften och montera de nya damaskerna. Montera styrstiften på okfästet, kontrollera att damaskerna är korrekt placerade i spåren på både hylsa och fäste.

16 Innan monteringen ska oket fyllas med ren, färsk bromsolja. Gör det genom att öppna nippeln och pumpa olja genom oket till dess att bubbelfri olja kommer ut ur anslutningens öppning.

Montering

17 Skruva på oket på bromsslangen.

18 Montera bromsklossarna enligt beskrivning i paragraf 10 till 12 i avsnitt 5.

19 Dra åt bromsrörsanslutningens mutter rejält.

20 Ta bort bromsslangsklämman eller plasten efter tillämplighet och avlufta hydraulsystemet enligt beskrivning i avsnitt 2. Under förutsättning att spillet minimerats ska det bara vara nödvändigt att avlufta relevant frambroms.

21 Anslut handbromsvajern till oket och justera handbromsen enligt beskrivning i avsnitt 17.

22 Sätt på hjulet, ställ ned bilen på marken och dra hjulbultarna till angivet moment. Avsluta med att kontrollera hydrauloljenivån enligt beskrivning i *"Veckokontroller"*.

12 Bakhjulscylinder –
demontering, renovering och montering

Observera: *Innan arbetet påbörjas, se varningen i början av avsnitt 2 rörande risker med hydraulolja och varningen i början av avsnitt 4 rörande risker med asbestdamm.*

Demontering

1 Demontera bromstrumman (se avsnitt 9).

2 Använd en tång och haka försiktigt av övre returfjädern från bägge backarna. Dra undan övre ändarna av backarna från cylindern så att de lossar från kolvarna.

3 Minimera spill genom att först skruva av huvudcylinderbehållarens lock och skruva på det igen över en bit tunn plast så att det blir lufttätt. Alternativt, använd en bromsslang-klämma, G-klammer eller liknande och kläm ihop slangen så nära hjulcylindern som praktiskt möjligt.

4 Torka bort alla spår av smuts kring bromsrörsanslutningen på hjulcylinderns baksida och skruva ur muttern (**se bild**). Lirka ut röret ur hjulcylindern och plugga eller tejpa över änden för att förhindra smutsinträng. Torka omedelbart upp spillet.

5 Skruva ur hjulcylinderns två fästbultar från bromsköldens baksida och ta ut cylindern, var noga med att inte förorena bromsbeläggen eller ABS-komponenterna med bromsoljespill.

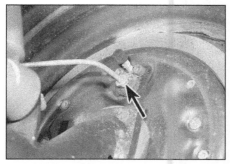

12.4 Bakre bromsrörets anslutning (vid pilen) till bakhjulets cylinder

Renovering

6 Borsta bort smuts och damm från hjulcylindern, var noga med att inte andas in dammet.

7 Dra loss dammskydden från cylinderns ändar **(se bild)**.

8 Kolvarna trycks vanligen ut av spiralfjäderns tryck – om inte, knacka på cylinderns ände med en träbit, eller lägg på svag tryckluft från en fotpump i hydraulanslutningen för att trycka ut kolvarna ur loppen.

9 Inspektera ytorna på kolvarna och i loppen, leta efter repor eller spår av direkt metallkontakt. Om det finns tydliga spår ska hela hjulcylindern bytas.

10 Om kolvarna och loppen är i bra skick, kassera tätningarna och skaffa en renoveringssats som innehåller alla nödvändiga utbytesdelar.

11 Ta bort tätningarna från kolvarna, anteckna deras monteringslägen. Smörj de nya kolvtätningarna med färsk bromsolja och trä på dem på kolvarna med den större diametern innerst.

12 Doppa kolvarna i färsk bromsolja och montera fjädern i cylindern.

13 Vrid in kolvarna i loppen.

14 Montera dammskydden och kontrollera att kolvarna rör sig fritt i loppen.

Montering

15 Kontrollera att bromssköldens och hjulcylinderns kontaktytor är rena, sära på bromsbackarna och för hjulcylindern i läge.

16 För in bromsröret och skruva in anslutningsmuttern två eller tre varv så att den säkert börjat ta gäng.

17 Skruva i de två hjulcylinderbultarna och dra dem till angivet moment. Dra sedan åt bromsrörsmuttern helt.

18 Ta bort klämman från bromsslangen eller plastbiten från huvudcylinderns behållare (efter vad som används).

19 Kontrollera att bromsbackarna är korrekt placerade i kolvarna och montera övre returfjädern, använd en skruvmejsel till att sträcka den på plats.

20 Montera bromstrumman (se avsnitt 9).

21 Avlufta bromssystemet enligt beskrivning i avsnitt 2. Under förutsättning att spillet minimerats ska det bara vara nödvändigt att avlufta relevant bakbroms.

---

13 Huvudcylinder – demontering, renovering och montering

Observera: *Innan arbetet påbörjas, se varningen i början av avsnitt 2 rörande risker med hydraulolja.*

Demontering

1 Lossa batteriets jordledning.

Observera: *Om bilen har en ljudanläggning med stöldskyddskod, se till att du har koden uppskriven innan batteriet kopplas ur. Rådfråga en VAG-verkstad om du är osäker.*

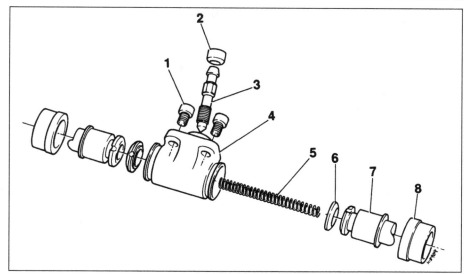

12.7 Komponenter i bakhjulets cylinder

1 Fästbult	3 Avluftningsnippel	6 Tätning
2 Avluftningsnippelns	4 Hjulcylinder	7 Kolv
huv	5 Fjäder	8 Dammskydd

Förbättra åtkomligheten på högerstyrda bilar genom att demontera luftintagstrumman enligt beskrivning i relevant del av kapitel 4. Om bilen är vänsterstyrd, skruva loss expansionskärlet och för det åt sidan. På motorn AFN ska motorns toppkåpa demonteras.

2 Skruva av locket på huvudcylinderns behållare och sifonera ut olja.

Observera: *Sifonera inte med munnen eftersom olja är giftig, använd en gammal hydrometer eller en bollspruta.*

Alternativt, öppna en lätt åtkomlig nippel och pumpa ut oljan med bromspedalen, genom en slang fäst vid nippeln (se avsnitt 2). Dra ur kontakten till oljenivåns givare.

3 Torka rent runt bromsrörsanslutningarna på huvudcylinderns sida, placera trasor under anslutningarna för att suga upp spillet. Anteckna monteringslägena **(se bild)** och skruva ur anslutningsmuttrarna och dra försiktigt ut rören. Plugga eller tejpa över alla öppningar för att minimera spill och förhindra smutsintrång. Skölj omedelbart bort eventuellt spill med kallt vatten.

4 Skruva ur de två muttrarna och brickorna som fäster huvudcylindern vid vakuumservon och lyft ut enheten från motorrummet. Ta ut och kassera o-ringen på huvudcylinderns baksida.

Renovering

5 Om huvudcylindern är defekt måste den bytas. Renoveringssatser finns inte att få tag i från VAG-handlare, så cylindern måste betraktas som en förseglad enhet.

6 Det enda som kan bytas är fästets tätningar för oljebehållaren. Om dessa visar tecken på nedbrytning, dra av behållaren och ta bort de gamla tätningarna. Smörj de nya tätningarna med ren bromsolja och tryck in dem i

huvudcylinderns portar. För behållaren på plats och tryck fast den.

Montering

7 Avlägsna alla spår av smuts från fogytorna mellan huvudcylindern och servon, montera en ny o-ring i spåret på huvudcylindern.

8 Montera huvudcylindern på servon, se till att servons tryckstång går in centralt i huvudcylinderns lopp. Montera huvudcylinderns muttrar och brickor och dra dem till angivet moment.

9 Torka rent på röranslutningarna, montera dem på huvudcylindern och dra åt dem väl.

10 Fyll på färsk bromsolja i huvudcylinderns behållare och avlufta hela hydraulsystemet enligt beskrivning i avsnitt 2.

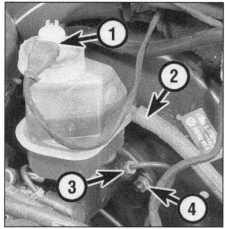

13.3 Bromsarnas huvudcylinder, visande påfyllningslock och ledning till nivåvakten (1), kopplingens matningsrör (2), bromsrörsanslutningar (3) och muttern till servon (4)

14 Bromspedal –
demontering och montering

Demontering

1 Lossa batteriets jordledning.

Observera: *Om bilen har en ljudanläggning med stöldskyddskod, se till att du har koden uppskriven innan batteriet kopplas ur. Rådfråga en VAG-verkstad om du är osäker.*

2 Demontera bromsljuskontakten (avsnitt 21).

3 Förbättra åtkomligheten genom att demontera kopplingspedalen, se kapitel 5.

4 Dra ut det stora clips som fäster tryckstångens gaffelstift till pedalen och dra ut stiftet.

5 För pedaltappen helt åt höger och lossa pedal och returfjäder, lyft ut pedalen.

6 Rengör komponenterna och kontrollera om de är slitna eller skadade. Sätt tillbaka pedalen provisoriskt och kontrollera om bussningen är för sliten. Kontrollera att inte returfjädern och clipset är skadade. Kontrollera slitaget på pedalgummit. Byt komponenter efter behov.

Montering

7 Montering sker i omvänd arbetsordning, smörj pedaltappen med lite universalfett. Kontrollera att pedalens returfjäder och bussning är korrekt placerade. Montera kopplingspedal och centrumfjäder enligt beskrivning i kapitel 5.

15 Vakuumservo –
test, demontering och montering

Observera: *Tidiga vänsterstyrda modeller med ABS saknar vakuumservo.*

Test

1 För test av servofunktionen, tryck ned bromspedalen ett antal gånger för att häva vakuumet. Starta sedan motorn med bromspedalen hårt nedtryckt. När motorn startar ska det finnas ett märkbart givande i bromspedalen medan vakuumet byggs upp. Låt motorn gå i minst två minuter och stäng av den. Om bromspedalen nu trycks ned ska den kännas normal men fler tryckningar ska göra att den känns fastare med allt kortare pedalväg för varje nedtryckning.

2 Om servon inte arbetar som beskrivet, undersök först ventilen enligt beskrivning i avsnitt 16. På dieselmodeller, kontrollera även vakuumpumpens funktion enligt beskrivning i avsnitt 25.

3 Om servon fortfarande inte fungerar tillfredsställande finns felet i själva enheten. Denna kan inte repareras – om den är defekt måste den bytas.

Demontering

Observera: *På senare vänsterstyrda bilar med ABS är det inte möjligt att demontera servon utan att först demontera hydraulenheten (se avsnitt 23). Därför bör servons demontering och montering överlåtas till en VAG-verkstad.*

4 Demontera huvudcylindern (avsnitt 13).

5 På bil med manuell växellåda, demontera kopplingens huvudcylinder enligt beskrivning i kapitel 6.

6 På bil med ABS, avlägsna bromspedalens lägesgivare (avsnitt 23).

7 För samtliga modeller, demontera i förekommande fall värmeskölden framför servon och lirka försiktigt ut vakuumslangen från servons tätningsmuff.

8 I kupén, demontera bromsljuskontakten enligt beskrivning i avsnitt 21. Dra ut det stora clips som fäster tryckstångens gaffelstift till pedalen och dra ut stiftet.

9 Skruva ur de fyra muttrar som fäster servon vid pedalstället, gå tillbaka till motorrummet och dra ut servon, lägg märke till packningen på enhetens baksida.

Montering

10 Kontrollera om vakuumslangens tätningsmuff är skadad och byt den vid behov.

11 Montera en ny packning på servons baksida och för den på plats i motorrummet.

12 I kupén, kontrollera att servons tryckstång greppar korrekt i bromspedalen, för in gaffelstiftet och säkra det med clipset. Kontrollera att pedalen sitter fast och skruva på servons muttrar, dra dem till angivet moment.

13 Trä försiktig vakuumslangen på plats i servon, var noga med att inte rubba muffen. Montera i förekommande fall servons värmesköld.

14 På bil med ABS, montera bromspedalens lägesgivare (se avsnitt 23).

15 Montera huvudcylindern enligt beskrivning i avsnitt 13. Där nödvändigt, montera kopplingens huvudcylinder enligt beskrivning i kapitel 6.

16 Montera bromsljuskontakten (avsnitt 21).

17 Avsluta med att starta motorn och leta efter luftläckor vid vakuumslangens anslutning till servon och kontrollera bromsarnas funktion.

16 Vakuumservons ventil –
demontering, test och montering

1 Vakuumservoventilen är placerad i vakuumslangen från insugsröret till servon. Om ventilen ska bytas ska slangen, komplett med ventil, bytas.

Demontering

2 Förbättra åtkomligheten på högerstyrda bilar genom att ta bort luftintagstrumman enligt beskrivning i relevant del av kapitel 4. Om bilen är vänsterstyrd, skruva loss expansionskärlet och för det åt sidan. På motor AFN ska motorns toppkåpa demonteras.

3 Lirka ut vakuumslangen ur servon, var noga med att inte rubba tätningsmuffen.

4 Anteckna slangens dragning, lossa fästclipset och lossa andra slangänden från insugsröret/pumpen och lyft ut slangen ur bilen.

Test

4 Kontrollera om ventil eller slang är skadade, byt efter behov.

5 Ventilen kan testas genom att luft blåses genom den bägge vägarna. Luft ska endast släppas genom ventilen åt ett håll – när luften blåses från ventilens servoände. Byt ventil om så inte är fallet.

6 Undersök om servons muff är skadad, byt efter behov.

Montering

7 Kontrollera att muffen är korrekt monterad på servon.

8 Trä in slangen på plats i servon, var noga med att inte skada eller rubba muffen.

9 Kontrollera att slangen är korrekt dragen och anslut den till insugsröret/pumpen, dra åt fästclipset väl.

10 Avsluta med att starta motorn och leta efter luftläckor kring slanganslutningen.

17 Handbroms –
justering

1 Kontrollera handbromsens justering genom att först trampa ned bromspedalen ett antal gånger för att ställa in korrekt distans mellan backar och trumma eller klossar till skiva. Dra sedan åt handbromsen ett flertal gånger.

2 Använd normal kraft och dra åt handbromsspaken för fullt, räkna antalet klick i spärrhaksmekanismen. Om justeringen är korrekt ska det höras mellan 4 och 7 klick innan handbromsen är helt åtdragen. Om så inte är fallet, justera enligt följande.

3 Demontera handbromsspakens handtag och nedre klädseldel enligt beskrivning i avsnitt 18. Demontera bakre delen av mittkonsolen enligt beskrivning i kapitel 11 för att komma åt handbromsvajerjusteringen **(se bild 18.6)**.

4 Klossa framhjulen, lägg i ettan (eller "P") och ställ bakvagnen på pallbockar. Fortsätt enligt beskrivningen i relevant underavsnitt.

Trumbromsar bak

5 Släpp handbromsen helt. Tryck bromspedalen i botten och dra upp handbromsspaken fyra klick.

6 Lossa låsmuttrarna och dra åt justerhylsorna likvärdigt så mycket att det är svårt att vrida runt bakhjulen/trummorna. När så är fallet, släpp handbromsen och kontrollera att hjulen/trummorna snurrar fritt.

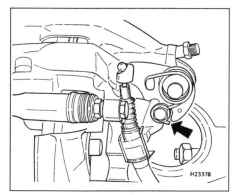

17.9a Justera handbromsen så att spelet mellan handbromsarmen och oket (vid pilen) är det angivna – tidig version av bakre skivbroms . . .

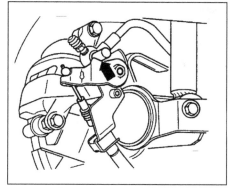

17.9b . . . och senare version

9 Från detta läge ska båda justerhylsorna dras åt likvärdigt till dess att båda armarna lyfter från stoppen på oken. En medhjälpare krävs för att avgöra exakt var armarna lyfter. Se till att avståndet mellan varje arm och stoppet understiger 1,5 mm och att avståndet är lika stort på bägge sidorna (se bilder). Kontrollera att bägge hjulen/skivorna snurrar fritt. Kontrollera justeringen genom att dra åt handbromsen helt och räkna klicken från spärrmekanismen. Gör om justeringen vid behov.
10 När justeringen är korrekt, håll fast justerhylsorna och dra åt låsmuttrarna väl. Montera mittkonsolens bakdel och handbromshandtaget/klädseldelen (efter tillämplighet).

Kontrollera justeringen genom att dra åt handbromsen helt, räkna klicken och justera om vid behov.
7 När justeringen är korrekt, håll fast justerhylsorna och dra åt låsmuttrarna väl. Montera mittkonsolens bakdel och handbromshandtaget/klädseldelen.

Skivbromsar bak

8 Släpp upp handbromsen helt och lossa handbromsens låsmuttrar och justerhylsor till dess att handbromsarmarna på bägge bakre oken vilar på sina stopp. Ta av bakhjulen om bättre åtkomlighet behövs.

18 Handbromsspak – demontering och montering

1 Klossa fram- och bakhjulen och lägg i ettan (eller "P").
2 Lossa handbromsspakens handtag genom att bända eller dra ut låsklackarna i nedre delen och dra greppet uppåt från spaken (se bilder).
3 Dra undan spakens nedre klädseldel (se bild).
4 Demontera mittkonsolens bakre del enligt beskrivning i kapitel 11.
5 Skruva lös låsmuttrarna och justerarna från vajrarna.
6 Skruva ur spakens fästmuttrar, lyft undan vajern och lossa manövervajrarna från kompensatorn. Dra ur kontakten till varningslampan (se bild). Lyft ut spaken.
7 Montering sker i omvänd arbetsordning. Justera vajrarna enligt beskrivning i avsnitt 17 och montera mittkonsolens bakre del och sammanhörande klädsel.

18.2a Öppna klackarna . . .

18.2b . . . och dra av handbromsgreppet

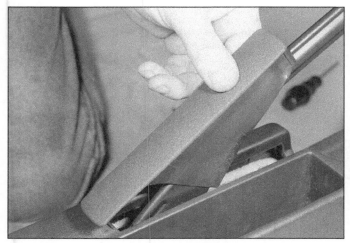

18.3 Demontering av handbromsens nedre klädseldel

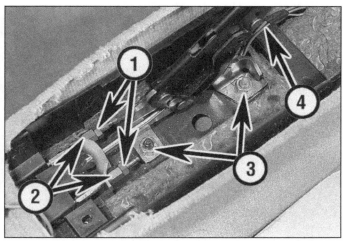

18.6 Handbromsvajerns låsmuttrar (1), justerhylsor (2), armhållande muttrar (3) och ledningen till varningslampans kontakt (4)

19.4 På bil med trumbromsar, lossa vajern från backens manöverarm och dra ut vajern från bromsskölden

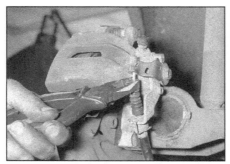

19.5a På bil med bakre skivbromsar, lossa vajern från okets arm . . .

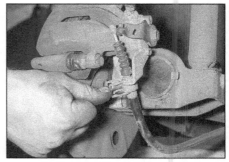

19.5b . . . avlägsna clipset . . .

19 Handbromsvajrar – demontering och montering

Demontering

1 Klossa framhjulen, lägg i ettan (eller "P") och lossa hjulbultarna. Ställ bakvagnen på pallbockar och ta av bakhjulen.
2 Se avsnitt 18 och demontera handbromsspakens handtag och nedre klädseldel. Lösgör bakre delen av mittkonsolen, se kapitel 11, för att komma åt justeringen för handbromsarna. Handbromsvajrarna består av två sektioner, höger och vänster, som är kopplade med en kompensatorplatta. Sektionerna kan demonteras separat.
3 Lossa relevant vajers låsmutter och justerhylsa för att ge maximalt spel i vajern och lossa vajern från kompensatorplattan.
4 Om bilen har trumbromsar bak, demontera backarna från relevant sida enligt beskrivning i avsnitt 6. Lossa vajern från backens handbromsarm och dra ut vajern från bromskölden. Ta bort vajern från bilens undersida **(se bild)**.
5 Om bilen har skivbromsar bak, lossa vajern från okets handbromsarm, ta sedan loss vajerhöljets clips och haka av vajern från oket **(se bilder)**.
6 Arbeta längs med vajern, anteckna den korrekta dragningen och lossa den från alla relevanta clips **(se bild)**.

Montering

7 Montering sker i omvänd arbetsordning. Justera handbromsen (avsnitt 17) innan mittkonsol och klädsel monteras.

20 Bromstrycksregulator – allmän information och test

1 Bromstrycksregulatorn är placerad på bakaxelns vänstra sida och styrs av bakaxelns vertikala rörelse **(se bilder)**. Syftet med regulatorn är att kontrollera bromseffekten till bakhjulen i relation till den vikt som ligger på

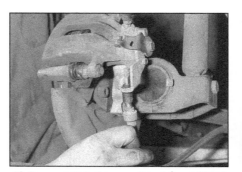

19.5c . . . och haka av vajern från okfästet

dem. Generellt sett gäller att om en bil är lätt lastad baktill råkar den lättare ut för bakhjulslåsning än en med tyngre last. Regulatorn innehåller en ventil länkad till en manöverarm på bakaxeln som reglerar flödet av bromsolja till de bakre bromsarna, vilket styr bakhjulens bromseffekt.
Observera: *Senare bilar med Teves 20 GI ABS saknar mekanisk tryckregulator – styrenheten för ABS har programvara som styr de bakre bromsarna.*
2 Testa regulatorns funktion genom att låta en medhjälpare trycka ned bromsen hårt och sedan släppa den snabbt. Med bilens vikt på fjädringen ska regulatorns arm röra sig, vilket indikerar att enheten inte skurit ihop.
3 Test av läckage kräver att tryckmätare ansluts till främre vänstra oket och bakre högra hjulcylindern eller oket. Eftersom denna utrustning vanligen inte är tillgänglig för

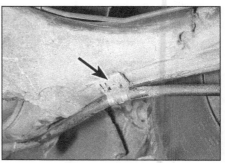

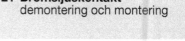

19.6 Öppna clipset och lossa handbromsvajern från bärarmen

hemmamekaniker bör detta arbete överlåtas åt en VAG-verkstad.
4 Bromstrycksregulatorn arbetar i förekommande fall tillsammans med den självreglerande bakfjädringen. En tryckluftsledning ansluter nivåregleringen med tryckregulatorn. När regulatorn eller kompressorn i nivåregleringen kopplas ur eller demonteras måste luften släppas ut, se kapitel 10 för mer information.

21 Bromsljuskontakt – demontering och montering

Demontering

1 Bromsljuskontakten är placerad på pedalstället bakom instrumentbrädan just ovanför bromspedalen **(se bild)**.

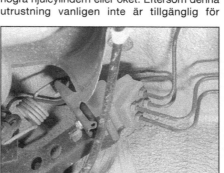

20.1a Bromstrycksregulator

20.1b Bromstryckets styrfjäder och manöverarm

2 Lossa batteriets jordledning.

Observera: *Om bilen har en ljudanläggning med stöldskyddskod, se till att du har koden uppskriven innan batteriet kopplas ur. Rådfråga en VAG-verkstad om du är osäker.*

3 Demontera nedre panelerna från instrumentbrädan på förarsidan.

4 Dra ut elkontakten från bromsljuskontakten och vrid kontakthuset 90° för att lossa det ur fästet.

Montering

5 Montering sker i omvänd arbetsordning. Kontrollera att funktionen är tillfredsställande innan nedre instrumentbrädespanelerna monteras. Bromsljuset ska tändas när pedalen tryckts ned cirka 5 mm. Om kontakten inte fungerar tillfredsställande är den defekt och ska bytas, den kan inte justeras.

---

22 Låsningsfria bromsar (ABS) – allmän information

ABS fanns tillgängligt som tillval på samtliga modeller som tas upp i denna handbok och är standard på många senare modeller. Systemet består av en hydraulenhet (som innehåller hydrauliska solenoidventiler och ackumulatorer), den elektriskt drivna returpumpen och fyra hjulgivare (en per hjul), den elektroniska styrenheten och bromspedalens lägesgivare. Syftet med systemet är att förhindra hjullåsning vid hård inbromsning. Detta uppnås genom att bromsen på relevant hjul släpps upp för att sedan åter läggas an.

Solenoiderna styrs av styrenheten som får signaler från de fyra hjulgivarna (en på vardera navet) som observerar varje hjuls rotationshastighet. Styrenheten avläser bilens fart genom att jämföra dessa värden. Med utgångspunkt från denna hastighet avgörs om ett hjul bromsas onormalt i förhållande till bilens hastighet, vilket låter styrenheten förutsäga när ett hjul är på väg att låsa. Under normala förhållanden fungerar systemet som ett utan ABS. Därtill informerar bromspedalens lägesgivare (monterad i vakuumservon) styrenheten om hur hårt pedalen trycks ned.

Om styrenheten känner att ett hjul är på väg att låsa manövrerar den relevant solenoid i modulatorblocket, vilket isolerar oket på det hjulet från huvudcylindern, vilket stänger in hydraultrycket.

Om hjulets rotationshastighet fortsätter att bromsas med onormal hastighet startar styrenheten den elektriska returpumpen, som pumpar tillbaka olja till huvudcylindern, vilket släpper trycket i oket så att bromsen släpps. När hjulets inbromsning är acceptabel stannar pumpen och ventilen öppnas, vilket leder tillbaka huvudcylinderns tryck till oket, som då lägger an bromsen igen. Denna cykel kan utföras upp till 10 gånger per sekund.

Agerandet av solenoiderna och returpumpen skapar pulser i hydraulkretsen. När ABS arbetar kan dessa pulser kännas i bromspedalen.

ABS-systemets funktion är helt beroende av elektriska signaler. För att hindra systemet från att reagera på felaktiga signaler finns en inbyggd skyddskrets som övervakar alla signaler till styrenheten. Om en felaktig signal eller låg batterispänning upptäcks stängs ABS-systemet automatiskt av och varningslampan på instrumentpanelen tänds för att informera föraren om att ABS-systemet inte längre fungerar. Normal bromseffekt ska dock finnas kvar.

Om ett fel uppstår i ABS-systemet måste bilen tas till en VAG-verkstad för felsökning och reparation.

Exakt typ av ABS beror på bilens ålder och om den är höger- eller vänsterstyrd:

a) *Vänsterstyrda bilar fram till juli 1995 försågs med Teves 02 system, som saknar vakuumservo.*
Bromshuvudcylindern är bultad direkt på hydraulenheten. Avluftningen av detta system är unik såtillvida att oljepumpen måste köras för att mata ut luft och gammal olja genom avluftningsnipplarna – se avsnitt 2.

b) *Högerstyrda bilar fram till juli 1995 försågs med Teves 04 system, som har en konventionell vakuumservo monterad på förarsidan i motorrummet.*
Bromshuvudcylindern är monterad på servon, liksom på bilar som saknar ABS.

c) *Alla bilar från och med juli 1995 försågs med Teves 20 GI system. Detta system använder en vakuumservo monterad på förarsidan i motorrummet. På vänsterstyrda bilar är hydraulenheten monterad direkt på servon. På högerstyrda bilar är enheten fjärrplacerad. Bilar med Teves 20 GI saknar mekanisk bromstrycksregulator på bakaxeln – styrenheten innehåller programvara som reglerar bromseffekten till bakhjulen.*

---

23 Låsningsfria bromsar, komponenter – demontering och montering

Hydraulenhet

1 Demontering och montering av hydraulenheten ska överlåtas till en VAG-verkstad. Extrem försiktighet måste iakttagas så att ingen olja lämnar enheten när rören lossas. Om olja tillåts lämna enheten kan luft komma in och orsaka luftlås, vilket gör att hydrauliken inte fungerar.

Elektronisk styrenhet

Demontering

2 På bilar tillverkade fram till juli 1995 är styrenheten placerad under baksätet på bilens vänstra sida. På bilar tillverkade senare är styrenheten monterad på hydraulenhetens

21.1 Bromsljuskontakt och ledningskontakt

fot. På dessa modeller kan styrenheten inte demonteras utan att hydraulenheten demonteras först (se paragraf 1).

3 Lossa batteriets jordledning.

Observera: *Om bilen har en ljudanläggning med stöldskyddskod, kontrollera att du har koden uppskriven innan batteriet kopplas ur. Rådfråga en VAG-verkstad om du är osäker.*

4 Lyft upp vänster baksätes sits och skruva antingen loss skruvarna eller öppna clipsen och lossa styrenheten. Öppna clipset och vrid kontakten ur läge, lyft sedan ut styrenheten.

Montering

5 Montering sker i omvänd arbetsordning, kontrollera att styrenhetens kontakt är väl ansluten.

Framhjulsgivare

Demontering

6 Klossa framhjulen, dra åt handbromsen och lossa relevant framhjuls bultar. Ställ framvagnen på pallbockar och ta av framhjulet.

7 Följ ledningen bakåt från givaren till kontakten, lossa den från fästclipsen och koppla loss den från stamkabelhärvan.

8 Skruva ur den bult som fäster givaren vid navet, ta ut givare och ledning ur bilen.

Montering

9 Lägg på ett tunt lager universalfett på givarens spets innan monteringen (VW rekommenderar smörjpastan G 000 650 som finns hos din återförsäljare).

10 Kontrollera att tätningsytorna på givaren och navet är rena och montera givaren på navet. Skruva i bulten och dra den till angivet moment.

11 Kontrollera att givarens ledning är korrekt dragen och fäst med alla relevanta clips, anslut sedan givaren till stamkabelhärvan.

12 Sätt på hjulet, ställ ned bilen och dra hjulbultarna till angivet moment.

Bakhjulsgivare

Demontering

13 Klossa framhjulen, lägg i ettan (eller "P") och lossa relevanta hjulbultar. Ställ bakvagnen på pallbockar och ta av bakhjulet.

14 Demontera givaren från navet enligt beskrivning i paragraf 7 och 8.

24.7 Kontrollera att vakuumpumpens spår (vid pilen) är i linje med pumpdrevet

Montering

15 Montera givaren enligt beskrivning i paragraf 9 till 12 ovan.

Främre reluktorringar

16 De främre reluktorringarna är monterade på hjulnavens baksidor. Kontrollera om de har skador som hackiga eller saknade tänder. Om byte krävs måste hela navet tas isär och ringarna bytas enligt beskrivning i kapitel 10.

Bakre reluktorringar

17 De bakre reluktorringarna är inpressade på insidan av bromstrumman/skivan. Kontrollera om de har skador som hackiga eller saknade tänder och byt vid behov. Om byte krävs, demontera trumman/skivan enligt beskrivning i avsnitt 8 eller 9 och ta den till en VAG-verkstad som har de verktyg som krävs för ringbyte.

Bromspedalens lägesgivare

Demontering

18 Häv vakuumet i servoenheten genom att trycka ned bromspedalen ett flertal gånger. Åtkomligheten förbättras på högerstyrda bilar om huvudcylindern demonteras enligt beskrivning i avsnitt 13 och på vänsterstyrda bilar om expansionskärlet lossas och förs åt sidan.

19 Lossa batteriets jordledning (se paragraf 3). Följ ledningen bakåt från pedalens lägesgivare och dra ut kontakten.
20 Använd en liten skruvmejsel och bänd försiktigt upp givarens fästclips, dra sedan varsamt ut givaren från vakuumservons framsida. Ta reda på tätning och låsring.

Montering

21 Om en ny givare monteras, lägg märke till färgen på den bricka som satt på den gamla givaren och montera en ny bricka med relevant färg på den nya givaren. Detta är viktigt för att ABS-systemet ska fungera korrekt.
22 Montera den nya låsringen i spåret på vakuumservons framsida, placera gapet över servoenhetens givares nedre styrspår.
23 Montera den nya tätningsringen på givaren, olja in den så att den blir lättare att installera.
24 Montera givaren på vakuumservon, rikta upp styrspåret med servons övre spår. Tryck fast givaren så att den klickar på plats och kontrollera att den hålls på plats av låsringen.
25 Montera huvudcylindern eller expansionskärlet.
26 Koppla in givaren och batteriets jordledning.

24 Vakuumpump (dieselmodeller) – beskrivning, demontering och montering

Beskrivning

1 Vakuumpumpen är monterad på motorblockets framsida, på samma plats som fördelaren på bensinmotorer. Liksom fördelaren drivs vakuumpumpen från mellanaxeln.
2 Vakuumpumpen behövs för att försörja bromsservon. Dieselmotorer kan inte hämta vakuum från insugsröret som bensinmotorer eftersom insugsröret saknar trottel.

Demontering

3 Lossa clipset och koppla loss vakuumslangen från pumpens ovansida.
4 Skruva ur bulten och pumpens fästklammer från motorblocket.
5 Dra ut pumpen ur blocket och kassera o-ringen, en ny ska användas vid montering.

Montering

6 Montera den nya o-ringen på pumpen och smörj ringen med olja som installationshjälp.
7 För pumpen på plats, se till att spåret i pumpen riktas upp med klacken på pumpdrevet **(se bild)**.
8 Montera klammern och dra åt klammerbulten väl.
9 Anslut vakuumslangen till pumpen och säkra den på plats med clipset.

25 Vakuumpump (dieselmodeller) – test och renovering

1 Funktionen för bromssystemets vakuumpump kan kontrolleras med en vakuumklocka.
2 Lossa vakuumröret från pumpen och anslut mätklockan med en lämplig slang.
3 Starta motorn och låt den gå på tomgång. Mät det vakuum pumpen alstrar. En tumregel är att efter cirka en minut ska ett minimum om cirka 500 mmHg visas. Om uppmätt vakuum är betydligt mindre än detta är det troligt att pumpen är defekt. Rådfråga dock en VAG-verkstad innan pumpen döms ut.
4 Vakuumpumpen kan inte renoveras eftersom separata komponenter saknas. Den enda reservdelen är pumphusets tätningsring. Om pumpen är defekt måste den bytas som en enhet.

Kapitel 10
Fjädring och styrning

Innehåll

Svårighetsgrader

Enkelt, passar novisen med lite erfarenhet | **Ganska enkelt,** passar nybörjaren med viss erfarenhet | **Ganska svårt,** passar kompetent hemmamekaniker | **Svårt,** passar hemmamekaniker med erfarenhet | **Mycket svårt,** för professionell mekaniker

Specifikationer

Allmänt

Framfjädring, typ . . . . Oberoende, med spiralfjäderben inkluderande teleskopiska stötdämpare, nedre bärarmar och krängningshämmare

Bakfjädring, typ . . . . Tvärställt torsionsstag med bärarmar och spårkorrigerande fästen. Spiralfjäderben med teleskopiska stötdämpare

Styrning, typ . . . . Kuggstång. Servoassisterad på de flesta modeller

Fjädringsvinklar/hjulinställning

Framhjul:
Toe-in . . . . 0° ± 10'
Camber . . . . 1°20' ± 20'
Caster . . . . + 1°40' ± 30'
Maximal skillnad mellan sidorna:
  Camber . . . . 20'
  Caster . . . . 30'
Spårvinkelskillnad vid rattutslag 20° vänster och höger . . . . -1°10' ± 30'
Bakhjul:
Camber . . . . 1°30' ± 20'
Maximal skillnad mellan sidorna . . . . 20'
Totalt spår (vid angiven camber) . . . . + 20' ± 10'
Maximal tillåten avvikelse . . . . 20'

Däcktryck . . . . se slutet av "Veckokontroller"

Atdragningsmoment

Nm

Framfjädring
Muttrar, krängningshämmarlänk 20
Bultar, krängningshämmarens fästplatta 25
Bultar, bromsarnas stänkskydd 10
Låsbult, drivaxel:*
  M14:
    Steg 1 115
    Steg 2 .... Vinkeldra ytterligare 180°
  M16:
    Steg 1 190
    Steg 2 .... Vinkeldra ytterligare 90°
Låsmutter, drivaxel* 265
Mutter/bult, stag till nav* 95
Mutter/muttrar, övre stagfäste:
  Spårmutter (tidig modell) 40
  Vanliga muttrar (senare modell) 60
Bult (M12), monteringsramens främre fäste:
  Steg 1 70
  Steg 2 .... Vinkeldra ytterligare 90°
Bult, monteringsramens bakre fäste 65
Muttrar, vibrationsdämpare 25
Klammerbult/mutter, bärarmskulled 50
Fästbultar, bärarmskulled 35
Pivåbult, bärarm:
  Steg 1 50
  Steg 2 .... Vinkeldra ytterligare 90°
Genomgående fästbult (M12), bärarm:
  Steg 1 70
  Steg 2 .... Vinkeldra ytterligare 90°
Använd ny mutter/bult

Bakfjädringen
Bromstrycksregulatorns fäste:
  Ansatsbultar till golv 70
  Mutter, genomgående bult 80
Mutter, bromstrycksregulatorns manöverarm 35
Mutter, bakaxelns pivåbult 80
Mutter (självlåsande), övre stötdämparfäste 25
Mutter, nedre fjäderbensfäste 70
Mutter/bult, övre fjäderbensfäste 25

Styrning utan servo
Genomgående bult (vänstergängad), rattstångens höjdjustering 22
Bult (vänstergängad), rattstångsrör 22
Muttrar, rattstångens universalknut 30
Axelklammerbult, rattstång till universalknut 25
Muttrar, styrväxelfäste till monteringsram 30
Klammerbult/mutter, styrväxelns pinjong 30
Skruv, rattlåsets hus 10
Rattmutter:
  Med separat bricka 40
  Ansatsmutter (utan bricka) 50
Låsmutter, styrstagsjustering 50
Mutter, styrstagskulled 35
Låsmutter, styrstag till styrväxel 50

Servostyrning (där annorlunda)
Slanganslutningar, tryck och retur 30
Bultar/muttrar, servopumpens fäste 20
Bultar, servopumpens remskiva 20
Styrstag till styrväxel (med flytande gänglås) 70

Hjul
Hjulbultar 110

1 Allmän beskrivning

Framfjädringen är av typen oberoende MacPherson fjäderben och bärarm. Vardera sidans fjäderben inkluderar en teleskopisk stötdämpare och spiralfjäder **(se bild)**. Bärarmarna pivoterar från stora gummibussningar i monteringsramen och är anslutna till naven med stora klamrade kulleder. En krängningshämmare är monterad, kopplad till vardera bärarmen och upphängd i underredet.

Bakfjädringen består av en tvärställd torsionsstagsaxel med släpande armar. Axeln och armarna pivoterar från stora fästen på vardera sidan på underredet. På var sida finns fjäderben med stötdämpare och spiralfjäder

monterad mellan hjulhusens övre del och bärarmarna vilka styr axelns rörelser. Kilformade spårkorrigerande fästen är monterade för att ge en fyrhjulsstyrande effekt vid kurvtagning och för att förbättra vägegenskaperna.

En självreglerande bakfjädring är monterad på vissa modeller, denna beskrivs i avsnitt 13.

Styrningen är med kuggstång, de flesta modeller med servostyrning. Kuggstången är placerad på en separat monteringsram. Rattstången inkluderar en teleskopisk sektion som kollapsar i händelse av kollision som en säkerhetsåtgärd. Vissa modeller har en rattstång som är justerbar i höjdled.

Bilar från och med augusti 1992 kan vara utrustade med en krockkudde i ratten, se kapitel 12 för detaljer.

2 Främre fjäderben –
demontering och montering

Demontering

1 Klossa bakhjulen, dra åt handbromsen och lossa relevanta hjulbultar. Ställ framvagnen på pallbockar (se *"Lyftning och stödpunkter"*). Lyft av relevant hjul.

2 Placera en domkraft som stöd under bärarmens yttre ände.

3 I motorrummet, ta bort huven över fjäderbenets överdel **(se bild)** och skruva ur den självlåsande muttern medan kolvstången hålls fixerad med en insexnyckel, kassera muttern så snart den skruvats ur.

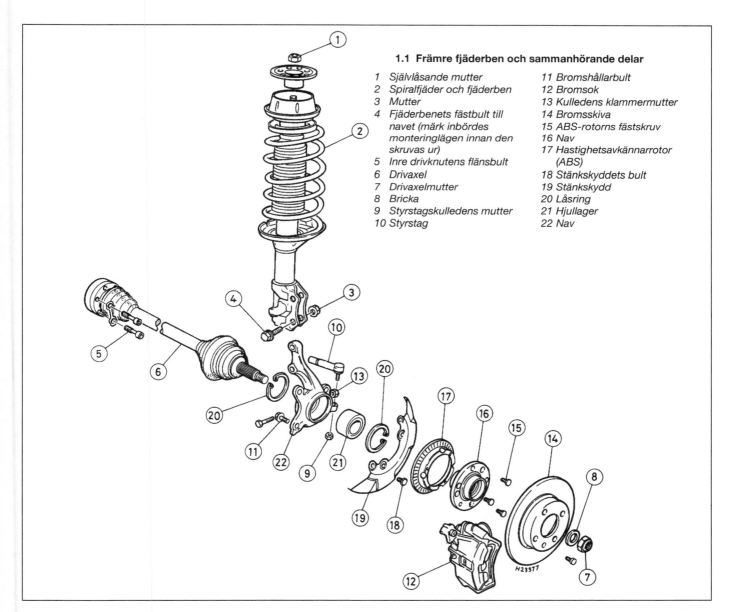

1.1 Främre fjäderben och sammanhörande delar

1 Självlåsande mutter	11 Bromshållarbult
2 Spiralfjäder och fjäderben	12 Bromsok
3 Mutter	13 Kulledens klammermutter
4 Fjäderbenets fästbult till navet (märk inbördes monteringlägen innan den skruvas ur)	14 Bromsskiva
	15 ABS-rotorns fästskruv
	16 Nav
5 Inre drivknutens flänsbult	17 Hastighetsavkännarrotor (ABS)
6 Drivaxel	18 Stänkskyddets bult
7 Drivaxelmutter	19 Stänkskydd
8 Bricka	20 Låsring
9 Styrstagskulledens mutter	21 Hjullager
10 Styrstag	22 Nav

2.3 Främre övre fjäderbensfäste – ta av huven för åtkomst. Notera sexkantshålet i kolvstången (vid pilen)

4 Skruva ur muttern till krängningshämmarlänken (se avsnitt 7).
5 Lossa styrstagsändens kulled enligt beskrivning i avsnitt 22.
6 Lossa bromsoket enligt beskrivning i kapitel 9 och häng det åt sidan. Sträck inte slangen.
7 Rista ett uppriktningsmärke runt utkanten på styrklackarna för fjäderbenet på navet så

att monteringen blir precis. Märk även övre och nedre bultarna så att de kan skiljas åt **(se bild)**. Detta är nödvändigt i och med att fjäderbenets monteringsläge på navet (och bultarnas lägen) ställer cambervinkeln. Det är därför av största vikt att de monteras i exakt samma läge vid hopsättningen. Bultarna är 12 mm (standard) eller 11 mm (alternativ för justering). När var och en är monterad, notera deras lägen (uppe/nere). Skruva ur muttrarna och dra ut de två bultarna som fäster nedre änden av fjäderbenet vid navet. Kassera de självlåsande muttrarna och specialbrickorna.
8 Sänk ned bärarmen för att lossa fjäderbenet ur det övre fästet och lossa det från navet.
9 Lägg märke till att nedre kulleden inte får lossas från bärarmen utan att instruktionerna i avsnitt 6 studerats.

Montering

10 Montering sker i omvänd arbetsordning. Se kapitel 9 vid montering av bromsoket och avsnitten 6 och 7 i detta kapitel vid montering av kulled och krängningshämmare. Dra

2.7 Fjäderbenets navbultar (vid pilarna) – märk inbördes lägen före urskruvandet (se text)

muttrarna till angivna moment. Använd endast nya muttrar med specialbrickor för att fästa fjäderbenet i navet. För in bultarna från navets framsida. Kontrollera att delarna är korrekt uppriktade (enligt demonteringsmärkena). Om ett nytt fjäderben och/eller nav monterats, låt en VAG-verkstad kontrollera och vid behov justera cambervinkeln.

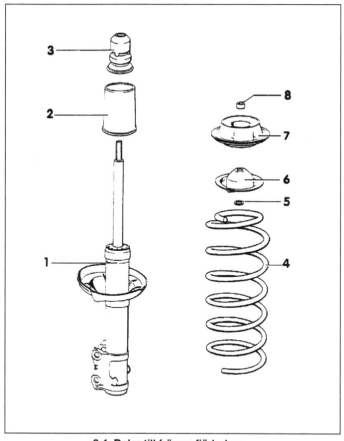

3.4 Delar till främre fjäderben – tidig modell

1	Stötdämpare	5	Bricka
2	Skyddshylsa	6	Fjädersäte
3	Stoppklack	7	Fjäderbenslager
4	Spiralfjäder	8	Spårmutter

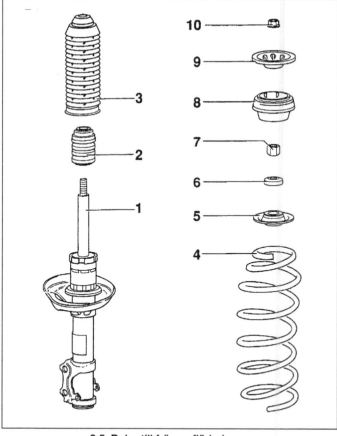

3.5 Delar till främre fjäderben – senare modell

1	Stötdämpare	6	Axiallager
2	Stoppklack	7	Mellanmutter
3	Skyddshylsa	8	Fjäderbensfäste
4	Spiralfjäder	9	Stopplatta
5	Fjädersäte	10	Självlåsande mutter

3 Främre fjäderben och spiralfjäder – isärtagning och ihopsättning

1 Demontera fjäderbenet enligt beskrivningen i föregående avsnitt.

⚠️ *Varning: Ett lämpligt redskap för att hålla spiralfjädern hoptryckt måste skaffas innan fjäderbenet tas isär. Justerbara spiralfjäderhoptryckare finns i de flesta tillbehörsbutiker och rekommenderas starkt för detta arbete. Varje försök att ta isär fjäderbenet utan ett sådant redskap resulterar troligtvis i skador på material eller person.*

2 Sätt upp fjäderbenets nedre ände i ett skruvstycke och montera hoptryckaren på spiralfjädern. Kontrollera att den är korrekt monterad.

3 Tryck ihop fjädern så att övre fjädersätet inte längre är belastat och skruva ur kolvstångens mutter. När en spårmutter används krävs ett specialverktyg, antingen VWs eget eller från en fristående verktygsmakare (exempelvis Sykes Pickavant), eller så kan du göra ett eget **(se "Haynes Tips")**.

4 På tidiga modeller, avlägsna fjäderbenslagret, fjädersätet och brickan **(se bild)**.

5 På senare modell, avlägsna stopplattan och fjäderbensfästet. Skruva ur mellanmuttern och ta ut axiallagret och fjädersätet **(se bild)**.

6 Lyft av fjädern med hoptryckaren på plats, märk vilken fjäderände som är upp.

7 Dra av stoppklackens delar från kolvstången, anteckna monteringsordningen.

8 För stötdämparkolven upp och ned ett helt slag och kontrollera att motståndet är jämnt

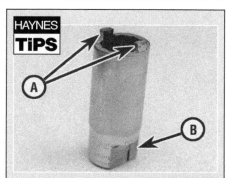

Verktygstips: Om VW specialverktyg inte finns tillgängligt kan ett substitut tillverkas av en djup 13 mm hylsa. Skär till nedre änden av hylsan och lämna två tänder (A) som greppar i spåren i fjäderbensmuttern och fila till hylsans övre ände (B) så att en blocknyckel kan greppa den

och smidigt. Om det finns tecken på kärvningar eller motståndslöshet eller om en större mängd olja läckt ut ska stötdämparen/fjäderbenet bytas.

9 Spiralfjädrarna är vanligtvis färgkodade och om fjädrarna ska bytas (byt bägge samtidigt!), se då till att de nya fjädrarna har samma färgkod.

10 Vid hopsättning av fjäderbenet, följ bildinstruktionerna med början vid **bild 3.10a.** Följ den anvisade turordningen och läs bildtexterna noga **(se bilder)**.

3.10a Trä gummidämparen och skyddshylsan på fjäderbenet . . .

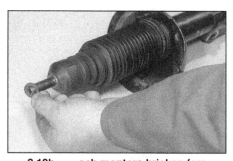

3.10b . . . och montera brickan (om befintlig) på kolven

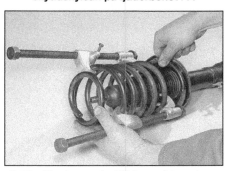

3.10c Montera spiralfjädern på benet . . .

3.10d . . . och övre fjädersätet på fjäderns ovansida. På senare modeller ska axiallager och mellanmutter monteras. Dra muttern till angivet moment

3.10e Montera fjäderbenet (och stopplattan på senare modeller) . . .

3.10f . . . och skruva på muttern på kolvstången

3.10g Dra muttern till angivet moment . . .

3.10h . . . och lossa försiktigt fjäderhoptryckaren, kontrollera att fjäderns ändar är placerade mot stoppen på övre och nedre sätena

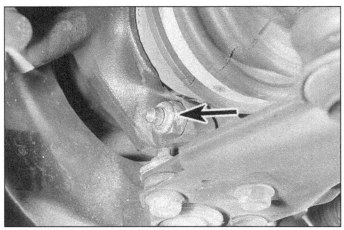
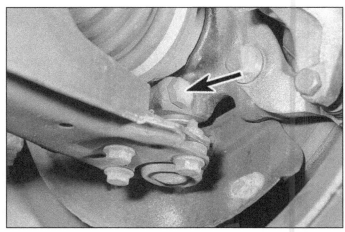

4.8a Skruva ur klammerbultens mutter (vid pilen) . . . **4.8b . . . och dra ut bulten (vid pilen) från framsidan**

4 Framhjulsnav – demontering och montering

Observera: *Navet kan demonteras och monteras för sig eller tillsammans med fjäderbenet. Om fjäderbenet lossas från navet (före eller efter urlyftandet ur bilen) måste instruktionerna i avsnitt 2, paragraf 7 följas.*

Demontering

1 Dra åt handbromsen och klossa bakhjulen. Avlägsna i förekommande fall dekoren på relevant framhjul så att drivaxelns bult eller mutter blir åtkomlig genom hjulcentrum.
2 Lossa men skruva inte ur drivaxelns bult eller mutter. Bilen måste stå på marken eftersom bulten/muttern är dragen till ett mycket högt moment, så det skulle vara riskabelt att försöka lossa den med bilen upplyft.
3 Lossa hjulbultarna på relevant framhjul.
4 Ställ framvagnen på pallbockar (se *"Lyftning och stödpunkter"*). Lyft av hjulet.
5 Skruva ur drivaxelns mutter/bult, ta i förekommande fall vara på brickan.
6 Demontera bromsok och skiva enligt beskrivning i kapitel 9. Oket kan bindas upp ur vägen, så att slangen går fri från fjäderbenet.
7 Skruva loss vindavvisaren från bärarmen.
8 Skruva ur muttern till bärarmens kulledsklammer. Dra ut bulten sedan monteringsriktningen antecknats **(se bilder)**.
9 Se avsnitt 22 och lossa styrstaget från navet.
10 Se avsnitt 7 och lossa krängningshämmaren från bärarmen.
11 Se paragraf 7 i avsnitt 2 om fjäderbenet ska säras från navet, märk delarnas inbördes lägen innan bultarna skruvas ur. Bänd loss fjäderbenet från navet.
12 Om nav och fjäderben demonteras som en enhet, lossa övre fjäderbensfästet enligt beskrivning i avsnitt 2. Om spiralfjädern fortfarande är belastad, placera en domkraft under navet för att stötta upp vikten. När

fjäderbenet lossas ska domkraften sänkas långsamt för att släppa fjädertrycket så att fjäderbenet lossar.
13 Dra av navet (i förekommande fall tillsammans med fjäderbenet) från drivaxeln. använd vid behov en passande avdragare eller knacka försiktigt loss det.

Montering

14 Montering sker i omvänd arbetsordning. Se kapitel 8 för detaljer om drivaxelns inkoppling och kapitel 9 för montering av bromsskiva och ok. När fjäderbenet monteras på navet, kontrollera att de är korrekt uppriktade innan bultarna dras åt.
15 Dra inte åt drivaxelns mutter/bult eller krängningshämmarlänkens mutter helt förrän bilen står på marken.
16 Alla fixturer ska dras till sina angivna moment.

5 Framhjulslager – byte

1 Demontera navet enligt beskrivning i föregående avsnitt.
2 Skruva ur krysskruven och lyft av bromsskivan.
3 Skruva ur bultarna och avlägsna bromsens stänkskydd.
4 Vänd navet nedåt och stötta det. Pressa eller driv ut navet ur huset. Demontera hjulgivaren om bilen har ABS.
5 Inre lagerbanan tas ut ur navet med en lämplig avdragare, lagret ska kasseras om det tas ut.
6 Ta ut låsringarna, stötta navet och pressa eller driv ut lagret.
7 Rengör urtaget i huset, stötta navet och pressa in det nya lagret så att det är mellan låsringsspåren. Om ett drivrör används ska det endast vila på yttre lagerbanan.
8 Pressa in inre lagerbanan i navet med ett drivrör i lämplig storlek.
9 Montera låsringarna, kontrollera att de går helt in i sina spår.

10 Montera hjulgivaren för ABS (där tillämpligt) och stötta navet med lageransatsen uppåt, driv eller pressa sedan lagerhuset på plats.
11 Montera stänkskyddet och bromsskivan.
12 Montera navet enligt beskrivning i föregående avsnitt.
13 När drivaxelns mutter/bult och hjulbultarna dragits till angivna moment ska framvagnen lyftas igen. Se vid behov kapitel 1, avsnitt 13 och snurra hjulen för hand. Kontrollera att det inte förekommer kärvningar eller stort lateralt spel.

6 Bärarm – demontering, renovering och montering

Demontering

1 Dra åt handbromsen och klossa bakhjulen, lossa relevant framhjuls bultar. Ställ framagnen på pallbockar (se *"Lyftning och stödpunkter"*). Ta av relevant framhjul.
2 Skruva ur bulten och lyft av vindavvisarplattan från bärarmen.
3 Placera en domkraft under monteringsramens centrum och stötta (men lyft inte) monteringsramen.
4 Lossa monteringsramens bakre fästbult på berörd sida – det ska inte vara nödvändigt att dra ut bulten annat än om det föreligger svårigheter med att ta ut bärarmen. Skruva ur bärarmens bakre genomgående bult **(se bild)**.
5 Skruva loss krängningshämmarens fästplatta från ram och kaross **(se bild 7.4)**.
6 Skruva ur länkens mutter och lossa krängningshämmaren från bärarmen. Notera vid isärtagandet att monteringsbussningen mellan länken och bärarmen är monterad med den konkava sidan mot bärarmen.
7 Skruva ur bärarmskulledens klammerbult vid navet **(se bild 4.8a och b)**. Notera att bultskallen är vänd framåt. Knacka ned bärarmen så att kulleden lossnar från navet.
8 Skruva ur pivåbulten från främre insidan av bärarmen (till monteringsramen).

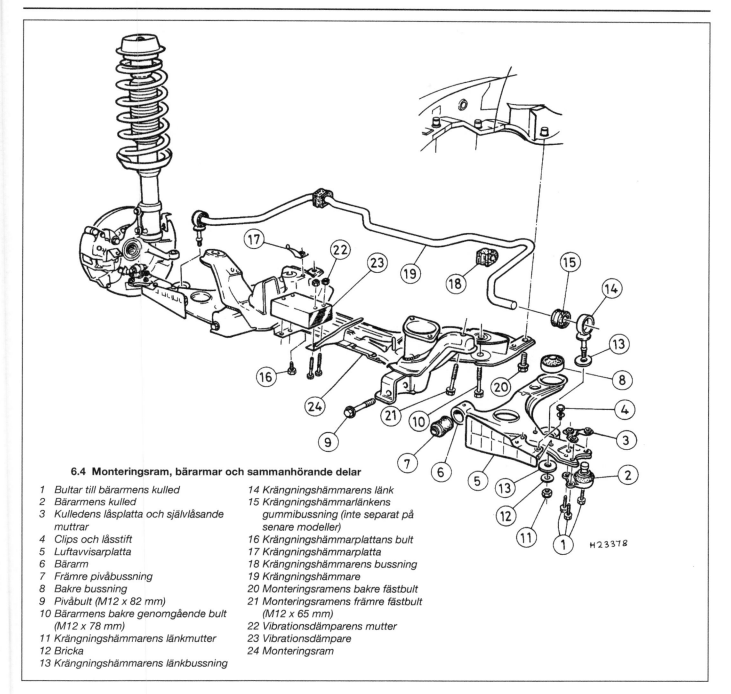

6.4 Monteringsram, bärarmar och sammanhörande delar

1 Bultar till bärarmens kulled
2 Bärarmens kulled
3 Kulledens låsplatta och självlåsande muttrar
4 Clips och låsstift
5 Luftavvisarplatta
6 Bärarm
7 Främre pivåbussning
8 Bakre bussning
9 Pivåbult (M12 x 82 mm)
10 Bärarmens bakre genomgående bult (M12 x 78 mm)
11 Krängningshämmarens länkmutter
12 Bricka
13 Krängningshämmarens länkbussning
14 Krängningshämmarens länk
15 Krängningshämmarlänkens gummibussning (inte separat på senare modeller)
16 Krängningshämmarplattans bult
17 Krängningshämmarplatta
18 Krängningshämmarens bussning
19 Krängningshämmare
20 Monteringsramens bakre fästbult
21 Monteringsramens främre fästbult (M12 x 65 mm)
22 Vibrationsdämparens mutter
23 Vibrationsdämpare
24 Monteringsram

9 Avlägsna bärarmen genom att manövrera ned den från främre inre pivån inåt från hjullagret och framåt från inre bakre fästet. Det kan bli nödvändigt att sänka monteringsramen något för att lossa bärarmen från det inre bakre fästet. Ett lämpligt brytjärn hjälper till att lossa bärarmen ur fästena, men se till att inte skada kringvarande delar.

Renovering

10 Rengör bärarmen så att den kan inspekteras när den är urlyft.

11 Kontrollera kulledens slitage och pivåbussningens skick. Undersök även om bärarmen är skadad eller skev. Vid behov ska kulled och bussningar bytas.
12 Om kulleden ska bytas ska det exakta läget på bärarmen märkas upp. Detta är mycket viktigt i och med att de inbördes lägena mellan bärarm och kulled ställs in vid tillverkningen och den nya kulleden måste monteras på exakt samma plats som den gamla. Skruva ur muttrarna och avlägsna kulled och klammerplatta. Montera den nya kulleden på rätt plats och dra åt muttrarna.

Om en ny bärarm monteras ska kulleden placeras centralt i den avlånga hålet.
13 Byt främre pivåbussningen med hjälp av en lång bult, ett metallrör och brickor för att dra ut bussningen. Montera den nya bussningen på samma sätt, underlätta monteringen genom att smörja bussningen med varmt tvålvatten.
14 Bakre fästets limmade gummibussning kan bändas ut. Om detta inte lyckas måste du försiktigt skära genom gummit och stålet för att dela den och sedan driva ut den. Detta är dock endast nödvändigt om den är svårt fastrostad.

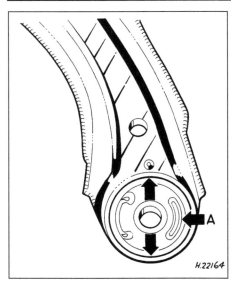

6.15 Monteringsriktningen för bärarmens bakre bussning, pilen pekar på intrycket i armen och öppningen (A) mot bilens centrum

15 Pressa eller driv in den nya bussningen från ovansidan, se till att den monteras korrekt, som visat **(se bild)**.

Montering

16 Montering sker i omvänd arbetsordning, lägg märke till följande:
a) *Vänta med åtdragningen av pivåbultarna till dess att bilen står på marken.*
b) *Dra alla fixturer till angivet moment (där åtdragningsmoment anges).*
c) *Se avsnitt 7 när krängningshämmaren ska monteras.*
d) *Låt kontrollera framhjulsinställningen efter avslutat arbete och justera vid behov.*

7 Krängningshämmare – demontering och montering

Demontering

1 Dra åt handbromsen och klossa bakhjulen, lossa hjulbultarna. Ställ framvagnen på pallbockar (se *"Lyftning och stödpunkter"*). Förbättra åtkomsten genom att lyfta av framhjulen.
2 Placera en domkraft centralt under monteringsramen och stötta (men lyft inte) ramen.
3 Lossa monteringsramens bakre bultar – det ska inte vara nödvändigt att skruva ur dem helt, annat än om det visar sig svårt att manövrera ut krängningshämmaren.
4 Skruva ur bultarna och lossa krängnings-hämmarens fästplattor från monteringsramen och karossen **(se bild)**.
5 Skruva ur länkmuttern och lossa krängningshämmaren från bärarmen på var sida. Lägg vid isärtagningen märke till att bussningarna mellan länk och bärarm är

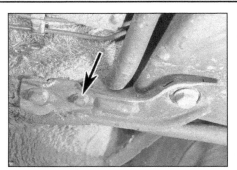

7.4 Krängningshämmarplattans bult (vid pilen)

monterade med den konkava sidan vänd mot bärarmen **(se bild)**.
6 Sänk ned krängningshämmaren och avlägsna den från bilens undersida.
7 Byt krängningshämmare om den är skadad eller skev. Byt monteringsbussningar om de är slitna eller defekta.

Montering

8 Montering sker i omvänd arbetsordning. Kontrollera att länkarnas bussningar monteras med den konkava sidan mot bärarmen.
9 Dra inte bultarna hela vägen till angivet moment förrän bilen står på marken.

7.5 Länk mellan krängningshämmare och bärarm

8 Bakhjulslager – byte och justering

Byte

1 Bakhjulslagren är monterade i broms-trumman/navet eller bromsskivan/navet efter tillämplighet **(se bilder)**. Båda typerna demonteras och monteras på samma sätt. Se kapitel 9 för detaljerna.
2 På bilar med skivbroms, bänd av täckringen från navets baksida.

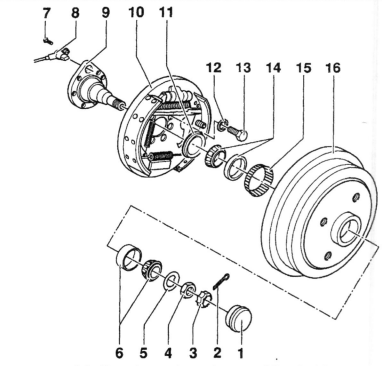

8.1a Bromstrumma/nav och sammanhörande delar

1 Fetthuv	7 Bult	12 Kupad bricka
2 Sprint	8 Hastighetsgivare (endast ABS)	13 Bult
3 Låsring		14 Hjullager (inre)
4 Mutter	9 Axeltapp	15 Hastighetsgivarrotor (endast ABS)
5 Tryckbricka	10 Bromssköld	
6 Hjullager (yttre)	11 Tätningsring	16 Bromstrumma/nav

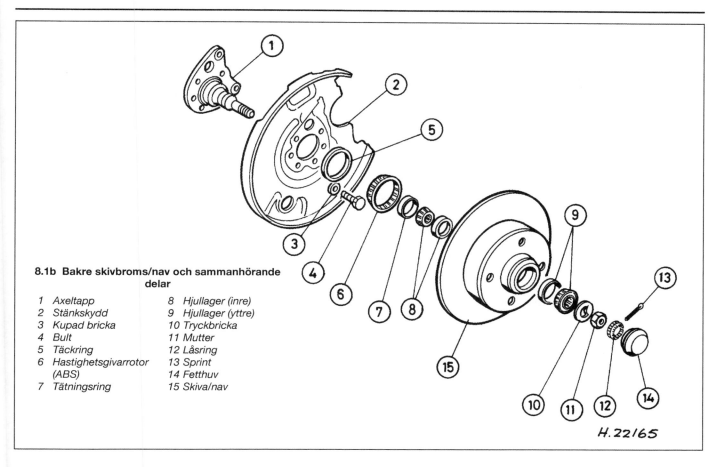

8.1b Bakre skivbroms/nav och sammanhörande delar

1 Axeltapp	8 Hjullager (inre)
2 Stänkskydd	9 Hjullager (yttre)
3 Kupad bricka	10 Tryckbricka
4 Bult	11 Mutter
5 Täckring	12 Låsring
6 Hastighetsgivarrotor	13 Sprint
(ABS)	14 Fetthuv
7 Tätningsring	15 Skiva/nav

H.22/65

3 Torka rent på inre lagret och tätningen. Anteckna monteringsriktningen och bänd av tätningen från navet. Om bilen har ABS, var då försiktig så att du undviker att skada hastighetsavkännarens rotor. Dra ut inre lagret ur navet.

4 Lagerbanorna kan drivas ut med ett passande koppardorn, se till att inte skada navet eller hastighetsavkännarens rotor **(se bild)**.

5 Gör rent på lagerbaneplatserna i navet. Använd ett rördorn i passande diameter och driv eller pressa de nya banorna på plats på vardera navsidan. Kontrollera att de sitter rakt och är helt indrivna **(se bild)**. Om de gamla lagren återanvänds, håll ihop de ursprungliga lagren med sina respektive banor. Blanda aldrig nya lager med gamla banor eller tvärtom.

6 Smörj det inre lagret med fett och stick in det på plats **(se bild)**.

7 Stötta navet med utsidan vänd nedåt och driv försiktigt in den nya oljetätningen på plats, se till att inte skada hastighetsavkännarens rotor (om befintlig). Smörj tätningsläppen innan den monteras baktill på navet **(se bilder)**.

8.4 Driv ytterbanorna ur läge med hammare och dorn

8.5 Driv ytterbanorna på plats med en hylsa på ytterkanten

8.6 Arbeta in fett i de koniska rullagren innan de monteras på navet

8.7a Smörj tätningens läpp och tryck in den baktill på navet

8.7b Baknavets oljetätning och lager korrekt installerade

8 Packa navet med fett och montera det på axeltappen. Montera yttre lagret och tryckbrickan och skruva på navmuttern för hand.

Justering

9 Om inte redan gjort, dra ut sprinten, avlägsna låsringen och lossa navmuttern.
10 Dra långsamt åt muttern så att den precis berör tryckbrickan. Snurra på navet när muttern är åtdragen och kontrollera att lagren satt sig korrekt. Lossa en aning på muttern så att brickan precis kan röras med en skruv-

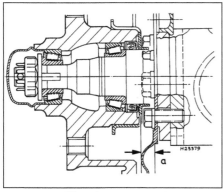

9.4 Täckringens placering

a = 9,5 mm

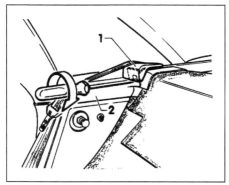

10.2 Demontering av säkerhetsbältets styrning

1 Styrning   2 Rullens hölje

8.10 Justering av bakhjulslager – brickan ska precis röras

mejsel **(se bild)**. Montera låsringen och säkra med en ny sprint.
11 Var noga med att inte dra muttern för hårt eftersom det kan orsaka förtida lagerslitage. Om du justerar ett lager som varit i drift en tid och som har spel ska du inte överdra för att kompensera för slitaget – detta kan vara riskabelt och är hur som helst bara en kortsiktig lösning.
12 Lägg rikligt med fett i huven och driv fast den på plats.
13 Om ett ny lager monterats är det klokt att kontrollera justeringen efter några hundra km. Justera om lagret vid behov.

9 Bakaxeltapp – demontering och montering

Demontering

1 Klossa framhjulen, lägg i ettan (eller "P") och lossa relevanta bakhjulsbultar. Ställ bakvagnen på pallbockar (se *"Lyftning och stödpunkter"*).
2 Se tillämpliga avsnitt i kapitel 9 och gör följande:

a) *Demontera bromstrumma/nav eller skiva/nav (efter tillämplighet).*

b) *Demontera bromsbackarna (bil med trumbroms).*

c) *Lösgör bromsledningen från hjulcylindern.*
d) *Koppla ur handbromsvajern.*

3 Skruva ur bulten och avlägsna bromssköld och axeltapp.

Montering

4 Montering sker i omvänd arbetsordning. På bil med bakre skivbromsar, om täckringen demonterades, kontrollera att den då monteras som visat **(se bild)**.
5 Se tillämpliga avsnitt av kapitel 9 och montera bromssystemets delar. Vid montering av trumma/nav eller skiva/nav, justera hjullagren enligt beskrivning i avsnitt 8 av detta kapitel.
6 Avlufta bromshydrauliken och justera handbromsen, se beskrivning i kapitel 9.

10 Bakre fjäderben och spiralfjäder – demontering och montering

Demontering

1 Klossa framhjulen, lägg i ettan (eller "P") och lossa relevanta bakhjulsbultar. Ställ bakvagnen på pallbockar (se *"Lyftning och stödpunkter"*). Låt fjädringen sträckas ut helt.
2 Fäll fram baksätets ryggstöd. I en kombiversion, lossa sidoklädseln i bagageutrymmet och C-stolpens klädsel, avlägsna även säkerhetsbältets styrning. När styrningen avlägsnas, stick in en skruvmejsel som visat **(se bild)** och vrid för att lossa styrningen.
3 Skruva loss säkerhetsbältets rulle från fästet på fjäderbenets topp. Skruva ur fjäderbenets två övre fästbultar **(se bilder)**.
4 Under bilen, sträck genom öppningen i bärarmsröret och aptera en blocknyckel på den mutter som låser fjäderbenets nedre fästbult och skruva ur bulten **(se bild)**.
5 Om bilen har nivåregleringsfjädring, släpp ut trycket ur systemet enligt beskrivning i avsnitt 15, lossa sedan luftledningen från dämparen och givarens ledning från vänster dämpare (där tillämpligt).

10.3a Övre bakre fjäderbensfästet – sedan

10.3b Övre bakre fjäderbensfästet – kombi

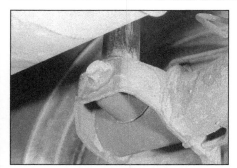

10.4 Nedre bakre fjäderbensfäste

6 Lossa fjäderbenet i nedre änden, vrid det så att de övre klackarna är uppriktade mot de fyra urtagen i karossen. Dra benet nedåt (komplett med fjäder) från bilen.

Montering

7 Montering sker i omvänd arbetsordning. Kontrollera att fjäderbenet är korrekt placerat i överdelen och säkrat med de fyra klackarna i karossen innan bultar och muttrar dras åt.
8 Dra bultarna till angivna moment först när bilen står på marken.

11 Bakre fjäderben och spiralfjäder – isärtagning och ihopsättning

1 Komponenterna i fjäderbenet med spiralfjäder är som visat **(se bild)**.

 Varning: Ett lämpligt redskap för att hålla spiralfjädern hoptryckt måste skaffas innan fjäderbenet tas isär. Justerbara spiralfjäderhoptryckare finns i de flesta tillbehörsbutiker och rekommenderas starkt för detta arbete. Varje försök att ta isär fjäderbenet utan ett sådant redskap resulterar troligtvis i skador på material eller person.

2 Montera hoptryckaren, kontrollera att den är korrekt monterad. Tryck ihop fjädern så att spänningen släpper från övre fästet.
3 Lossa huven och ta ut o-ringen.
4 Skruva ur den självlåsande muttern, avlägsna den kupade brickan, övre bussningen och övre fjäderbensfästet. Skumpackningen på fästets överdel måste bytas ut.
5 Dra ut distansröret, nedre brickan, metallhuven och fjädersätet.
6 Lyft av fjädern från benet med hoptryckaren på plats, märk fjäderns övre ände.
7 Demontera stoppklack, bälgar, plasthuv och packning.

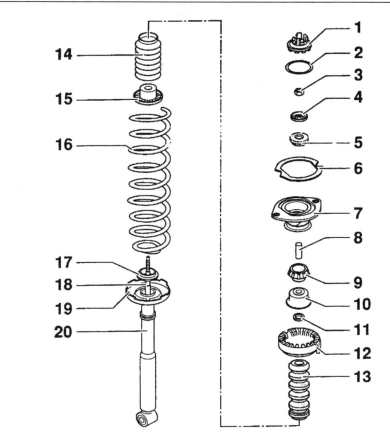

11.1 Bakre fjäderbenskomponenter

1 Huv	8 Distansrör	15 Plasthuv
2 O-ring	9 Nedre gummibussning	16 Spiralfjäder
3 Självlåsande mutter	10 Metallhuv	17 Distans
4 Kupad bricka	11 Bricka	18 Låsring
5 Övre gummibussning	12 Fjädersäte	19 Nedre fjäderplatta
6 Skumpackning	13 Stoppklack	20 Stötdämpare
7 Övre fjäderbensfäste	14 Skyddshylsa	

8 Lägg märke till att spiralfjädrarna är färgkodade. Om byte krävs ska korrekta fjädrar för din bil köpas. Det är klokt att byta båda fjädrarna samtidigt så att vägegenskaperna blir balanserade.
9 Kontrollera stötdämparfunktionen enligt beskrivning i avsnitt 3, paragraf 8. Byt vid behov, dämparna kan inte renoveras.
10 Hopsättning av stötdämpare och fjäder sker i omvänd arbetsordning. Se till att de platslåsta muttrarna placeras i urtagen i fjädersätet. Fjädersätet måste installeras som visat **(se bild)**.
11 Dra den självlåsande muttern till angivet moment. Avlägsna fjäderhoptryckaren innan fjäderbenet monteras i bilen enligt beskrivning i avsnitt 10.

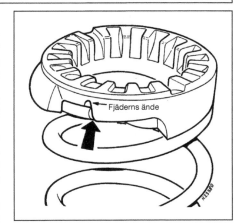

Fjäderns ände

11.10 Korrekt monterat fjädersäte

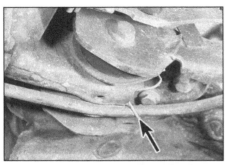

12.2 Lossa handbromsvajern vid clipset (vid pilen)

12 Bakre torsionsstag – demontering och montering

Observera: *Om bakaxeln misstänks vara skev måste den kontrolleras på plats av en VAG-verkstad som har optisk mätutrustning.*

Demontering

1 Klossa framhjulen, lägg i ettan (eller "P") och lossa bakhjulsbultarna. Ställ bakvagnen på pallbockar (se *"Lyftning och stödpunkter"*). Ta av bakhjulen.

2 Se kapitel 9 och lossa handbromsvajrarna från vardera bakbromsen och haka av vajern från clipsen på bakaxeln **(se bild)**.

3 Lossa bromsledningarna från bakaxeln, se kapitel 9 för detaljerna. Lossa även ABS-ledningarna från hjulgivarna i förekommande fall.

4 Stötta bakaxeln med pallbockar eller domkrafter.

5 Skruva ur fjäderbenens fästbultar på var sida och lossa fjäderbenen **(se bild)**.

6 Lossa bromstrycksregulatorns fjäder från fästet, lossa vid behov fjäderns bult, men märks först upp monteringsläget på fästet så att den placeras korrekt vid ihopsättningen, i annat fall förloras regulatorns justering.

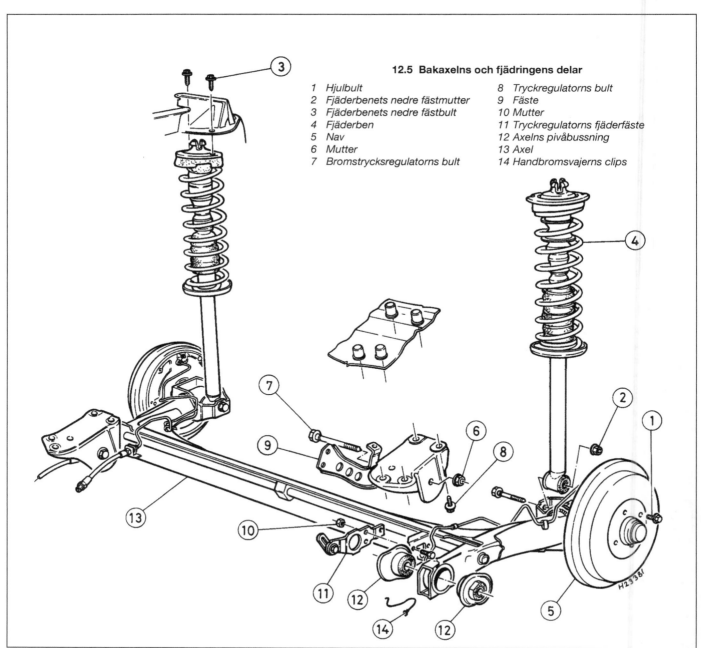

12.5 Bakaxelns och fjädringens delar

1	Hjulbult	8	Tryckregulatorns bult
2	Fjäderbenets nedre fästmutter	9	Fäste
3	Fjäderbenets nedre fästbult	10	Mutter
4	Fjäderben	11	Tryckregulatorns fjäderfäste
5	Nav	12	Axelns pivåbussning
6	Mutter	13	Axel
7	Bromstrycksregulatorns bult	14	Handbromsvajerns clips

7 Kontrollera att inga anslutande komponenter sitter kvar på bakaxeln. Täck över axeltappar och bromsar så att de inte skadas eller blir smutsiga när axeln demonteras. Kontrollera att axeln är säkert stöttad, använd om möjligt en medhjälpare till att hålla axeln stadig när den sänks ned under bilen.
8 Skruva ur pivåbultarnas muttrar på var sida **(se bild)**, dra ut bultarna och sänk ned axeln från pivåerna. Sänk ned axeln och avlägsna den från bilens undersida.
9 Om pivåbussningarna är slitna ska de bytas. Ta först ut yttre, sedan inre bussningen med en lämplig avdragare. Det är viktigt att fästet inte drivs ut eftersom sätet då förstoras.
10 Doppa de nya bussningarna i tvålvatten som monteringssmörjning. Tryck in bussningarna från utsidan med en dragare, se till att gummi/metallutskotten på inre ytan pekar framåt och att yttre delen pekar bakåt **(se bild)**. För in varje halva till den punkt där den koniska delen är i kontakt med axeln. Montera en halva i taget.

Montering

11 Montering sker i omvänd arbetsordning. När axeln lyfts på plats, skruva bara åt bultarna och muttrarna så att axeln kommer helt på plats innan de dras till angivna moment.
12 När bromsledningar, handbromsvajrar och ABS-ledningar monteras, kontrollera att de dras korrekt och fästs väl. Avlufta bromsarna och justera handbromsen enligt beskrivning i kapitel 9. När bromstrycksregulatorns fjäder hakas på ska monteringsläget vara som uppmärkt vid demonteringen.

13 Nivåreglerad fjädring – beskrivning och föreskrifter

Komponenter och utformning av den självreglerande fjädringen är som visat **(se bild)**.

I detta system har de bakre stötdämparna pneumatiskt styrda luftfjädrande element i stället för konventionell hydraulkolv. En luftkompressor i bilens bakre vänstra hörn matar tryckluft till vardera luftfjädringselementet. Kompressorn är av kolvtyp och drivs av en elmotor. Den håller systemet med ett minsta tryck på 5 bar. Kompressorn är placerad i ett isolerat hus för att minska ljudnivån.

Under normala förhållanden är systemet självreglerande men kan vid behov justeras manuellt med en ratt på styrenheten. Denna justering krävs endast vid bogsering eller onormalt tung last. Normalt ska ratten vara på läge "4" för att ge de bästa vägegenskaperna.

Om kompressorn någon gång överbelastas stänger en kretsbrytare av den några

12.8 Bakaxelpivåns bult/mutter

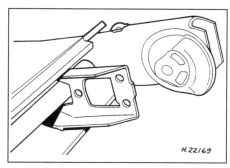
12.10 Bussningens monteringsläge

ögonblick innan den startar igen. Systemet har även en kretssäkring (nr 4 i säkringsdosan).

Om kompressorn havererar måste den kontrolleras och repareras (eller bytas, efter behov) vid första möjliga tillfälle. Som en provisorisk åtgärd för att återställa vägegenskaperna kan systemets tryck höjas eller sänkas manuellt med tryckluft till en ventil bredvid styrenheten. Ställ justerratten i läge "2" före manuell justering.

Systemet börjar arbeta närhelst tändningen är påslagen och/eller när dörrar eller bagagelucka/baklucka öppnas. Detta gör att styrenheten kan justera fjädringen som respons på förändringar i lasten.

Systemet är inte konstruerat för att kompensera för överlast. Tillverkarens angivelser för max totallast och axeltryck får inte överskridas.

Innan arbete påbörjas med någon del av systemet måste batteriet kopplas ur och systemtrycket hävas enligt beskrivning i avsnitt 15.

Om systemet läcker vilar luftfjädringselementen på interna kuddar i dämparna. Detta känns igen på stötig gång och dåliga vägegenskaper. Även den tryckluftsdrivna bromstrycksregulatorn påverkas negativt. Även om det är tillåtet att köra bilen i detta skick får farten inte överstiga 80 km/t och felet måste åtgärdas snarast möjligt.

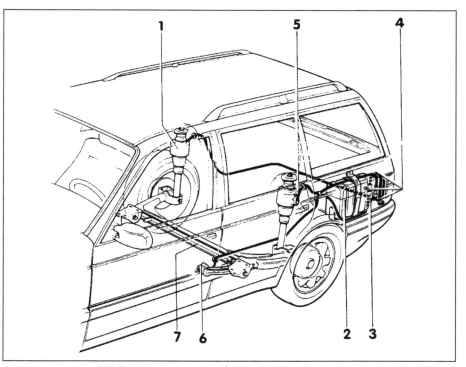
13.1 Placering för den nivåreglerade fjädringens delar

1 Luftfjädringsdämpare
2 Tryckmatning
3 Styrenhet
4 Fördelare och luftledningar
5 Nivåavkännarledning
6 Bromstrycksregulator
7 Bakaxel och krängningshämmare

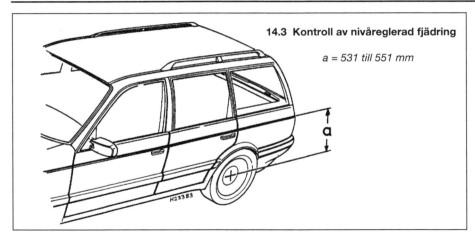

14.3 Kontroll av nivåreglerad fjädring

a = 531 till 551 mm

14 Nivåreglerad fjädring – nivåkontroll

1 Parkera bilen på plan mark. Bilen ska vara olastad, dörrarna måste vara stängda och tändningen påslagen (för att driva kompressorn).

2 Ställ justerratten på styrenheten till högsta läget, vrid den sedan till normalläget "4" och stäng bak/bagageluckan.

3 Mät avståndet mellan hjulcentrum och bilens midjelinje **(se bild)**.

4 Om nivån är låg, kontrollera om systemet läcker, men förväxla inte det med väsande luft som släpps ut från givaren i vänster element. Detta sker när systemet reglerar bakfjädringens höjd.

5 En fullständig systemkontroll måste överlåtas till en VAG-verkstad.

15 Nivåreglerad fjädring – demontering och montering av komponenter

1 Innan någon del av tryckluftssystemet kan demonteras måste systemtrycket sänkas. Gör det genom att först lossa batteriets jordledning och sedan skruva upp lufttrycksventilen så att allt tryck släppts ut.
Observera: *Om bilen har en ljudanläggning med stöldskyddskod, kontrollera att du har koden uppskriven innan batteriet kopplas ur. Rådfråga en VAG-verkstad om du är osäker.*

Luftfjädringselement

Demontering

2 När trycket släppts ur systemet, avlägsna golvklädseln och vänstra sidans klädsel från bagageutrymmet.

3 Om vänster luftfjäder ska demonteras, dra ur givarens kontakt och dra in ledningen i hjulhuset **(se bild)**.

4 Klossa framhjulen, lägg i ettan (eller "P") och lossa relevanta bakhjulsbultar. Ställ bakvagnen på pallbockar (se *"Lyftning och stödpunkter"*). Låt fjädringen sträckas fullt ut.

5 Lossa luftledningen från den fjäder som ska demonteras **(se bild)**.

6 Luftfjädrarna kan nu demonteras på samma sätt som konventionell bakfjädring, se avsnitt 10.

Montering

7 Montering sker i omvänd arbetsordning. När luftfjädrar monteras, kontrollera att luftledning och givarledning (där tillämpligt) är säkert anslutna och korrekt dragna innan batteriet kopplas in. Trycksätt systemet enligt beskrivning i avsnitt 13.

Styrenhet

Demontering

8 Avlägsna klädseln i bagageutrymmets vänstra sida.

9 Lossa styrenheten från kompressorn genom att dra loss den från kardborrebandet och dra ur kontakterna.

Montering

10 Montering sker i omvänd arbetsordning.

Kompressor

Demontering

11 Lossa kompressorns jordledning från karossen.

12 Lossa gummibandet och lyft ut kompressorn från hjulhuset.

13 Koppla ur styrenheten (se paragraferna 8 och 9).

14 Dela på isoleringshuset och lyft ut kompressorn.

Montering

15 Montering sker i omvänd arbetsordning, trycksätt systemet enligt beskrivning i avsnitt 13.

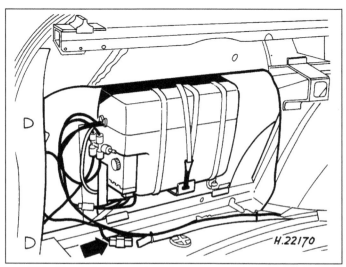

15.3 Givarledningens placering – endast vänster dämpare

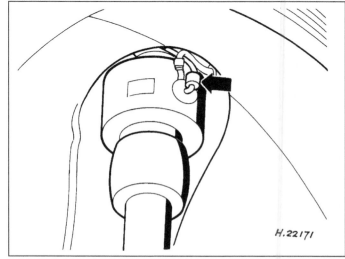

15.5 Anslutning för luftledning till luftfjäder (vid pilen)

16 Ratt –
demontering och montering

Observera: *Rattstångens splinesadapter, som ratten sitter på, modifierades i januari 1989 och har en mindre grov splines än den föregående typen. Tänk på detta om tidiga delar ska monteras i en senare bil eller tvärtom. Rådfråga en VAG-handlare om du är osäker.*

Demontering

1 Ställ framhjulen rakt fram och öppna rattlåset genom att sticka in tändningsnyckeln. Kontrollera att blinkersspaken är i mellanläget "från".

Bilar utan krockkudde

2 Peta upp locket från rattnavet. I och med att locket är signalhornsknapp ska ledningsdragningarna antecknas innan de lossas från kontakterna **(se bild)**.
3 Märk rattens och rattstångens inbördes förhållande, skruva ur muttern och lyft av ratten. Om den sitter fast, knacka upp den nära centrum med handflatan eller vrid den i sidled samtidigt som den dras. Ta i förekommande fall vara på brickan.

Bilar med krockkudde

4 Demontera krockkudden från rattnavet enligt beskrivning i kapitel 12.
5 Skruva ur skruvarna och demontera övre och nedre rattstångskåporna.
6 Följ ledningarna bakåt från krockkuddens kontakt som sitter i ratten och dra ur kontakten.
7 Demontera ratten enligt beskrivningen i paragraferna 2 och 3 ovan.

16.2 Signalhornets kontakter i rattnavskåpan

8 När ratten lyfts, vrid något på kontaktringen så att kontakten kommer i botten (styrningen rakt fram). Detta låser kontakten i centralläget så att den inte vrids.

Montering

Bilar utan krockkudde

9 Montering sker i omvänd arbetsordning, kontrollera att blinkersspaken är i mittläget, i annat fall kan återkallningsarmen skadas. Se till att blinkersspakens återkallningsrings tunga greppar när ratten monteras. Dra rattmuttern till angivet moment **(se bilder)**.

Bilar med krockkudde

10 För ratten på plats, kontrollera att kontakten är korrekt placerad och låt den greppa i rattstången.
11 Skruva i rattmuttern och dra den till angivet moment.
12 Anslut krockkuddekontakten, kontrollera att ledningsdragningen är korrekt.
13 Montera rattstångskåporna, dra åt skruvarna väl.
14 Montera krockkudden enligt beskrivning i kapitel 12.

16.9a För blinkersåterkallarens tunga (vid pilen) till ingrepp när ratten monteras . . .

17 Rattstång –
demontering och montering

Observera: *Flera av rattstångens delar modifierades i januari 1989. De flesta av dessa modifieringar är små, men två är värda att nämna. Senare modeller har en diameterökning från 20 till 22 mm på rattstången. Senare splinesadaptrar, som ratten sitter på, har en mindre grov splines än den föregående typen. Detta påverkar inte arbetsbeskrivningarna i detta kapitel men är värt att tänka på om tidiga delar monteras på en senare bil eller tvärtom eftersom utbytbarheten är begränsad. Rådfråga en VAG-handlare om du är tveksam.*

Demontering

1 Lossa batteriets jordledning.
Observera: *Om bilen har en ljudanläggning med stöldskyddskod, kontrollera att du har koden uppskriven innan batteriet kopplas ur. Rådfråga en VAG-verkstad om du är osäker.*
2 Demontera ratten enligt beskrivning i föregående avsnitt.

16.9b . . . placera brickan . . .

16.9c . . . och dra åt muttern

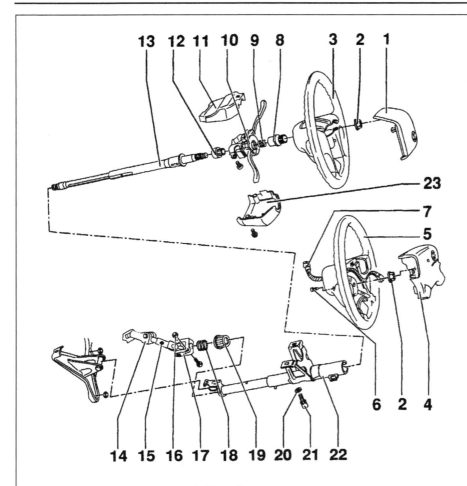

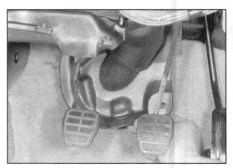

17.5 Avlägsna nedre kåpan

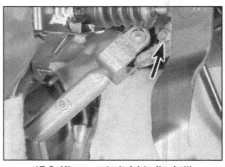

17.8 Klammerbult (vid pilen) till rattstångens universalknut

17.3 Rattstångens delar

1 Rattnavets kåpa	8 Splinesförsedd	15 Klammerbult
2 Rattmutter (med separat	adapterhylsa	16 Mutter
bricka på tidiga modeller)	9 Fjäder (med	17 Universalknut
3 Ratt	klammerbricka på tidiga	18 Fjäder
4 Krockkudde	modeller)	19 Nedre rattstångslager
5 Ratt (med krockkudde)	10 Rattstångens låshus	20 Bricka
6 Insexbult	11 Övre rattstångskåpa	21 Brytskallebult
7 Krockkuddekontakt	12 Stödring och bricka	22 Rattstångsrör
	13 Rattstång	23 Nedre rattstångskåpa
	14 Bult	

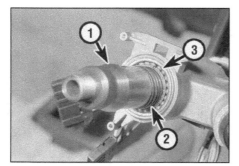

17.11a Rattstångens övre ände visande hylsa (1), fjäder (2) och lager (3)

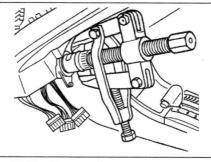

17.11b Demontering av adapterhylsan med en lämplig avdragare

3 Om inte redan gjort, demontera rattstångskåporna **(se bild)**.
4 Skruva ur de tre skruvarna och avlägsna kombinationsbrytarna. Dra ur kontakterna.
5 Demontera nedre instrumentbrädespanelerna på förarsidan. Demontera nedre rattstångs/torpedplåtskåpan **(se bild)**.
6 Dra ut kontakten till tändnings/rattlåset.
7 Skruva ur rattstångsbultarna. Bultar med brytskalle används – för att ta ut dem krävs att de först borras och sedan tas ut med en bulturdragare, eller så kan de knackas runt med en körnare.
8 Skruva ur klammerbulten i universalknuten mellan övre och nedre rattstången **(se bild)** och dra ut rattstången ur bilen.
9 Kontrollera om de olika delarna är slitna. Om rattstången är skadad på något sätt måste den bytas i sin helhet.
10 Demontera tändnings/rattlåset enligt beskrivning i kapitel 12.
11 Använd en passande avdragare och dra av den splinesförsedda adapterhylsan från axeln **(se bilder)**. Om hylsan ska bytas, se informationen i början av detta avsnitt.
12 Om en ny rattstång och/eller ratt ska monteras, se informationen i början av detta avsnitt.
13 Dra ut rattstången upp genom röret och lyft undan den, anteckna samtliga komponenters monteringslägen vid demonteringen.
14 Om rattstångens nedre lager ska bytas, driv (eller dra) ut det nedåt från röret. Montera det nya lagret genom att driva in det i rörets nederdel med ett passande rördorn.

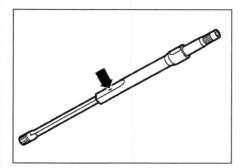

17.15 Kontroll av rattstångens längd

Nedre sektionens klack måste vara synlig i hålet i övre sektionen

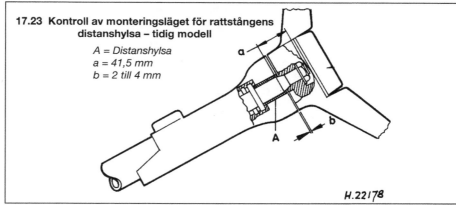

17.23 Kontroll av monteringsläget för rattstångens distanshylsa – tidig modell

A = Distanshylsa
a = 41,5 mm
b = 2 till 4 mm

H.22178

15 Kontrollera att rattstångens längd är korrekt genom att se till att den lilla klacken på nederdelen är i linje med hålet i övre delen, som visat **(se bild)**. Om så behövs, dra isär sektionerna vid stoppet.
16 Byt alla delar som är slitna eller verkar misstänkta.

Montering

17 Ihopsättning och montering görs generellt i omvänd arbetsordning, men lägg märke till följande:
18 När övre sektionen monteras, pressa (eller driv) fjäderklammerbrickan (om monterad) nedför axeln till den punkt där fjädern är helt hoptryckt.
19 Kontrollera att rattstångens längd är korrekt enligt beskrivning i paragraf 15.
20 När adapterhylsan monteras, placera hylsan över rattstången och dra rattmuttern mot den. Pressa ned hylsan till gängornas nivå, skruva ur muttern, montera en bricka och dra åt muttern igen så att hylsan trycks helt på plats. Skruva ur muttern och avlägsna brickan.
21 Montera tändnings/rattlåset enligt beskrivning i kapitel 12.
22 Dra muttrar och bultar till angivna moment. Dra brytskallebultarna till dess att skallarna bryts av.
23 På tidiga modeller, när ratten monteras, kontrollera då att spelet mellan navytan och kontakten är som visat **(se bild)**. Knacka vid behov tändnings/rattlåset bakåt så att det är i kontakt med distanshylsan.
24 Avsluta med att kontrollera att styrning och omkopplare fungerar korrekt.

18 Rattstångens höjdjustering – demontering och montering

1 Höjdjusteringsmekanismens delar är som visat **(se bild)**.
2 Justeringsmekanismens delar kan avlägsnas från rattstången sedan den sänkts ned från övre fästet enligt beskrivning i föregående avsnitt. Lägg märke till att armens genomgående bult är vänstergängad.

3 Varje del i höjdjusteringsmekanismen som är defekt eller sliten ska bytas.
4 Lägg märke till följande när komponenterna monteras:

a) *Smörj justeringens glidytor.*

b) *När armen monteras, dra den genomgående bulten till angivet moment med armen mot övre stoppet. Montera låsplattan sedan bulten dragits åt.*

c) *Kontrollera att returfjädrarna är anslutna till fästet.*

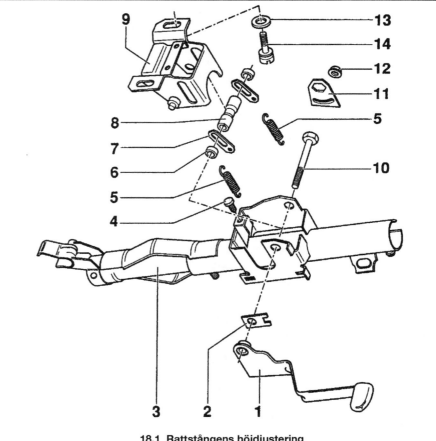

18.1 Rattstångens höjdjustering

1 *Manöverarm*	6 *Tryckbricka*	11 *Låsplatta*
2 *Distansplatta*	7 *Distansplatta*	12 *Mutter (självlåsande)*
3 *Rattstångsrör*	8 *Klammerhylsa*	13 *Bricka*
4 *Gummistoppklack*	9 *Fäste*	14 *Brytskallebult*
5 *Returfjäder*	10 *Armens genomgående bult (vänstergängad)*	

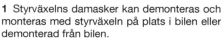
20.2a Skruva ur bultarna . . .

20.2b . . . och avlägsna
vibrationsdämparen

19 Styrväxelns damasker – byte

1 Styrväxelns damasker kan demonteras och monteras med styrväxeln på plats i bilen eller demonterad från bilen.
2 Mät hur mycket justeringsgäng som visas på insidan av styrstagsändens kulled. Detta anger justeringsläget när kulleden monteras på staget. Lossa låsmuttern och demontera kulleden från styrstaget enligt beskrivning i avsnitt 22.
3 Skruva av låsmuttern från styrstaget.
4 Öppna clipsen och dra av bälgarna från styrväxeln och styrstaget.
5 Montering sker i omvänd arbetsordning. Smörj bälgarnas insidor före monteringen. Använd nya låsmuttrar till kullederna.
6 Avsluta med att kontrollera framhjulsinställningen (se avsnitt 25).

20 Styrväxel – demontering och montering

Observera: Om styrväxeln demonteras p g a knackljud, se avsnitt 21 innan du fortsätter.

Demontering

1 Dra åt handbromsen och klossa bakhjulen, lossa hjulbultarna på framhjulen. Ställ framvagnen på pallbockar (se "Lyftning och stödpunkter"). Lyft av framhjulen för att komma åt bättre.
2 Förbättra styrväxelns åtkomlighet genom att skruva ur bultarna och lyfta bort vibrationsdämparen på tvärbalken (se bilder). Stötta dämparen när den lyfts av (den är ganska tung).
3 Se avsnitt 22 och lossa styrstagsändarnas kulled från naven.
4 Om bilen har servostyrning, sifonera ut oljan ur systemets behållare. Om lämplig utrustning för detta saknas kan oljan tömmas ut i ett lämpligt kärl när ledningarna lossas från styrväxeln.
5 Skruva ur klammerbulten till rattstångens universalknut (se bild 17.8). Åtkomligheten begränsas från ovansidan av komponenter i bränsle- och bromssystemen, medan åtkomsten från undersidan begränsas av avgassystemet och styrningskomponenter. Denna bult är enklast att komma åt från kupén. Demontera nedre instrumentbrädespanelerna, lossa kåpan från torpedplåten vid rattstångens fot. Lossa damasken från torpedplåten på motorsidan och tryck den framåt över nedre knuten. Skruva ur klammerbulten.
6 Stötta motorns och växellådans vikt, antingen med en lyft ovanifrån eller en domkraft under monteringsramen. Den senare metoden har den nackdelen att den är i vägen

för efterföljande arbeten, så använd om möjligt en lyft.
7 Skruva ur monteringsramens främre och bakre bultar (se bild 6.4). Lossa, men skruva inte ur bärarmarnas bakre genomgående bultar. Skruva inte ur krängningshämmarens bultar. Sänk monteringsramen till den punkt där rattstångens axlar delas. När motorn sänks, kontrollera att sammanhörande delar inte fastnar eller skadas. Sänk inte motorn mer än vad som behövs.
8 Om bilen har servostyrning, lossa oljeledningarna från styrväxeln (se bilder). Rengör anslutningarna innan de lossas. Tappa ur oljan i ett kärl och kassera den. Placera ledningarna så att de inte är i vägen och plugga ändarna för att förhindra spill och smutsinträng.
9 Skruva loss styrväxelns muttrar från ramens pinnbultar (se bilder).
10 Kontrollera att alla anslutningar går fria från styrväxeln, dra den bakåt ur bilen.
11 Om styrväxeln är skadad eller utsliten kanske den måste bytas, men det kan vara möjligt att renovera den – rådfråga en VAGverkstad eller specialist.

Montering

12 Montering sker i omvänd arbetsordning, lägg märke till följande:
a) Centrera kuggstången och rattstångsaxeln innan de ansluts. En medhjälpare krävs för att rikta och greppa axlarna när ramen och motorn lyfts.
b) Om bilen har servostyrning måste oljeledningarna vara anslutna när motorn lyfts. Var noga med att hålla anslutningarna rena.
c) Dra alla förband till angivna moment.
d) Se avsnitt 22 för anslutning av styrstagsändarna.
e) Om bilen har servostyrning, fyll på oljenivån enligt beskrivning i "Veckokontroller" och avlufta systemet enligt beskrivning i avsnitt 23.
f) Avsluta med att kontrollera och vid behov justera hjulinställningen (se avsnitt 25).

20.8a Servostyrningens ledningsanslutning vid pinjongen . . .

20.8b . . . och kuggstångshuset. Styrväxelns hitre fästband och mutter/bult visas också (vid pilen)

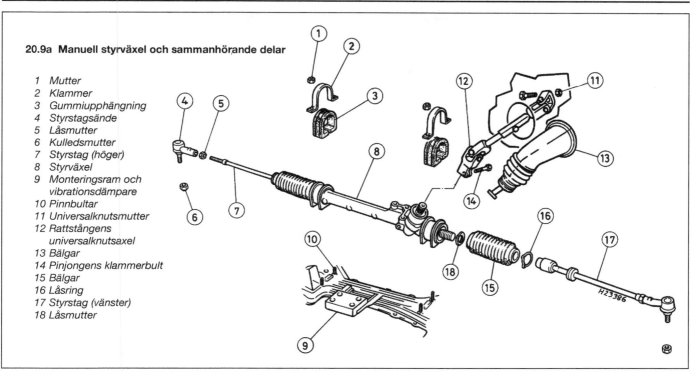

20.9a Manuell styrväxel och sammanhörande delar

1 Mutter
2 Klammer
3 Gummiupphängning
4 Styrstagsände
5 Låsmutter
6 Kulledsmutter
7 Styrstag (höger)
8 Styrväxel
9 Monteringsram och
   vibrationsdämpare
10 Pinnbultar
11 Universalknutsmutter
12 Rattstångens
   universalknutsaxel
13 Bälgar
14 Pinjongens klammerbult
15 Bälgar
16 Låsring
17 Styrstag (vänster)
18 Låsmutter

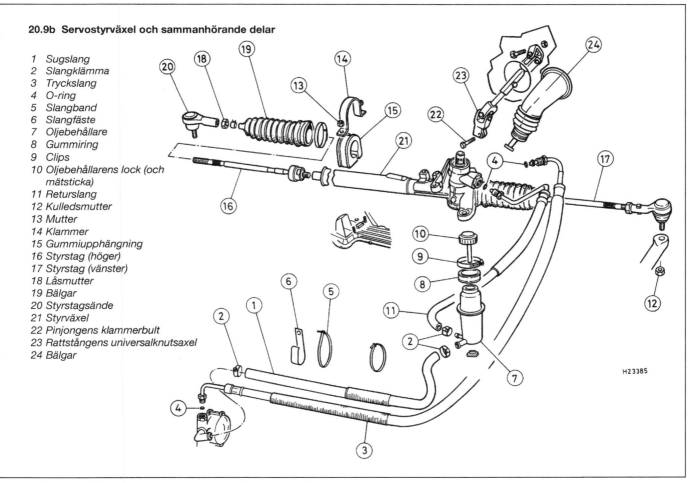

20.9b Servostyrväxel och sammanhörande delar

1 Sugslang
2 Slangklämma
3 Tryckslang
4 O-ring
5 Slangband
6 Slangfäste
7 Oljebehållare
8 Gummiring
9 Clips
10 Oljebehållarens lock (och
   mätsticka)
11 Returslang
12 Kulledsmutter
13 Mutter
14 Klammer
15 Gummiupphängning
16 Styrstag (höger)
17 Styrstag (vänster)
18 Låsmutter
19 Bälgar
20 Styrstagsände
21 Styrväxel
22 Pinjongens klammerbult
23 Rattstångens universalknutsaxel
24 Bälgar

H23385

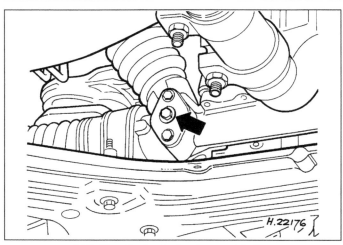

21.3 Styrväxelns justerskruv – vid pilen (manuell och ZF servostyrning)

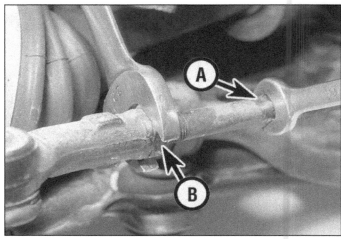

22.3 Håll styrstaget på punkt A och lossa muttern (B)

21 Styrväxel – justering

1 Om det finns spel i styrväxeln som orsakar missljud eller skaller kan styrväxeln justeras enligt följande:

Manuell styrväxel och ZF servostyrning

2 Dra åt handbromsen och klossa bakhjulen. Ställ framvagnen på pallbockar (se *"Lyftning och stödpunkter"*).
3 Ställ hjulen rakt fram och dra åt den självlåsande justerskruven cirka 20° **(se bild)**.
4 Ställ ned bilen och provkör den. Om styrningen inte självcentrerar efter kurvtagning, lossa skruven lite i taget till dess att den gör det.
5 Om det fortfarande finns spel i styrningen när självcentrering uppnås, dra åt justermuttern en aning.
6 Om ovanstående justering inte ger tillfredsställande resultat är styrväxeln troligen utsliten och måste då demonteras och renoveras.

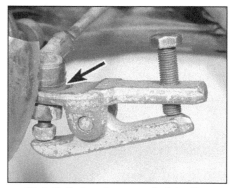

22.4 Kulledsavdragare på plats. Om kulleden inte bytas, var noga med att inte skada gummitätningen (vid pilen)

TRW servostyrning

7 Om bilen har TRW styrväxel måste en stor låsmutter skruvas ur innan justerskruven kan rubbas. VAG-mekaniker har ett specialverktyg för detta, men ett passande substitut kan möjligen hittas hos verktygsspecialister.
8 När låsmuttern lossats är justeringen som i paragraferna 2 - 6 ovan, kom ihåg att låsmuttern måste dras åt efter varje justering.

22 Styrstagsändarnas kulleder – demontering och montering

Demontering

1 Om styrstagsändarnas kulleder är slitna finns det tydligt spel när hjulen gungas i sidled, slitna kulleder måste bytas.
2 Dra åt handbromsen och klossa bakhjulen, lossa relevanta framhjulsbultar. Ställ framvagnen på pallbockar (se *"Lyftning och stödpunkter"*). Ta av relevant hjul.
3 Mät upp hur mycket gäng som syns innanför låsmuttern och anteckna antalet varv så att den nya kulleden kan skruvas in till samma läge och lossa låsmuttern **(se bild)**. Det är klokt att byta låsmutter om kulleden byts.
4 Lossa kulledsmuttern på berörd sida och skruva ur den ett par varv – inte hela vägen ännu. Använd en kulledsavdragare och lossa kulleden från navet, skruva sedan ur muttern helt **(se bild)**. Med styrstagets yttre led lossad från navet kan yttre kulleden skruvas loss från styrstaget.

Montering

5 Skruva på den nya kulleden på styrstaget så att samma antal gängor är synliga som innan bytet.

6 Anslut kulleden till navet och dra muttern till angivet moment. Dra styrstagets låsmutter till angivet moment.
7 Avsluta med att kontrollera framhjulens inställning (se avsnitt 25).

23 Servostyrningsolja – allmän information, avtappning och påfyllning

Allmän information

1 Servostyrningens oljenivå kontrolleras enligt beskrivning i *"Veckokontroller"*. Oljebyte tas inte upp i tillverkarens underhållsschema och ska därmed bara vara nödvändig om servostyrningen demonterats.
2 Bilar tillverkade före februari 1989 använder vanlig olja för automatiska växellådor i servostyrningen. Modeller tillverkade efter detta datum använder VW hydraulolja. Vid påfyllning av systemet, använd samma typ av olja som redan finns i systemet – de två typerna är **INTE** kompatibla. Om systemet tappas ur och fylls på ska endast rekommenderad olja användas – d.v.s. om bilen är tillverkad efter februari 1989 ska endast VW hydraulolja fyllas i systemet.
3 Om systemet kräver regelbunden påfyllning, leta efter läckage vid pumpen, behållaren och styrväxelns slanganslutningar och gör nödvändiga reparationer.

Avtappning

4 Tappa ur oljan genom att lossa sugslangen från pumpen och låt den rinna ned i ett kärl för sluthantering. Vrid ratten mellan fulla utslag för att pressa ut så mycket olja som möjligt.

Påfyllning och avluftning

5 När oljan tappats ur ska sugslangen anslutas till pumpen, fyll sedan behållaren

24.6a Lossa clipset . . .

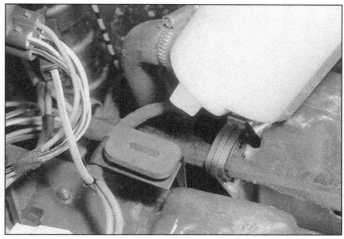

24.6b . . . och lyft av behållaren från fästet

med färsk olja. Starta motorn och stäng av den direkt när den startar, upprepa detta ett flertal gånger. Det gör till att oljan snabbt dras runt i systemet.

6 Håll ett öga på oljenivån och fyll på så att behållaren aldrig töms. När oljenivån inte längre sjunker efter start/stopp, starta motorn igen och kör den på tomgång.

7 Ge fulla rattutslag ett flertal gånger, men lämna inte hjulen med fullt utslag eftersom detta höjer systemtrycket.

8 Håll ett öga på oljenivån och fyll på vid behov så att nivån är vid märket "MAX".

9 När nivån slutar sjunka och inga fler luftbubblor syns i behållaren, stäng av motorn och sätt på locket. Nivån stiger något när motorn stängs av.

10 Kontrollera oljenivån igen enligt beskrivning i "Veckokontroller" efter nästa gång bilen använts och fyll på efter behov.

24 Servopump –
demontering och montering

Demontering

1 Om servopumpens funktion är misstänkt, låt en VAG-verkstad kontrollera system-trycket. Pumpen kan inte renoveras eller repareras utan måste bytas om den är defekt.

2 Demontera pumpen genom att först tappa ur oljan enligt beskrivning i föregående avsnitt.

3 Lossa tryckslangen från pumpen.

4 Lossa bultarna och vrid pumpen så att remmen kan lossas från remskivan.

5 Stötta pumpen, dra ur bultarna och lyft av pumpen.

6 Vid behov lossas behållaren genom att clipset öppnas så att den kan lyftas av nedre fästet **(se bilder)**.

Montering

7 Om en ny pump ska monteras är det klokt att snapsa den med ren olja innan den monteras, så att den är väl smord från början. Underlåtenhet att göra detta kan leda till en högljudd pump. Snapsa pumpen genom att spruta in rätt sorts olja i pumpintaget och samtidigt vrida på remskivan. När olja kommer ut genom utgången (matningen) är pumpen snapsad och redo för användning.

8 Montering sker i omvänd arbetsordning, lägg märke till följande:

a) Kontrollera drivremmens skick enligt beskrivning i kapitel 1A eller 1B, efter tillämplighet. Om en ny pump monteras ska även en ny drivrem monteras.

b) Spänn drivremmen enligt beskrivning i kapitel 2A eller 2B, efter tillämplighet.

c) Fyll systemet med färsk olja, avlufta det enligt beskrivning i föregående avsnitt.

25 Hjulinställning och styrvinklar –
allmän information

Definitioner

1 En bils geometri för styrning och fjädring definieras i tre grundinställningar – alla vinklar anges i grader (även toe-inställningar uttrycks som ett mått). Styraxeln är definierad som en tänkt linje dragen genom fjäderbenets axel, vid behov förlängd till marken.

2 **Camber** är vinkeln mellan varje hjul och en vertikal linje dragen genom dess centrum och däckets kontaktyta, sedd framifrån eller bakifrån bilen. "Positiv" camber är när hjulen lutar ut från vertikalen på ovansidan. "Negativ" camber är när de lutar inåt.

3 Cambervinkeln är justerbar och kan mätas med en cambertolk.

4 **Caster** är vinkeln mellan styraxeln och en vertikal linje dragen genom varje hjuls centrum

och däckets kontaktyta, sedd från bilens sida. "Positiv" caster är när styraxeln är lutad så att den når marken framför vertikalen. "Negativ" caster är när linjen når marken bakom vertikalen.

5 Castervinkeln är inte justerbar och ges endast som referens. Den kan mätas med en castertolk, men om avvikelsen från specifika-tionerna är betydande måste bilen kontrol-leras noga av en yrkeskunnig mekaniker eftersom felet bara kan orsakas av slitage eller skador på kaross eller fjädring.

6 **Toe** är skillnaden, sett från ovan, mellan linjer dragna genom hjulcentrum och bilens centrumlinje. "Toe-in" är när hjulen pekar inåt mot varandra framtill medan "toe-ut" är när framkanterna pekar från varandra.

7 Framhjulens toe-inställning justeras genom att man skruvar in eller ut på höger styrstag i kulleden, vilket ändrar den effektiva längden på styrstagen.

8 Bakhjulens toe-inställning är inte justerbar och anges endast som referens. Den kan mätas, men om avvikelsen från specifika-tionerna är betydande måste bilen kontrol-leras noga av en yrkeskunnig mekaniker eftersom felet bara kan orsakas av slitage eller skador på kaross eller fjädring.

Kontroll och justering

Framhjulens toe-inställning

9 I och med den speciella mätutrustning som krävs för att kontrollera hjulinställningen och den skicklighet som krävs för att använda utrustningen korrekt ska kontroll och justering av dessa inställningar helst överlåtas till en VAG-verkstad eller annan expert. Många däcksverkstäder har numera avancerad mätutrustning.

10 För kontroll av toe-inställning måste först en spårviddstolk införskaffas. Två typer förekommer. Den första mäter avstånden mellan främre och bakre fälginsidorna, enligt föregående beskrivning, med stillastående bil.

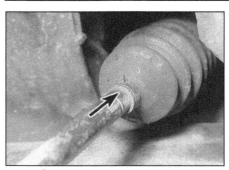

25.13 Öppna gummidamaskens yttre clips och skala tillbaka damastens yttre ände (vid pilen)

Den andra typen, kallad "hasplåt" mäter den faktiska positionen för däckens kontaktyta i relation till vägbanan med bilen i rörelse. Detta uppnås genom att man skjuter eller kör framhjulet över en platta. Plattan rör sig något i enlighet med däckets hasning, vilket visas på en skala. Båda typerna har för- och nackdelar men båda kan ge goda resultat om de används korrekt och med noggrannhet.

11 Se till att styrningen är inställd rakt fram vid mätningen.

12 Om justering krävs, dra åt handbromsen och ställ framvagnen på pallbockar. Justering görs på höger styrstag (vänster och höger är som sett från förarsätet).

13 Börja med att rengöra styrstagsändarnas gängor. Om de är korroderade, lägg på inträngande olja innan justeringen påbörjas. Lossa damaskernas yttre clips, skala tillbaka damaskerna och lägg på fett **(se bild)**. Detta gör att damaskerna är fria och inte vrids eller sträcks när respektive styrstag vrids.

14 Håll styrstaget med en passande blocknyckel och lossa låsmuttern. Ändra styrstagets längd genom att skruva det in eller ut ur kulleden. Vrid på styrstaget med en blocknyckel passad på de plana ytorna. En avkortning av styrstaget (inskruvning i kulleden) minska toe-in och ökar toe-ut.

15 När längden är den rätta, håll styrstaget och dra åt låsmuttern till angivet moment. Om rattekrarna inte längre är horisontella när hjulen pekar rakt fram, ta av ratten och justera läget (se avsnitt 16).

16 Kontrollera att toe-inställningen är korrekt genom att ställa ned bilen och mäta igen, gör om justeringen vid behov. Kontrollera att damaskerna sitter korrekt och inte har vridits eller sträckts och säkra dem på plats med clipsen, använd nya clips vid behov (se avsnitt 19).

Bakhjulens toe-inställning

17 Bakhjulens toe kontrolleras på samma sätt som framhjulens, se paragraf 10. Inställningen är inte justerbar – se paragraf 8.

Framhjulens cambervinkel

18 Kontroll och justering av framhjulens cambervinkel ska helst överlåtas till en VAG-verkstad eller annan expert. Många däckverkstäder har numera avancerad mätutrustning. Som referens, justering utförs genom att man lossar de bultar som fäster fjäderbenet vid navet och ändrar på navets läge.

Kapitel 11
Kaross och detaljer

Innehåll

Svårighetsgrader

Enkelt, passar novisen med lite erfarenhet	**Ganska enkelt,** passar nybörjaren med viss erfarenhet	**Ganska svårt**, passar kompetent hemma-mekaniker	**Svårt**, passar hemmamekaniker med erfarenhet	**Mycket svårt**, för professionell mekaniker

Specifikationer

Åtdragningsmoment

	Nm
Bagagelucka (sedan):	
Låsbult	7
Låscylinderhus	7
Låsplattans skruv	7
Baklucka (kombi):	
Lås och låsplatta, skruvar	23
Låscylinderns hus	7
Kulklack, stödfjäder	20
Stödfjäderns infästning, bultar	7
Bakre säkerhetsbältesfästet, muttrar/bultar	23
Barnsäte, bultar	80
Bult, säkerhetsbältets rulle	40
Dörrhandtag, skruv	7
Dörrlås, skruvar	20
Dörrlåsplatta, stift	50
Dörrstoppband, bultar	7
Dörrstoppbandets gångjärn	7
Fönsterhiss, bultar	7
Gångjärnsbultar, dörr	55
Låshållare/frontpanel, bultar	5
Säkerhetsbälte, ankarbultar	40
Säkerhetsbälteslåsets stjälk, bult	60
Säkerhetsbältets främre glidplatta till stolsram, bult	20
Säkerhetsbältets höjdjustering, bult	23
Stötfångare, bultar	82
Stötfångarens spolarmunstycken, muttrar	14
Stötfångarfäste, bultar	23

1 Allmän beskrivning

Två karosstyper förekommer – fyrdörrars sedan och femdörrars kombi. Karossen är utförd i stål och inkluderar deformationszoner fram och bak med en säkerhetscell runt passagerarutrymmet.

Vid tillverkningen beläggs underredet med en skyddande massa och som extra rostskydd är vissa av de mer utsatta panelerna galvaniserade. Stötfångare och innerskärmar är av plast för hög livslängd och stor styrka.

2 Underhåll – kaross och underrede

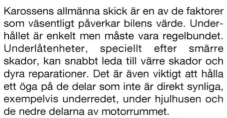

Karossens allmänna skick är en av de faktorer som väsentligt påverkar bilens värde. Underhållet är enkelt men måste vara regelbundet. Underlåtenheter, speciellt efter smärre skador, kan snabbt leda till värre skador och dyra reparationer. Det är även viktigt att hålla ett öga på de delar som inte är direkt synliga, exempelvis underredet, under hjulhusen och de nedre delarna av motorrummet.

Det grundläggande underhållet av karossen är tvättning – helst med stora mängder vatten från en slang. Det är väsentligt att spola bort smutsen på ett sätt som förhindrar att lacken skadas. Hjulhus och underrede kräver tvätt på samma sätt, så att ansamlad lera tas bort. Leran binder fukt och uppmuntrar rostangrepp. Paradoxalt nog är den bästa tidpunkten för tvätt av underrede och hjulhus när det regnar eftersom leran då är blöt och mjuk. Vid körning i mycket våt väderlek spolas vanligen underredet av automatiskt vilket ger ett tillfälle för inspektion.

Periodvis, med undantag för bilar med vaxade underreden, är det en god idé att rengöra hela undersidan med ångtvätt, inklusive motorrummet, så att en grundlig inspektion kan utföras för att se efter vilka småreparationer som behövs. Ångtvätt finns på många bensinstationer och verkstäder och behövs för att ta bort ansamlingar av

2.4 Kontrollera att dräneringshålen är öppna

oljeblandad smuts som ibland kan bli tjock i vissa utrymmen. Om ångtvätt inte finns tillgänglig finns det ett par utmärkta avfettningsmedel som kan strykas på med borste så att smutsen sedan kan spolas bort. Kom ihåg att dessa metoder inte ska användas på bilar med vaxade underreden, eftersom de tar bort vaxet. Bilar med vaxade underreden ska inspekteras årligen, helst på senhösten. Underredet tvättas då av så att skador i vaxbestrykningen kan hittas och åtgärdas. Det bästa är att lägga på ett helt nytt lager vax före varje vinter. Det är även värt att överväga att spruta in vaxbaserat skydd i dörrpaneler, trösklar, balkar och liknande som ett extra rostskydd där tillverkaren inte redan åtgärdat den saken.

Efter det att lacken tvättats, torka av den med sämskskinn så att den får en fin yta. Ett lager med genomskinligt skyddsvax ger förbättrat skydd mot kemiska föroreningar i luften. Om lacken mattats eller oxiderats kan ett kombinerat tvätt och polermedel återställa glansen. Detta kräver lite arbete, men sådan mattning orsakas vanligen av slarv med regelbundenheten i tvättning. Metallic-lacker kräver extra försiktighet och speciella slipmedelsfria rengörings-/polermedel krävs för att inte skada ytan. Kontrollera alltid att dräneringshål och rör i dörrar och ventilation är öppna så att vatten kan rinna ut **(se bild)**. Kromade ytor ska behandlas som lackerade. Glasytor ska hållas fria från smutshinnor med hjälp av glastvättmedel. Vax eller andra medel för polering av lack eller krom ska inte användas på glas.

3 Underhåll – klädsel och mattor

Mattorna ska borstas eller dammsugas med jämna mellanrum så att de hålls rena. Om de är svårt nedsmutsade kan de tas ut ur bilen och skrubbas. Se i så fall till att de är helt torra innan de läggs tillbaka i bilen. Säten och klädselpaneler kan torkas rena med fuktig trasa och speciella rengöringsmedel. Om de smutsas ned (vilket ofta kan vara mer synligt i ljusa inredningar) kan lite flytande tvättmedel och en mjuk nagelborste användas till att skrubba ut smutsen ur materialet. Glöm inte takets insida, håll det rent på samma sätt som klädseln. När flytande rengöringsmedel används inne i en bil får de tvättade ytorna inte överfuktas. För mycket fukt kan komma in i sömmar och stoppning och där framkalla fläckar, störande lukter och till och med röta. Om insidan av bilen blir mycket blöt är det mödan värt att torka ur den ordentlig, speciellt då mattorna. *Lämna inte olje- eller eldrivna värmare i bilen för detta ändamål.*

4 Mindre karosskador – reparation

Reparation av mindre skråmor i karossen

Om en skråma är mycket ytlig och inte trängt ned till karossmetallen är reparationen mycket enkel att utföra. Gnugga det skadade området helt lätt med lackrenoveringsmedel eller en mycket finkornig slippasta så att lös lack tas bort från skråman och det omgivande området befrias från vax. Skölj med rent vatten.

Lägg på bättringslack på skråman med en fin pensel. Lägg på i många tunna lager till dess att ytan i skråman är i jämnhöjd med den omgivande lacken. Låt den nya lacken härda i minst två veckor och jämna sedan ut den mot omgivande lack genom att gnugga hela området kring skråman med lackrenoveringsmedel eller en mycket finkornig slippasta. Avsluta med en vaxpolering.

I de fall en skråma gått ned till karossmetallen och denna börjat rosta krävs en annan teknik. Ta bort lös rost från botten av skråman med ett vasst föremål och lägg sedan på rostskyddsfärg så att framtida rostbildning förhindras. Fyll sedan upp skråman med spackelmassa och en spackel av gummi eller nylon. Vid behov kan spacklet tunnas ut med thinner så att det blir mycket tunt vilket är idealiskt för smala skråmor. Innan spacklet härdar, linda ett stycke mjuk bomullstrasa runt en fingertopp. Doppa fingret i thinner och stryk snabbt över spackelytan i skråman Detta gör att små hål bildas i spackelmassans yta. Lacka sedan över skråman enligt tidigare anvisningar.

Reparation av bucklor i karossen

När en djup buckla uppstått i bilens kaross blir den första uppgiften att räta ut bucklan såpass att den i det närmaste återtar ursprungsformen. Det finns ingen anledning att försöka återställa formen helt eftersom metallen i det skadade området sträckt sig vid skadans uppkomst och aldrig helt kommer att återta sin gamla form. Det är bättre att försöka ta bucklans nivå upp till ca 3 mm under den omgivande karossens nivå. I de fall bucklan är mycket grund är det inte värt besväret att räta ut den. Om undersidan av bucklan är åtkomlig kan den knackas ut med en träklubba eller plasthammare. När detta görs ska mothåll användas på plåtens utsida så att inte större delar knackas ut.

Skulle bucklan finnas i en del av karossen som har dubbel plåt eller om den av någon annan anledning är oåtkomlig från insidan krävs en annan teknik. Borra ett flertal hål genom metallen i bucklan – speciellt i djupare delarna. Skruva sedan in långa plåtskruvar precis så långt att de får ett fast grepp i metallen. Dra sedan ut bucklan genom att dra i skruvskallarna med en tång.

Nästa steg är att ta bort lacken från det skadade området och ca 3 cm av den omgivande friska plåten. Detta görs enklast med stålborste eller slipskiva monterad på borrmaskin, men kan även göras för hand med slippapper. Fullborda underarbetet genom att repa den nakna plåten med en skruvmejsel eller filspets, eller genom att borra små hål i det område som ska spacklas, så att spacklet fäster bättre.

Fullborda arbetet enligt anvisningarna för spackling och lackering.

Reparation av rosthål och revor i karossen

Ta bort lacken från det drabbade området och ca 30 mm av den omgivande friska plåten med en sliptrissa eller stålborste monterad i en borrmaskin. Om detta inte finns tillgängligt kan ett antal ark slippapper göra jobbet lika effektivt. När lacken är borttagen kan du mer exakt uppskatta rostskadans omfattning och därmed avgöra om hela panelen (där möjligt) ska bytas ut eller om rostskadan ska repareras. Nya plåtdelar är inte så dyra som de flesta tror och det är ofta snabbare och ger bättre resultat med plåtbyte än om man försöker reparera större rostskador.

Ta bort all dekor från det drabbade området, utom den som styr den ursprungliga formen av det drabbade området, exempelvis lyktsarger. Ta sedan bort lös eller rostig metall med plåtsax eller bågfil. Knacka kanterna något inåt så att du får en grop för spacklingsmassan.

Borsta av det drabbade området med en stålborste så att rostdamm tas bort från ytan av kvarvarande metall. Måla det drabbade området med rostskyddsfärg, om möjligt även på baksidan.

Innan spacklingen kan ske måste hålet blockeras på något sätt. Detta kan göras med nät av plast eller aluminium eller med aluminiumtejp.

Nät av plast eller aluminium eller glasfiberväv är i regel det bästa materialet för ett stort hål. Skär ut en bit som är ungefär lika stor som det hål som ska fyllas, placera det i hålet så att kanterna är under nivån för den omgivande plåten. Ett antal klickar spackelmassa runt hålet fäster materialet.

Aluminiumtejp kan användas till små eller mycket smala hål. Dra av en bit från rullen och klipp den till ungefärlig storlek och dra bort täckpappret (om sådant finns) och fäst tejpen över hålet. Flera remsor kan läggas bredvid varandra om bredden på en inte räcker till. Tryck ned tejpkanterna med ett skruvmejselhandtag eller liknande så att tejpen fäster ordentligt på metallen.

Karossreparationer – spackling och lackering

Innan du följer anvisningarna i detta avsnitt, läs de föregående om reparationer.

Många typer av spackelmassa förekommer.

Generellt sett är de som består av grundmassa och härdare bäst vid denna typ av reparationer. Vissa av dem kan användas direkt från förpackningen. En bred och följsam spackel av nylon eller gummi är ett ovärderligt verktyg för att skapa en väl formad spackling med fin yta.

Blanda lite massa och härdare på en skiva av exempelvis kartong eller masonit. Följ tillverkarens instruktioner och mät härdaren noga, i annat fall härdar spacklingen för snabbt eller för långsamt. Bred ut massan på det förberedda området med spackeln, dra spackeln över massan så att rätt form och en jämn yta uppstår. Så snart en någorlunda korrekt form finns bör du inte arbeta mer med massan. Om du håller på för länge blir massan kletig och börjar fastna på spackeln. Fortsätt lägga på tunna lager med ca 20 minuters mellanrum till dess att massan är något högre än den omgivande plåten.

När massan härdat kan överskottet tas bort med hyvel eller fil och sedan slipas ned med gradvis finare papper. Börja med nr 40 och avsluta med nr 400 våt- och torrpapper. Linda alltid papperet runt en slipkloss, i annat fall blir inte den slipade ytan plan. Vid slutpoleringen med torr- och våtpapper ska detta då och då sköljas med vatten. Detta skapar en mycket slät yta på massan i slutskedet.

I detta läge bör bucklan vara omgiven av en ring med en rand med plåt som i sin tur omges av en lätt ruggad kant av frisk lack. Skölj av reparationsområdet med rent vatten till dess att allt slipdamm försvunnit.

Spruta ett tunt lager grundfärg på hela reparationsområdet. Detta avslöjar mindre ytfel i spacklingen. Laga dessa med ny spackelmassa eller filler och slipa av ytan igen. Massa kan tunnas ut med thinner så att den blir mer lämpad för riktigt små gropar. Upprepa denna sprutning och reparation till dess att du är nöjd med spackelytan och den ruggade lacken. Rengör reparationsytan med rent vatten och låt den torka helt.

Reparationsytan är nu klar för lackering. Färgsprutning måste utföras i ett varmt, torrt, drag- och dammfritt utrymme. Detta kan skapas inomhus om du har tillgång till ett större arbetsområde, men om du är tvungen att arbeta utomhus måste du vara noga med valet av dag. Om du arbetar inne kan du spola av golvet med vatten eftersom detta binder damm som annars skulle vara i luften. Om reparationsytan är begränsad till en panel ska de omgivande panelerna maskas av. Detta minskar effekten av en mindre missanpassning mellan färgerna. Dekorer och detaljer (kromlister, handtag med mera) ska även de maskas av. Använd riktig maskeringstejp och flera lager tidningspapper till detta.

Innan du börjar spruta, skaka burken ordentligt. och spruta på en provbit, exempelvis konservburk, till dess att du behärskar tekniken. Täck sedan arbetsytan med ett tjockt lager grundfärg, uppbyggt av flera tunna skikt. Polera sedan grundfärgsytan

med nr 400 våt- och torrpapper, till dess att den är slät. Medan detta utförs ska ytan hållas våt och pappret ska periodvis sköljas i vatten. Låt torka innan mer färg läggs på.

Spruta på färglagret och bygg upp tjocklek med flera tunna lager färg. Börja spruta i mitten och arbeta utåt med enstaka sidledes rörelser till dess att hela reparationsytan och ca 50 mm av den omgivande lackeringen täckts. Ta bort maskeringen 10 – 15 minuter efter det sista färglagret sprutats på.

Låt den nya lacken härda i minst två veckor innan en lackrenoverare eller mycket fin slippasta används till att jämna ut den nya lackens kanter mot den gamla. Avsluta med vax.

Plastdelar

Med den ökade användningen av plast i karossdelar, exempelvis stötfångare, spoilers, kjolar och i vissa fall större paneler, blir reparationer av allvarligare slag på sådana delar ofta en fråga om att överlämna dessa till specialister eller byte av delen i fråga. Gör-det-själv reparationer av sådana skador är inte rimliga på grund av kostnaden för den specialutrustning och de speciella material som krävs. Principen för dessa reparationer är dock att en skåra tas upp längs med skadan med en roterande rasp i en borrmaskin. Den skadade delen svetsas sedan ihop med en varmluftspistol och en plaststav i skåran. Plastöverskott tas bort och ytan slipas ned. Det är viktigt att rätt typ av plastlod används – plasttypen i karossdelar kan variera, exempelvis PCB, ABS eller PPP.

Mindre allvarliga skador (skrapningar, små sprickor) kan lagas av hemmamekaniker med en tvåkomponents epoxymassa. Den blandas i lika delar och används på liknande sätt som spackelmassa på plåt. Epoxyn härdar i regel inom 30 minuter och kan sedan slipas och målas.

Om ägaren byter en komplett del själv eller har reparerat med epoxymassa dyker problemet med målning upp. Svårigheten är att hitta en färg som är kompatibel med den plast som används. En gång i tiden kunde inte någon universalfärg användas på grund av det breda utbudet av plaster i karossdelar. Generellt sett fastnar inte standardfärger på plast och gummi. Numera finns det dock satser för plastlackering att köpa. Dessa består i princip av förprimer, grundfärg och färglager. Kompletta instruktioner finns i satserna men grundmetoden är att först lägga på förprimern på aktuell del och låta den torka i 30 minuter innan grundfärgen läggs på. Denna ska torka ca en timme innan det speciella färglagret läggs på. Resultatet blir en korrekt färgad del där lacken kan flexa med materialet. Det senare är en egenskap som standardfärger vanligtvis saknar.

7.2 Motorhuvens gångjärnsbultar. Lägg märke till nedre bultens jordledning

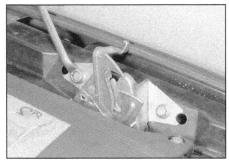

8.2a Skruva ur bultarna . . .

5 Större karosskador – reparation

Större krock- eller rostskador som kräver byte och insvetsning av större paneler ska endast repareras av en VAG-verkstad eller annan kompetent specialist. Om det är frågan om en allvarlig krockskada krävs uppriktningsriggar för att utföra sådana arbeten med framgång. Förvridna delar kan även orsaka stora belastningar på komponenter i styrning och fjädring och möjligen kraftöverföringen med åtföljande slitage och förtida haveri, i synnerhet då däcken.

6 Dörrskrammel – undersökning och åtgärder

1 Kontrollera först att dörren inte är lös vid gångjärnen och att låset håller dörren på plats. Kontrollera även att dörren är uppriktad mot karossöppningen. Om dörren inte är korrekt uppriktad, justera den enligt beskrivning i avsnitt 23.
2 Om låset håller dörren i rätt läge men fortfarande skallrar är låset slitet och måste bytas.
3 Annat skrammel från dörren kan orsakas av slitage i fönsterhissen, inre låsmekanismen eller lösa glasrännor.

7 Motorhuv – demontering, montering och justering

Demontering

1 Stötta huven i öppet läge och placera kartong eller trasor under hörnen vid gångjärnen.
2 Märk ut gångjärnsplaceringen med blyerts och lossa de fyra bultarna **(se bild)**.
3 Lossa vindrutespolarslangarna från munstyckena på huven.
4 Ta hjälp av någon, lossat staget, skruva ur bultarna och lyft av huven.

Montering och justering

5 Montering sker i omvänd arbetsordning. För gångjärnen till sina markerade lägen och kontrollera att huven är i nivå med resten av karossen. Vid behov kan huvens framkant höjdregleras med gummikuddarna som skruvas in eller ut.
6 Kontrollera att huvlåset fungerar tillfredsställande.

8 Motorhuvlås och vajer – demontering och montering

Demontering

1 Lyft och stötta motorhuven.
2 Skruva ur låshållarskruvarna och lyft ut låset från främre panelen. Vänd på låset och lossa vajern från det **(se bilder)**.
3 Ta bort vajern genom att skruva ur skruvarna och lossa handtaget i kupén. Lossa vajern från handtaget **(se bild)**.
4 Bind fast en passande längd starkt snöre i vajern vid handtagsänden och dra försiktigt ut vajern genom torpedplåten till motorrummet. Lossa snöret från vajern och lämna snörändarna på var sida om torpedplåten. Lossa vajern från clipsen i motorrummet och lyft ut den.

Montering

5 Montering sker i omvänd arbetsordning. Bind fast vajeränden i snöret i motorrummet, dra försiktigt vajern fram till handtaget och lossa snöret.
6 Kontrollera att vajern är korrekt dragen när den ansluts i motorrummet. Se till att vajern och låset fungerar korrekt innan motorhuven stängs. Kontrollera att huven låser ordentligt när den stängs och att säkerhetsspärren släpper.

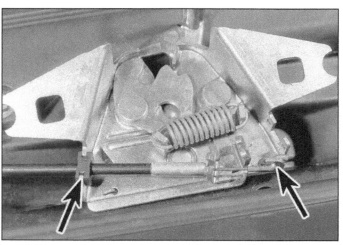

8.2b . . . och avlägsna huvlåset. Vänd på det för att lossa huvlåsvajern på anvisade platser (vid pilarna)

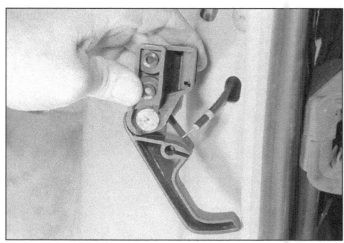

8.3 Huvlåshandtag och vajer

9 Stötfångare – demontering och montering

Främre stötfångare

Demontering

Observera: *Under inga som helst omständigheter ska bilen köras om främre stötfångare och stötfångarfästen inte är ordentligt fästa – främre tvärbalken, som stöttar motorn, är då inte korrekt fastsatt.*

1 Skruva ur de skruvar som fäster nedre luftintagsgrillen **(se bilder)**. Lossa klackarna, vrid grillen nedåt och lyft ut den.
2 Dra ur de fästen som låser innerskärmarna vid stötfångaren på var sida.
3 Om det finns dimljus på stötfångaren, dra ur kontakten på vardera lampans baksida, se kapitel 12 vid behov. På senare modeller med stötfångarmonterade blinkers, se kapitel 12 och dra ur kontakterna.
4 Skruva loss stötfångarbultarna **(se bild)**. Under inga som helst omständigheter ska den bakersta bulten som fäster motortvärbalken till karossen skruvas ur. När bultarna på var sida är urskruvade, dra försiktigt av stötfångaren rakt ut. Om strålkastarspolare är monterade, dra ut stötfångaren så mycket att slangarna kan lossas innan den lyfts av helt.

Montering

5 Montering sker i omvänd arbetsordning. Dra stötfångarbultarna till angivet moment. Avsluta med att kontrollera funktionen för spolare och/eller dimljus.

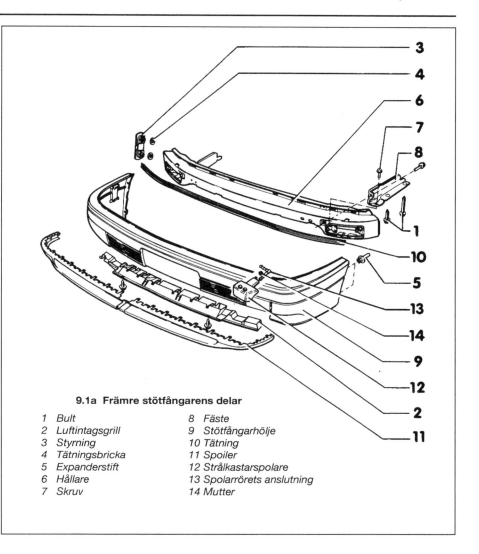

9.1a Främre stötfångarens delar

1 Bult	8 Fäste
2 Luftintagsgrill	9 Stötfångarhölje
3 Styrning	10 Tätning
4 Tätningsbricka	11 Spoiler
5 Expanderstift	12 Strålkastarspolare
6 Hållare	13 Spolarrörets anslutning
7 Skruv	14 Mutter

9.1b Skruva ur en av nedre luftintagsgrillens skruvar

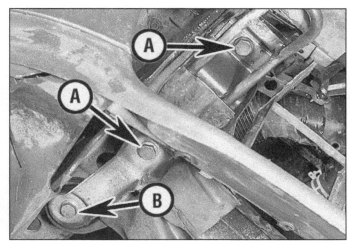

9.4 Främre stötfångarens bultar (A) – skruva INTE ur bult (B)

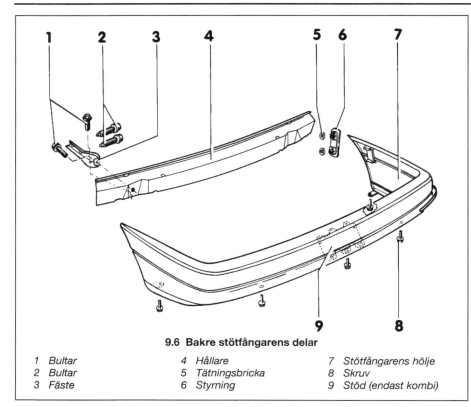

9.6 Bakre stötfångarens delar

1 Bultar	4 Hållare	7 Stötfångarens hölje
2 Bultar	5 Tätningsbricka	8 Skruv
3 Fäste	6 Styrning	9 Stöd (endast kombi)

9.7 Bakre stötfångarens bultar

Bakre stötfångare

Demontering

6 Arbeta under bilen och skruva ur de fem skruvarna mellan stötfångaren och underredet **(se bild)**.

7 I bagageutrymmet, fäll tillbaka golvklädseln och skruva ur de två bultarna på var sida **(se bild)**. Lyft av stötfångaren.

10.6 Bultar mellan låshållarpanelen och innerskärmen

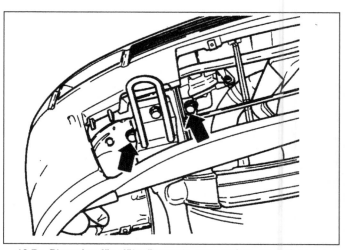

10.7a Placering för självgängande skruvar (vid pilarna) under främre tvärbalken

Montering

8 Montering sker i omvänd arbetsordning. Skruva fast alla bultar och skruvar löst innan de dras åt. Dra bultarna till angivet moment.

10 Låshållare/främre panel – demontering och montering

Demontering

Tidiga modeller

1 Lossa batteriets jordledning.

Observera: *Om bilen har en ljudanläggning med stöldskyddskod, kontrollera att du har koden uppskriven innan batteriet kopplas ur. Rådfråga en VAG-verkstad om du är osäker.*

2 Skruva ur bultarna och lossa huvlåset från panelen. För låset (med ansluten vajer) åt sidan.

3 Öppna i tillämpliga fall clipsen och lossa servostyrningens oljebehållare från panelen och lyft undan den.

4 Lossa luftintagsgrillen från främre stötfångaren enligt beskrivning i avsnitt 9.

5 Se kapitel 12 vid behov och dra ur kontakterna från strålkastarna. På senare modeller ska grillen och strålkastarna demonteras (kapitel 11 och 12).

6 Skruva ur de två bultar på var sida som fäster panelen vid innerskärmarna **(se bild)**.

7 Skruva ur de självgängande skruvarna på panelens undersida **(se bilder)**.

8 Skruva ur bultarna på var sida undertill och lyft ut panelen.

Montering

9 Montering sker i omvänd arbetsordning. Avsluta med att kontrollera funktionen för strålkastare, huvlås och säkerhetsspärr. Kontrollera strålkastarinställningen (kapitel 12).

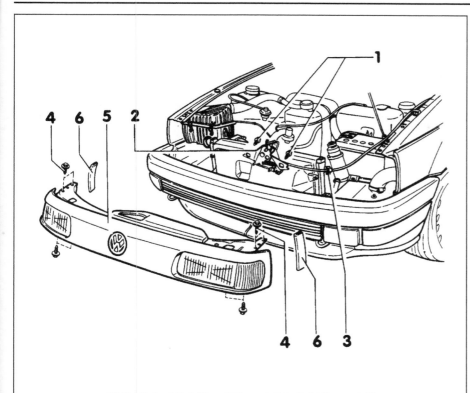

10.7b Delar i låshållare/främre tvärbalk (tidig modell)

1 Självlåsande bultar
2 Lås
3 Clips
4 Självgängande skruv
5 Låshållare/tvärbalk
6 Kantskyddsband

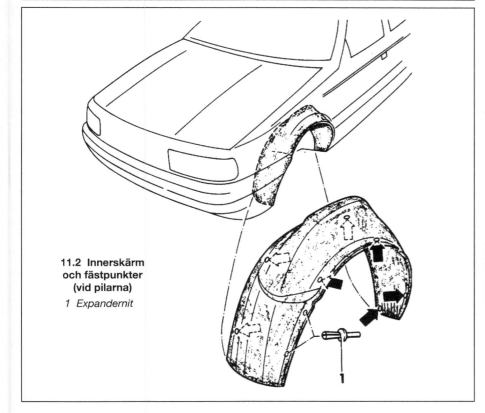

11.2 Innerskärm
och fästpunkter
(vid pilarna)

1 Expandernit

11 Främre innerskärmar – demontering och montering

Demontering

1 Dra åt handbromsen och klossa bakhjulen, lossa relevanta framhjulsbultar. Ställ framvagnen på pallbockar (se *"Lyftning och stödpunkter"*). Ta av relevant hjul.
2 Innerskärmen är fäst med plastnitar och skruvar på visade punkter **(se bild)**.
3 Nitarna kan vara av den typen som måste bändas ut, eller så kan de ha ett centrumstift som måste knackas ut först. Arbeta försiktigt oavsett typ, nitarna går lätt sönder och måste då bytas. Ta i förekommande fall reda på expanderstiften för återanvändning (de kan ramla ut när skärmen lyfts ut).
4 Skruva i tillämpliga fall ur skruvarna till innerskärmen.
5 Sänk ned innerskärmen och lirka ut den ur hjulhuset. Ta reda på expanderstiften vid behov.

Montering

6 Montering sker i omvänd arbetsordning. Byt fixturer som blev defekta vid demonteringen. När nitar med expanderstift monteras, placera niten i hålet och knacka in stiftet till dess att änden är i jämhöjd med nitskallen.

12 Bagagelucka – demontering och montering

Demontering

1 Lyft på luckan och dra ur kontakterna.
2 Märk gångjärnens placering på bagageluckan genom att rita runt dem med en mjuk penna.
3 Låt en medhjälpare stötta bagageluckan och skruva ur gångjärnsbultarna **(se bild)**, lyft av bagageluckan.

Montering

4 Montering sker i omvänd arbetsordning. Kontrollera att luckan är korrekt uppriktad, lossa vid behov gångjärnsbultarna, justera läget och dra bultarna igen.

12.3 Bagageluckans gångjärnsbultar

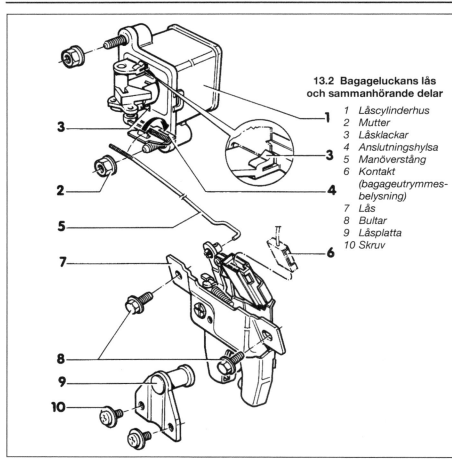

13.2 Bagageluckans lås
och sammanhörande delar

1 Låscylinderhus
2 Mutter
3 Låsklackar
4 Anslutningshylsa
5 Manöverstång
6 Kontakt
   (bagageutrymmes-
   belysning)
7 Lås
8 Bultar
9 Låsplatta
10 Skruv

13.3 Bagageluckans lås och bultar

13 Bagageluckans lås och låscylinder –
demontering och montering

1 Demontera i förekommande fall klädseln från bagageluckans insida.

Lås

Demontering

2 Haka av låsets manöverstång (se bild).
3 Märk låsets monteringsläge med en filtpenna och skruva ur bultarna (se bild), dra ut låset ur bagageluckan. Dra samtidigt ut kontakten till bagageutrymmets belysning från låset.

Montering

4 Montering sker i omvänd arbetsordning.

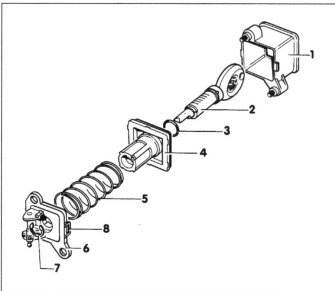

13.5a Bagageluckans låscylinder och delar –
ej centrallås

1 Cylinderhus (övre)
2 Låscylinder
3 Tätningsring
4 Tryckknapp
5 Tryckknappsfjäder
6 Cylinderhus (nedre)
7 Låsring
8 Hållare

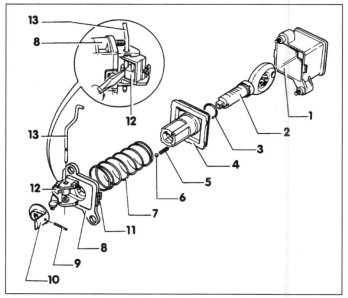

13.5b Bagageluckans låscylinder och delar –
centrallås

1 Cylinderhus (övre)
2 Låscylinder
3 Tätningsring
4 Tryckknapp
5 Fjäder
6 Kula
7 Tryckknappsfjäder
8 Cylinderhus (nedre)
9 Fjäderstift
10 Excenter
11 Hållare
12 Plasthylsa
13 Manöverstång

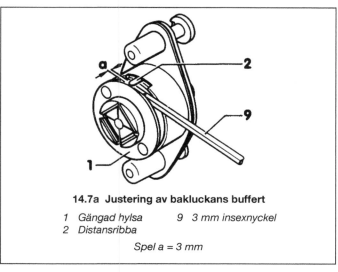

14.7a Justering av bakluckans buffert

1 Gängad hylsa   9 3 mm insexnyckel
2 Distansribba

Spel a = 3 mm

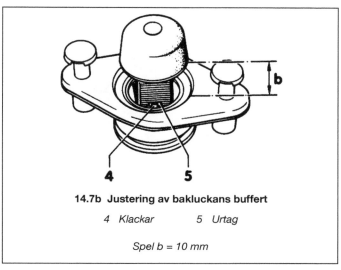

14.7b Justering av bakluckans buffert

4 Klackar   5 Urtag

Spel b = 10 mm

Låscylinder

Demontering

5 Om bilen har centrallås, lossa manöverstången genom att trycka lätt på plastsliden med en skruvmejsel i spåret, samtidigt som stången dras av från armen **(se bilder)**.
6 Tryck ihop låsklackarna och dra ut cylindern ur huset.
7 Om bilen inte har centrallås, dra ut låsringen från cylinderspåret och dra ut delarna.
8 På centrallåscylindern, fäst delarna med ett fjäderstift. Driv ut stiftet ur excentern och cylindern, stick in nyckeln i låset och dra ut låscylinderns delar.

Montering

9 Montering sker i omvänd arbetsordning efter typ. Montera och tryck ihop delarna så att låsringen eller fjäderstiftet kan säkra delarna.
10 När manöverstången monteras på en centrallåscylinder, stick in den så att den hakar fast i plastsliden.

14 Baklucka – demontering och montering

Demontering

1 Lyft och stötta bakluckan. Ta bort luckans klädsel.
2 Dra ur kontakterna, anteckna ledningsdragningen.
3 Märk gångjärnens läge på luckan med en filtpenna.
4 Ta hjälp av någon och stötta bakluckan, lossa stödfjädrarna genom att bända loss dem från kulklackarna (se avsnitt 15).
5 Skruva ur gångjärnsbultarna och lyft undan bakluckan från bilen.

Montering

6 Montering sker i omvänd arbetsordning. Kontrollera att bakluckan är korrekt uppriktad innan bultarna dras åt.
7 Om bakluckans buffertar måste justeras, bänd försiktigt ut expanderstiften och lossa buffertarna från bakluckan. Ta bort gummi-kudden och använd en 3 mm insexnyckel och vrid skruven till slidens ände, justera sedan gänghylsan så att den ger 3 mm spel som visat **(se bild)**. Distansen ska vara i kontakt med hylsan. Om en ny buffert monteras är detta spel redan inställt. Dra ut klammerstycket och tryck in det igen så att klackarna greppar i urtagen och spelet mellan huset och bufferten är som visat **(se bild)**. Montera bufferten och tryck in expanderstiftet.
8 Stäng bakluckan försiktigt och öppna den igen. Skruva till sist fast bufferten.

15 Bakluckans stödfjädrar – demontering och montering

Demontering

1 Öppna bakluckan och stötta den med en pinne (eller ta hjälp av någon).
2 Lossa stödfjäderns överdel från kulklacken genom att öppna clipset. Lyft, men demontera inte, nederändens clips för att lossa fogen **(se bilder)**.

15.2a Lossa clipset från stödfjäderns överdel . . .

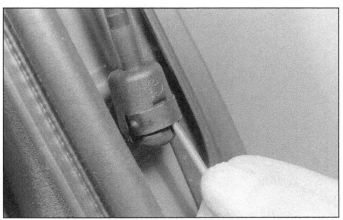

15.2b . . . och bänt ut nedre ledens clips för att lossa den i nedre änden

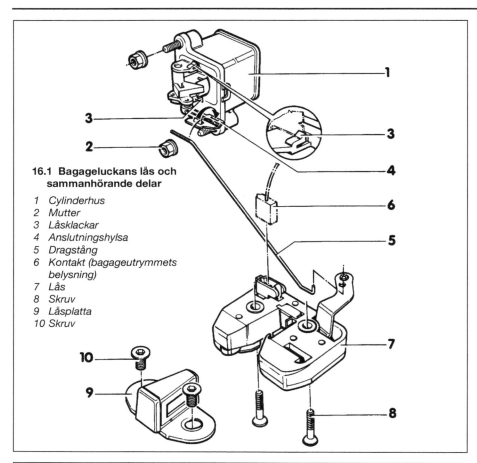

16.1 Bagageluckans lås och sammanhörande delar

1 Cylinderhus
2 Mutter
3 Låsklackar
4 Anslutningshylsa
5 Dragstång
6 Kontakt (bagageutrymmets belysning)
7 Lås
8 Skruv
9 Låsplatta
10 Skruv

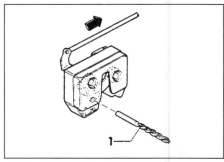

16.2 Inställning av bakluckans lås

För in en borr eller stång med 3,2 mm diameter i hålet
Dra manöverstången i pilens riktning

3 En defekt stödfjäder ska bytas, försök inte ta isär och reparera den.
4 Stödfjädrarna är gasfyllda, om en ska skrotas måste den först säkras – detta ska överlåtas åt en VAG-verkstad.

Montering

5 Montering sker i omvänd arbetsordning. Kontrollera att stödfjädern är i fast ingrepp med kulklackarna och avsluta med att testa bakluckans funktion.

16 Bakluckans lås och låscylinder – demontering och montering

1 Se avsnitt 13 och följ beskrivningen för bagageluckans lås och/eller cylinder. Låsets komponenter på en kombi är som visat **(se bild)**.
2 När låset monteras måste manöverstången ställas in enligt följande. För in en 3,2 mm borr eller stav i hålet i låshuset och dra manöverstången som visat **(se bild)**. Montera manöverstången på låscylindern och stäng bagageluckan. Dra ut borren/staven och kontrollera att låset fungerar tillfredsställande.

17 Dörrklädsel – demontering och montering

Tidiga modeller

1 Skruva ur dörrlåsknoppen från dörrens ovansida. Peta loss knoppens dekorplatta **(se bilder)**.

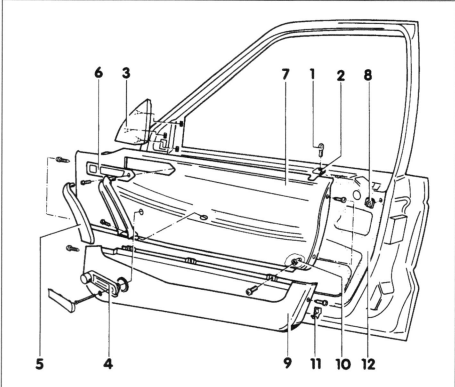

17.1a Framdörrsklädselns delar – tidig modell

1 Låsknopp	7 Dekorpanel
2 Dekorplatta	8 Clips
3 Dekorkåpa	9 Dörrficka
4 Fönstervev	10 Hylsmutter
5 Inre dörrhandtag	11 Fäste
6 Inre dörrlåsets dekorplatta	12 Isoleringsark

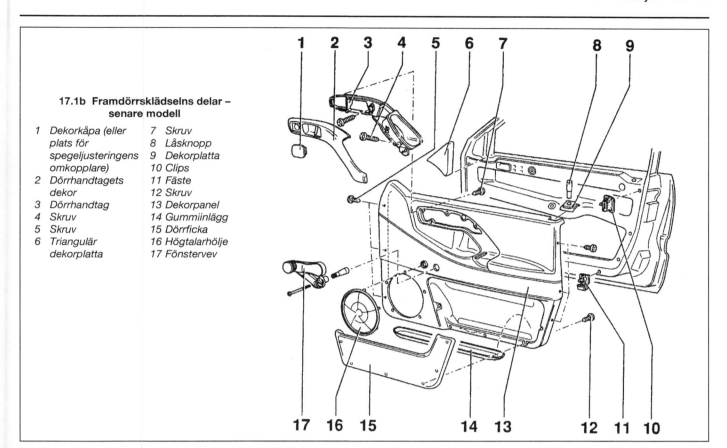

**17.1b Framdörrsklädselns delar –
senare modell**

1 Dekorkåpa (eller
   plats för
   spegeljusteringens
   omkopplare)
2 Dörrhandtagets
   dekor
3 Dörrhandtag
4 Skruv
5 Skruv
6 Triangulär
   dekorplatta

7 Skruv
8 Låsknopp
9 Dekorplatta
10 Clips
11 Fäste
12 Skruv
13 Dekorpanel
14 Gummiinlägg
15 Dörrficka
16 Högtalarhölje
17 Fönstervev

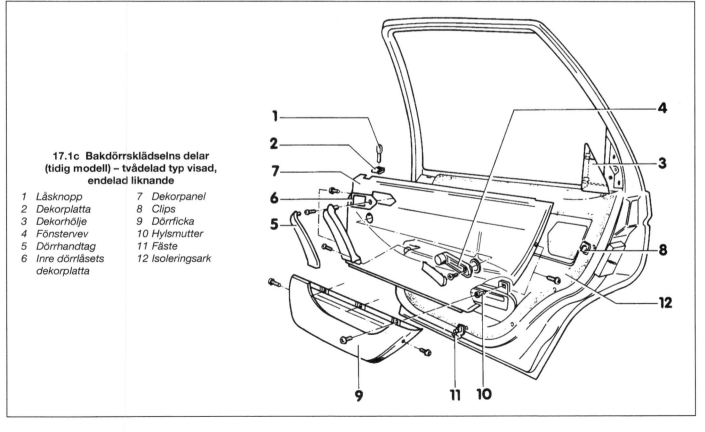

**17.1c Bakdörrsklädselns delar
(tidig modell) – tvådelad typ visad,
endelad liknande**

1 Låsknopp
2 Dekorplatta
3 Dekorhölje
4 Fönstervev
5 Dörrhandtag
6 Inre dörrlåsets
   dekorplatta

7 Dekorpanel
8 Clips
9 Dörrficka
10 Hylsmutter
11 Fäste
12 Isoleringsark

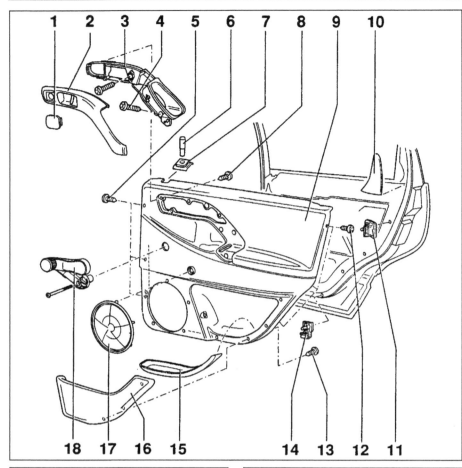

1 Dekorlock (eller plats för diskanthögtalare)	9 Dekorpanel
	10 Triangulär dekorplatta
2 Dörrhandtagets dekor	11 Clips
	12 Skruv
3 Dörrhandtag	13 Skruv
4 Skruv	14 Fäste
5 Skruv	15 Gummiinlägg
6 Låsknopp	16 Dörrficka
7 Dekorplatta	17 Högtalarhölje
8 Skruv	18 Fönstervev

2 Ta bort den triangulära plattan från ytterbackspegelns fäste eller bakre kanten på bakdörren efter tillämplighet **(se bilder)**.
3 Med manuell fönsterhiss, lossa dekoren från fönsterveven, skruva ur skruvarna och dra ut handtaget. Dra ut mellanhylsan **(se bilder)**.
4 Lossa dekoren från det inre dörrhandtaget, skruva ur skruvarna och lyft av handtaget **(se bilder)**.
5 Demontera dörrlåsets dekorplatta och lossa den från klädseln **(se bild)**. Skruva ur skruven och lossa ytterbackspegelns justering eller koppla ur elbackspegeln (efter tillämplighet). Om bilen har elektriska fönsterhissar, dra ur kontakterna.
6 Skruva loss huvudklädselns kantskruvar **(se bild)**, dra ut panelen från fönstertätningsspringan och lyft ut den från dörrfickan och ta ut den ur bilen.
7 Skruva loss skruvarna i var ände och lyft ut dörrfickan, om sådan finns **(se bilder)**. Dra om

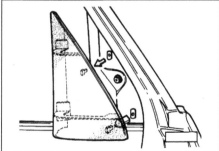

17.2a Demontering av bakdörrens triangulära dekorplatta – sedan

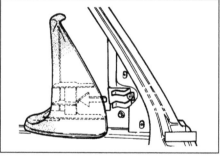

17.2b Demontering av bakdörrens triangulära dekorplatta – kombi

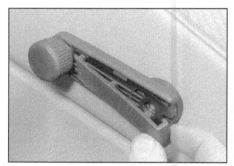

17.3a Peta av vevens dekor . . .

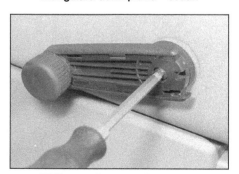

17.3b . . . skruva ur skruven . . .

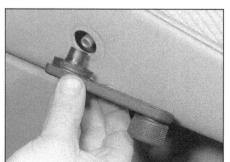

17.3c . . . dra ut fönsterveven . . .

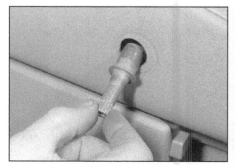

17.3d . . . och mellanhylsan

17.4a Lossa dekoren från dörrhandtaget

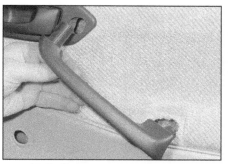

17.4b Demontera dörrhandtaget

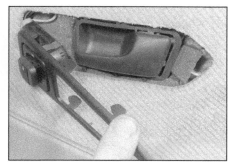

17.5 Demontera dörrlåsets dekorplatta

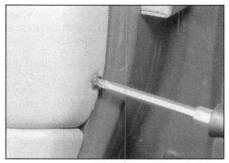

17.6 Skruva ur dekorpanelens kantskruv

17.7a Skruva ur skruvarna . . .

17.7b . . . och lyft ut dörrfickan

så är tillämpligt ur högtalarkontakterna.
8 Lossa isoleringsarket genom att driva ut expanderstiften ur clipsen och dra ut clipsen.

Dra loss dörrlåsets fjärrmanövrering och haka loss manöverstången **(se bilder)**. Skala försiktigt av isoleringsarket från dörren.

Senare modeller

9 Dra av spegeljusteringsknappen framför dörrlåshandtaget **(se bild)**. Om spegeljustering saknas, dra av kåpan från denna plats.
10 Bänd av ytterkåpan från dörrhandtaget och dra ur kontakterna från spegel- och hissomkopplarna efter tillämplighet **(se bild)**. Skruva ur skruvarna under kåpan.
11 Om bilen har manuella fönsterhissar, lossa handtagskåpan uppåt från basen och skruva ur den skruv som då visas. Ta reda på tandbrickan och dra av handtaget från splinesen, anteckna monteringsläget.
12 Bänd ut den triangulära biten från övre främre eller bakre panelkanten.
13 Skruva ur de tre skruvarna från främre och bakre panelkanterna **(se bild)**.

17.8a Driv igenom expanderstiftet för att lossa panelstödets clips

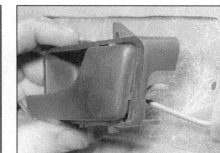

17.8b Demontera dörrlåsets fjärrmanövrering

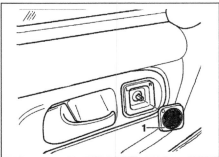

17.9 Spegeljusteringsknopp (1 – elektrisk typ visad) demonterad från dörren

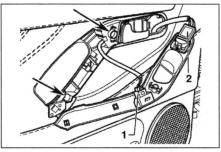

17.10 Dörrhandtagets klädsel avlägsnad visande kontakterna till fönsterhiss (1) och spegel (2). Placeringen för dörrhandtagets skruvar vid pilarna

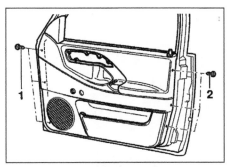

17.13 Skruva ur de tre skruvarna i främre (1) och bakre (2) panelkanterna

14 Lyft på klädselpanelen så att den lossnar från fönstrets styrränna och styr den över låsknoppen. Dra där så är tillämpligt ur kontakterna från högtalare och startspärrens varningslampa och lyft ut panelen ur bilen.

15 Se paragraf 8 och skala av isoleringsarket.

Montering

16 Montering sker i omvänd arbetsordning. Byt clips som gått sönder, kontrollera att ledningar är korrekt anslutna och dragna, fria från fönsterhiss och låskomponenter.

18 Centrallås –
allmänt

Se kapitel 12.

19 Dörrlås –
demontering och montering

Demontering

1 Stäng fönstret helt. Se avsnitt 17 och demontera dörrklädsel och isoleringsark. Lossa i förekommande fall kåpan över låsets fästskruvar.

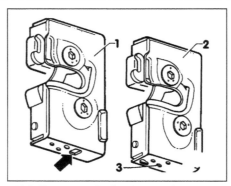

19.3 Typer av dörrlås visande låsarmens aktiveringshål

1 Tidig typ med stort hål (vid pilen)
2 Senare typ med litet hål (3)

2 Anteckna monteringsläget och demontera låsets anslutningsstång.

3 För in en lämplig 3 mm grov stav i tillämpligt åtkomsthål i botten på låset och för manöverarmen till låst läge. En av två låstyper förekommer, skillnaden är storleken på det åtkomsthål staven förs in i för att utlösa låsarmen **(se bild)**.

4 Skruva ur de två skruvarna och dra ut låset från dörren **(se bilder)**. Dra i förekommande fall ur centrallåskontakten.

Montering

5 Montering sker i omvänd arbetsordning. Kontrollera vid monteringen att dörrhandtagets fria rörelse är mellan 0,1 och 1,0 mm, mätt mellan dörrlåsarmen och justeringen. Vrid vid behov på justeringen.

20 Yttre dörrhandtag och
låscylinder –
demontering och montering

Demontering

1 Demontera dörrklädseln enligt beskrivning i avsnitt 17.

2 Dra inre låsfjärrmanövreringen åt sidan och lossa den från dörren, lossa sedan manöverstången från fjärrenheten. Skala försiktigt av isoleringsarket från dörren.

3 Skruva ur skruven i dörrens bakkant **(se bild)**.

Observera: På senare modeller är högra dörrhandtagets skruv **vänstergängad** (skruvas upp **medurs**).

4 Dra ur centrallåsets kontakt (om befintlig) och lossa ledningen från clipset.

5 Dra handtaget bakåt och lossa det från dörren. Dra ut handtaget, komplett med låscylindern **(se bilder)**.

19.4a Skruva ur skruvarna . . .

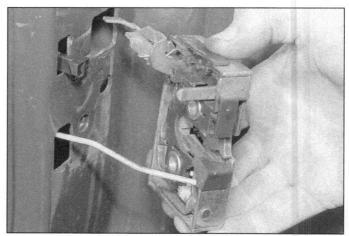

19.4b . . . och dra ur dörrlåset

20.3 Skruva ur skruven från dörrens bakkant

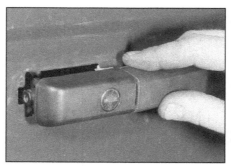

20.5a Dra handtaget bakåt . . .

20.5b . . . och lossa det från dörren

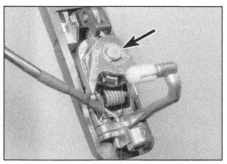

20.6 Dörrlåscylinderns låsring (vid pilen)

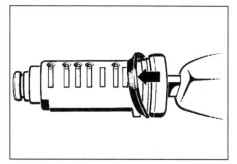

20.7a Tätningens placering på låscylindern innan monteringen

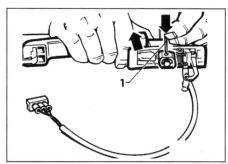

20.7b Fjädern och kulan förs in i låscylindern med en 2,5 mm grov stav (1)

20.8 Yttre dörrhandtag och låscylinder

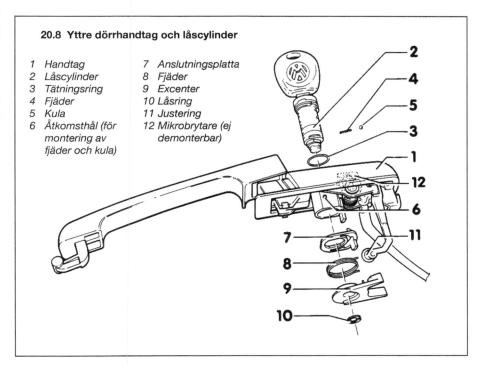

1	Handtag	7	Anslutningsplatta
2	Låscylinder	8	Fjäder
3	Tätningsring	9	Excenter
4	Fjäder	10	Låsring
5	Kula	11	Justering
6	Åtkomsthål (för	12	Mikrobrytare (ej
	montering av		demonterbar)
	fjäder och kula)		

6 Byt låscylinder genom att sticka in nyckeln i den och ta ut låsringen **(se bild)**, ta bort manöverarmen och fjädern. Vrid låscylindern 180° och dra ut den och låsplattan ur handtaget.

7 Montera den nya låscylindern genom att placera tätningen som visat **(se bild)**, något utanför sätet. Håll dörrhandtaget i läget "öppna" och tryck in låscylindern. Täck kulan med fett och för in den och fjädern, tryck

kulan på plats med en stav **(se bild)**. När cylindern sticks in till stoppet, vrid den 90° åt vänster.
8 Kulan ska vara synlig mellan cylindern och huset. Kontrollera att cylindern kan vridas 70° i vardera riktningen, montera anslutnings-plattan, excentern och fjädern. Tryck tillbaka fjäderändarna en aning och se till att fjädern är i kontakt med husets klackar. För in låsringen i spåret och kontrollera att den sätter sig där **(se bild)**. Testa låset och kontrollera att det återgår till det centrala läget.

Montering

9 Montering sker i omvänd arbetsordning. Kontrollera att handtagets spel är det som anges i paragraf 4 i föregående avsnitt.

21 Fönster och hiss –
demontering och montering

Demontering

1 Demontera dörrklädsel och isolering enligt beskrivning i avsnitt 17.
2 Sänk rutan så att hissen blir åtkomlig genom öppningen och skruva ur bultarna mellan ruta och hiss **(se bilder)**.
3 Luta ned rutan i framkanten och lyft ut den ur dörren **(se bild)**.

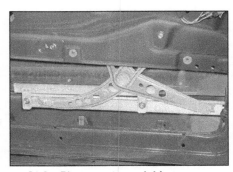

21.2a Placera rutan och hissen som visat . . .

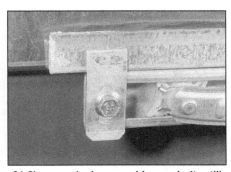

21.2b . . . och skruva ur hissens bultar till rutan

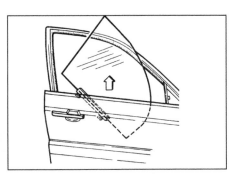

21.3 Urtagning av ruta från framdörr

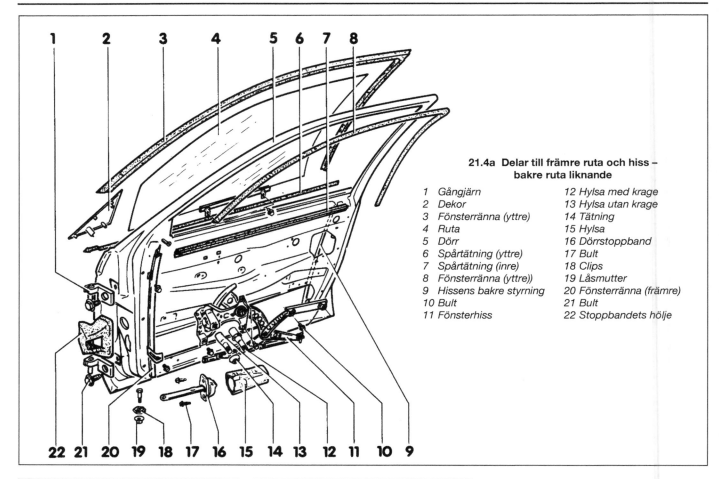

21.4a Delar till främre ruta och hiss – bakre ruta liknande

1 Gångjärn	12 Hylsa med krage
2 Dekor	13 Hylsa utan krage
3 Fönsterränna (yttre)	14 Tätning
4 Ruta	15 Hylsa
5 Dörr	16 Dörrstoppband
6 Spårtätning (yttre)	17 Bult
7 Spårtätning (inre)	18 Clips
8 Fönsterränna (yttre))	19 Låsmutter
9 Hissens bakre styrning	20 Fönsterränna (främre)
10 Bult	21 Bult
11 Fönsterhiss	22 Stoppbandets hölje

21.4b Placering för fönsterhissens bultar – framdörr

21.4c Placering för fönsterhissens bultar – bakdörr

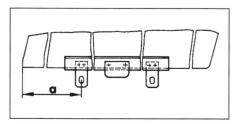

21.5a Placering för framrutans lyftskena

a = 303 mm

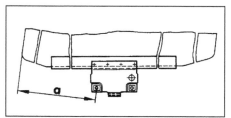

21.5b Placering för bakrutans lyftskena

a = 384 mm

4 Demontera hissen genom att skruva ur bultarna, höja hissen så att klackarna släpper och sedan dra ut den nedåt genom öppningen i dörren **(se bilder)**.

Montering

5 Montering sker i omvänd arbetsordning. När bultarna mellan rutan och hissen skruvas i, höj och sänk rutan hela vägen innan bultarna dras åt. Kontrollera att hissen är placerad som visat **(se bilder)**.

22 Elektriska fönsterhissar – allmän information och motorbyte

Allmän information

1 Elektriska fönsterhissar är monterade i vissa modeller. Med detta system kan fönstren bara höjas och sänkas med påslagen tändning.

2 Om ett fel uppstår, kontrollera först om kretsbrytaren är defekt. Placeringen av denna finns angiven i kopplingsscheman längst bak i boken.

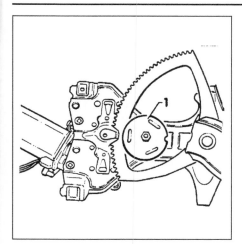

22.4 Excenterskiva till elektrisk fönsterhiss (1)

Motorbyte

3 Elmotorerna sitter anslutna till fönsterhissarna. Om en motor ska demonteras, se avsnitt 21 och demontera hissen från relevant dörr. Lossa batteriets jordledning, se anmärkningen i början av avsnitt 28.
4 Ta bort excenterskivan från hissen genom att skruva ur bulten (se bild).
5 Hissmotorn hålls på plats med tre Torx skruvar (se bild). Skruva ur skruvarna, sära motorn från hissen och dra ur kontakten.
6 Montering sker i omvänd arbetsordning.

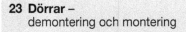

23 Dörrar –
demontering och montering

Demontering

1 På en bil med elkontakter i dörren (centrallås, elhissar/högtalarkablar etc), ta bort dörrklädsel och isolering enligt beskrivning i avsnitt 17. Lossa ledningarna från dörren, anteckna dragningen och märk kontakterna.
2 Skruva av muttern från pivåtappen, dra ut tappen och lossa dörrstoppbandet (se bild).

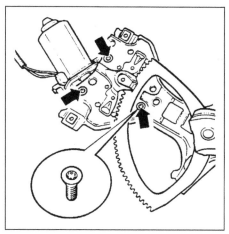

22.5 Hissmotor med Torx skruvar (vid pilarna)

3 Låt en medhjälpare stötta dörren, eller palla upp den med klossar. Om klossar används, se till att dörren stöttas ordentligt (den är tung och svårhanterlig) och klä klossarna med trasor så att dörren inte skadas. Skruva ur gångjärnsbultarna (se bild) och lyft av dörren från gångjärnen.
4 Rengör bultgängorna med stålborste och muttergängorna med en gängtapp och använd flytande gänglås när dörren monteras.

Montering

5 Montering sker i omvänd arbetsordning. Se till att förekommande ledningars dragning och anslutning blir korrekt.
6 Avsluta med att stänga dörren och kontrollera passningen. Såvida inte gångjärnen rubbats ska passningen vara korrekt. Kontrollera hur djupt klinkan går in i låset. Om justering krävs, ändra antalet brickor under blecket (se bild).

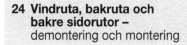

24 Vindruta, bakruta och bakre sidorutor –
demontering och montering

Vindruta, bakruta och de bakre sidorutorna är limmade på karossen. Demontering och

23.2 Dörrstoppband och pivåtapp

23.3 Skruva ur dörrgångjärnets bult (vid pilen)

montering kräver specialverktyg som hemmamekaniker vanligen inte har tillgång till. Detta arbete bör överlåtas till en VAG-verkstad eller bilglasmästare.

25 Taklucka –
allmänt

1 En skjutbar/lutbar taklucka finns på vissa modeller. Om luckan är korrekt monterad ska den i helt stängt läge vara i plan med, eller max 1,0 mm lägre än taket i framkant. Bakkanten ska vara i plan med eller max 1,0 mm högre än taket (se bild).
2 Demontering och montering samt justering av takluckan ska överlåtas till en VAG-verkstad eftersom specialverktyg krävs.

23.6 Framdörrens låsklinka (A) och innerbelysningskontakt (B)

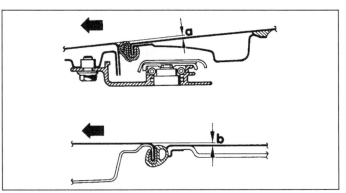

25.1 Takluckans höjdjustering fram (a) och bak (b), se texten för detaljer, pilen anger bilens front

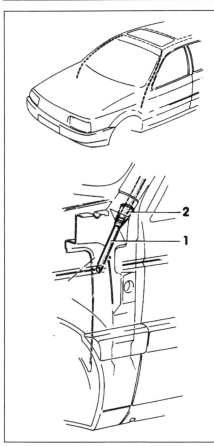

25.4 Takluckerännans hylsa (1) och
dräneringsrör (2) vid A-stolpens fot

26.2a ... för att komma åt spegelns
skruvar ...

26.2b ... och demontera yttre backspegel

3 Takluckans motor kan demonteras och
monteras enligt beskrivning i kapitel 12. Om
motorn havererar när luckan är öppen kan den
stängas manuellt. Gör det genom att
demontera innerbelysningen med panel från
taket så att takluckans motor blir åtkomlig (se
kapitel 12 för detaljer).
4 Om takluckans dräneringsslangar
blockeras kan de rensas med en vajer (en
hastighetsmätarvajer är idealisk). Rören på var
sida mynnar ut just under A-stolpen, bakom
innerskärmen (se bild). Rensa ur slangarna
med vajern, men se till att inte tappa vajern i
slangen!

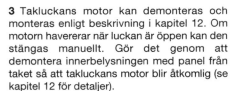

26 Yttre backspegel –
demontering och montering

Demontering

1 Ta loss den triangulära dekoren på dörrens
insida (se bild).
2 Skruva ur skruvarna och dra av spegeln
från dörren (se bilder).
3 Om spegeln ska demonteras helt, se avsnitt
17 och demontera dörrklädseln så att
spegeljusteringen, eller elspegelns kontakt
(efter tillämplighet) blir åtkomlig. Skruva ur
skruven eller dra ur kontakten och dra ut
manövervajrarna/elledningarna ur dörren.
4 Vid behov kan spegelglaset tas bort och
monteras genom att det lossas från clipsen,

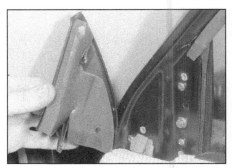

26.1 Lossa dekoren . . .

först upptill, sedan nertill (se bild). Använd en
bred kil av plast eller trä mellan glaset och
huset, var noga med att inte spräcka
spegelhuset.

⚠ **Varning: Bär handskar och
ögonskydd vid detta arbete,
speciellt om spegelglaset är
trasigt.**

5 Om ett nytt glas monteras, kontrollera att
det är av rätt typ. Glas och hus identifieras av
märkning på bakre respektive undre ytorna.
6 Montera glaset genom att trycka fast det,
se varningen ovan. Tryck försiktigt i mitten av
glaset till dess att det sitter fast ordentligt.

Montering

7 Montering sker i omvänd arbetsordning.
Kontrollera avslutningsvis spegeljusteringens
funktion.

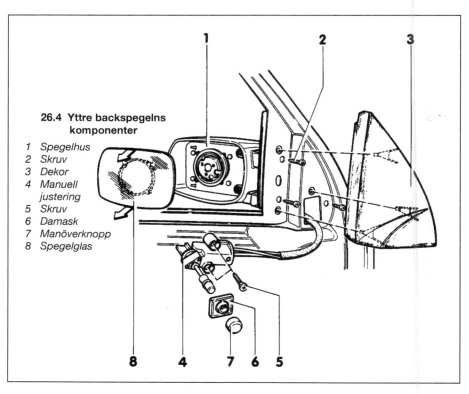

26.4 Yttre backspegelns
komponenter

1 Spegelhus
2 Skruv
3 Dekor
4 Manuell
justering
5 Skruv
6 Damask
7 Manöverknopp
8 Spegelglas

27.4 Konsolens bakre fästskruvar

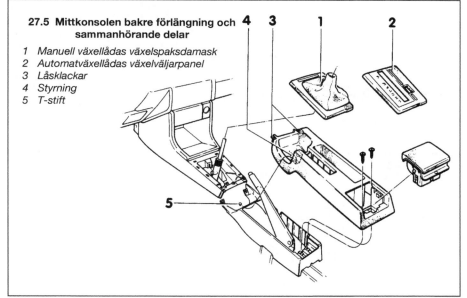

27.5 Mittkonsolen bakre förlängning och sammanhörande delar

1 Manuell växellådas växelspaksdamask
2 Automatväxellådas växelväljarpanel
3 Låsklackar
4 Styrning
5 T-stift

27 Mittkonsol –
demontering och montering

Demontering

1 Dra åt handbromsen, öppna låstungan i foten av handbromshandtaget och dra loss det. Ta bort klädseln från handbromsspaken.
2 På en bil med manuell växellåda skruvas växelspaksknoppen av. Med automatväxellåda måste låsskruven i änden på väljarspaken skruvas ur så att handtaget kan lossas. På automatväxellåda typ 096 har låsskruven flytande gänglås, vilket kan göra den svår att skruva ur. När den är urskruvad måste gängorna rengöras innan monteringen.
3 Lossa växelspaksdamasken (eller växelväljarpanelen) från konsolen och dra den uppåt.
4 Ta ut askkoppen från konsolens bakre ände och skruva ur de två skruvarna i nederdelen av askkoppens urtag **(se bild)**.

5 Demontera konsolens bakre förlängning genom att trycka ned spärrarna på framkanten och dra den bakåt och sedan upp och över handbromsen **(se bild)**. Dra ur kontakten till bakre askkoppens belysning när enheten lyft ut.
6 Skruva ur de två muttrarna baktill på konsolens främre del och en skruv på var sida i framkanten **(se bild)**. Dra konsolen något bakåt, dra ur kontakterna till främre askkoppens belysning och cigarettändaren och lyft sedan ut konsolen.

Montering

7 Montering sker i omvänd arbetsordning. När den främre sektionen sätts på plats,

kontrollera att de två styrklackarna framtill greppar i instrumentbrädan och att de två pinnbultarna är på plats under instrumentbrädan i bakre kanten innan muttrarna baktill skruvas åt.

28 Instrumentbräda och paneler
– demontering och montering

Demontering

1 Lossa batteriets jordledning.
Observera: Om bilen har en ljudanläggning med stöldskyddskod, kontrollera att du har koden uppskriven innan batteriet kopplas ur. Rådfråga en VAG-verkstad om du är osäker.
2 Demontera mittkonsolen enligt beskrivning i föregående avsnitt.
3 Se kapitel 12 och demontera instrumentpanelen och ljudanläggningen.
4 Skruva ur de tre skruvarna under överkanten och de nedre skruvarna på var sida och lyft av diversehyllan från passagerarsidan **(se bilder)**.

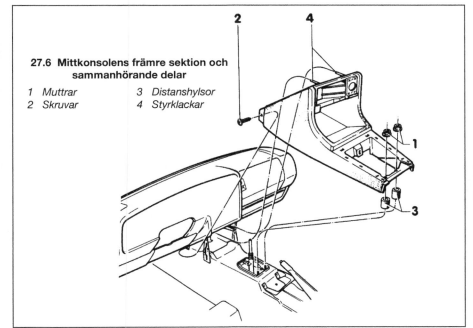

27.6 Mittkonsolens främre sektion och sammanhörande delar

1 Muttrar
2 Skruvar
3 Distanshylsor
4 Styrklackar

28.4a Nedre skruvar till passagerarsidans diversehylla

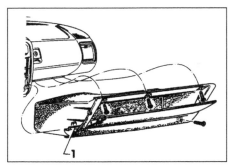

28.4b Passagerarsidans diversehylla och fästen. Var noga med att inte bryta stiften (1) – vänsterstyrd bil visad

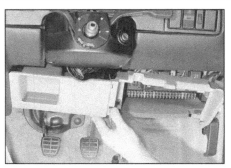

28.5a Demontering av förarsidans diversehylla/nedre instrumentbrädespanel

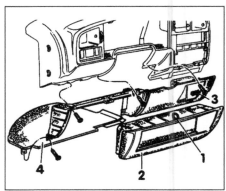

28.5b Förarsidans diversehylla/nedre instrumentbrädespanel och fästen – vänsterstyrd bil visad

1 Snabbfäste   3 Stift
2 Diversehylla   4 Hölje

28.6a Demontera värmereglagepanelens dekorplatta . . .

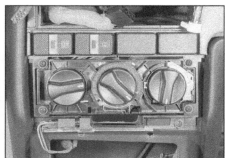

28.6b . . . så att skruvarna blir åtkomliga

5 Skruva ur skruvarna och demontera nedre instrumentbrädan/diversehyllan på förarsidan **(se bilder)**. Diversehyllans fästen öppnas genom att de vrids 90°.
6 Lossa dekoren från värmereglagepanelen, skruva ur de fyra skruvar som fäster reglage-

panelen vid instrumentbrädan **(se bilder)**. Dra reglagepanelen nedåt med vajrarna anslutna.
7 Om bilen har krockkudde på passagerarsidan, se kapitel 12 och demontera den.
8 Tillverkaren rekommenderar att rattstången lossas från övre fästet och sänks så att den är ur vägen. Eftersom detta innebär att man måste borra ur brytskallebultarna och montera nya vid ihopsättningen (se kapitel 10) lämnade vi rattstången på plats, men demonterade

ratten (se kapitel 10). Vi fann att det fortfarande var möjligt att demontera instrumentbrädan. Åtkomligheten för vissa delar kring rattstången är dock mer begränsad med denna metod.
9 Anteckna hur de olika kontakterna sitter och hur kabelhärvedragningarna går, lossa sedan ledningarna från kontakterna på instrumentbrädan. På plattan med reläer och säkringar ska endast det som är anslutet till instrumentpanelens kabelhärva lossas. Clipsen på instrumentpanelens kabelhärva ska inte öppnas.
10 Ta bort plastlocken på var sida om instrumentbrädespanelen och skruva ur skruvarna **(se bilder)**.
11 Öppna de clips som fäster instrumentbrädan vid luftintagshuset.

28.10a Lossa plastlocken . . .

28.10b . . . och skruva ur skruvarna i var ände

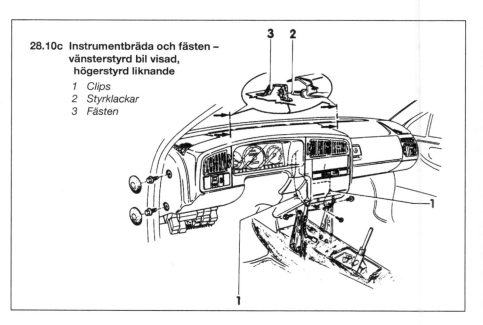

28.10c Instrumentbräda och fästen – vänsterstyrd bil visad, högerstyrd liknande

1 Clips
2 Styrklackar
3 Fästen

28.12 Lossa instrumentbrädans golvmonterade stödarmar

12 Instrumentbrädan ska nu hållas på plats av de golvmonterade stödarmarna. Ta hjälp av någon och skruva ur stödarmsbulten på ovansidan och den främre bulten på nedersidan **(se bild)**. Lossa den nedre bakre bulten och vrid armen bakåt från instrumentbrädan. Dra försiktigt ut instrumentbrädan, kontrollera att inget sitter kvar på den.

Montering

13 Montering sker i omvänd arbetsordning. Kontrollera kabeldragningarna innan instrumentbrädan förs på plats. Styr vid monteringen de två styrstiften i framkanten till ingrepp med hålen i fästena. Kontrollera att alla kontakter är anslutna. Om rattstången sänktes, sätt tillbaka den den enligt beskrivning i kapitel 10.

30.1 Inre backspegelns demontering och montering

29.2a Avlägsna ventilationsgrillen . . .

29 Handskfack – demontering och montering

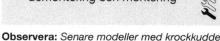

Observera: *Senare modeller med krockkudde på passagerarsidan saknar handskfack.*

Demontering

1 Töm handskfacket och diversehyllan.
2 Dra försiktigt ut luftutblåsets vridbara grill och skruva loss grillhuset från instrumentbrädan ovanför handskfacket **(se bilder)**.
3 Skruva ur de tre skruvarna **(se bild)** och dra tillbaka handskfacket något så att kontakten till belysningen kan dras ut. Ta sedan ut handskfacket.

Montering

4 Montering sker i omvänd arbetsordning.

30 Inre backspegel – demontering och montering

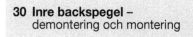

1 Vrid spegelns stödarm 15° till 20° och dra ut spegeln ur fästet **(se bild)**.
2 Montera spegeln genom att först vrida stödarmen till mellan 15° och 20° från vertikalt läge och sedan vrida så att låsfjädern greppar.
3 Om spegelns fästplatta lossnar, ta bort det gamla limmet och styrk på ett lim för glas och metall enligt limtillverkarens instruktioner och sätt fast plattan. Kontrollera att plattan är rättvänd så att stödarmen är vertikal när spegeln är monterad.

29.2b . . . skruva ur skruven och ta ut grillhuset

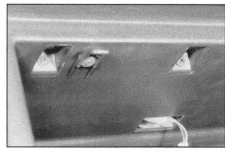

29.3 Handskfackets fästskruvar

31 Säten – demontering och montering

Framsäte

Demontering

1 Öppna clipsen och dra ut nackstödet från det säte som ska demonteras.
2 För sätet bakåt och skruva ur den kupolmutter som fäster mittskenan och sätet i framkanten. Dra ut bulten **(se bild)**.
3 För sätet hela vägen framåt, skruva ur sidoskenornas klädselskruvar på var sida. Dra undan klädseln bakåt från skenan. Det är även nödvändigt att dra ut den platta kilen från stoppklädseln på yttre skenan, så att stoppet och skenans klädsel kan tas bort **(se bilder)**.
4 Dra sätet bakåt, lossa det från skenorna och lyft ut det ur bilen **(se bild)**.

31.2 Framsätets främre fästbult

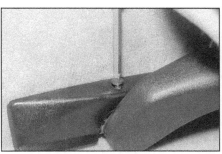

31.3a Skruva ur sidodekorens skruv (inre skena)

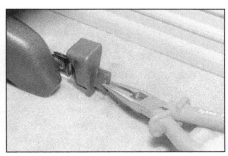

31.3b Dra ut kilen från stoppet på yttre skenan

31.4 Framsäte och fästen

1 Dekorremsa   3 Mutter
2 Stopp

Montering

5 Montering sker i omvänd arbetsordning.

Baksäte (ej justerbar typ)

Demontering

6 Fäll fram ryggstödet och skruva ur skruvarna på var sida **(se bild)**. Om delat ryggstöd finns, skruva även ur centrumbulten. Tryck ned ryggstödet i vinkel och lossa det från sitsens stöd.

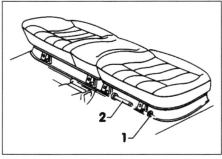

31.6 Ej justerbart baksäte visande låsring (1) och gångjärnssprintar (2)

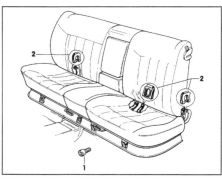

31.10 Justerbart baksäte visande skruv (1) och låsclips (2)

7 Ta bort sitsen genom att ta ut låsringarna och dra ut gångjärnssprintarna.

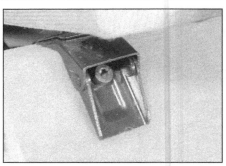

31.9 Främre fästbult till justerbart baksäte

31.11 Undersidan av justerbart baksäte visande justervajer och spak

Montering

8 Montering sker i omvänd arbetsordning.

Baksäte (justerbar typ)

Demontering

9 Skruva ur skruvarna (bultarna) från de främre fästena **(se bild)**. För sitsen framåt och fäll ned ryggstödet.
10 Öppna clipsen **(se bild)**, lossa pivåfästet från stiftet på var sida och lyft ut baksätet.
11 Vid behov kan sätesjusteringens vajrar lossas från skenorna och justerspaken. Skruva ur nylonmuttrarna och lossa vajerhöljet från fästena **(se bild)**.
12 Montera vajern (om lossad) i omvänd arbetsordning. Kontrollera att spärrens returfjädrar är i fullt ingrepp och kontrollera justeringsmekanismens funktion innan baksätet monteras.

Montering

13 Montering sker i omvänd arbetsordning. Låt öronen på den främre låsfliken greppa på tvärbalken.

Barnsäte

14 Ett barnsäte kan finnas på senare kombimodeller **(se bild)**. Om så önskas kan detta säte veterligen monteras i alla kombibilar – rådfråga en VAG-handlare.

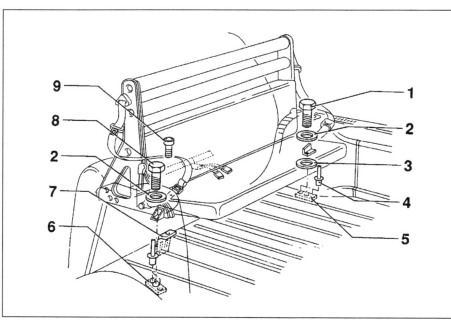

31.14 Barnsäte och fästen

1 Fästbult (7/16 x 25)
2 Bricka
3 Distans
4 Självgängande skruv eller popnit
5 Förstärkningsplatta (under bagageutrymmets golv)
6 Förstärkningsplatta (i längsgående balk)
7 Ryggstödets centrumfäste
8 Fästbult (7/16 x 35)
9 Skruv

32 Klädsel –
demontering och montering

Klädselpaneler

Demontering

1 Klädselpaneler hålls på plats med skruvar eller olika typer av fästen **(se bild)**.
2 Kontrollera att det inte är någon panel som överlappar den som ska demonteras. Vanligen måste en given ordning följas och den blir tydlig vid en närmare studie.
3 Ta bort alla synliga fästen, som t ex skruvar. Om panelen inte lossnar hålls den av dolda clips eller fästen. Dessa är vanligen placerade runt kanten och kan bändas upp. Lägg dock märke till att de är lätta att bryta sönder, så ha några i reserv. Bästa sättet att öppna sådana clips utan rätt verktyg är med en stor flatklingad skruvmejsel. I många fall måste den angränsande tätningslisten tryckas in för att en panel ska lossna.
4 När en panel tas ut, använd **aldrig** stor kraft eftersom panelen då kan skadas. Kontrollera noga att alla fästen och andra relevanta delar tagits bort eller lossats innan panelen lyfts ut.

Montering

5 Montering sker i omvänd arbetsordning. Tryck fästena på plats och kontrollera att alla rubbade delar är korrekt fastsatta för att förhindra skaller.

Mattor

6 Golvmattan i passagerarutrymmet är i ett stycke och fäst runt kanterna med skruvar eller clips, vanligen används samma fästen till att säkra omkringliggande klädsel.
7 Demontering och montering är tämligen enkelt, men mycket tidsödande eftersom alla närliggande paneler måste demonteras först, liksom komponenter som säten, mittkonsol och säkerhetsbältesankare.

Innertak

8 Innertaket sitter med clips i taket och kan bara lossas sedan alla fästen som kurvhandtag, solskydd, taklucka (om monterad), vindruta och bakre kvartsfönster samt relaterade klädselpaneler demonterats och dörrarnas, bakluckans och takluckans tätningslister (efter tillämplighet) lossats.
9 Demontering av innertaket kräver avsevärd skicklighet och erfarenhet för att det ska kunna utföras utan skador och bör därför överlåtas till en expert.

33 Främre
säkerhetsbältens spännare –
allmän information

Senare årsmodeller har ett system som spänner de främre säkerhetsbältena. Systemet är konstruerat för att omedelbart

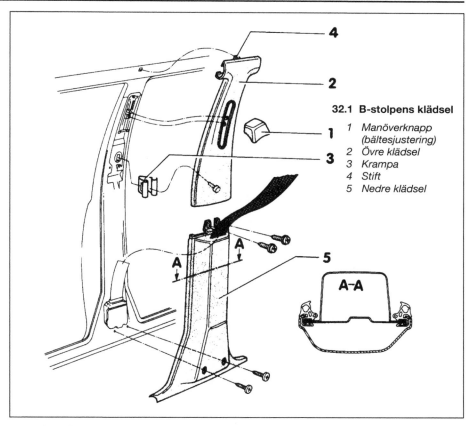

32.1 B-stolpens klädsel
1 *Manöverknapp (bältesjustering)*
2 *Övre klädsel*
3 *Krampa*
4 *Stift*
5 *Nedre klädsel*

hämta in varje slack i bältet i händelse av en plötsligt frontalkrock, vilket minskar skaderiskerna för personer i framsätena.

Vardera framsätet har ett eget system med spännaren placerad bakom B-stolpens nedre klädselpanel **(se bild)**.

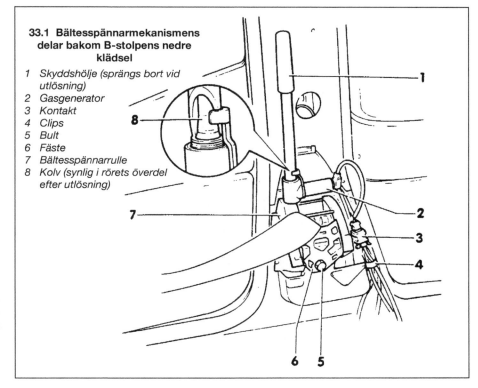

33.1 Bältesspännarmekanismens delar bakom B-stolpens nedre klädsel
1 *Skyddshölje (sprängs bort vid utlösning)*
2 *Gasgenerator*
3 *Kontakt*
4 *Clips*
5 *Bult*
6 *Fäste*
7 *Bältesspännarrulle*
8 *Kolv (synlig i rörets överdel efter utlösning)*

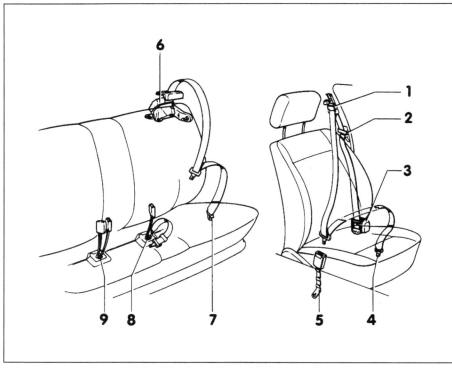

34.3a Säkerhetsbälten och ankarpunkter

1 Främre bältes	3 Rulle	7 Bakre bältes ankare
höjdjustering	4 Främre bältes ankare	8 Midjebälte och låsstjälk
2 Styrning	5 Låsstjälk	9 Dubbel låsstjälk
	6 Bakre bältes rulle	

34.3b Ankarbult för främre säkerhetsbälte

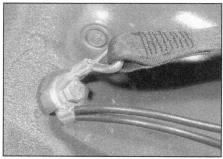

34.3c Ankarbult för bakre säkerhetsbälte

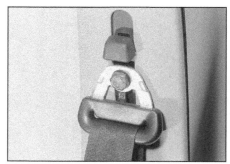

34.4a Höjdjustering för främre säkerhetsbälte

34.4b Skruva på B-stolpens nedre klädsel och bältesstyrning

Spännaren utlöses vid en frontalkrock över en given kraft. Smärre krockar, inklusive påkörningar bakifrån, utlöser inte systemet. Krockavkännarna är bultade på de längs-gående balkarna i motorrummet.

När systemet löser ut drar den exploderande gasen i spännaren tillbaka och bältet och låser det med hjälp av en vajer som påverkar rullen. Det förhindrar att bältet rör sig och låser personen vid sätet. Om spännaren löser ut blir bältet permanent låst och enheten måste bytas, tillsammans med krockgivarna.

Det föreligger risk för personskador om systemet löser ut av misstag vid arbete med bilen. Därför rekommenderar vi starkt att allt arbete med bältesspänningens mekanism överlåts till en VAG-verkstad. Läs följande varningar innan du överväger arbete med främre säkerhetsbälten.

⚠️ *Varning: Utsätt inte spännaren för en temperatur överstigande 100° C.*

Lossa alltid batteriets jordledning innan arbete med säkerhetsbälten påbörjas (se anmärkningen i början av avsnitt 28).

Om spännaren tappas måste den bytas, även om den inte ser skadad ut.

Låt inte lösningsmedel komma i kontakt med spännarens mekanism.

Försök inte öppna spännaren, den innehåller explosiv gas.

Spännare måste säkras innan de kasseras, överlåt detta åt en VAG-verkstad.

34 Säkerhetsbälten – allmänt

Observera: *På senare bilar med bältes-spännare, se varningarna i avsnitt 33 innan arbete med säkerhetsbälten utförs.*

1 Kontrollera bältens skick med jämna mellanrum. Byt bälte om det finns skador.
2 Om bälten blir smutsiga, torka av dem med fuktig traska med lite flytande tvättmedel.
3 Kontrollera ankarbultarnas åtdragning **(se bilder)**, om de någonsin lossas, se då till att den ursprungliga monteringsföljden för brickor, bussningar och ankarplatta följs.
4 Främre bältens höjdjustering och rulle blir åtkomliga sedan B-stolpens klädsel på berörd sida tagits bort **(se bilder)**.
5 Bakre bältenas ankare kan kontrolleras sedan sitsen lyfts ut. Bakre rullarna blir åtkomliga **(se bilder)** sedan ryggstöd och sidoklädsel tagits bort.
6 Åtdragningsmoment för ankarbultarna och övriga anslutningar ges i specifikationerna i början av detta kapitel.
7 Säkerhetsbälten och fästen får aldrig modifieras på något sätt.

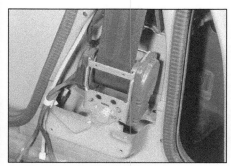

34.4c Rulle och fästbult för främre säkerhetsbälte

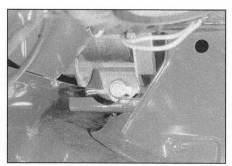

34.5a Rulle och fästbult för bakre säkerhetsbälte – sedan

34.5b Rulle och fästbult för bakre säkerhetsbälte – kombi

35 Kylargrill (senare modeller) – demontering och montering

Demontering

1 Inled kylargrillens demontering genom att lyfta och stötta motorhuven.

2 Använd en passande skruvmejsel och tryck tillbaka grillens låsklackar **(se bild)**. Se till att inte skada klackarna eller grillen vid detta arbete.
3 Grillen kan nu lyftas ut.

Montering

4 Montering sker i omvänd arbetsordning. Kontrollera att klackarna greppar väl.

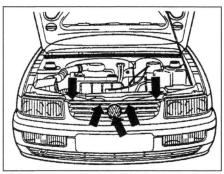

35.2 Placering för kylargrillens låsklackar (vid pilarna)

Kapitel 12
Karossens elsystem

Innehåll

Svårighetsgrader

| Enkelt, passar novisen med lite erfarenhet | Ganska enkelt, passar nybörjaren med viss erfarenhet | Ganska svårt, passar kompetent hemma-mekaniker | Svårt, passar hemmamekaniker med erfarenhet | Mycket svårt, för professionell mekaniker |

Specifikationer

Systemtyp . . . . 12 volt, negativ jord

Glödlampor	Styrka (Watt)
Bromsljus (separata)	21
Bromsljus/baklykta	21/5
Dimljus (bakre)	21
Strålkastare:	
Enkel glödlampa	60/55 (H4 typ)
Dubbla glödlampor	55 (H1 typ)
Blinkers	21
Nummerplåtsbelysning	5
Backljus	21
Parkeringsljus	4
Baklyktor (separata)	5

Torkarblad
Typ:
| Främre . . . . | Champion X53 |
| Bakre (kombi) . . . . | Champion X41 |

Åtdragningsmoment	Nm
Krockkudde (förarsidan), låsskruvar	9
Bakrutetorkare, monteringsbultar	5
Bakrutetorkarens fäste, bultar	5
Torkararm (vindrutan), muttrar	16
Vindrutetorkarens ram, bult	5
Vindrutetorkarens vevarm/kopplingsstag, mutter	22
Vindrutetorkarens kopplingsspak, mutter	7
Torkararmens distans, mutter	7
Torkararm, mutter	16

1 Allmän information och föreskrifter

 Varning: Innan något arbete med elsystemet inleds, läs noga igenom föreskrifterna i "Säkerheten främst" i början av denna handbok och i kapitel 5.

Elsystemet är av typen 12 V negativ jord. Strömmen till lamporna och alla andra elektriska tillbehör kommer från ett bly/syrabatteri som laddas av generatorn.

Detta kapitel tar upp reparations- och servicearbeten för de elkomponenter som inte är associerade med motorn. Information om batteriet, generatorn och startmotorn finns i kapitel 5A.

Innan arbete på komponenter i elsystemet utförs, lossa batteriets jordledning för att undvika kortslutningar och/eller bränder.

Observera: Om bilen har en ljudanläggning med stöldskyddskod, kontrollera att du har koden uppskriven innan batteriet kopplas ur. Rådfråga en VAG-verkstad om du är osäker.

2 Elektrisk felsökning – allmän information

Observera: Se föreskrifterna i "Säkerheten främst" och i början av kapitel 5 innan arbetet påbörjas. Följande tester relaterar till huvudkretsen och ska inte användas för att testa känsliga elektroniska kretsar (som system för låsningsfria bromsar), speciellt där en elektronisk styrenhet används.

Allmänt

1 En typisk elkrets består av en elektrisk komponent och alla brytare, reläer, motorer, säkringar, säkrade länkar eller kretsbrytare som relaterar till denna komponent samt de ledare och kontakter som kopplar komponenten till både batteriet och karossen. För att underlätta felsökningen i en elkrets finns kopplingsscheman inkluderade i slutet av detta kapitel.

2 Innan du försöker hitta ett elfel, studera först motsvarande kopplingsschema för att helt och hållet förstå de komponenter som ingår i kretsen. De möjliga felkällorna kan reduceras genom att man undersöker om andra komponenter relaterade till kretsen fungerar som de ska. Om flera komponenter eller kretsar felar samtidigt är möjligheten stor att felet beror på en delad säkring eller jord.

3 Elproblem har ofta enkla orsaker, som lösa eller eroderade kontakter, jordfel, trasiga säkringar, smälta länkningar eller ett defekt relä (se avsnitt 3 för detaljer om relätestning). Se över skicket på alla säkringar, kablar och kontakter i en felande krets innan du testar komponenterna. Använd kopplingsschema för att se vilken terminalkoppling som behöver kontrolleras för att komma åt den felande "länken".

4 De grundläggande verktyg som krävs för elektrisk felsökning är en kretsprovare eller voltmätare (en 12-volts glödlampa med en uppsättning kablar kan också användas för vissa tester), en kontinuitetsmätare, en ohmmätare (för att mäta motstånd), ett batteri samt en uppsättning testkablar och en förbindningskabel, helst försedd med en kretsbrytare eller säkring som kan användas till att koppla förbi misstänkta komponenter eller kablar. Innan du försöker hitta ett problem med testinstrument, använd kopplingsschemat för att bestämma var kopplingarna skall göras.

5 För att hitta källan till ett periodiskt återkommande kabelfel (vanligen p g a. en felaktig eller smutsig kontakt, eller skadad isolering), kan ett vicktest göras på kabeln. Detta innebär att man ruskar på kabeln för hand för att se om felet uppstår när kabeln rubbas. Det ska därmed vara möjligt att härleda felet till en speciell del av kabeln. Denna testmetod kan användas tillsammans med vilken annan testmetod som helst i de följande underavsnitten.

6 Förutom problem som uppstår p g a. dåliga kontakter kan två typer av fel uppstå i en elkrets – kretsbrott eller kortslutning.

7 Kretsbrottsfel orsakas av ett brott någonstans i kretsen som i sin tur gör att ström inte kan flöda genom kretsen. Ett kretsbrott kommer att göra att komponenten inte fungerar men kommer inte att utlösa säkringen.

8 Kortslutningar orsakas av att ledarna går ihop någonstans i kretsen, vilket medför att strömmen tar en alternativ, lättare väg (med mindre motstånd), vanligtvis till jordningen. Kortslutning orsakas vanligtvis av att isoleringen nötts varvid en ledare kan komma åt en annan ledare eller direkt på jordningen t.ex. karossen. En kortslutning bränner i regel kretsens säkring.

Att hitta ett kretsbrott

9 För att kontrollera om en krets är bruten, koppla ena ledaren på en kretsprovare eller voltmätare till antingen batteriets negativa pol eller en annan känd jord.

10 Koppla den andra ledaren på en kontaktyta i den krets som skall provas, helst närmast batteriet eller säkringen.

11 Slå på kretsen, men tänk på att vissa kretsar bara är strömförande med tändningslåset i ett visst läge.

12 Om ström ligger på (indikerat antingen genom att testlampan lyser eller ett voltmätarutslag, beroende på vad du använder), betyder det att den delen mellan kontakten och batteriet är felfri.

13 Fortsätt att kontrollera resten av kretsen på samma sätt.

14 När en punkt nås där ingen ström finns tillgänglig måste problemet ligga mellan den punkt som nu testas och den föregående med ström. De flesta fel kan härledas till en trasig, eroderad eller lös kontakt.

Att hitta en kortslutning

15 För att leta efter en kortslutning, koppla bort strömförbrukarna från kretsen (strömförbrukare är delar som drar ström i en krets, exempelvis lampor, motorer, värmeelement o s v).

16 Ta bort aktuell säkring från kretsen och koppla på en kretsprovare eller voltmätare på säkringskontakten.

17 Slå på kretsen, tänk på att vissa kretsar bara är strömförande när tändningslåset är i ett speciellt läge.

18 Om ström finns tillgänglig (indikerat antingen genom att en lampa lyser eller ett voltmätarutslag beroende på vad du använder), betyder det att kretsen är kortsluten.

19 Om ingen ström ligger på, men säkringarna fortsätter att gå då strömförbrukarna är påkopplade indikerar detta ett internt fel i någon av de strömförbrukande komponenterna.

Att hitta ett jordfel

20 Batteriets negativa pol är kopplad till "jord" – motorn/växellådan och karossen – och de allra flesta system är kopplade så att de bara tar emot en positiv matning, strömmen leds tillbaka genom metallen i karossen. Detta betyder att komponentfästet och karossen utgör en del av kretsen. Lösa eller eroderade infästningar kan därför orsaka flera olika elfel, allt ifrån totalt haveri till ett mystiskt partiellt fel. Lampor kan lysa svagt (speciellt när en annan krets delar samma jord), motorer (t ex. torkarmotorn eller kylfläktsmotorn) kan gå långsamt och arbetet i en krets kan ha en till synes orelaterad effekt på en annan. Observera att på många fordon används särskilda jordningsband mellan vissa komponenter, såsom motorn/växellådan och karossen, vanligtvis där det inte finns någon direkt metallkontakt mellan komponenterna på grund av gummiupphängningar o.s.v.

21 För att kontrollera om en komponent är korrekt jordad, koppla bort batteriet och koppla ena ledaren på en ohmmätare till en jordning som du vet är OK. Koppla den andra ledaren till den kabel eller jordkoppling som skall testas. Det motstånd som visas skall vara noll ohm – om så inte är fallet, kontrollera enligt följande.

22 Om en jordkoppling misstänks vara felaktig, plocka isär kontakten och putsa upp metallen på både karossen och kabelterminalen eller komponentens jordkopplings fogytor. Se till att ta bort alla spår av rost och smuts, använd en kniv för att skrapa bort lacken så att du får en ren kontaktyta. Dra åt kopplingsfästena ordentligt vid monteringen. Om en kabelterminal monteras, använd låsbrickor mellan terminalen och karossen för att vara säker på att det blir en ren och säker koppling uppstår. När kopplingen åter görs, rostskydda ytorna med ett lager vaselin, silikonfett eller genom att regelbundet spraya på fuktdrivande aerosol eller vattenavstötande smörjning.

3 Säkringar och reläer – allmän information

Huvudsäkringar

1 Säkringarna finns på en panel på instrumentbrädans undersida på förarsidan.

2 Säkringarna blir åtkomliga genom att man antingen lyfter bort diversehyllan på undersidan av instrumentbrädan, eller att man helt enkelt drar ut åtkomstpanelen på senare modeller **(se bilder)**.

3 Huvudsäkringarna sitter placerade i linje under reläerna. Säkringarna är numrerade och de kretsar de skyddar är listade på baksidan av diversehyllan eller panelen **(se bilder)**. En lista över säkringarna finns också i kopplingsschemana i slutet av detta kapitel.

4 På vissa modeller (beroende på specifikation), finns några fler säkringar placerade i separata hållare ovanför huvudsäkringarna eller reläerna.

5 För att ta bort en säkring, slå först av den berörda kretsen (eller tändningen), ta sedan ur säkringen från sin hållare för att inspektera och eventuellt byta ut den. Tråden i säkringen skall vara synlig, om säkringen brunnit har tråden gått av eller smält.

6 Byt alltid ut säkringen med en ny av samma klass, använd aldrig en säkring med annan klassning än den avsedda eller något annat som säkring. Byt aldrig ut en säkring mer än en gång utan att spåra källan till problemet. Säkringens märkning är stämplad på ovansidan, observera att säkringarna är färgkodade för att underlätta igenkännandet.

7 Om en ny säkring går omedelbart, leta reda på orsaken innan en ny sätts i igen. En kortslutning till jord p g a. en felaktig isolering är det mest troliga. När en säkring skyddar mer än en krets, sök efter felet genom att starta varje krets i turordning (om möjligt) tills dess att säkringen går igen. Ha alltid med dig

3.2a På tidiga modeller, demontera diversehyllan för åtkomst av säkringarna

3.2b På senare modeller blir säkringarna åtkomliga när panelen dras ut

en reservuppsättning med säkringar som är avsedda för din bil. En av varje i reserv skall sättas fast i basen på säkringsdosan.

Smältlänkar

8 På dieselmodeller är glödstiftets matningskrets skyddad av en smältlänk. Länken är placerad i motorrummet, antingen ovanför bromsservon eller på glödstiftets styrenhet bredvid spolvätskebehållaren. Om denna länk har smält indikerar det ett allvarligt kabelfel – byte av länken skall **inte** utföras utan att först tar reda på orsaken till felet.

9 Innan länken byts ut, se till att tändningen är avstängd. Se till att förarsidans dörr är ordentligt stängd – dörrbrytaren används för att styra glödstiftssystemet på modeller med motorn AAZ. Ta bort skyddet för att komma åt metallänken. Lossa låsskruvarna, för sedan länken ur läge.

10 Sätt dit den nya länken (se informationen i paragraf 6 och 7), dra sedan åt låsskruvarna och sätt fast skyddet.

Reläer

11 Reläerna är tätade och kan inte repareras om de är defekta. Reläerna pluggas in och kan tas bort genom att man helt enkelt drar ut dem från deras kontakter. På vissa av reläerna

bakom instrumentpanelen måste plastclipsen bändas isär innan de kan tas bort.

12 Om en krets eller ett system som styrs av ett relä blir felaktig kan ofta reläet misstänkas. Kör kretsen – om reläet fungerar skall det höras ett klick när reläet magnetiseras. Om så är fallet ligger felet i komponenterna eller kablarna till systemet. Om reläet inte magnetiseras får det antingen ingen ström eller också kommer inte ställströmmen fram, men det kan också bero på att reläet i sig självt är defekt. Test av detta görs genom att man byter ut reläet mot ett nytt som veterligen fungerar, men var försiktig – vissa reläer ser lika ut och utför samma funktioner medan andra ser lika ut men utför olika funktioner.

13 För att byta ett relä, stäng först av tändningen. Reläet kan sedan enkelt tas ut från sockeln och ett nytt relä sättas dit.

Säkrings-/reläpanel

14 Säkrings-/reläpanelen kan tas bort genom att man trycker in låsclipset på varje sida så att stiften kan dras ut från försänkningen i stödet. Clipsen kan sedan svingas framåt och frigöras från reläpanelens stift **(se bild)**. Ta bort säkrings-/reläenheten genom att bända isär stödarmarna för att lösgöra panelstiften från hålen i stödarmarna, dra sedan loss enheten.

3.3a Panel med säkringar och reläer

3.3b Tabell med säkringsnummer och skyddade kretsar på baksidan av diversehyllan

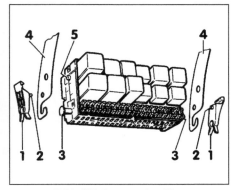

3.14 Säkringar och reläer

1 Clips
2 Stift
3 Plattstift

4 Stödarmar
5 Stift

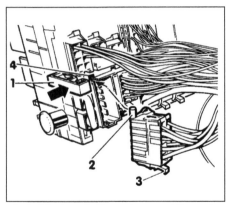

3.15 Säkrings/reläpanelens multikontakt

1 Låsslid   3 Låsklack
2 Låsstift   4 Urtag för låsstift

15 För att ta bort multikontakten från baksidan av säkrings-/reläpanelen, ta tag i och dra låssliden ungefär 5 mm. Tryck på flerstiftskontaktens låsklack för att lösgöra reläpanelsockeln **(se bild)**.

16 När kontakterna skall sättas dit, se då till att de trycks in helt och hållet samt att låsklackarna greppar. För låssliden till dess stopposition (alla kontakterna måste vara fullt isatta för att sliden skall kunna låsas).

4 Tändningslås/rattlås –
demontering och montering

Demontering

1 Lossa batteriets jordledning (se avsnitt 1).

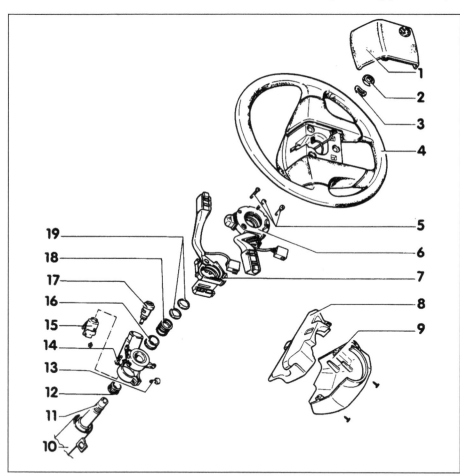

4.4 Delar i rattstång och tändningslås

1 Rattnav och signalhornsknapp (modell utan krockkudde visad)	6 Blinkeromkopplare	13 Låshusets skruvar
2 Mutter	7 Omkopplare för torkare/spolare	14 Rattlåsets hus
3 Fjäderbricka	8 Övre rattstångskåpa	15 Tändningslås
4 Ratt	9 Nedre rattstångskåpa	16 Kontaktring
5 Rattstångsomkopplarens skruvar	10 Rattstångsrör	17 Låscylinder
	11 Rattstång	18 Fjäder
	12 Stödring	19 Klammerring

2 Demontera ratten enligt beskrivning i kapitel 10.
3 Demontera rattstångens kombibrytare enligt beskrivning i avsnitt 5.
4 Drag ut klampringen, fjädern och kontaktringen från styrstaget **(se bild)**.
5 Skruva ur skruvarna från låshusets klammer, för sedan låshuset upp för rattstången och ta bort det.
6 För att byta ut låset, markera huset vid de punkter som visas **(se bild)**, borra sedan försiktigt ett hål med 3 mm i diameter och ett djup på 3 mm vid punkterna "a" och "b". Borra i huset till dess att du ser cylinderlåsets fjäder, tryck in denna och dra ut låscylindern. Borrens chuckände är idealisk att trycka ihop fjädern med.

Montering

7 Sätt i den nya låscylindern i huset. När den är monterad, vrid försiktigt nyckeln för att cylindern skall gå mot stoppet.
8 Montering sker i omvänd arbetsordning. Där rattstången inte går helt upp ur röret, dra stången upp genom röret genom att montera en distansbricka på den och lägg brickan mot huset för att dra upp stången genom röret.
9 Se avsnitt 5 för montering av rattstångens kombinationsbrytare.
10 Se kapitel 10 för montering av ratten.

5 Rattstångens
kombinationsbrytare –
demontering och montering

Demontering

1 Lossa batteriets jordledning (se avsnitt 1).
2 Se kapitel 10 och demontera ratten.

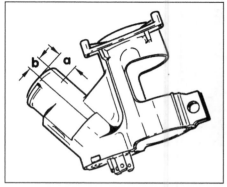

4.6 Märk och borra låshuset i korsningen av "a" och "b"

a = 12 mm   b = 10 mm

3 Skruva ur de två skruvarna (underifrån) och ta bort övre och nedre rattstångskåporna **(se bild)**.
4 Skruva ur de tre skruvarna och ta bort blinkersomkopplaren samt dra ur kontakten **(se bilder)**.
5 Dra bort torkaromkopplaren och dra ur kontakten **(se bild)**.

Montering

6 Montering sker i omvänd arbetsordning. Se till att kabelkontakterna sitter ordentligt. Avsluta med att kontrollera att funktionen är tillfredsställande.

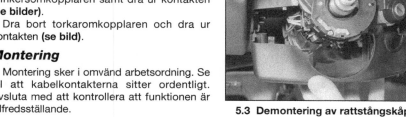

5.3 Demontering av rattstångskåporna

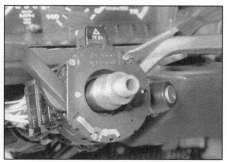

5.4a Skruva ur skruvarna . . .

6 Brytare –
demontering och montering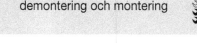

Instrumentbrädans brytare

1 Bänd försiktigt ut brytaren med en liten skruvmejsel eller liknande **(se bilder)**.
2 Dra ur multikontakten från brytarens baksida.
3 Montering sker i omvänd arbetsordning.

Innerbelysningens brytare

4 Bänd av gummihöljet.
5 Skruva ur krysskruven.
6 Dra försiktigt ut brytaren från höljets öppning **(se bild)**. Dra ur kontakterna och ta loss brytaren. Se till att kablarna inte faller tillbaka ner i öppningen genom att tejpa eller binda fast dem.
7 Montering sker i omvänd arbetsordning.

5.4b . . . och avlägsna blinkersomkopplaren

Lägesjusterare för ytterbackspegel

8 För klädselpanelen åt sidan och ta bort den från dörrpanelen.

5.5 Demontering av omkopplaren för spolare och torkare

9 Dra ur kontakten **(se bild)**. Tryck ihop låsklackarna på undersidan av brytaren och tryck ut den från panelen.
10 Montering sker i omvänd arbetsordning.

Takluckans styrning

Tidiga modeller

11 Använd en liten skruvmejsel eller ett liknande verktyg för att försiktigt knacka loss brytaren från takpanelen, dra sedan ur kontakten **(se bild)**.

Senare modeller

12 Använd en liten skruvmejsel, knacka ur innerbelysningen/brytarkonsolen från takpanelen. Släpp brytarens placeringsklackar **(se bild)**, tryck ut brytaren från konsolen och dra ur kontakten.

6.1a Bänd försiktigt ut brytarens underdel (tidig typ visad) . . .

6.1b . . . och lossa den från instrumentbrädan

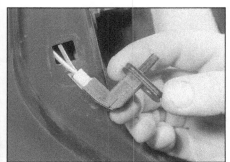

6.6 Demontering av innerbelysningens brytare

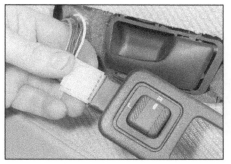

6.9 Dra ur kontakten till backspegeljusteringen

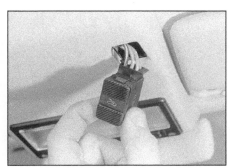

6.11 Demontering av takluckans reglage – tidig modell

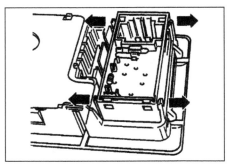

6.12 Demontering av takluckans reglage –
senare modell

6.15 Placering (vid pilen) för
handbromsvarningens brytare

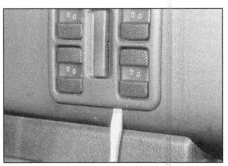

6.18a Bänd ut hissreglaget från nedre
dörrklädseln (tidig modell) . . .

Alla modeller

13 Montering sker i omvänd arbetsordning.

Handbromsvarningens brytare

14 Demontera mittkonsolen enligt beskriv-
ning i kapitel 11.
15 Skruva ur krysskruvarna och tag bort
brytaren från handtaget **(se bild)**. På vissa
modeller kan skruven säkras med en nit och i
så fall måste niten borras ur för att brytaren
ska kunna demonteras. Man kan behöva ta
bort handbromshandtaget för att skapa
bättre utrymme – se kapitel 9 för mer
detaljer.
16 Dra ur kontakten från brytaren.
17 Montering sker i omvänd arbetsordning.

Dörrmonterade reglage för elhissar

Tidiga modeller

18 Knacka försiktigt bort hissreglaget från
den nedre dörrlisten som visat och tag bort
kabelkontakterna **(se bild)**.

Senare modeller

19 Lossa övre delen av det inre dörr-
handtaget och dra ur kontakten **(se bild)**.

Alla modeller

20 Montering sker i omvänd arbetsordning.

Bromsljusets brytare

21 Se kapitel 9.

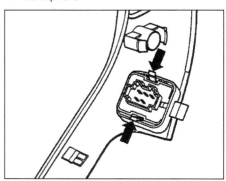

6.19 Tryck ned låsflikarna och lossa
reglaget – senare modell

Rattstångens kombinationsbrytare

22 Se avsnitt 5.

Roterande strålkastaromkopplare – senare modeller

23 För in ett tunt blad eller ett bladmått
mellan ovansidan av ljusbrytarpanelen och
förarens luftventilation. Tryck låsfliken åt
höger och dra ut ljusbrytarpanelen från
instrumentbrädan. Dra ur kontakten. Instru-
mentbelysningen och strålkastarens helljus-
omkopplare kan nu lossas och tas bort från
panelen vid behov.
24 Montering sker i omvänd arbetsordning.

7 Yttre glödlampor – byte

1 När en glödlampa byts, tänk på följande:
a) Lossa batteriets jordledning innan du
börjar (se avsnitt 1).
b) Kom ihåg att om lyset nyss varit på kan
lampan vara mycket varm.
c) Kontrollera alltid lampans sockel och
kontaktytor, se till att kontaktytorna är
rena mellan lampan och dess ledare samt
jordning. Avlägsna all korrosion och smuts
innan du sätter dit en ny lampa.

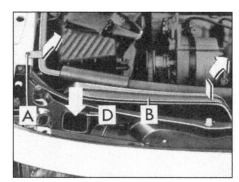

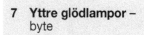

7.2 Byte av strålkastarglödlampa på bil
med luftkonditionering

A Kylvätskeslangens
fästskruv
B Luftintag
D Åtkomsthål för
glödlampa

6.18b . . . och dra ur kontakten

d) Där en lampa med bajonettfäste används,
se till att ledarna ligger tätt mot lampans
kontakt.
e) Se alltid till att den nya lampan har rätt
specifikationer och att den är helt ren
innan du monterar den, detta gäller särskilt
dimljus- och strålkastarlampor (se nedan).

Strålkastare

2 När arbete utförs på högra sidans
strålkastare på bilar med luftkonditionering,
lossa kylvätskeslangens klämskruv från
stänkskärmens dräneringsränna, lyft sedan
slangen ur vägen. Om du behöver skapa
bättre arbetsutrymme, demontera luftintags-
trumman från främre delen av luftrenaren och
lägg den åt sidan **(se bild)**.

Tidiga modeller

3 Vrid den kupade ändkåpan åt vänster och
tag loss den **(se bild)**.

7.3 Bakre strålkastarkåpa visande
riktningsmärken

7.4 Dra ur kontakten . . .

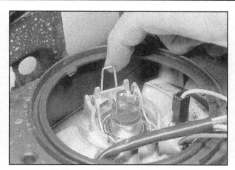

7.5a . . . öppna clipset . . .

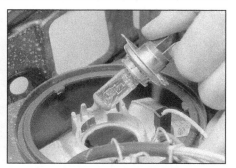

7.5b . . . och dra ut glödlampan ur strålkastaren

7.7a Tryck ned låsfliken i pilens riktning . . .

7.7b . . . och dra ut täckpanelen från bilen

7.7c Skruva ur skruven för att komma åt helljusglödlampan . . .

7.7d . . . lossa sedan låsklackarna och dra ut täckpanelen

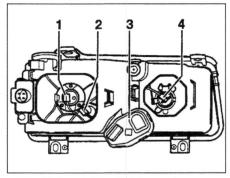

7.8a Bakre strålkastarkåpan på senare modeller

1 Halvljusglödlampa
2 Parkeringsljusglödlampa
3 Strålkastarstyrmotor
4 Helljusglödlampa

4 Arbeta vid behov genom hålet i låshållaren och dra ut kontakten ur lamphållaren **(se bild)**.
5 Lossa kabelns clips och dra lampan bakåt **(se bilder)**.
6 Montering sker i omvänd arbetsordning. Rör inte glaset på den nya lampan med fingrarna. Om du råkar vidröra glaset, rengör lampan med denaturerad sprit.

Senare modeller

7 När du jobbar med höger strålkastare, ta bort toppkåpan genom att lossa klacken på luftfiltrets kåpa och trycka in fliken på låshållaren. Lossa låsklackarna och för ut panelen genom bilens framände. Om helljusglödlampan byts ut, skruva ur skruven från toppkåpan. Lossa låsklackarna och för ut panelen genom bilens framände **(se bilder)**.
8 Separata hel- och halvljus är monterade på senare modeller. Se ut vilken lampa du skall jobba med, snäpp sedan loss och ta bort relevant kåpa från baksidan av strålkastaren. Den yttre kåpan är för halvljuset (och parkeringsljuset), den inre kåpan är för helljuset **(se bilder)**.
9 Dra ur kontakten från lampans baksida, kroka sedan loss lampans låsclips och dra lampan genom baksidan av strålkastaren **(se bild)**.
10 Montering sker i omvänd arbetsordning. Rör inte glaset på den nya lampan med fingrarna. Om du råkar röra glaset, rengör det med denaturerad sprit.

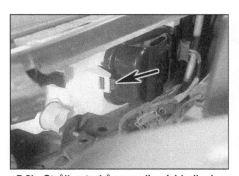

7.8b Strålkastarkåpans clips (vid pilen) – ett på var sida

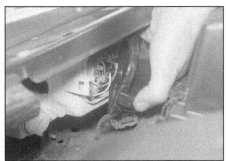

7.8c Tryck ihop clipsen och lossa strålkastarkåpan

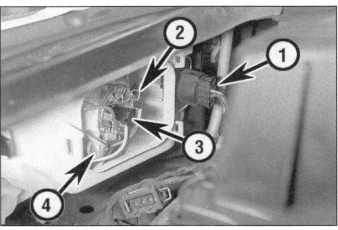

7.9 Strålkastare med demonterad kåpa

1 Strålkastarkontakt   4 Parkeringsljusets
2 Glödlampshållarclips   glödlampshållare
3 Glödlampans kontakt

7.12a Dra ur kontakten . . .

Främre parkeringsljus

11 Ta bort plastskyddet från baksidan av strålkastaren. På senare modeller, lossa clipset och ta bort det yttersta skyddet för att komma åt glödlampan **(se bild 7.9)**.
12 På tidiga modeller, dra ur kontakten, dra sedan ut lamphållaren från reflektorn. På senare modeller tas lamphållaren och kablarna bort tillsammans **(se bilder)**.
13 Tryck in och vrid lampan för att ta loss den.
14 Montering sker i omvänd arbetsordning.

Främre blinkers

Tidiga modeler

15 Blinkersens lamphållare sitter utanför strålkastarens kåpa i motorrummet. Vrid lamphållaren motsols och tag loss den **(se bild)**. Tryck in och vrid lampan för att ta loss den från lamphållaren.
16 Lampan kan tas loss först efter det att strålkastarens kåpa tagits bort (avsnitt 9). Tryck in låsfliken på insidan av lampan för att lossa den från strålkastaren **(se bild)**.
17 Montering sker iomvänd arbetsordning.

Senare modeller

18 Den främre blinkersen sitter i den främre stötfångaren, utanför dimljusen (om monterade). En "falsk ljuspanel" sitter mellan blinkersen och dimljuset – om inga främre dimljus finns är panelen mycket större.
19 Ta bort panelen med en lämplig skruvmejsel för att komma åt lampans låsskruv **(se bild)**.
20 Skruva ur låsskruven **(se bild)** och dra ut blinkersenheten från stötfångaren. Dra ur kontakten. Vrid loss lampans bakre kåpa för att komma åt glödlampan.
21 Montering sker i omvänd arbetsordning.

7.12b . . . och ta ut parkeringsljusets glödlampa och hållare - tidig modell

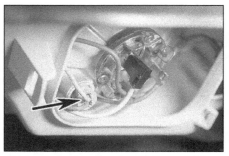

7.12c Parkeringsljusets glödlampshållare (vid pilen) på senare modell

7.15 Demontering av blinkersglödlampans hållare – tidig modell

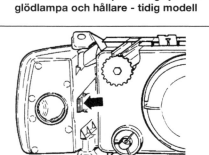

7.16 Främre blinkers låsflik – öppna genom att trycka i pilens riktning

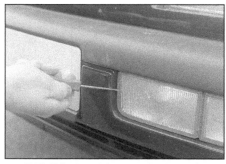

7.19 Bänd ut dekorpanelen bredvid blinkersen (modell utan dimljus visad)

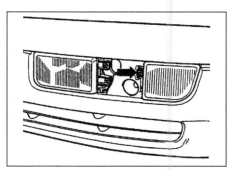

7.20 Blinkersens skruv (vid pilen) – modell med främre dimljus visad

Sidoblinkers

22 Tryck ner linsen och luta ut den ovantill för att lossa den. Ta ut glödlampan ur hållaren **(se bild)**.

23 För att ta bort lampan, ta delvis bort innerskärmen för att skapa bättre utrymme (se kapitel 11). Dra ur kontakten i motorrummet och mata igenom kabeln tillsammans med lamphållaren.

24 Montering sker i omvänd arbetsordning.

Främre dimljus

Tidiga modeller

25 Tryck ut expanderstiften från de främre pluggarna med en skruvmejsel **(se bild)**, tryck sedan ut pluggarna från ramen och ta bort den.

26 Skruva ur de tre skruvarna och dra ut lampan **(se bild)**.

27 Lossa kåpan från lampans baksida, dra sedan ur kontakten, kroka loss fjädern och ta ut halogenlampan **(se bild)**.

28 Montering sker i omvänd arbetsordning. Rör inte glaset på den nya lampan med fingrarna. Om du råkar röra glaset, rengör det med denaturerad sprit. När lampan sätts i måste klacken i reflektorn ligga mot urtaget i glödlampans platta.

29 När du är klar, kontrollera att ljuset fungerar som det ska. Vid behov kan vertikal justering av lampan göras genom att man skruvar på justerskruven på sidan av linsen

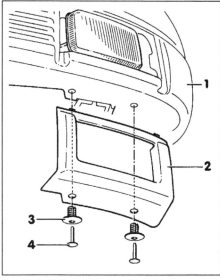

7.22 Sidoblinkersens lins särad från glödlampshållaren

nedanför lampans låsskruv **(se bild)**. Ingen möjlighet finns för horisontell justering.

Senare modeller

30 Ta bort panelen mellan dimljuset och blinkersen med en skruvmejsel för att komma åt dimljusets låsskruvar **(se bild)**.

31 Skruva ur de två låsskruvarna och ta bort dimljusen från den främre stötfångaren. Observera att den tredje, nedre skruven är justeringsskruven för ljusstrålen. Dra ur kontakten. Skruva bort lampans bakre skydd för att komma åt glödlampan.

32 Lampan hålls på plats med ett clips, liknande det för strålkastarlamporna. Tryck ihop de två öronen på clipset och ta ut glödlampan **(se bild)**.

33 När du är klar, kontrollera om ljuset

7.25 Främre dimljusets infästning – tidig modell

1	Stötfångarkåpa	3	Ramlåsande
2	Ram		pluggar
		4	Expanderstift

fungerar som det ska. Vid behov kan vertikal justering av lampan göras genom att man skruvar på justerskruven vid linsens nederkant **(se bild)**.Ingen möjlighet finns för horisontell justering.

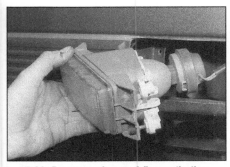

7.26 Demontering av främre dimljus

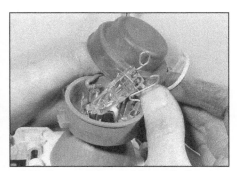

7.27 Demontering av främre dimljusets glödlampa

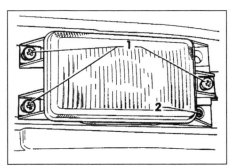

7.29 Främre dimljusets fästskruvar (1) och justerskruv (2) – tidig modell

7.30 Bänd ut dekoren mellan dimljuset och blinkersen

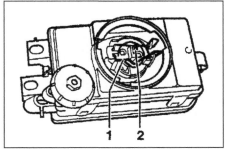

7.32 Detaljer av främre dimljusets glödlampa

1	Glödlampshållande clips
2	Dimljusets glödlampa

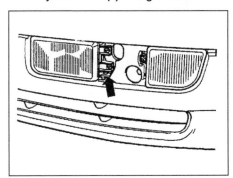

7.33 Dimljusets vertikaljusteringsskruv (vid pilen)

7.34a Demontering av baklyktans glödlampshållare – sedan

7.34b Demontering av baklyktans glödlampshållare från bagageluckan – sedan

7.35 Baklyktans muttrar (vid pilarna) – sedan

Baklykta – sedan

34 Snäpp loss den inre panelen i bagageutrymmet eller på bagageluckan efter tillämplighet och för den ur vägen för lyktan. Tryck ihop låsclipsen och ta ut lamphållaren. Tryck in och skruva loss lampan från hållaren **(se bilder)**.

35 För demontering av lyktan, ta bort lamphållaren enligt beskrivning ovan, skruva sedan ur muttrarna **(se bild)**. Ta bort lyktan.

36 Montering sker i omvänd arbetsordning, kontrollera att alla baklampor fungerar ordentligt.

Baklykta – kombi

37 Ta loss skyddet eller öppna luckan i klädseln på den aktuella sidan. Tryck ihop de högra och vänstra låsclipsen mot mitten av lyktan och ta ut lamphållaren **(se bild)**. Tryck in och skruva ur glödlampan.

38 Ta bort lyktan genom att skruva ur skruvarna och dra ut den från karossen **(se bild)**.

39 Montering sker i omvänd arbetsordning. Om broms-/baklampan är svår att sätta i, vrid den 180° innan montering. Avsluta med att kontrollera att bakljusen fungerar.

Nummerplåtsbelysning

40 Nummerplåtsbelysningen är placerad i bagageluckan/bakluckan, precis ovanför nummerplåten. För bättre åtkomst av skruvarna, öppna bakluckan/bagageluckan. Skruva ur de två skruvarna och ta bort relevant ljusenhet **(se bild)**.

41 Ta ut glödlampan och hållaren **(se bild)**, lossa glödlampan från hållaren.

42 Montering sker i omvänd arbetsordning, kontrollera att belysningen fungerar.

Bakljus – monterade på bagageluckan/bakluckan*

43 För att byta ut dessa lampor, öppna först bagageluckan/bakluckan.

44 Lossa låshaken och öppna panelen i bakluckan/bagageluckan **(se bild)**.

45 Tyck ihop låsclipsen på var sida om lamphållaren och ta bort den från sin plats **(se bild)**. Tryck och vrid på glödlamporna för att ta ut dem ur hållaren.

46 Montering sker i omvänd arbetsordning, kontrollera belysningen fungerar.

7.37 Demontering av baklyktans glödlampshållare från bakluckan (kombi)

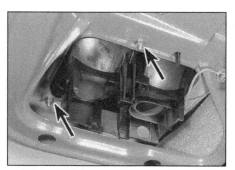

7.38 Baklyktans muttrar (vid pilarna) till bakluckan (kombi)

7.40 Demontera nummerskyltsbelysningen . . .

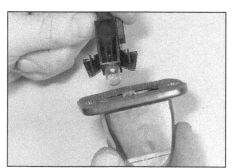

7.41 . . . och dra ut glödlampa och hållare

7.44 Öppna panelen i bak- eller bagageluckans klädsel . . .

7.45 . . . och lossa glödlampshållaren så att den kan dras ut och göra glödlamporna åtkomliga

8.2a Främre innerbelysnings lins demonterad för åtkomst av glödlampan

8.2b Innerbelysning – sidomonterad

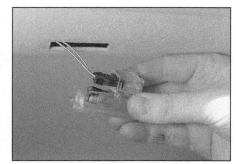

8.2c Innerbelysning – bakre

8 Innerbelysningens glödlampor – byte

1 Närhelst en glödlampa byts, observera då följande punkter:
a) Lossa batteriets jordledning innan du börjar (se avsnitt 1).
b) Kom ihåg att om lyset nyss varit på kan lampan vara mycket varm.
c) Kontrollera alltid lampans sockel och kontaktytor, se till att kontaktytorna är rena mellan lampan och dess ledare samt jordning. Avlägsna all korrosion och smuts innan du sätter dit en ny lampa.
d) Där en lampa med bajonettfäste används, se till att ledarna ligger tätt mot lampans kontakt.

e) Se alltid till att den nya lampan har rätt specifikationer och att den är helt ren innan du monterar den.

Innerbelysning/läslampor

2 En av två metoder kommer att krävas för att man ska komma åt de inre lamporna, beroende på modell. Antingen tas linsen bort från lamphuset, eller så demonteras hela lamphuset (det kan vara nödvändigt att lossa reflektorn eller lamphållaren från lampans baksida). Ta ut glödlampan från sin hållare i lamphuset **(se bilder)**.
3 Montering sker i omvänd arbetsordning.

Bagageutrymmets och handskfackets lampor

4 Tag loss ljusenheten/linsen och tag ut glödlampan från sin hållare **(se bild)**.

5 Montering sker i omvänd arbetsordning, kontrollera att lamporna fungerar.

Sminkspegelbelysning

6 Tag loss linsen från solskyddet. Glödlamporna kan då tas ur sina hållare i solskyddet **(se bild)**.
7 Montering sker i omvänd arbetsordning.

Instrumentbrädans lampor

8 Ta bort instrumentpanelen enligt beskrivning i avsnitt 10.
9 För demontering av en varningslysdiod, ta bort hållaren och dra ut lysdioden **(se bilder)**.
10 För att ta bort en glödlampa, skruva eller dra den ur sin hållare **(se bilder)**.

8.4 Lampa och glödlampa för bagageutrymme/handskfack

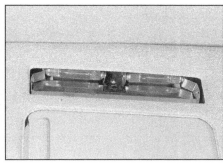

8.6 Sminkspegelns glödlampor (demonterad lins)

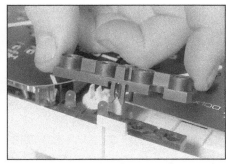

8.9a Demontering av instrumentpanelens lysdiodsfäste

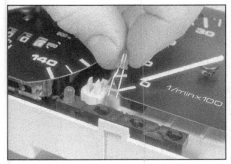

8.9b Demontering av lysdiod från instrumentpanelen

8.10a Instrumentpanelbelysningens glödlampor – vrid och dra ut denna typ . . .

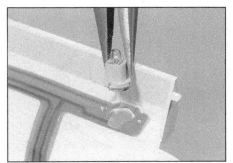

8.10b . . . grip och dra denna typ

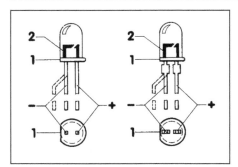

8.11 Lysdioder, visande korrekt monteringsriktning

1 Flat del på diodhus
2 Stor pol i diodhus
***Observera:** Den negativa (-) polen är ibland vinklad*

11 Montering sker i omvänd arbetsordning. När en ny lysdiod sätts i, se till att den sätts i åt rätt håll **(se bild)**.

Cigarettändarens lampa

12 Se avsnitt 12 och ta bort cigarettändaren och panelen den är monterad i. Lämna kvar cigarettändaren i panelen och dra loss lamphållaren från baksidan av tändaren, dra sedan ut lampan ur hållaren **(se bild)**.
13 Montering sker i omvänd arbetsordning.

Askkoppsbelysning

14 Ta loss lamphållaren från panelen **(se bild)**. Dra ut lampan från sin hållare.
15 Montering sker i omvänd arbetsordning.

Högt bromsljus

16 Arbeta inne i bilen (sedan) eller på utsidan av bilen med bakluckan öppen (kombi). Tryck in de två låsflikarna på sidan av lamphållaren för att släppa lamphållaren från ljusenheten **(se bild)**.
17 Lysdioderna kan nu tas ut och bytas efter behov **(se bild 8.11)**.

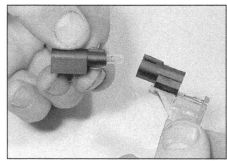

8.12 Demontering av cigarettändarbelysningens glödlampa

Brytarbelysningens lampor

18 Brytarbelysningens lampor är vanligen inbyggda i brytaren och kan inte bytas ut för sig. Se avsnitt 6 och ta bort brytaren. Om byte av lampan är möjligt bör det vara uppenbart hur detta görs – i annat fall, byt ut brytaren.

Belysning för värmereglagepanelen

19 Se kapitel 3, avsnitt 12.

> **9 Strålkastare –**
> demontering, montering
> och inställning

Demontering

1 För att ta loss strålkastaren, se avsnitt 7 vid behov och dra ur kontakterna från baksidan av strålkastaren.

Tidiga modeller

2 Skruva ur de fyra bultarna på ovansidan av strålkastarhuset **(se bild)**, ta sedan bort strålkastaren.
3 Skruva ur de fyra skruvarna **(se bild)** och ta bort strålkastarenheten från lamphuset.
4 Vid behov kan reflektorn tas bort från lamphuset. Bänd då isär clipsen mellan

8.14 Demontering av askkoppens glödlampshållare

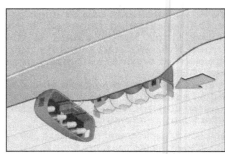

8.16 Demontering av höga bromsljusets glödlampshållare – tryck in flikarna

lamphuset och linsen, ta sedan bort linsen **(se bild)**. Vrid på justerskruvarna så att reflektorn kan tas loss. Tag loss glödlamporna (strålkastare och parkeringsljus) och koppla loss jordningen.

Senare modeller

5 Se kapitel 11 och ta loss kylargrillen.
6 Ta försiktigt loss locket vid sidan av strålkastaren genom att bända den framåt med en lämplig skruvmejsel **(se bild)**.
7 Skruva ur bulten och dra listen framåt under strålkastaren **(se bild)**. För att helt ta loss listen måste bulten på andra sidan av bilen också skruvas ur.

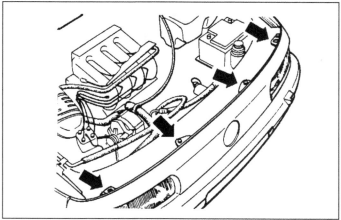

9.2 Strålkastarhusets fästskruvar

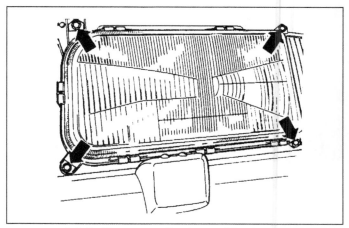

9.3 Strålkastarnas fästskruvar (vid pilarna)

8 Skruva ur de fyra bultarna **(se bild)** och dra ut strålkastaren från bilen.

Montering

9 Montering sker i omvänd arbetsordning. Avsluta med att kontrollera att ljusen fungerar som de skall och rikta in strålkastarna så snart som möjligt (se nedan).

Strålkastarjustering

10 Helt korrekt justering av strålkastarna kan endast utföras med optisk utrustning, detta skall därför endast utföras av VAG-verkstad eller annan lämpligt utrustad verkstad.
11 Justering utförs med de justeringsenheter som är monterade på ovansidan av varje ljusenhet. Hemmamekanikern kan själv göra en ungefärlig inställning med hjälp av dessa **(se bilder)**.
12 Några modeller är utrustade med ett elektroniskt styrt justeringssystem för strålkastarna som styrs via en brytare i instrumentbrädan. På dessa modeller skall du se till att brytaren är ställd till grundläget (-) innan du justerar strålkastarna.
13 På bilar med nivåreglerad bakfjädring måste styrknappen för regleringen vara ställd till läge 4. Om bilen tidigare körts med en annan inställning måste knappen vridas till läge 2 (elektronik avslagen) med tändningen påslagen. Systemet kommer sedan att ställa in sig på den normala nivåinställningen. Lasta därefter inte i eller ur bilen förrän strålkastarna är justerade.

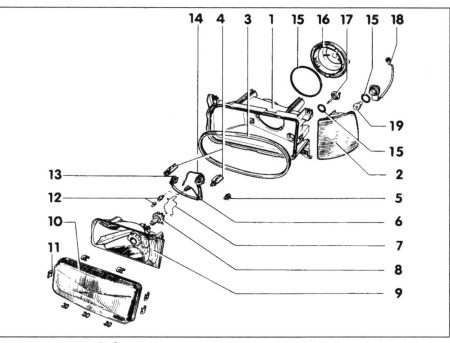

9.4 Strålkastare och sammanhörande delar – tidig modell

1 Strålkastarhus (vänster)
2 Blinkershus (vänster)
3 Tätning
4 Justergänga
5 Låsclips
6 Kabelhärva
7 Fjäderclips
8 Glödlampa (halogen) för strålkastare
9 Reflektor
10 Lins
11 Clips
12 Glödlampshållare (parkeringsljus)
13 Multikontakt
14 Anslutningshylsa för reflektorns jord
15 Tätning
16 Huv
17 Anslutningsstång
18 Blinkersledning
19 Blinkersglödlampa

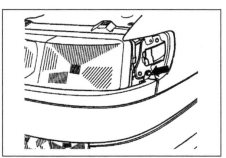

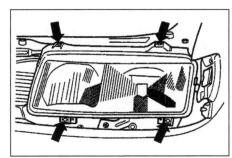

9.6 Avlägsna locket från strålkastarens sida genom att peta den framåt

9.7 Strålkastardekorens fästbult (vid pilen)

9.8 Strålkastarens fästbultar (vid pilarna)

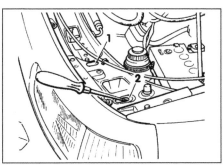

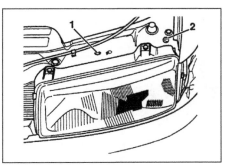

9.11a Strålkastarjusteringen sedd bakifrån (tidig typ)
A Horisontal justering
B Vertikal justering

9.11b Strålkastarjustering – horisontalt (1) och vertikalt (2) – tidig modell

9.11c Strålkastarjustering – horisontalt (1) och vertikalt (2) – senare modell

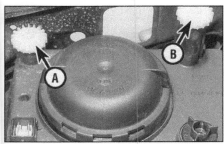

10.3 Demontering av instrumentpanelens infattning – tidig modell

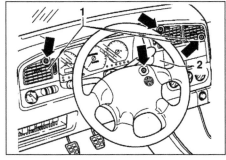

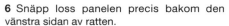

10.7 Instrumentpanelens infattningsskruvar – vid pilarna (senare modell)

1 Ventilationsgrillar   2 Dekorpanel

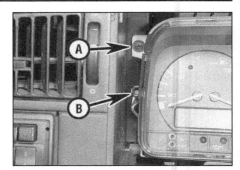

10.8a Skruva ur skruvarna (A) – lägg märke till instrumentpanelens skruvar (B) . . .

10 Instrumentpanel – demontering och montering

1 Lossa batteriets jordledning (se avsnitt 1)
2 Demontera ratten enligt beskrivning i kapitel 10.

Tidiga modeller

3 Skruva ur de två skruvarna och lossa instrumentpanelens infattning **(se bild)**.

Senare modeller

4 Ta bort de tre ventilationsgrillarna från förarsidan och det centrala utblåset.
5 Ta loss den roterande ljusomkopplaren (se avsnitt 6).

6 Snäpp loss panelen precis bakom den vänstra sidan av ratten.
7 Skruva ur de fyra skruvarna – en bakom varje ventilationsgrill och en bakom panelen som togs loss i paragraf 6 – och ta ut instrumentpanelens infattning **(se bild)**.

Alla modeller

8 Skruva ur instrumentpanelens skruv på var sida och dra ut enheten, man kan få lirka loss den från den högra sidan. När den är tillräckligt utdragen, dra ur kontakterna på baksidan av instrumentpanelen samt flerfunktionsindikatorns tryckslang (om monterad), ta sedan ut instrumentpanelen helt. På tidigare modeller utan elektronisk hastighetsmätare kommer hastighetsmätarvajern automatiskt att kopplas loss när instrumentpanelen tas bort **(se bilder)**.

9 Montering sker i omvänd arbetsordning. När instrumentbrädan placeras i läge, för in hastighetsmätarvajern så att den kopplas in.

11 Instrument – demontering och montering

1 Demontera instrumentpanelen enligt beskrivning i avsnitt 10.
2 Skruva ur höljets låsskruvar på varje sida, bänd sedan försiktigt ut clipsen mellan klädseln och höljet och ta loss höljet **(se bild)**.
3 Instrumenten sitter på plats med clips eller skruvar **(se bilder)**. Lossa clipsen/skruvarna för att ta loss instrumenten. Var försiktig så att du inte skadar kretskortet då du arbetar med instrumentpanelen.

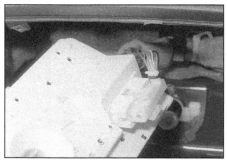

10.8b . . . dra sedan ut panelen och dra ur kontakterna

10.8c Hastighetsmätarvajerns ändstycke vid hastighetsmätaren

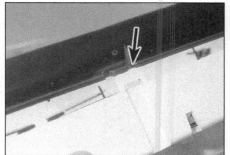

11.2 Instrumentpanelens dekorclips (vid pilarna)

11.3a Öppna clipsen . . .

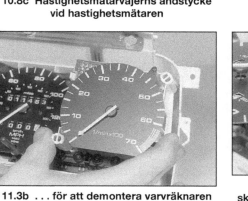

11.3b . . . för att demontera varvräknaren

11.3c Skruva ur hastighetsmätarens skruvar (elektronisk hastighetsmätare på senare modeller är intryckt i panelen)

11.4 Instrumentpanelens delar – typen flerfunktionsindikator

1 Dekor
2 Bränslemätare
3 Flerfunktionsenhet
4 Kylvätsketemperaturens mätare
5 Spänningsstabilisator
6 Varvräknare (analog klocka på bilar med låg specifikation)
   och oljetrycksvarningens styrenhet
7 Hastighetsmätare
8 Hallsändare
9 Flerfunktionsenhetens tryckgivare
10 Varningslampor - höger
11 Varningslampor - vänster
12 Kretskort
13 Glödlampor/
   hållare för
   instrumentbrädans
   belysning
14 Hus
15 Kontaktplatta till
   Hallsändare
16 Hastighetsmätarvajerns
   huv

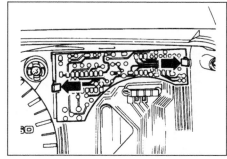

11.5 Oljetrycksvarningens styrenhet och låsklackar – vid pilarna

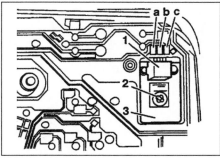

11.6 Instrumentpanelens spänningsstabilisator, visande kontakter (a, b och c)

1 Spänningsstabilisator
2 Skruv
3 Kylfläns

4 Där det finns en flerfunktionsindikator och Hallgivarenhet kan dessa tas loss genom att deras skruvar skruvas ur. Hallgivaren sitter fast på baksidan av hastighetsmätaren **(se bild)**.
5 Demontera oljetrycksvarningens styrenhet genom att ta bort den analoga klockan eller varvräknaren, bänd sedan bak klackarna och ta loss enheten från kretskortet **(se bild)**.
6 Demontera spänningsstabilisatorn genom att skruva ur skruven och dra ut enheten. När enheten monteras, se till att de tre kontaktstiften sitter i ordentligt och att skruven är ordentligt åtdragen **(se bild)**.
7 Kontaktplattan för Hallgivaren är kopplad till

hastighetsmätarvajerns huv och kan demonteras genom att de två skruvarna skruvas ur. När enheten monteras, trä den tryckta kretsen så att den inte veckas och säkra den så att den inte kan glida. Se till att plattan är klamrad under hastighetsmätarvajerns kontakt innan du drar åt skruvarna.
8 Hastighetsmätarvajerns anslutning kan tas bort genom att den vrids från sitt låsta läge och sedan dras loss **(se bild)**. Montering sker i omvänd arbetsordning.
9 För att ta loss kretskortet, koppla loss och tag ur instrumenten, flerfunktionsindikatorns tryckgivare och kontaktplatta som beskrivet tidigare. Tryck ihop klackarna som håller fast

kontaktremsan och dra försiktigt loss kontaktremsan och kretskortet. Montering sker i omvänd arbetsordning.

12 Cigarettändare –
demontering och montering

Demontering

1 Se kapitel 11 och ta bort mittkonsolen. När konsolen är tillbakadragen, dra ur kontakten från baksidan av cigarettändaren **(se bild)**.
2 Lossa försiktigt dekoren från framsidan av cigarettändarens panel **(se bild)**.

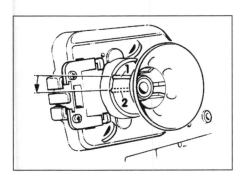
11.8 Hastighetsmätarvajerns anslutning i låst (1) och öppet (2) läge

12.1 Dra ut konsolen och dra ur kontakten . . .

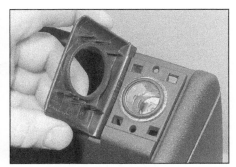
12.2 . . . avlägsna dekoren . . .

12.3a Tryck på låsklacken . . .

12.3b . . . så att cigarettändaren kan dras ut

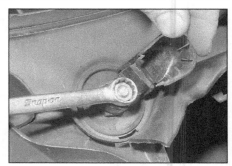

13.3a Skruva ur muttern . . .

13.3b . . . och lyft av torkararmen

13.7 Vindrutetorkarmotorns plastskydd

13.8 Vindrutetorkarens motor och kontakt

3 Sätt i en liten skruvmejsel i cigarett-tändarens hölje och tryck in låsklackarna, tryck samtidigt ut tändarenheten genom baksidan (se bilder).

Montering

4 Montering sker i omvänd arbetsordning.

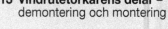

13.10a Vindrutetorkarens motor och sammanhörande delar – tidig modell

1 Mutter
2 Bricka
3 Torkararm
4 Spindelmutter
5 Plastbricka
6 Snäppring
7 O-ring
8 Fjäderbricka
9 Torkarram
10 Arm
11 Torkarmotorns fästbult
12 Mutter
13 Manöverstång
14 Vev
15 Gummidistans
16 Bricka
17 Torkarmotorns fästplattebult
18 Torkarmotor
19 Manöverstång
20 Torkargummi
21 Torkarblad
22 Fästclips

13 Vindrutetorkarens delar – demontering och montering

Torkarblad

1 Se "Veckokontroller".

Torkararmar

2 Om inte torkarna är i sitt viloläge, slå igång tändningen och låt torkarmotorn parkera automatiskt.
3 Innan en arm tas bort, markera dess "viloläge" på rutan med en remsa tejp. Ta bort skyddet och skruva ur spindelns mutter (se bilder). Ta bort brickan och ta loss armen från spindeln genom att sakta rucka den från ena sidan till den andra.
4 Montering sker i omvänd arbetsordning, men innan spindelns muttrar dras åt, placera torkarbladen enligt markeringarna som gjordes innan demonteringen.

Torkarmotorn

5 Lossa batteriets jordledning (se avsnitt 1).
6 Ta bort torkarbladen enligt beskrivning i paragraf 2 och 3.
7 Där det visar sig nödvändigt, kroka loss plastskyddet och ta loss det från motorn (se bild).
8 Dra ur kontakten från torkarmotorn (se bild).

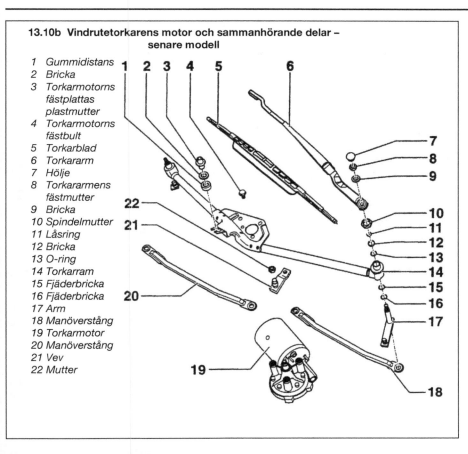

13.10b Vindrutetorkarens motor och sammanhörande delar – senare modell

1 Gummidistans
2 Bricka
3 Torkarmotorns fästplattas plastmutter
4 Torkarmotorns fästbult
5 Torkarblad
6 Torkararm
7 Hölje
8 Torkararmens fästmutter
9 Bricka
10 Spindelmutter
11 Låsring
12 Bricka
13 O-ring
14 Torkarram
15 Fjäderbricka
16 Fjäderbricka
17 Arm
18 Manöverstång
19 Torkarmotor
20 Manöverstång
21 Vev
22 Mutter

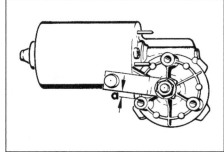

13.11a Torkarmotorns vevarm i "parkerat" läge för montering – tidig modell

a = 5 mm

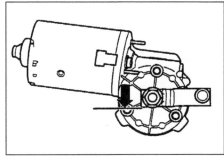

13.11b Torkarmotorns vevarm i "parkerat" läge för montering – senare modell

9 Skruva ur torkarens muttrar mellan ramen och karossen (vid torkararmens drivaxlar) och skruva loss muttern/bulten på motorns monteringsplatta. Dra ut torkarmotorn och monteringsramen.
10 Vid behov, skruva ur bulten och ta loss motorn från ramen. Om enheten skall tas isär helt, skriv ner ordningen på alla brickor och distanser etc **(se bilder)**.
11 Montering sker i omvänd arbetsordning. Smörj in kopplingsstagets lager med lite molybdendisulfidfett. Om en ny torkarmotor skall monteras måste vevarmen ställas i "viloläge" **(se bilder)**.
12 Avsluta med att kontrollera att allt fungerar.

14 Spolarsystem – allmänt

1 Alla modeller är försedda med ett spolsystem för vindrutan. Kombimodeller har även en bakrutespolare och några modeller har strålkastarspolare.
2 Spolvätskebehållaren för vindrutespolningen (och i förekommande fall strålkastar- och bakrutespolarna) är placerad i motorrummet på vänster sida. Pumpen sitter på sidan av vätskebehållaren **(se bild)**.
3 Nivån i vätskebehållaren måste regelbundet

fyllas upp med spolarvätska innehållande frostskyddsmedel, men inte av den typ som används i kylsystemet – se *"Veckokontroller"*.
4 Matarslangarna är monterade med gummilänkningar till de olika kopplingarna och vid behov kan de kopplas isär genom att de helt enkelt dras isär **(se bilder)**.
5 Vattenstrålarnas munstycken kan rengöras och justeras med en knappnål. När de är ordentligt injusterade skall strålarna spola strax över det område som torkas av torkarbladen.
6 Strålkastarnas vattenstrålar justeras bäst med ett VW-verktyg och bör därför endast justeras av en VAG-verkstad.

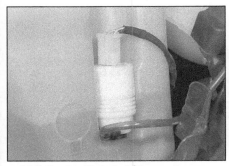

14.2 Spolarvätskebehållare och pump

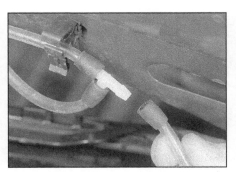

14.4a Spolarslangar och anslutningar på motorhuvens undersida

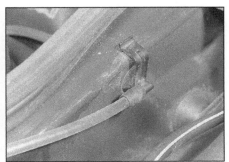

14.4b Spolarslanganslutning på torpedplåten

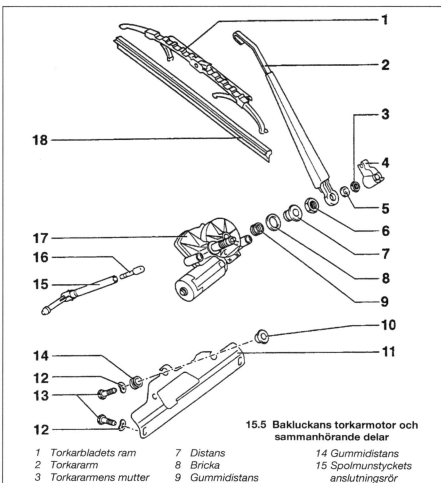

18

17

16

15

14

12

13

12

15.5 Bakluckans torkarmotor och sammanhörande delar

1 Torkarbladets ram	7 Distans	14 Gummidistans
2 Torkararm	8 Bricka	15 Spolmunstyckets
3 Torkararmens mutter	9 Gummidistans	anslutningsrör
4 Hölje	10 Bricka	16 Spolmunstycke
5 Bricka	11 Torkarmotorfäste	17 Torkarmotor
6 Spindelmutter	12 Bricka	18 Torkarbladets gummi
	13 Bult	

15 Bakluckans torkarmotor – demontering och montering

1 Lossa batteriets jordledning enligt avsnitt 1.
2 Öppna bakluckan och demontera klädseln.

16.1 Signalhornets placering, visande fästet

Ta först loss plastclipsen och sedan de andra clipsen med ett lämpligt gafflat verktyg – var försiktig så att du inte skadar klädseln eller clipsen.

3 Tag loss torkararmen och bladet enligt beskrivning i avsnitt 13, skruva sedan ur spindelns mutter och brickorna.

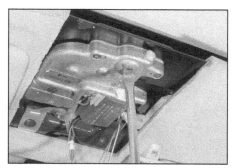

17.2 För in en skruvmejsel som visat för att stänga takluckan manuellt

4 Dra ur kontakten från torkarmotorn.
5 Skruva ur bultarna från torkarmotorns monteringsplatta och ta loss motorn komplett med monteringsplatta från bakluckan **(se bild)**.
6 Montering sker i omvänd arbetsordning. Montera torkararmen och bladet så att armen är korrekt placerad.

16 Signalhorn – demontering och montering

Demontering

1 Signalhornet sitter framtill i bilen på högra sidan, mellan den främre stötfångaren och innerskärmen **(se bild)**. Åtkomst av signal-hornet förbättras om man lossar clipsen och tar bort innerskärmen (se kapitel 11).
2 Lossa batteriets jordledning (se avsnitt 1), skruva ur signalhornets bult och dra ur kontakten.

Montering

3 Montering sker i omvänd arbetsordning. Avsluta med att kontrollera att allt fungerar som det ska.

17 Takluckans motor – demontering och montering

Stänga takluckan manuellt

1 Om motorn inte fungerar när takluckan är öppen kan den stängas manuellt. Demontera innerbelysningen och dess panel från taket för att komma åt takluckans motor.
2 Sätt i en skruvmejsel i spåret i motoraxeln, tryck den uppåt och stäng takluckan för hand **(se bild)**.

Motorbyte

3 Se till att takluckan är helt stängd – se paragraf 1 och 2 om motorn är trasig. Lossa batteriets jordledning (se avsnitt 1).
4 Om det inte redan gjorts, ta bort inner-belysningen och panelen från taket. Dra ur kontakterna från belysningens och takluckans brytare och ta bort belysningen. Skruva ur de två skruvarna för att ta bort motorns panel, tryck sedan panelen fram mot vindrutan och snäpp loss den framtill.
5 Skruva ur skruvarna och ta loss motorn. Dra sedan ur kontakterna.
6 Montering sker i omvänd arbetsordning, tänk på följande:

a) Smörj drivpinjongen med lite fett innan motorn kopplas in.

b) Som vid demontering är det viktigt att takpanelen är stängd för att ordentlig koppling ska garanteras. Om motorn aktiverades då den togs loss, eller om en ny skall monteras, måste den ställas in korrekt innan montering. Gör det genom att koppla in brytarkabeln och styra motorn till stängt läge **(se bild)**. Eftersom motorn styrs med brytaren kan motorns pinjongvarv räknas och motorn kan ställas i stängt läge och monteras.

c) Avsluta med att kontrollera att allt fungerar som det ska.

18 Centrallås – allmän information och byte av delar

1 De flesta modeller är försedda med centrallås som automatiskt låser alla dörrar och bak-/bagageluckan när endera framdörren låses. Systemet drivs av en tvåtryckspump som ger vakuum för att låsa dörrarna och tryck för att låsa upp dem **(se**

17.6 Justeringslägen för takluckans motorpinjong

1 Takluckans reglage
2 Takluckans motorpinjong

A (lutningsstopp) till 0: två varv
B (skjutstopp) till 0: nio varv
0 Stängd

bilder). Förutom centrallåsets placerare och pump är låsen identiska med de som finns på modeller utan centrallås – se kapitel 11.
2 Skulle det bli ett fel i systemet skall först slangarna kontrolleras. En läcka kommer att göra att pumpen kommer att gå längre än 35 sekunder, sedan kommer en intern kontrollenhet att automatiskt stänga av motorn.

Placerare

3 För att komma åt centrallåsets placerare, demontera klädseln från framdörren, bak-/bagageluckan eller bagageutrymmet (vilket som passar) – se kapitel 11.
4 Tryck ihop låsclipset och ta loss kabeln från placeraren **(se bild)**.

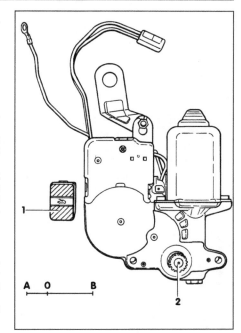

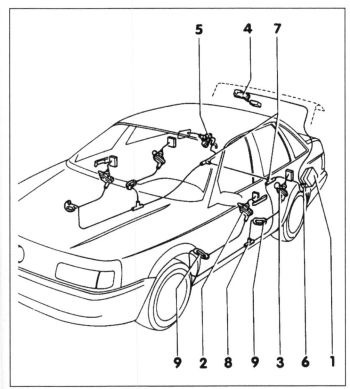

18.1a Centrallåsets krets och delar – sedan

1 Tvåtryckspump	4 Bagageluckans placerare	7 T-stycke
2 Framdörrens placerare	5 Tanklocksluckans placerare	8 T-stycke
3 Bakdörrens placerare	6 T-stycke	9 Röranslutning (från februari 1989)

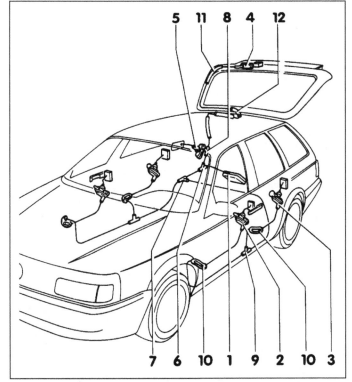

18.1b Centrallåsets krets och delar – kombi

1 Tvåtryckspump	4 Bakluckans placerare	9 T-stycke
2 Framdörrens placerare	5 Tanklocksluckans placerare	10 Röranslutning (från februari 1989)
3 Bakdörrens placerare	6 T-stycke	11 Skumgummirör
	7 T-stycke	12 Bälgrör
	8 T-stycke	

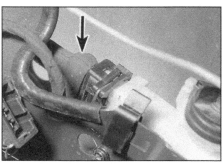

18.4 Centrallåsets placerare och kontakt (vid pilarna) – framdörr

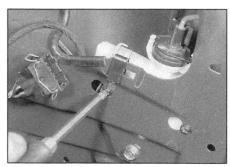

18.5a Skruva ur skruvarna . . .

18.5b . . . lossa styrstången . . .

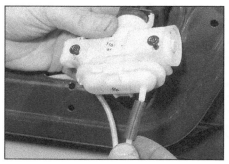

18.5c . . . dra ut placeraren och lossa slangen

18.9 Placering för centrallåsets tvåtryckspump – kombi

18.11 Tvåtryckspump visande hus, kontakt och slanganslutning – sedan

5 Lossa skruvarna och flytta enheten för att ta bort den från skruvskallarna, koppla sedan bort styrstången och vakuumslangarna. Ta bort placeraren **(se bilder)**.

6 Tanklocksluckans styrning sitter bakom den högra panelen i bagageutrymmet och kan tas loss genom att man lossar slangen från placeraren, styrstången och skruven.

7 Montering sker i omvänd arbetsordning. Kontrollera att allt fungerar som det ska innan klädseln monteras.

Tvåtrycks pump

8 På sedanmodeller, demontera klädseln på vänstra sidan av bagageutrymmet och ta ut pumpen.

9 På kombimodeller, lyft upp bakre golv-

mattan till höger och lyft ur pumpen från försänkningen i golvet **(se bild)**.

10 Lossa fästbandet och öppna behållaren för att komma åt pumpen.

11 Dra ur kontakten och vakuumslangen och ta sedan loss pumpen **(se bild)**.

12 Montering sker i omvänd arbetsordning. Kontrollera att allt fungerar som det ska innan du monterar isoleringen och klädseln/-golvmattan.

19 Ljudanläggning – demontering och montering

Observera: *Detta avsnitt gäller endast standardutrustning.*

Demontering

1 Ljudanläggningen sitter med speciella monteringsclips. Dessa kräver särskilda verktyg som skickas med bilen eller också kan de köpas från en specialistaffär. Alternativt går det att tillverka ett sådant verktyg själv **(se bild)**.

2 Lossa batteriets jordledning – se avsnitt 1.

Tidiga modeller

3 Sätt i urdragningsstängerna i hålen på var sida av ljudanläggningen så att fjäderclipsen släpper **(se bild)**.

Senare modeller

4 För in verktygen i spåren på var sida om ljudanläggningen så att de kommer på plats **(se bild)**.

19.1 Demonteringsverktyg för senare typ av ljudanläggning

19.3 Urdragning av ljudanläggning med speciella stänger

19.4 För in demonteringsverktygen i spåren på ljudanläggningens front och dra ut enheten

Alla modeller

5 Dra ut ljudanläggningen ur monterings-kassetten, koppla sedan ur alla högtalare, elkablar och antennkontakter. Vissa ljud-anläggningar har även en säkring på baksidan **(se bild)**.

Montering

6 Montering sker i omvänd arbetsordning, tryck in ljudanläggningen helt i kassetten så att monteringsclipsen läggs an. Om ljudan-läggningen är skyddskodad är det nödvändigt att knappa in koden innan ljudanläggningen slås på.

20 Antenn – demontering och montering

Framskärmsmonterad antenn

Demontering

1 Se kapitel 11 och ta loss innerskärmen på den aktuella sidan.
2 Skruva ur antennens fästbult **(se bild)**.
3 Beroende på antenntyp kan det vara möjligt att koppla bort kabeln längst ner på antennen för att lättare komma åt muttern. Om så inte är fallet, håll kabeln åt sidan då muttern skruvas ur.
4 Om antennkabeln inte kan kopplas loss från

19.5 Ljudanläggningens kontaktblock – observera säkringen (vid pilen)

antennen måste ljudanläggningen demon-teras (se avsnitt 19). Koppla bort antenn-kabeln från ljudanläggningens baksida och knyt en bit snöre runt den för att säkra den. Gå sedan tillbaka till framskärmen och dra försiktigt antennen och antennkabeln genom skärmen. I största möjliga utsträckning, anteckna hur kabeln dragits allt eftersom du drar ut den. När kabeln kommer ut, lossa snöret och lämna den i läge så att snöret kan användas för att dra tillbaka antennkabeln in i bilen vid monteringen.
5 Om antennkabeln kan tas loss från antennen, lossa den från antennen och knyt fast den så att den inte faller ner i bilen.

Montering

6 Montering sker i omvänd arbetsordning. Vid

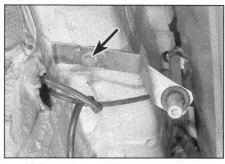

20.2 Antenn och fästbult – vid pilen (under framskärmen)

behov, använd snöret för att dra tillbaka antennen in i bilen. Dra åt stödbulten ordentligt. Lägg märke till att fästet ger antennjordning, varför den behöver rengöras och sitta tätt. Montera innerskärmen enligt beskrivning i kapitel 11.

Takantenn

7 För att komma åt antenninfästningen måste man sänka innertaket baktill. Demontering av innertaket är normalt sett en uppgift som är ganska krånglig, varför det rekommenderas att det görs av en VAG-verkstad. Om du känner att arbetet kan utföras utan problem är proceduren annars rätt lik den för skärm-monterade antenner. De takmonterade antenndelarna visas i bilden – antennkabeln är tvådelad och delarna möts bakom instrument-brädan till höger om vindrutestolpen **(se bild)**.

Bakrutemonterad antenn

8 På vissa modeller är antennen av typen bandelement, fastlimmad på bakrutan (allde-les ovanför värmeelementet). För att förbättra mottagningen finns en signal-förstärkare monterad **(se bild)**. Om detta element går sönder skall det endast repareras eller bytas ut på en VAG-verkstad.
9 Vid behov kan förstärkaren tas bort genom att elkablarna och antennkabelns kontakter lossas från enheten, skruva sedan ur skruven (som även låser fast enhetens jordkabel). Montering sker i omvänd arbetsordning. Se till att alla jordkopplingar är rena.

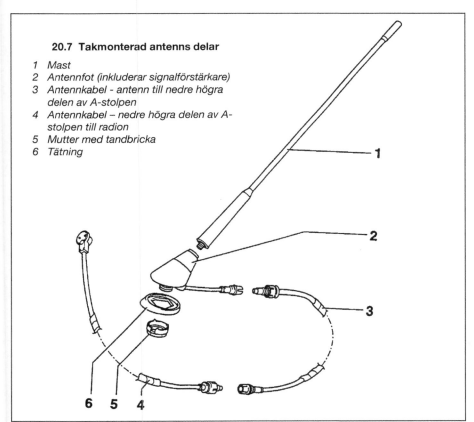

20.7 Takmonterad antenns delar

1 *Mast*
2 *Antennfot (inkluderar signalförstärkare)*
3 *Antennkabel - antenn till nedre högra delen av A-stolpen*
4 *Antennkabel – nedre högra delen av A-stolpen till radion*
5 *Mutter med tandbricka*
6 *Tätning*

20.8 Förstärkare till bakfönstermonterad antenn

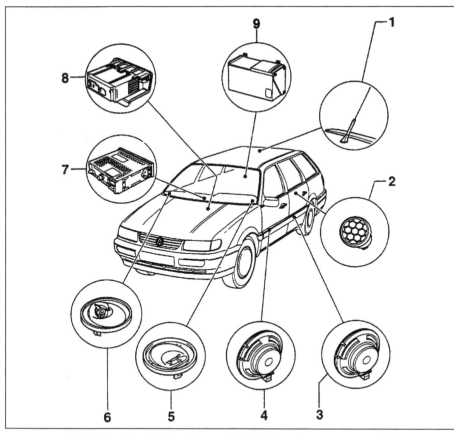

21.5a Tidiga dörrmonterade bashögtalare visande tre av de fyra skruvarna bakom (vid pilarna)

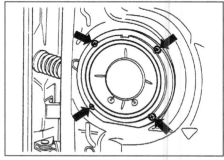

21.5b Skruvar (vid pilarna) till senare dörrmonterade bashögtalare skruvas ur framifrån

21.1 Placering för högtalare och ljudanläggning – senare modell

1 Takantenn	4 Fullfrekvens ("bas")	7 Radio/bandspelare
2 Diskanthögtalare	högtalare	8 Förvaringslåda för
3 Fullfrekvens ("bas")	5 Diskanthögtalare	kassetter
högtalare	6 Diskanthögtalare	9 CD-växlare

21 Högtalare – demontering och montering

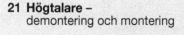

1 Beroende på modell kan högtalarna sitta på instrumentbrädan, i dörrsidorna, hatthyllan eller sidoklädseln (se bild).

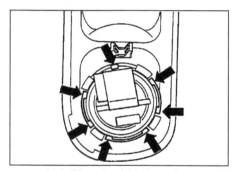

21.6 Fästclips (vid pilarna) till dörrmonterade diskanthögtalare

Instrumentbrädesmonterade högtalare

2 Bänd försiktigt bort högtalarens grill. Var försiktig så att du inte skadar instrumentbrädan.
3 Högtalaren kan nu tas ut ur instrumentbrädan. Dra ur kontakten och ta loss högtalaren från bilen.
4 Montering sker i omvänd arbetsordning. Lägg märke till markeringarna som visar hur högtalarna skall monteras på baksidan.

21.8a Hatthyllemonterade högtalare (sedan) visande fästclips (vid pilarna)

Dörrmonterade bashögtalare

5 För att ta loss en dörrmonterad bashögtalare, demontera klädseln enligt beskrivning i kapitel 11. Vid behov, snäpp loss högtalarens skydd från dörrpanelen. Skruva ur skruvarna, dra ur kontakterna och ta bort högtalaren (se bilder).

Dörrmonterad diskanthögtalare

6 Bänd försiktigt loss dörrens handtagsinfattning. Diskanthögtalarna är fästa med clips – lossa dessa, dra ur kontakterna och tag loss högtalaren (se bild).
7 Montering sker i omvänd arbetsordning. Lägg märke till monteringsanvisningarna på högtalarens baksida.

Hatthyllemonterade högtalare

8 För demontering av hyllmonterade högtalare på sedanmodeller, sträck in handen under högtalaren och tryck ihop låsclipset, tryck sedan upp högtalaren genom monteringspanelen (se bilder). Dra ur kontakterna.
9 För att ta bort de hyllmonterade högtalarna på kombimodeller, ta loss klädseln i bagageutrymmet på den aktuella sidan. Lossa högtalaren från monteringspanelen och dra ur kontakterna.
10 Montering sker i omvänd arbetsordning. Lägg märke till monteringsanvisningarna på högtalarens baksida.

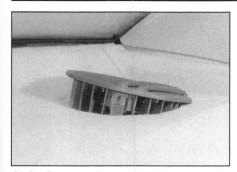

21.8b Demontering av hatthyllemonterade högtalare (sedan)

22 Krockkuddar –
allmän information
och föreskrifter

 Varning: Innan du gör något åt krockkuddarna, lossa batteriets jordledning. När du är klar, se till att ingen befinner sig i bilen när batteriet kopplas in igen.

Observera att krockkudden/ krockkuddarna inte får utsättas för temperaturer över 90°C. När krockkudden demonterats, se till att den förvaras med rätt sida upp för att förhindra att den blåses upp.

Låt inga lösningsmedel eller rengöringsmedel komma i kontakt med krockkudden. De får endast rengöras med en fuktig trasa.

Krockkuddarna och styrenheterna är stötkänsliga. Om de tappas eller skadas måste de bytas ut.

Koppla bort krockkuddens styrenhets kontakt om någon form av elsvetsning utförs på bilen.

På Passats senare modeller finns krockkudde både på förarsidan och passagerarsidan som standard. På tidigare modeller fanns krockkudde på passagerarsidan som extra tillbehör. Modeller som endast försetts med krockkudde på förarsidan har ordet AIRBAG stämplat på enheten som sitter i mitten av ratten. Modeller som även försetts med krockkudde på passagerarsidan har en stämpel på den sidan av instrumentbrädan vid handskfacket. Systemet för krockkudden består av krockkudden (komplett med gasgenerator), en stötgivare, styrenheten och en varningslampa i instrumentbrädan.

Systemet löser ut om en frontalkrock sker med en kraft som överstiger ett förbestämt värde, beroende på var krocken sker. Krockkudden blåses upp inom ett par millisekunder och bildar en luftkudde mellan föraren och

ratten eller (där den finns monterad) passageraren och instrumentbrädan. Detta förebygger kontakt mellan överkroppen och ratten/instrumentbrädan och minskar därmed risken för skador. Krockkudden töms sedan omedelbart på luft.

Varje gång tändningen slås på utför krockkudden ett självtest. Självtestet tar cirka tre sekunder och under den tiden lyser krockkuddens varningslampa. Efter självtestets avslutning skall lampan slockna. Om varningslampan inte slås på eller inte slocknar efter självtestet, eller tänds då bilen körs, är det fel på krockkudden. Bilen måste då så fort som möjligt tas till en VAG-verkstad för undersökning

23 Krockkuddar –
demontering och montering
av komponenter

Observera: Se varningarna i avsnitt 22 innan du utför följande arbeten.
1 Lossa batteriets jordledning (se avsnitt 1).

Förarsidans krockkudde
Observera: Nya låsskruvar behövs för montering.
2 För förbättrad åtkomst, skruva ur skruvarna och ta bort rattstångskåporna.
3 Skruva ur de två insexskruvarna från baksidan av ratten, vrid på ratten vid behov för att kunna komma åt skruvarna.
4 För tillbaka ratten till läge rakt fram, lyft sedan ur krockkudden från ratten och dra ur kontakten från enhetens baksida. Observera att krockkudden inte får stötas eller tappas och att den måste förvaras med rätt sida upp.
5 Vid montering, koppla ihop kontakterna och placera krockkudden i ratten, se till att kablarna inte fastnar, skruva i de nya låsskruvarna och dra åt dem ordentligt. Slå på tändningen, anslut **därefter** batteriets jordledning.

Passagerarsidans krockkudde
6 Lossa och ta bort de nedre låsskruvarna på instrumentbrädan på passagerarsidan. För panelen nedåt för att lossa dess övre låsclips och ta bort den från instrumentbrädan.
7 Skruva ur skruvarna på krockkuddens nedre del.
8 För krockkudden nedåt för att lossa de övre styrstiften från monteringsramen. Ta bort krockkudden från instrumentbrädan, dra ur kontakterna vartefter du kommer åt dem. Ta reda på styrstiften från monteringsramen.
9 Vid montering, se till att styrstiften är ordentligt isatta i monteringsramen och manövrera sedan krockkudden på plats och koppla in kontakten.
10 Placera krockkuddens styrstift korrekt och

skruva sedan dit skruvarna, dra åt dem ordentligt.
11 Montera tillbaka den nedre instrumentbrädan.
12 Slå på tändningen, anslut **därefter** batteriets jordledning.

Krockkuddens styrenhet
13 Ingen information finns ännu tillgänglig om styrenheten.

Krockkuddens kontaktenhet
14 Demontera ratten enligt beskrivning i kapitel 10.
15 Var försiktig så att du inte vrider kontaktenheten, skruva ur de tre låsskruvarna och ta bort enheten från ratten.
16 Vid montering, passa in enheten i ratten och dra åt låsskruvarna ordentligt. Om en ny kontakt monteras, klipp av kabelbanden som finns med för att förhindra att enheten oavsiktligt vrids.
17 Montera ratten enligt beskrivning i kapitel 10.

24 Larmsystem –
allmän information

Observera: Denna information gäller bara om din bil är försedd med det larm som monterats av VW som standardutrustning.

Senare modeller är försedda med ett larmsystem som standardutrustning. Larmet har kontakter på alla dörrar (inklusive bak-/bagageluckan), motorhuven och tändningslåset. Om motorhuven, bak-/bagageluckan eller någon av dörrarna öppnas eller om tändningen slås på när larmet är aktivt kommer signalhornet att tuta och varningsblinkersen att blinka. Larmet har också en startspärrfunktion som gör att tändningen (bensinmotorer) eller bränsletillförseln (dieselmotorer) inte fungerar medan larmet är aktivt.

Larmet använder förar- eller passagerardörrens lås för att aktivera/deaktivera. Håll helt enkelt nyckeln i låsningsläge tills dess att varningslampan nära låset börjar blinka. Larmet kommer sedan att övervaka alla brytarna ungefär 30 sekunder efter det.

När larmet är aktiverat men bak-/bagageluckan är upplåst, kommer låsbrytaren att stängas av automatiskt men brytarna i dörrarna och motorhuven kommer att vara aktiva. När bak-/bagageluckan sedan stängs och låses kommer brytarna att aktiveras.

Skulle larmet gå sönder måste bilen tas till en VAG-verkstad för underökning. De har tillgång till speciell diagnostisk testutrustning som snabbt kan spåra ett fel i systemet.

25 Uppvärmda framsäten – demontering och montering av delar

Värmemattor

1 På modeller försedda med uppvärmda framsäten finns en värmekudde monterad i stoppningen på båda sätena. Byte av endera värmekudden innebär att den måste friläggas från stoppningen. Ta bort den gamla värmekudden, lägg in en ny och ordna sedan till stoppningen. Observera att demontering och montering av stoppningen kräver en del skicklighet och därför endast bör utföras av en VAG-verkstad. I praktiken är det för svårt att göra själv utan att förstöra sätet.

Brytare för uppvärmda säten

2 Lossa batteriets jordledning (se avsnitt 1).
3 Använd en lämplig skruvmejsel för att försiktigt bända bort den lilla blindplåten från sidan av brytarenheten.
4 Bänd försiktigt bort brytarenheten och dra ur kontakten.
5 Montering sker i omvänd arbetsordning.

Komponentförteckning till kopplingsscheman

Nr	Beskrivning
A	Batteri
B	Startmotor
C	Generator
C1	Spänningsregulator
D	Tändningslås
E	Belysningskontakt
E1	Belysningskontakt
E2	Blinkerskontakt
E3	Varningsblinkers, kontakt
E4	Hel/halvljusomställare och helljusblink, kontakt
E9	Friskluftsfläkt, kontakt
E15	Uppvärmd bakruta, kontakt
E19	Parkeringsljus, kontakt
E20	Instrumentbrädans belysningsreglage
E22	Repetativ vindrutetorkarkontakt
E23	Dimljuskontakt
E39	Isolationskontakt, elhissar
E40	Elhisskontakt, vänster fram
E41	Elhisskontakt, höger
E43	Spegelinställningskontakt
E45	CCS kontakt
E48	Spegeljustering, omkopplingskontakt
E52	Elhisskontakt, vänster bak, i dörren
E53	Elhisskontakt, vänster bak
E54	Elhisskontakt, höger bak, i dörren
E55	Elhisskontakt, höger bak
E81	Elhisskontakt, höger fram
E86	Återkallningsknapp, flerfunktionsindikator
E102	Strålkastarinställning, justering
E109	Minneskontakt, flerfunktionsindikator
F	Bromsljuskontakt
F1	Oljetryckskontakt
F2	Dörr öppen/stängd, strömbrytare, vänster fram
F3	Dörr öppen/stängd, strömbrytare, höger fram
F4	Backljuskontakt
F5	Bagageutrymmesbelysning, kontakt
F8	Kickdownkontakt
F9	Handbromsindikationskontakt
F10	Dörr öppen/stängd, strömbrytare, vänster bak
F11	Dörr öppen/stängd, strömbrytare, höger bak
F18	Kylarfläkt, termokontakt
F22	Oljetryckskontakt
F25	Trottelventil, kontakt
F26	Termotidkontakt
F34	Bromsvätskenivåvarning, kontakt
F35	Termotidkontakt för insugsrörets förvärmare
F36	Kopplingspedal, kontakt

Nr	Beskrivning
F47	Bromspedal, kontakt
F59	Centrallås, kontakt
F60	Tomgångskontakt
F66	Låg kylvätskenivå, kontakt
F81	Full-trottelkontakt
F87	Termokontakt för fläktdrivning efter tändningens avstängning
F93	Membrantryck, kontakt
F96	Höjdmätare
F114	Centrallås, kontakt (passagerardörren)
F130	Tryckkontakt bränslepumpens drivning efter tändningens avstängning
F131	Positionsenhet för centrallås, vä fram
F132	Positionsenhet för centrallås, vä bak
F133	Positionsenhet för centrallås, hö fram
F134	Positionsenhet för centrallås, hö bak
F166	Deltrottelkontakt för EGR
G	Bränslemätargivare
G1	Bränslemätare
G2	Kylvätsketemperaturgivare
G3	Kylvätsketemperaturmätare
G4	Tändningspunktgivare
G5	Varvtalsräknare
G6	Bränslepump
G8	Oljetemperaturgivare
G17	Temperaturgivare för omgivade luft
G19	Potettiometer för luftflödesmätare
G21	Hastighetsmätare
G22	Hastighetsmätaregivare, Hallgivare på växellåda
G23	Bränslepump
G27	Motortemperaturgivare
G28	Motorvarvtalsgivare
G32	Givare för låg kylvätskenivå
G39	Lambda sond med värmare
G40	Hall givare
G42	Inkommande luft, temperaturgivare
G54	Hastighetsgivare för flerfunktionsindikator/radio (GALA)/automatisk farthållare
G55	Tryckgivare för flerfunktionsindikator
G61	Knackningsgivare 1
G62	Kylvätsketemperaturgivarenhet
G66	Knackningsgivare 2
G68	Fartgivare
G69	Trottelventilpotentiometer
G70	Luftmassemätare
G72	Insugsrörets temperaturgivare
G74	CO-potentiometer
G79	Trottelns positionsgivare
G80	Nållyftsgivare
G81	Bränsletemperaturgivare
G127	Trottelventilpotentiometer
G149	Moduleringskolv, rörelsegivare
H	Signalhornsstyrning

Nr	Beskrivning
H1	2-signalshorn
H3	Oljetrycksvarningssummer
H11	Oljetrycksvarningssummer
J2	Blinkers/varningsblinkersrelä
J4	2-signalshorn, relä
J5	Dimljusrelä
J6	Spänningsstabilisator
J17	Bränslepumpsrelä
J30	Bakre spolare/torkare, relä
J31	Repetativ spolare/torkare, relä
J52	Glödstiftsrelä
J59	X-kontaktrelä
J81	Insugsrörets förvärmarrelä
J88	Styrenhet för elektronisk tändning, i luftlådan vänster
J104	ABS (låsningsfria bromsar) styrenhet
J114	Oljetrycksvarning, styrenhet
J119	Flerfunktionsindikator
J120	Styrenhet för kylvätskebristindikator
J138	Styrenhet för kylarfläktsdrivning efter tändningens avstängning
J139	Styrenhet för elhissar
J152	Sidoljus, varningssummer
J159	Styrenhet för tomgångshastighetsstabilisering och överhettningsavstängning, avsnför säkringsdosa
J169	Styrenhet för Digifant I luftlådan, vä
J176	Strömmatning för Digifant styrenhet
J179	Glödperiodstyrenhet, på extra hållare, bakom instrumentpanel, vänster
J202	Mono-Jetronic styrenhet
J204	KE-Motronic styrenhet, i luftlådan hö
J206	Relä för bränslepumpdrivning efter tändningens avstängning
J208	Relä för värmare till Lambdasond
J220	Styrenhet för Motronic i luftlådan, mitten
J248	Diesel styrenhet för direktinsprutning, i luftlåda, höger
J257	Mono-Motronic styrenhet, i luftlåda, hö
J285	Styrenhet med displayenhet i instrumentpanel
J317	Spänningsmatarrelä, terminal 30
J325	Kylvätskevärmarelä, på torpedplåt vä
J338	Trottelventil, styrdel
J361	Simos styrenhet, i luftlådan, höger
J362	Immobiliseringsstyrenhet, bakom instrumentpanelen, vänster
J363	Simos strömmatarrelä
K1	Helljus, indikationslampa
K2	Generator, varningslampa
K3	Oljetrycksvarningslampa
K4	Sidoljus, indikationslampa
K5	Blinkers indikationslampa

Nr	Beskrivning
K6	Varningsblinkers, indikationslampa
K7	2-kretsbromsar/handbromsindikations- lampa
K10	Uppvärmd bakruta, indikationslampa
K13	Bakre dimljus, indikationslampa
K28	Kylvätsketemperatur/låg nivå, varningslampa
K29	Glödperiod, varningslampa
K55	Blinkers indikationslampa, vänster
K83	Självdiagnostik, varningslampa
K94	Blinkers indikationslampa, höger
L1	Strålkastarglödlampa med dubbel lystråd, vänster
L2	Strålkastarglödlampa med dubbel lystråd, höger
L8	Klockbelysning
L9	Belysningsreglagelampa
L10	Instrumentpanel, lampa
L15	Askkoppsbelysning
L16	Friskluftsregleringbelysning
L19	Växelväljarindikator, glödlampa
L28	Cigarettändare, belysning
L39	Uppvärmd bakruta, reglagebelysning
L40	Dimljus, reglagebelysning
L46	Bakre dimljus, glödlampa, vänster
L48	Bakre askkoppsbelysning
L53	Elhissar, reglagebelysning
L66	Kassettförvaringsbelysning
L75	Digital display, belysning
M1	Parkeringsljus, vänster
M2	Bakljus, höger
M3	Parkeringsljus, höger
M4	Bakljus, vänster
M5	Blinkers, vänster fram
M6	Blinkers, vänster bak
M7	Blinkers, höger fram
M8	Blinkers, höger bak
M9	Bromsljus, glödlampa, vänster
M10	Bromsljus, glödlampa, höger
M16	Backljus, vänster
M17	Backljus, höger
M18	Sidoblinkers, vänster
M19	Sidoblinkers, höger
M21	Broms-/bakljus, vänster
M22	Broms-/ bakljus, höger
N	Tändspole
N9	Uppvärmningsventil
N10	Temperaturgivare
N17	Kallstartventil
N18	EGR-ventil
N23	Seriemotstånd för friskluftsfläkt
N24	Seriemotstånd m överhettningssäkring
N30	Bränsleinsprutare, cylinder nr 1
N31	Bränsleinsprutare, cylinder nr 2
N32	Bränsleinsprutare, cylinder nr 3
N33	Bränsleinsprutare, cylinder nr 4
N34	Insprutarseriemotstånd
N35	Spegeljusterarsolenoid, förarsidan
N41	TCI-H styrenhet
N42	Spegeljusterarsolenoid, pass. sidan
N51	Insugsrörets förvärmningselement
N65	Överhettningsavstängningsventil
N70	Sista slutsteget för tändsystem
N71	Styrventil för tomgångsstabilisering
N73	Differentialtrycksregulator
N75	Laddtrycksbegränsning, solenoidventil

Nr	Beskrivning
N79	Värmarelement (vevhusventilator)
N80	Solenoidventil, aktiverat kolfilter
N108	Ventil för insprutningsstart
N109	Bränsleavstängningsventil
N113	Vindrutespolarmunstycken, värmare
N114	Tändningsinställning, justerstyrventil
N115	Solenoid avstängningsventil, aktiverat kolsystem
N123	Lägesgivare för tomgångshastighet
N146	Kvantitetsjusterare
N152	Tändningstransformerare
N156	Insugsrörets omkopplingsventil
N157	Tändningstransformatorns slutsteg
N161	Tvåvägsventil för avgasåtercirkulation
N165	Lägesgivare för insprutningsstart
O	Fördelare
P	Tändstiftsanslutare
Q	Tändstift
Q6	Glödstift
Q7	Kylvätskevärmarelement
R	Anslutning för radio
S24	Överhettningssäkring
S39	Lamellsäkring till glödstift, torpedplåt vä
S43	Elhissar, säkring
S78	Kylvätskepump, säkring
S104	Kylarfläkt, säkring
S105	Kylarfläkt, säkring
S109	Kylvätskevärmarelement, lamellsäkring
T1	Singelanslutning, olika platser
T1a	Singelanslutning, olika platser
T1b	Singelanslutning, bakom säkringsdosa
T1c	Singelanslutning, olika platser
T1d	Singelanslutning, bakom säkringsdosa
T1e	Singelanslutning, bakom säkringsdosa
T1f	Singelanslutning, olika platser
T1g	Singelanslutning, olika platser
T1h	Singelanslutning, olika platser
T1i	Singelanslutning, bakom säkringsdosa
T1k	Singelanslutning, olika platser
T1l	Singelanslutning, i luftlådan, höger
T1n	Singelanslutning, nära vä strålkastare
T1o	Singelanslutning, bakom instrumentpanel, mitten
T1r	Singelanslutning, bakom säkringsdosa
T1s	Singelanslutning, bakom säkringsdosa
T1t	Singelanslutning, under baksätet, mitten
T1u	Singelanslutning, nära spolen
T1v	Singelanslutning, bakom säkringsdosa
T1w	Singelanslutning, olika platser
T1x	Singelanslutning, nära tändspolen
T1y	Singelanslutning, självdiagnostik- anslutning, bakom konsol
T2	2-stiftsanslutning, olika platser
T2a	2-stiftsanslutning, olika platser
T2b	2-stiftsanslutning, olika platser
T2c	2-stiftsanslutning, olika platser
T2d	2-stiftsanslutning, olika platser
T2e	2-stiftsanslutning, olika platser
T2f	2-stiftsanslutning, olika platser
T2g	2-stiftsanslutning, olika platser
T2h	2-stiftsanslutning, olika platser
T2i	2-stiftsanslutning, bakom säkringsdosa
T2j	2-stiftsanslutning, nära avgasröret
T2k	2-stiftsanslutning, bakom säkringsdosa
T2l	2-stiftsanslutning, till vänster om torpedplåten

Nr	Beskrivning
T2m	2-stiftsanslutning, olika platser
T2n	2-stiftsanslutning, bakom säkringsdosa
T2p	2-stiftsanslutning, bakom säkringsdosa
T2r	2-stiftsanslutning, på friskluftsfläktens seriemotstånd
T2s	2-stiftsanslutning, i bagageutrymme, vä
T2x	2-stiftsanslutning, olika platser
T2y	2-stiftsanslutning, olika platser
T2z	2-stiftsanslutning, olika platser
T3	3-stiftsanslutning, olika platser
T3a	3-stiftsanslutning, olika platser
T3b	3-stiftsanslutning, nära främre passagerarutrymmeslampan
T3c	3-stiftsanslutning, olika platser
T3d	3-stiftsanslutning, olika platser
T3e	3-stiftsanslutning
T3f	3-stiftsanslutning
T3g	3-stiftsanslutning, olika platser
T3h	3-stiftsanslutning, olika platser
T3i	3-stiftsanslutning, till vä i motorrummet
T3m	3- tiftsanslutning, olika platser
T3n	3-stiftsanslutning, olika platser
T3p	3-stiftsanslutning, främre pass. dörren
T3q	3-stiftsanslutning, främre pass. dörren
T4	4-stiftsanslutning, nära avgasröret
T4a	4-stiftsanslutning, olika platser
T4b	4-stiftsanslutning, bakom säkringsdosa
T4c	4-stiftsanslutning, bakom rattstångspanel
T4d	4-stiftsanslutning, under rattstångspanel
T4e	4-stiftsanslutning, vänster strålkastare
T4f	4-stiftsanslutning, olika platser
T4h	4-stiftsanslutning, bakom rattstångspanel
T4l	4-stiftsanslutning, bakom säkringsdosa
T5	5-stiftsanslutning, olika platser
T5a	5-stiftsanslutning, olika platser
T5b	5-stiftsanslutning, bakom rattstångspanel
T5c	5-stiftsanslutning, bakom rattstångspanel
T5d	5-stiftsanslutning, i bak-/bagagelucka
T5e	5-stiftsanslutning
T5f	5-stiftsanslutning, nära säkringsdosan i vänster A-stolpe
T6	6-stiftsanslutning, olika platser
T6a	6-stiftsanslutning, olika platser
T6b	6-stiftsanslutning, olika platser
T6e	6-stiftsanslutning, till vänster om torpedplåt
T6f	6-stiftsanslutning, bakom säkringsdosa
T6l	6-stiftsanslutning
T6m	6-stiftsanslutning, i B-stolpe
T6n	6-stiftsanslutning, i B-stolpe
T7a	7-stiftsanslutning, bakom rattstångspanel
T8	8-stiftsanslutning, olika platser
T8a	8-stiftsanslutning, olika platser
T8b	8-stiftsanslutning, olika platser
T8c	8-stiftsanslutning
T12	12-stiftsanslutning
T16	16-stiftsanslutning
T17	17-stiftsanslutning
T18	18-stiftsanslutning
T24	24- stiftsanslutning, på topplocket, vä
T28	28-stiftsanslutning, olika platser

Nr	Beskrivning
T28a	28-stiftsanslutning, på topplocket, vä
T45	45-stiftsanslutning
T42	42-stiftsanslutning, på topplocket, vä
T38	38-stiftsanslutning
T68	68-stiftsanslutning
TV2	Terminal 30 koppling, bakom säkringsdosa
TV5	Terminal 15a kopplingslåda, ovanför säkringsdosa
TV13	Hastighetssignalskoppling, ovanför säkringsdosa
TV14	Självdiagnostik funktionslåda, bakom konsol
TV17	Dörr öppen/stängd strömbrytare, kopplingslåda, ovanför säkringsdosan
U1	Cigarettändare

Nr	Beskrivning
V	Vindrutetorkarmotor
V2	Friskluftsfläkt
V5	Vindrutespolarpump
V7	Kylarfläkt
V12	Torkarmotor
V14	Fönsterhissmotor, vänster
V15	Fönsterhissmotor, höger
V17	Spegeljusteringsmotor, förarsidan
V25	Spegeljusteringsmoto, passagerarsidan
V26	Fönsterhissmotor, vänster bak
V27	Fönsterhissmotor, höger bak
V48	Strålkastarinställningsmotor, vänster
V49	Strålkastarinställningsmotor, vänster
V50	Vattenpump
V59	Spolarvätskepump
V60	Trottelventillägesgivare

Nr	Beskrivning
V69	Centrallåspump, styrenhet
W	Innerbelysning fram
W3	Bagagesutrymmesbelysning
W6	Handskfacksbelysning
W11	Läslampa, vänster bak
W12	Läslampa, höger bak
W15	Innerbelysning
X	Nummerskyltsbelysning
Y2	Digital klocka
Y4	Trippmätare
Z1	Uppvärmd bakruta
Z4	Uppvärmd spegel, förarsidan
Z5	Uppvärmd spegel, passagerarsidan
Z20	Vindrutespolarmunstycken, värmare
Z21	Vindrutespolarmunstycken, värmare, hö

Jordanslutningar (siffra i cirkel i kopplingsschemat)

Nr	Beskrivning
1	Batteriets jordfläta
2	Växellådans jordfläta
12	Nära batteriet
14	Växellåda
15	Topplock
16	Topplockskåpa
17	Insugsrör
18	Motorblock
29	Nära topplock/avgasgrenrör
30	Säkringsdosa
40	Under baksätet, höger
43	I botten av höger A-stolpe
50	Till vänster i bagageutrymmet
51	Till vänster i bagageutrymmet

Nr	Beskrivning
80	Instrumenkabelage
86	Bakre kabelage
89	Elhissar, kabelage
94	Digifant kabelage
98	Bagageluckans kabelage
101	Strålkastarinställning, kabelage
105	Centrallåskabelage
117	Mono-Jetronic kabelage
119	Strålkastarkabelage
120	Strålkastarkabelage
125	Strålkastarkabelage
126	Mono-Jetronic kabelage
128	Innerbelysningskabelage
129	Två-signalshorn, kabelage

Nr	Beskrivning
138	Motronic kabelage
139	Motronic kabelage
156	Diesel direktinsprutning, kabelage
159	Digifant kabelage
173	Mono-Motronic kabelage
174	Mono-Motronic kabelage
182	Motorkabelage
193	Kylarfläktskabelage
204	Digifant kabelage
217	Glödstiftssystem, kabelage
220	Motorkabelage
221	Motorkabelage
224	Belysningskontakt, kabelage
246	Simos kabelage

Positiva anslutningar

Nr	Beskrivning
A11	Instrumentkabelage
C10	Strålkastarkabelage
C11	Kylarfläktskabelage
C12	Strålkastarkabelage
C13	Två-signalshorn, kabelage
C14	Värmda spolarmunstycken, kabelage
C19	Strålkastarkabelage
C20	Strålkastarkabelage
D98	Motorkabelage
E3	Mono-Jetronic kabelage
E5	Mono-Jetronic kabelage
E6	Motronic kabelage
E10	Mono-Jetronic kabelage
E11	Mono-Jetronic kabelage
E12	Mono-Motronic kabelage
E13	Mono-Motronic kabelage

Nr	Beskrivning
E30	Motorkabelage
F25	Diesel direktinsprutning, kabelage
F26	Diesel direktinsprutning, kabelage
F29	Glödstiftskabelage
F30	Glödstiftskabelage
F31	Diesel direktinsprutning, kabelage
F32	Diesel direktinsprutning, kabelage
G1	Digifant kabelage
G2	Digifant kabelage
G3	Kabelhylsa, insprutare
G4	Kabelhylsa, insprutare
H20	Diagnostikkabelage
H21	Diagnostikkabelage
K21	Kylarfläktskabelage
N2	Strålkastarinställningskabelage
Q9	Elhissar, kabelage

Nr	Beskrivning
Q13	Elhissar, kabelage
Q15	Elhissar, kabelage
Q16	Elhissar, kabelage
Q17	Elhissar, kabelage
Q18	Elhissar, kabelage
R4	Innerbelysning/dörr öppen-stängd strömbrytarkabelage
R28	Bakre kabelage
S1	Centrallåskabelage
S2	Centrallåskabelage
S3	Centrallåskabelage
W2	Bakre kabelage
W9	Bakre kabelage
W10	Bakre kabelage
Y1	Innerbelysningskabelage
Z1	Spegeljust./-uppvärmning, kabelage

Säkringar (typiska)

Nr	Klassning (A)/färg	Skyddad krets
1	10/röd	Halvljus (vänster)
2	10/röd	Halvljus (höger)
3	10/röd	Instrumentpanels- och nummerplåtsbelysning
4	15/blå	Bakrutetorkare, taklucka, nivåregleringens styrenhet*
5	15/blå	Vindrutetorkarmotor, främre och bakre spolare
6	20/gul	Fläktenhet, luftkonditionering
7	10/röd	Parkerings- och bakljus (höger)
8	10/röd	Parkerings- och bakljus (vänster)
9	20/gul	Uppvärmd bakruta, backspegeluppvärmning
10	15/blå	Dimljus fram och bak
11	10/röd	Helljus (vänster) och varningslampa
12	10/röd	Helljus (höger)
13	10/röd	Signalhorn, kylarfläktsdrivning efter tändn. avstängning

Nr	Klassning (A)/färg	Skyddad krets
14	10/röd	Backljus, speglar, uppvärmda spolarmuycken, sätesvärme, termotronic givare, växelväljarbelysning (auto)
15	10/röd	Motorns elektronik
16	15/blå	Varningslampor, flerfunktionsindikator, handskfacksbelysning
17	10/röd	Blinkers
18	20/gul	Bränslepump, lambdasond
19	30/grön	Kylarfläkt, luftkonditionering
20	20/gul	Bromsljus, farthållarsystem
21	15/blå	Inner-/bagageutrymmesbelysning, cigarrettändare, klocka, centrallås, flerfunktionsindikator
22	10/röd	Radio

*Notera att nivåregleringssystemets kompressor har en kretsbrytare vilken i händelse av överbelastning slås av automatiskt, och sedan slås på igen efter några sekunder.

Generator, batteri, startmotor

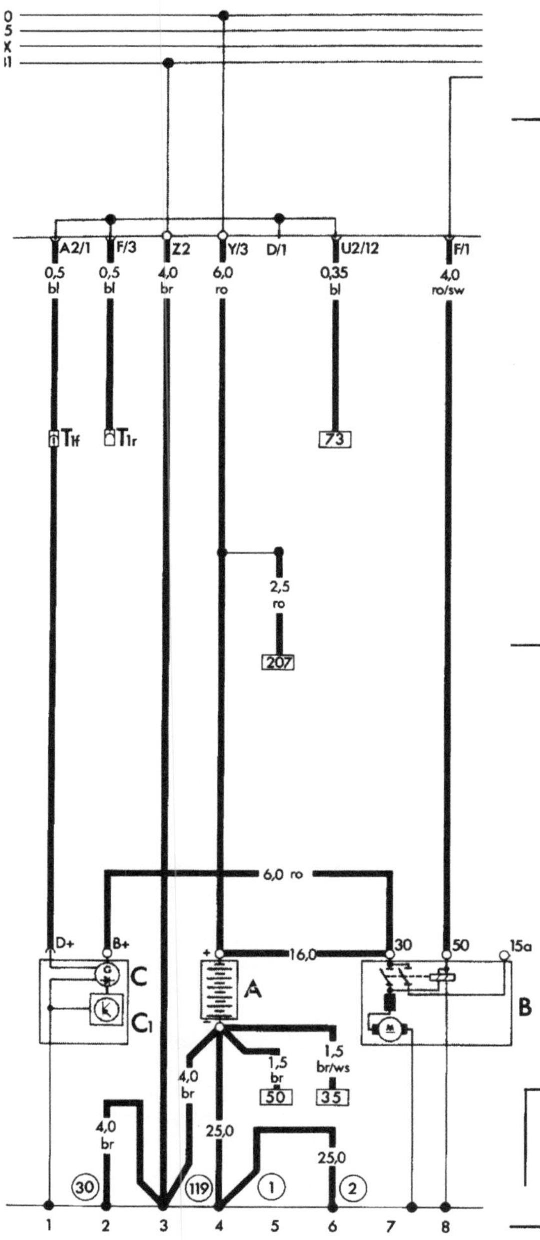

—————— Beteckning för illustrerad strömkrets

—————— **Reläplatta med säkringsdosa indikerad av grått område**

Färgkoder

ge = gul
ws = vit
ro = röd
li = lila
bl = blå
gr = grå
gn = grön
br = brun
sw = svart

—————— **Förbrukarkrets med ledningsdragning**
Alla kontakter och brytare visas i position "av"

—————— **Bilens jordpunkter**
Nummer i cirklar visar placeringen på fordonet

—————— **Strömväg nr.**
Gör det enklare att hitta anslutningarna

—————— **Komponentförteckning**
I alla strömflödesscheman används samma komponentbeteckning alltid för samma komponenter. Till exempel är A alltid batteri

A – Batteri
B – Startmotor
C – Generator
C1 – Spänningsregulator
T1f – Singelanslutning, motorrummet, höger
T1r – Singelanslutning
① – Jordfläta, batteri - kaross
② – Jordfläta, växellåda - kaross
㉚ – Jordpunkt – 1 – bredvid säkringsdosa
⑲ – Jordanslutning – 1 – i strålkastarkabelage

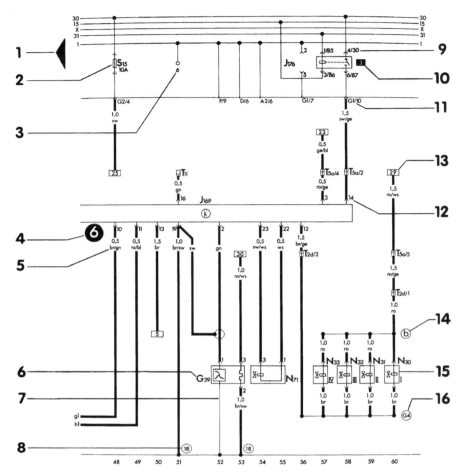

1 – Pil indikerar nästa strömkrets som är relevant för
strömflödesschemat.

2 – Beteckning för en säkring
t ex säkring nr 15 (10 Amp) i säkringsdosa.

3 – Mätpunkter på säkringsdosan

4 – Mätpunkter för felsökningsprogram
Siffrorna i svarta cirklar kan finnas i ett kopplingsschema eller i ett
strömflödesschema för ett felsökningsprogram.

5 – Lednings tvärsnittsarea (i mm²) **och ledningars färgkoder**
(Förkortningarna av färgkoderna finns förklarade på sidan 12•27).

6 – Komponentbeteckning
Med hjälp av komponentförteckningen kan aktuell komponent
identifieras.

7 – Interna anslutningar (tunna linjer)
Dessa anslutningar kan inte alltid hittas i form av ledningar.
Interna anslutningar är dock strömbärande anslutningar. De
gör det möjligt att spåra strömflödet inuti komponenter och
kabelage.

8 – Beteckning för jordpunkt eller jordanslutning i kabelage
Placering av jordpunkter i fordonet, eller i vilka kabelage dessa
permanenta anslutningar kan hittas, visas i
komponentförteckningen.

**9 – Beteckning för kontakter – reläer/styrenhet på
säkringsdosan**
Visar de individuella kontakterna i en flerstiftsanslutning t ex 4/30
4 = kontakt 4 vid placering 3 på säkringsdosan/relähållaren
30 = kontakt 30 på relä/styrenhet

10 – Reläplaceringsnummer
Anger reläets placering på säkringsdosan.

11 – Beteckning för anslutningar på säkringsdosan
Visar anslutning för flerstifts- eller singelanslutning, t ex G1/10 –
flerstiftsanslutning G1 kontakt 10.

12 – Terminalbeteckning
Med den beteckning som visas på själva komponenten och/eller
terminalnummer för en flerstiftsanslutning.

13 – Lednings fortsättning
Inramad siffra visar i vilken strömväg ledningen fortsätter.

14 – Fortsättning av intern anslutning
Bokstäver visar var i nästa del av strömflödesschemat
anslutningen fortsätter.

15 – Symbol för komponenter (se sidorna 12•30 och 12•31)

16 – Beteckning för anslutning i kabelage
Komponentförteckningen anger i vilket kabelage dessa
permanenta anslutningar kan hittas.

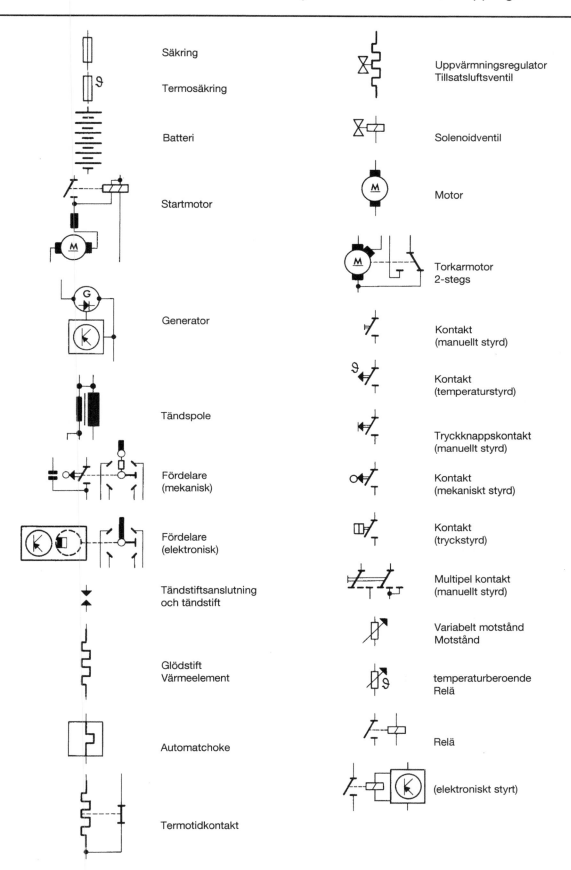

Säkring

Termosäkring

Batteri

Startmotor

Generator

Tändspole

Fördelare
(mekanisk)

Fördelare
(elektronisk)

Tändstiftsanslutning
och tändstift

Glödstift
Värmeelement

Automatchoke

Termotidkontakt

Uppvärmningsregulator
Tillsatsluftsventil

Solenoidventil

Motor

Torkarmotor
2-stegs

Kontakt
(manuellt styrd)

Kontakt
(temperaturstyrd)

Tryckknappskontakt
(manuellt styrd)

Kontakt
(mekaniskt styrd)

Kontakt
(tryckstyrd)

Multipel kontakt
(manuellt styrd)

Variabelt motstånd
Motstånd

temperaturberoende
Relä

Relä

(elektroniskt styrt)

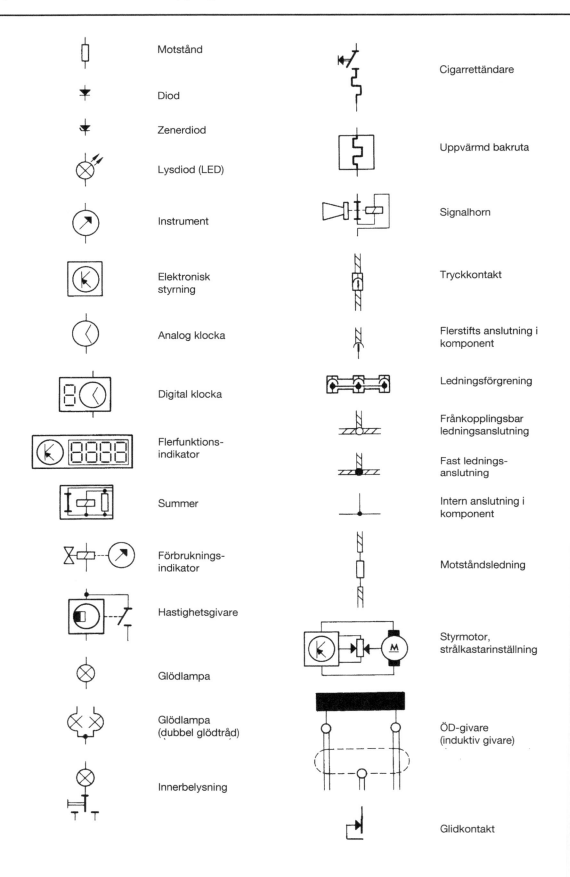

Motstånd

Diod

Zenerdiod

Lysdiod (LED)

Instrument

Elektronisk styrning

Analog klocka

Digital klocka

Flerfunktionsindikator

Summer

Förbruknings- indikator

Hastighetsgivare

Glödlampa

Glödlampa (dubbel glödtråd)

Innerbelysning

Cigarrettändare

Uppvärmd bakruta

Signalhorn

Tryckkontakt

Flerstifts anslutning i komponent

Ledningsförgrening

Frånkopplingsbar ledningsanslutning

Fast lednings- anslutning

Intern anslutning i komponent

Motståndsledning

Styrmotor, strålkastarinställning

ÖD-givare (induktiv givare)

Glidkontakt

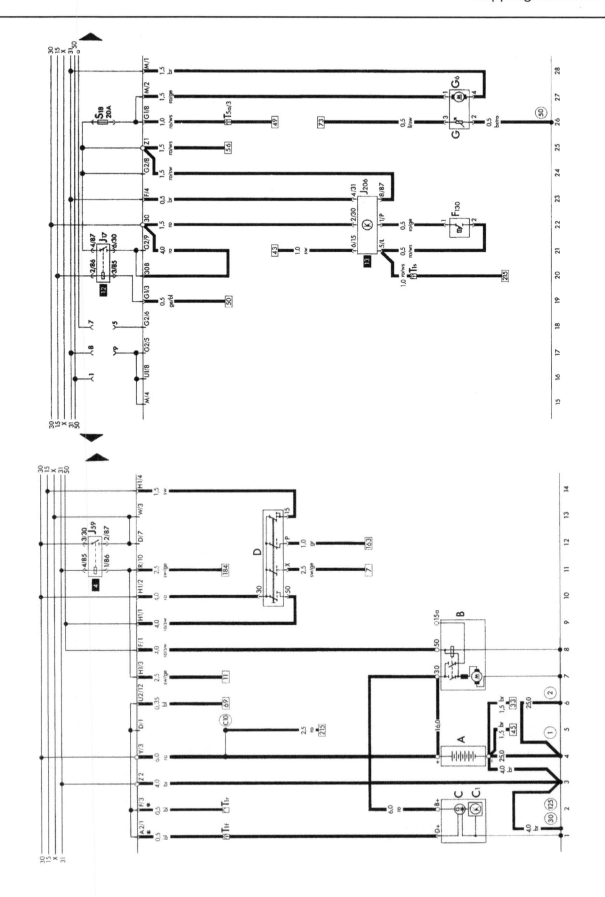

Bränslematningssystem – alla modeller t o m 1993

Generator, batteri, startmotor och tändningslås – alla modeller t o m 1993

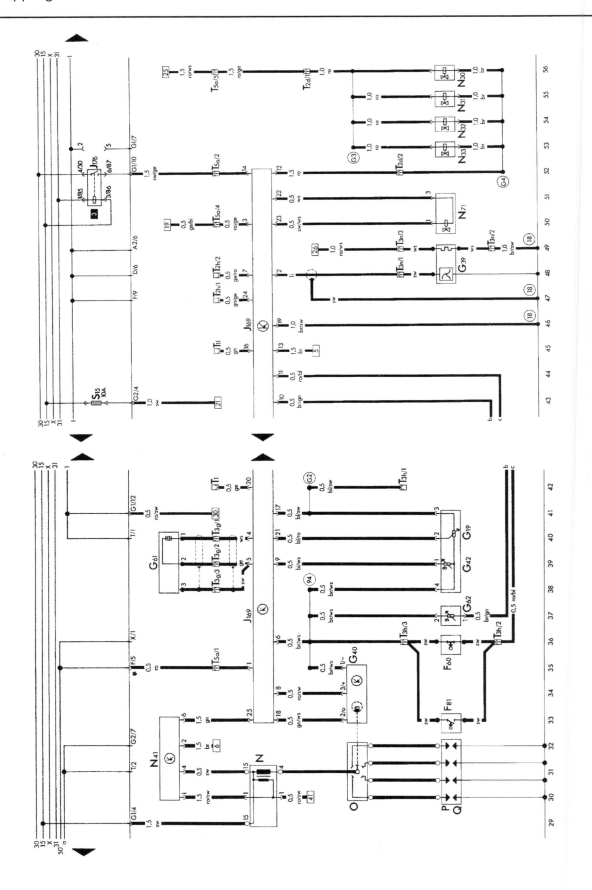

Digifant styrning, Lambdasond, bränsleinsprutare – modeller t o m 1993

Tändsystem, Digifant styrenhet, knackgivare – modeller t o m 1993

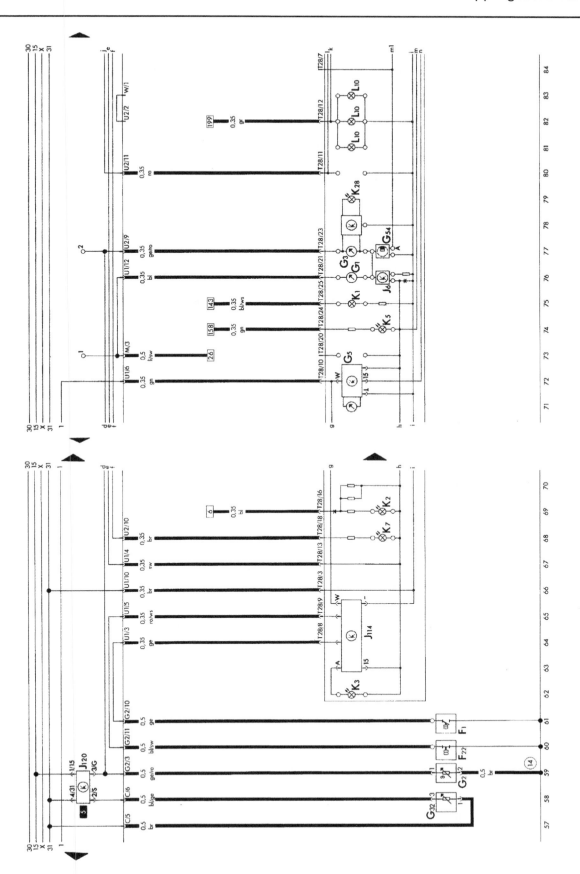

Instrumentpanel, varvräknare, bränsle- och kylvätskemätare – alla modeller t o m 1993

Indikator för kylvätskenivå, optisk och akustisk oljetrycksvarning – alla modeller t o m 1993

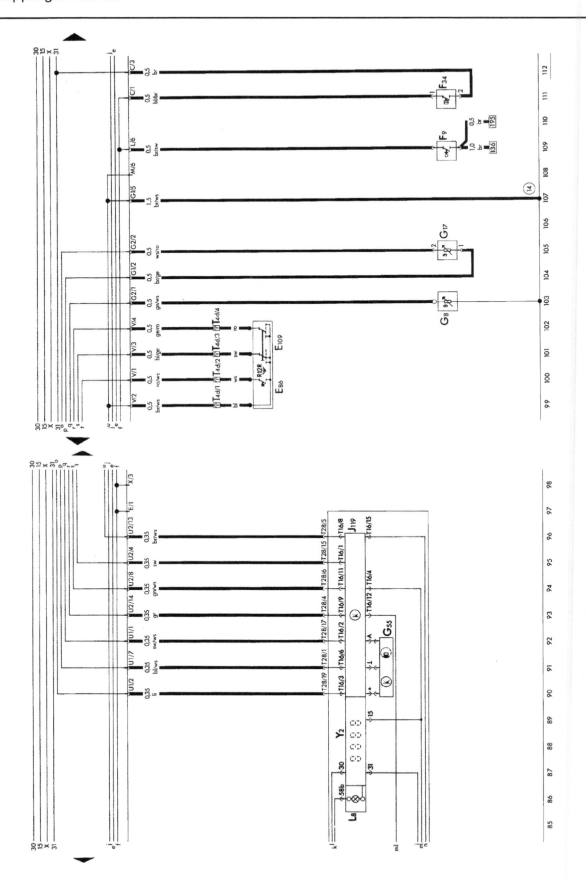

Kontakt och givare för flerfunktionsindikator – alla modeller t o m 1993

Flerfunktionsindikator – alla modeller t o m 1993

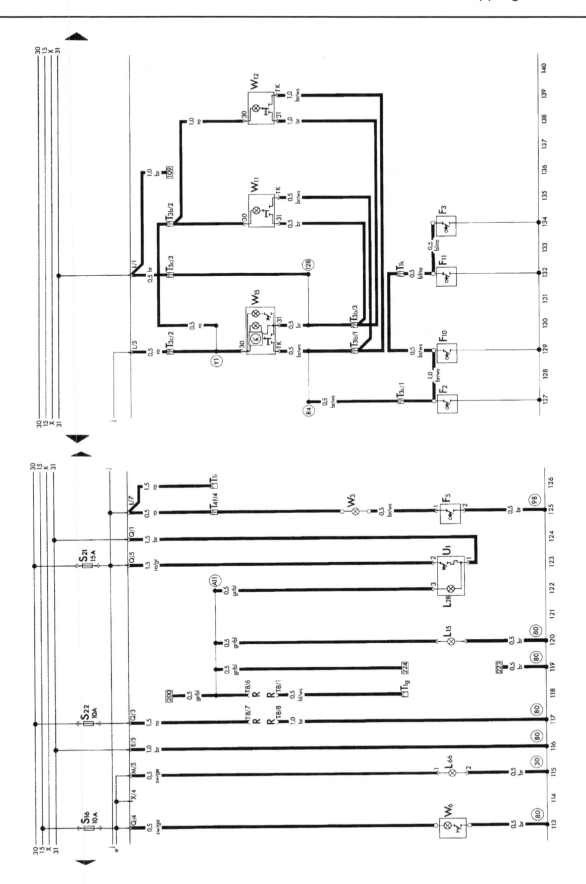

Innerbelysning, bakre läslampa – alla modeller t o m 1993

Handskfacksbelysning, cigarrettändare, bagageutrymmesbelysning, radioanslutning, askkoppsbelysning, kassettförvaringsbelysning – alla modeller t o m 1993

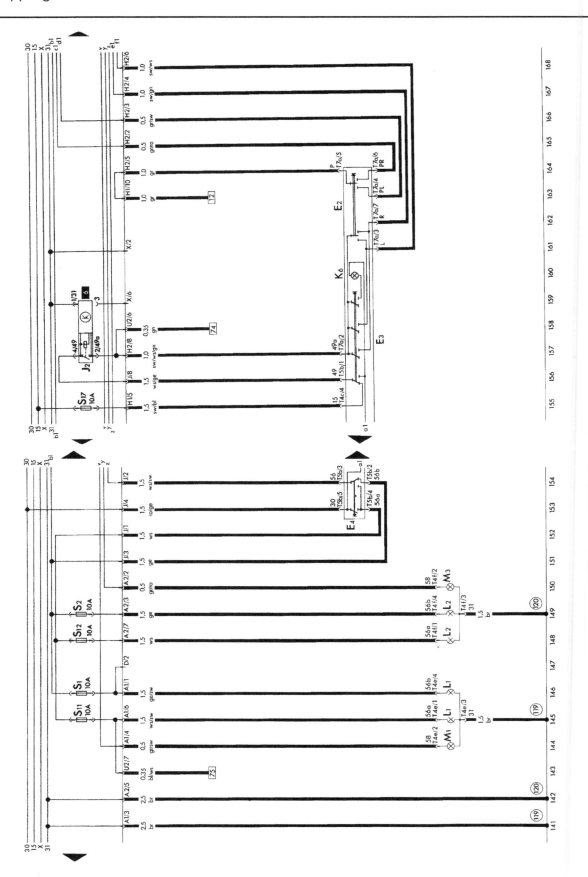

Blinkers och varningsblinkerssystem, parkeringsljuskontakt –
alla modeller t o m 1993 (se sid 12•73 för Sverige)

Strålkastare och parkeringsljus – alla modeller t o m 1993 (se sid 12•73 för Sverige)

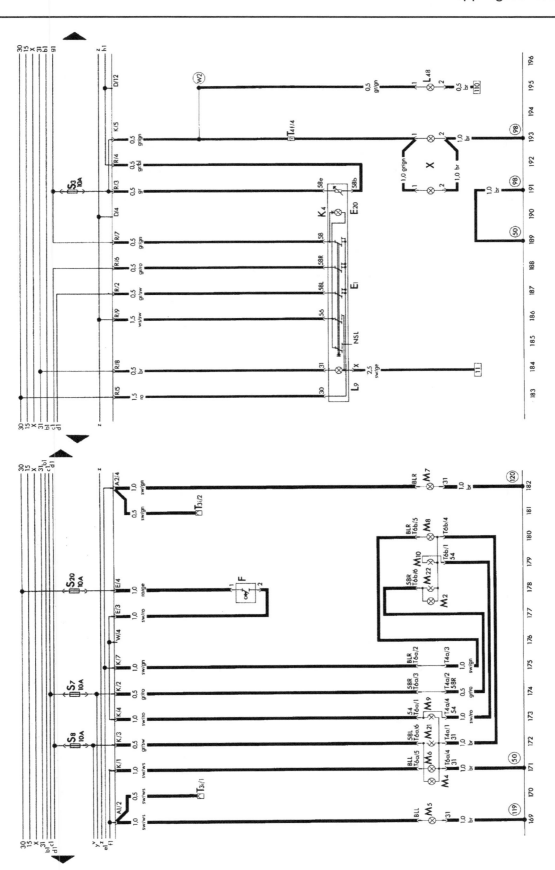

Belysningskontakt, nummerplåtsbelysning, bakre askkoppsbelysning – alla modeller t o m 1993 (se sid 12•74 för Sverige)

Blinkers, bromsljus och bakljus – alla modeller t o m 1993 (se sid 12•74 för Sverige)

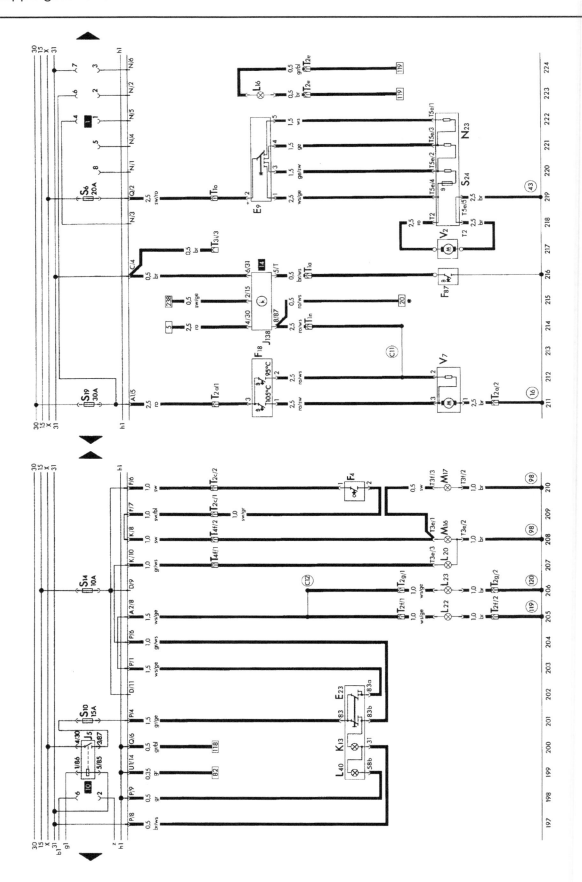

Kylarfläkt, friskluftsfläkt – alla modeller t o m 1993

Dimljus fram och bak, backljus – alla modeller t o m 1993

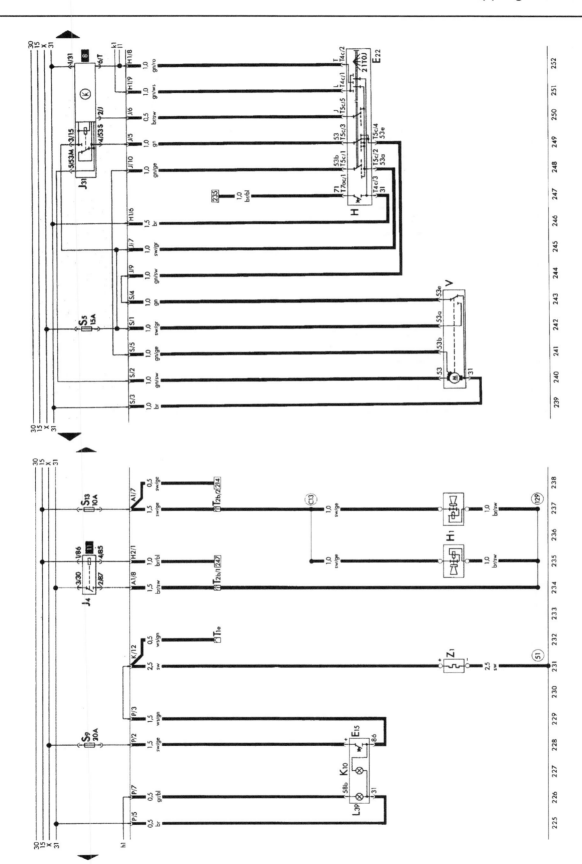

Vindrutetorkare och spolare – alla modeller t o m 1993

Uppvärmd bakruta, 2-signalshorn – alla modeller t o m 1993

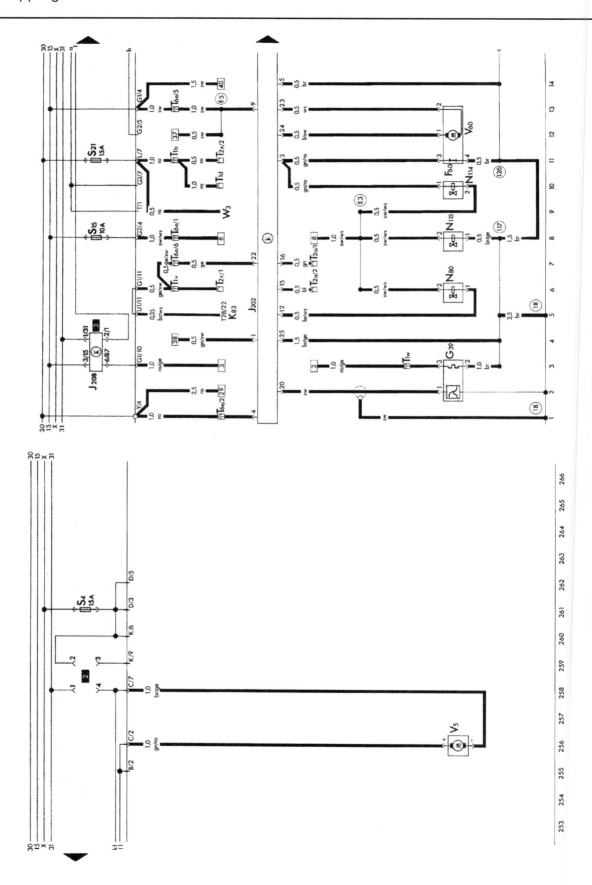

Bränsleinsprutningssystem, Lambdasond – Mono-Jetronic modeller t o m 1993

Vindrutespolare – alla modeller t o m 1993

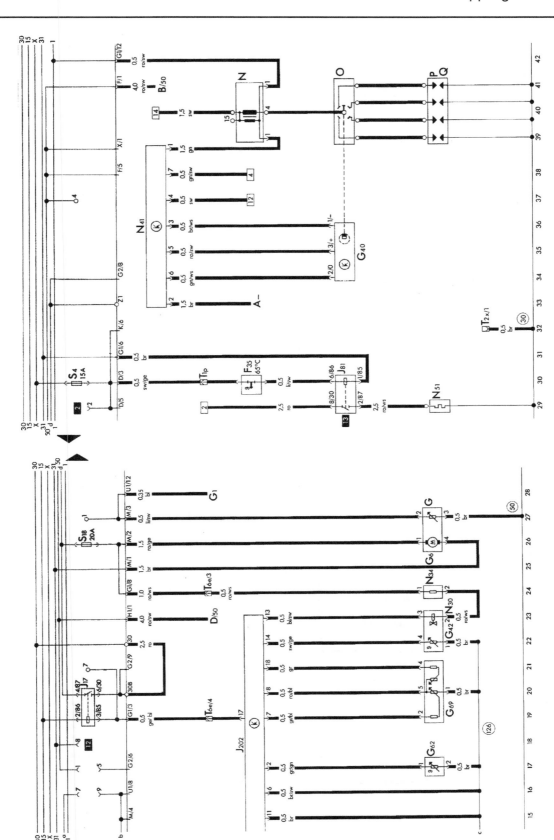

Insugsrörets förvärmning, tändsystem – Mono-jetronic modeller t o m 1993

Bränsleinsprutningssystem, bränslematningssystem – Mono-jetronic modeller t o m 1993

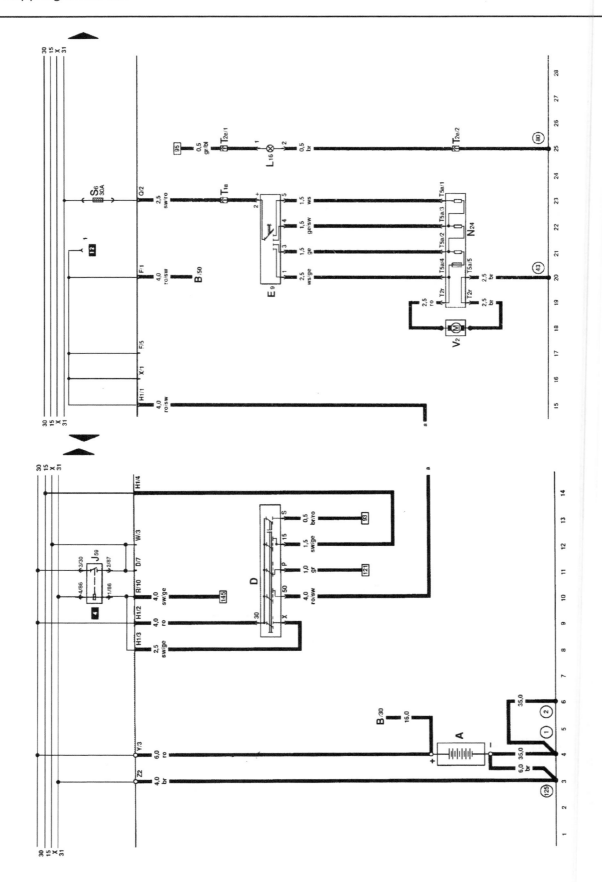

Friskluftsfläkt – alla modeller fr o m 1994

Batteri, tändningslås/startkontakt – alla modeller fr o m 1994

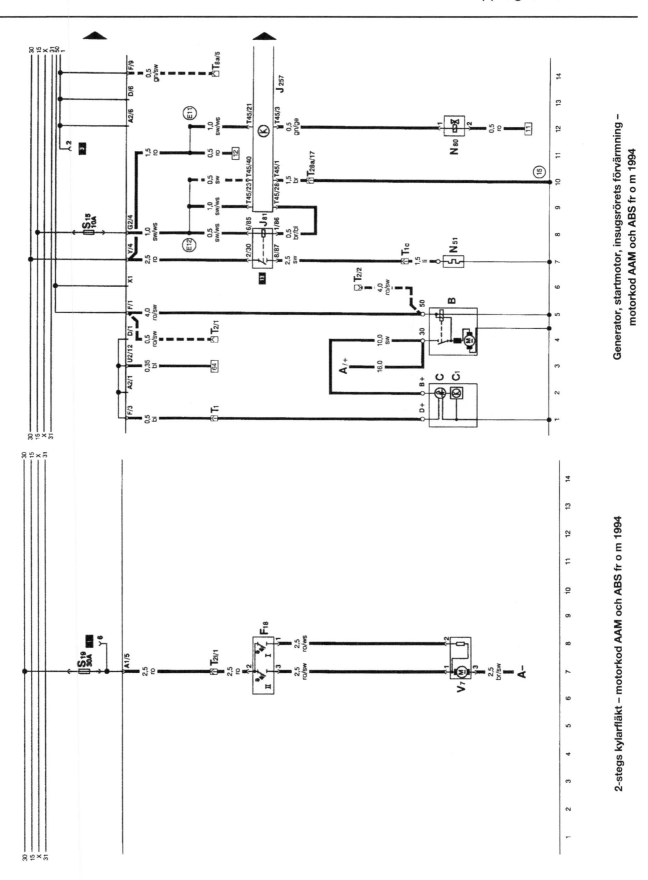

Generator, startmotor, insugsrörets förvärmning – motorkod AAM och ABS fr o m 1994

2-stegs kylarfläkt – motorkod AAM och ABS fr o m 1994

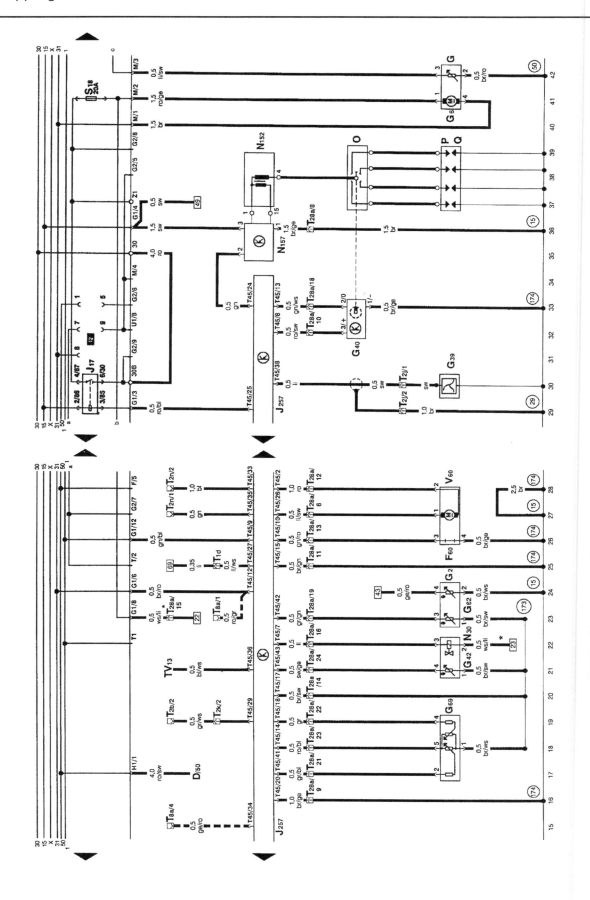

Styrenhet, Lambdasond, tändsystem, bränslematningssystem –
motorkod AAM och ABS fr o m 1994

Styrenhet, trottelventilpotentiometer, insprutare, trottelventillägesgivare –
motorkod AAM och ABS fr o m 1994

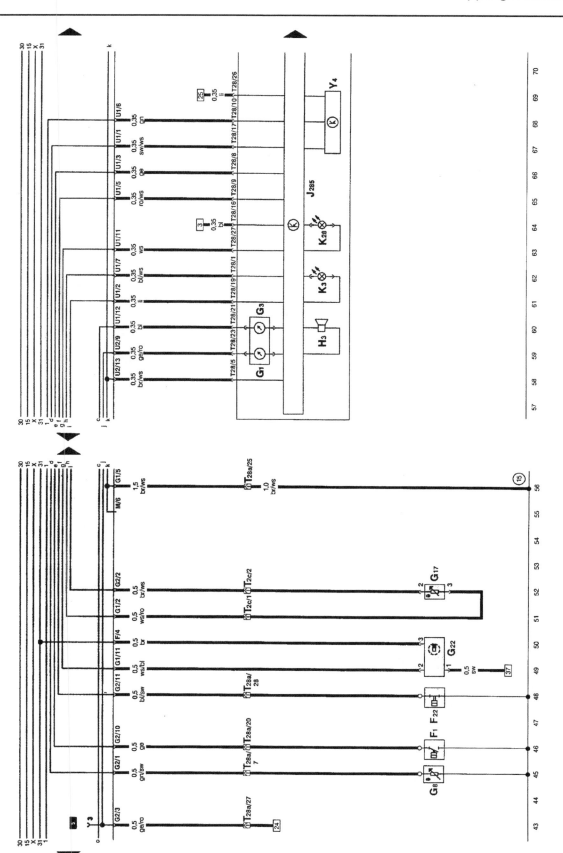

Instrumentpanel, oljetrycks- och kylvätskenivåvarning, bränslemätare och trippmätare – motorkod AAM och ABS fr o m 1994

Flerfunktionsindikatorns givare, hastighetsmätarens givare, oljetryckskontakt – motorkod AAM och ABS fr o m 1994

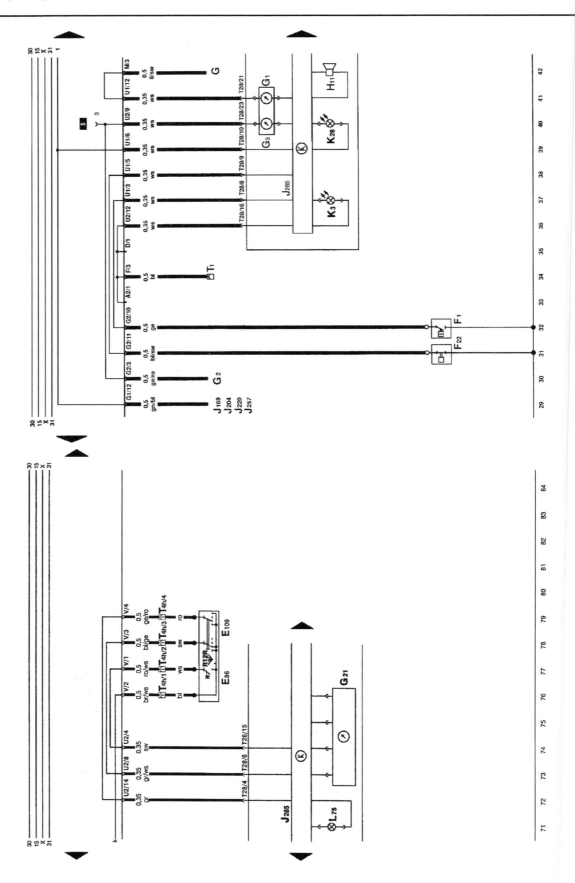

Instrumentpanel, bränslemätare, kylvätskans nivå- och temperaturmätare/-varning, optisk och akustisk oljetryckvarning – alla modeller fr o m 1994

Instrumentpanel, hastighetsmätare, flerfunktionsindikatorns kontakt – motorkod AAM och ABS fr o m 1994

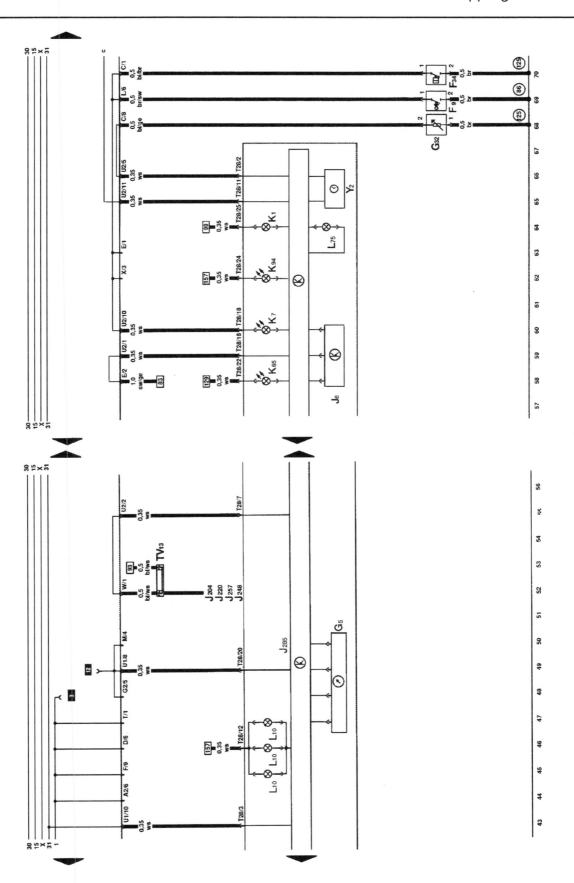

Instrumentpanel, digital klocka, handbromsvarnings- och bromsvätskenivåkontakt, kylvätskenivåvarning – alla modeller fr o m 1994

Instrumentpanel, varvräknare – alla modeller fr o m 1994

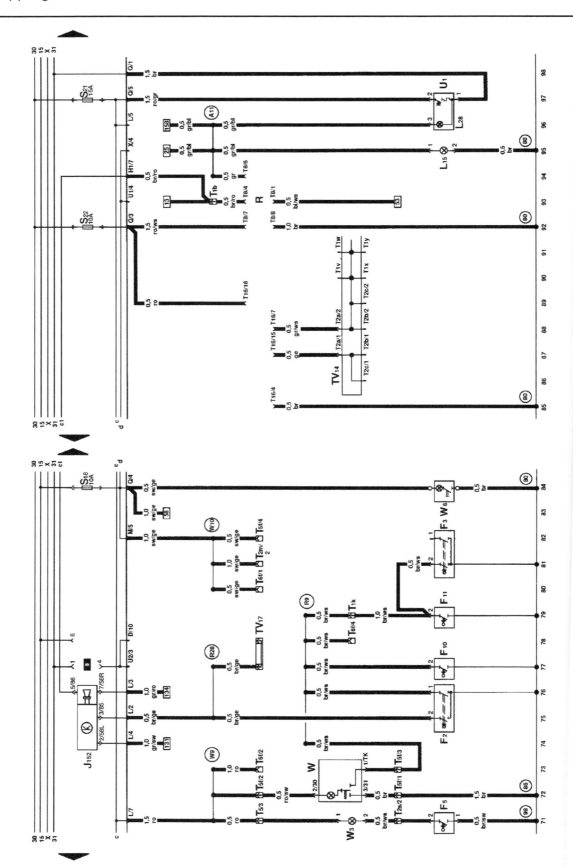

Självdiagnostikens kopplingslåda, radioanslutning, askkoppsbelysning, cigarrettändare – alla modeller fr o m 1994

Innerbelysning, bagageutrymmesbelysning, handskfacksbelysning, parkeringsljusvarning – alla modeller fr o m 1994

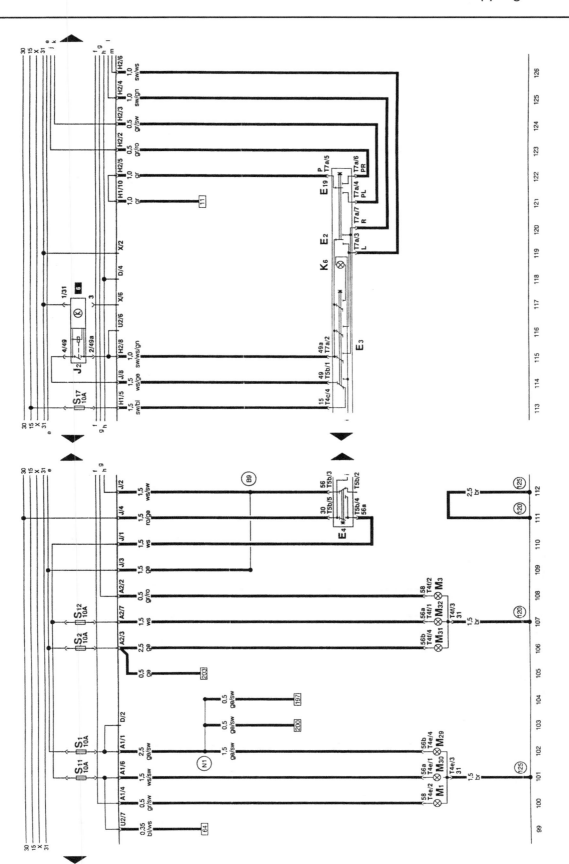

Blinkers och varningsblinkers, parkeringsljuskontakt – alla modeller fr o m 1994
(se sid 12•76 fr Sverige)

Strålkastare, parkeringsljus, halvljus och helljusblinkkontakt –
alla modeller fr o m 1994 (se sid 12•76 fr Sverige)

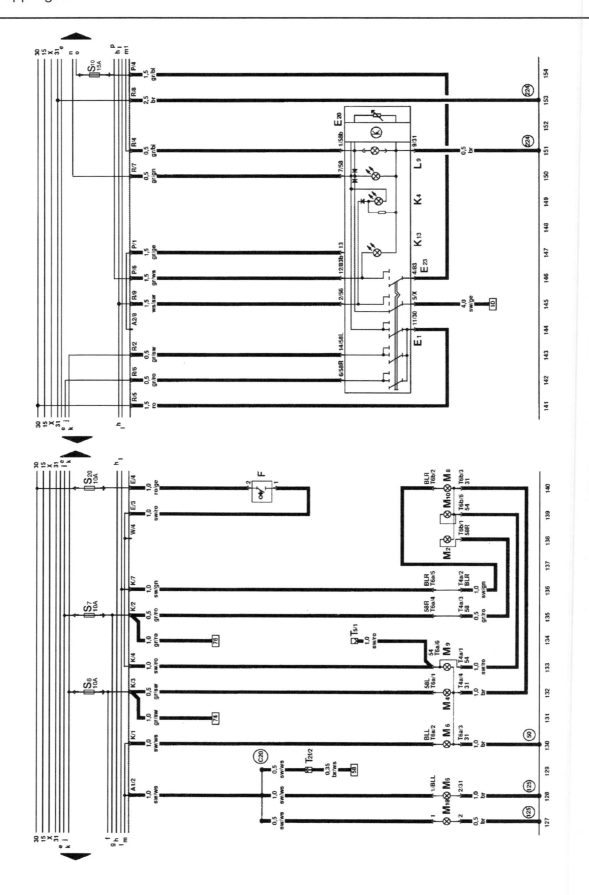

Belysningskontakt – alla modeller fr o m 1994

Blinkers, bromsljus och bakljus – alla modeller fr o m 1994

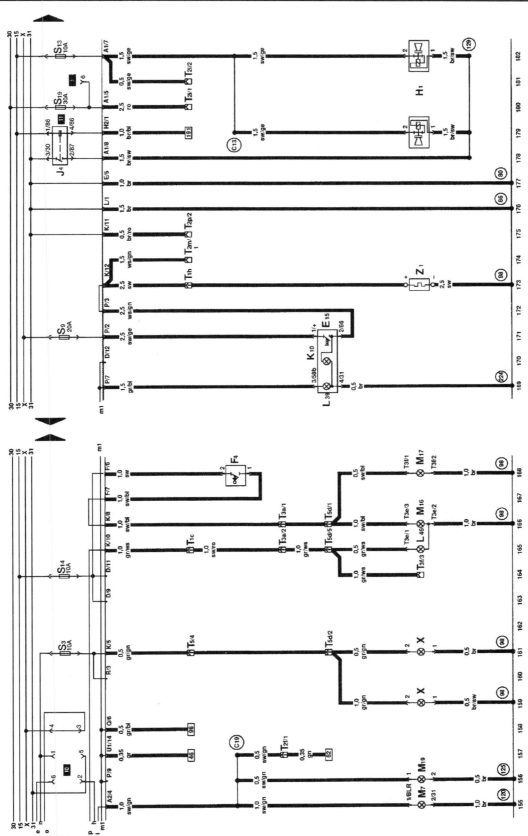

Uppvärmd bakruta, 2-signalshorn – alla modeller fr o m 1994

Bakre dimljus, backljus, nummerplåtsbelysning – alla modeller fr o m 1994

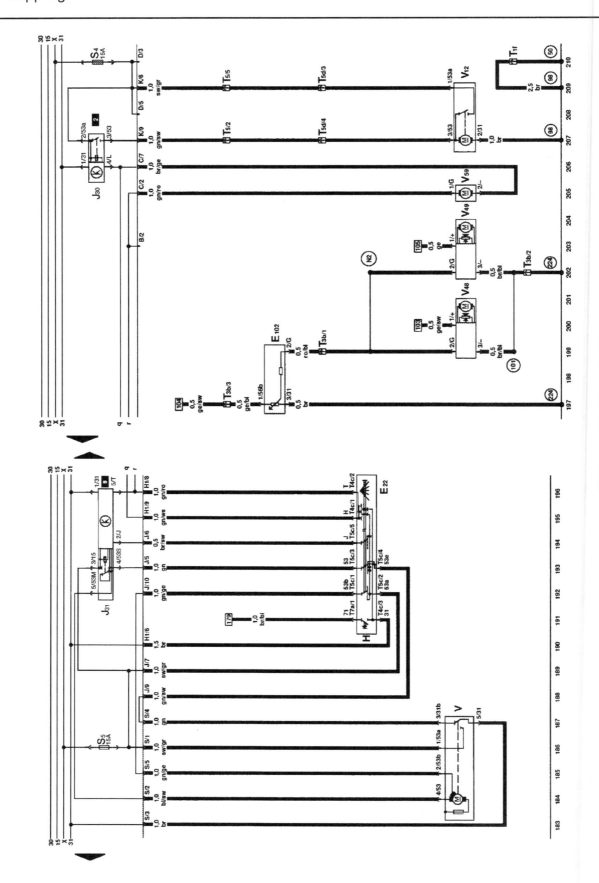

Strålkastarinställning, bakrutespolar-/torkarsystem – alla modeller fr o m 1994

Vindrutespolar-/torkarsystem – alla modeller fr o m 1994

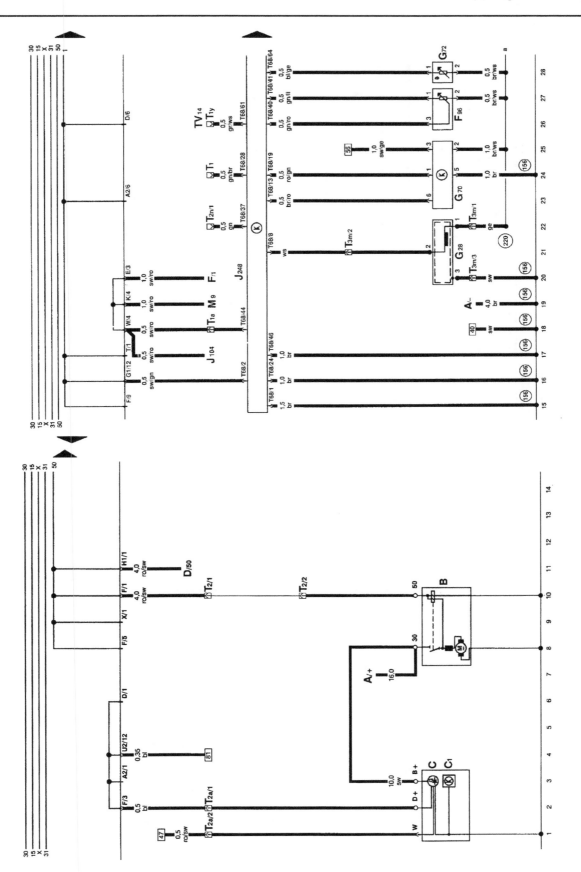

Direktinsprutningssystemets styrenhet – diesel (motorkod 1Z) fr o m 1994

Generator, startmotor – diesel (motorkod 1Z) fr o m 1994

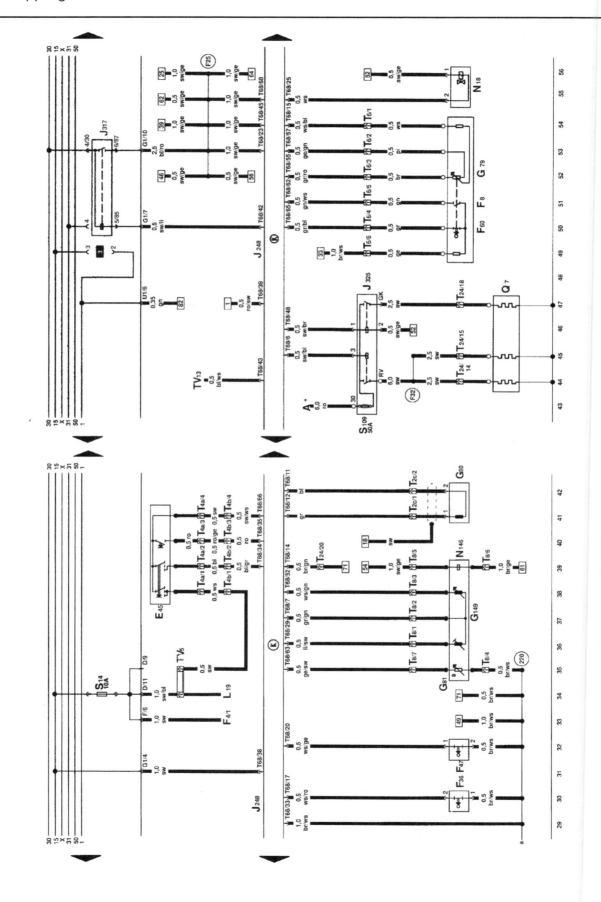

Direktinsprutningssystemets styrenhet (forts) – diesel (motorkod 1Z) fr o m 1994

Direktinsprutningssystemets styrenhet (forts) – diesel (motorkod 1Z) fr o m 1994

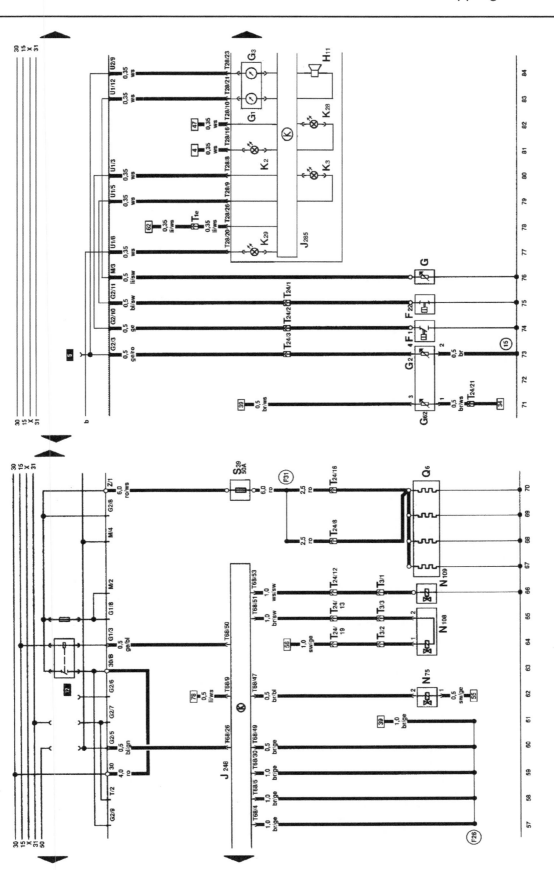

Instrumentpanel, kylvätskenivå-/temperaturvarning, oljetrycksvarning, bränslemätare – diesel (motorkod 1Z) fr o m 1994

Direktinsprutningssystemets styrenhet (forts) – diesel (motorkod 1Z) fr o m 1994

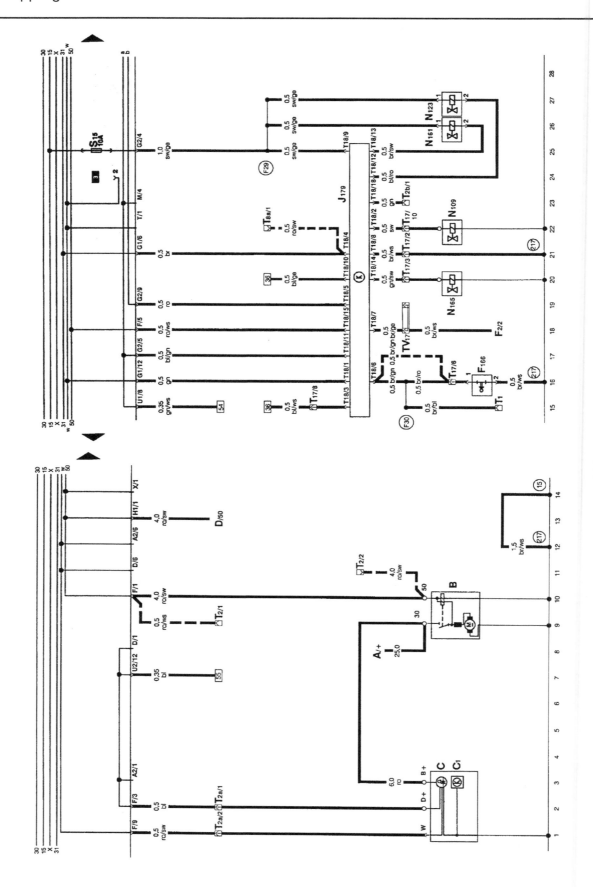

Glödstiftssystem, bränsleavstängning, EGR – diesel (motorkod AAZ) fr o m 1994

Generator, startmotor – diesel (motorkod AAZ) fr o m 1994

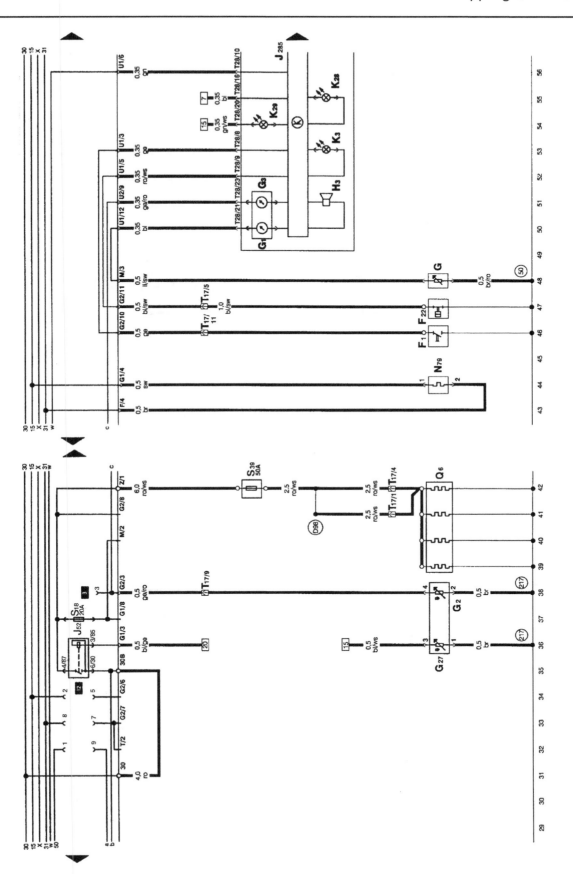

Instrumentpanel, kylvätskenivå-/temperaturvarning, oljetrycksvarning, bränslemätare – diesel (motorkod AAZ) fr o m 1994

Glödstift, kylvätsketemperaturgivare – diesel (motorkod AAZ) fr o m 1994

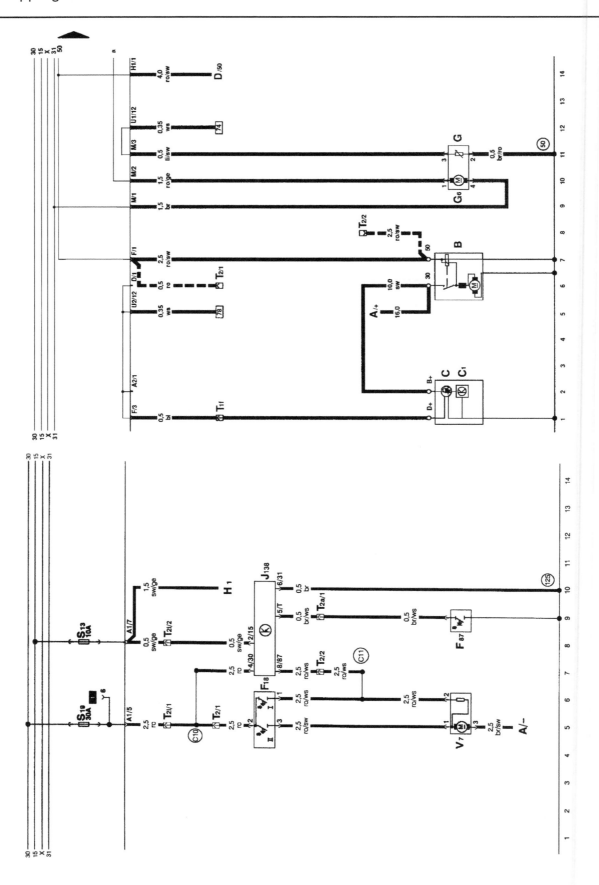

Generator, startmotor, bränslematningssystem – motorkod 2E fr o m 1994

Kylarfläkt – motorkod 2E fr o m 1994

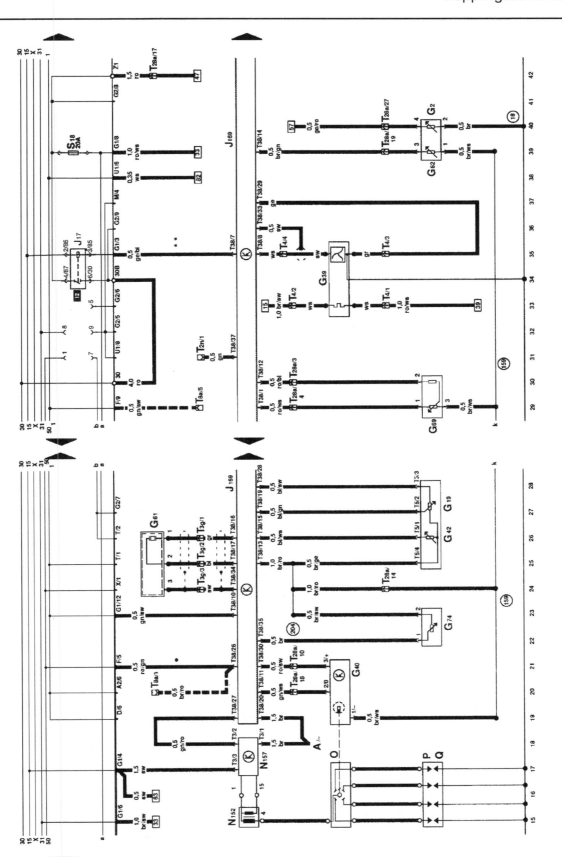

Digifant styrenhet, Lambdasond, trottelventilpotentiometer,
kylvätsketemperaturmätare – motorkod 2E från 1994

Tändsystem, Digifant styrenhet, knacksensor, kylvätsketemperaturgivare,
CO-potentiometer – motorkod 2E fr o m 1994

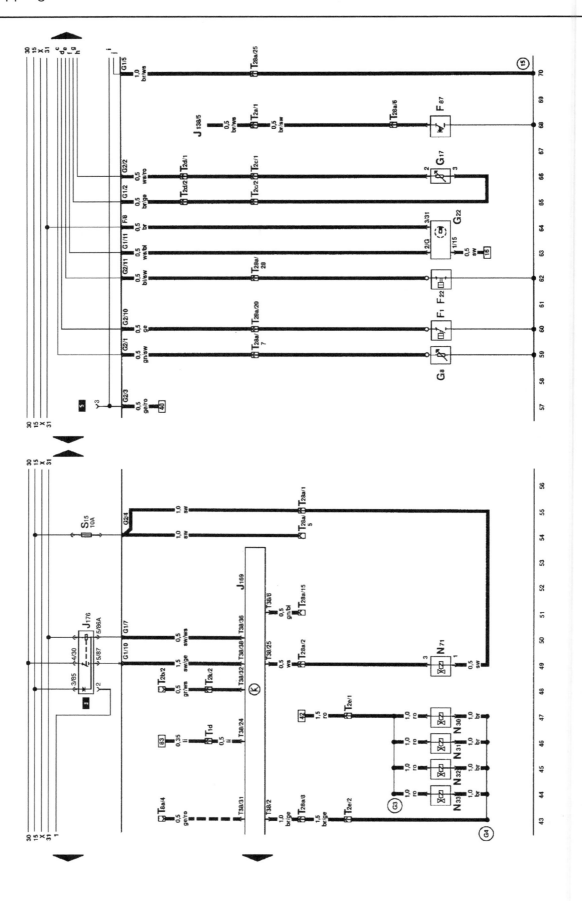

Flerfunktionsindikatorns givare, hastighetsgivare och oljetryckskontakt –
motorkod 2E fr o m 1994

Digifant styrenhet, bränsleinsprutare, tomgångsstabiliseringsventil –
motorkod 2E fr o m 1994

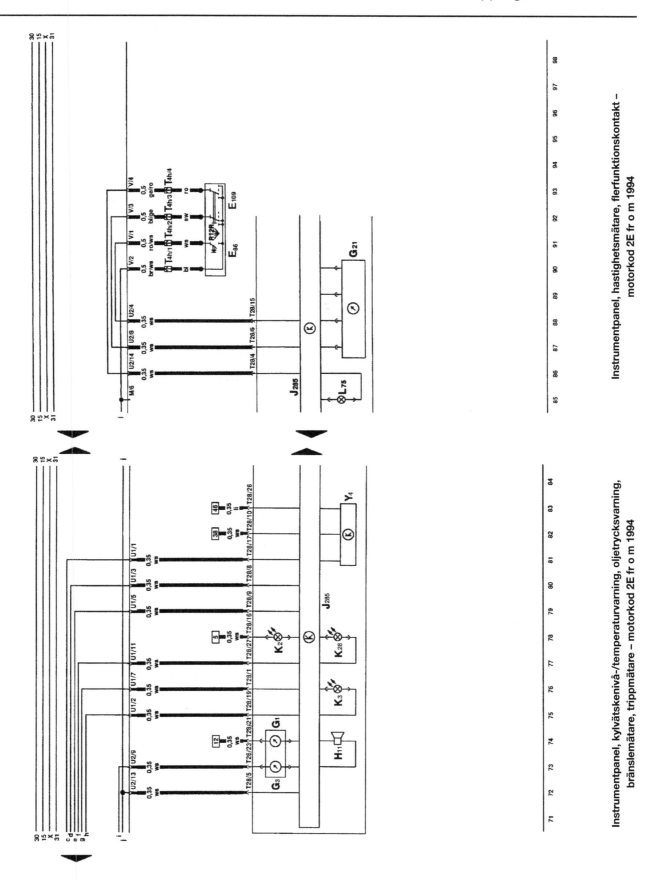

Instrumentpanel, hastighetsmätare, flerfunktionskontakt –
motorkod 2E fr o m 1994

Instrumentpanel, kylvätskenivå-/temperaturvarning, oljetrycksvarning,
bränslemätare, trippmätare – motorkod 2E fr o m 1994

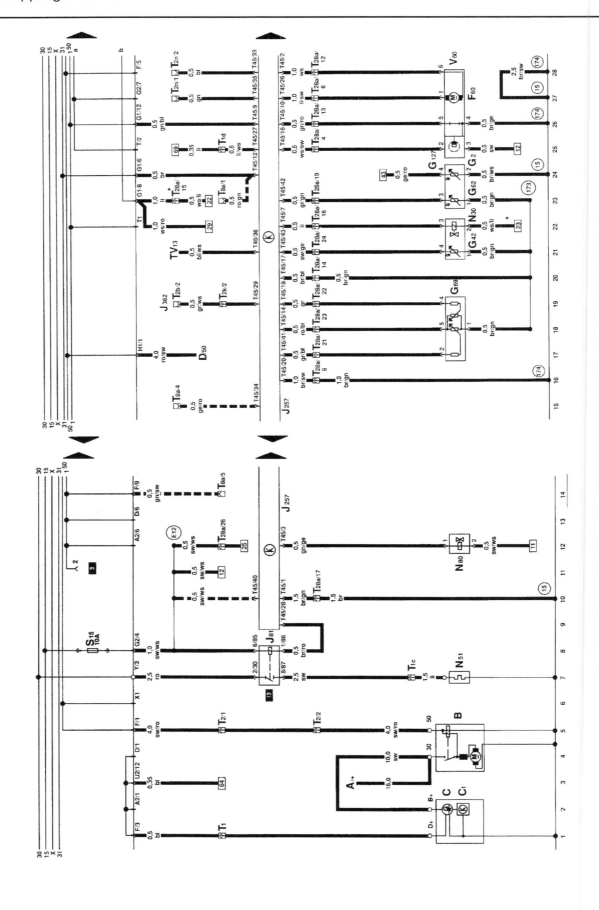

Generator, startmotor, grenrörets förvärmning, bränsleinsprutningens styrenhet – motorkod ADZ fr o m 1994

Styrenhet, trottelventilpotentiometer, bränsleinsprutare, trottelventillägesgivare – motorkod ADZ fr o m 1994

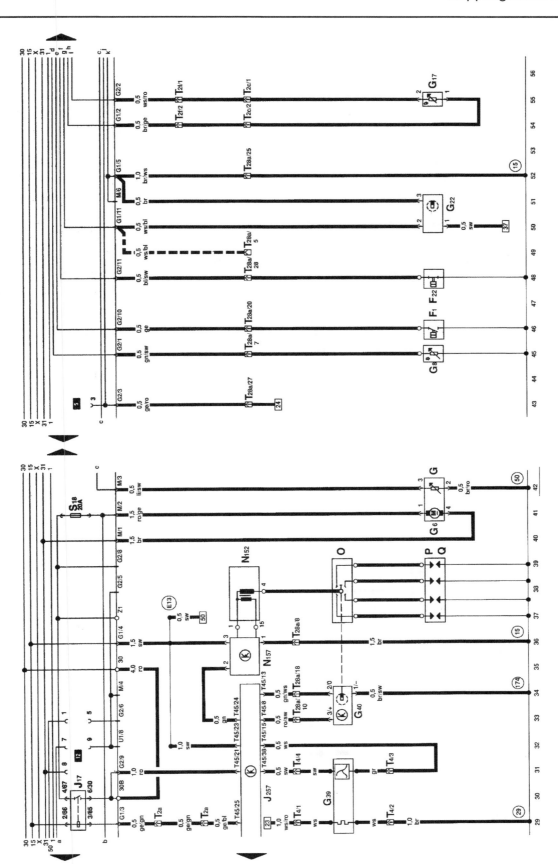

Flerfunktionsindikatorns givare, hastighetsmätarens givare, oljetryckskontakt –
motorkod ADZ fr o m 1994

Styrenhet, Lambdasond, tändsystem, bränslematningssystem –
motorkod ADZ fr o m 1994

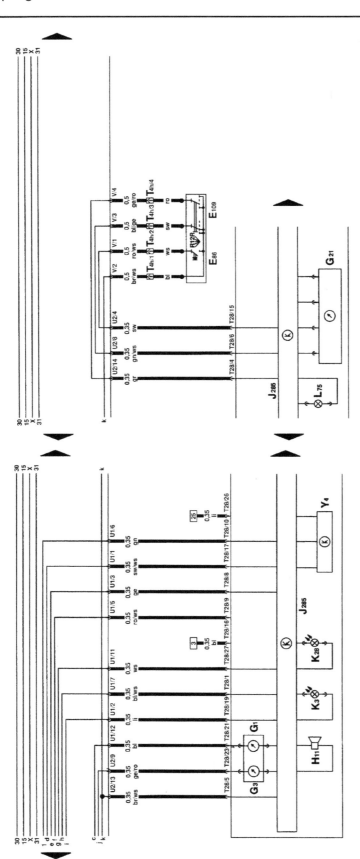

Instrumentpanel, hastighetsmätare, flerfunktionsindikatorns kontakt – motorkod ADZ fr o m 1994

Instrumentpanel, kylvätskenivå-/temperaturvarning, oljetrycksvarning, bränslemätare, trippmätare – motorkod ADZ fr o m 1994

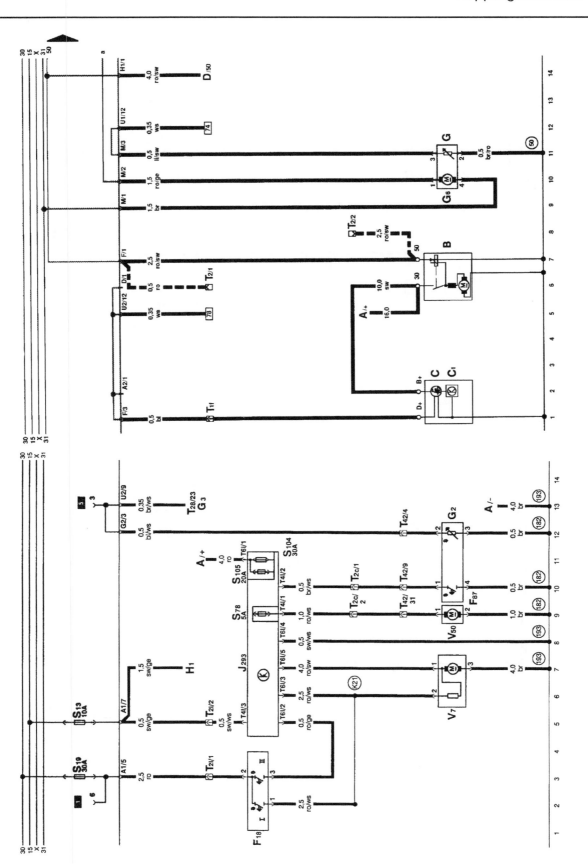

Generator, startmotor, bränslepump, bränslemätarens givare – Simos bränsleinsprutningsmodeller fr o m 1994

Kylarfläkt, kylvätskepump, kylvätsketemperaturgivare, termokontakt för fläkt-drivning efter tändn. avstängning – Simos bränsleinsprutningsmodeller fr o m 1994

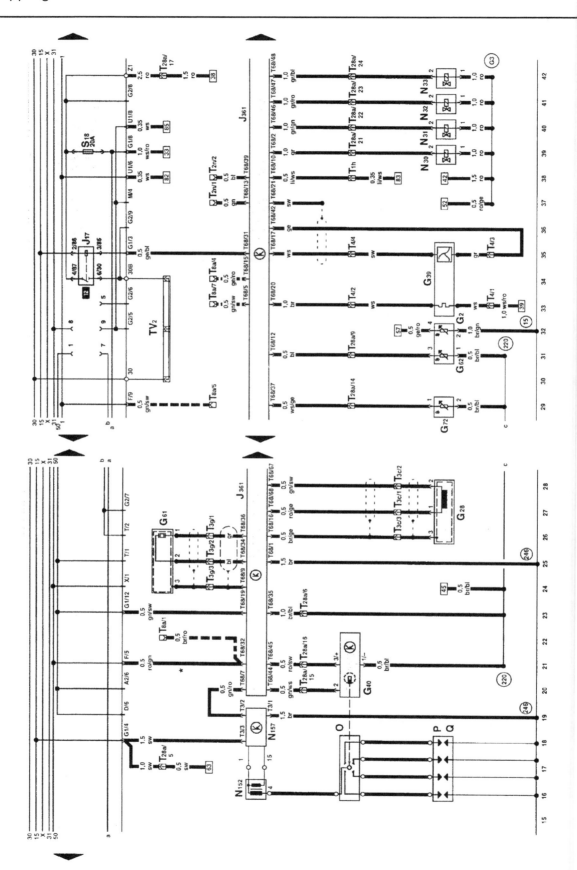

Styrenhet, Lambdasond, kylvätsketemperaturgivare, bränsleinsprutare, grenrörets temperaturgivare – Simos bränsleinsprutningsmodeller fr o m 1994

Styrenhet, tändsystem, motorhastighetsgivare, knackgivare – Simos bränsleinsprutningsmodeller fr o m 1994

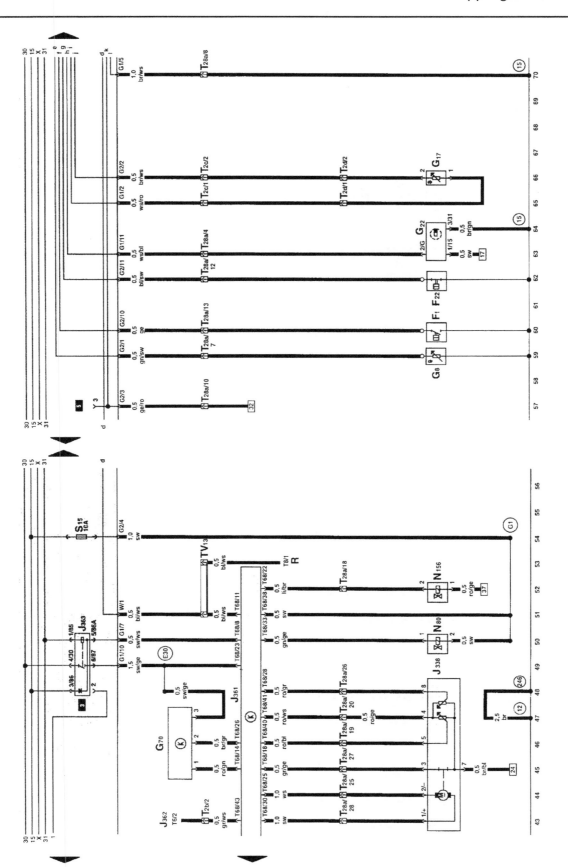

Oljetemperaturgivare, oljetryckskontakt, hastighetsmätarens givare, lufttemperaturgivare – Simos bränsleinsprutningsmodeller fr o m 1994

Styrenhet, luftmängdsmätare, trottelventilens styrdel, kolfiltrets solenoidventil – Simos bränsleinsprutningsmodeller fr o m 1994

Instrumentpanel, hastighetsmätare, flerfunktionsindikatorns kontakt –
Simos bränsleinsprutningsmodeller fr o m 1994

Instrumentpanel, oljetrycksvarning, trippmätare, kylvätskevarning, bränslemätare –
Simos bränsleinsprutningsmodeller fr o m 1994

Motorstyrningssystemets styrenhet – diesel (motorkod AFN)

Generator, startmotor – diesel (motorkod AFN)

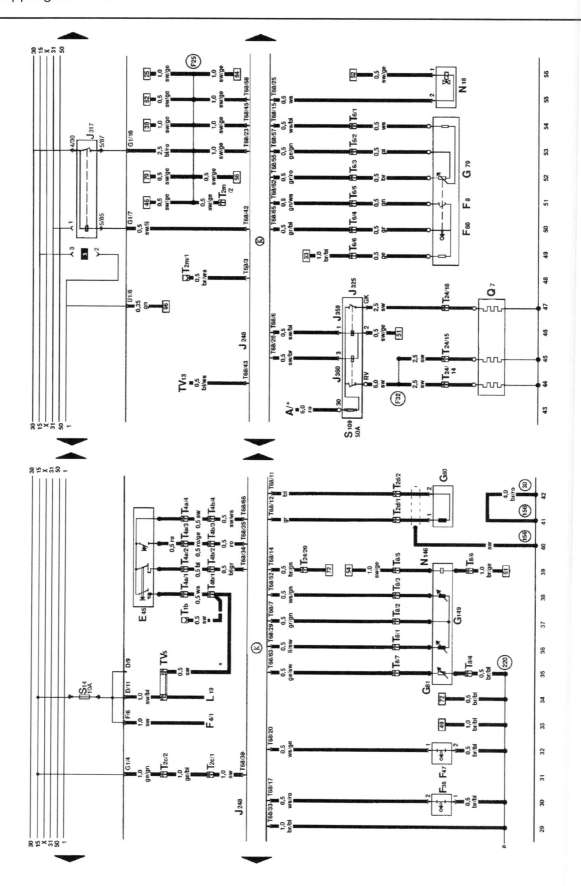

Motorstyrningssystemets styrenhet (forts) – diesel (motorkod AFN)

Motorstyrningssystemets styrenhet (forts) – diesel (motorkod AFN)

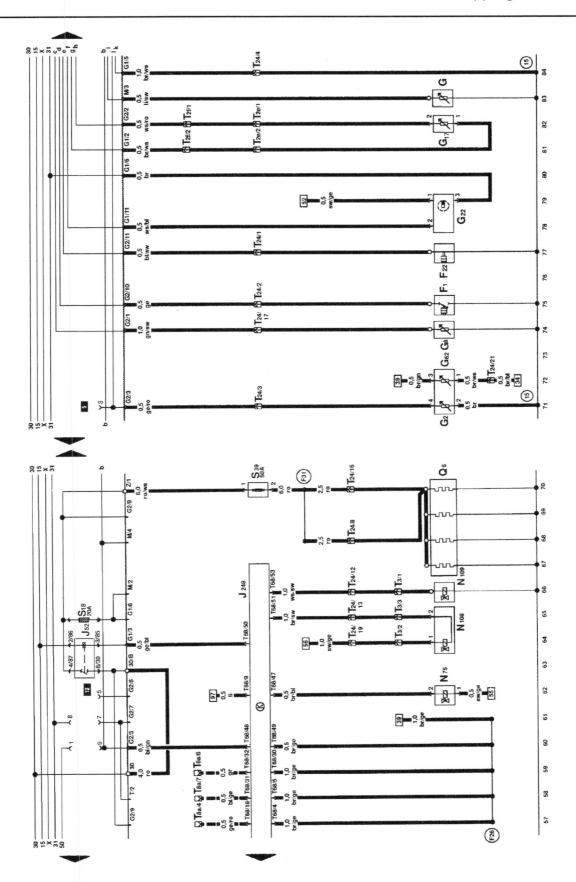

Flerfunktionsindikatorns givare, hastighetsmätarens givare, oljetryckskontakt, kylvätsketemperaturmätarens givare – diesel (motorkod AFN)

Motorstyrningssystemets styrenhet (forts) – diesel (motorkod AFN)

Instrumentpanel, hastighetsmätare, flerfunktionsindikatorns kontakt – diesel (motorkod AFN)

Instrumentpanel, kylvätskenivå-/temperaturmätare, oljetrycksvarning, bränslemätare, trippmätare – diesel (motorkod AFN)

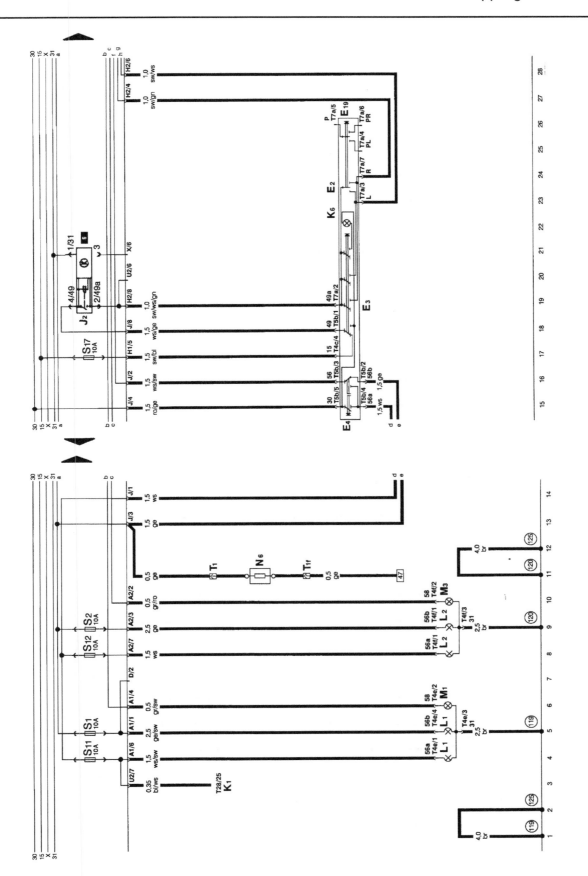

Blinkers, varningsblinkers, parkeringsljuskontakt,
strålkastaromkopplare/helljusblink t o m 1993 (endast Sverige)

Strålkastare och parkeringsljus t o m 1993 (endast Sverige)

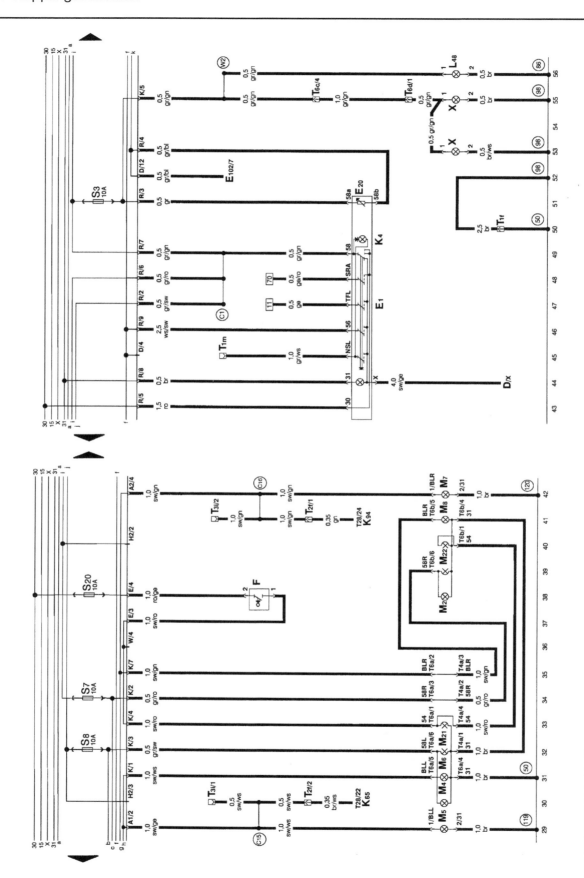

Belysningskontakt, nummerplåtsbelysning, bakre askkoppsbelysning t o m 1993 (endast Sverige)

Blinkers, bromsljus, bakljus t o m 1993 (endast Sverige)

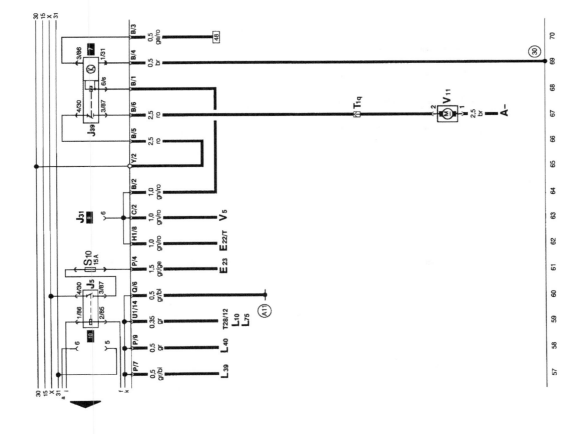

Strålkastarspolare t o m 1993 (endast Sverige)

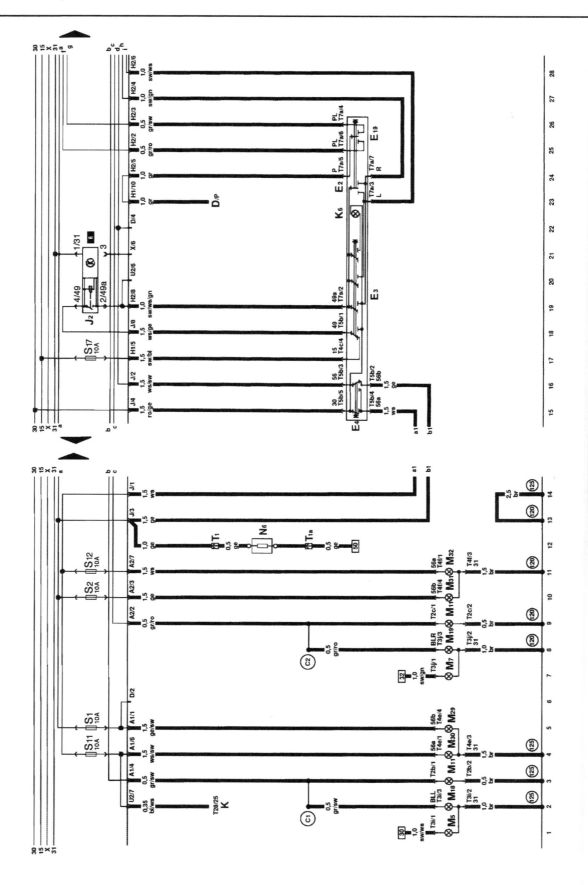

Strålkastaromkopplare/helljusblink, blinkers, varningsblinkers, parkeringsljuskontakt fr o m 1994 (endast Sverige)

Strålkastare, främre blinkers, sidomarkeringsljus, sidoblinkers fr o m 1994 (endast Sverige)

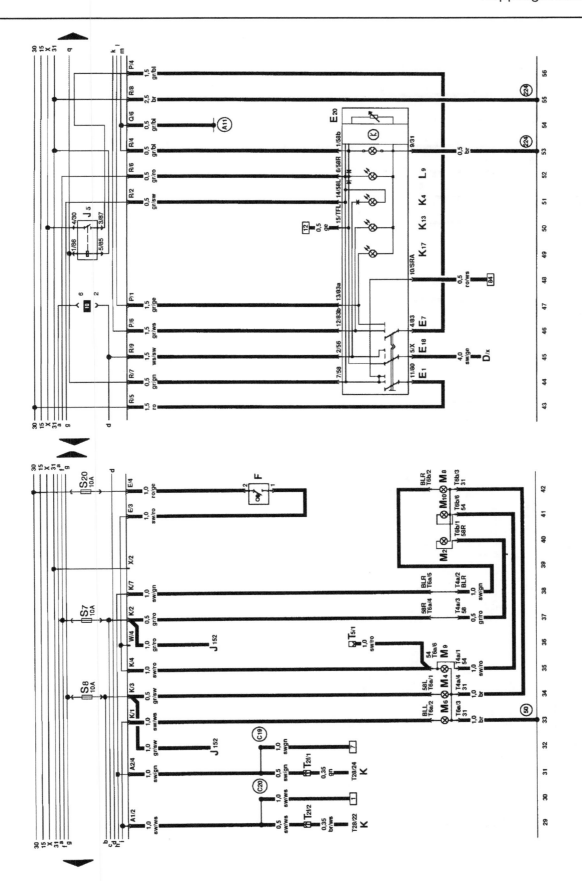

Belysningskontakt fr o m 1994 (endast Sverige)

Bakre blinkers, bromsljus, bromsljuskontakt, bakljus fr o m 1994 (endast Sverige)

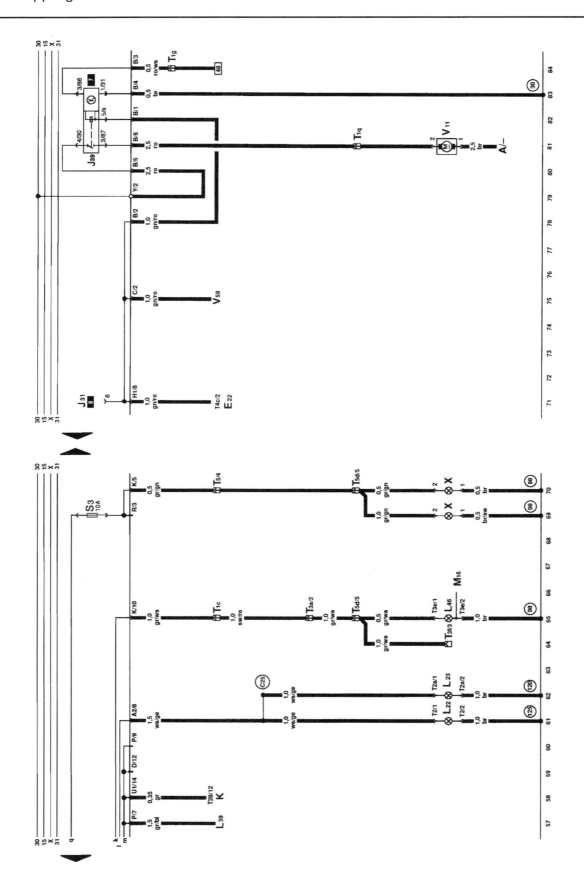

Strålkastarspolare fr o m 1994 (endast Sverige)

Dimljus, bakre dimljus, nummerplåtsbelysning fr o m 1994 (endast Sverige)

Referenser REF•1

Mått och vikter

Observera: Alla siffror är ungefärliga och kan variera med modell, se tillverkarens uppgifter för exakta mått.

Mått	Fram till 1994	1994
Total längd:		
Sedan	4 575 mm	4 605 mm
Kombi	4 575 mm	4 595 mm
Total bredd:		
Utom backspeglar	1 705 mm	1 720 mm
Med backspeglar	UPPGIFT SAKNAS	1 960 mm
Total höjd (utan last):		
Sedan:	1 430 mm	1 430 mm
Kombi:		
Med takräcke eller takantenn	1 500 mm	1 485 mm
Utan takräcke eller takantenn	1 460 mm	1 445 mm
Hjulbas	2 625 mm	2 625 mm

Vikter

Tjänstevikt	1 125 - 1 285 kg*	
Max vikt**	1 650 - 1 820 kg*	
Max taklast	75 kg	
Max släpvagnsvikt**		
Bromsat släp	1 200 kg	
Ej bromsat släp	550 - 650 kg*	
Max dragkuletryck	85 kg	

Beroende på modell och specifikation.
**Rådfråga en VAG-handlare för exakt uppgift.*

Reservdelar finns att få från många källor som exempelvis VAG-handlare, andra bilverkstäder, tillbehörsbutiker och motorspecialister. För att säkert få rätt del krävs att du uppger bilens chassinummer och ta om möjligt med den gamla delen för säker identifiering. Många delar, exempelvis startmotor och generator finns att få som fabriksrenoverade utbytesdelar – delar som returneras ska alltid vara rena.

Vårt råd när det gäller reservdelar är följande:

Auktoriserade märkesverkstäder

Detta är den bästa källan för delar som är specifika för just din bil och inte allmänt tillgängliga (märken, klädsel, etc). Det är även det enda stället man kan få reservdelar ifrån om bilen fortfarande är under garanti.

Tillbehörsbutiker

Dessa är ofta bra ställen för inköp av underhållsmaterial (oljefilter, tändstift, glödlampor, drivremmar oljor, fett, bättringslack, spackel etc). Tillbehör av detta slag som säljs av välkända butiker håller samma standard som de som används av biltillverkaren.

Motorspecialister

Bra specialister lagerhåller viktiga delar som slits relativt snabbt och kan ibland tillhandahålla delar som krävs för större renoveringar. I vissa fall kan de ta hand om större arbeten som omborrning eller omslipning och balansering av vevaxlar etc.

Specialister på däck och avgassystem

Dessa kan vara oberoende handlare eller ingå i större kedjor. De har ofta bra priser jämfört med märkesverkstäder etc, men det är lönt att ta in flera anbud. Vid undersökning av priser, kontrollera även vad som ingår – vanligen betalar du extra för ventiler och balansering.

Andra källor

Var misstänksam när det gäller delar som säljs på loppmarknader och liknande. De är inte alltid av usel kvalitet, men är mycket liten chans att man får upprättelse om de är otillfredsställande. När det gäller säkerhetsmässiga delar som bromsklossar är det inte bara ekonomiska risker utan även olycksrisker.

Identifikationsnummer

Modifieringar är en fortlöpande och opublicerad process i biltillverkning, utöver större modelländringar. Reservdelskataloger och listor sammanställs på numerisk bas, så bilens chassinummer är nödvändigt för att få rätt reservdel.

Vid beställning av reservdelar, lämna alltid så mycket information som möjligt. Ange årsmodell och chassi/motornummer efter tillämplighet.

Märkplåten och chassinumret kan återfinnas i motorrummet högst upp på torpedplåten (se bild). På vissa modeller finns denna information på passagerar-dörrens stolpe. Senare modeller kan även ha chassinumret på en liten plåt överst på instrumentbrädan ("synlig ID") (se bild).

Fordonsdataplåten (som innehåller chassinummer och kodbeteckningar för motor och växellåda samt färgkoder) finns på vänstra delen av bagageutrymmets tvärbalk på sedanmodeller och till vänster i reservhjulsbrunnen på kombimodeller.

Motornumret finns på blocket (på vissa modeller även på en etikett på kamremskåpan) och hittas på följande platser:

a) Bensinmotorer – instansat på blockets framsida rakt under fogytan mot topplocket (se bild).

b) Dieselmotorer – instansat på blockets framsida mellan insprutningspumpen och vakuumpumpen (se bild).

Observera: Första delen av motornumret anger motorns kodbeteckning, exempelvis "AAZ".

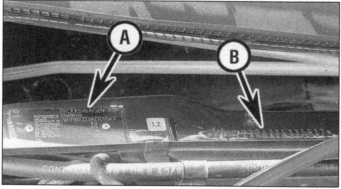

Märkplåt (A) och chassinummer (B)

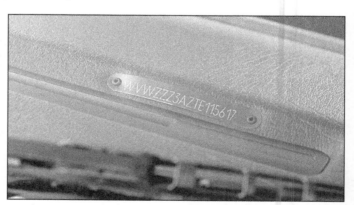

Chassinummer på senare modeller syns genom vindrutan

Placering för märkplåt/chassinummer (1) och bensinmotorns nummer (2)

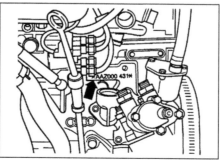

Motornumrets placering – dieselmodeller (vid pilen)

När service, reparationer och renoveringar utförs på en bil eller bildel bör följande beskrivningar och instruktioner följas. Detta för att reparationen ska utföras så effektivt och fackmannamässigt som möjligt.

Tätningsytor och packningar

Vid isärtagande av delar vid deras tätningsytor ska dessa aldrig bändas isär med skruvmejsel eller liknande. Detta kan orsaka allvarliga skador som resulterar i oljeläckage, kylvätskeläckage etc. efter montering. Delarna tas vanligen isär genom att man knackar längs fogen med en mjuk klubba. Lägg dock märke till att denna metod kanske inte är lämplig i de fall styrstift används för exakt placering av delar.

Där en packning används mellan två ytor måste den bytas vid ihopsättning. Såvida inte annat anges i den aktuella arbetsbeskrivningen ska den monteras torr. Se till att tätningsytorna är rena och torra och att alla spår av den gamla packningen är borttagna. Vid rengöring av en tätningsyta ska sådana verktyg användas som inte skadar den. Små grader och repor tas bort med bryne eller en finskuren fil.

Rensa gängade hål med piprensare och håll dem fria från tätningsmedel då sådant används, såvida inte annat direkt specificeras.

Se till att alla öppningar, hål och kanaler är rena och blås ur dem, helst med tryckluft.

Oljetätningar

Oljetätningar kan tas ut genom att de bänds ut med en bred spårskruvmejsel eller liknande. Alternativt kan ett antal självgängande skruvar dras in i tätningen och användas som dragpunkter för en tång, så att den kan dras rakt ut.

När en oljetätning tas bort från sin plats, ensam eller som en del av en enhet, ska den alltid kasseras och bytas ut mot en ny.

Tätningsläpparna är tunna och skadas lätt och de tätar inte annat än om kontaktytan är fullständigt ren och oskadad. Om den ursprungliga tätningsytan på delen inte kan återställas till perfekt skick och tillverkaren inte gett utrymme för en viss omplacering av tätningen på kontaktytan, måste delen i fråga bytas ut.

Skydda tätningsläpparna från ytor som kan skada dem under monteringen. Använd tejp eller konisk hylsa där så är möjligt. Smörj läpparna med olja innan monteringen. Om oljetätningen har dubbla läppar ska utrymmet mellan dessa fyllas med fett.

Såvida inte annat anges ska oljetätningar monteras med tätningsläpparna mot det smörjmedel som de ska täta för.

Använd en rörformad dorn eller en träbit i lämplig storlek till att knacka tätningarna på

plats. Om sätet är försedd med skuldra, driv tätningen mot den. Om sätet saknar skuldra bör tätningen monteras så att den går jäms med sätets yta (såvida inte annat uttryckligen anges).

Skruvgängor och infästningar

Muttrar, bultar och skruvar som kärvar är ett vanligt förekommande problem när en komponent har börjat rosta. Bruk av rostupplösningsolja och andra krypsmörjmedel löser ofta detta om man dränker in delen som kärvar en stund innan man försöker lossa den. Slagskruvmejsel kan ibland lossa envist fastsittande infästningar när de används tillsammans med rätt mejselhuvud eller hylsa. Om inget av detta fungerar kan försiktig värmning eller i värsta fall bågfil eller mutterspräckare användas.

Pinnbultar tas vanligen ut genom att två muttrar låses vid varandra på den gängade delen och att en blocknyckel sedan vrider den undre muttern så att pinnbulten kan skruvas ut. Bultar som brutits av under fästytan kan ibland avlägsnas med en lämplig bultutdragare. Se alltid till att gängade bottenhål är helt fria från olja, fett, vatten eller andra vätskor innan bulten monteras. Underlåtenhet att göra detta kan spräcka den del som skruven dras in i, tack vare det hydrauliska tryck som uppstår när en bult dras in i ett vätskefyllt hål.

Vid åtdragning av en kronmutter där en saxsprint ska monteras ska muttern dras till specificerat moment om sådant anges, och därefter dras till nästa sprinthål. Lossa inte muttern för att passa in saxsprinten, såvida inte detta förfarande särskilt anges i anvisningarna.

Vid kontroll eller omdragning av mutter eller bult till ett specificerat åtdragningsmoment, ska muttern eller bulten lossas ett kvarts varv och sedan dras åt till angivet moment. Detta ska dock inte göras när vinkelåtdragning använts.

För vissa gängade infästningar, speciellt topplocksbultar/muttrar anges inte åtdragningsmoment för de sista stegen. Istället anges en vinkel för åtdragning. Vanligtvis anges ett relativt lågt åtdragningsmoment för bultar/muttrar som dras i specificerad turordning. Detta följs sedan av ett eller flera steg åtdragning med specificerade vinklar.

Låsmuttrar, låsbleck och brickor

Varje infästning som kommer att rotera mot en komponent eller en kåpa under åtdragningen ska alltid ha en bricka mellan åtdragningsdelen och kontaktytan.

Fjäderbrickor ska alltid bytas ut när de använts till att låsa viktiga delar som exempelvis lageröverfall. Låsbleck som viks

över för att låsa bult eller mutter ska alltid byts ut vid ihopsättning.

Självlåsande muttrar kan återanvändas på mindre viktiga detaljer, under förutsättning att motstånd känns vid dragning över gängen. Kom dock ihåg att självlåsande muttrar förlorar låseffekt med tiden och därför alltid bör bytas ut som en rutinåtgärd.

Saxsprintar ska alltid bytas mot nya i rätt storlek för hålet.

När gänglåsmedel påträffas på gängor på en komponent som ska återanvändas bör man göra ren den med en stålborste och lösningsmedel. Applicera nytt gänglåsningsmedel vid montering.

Specialverktyg

Vissa arbeten i denna handbok förutsätter användning av specialverktyg som pressar, avdragare, fjäderkompressorer med mera. Där så är möjligt beskrivs lämpliga lättillgängliga alternativ till tillverkarens specialverktyg och hur dessa används. I vissa fall, där inga alternativ finns, har det varit nödvändigt att använda tillverkarens specialverktyg. Detta har gjorts av säkerhetsskäl, likväl som för att reparationerna ska utföras så effektivt och bra som möjligt. Såvida du inte är mycket kunnig och har stora kunskaper om det arbetsmoment som beskrivs, ska du aldrig försöka använda annat än specialverktyg när sådana anges i anvisningarna. Det föreligger inte bara stor risk för personskador, utan kostbara skador kan också uppstå på komponenterna.

Miljöhänsyn

Vid sluthantering av förbrukad motorolja, bromsvätska, frostskydd etc. ska all vederbörlig hänsyn tas för att skydda miljön. Ingen av ovan nämnda vätskor får hällas ut i avloppet eller direkt på marken. Kommunernas avfallshantering har kapacitet för hantering av miljöfarligt avfall liksom vissa verkstäder. Om inga av dessa finns tillgängliga i din närhet, fråga hälsoskyddskontoret i din kommun om råd.

I och med de allt strängare miljöskyddslagarna beträffande utsläpp av miljöfarliga ämnen från motorfordon har alltfler bilar numera justersäkringar monterade på de mest avgörande justeringspunkterna för bränslesystemet. Dessa är i första hand avsedda att förhindra okvalificerade personer från att justera bränsle/luftblandningen och därmed riskerar en ökning av giftiga utsläpp. Om sådana justersäkringar påträffas under service eller reparationsarbete ska de, närhelst möjligt, bytas eller sättas tillbaka i enlighet med tillverkarens rekommendationer eller aktuell lagstiftning.

Den domkraft som medföljer bilen ska endast användas vid hjulbyte, se *"Hjulbyte"* i början av denna bok. Vid alla andra arbeten ska bilen lyftas med en hydraulisk ("garage") domkraft, som alltid ska åtföljas av pallbockar under bilens stödpunkter.

När hydraulisk domkraft eller pallbockar används ska dessa alltid placeras under en av de relevanta stödpunkterna.

Vid lyftning av fram- eller bakvagnen, använd stödpunkterna fram/baktill på tröskларna, dessa är utmärkta med rektangulära eller triangulära intryck i tröskларna **(se bilder)**. Placera en träkloss med inskuret spår på domkraftshuvudet så att bilens vikt inte bärs upp av tröskelkanten, rikta spåret i klossen med tröskelkanten så att bilens vikt fördelas jämnt över klossens yta. Komplettera dom-

kraften med pallbockar (även de med spårade klossar) så nära stödpunkterna som möjligt.

Lyft inte bilen med en domkraft under andra delar av tröskeln, sumpen, bottenplattan eller delar i fjädringen eller styrningen. När bilen är lyft ska en pallbock placeras under stödpunkten på tröskeln.

Arbeta aldrig under eller kring en upplyft bil, annat än om den är väl stöttad med pallbockar.

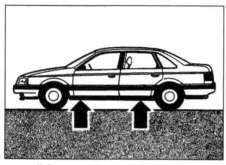

**Främre och bakre stödpunkter
(vid pilarna)**

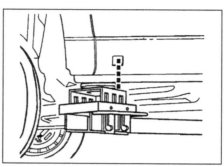

Främre stödpunkt

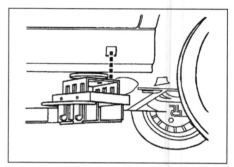

Bakre stödpunkt

Stöldskyddssystem för radio/kassettbandspelare

Den ljudanläggning som monteras av VW som standardutrustning kan ha en inbyggd stöldskyddskod för att avskräcka tjuvar. Om strömmen till anläggningen bryts aktiveras

stöldskyddet. Även om strömmen återställs omedelbart fungerar ljudanläggningen inte förrän korrekt kod angetts. Om du inte känner till koden ska du INTE koppla ur batteriet eller

ta ut ljudanläggningen ur bilen. Proceduren för omprogrammering av en urkopplad enhet varierar med modell – kontrollera radiohandboken som ska medfölja bilen.

Inledning

En uppsättning bra verktyg är ett grundläggande krav för var och en som överväger att underhålla och reparera ett motorfordon. För de ägare som saknar sådana kan inköpet av dessa bli en märkbar utgift, som dock uppvägs till en viss del av de besparingar som görs i och med det egna arbetet. Om de anskaffade verktygen uppfyller grundläggande säkerhets- och kvalitetskrav kommer de att hålla i många år och visa sig vara en värdefull investering.

För att hjälpa bilägaren att avgöra vilka verktyg som behövs för att utföra de arbeten som beskrivs i denna handbok har vi sammanställt tre listor med följande rubriker: *Underhåll och mindre reparationer, Reparation och renovering* samt *Specialverktyg*. Nybörjaren bör starta med det första sortimentet och begränsa sig till enklare arbeten på fordonet. Allt eftersom erfarenhet och självförtroende växer kan man sedan prova svårare uppgifter och köpa fler verktyg när och om det behövs. På detta sätt kan den grundläggande verktygssatsen med tiden utvidgas till en reparations- och renoveringssats utan några större enskilda kontantutlägg. Den erfarne hemmamekanikern har redan en verktygssats som räcker till de flesta reparationer och renoveringar och kommer att välja verktyg från specialkategorin när han känner att utgiften är berättigad för den användning verktyget kan ha.

Underhåll och mindre reparationer

Verktygen i den här listan ska betraktas som ett minimum av vad som behövs för rutinmässigt underhåll, service och mindre reparationsarbeten. Vi rekommenderar att man köper blocknycklar (ring i ena änden och öppen i den andra), även om de är dyrare än de med öppen ände, eftersom man får båda sorternas fördelar.

- [ ] Blocknycklar - 8, 9, 10, 11, 12, 13, 14, 15, 17 och 19 mm
- [ ] Skiftnyckel - 35 mm gap (ca.)
- [ ] Tändstiftsnyckel (med gummifoder)
- [ ] Verktyg för justering av tändstiftens elektrodavstånd
- [ ] Sats med bladmått
- [ ] Nyckel för avluftning av bromsar
- [ ] Skruvmejslar:
      Spårmejsel - 100 mm lång x 6 mm diameter
      Stjärnmejsel - 100 mm lång x 6 mm diameter
- [ ] Kombinationstång
- [ ] Bågfil (liten)
- [ ] Däckpump
- [ ] Däcktrycksmätare
- [ ] Oljekanna
- [ ] Verktyg för demontering av oljefilter
- [ ] Fin slipduk
- [ ] Stålborste (liten)
- [ ] Tratt (medelstor)

Reparation och renovering

Dessa verktyg är ovärderliga för alla som utför större reparationer på ett motorfordon och tillkommer till de som angivits för *Underhåll och mindre reparationer*. I denna lista ingår en grundläggande sats hylsor. Även om dessa är dyra, är de oumbärliga i och med sin mångsidighet - speciellt om satsen innehåller olika typer av drivenheter. Vi rekommenderar 1/2-tums fattning på hylsorna eftersom de flesta momentnycklar har denna fattning.

Verktygen i denna lista kan ibland behöva kompletteras med verktyg från listan för *Specialverktyg*.

- [ ] Hylsor, dimensioner enligt föregående lista
- [ ] Spärrskaft med vändbar riktning (för användning med hylsor) **(se bild)**
- [ ] Förlängare, 250 mm (för användning med hylsor)
- [ ] Universalknut (för användning med hylsor)
- [ ] Momentnyckel (för användning med hylsor)
- [ ] Självlåsande tänger
- [ ] Kulhammare
- [ ] Mjuk klubba (plast/aluminium eller gummi)
- [ ] Skruvmejslar:
      Spårmejsel - en lång och kraftig, en kort (knubbig) och en smal (elektrikertyp)
      Stjärnmejsel - en lång och kraftig och en kort (knubbig)
- [ ] Tänger:
      Spetsnostång/plattång
      Sidavbitare (elektrikertyp)
      Låsringstång (inre och yttre)
- [ ] Huggmejsel - 25 mm
- [ ] Ritspets
- [ ] Skrapa
- [ ] Körnare
- [ ] Purr
- [ ] Bågfil
- [ ] Bromsslangklämma
- [ ] Avluftningssats för bromsar/koppling
- [ ] Urval av borrar
- [ ] Stållinjal
- [ ] Insexnycklar (inkl Torxtyp/med splines) **(se bild)**

- [ ] Sats med filar
- [ ] Stor stålborste
- [ ] Pallbockar
- [ ] Domkraft (garagedomkraft eller stabil pelarmodell)
- [ ] Arbetslampa med förlängningssladd

Specialverktyg

Verktygen i denna lista är de som inte används regelbundet, är dyra i inköp eller som måste användas enligt tillverkarens anvisningar. Det är bara om du relativt ofta kommer att utföra tämligen svåra jobb som många av dessa verktyg är lönsamma att köpa. Du kan också överväga att gå samman med någon vän (eller gå med i en motorklubb) och göra ett gemensamt inköp, hyra eller låna verktyg om så är möjligt.

Följande lista upptar endast verktyg och instrument som är allmänt tillgängliga och inte sådana som framställs av biltillverkaren speciellt för auktoriserade verkstäder. Ibland nämns dock sådana verktyg i texten. I allmänhet anges en alternativ metod att utföra arbetet utan specialverktyg. Ibland finns emellertid inget alternativ till tillverkarens specialverktyg. När så är fallet och relevant verktyg inte kan köpas, hyras eller lånas har du inget annat val än att lämna bilen till en auktoriserad verkstad.

- [ ] Ventilfjäderkompressor **(se bild)**
- [ ] Ventilslipningsverktyg
- [ ] Kolvringskompressor **(se bild)**
- [ ] Verktyg för demontering/montering av kolvringar **(se bild)**
- [ ] Honingsverktyg **(se bild)**
- [ ] Kulledsavdragare
- [ ] Spiralfjäderkompressor (där tillämplig)
- [ ] Nav/lageravdragare, två/tre ben **(se bild)**
- [ ] Slagskruvmejsel
- [ ] Mikrometer och/eller skjutmått **(se bilder)**
- [ ] Indikatorklocka **(se bild)**
- [ ] Stroboskoplampa
- [ ] Kamvinkelmätare/varvräknare
- [ ] Multimeter

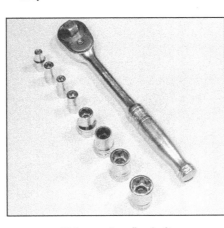

Hylsor och spärrskaft

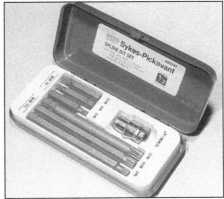

Bits med splines

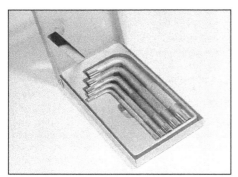

Nycklar med splines

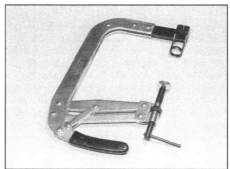

Ventilfjäderkompressor (ventilbåge)

Kolvringskompressor

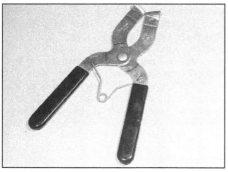

Verktyg för demontering och montering av kolvringar

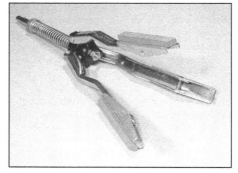

Honingsverktyg

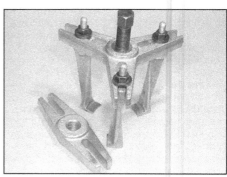

Trebent avdragare för nav och lager

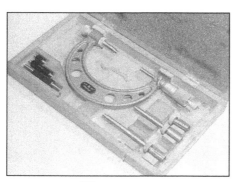

Mikrometerset

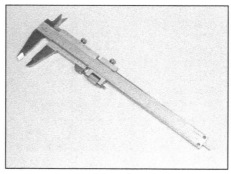

Skjutmått

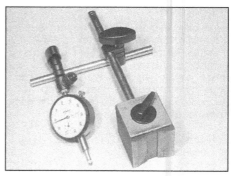

Indikatorklocka med magnetstativ

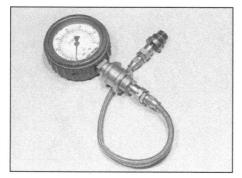

Kompressionsmätare

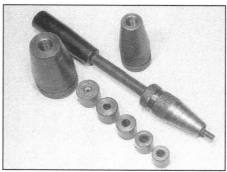

Centreringsverktyg för koppling

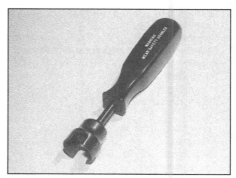

Demonteringsverktyg för bromsbackarnas fjäderskålar

☐ *Kompressionsmätare (se bild)*
☐ *Handmanövrerad vakuumpump och mätare*
☐ *Centreringsverktyg för koppling (se bild)*
☐ *Verktyg för demontering av bromsbackarnas fjäderskålar (se bild)*
☐ *Sats för montering/demontering av bussningar och lager (se bild)*
☐ *Bultutdragare (se bild)*
☐ *Gängverktygssats (se bild)*
☐ *Lyftblock*
☐ *Garagedomkraft*

Inköp av verktyg

När det gäller inköp av verktyg är det i regel bättre att vända sig till en specialist som har ett större sortiment än t ex tillbehörsbutiker och bensinmackar. Tillbehörsbutiker och andra försöljningsställen kan dock erbjuda utmärkta verktyg till låga priser, så det kan löna sig att söka.

Det finns gott om bra verktyg till låga priser, men se till att verktygen uppfyller grundläggande krav på funktion och säkerhet. Fråga gärna någon kunnig person om råd före inköpet.

Vård och underhåll av verktyg

Efter inköp av ett antal verktyg är det nödvändigt att hålla verktygen rena och i fullgott skick. Efter användning, rengör alltid verktygen innan de läggs undan. Låt dem inte ligga framme sedan de använts. En enkel upphängningsanordning på väggen för t ex skruvmejslar och tänger är en bra idé. Nycklar och hylsor bör förvaras i metallådor. Mätinstrument av skilda slag ska förvaras på platser där de inte kan komma till skada eller börja rosta.

Lägg ner lite omsorg på de verktyg som används. Hammarhuvuden får märken och skruvmejslar slits i spetsen med tiden. Lite polering med slippapper eller en fil återställer snabbt sådana verktyg till gott skick igen.

Arbetsutrymmen

När man diskuterar verktyg får man inte glömma själva arbetsplatsen. Om mer än rutinunderhåll ska utföras bör man skaffa en lämplig arbetsplats.

Vi är medvetna om att många ägare/mekaniker av omständigheterna tvingas att lyfta ur motor eller liknande utan tillgång till garage eller verkstad. Men när detta är gjort ska fortsättningen av arbetet göras inomhus.

Närhelst möjligt ska isärtagning ske på en ren, plan arbetsbänk eller ett bord med passande arbetshöjd.

En arbetsbänk behöver ett skruvstycke. En käftöppning om 100 mm räcker väl till för de flesta arbeten. Som tidigare sagts, ett rent och torrt förvaringsutrymme krävs för verktyg liksom för smörjmedel, rengöringsmedel, bättringslack (som också måste förvaras frostfritt) och liknande.

Ett annat verktyg som kan behövas och som har en mycket bred användning är en elektrisk borrmaskin med en chuckstorlek om minst 8 mm. Denna, tillsammans med en sats spiralborrar, är i praktiken oumbärlig för montering av tillbehör.

Sist, men inte minst, ha alltid ett förråd med gamla tidningar och rena luddfria trasor tillgängliga och håll arbetsplatsen så ren som möjligt.

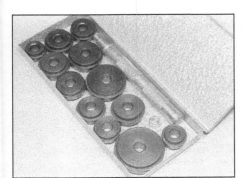

Sats för demontering och montering av lager och bussningar

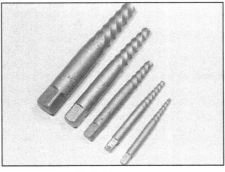

Bultutdragare

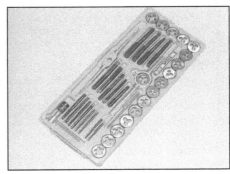

Gängverktygssats

Motor 1

- ☐ Motorn går inte runt vid startförsök
- ☐ Motorn går runt, men startar inte
- ☐ Motorn svårstartad när den är kall
- ☐ Motorn svårstartad när den är varm
- ☐ Missljud eller kärv gång i startmotorn
- ☐ Motorn startar, men stannar omedelbart
- ☐ Ojämn tomgång
- ☐ Misständning vid tomgång
- ☐ Misständning vid alla varvtal
- ☐ Motorn tvekar vid acceleration
- ☐ Motorn tjuvstannar
- ☐ Kraftlöshet
- ☐ Motorn baktänder
- ☐ Oljetryckslampan tänds med motorn igång
- ☐ Glödtändning
- ☐ Missljud i motorn

Kylsystem 2

- ☐ Överhettning
- ☐ Överkylning
- ☐ Yttre kylvätskeläckage
- ☐ Inre kylvätskeläckage
- ☐ Korrosion

System för bränsle och avgaser 3

- ☐ Förhöjd bränsleförbrukning
- ☐ Bränsleläckage och/eller bränsledoft
- ☐ För mycket ljud eller gaser från avgassystemet

Koppling 4

- ☐ Pedalen går i golvet – inget eller ytterst ringa motstånd
- ☐ Ingen frikoppling (går inte att lägga i växlar)
- ☐ Kopplingen slirar (motorvarvet ökar men inte hastigheten)
- ☐ Skakningar vid frikoppling
- ☐ Missljud när kopplingspedalen trycks ned eller släpps upp

Manuell växellåda 5

- ☐ Missljud i friläge med gående motor
- ☐ Missljud med en speciell växel ilagd
- ☐ Svårt att lägga i växlar
- ☐ Växlar hoppar ur
- ☐ Vibration
- ☐ Oljeläckage

Automatväxellåda 6

- ☐ Oljeläckage
- ☐ Oljan brun eller luktar bränt
- ☐ Allmänna svårigheter att välja växel
- ☐ Ingen kickdown med gaspedalen i botten
- ☐ Motorn startar inte i något läge, eller startar i andra lägen än P eller N
- ☐ Slir, ryckiga växlingar, missljud eller saknar drivkraft framåt eller bakåt

Drivaxlar 7

- ☐ Klick eller knack vid svängar (vid låg hastighet med fullt rattutslag)
- ☐ Vibration vid acceleration eller inbromsning

Bromsar 8

- ☐ Bilen drar åt ena sidan vid inbromsning
- ☐ Missljud (slipljud eller högtonigt gnissel) vid inbromsning
- ☐ För stor bromspedalväg
- ☐ Bromspedalen känns svampig vid inbromsning
- ☐ För stor pedalkraft krävs för att stoppa bilen
- ☐ Skakningar i bromspedal eller ratt vid inbromsning
- ☐ Bromsarna hänger sig
- ☐ Bakhjulen låser vid normal inbromsning

Fjädring och styrning 9

- ☐ Bilen drar åt ena sidan
- ☐ Hjulwobbel och vibrationer
- ☐ För mycket nigning och/eller krängning vid kurvtagning eller inbromsning
- ☐ Allmän instabilitet
- ☐ För trög styrning
- ☐ För stort glapp i styrningen
- ☐ Servoeffekt saknas
- ☐ Förhöjt däcksslitage

Elsystem 10

- ☐ Batteriet håller inte laddningen mer än ett par dagar
- ☐ Laddningslampan lyser med motorn igång
- ☐ Laddningslampan tänds inte
- ☐ Belysning tänds inte
- ☐ Instrumentavläsningar felaktiga eller ryckiga
- ☐ Signalhornet fungerar dåligt eller inte alls
- ☐ Torkare fungerar dåligt eller inte alls
- ☐ Spolare fungerar dåligt eller inte alls
- ☐ Elektriska fönsterhissar fungerar dåligt eller inte alls
- ☐ Centrallåset fungerar dåligt eller inte alls

Inledning

De fordonsägare som själva underhåller sin bil med rekommenderade mellanrum kommer inte att använda denna del av handboken ofta. Modern pålitlighet i delar är sådan att om slitmaterial inspekteras eller byts med rekommenderade mellanrum är plötsliga haverier tämligen sällsynta. Fel uppstår vanligen inte plötsligt, de utvecklas med tiden. Speciellt större mekaniska haverier föregås vanligen av karakteristiska symptom under hundra- eller tusentals kilometer. De komponenter som vanligen havererar utan föregående varning är i regel små och lätta att ha med i bilen.

All felsökning börjar med att avgöra var sökandet ska inledas. Ibland är detta självklart men ibland krävs detektivarbete. De ägare som gör ett halvdussin lösryckta justeringar eller delbyten kanske lagar felet (eller undanröjer symptomen), men blir inte klokare om felet återkommer och kommer därför i slutänden att spendera mer tid och pengar än nödvändigt. Ett lugnt och metodiskt tillväga-gångssätt är nyttigare i det långa loppet. Ta alltid hänsyn till varningstecken eller abnormaliteter som uppmärksammats före haveriet – kraftförlust, höga/låga mätaravläsningar, ovanliga dofter - och kom ihåg att haverier i säkringar och tändstift kanske bara är symptom på ett underliggande fel.

Följande sidor ger en enkel guide till de mer vanligt förekommande problem som kan uppstå med bilen. Problemen och deras möjliga orsaker grupperas under rubriker för olika komponenter eller system som Motorn, Kylsystemet, etc. Kapitel och/eller avsnitt som tar upp detta problem visas inom parentes. Oavsett fel finns vissa grundläggande principer, dessa är följande:

Bekräfta felet. Detta är helt enkelt att se till att du vet vilka symptomen är innan du börjar arbeta. Detta är särskilt viktigt om du undersöker ett fel för någon annans räkning, denne kanske inte beskrivit felet korrekt.

Förbise inte det självklara. Exempelvis, om bilen inte startar, finns det verkligen bensin i tanken? (Ta inte någon annans ord för givet på denna punkt, lita inte heller på bränslemätaren!) Om ett elektriskt fel indikeras, leta efter lösa kontakter och brutna ledningar innan du plockar fram testutrustningen.

Laga felet, maskera inte bara symptomen. Att byta ett urladdat batteri mot ett fulladdat tar dig från vägkanten, men om orsaken inte åtgärdas kommer det nya batteriet snart att vara urladdat. Ett byte av nedoljade tändstift (bensinmodeller) till nya gör att bilen rullar , men orsaken till nedsmutsningen (om annan än fel värmetal på stiften) måste fastställas och åtgärdas.

Ta inte någonting för givet. Glöm inte att "nya" delar kan vara defekta (speciellt om de skakat runt i skuffen i flera månader). Utelämna inte komponenter vid felsökning bara för att de är nya eller nyss monterade. När du slutligen påträffar ett svårhittat fel kommer du troligen att inse att alla ledtrådar redan fanns.

1 Motor

Motorn går inte runt vid startförsök

- ☐ Batteripoler lösa eller korroderade ("*Veckokontroller*").
- ☐ Batteriet urladdat eller defekt (kapitel 5A).
- ☐ Brutna, lösa eller urkopplade ledningar i startmotorkretsen (kapitel 5A).
- ☐ Defekt solenoid eller kontakt (kapitel 5A).
- ☐ Defekt startmotor (kapitel 5A).
- ☐ Startmotorns pinjong eller kuggkrans har lösa eller brutna kuggar (kapitel 2A, 2B, 2C och 5A).
- ☐ Motorns jordledning bruten eller urkopplad (kapitel 5A).

Motorn går runt men startar inte

- ☐ Tom tank.
- ☐ Batteriet urladdat (motorn snurrar långsamt) (kapitel 5A).
- ☐ Batteripoler lösa eller korroderade ("*Veckokontroller*").
- ☐ Defekt startspärr eller stöldlarm (kapitel 12).
- ☐ Delar i tändningen fuktiga eller skadade – bensinmodeller (kapitel 1 och 5B).
- ☐ Fel tändläge (kapitel 5B)
- ☐ Brutna, lösa eller urkopplade ledningar i tändningskretsen – bensinmodeller (kapitel 5B).
- ☐ Slitna, defekta eller feljusterade tändstift – bensinmodeller (kapitel 1).
- ☐ Defekt förvärmning – dieselmodeller (kapitel 5C).
- ☐ Defekt bränsleinsprutning – bensinmodeller (kapitel 4A eller 4B).
- ☐ Defekt avstängningssolenoid – dieselmodeller (kapitel 4C).
- ☐ Luft i bränslesystemet – dieselmodeller (kapitel 4C).
- ☐ Större mekaniskt haveri (exempelvis kamdrivningen) (kapitel 2A, 2B eller 2C).

Motorn svår att kallstarta

- ☐ Urladdat batteri (kapitel 5A).
- ☐ Fel tändläge (kapitel 5B)
- ☐ Batteripoler lösa eller korroderade ("*Veckokontroller*").
- ☐ Slitna, defekta eller feljusterade tändstift – bensinmodeller (kapitel 1).
- ☐ Defekt förvärmning – dieselmodeller (kapitel 5C).
- ☐ Defekt bränsleinsprutning – bensinmodeller (kapitel 4A eller 4B).
- ☐ Annat tändningsfel – bensinmodeller (kapitel 5B).
- ☐ Snabbtomgångsventilen feljusterad – dieselmodeller (kapitel 4C).
- ☐ Dålig kompression (kapitel 2A eller 2B).

Motorn svår att varmstarta

- ☐ Igensatt luftfilter (kapitel 1).
- ☐ Defekt bränsleinsprutning – bensinmodeller (kapitel 4A eller 4B).
- ☐ Dålig kompression (kapitel 2A eller 2B).
- ☐ Fel tändläge (kapitel 5B)

Missljud eller kärvhet i startmotorn

- ☐ Startmotorns pinjong eller kuggkrans har lösa eller brutna kuggar (kapitel 2A, 2B och 5A).
- ☐ Startmotorbultar lösa eller saknas (kapitel 5A).
- ☐ Startmotorns interna delar slitna eller skadade (kapitel 5A).

Motorn startar, men stannar omedelbart

- ☐ Lösa eller defekta anslutningar i tändningskretsen – bensinmodeller (kapitel 5B).
- ☐ Vakuumläcka i trottelhus eller insugsrör – bensinmodeller (kapitel 4A eller 4B).
- ☐ Igensatt insprutare/defekt bränsleinsprutning – bensinmodeller (kapitel 4A eller 4B).

Ojämn tomgång

- ☐ Igensatt luftfilter (kapitel 1).
- ☐ Vakuumläcka i trottelhus, insugsrör eller tillhörande slangar – bensinmodeller (kapitel 4A eller 4B).
- ☐ Slitna, defekta eller feljusterade tändstift – bensinmodeller (kapitel 1).
- ☐ Ojämn eller dålig kompression (kapitel 2A eller 2B).
- ☐ Slitna kamlober (kapitel 2A eller 2B).
- ☐ Fel spänning på kamremmen (kapitel 2A eller 2B).
- ☐ Igensatt insprutare/defekt bränsleinsprutning – bensinmodeller (kapitel 4A eller 4B).
- ☐ Defekt insprutare – dieselmodeller (kapitel 4C).

Misständning vid tomgång

- ☐ Slitna, defekta eller feljusterade tändstift – bensinmodeller (kapitel 1).
- ☐ Defekta tändkablar – bensinmodeller (kapitel 5B).
- ☐ Vakuumläcka i trottelhus, insugsrör eller tillhörande slangar – bensinmodeller (kapitel 4A eller 4B).
- ☐ Igensatt insprutare/defekt bränsleinsprutning – bensinmodeller (kapitel 4A eller 4B).
- ☐ Defekt insprutare – dieselmodeller (kapitel 4C).
- ☐ Sprucket fördelarlock eller krypströmmar – bensinmodeller (där tillämpligt).
- ☐ Ojämn eller dålig kompression (kapitel 2A eller 2B).
- ☐ Lös, läckande eller trasig slang i vevhusventilationen (kapitel 4D).

1 Motor (fortsättning)

Misständningar vid alla varvtal

☐ Igensatt bränslefilter (kapitel 1).
☐ Defekt bränslepump eller lågt tryck – bensinmodeller (kapitel 4A eller 4B).
☐ Tankventilation igensatt eller blockerat bränslerör (kapitel 4A, 4B eller 4C).
☐ Vakuumläcka i trottelhus, insugsrör eller tillhörande slangar – bensinmodeller (kapitel 4A eller 4B).
☐ Slitna, defekta eller feljusterade tändstift – bensinmodeller (kapitel 1).
☐ Defekta tändkablar – bensinmodeller (kapitel 5B).
☐ Defekt insprutare – dieselmodeller (kapitel 4C).
☐ Sprucket fördelarlock eller krypströmmar – bensinmodeller (där tillämpligt) (kapitel 5B).
☐ Defekt tändspole – bensinmodeller (kapitel 5B).
☐ Ojämn eller dålig kompression (kapitel 2A eller 2B).
☐ Igensatt insprutare/defekt bränsleinsprutning – bensinmodeller (kapitel 4A eller 4B).

Tvekan vid acceleration

☐ Slitna, defekta eller feljusterade tändstift – bensinmodeller (kapitel 1).
☐ Vakuumläcka i trottelhus, insugsrör eller tillhörande slangar – bensinmodeller (kapitel 4A eller 4B).
☐ Igensatt insprutare/defekt bränsleinsprutning – bensinmodeller (kapitel 4A eller 4B).
☐ Defekt insprutare – dieselmodeller (kapitel 4C).

Motorn tjuvstannar

☐ Vakuumläcka i trottelhus, insugsrör eller tillhörande slangar – bensinmodeller (kapitel 4A eller 4B).
☐ Igensatt bränslefilter (kapitel 1).
☐ Defekt bränslepump eller lågt tryck – bensinmodeller (kapitel 4A eller 4B).
☐ Tankventilation igensatt eller blockerat bränslerör (kapitel 4A, 4B eller 4C).
☐ Igensatt insprutare/defekt bränsleinsprutning – bensinmodeller (kapitel 4A eller 4B).
☐ Defekt insprutare – dieselmodeller (kapitel 4C).

Kraftlöshet

☐ Felmonterad eller felspänd kamrem (kapitel 2A eller 2B).
☐ Igensatt bränslefilter (kapitel 1).
☐ Fel tändläge (kapitel 5B)
☐ Defekt bränslepump eller lågt tryck – bensinmodeller (kapitel 4A eller 4B).
☐ Ojämn eller dålig kompression (kapitel 2A eller 2B).
☐ Slitna, defekta eller feljusterade tändstift – bensinmodeller (kapitel 1).
☐ Vakuumläcka i trottelhus, insugsrör eller tillhörande slangar – bensinmodeller (kapitel 4A eller 4B).
☐ Igensatt insprutare/defekt bränsleinsprutning – bensinmodeller (kapitel 4A eller 4B).
☐ Defekt insprutare – dieselmodeller (kapitel 4C).
☐ Felsynkroniserad bränslepump – dieselmodeller (kapitel 4C).
☐ Bromsarna hängda (kapitel 1 och 9).
☐ Slirande koppling (kapitel 6).

Baktändning

☐ Felmonterad eller felspänd kamrem (kapitel 2A eller 2B).
☐ Vakuumläcka i trottelhus, insugsrör eller tillhörande slangar – bensinmodeller (kapitel 4A eller 4B).
☐ Igensatt insprutare/defekt bränsleinsprutning – bensinmodeller (kapitel 4A eller 4B).
☐ Fel tändläge (kapitel 5B)

Oljetryckslampan tänds när motorn går

☐ Låg oljenivå eller fel oljetyp ("Veckokontroller").
☐ Slitage i motorlager och/eller oljepump (kapitel 2C).
☐ Motorn överhettar (kapitel 3).
☐ Defekt oljeövertrycksventil (kapitel 2A eller 2B).
☐ Oljeupptagningens sil igensatt (kapitel 2A eller 2B).

Glödtändning

☐ För mycket sot i motorn (kapitel 2C).
☐ Motorn överhettar (kapitel 3).
☐ Defekt bränsleinsprutning – bensinmodeller (kapitel 4A eller 4B).
☐ Defekt stoppsolenoid – dieselmodeller (kapitel 4C).

Missljud i motorn

Förtändning (spikning) eller knack under acceleration eller belastning

☐ Fel tändläge/defekt tändsystem – bensinmodeller (kapitel 5B).
☐ Fel värmetal på tändstift – bensinmodeller (kapitel 1).
☐ Fel oktantal (kapitel 1).
☐ Vakuumläcka i trottelhus, insugsrör eller tillhörande slangar – bensinmodeller (kapitel 4A eller 4B).
☐ För mycket sot i motorn (kapitel 2C).
☐ Igensatt insprutare/defekt bränsleinsprutning – bensinmodeller (kapitel 4A eller 4B).

Visslingar eller suckar

☐ Läckande packning till insugsrör eller trottelhus – bensinmodeller (kapitel 4A eller 4B).
☐ Läckande grenrörspackning eller mellan grenrör och nedåtgående rör (kapitel 4A, 4B eller 4C).
☐ Läckande vakuumslang (kapitel 4, 5B och 9).
☐ Blåst topplockspackning (kapitel 2A eller 2B).

Knack eller skaller

☐ Slitage på ventiler eller kamaxel (kapitel 2A eller 2B).
☐ Defekt hjälpaggregat (vattenpump, generator, etc) (kapitel 3, 5A, etc).

Knack eller slag

☐ Slitna storändslager (regelbundna hårda knack, eventuellt minskande under belastning) (kapitel 2C).
☐ Slitna ramlager (muller och knack, eventuellt ökande under belastning) (kapitel 2C).
☐ Kolvslammer (mest märkbart med kall motor) (kapitel 2C).
☐ Defekt hjälpaggregat (vattenpump, generator, etc) (kapitel 3, 5A, etc).

2 Kylsystem

Överhettning

- [ ] För lite kylvätska ("*Veckokontroller*").
- [ ] Defekt eller feljusterad drivrem (kapitel 1 eller 2).
- [ ] Defekt termostat (kapitel 3).
- [ ] Igensatt kylare eller grill (kapitel 3).
- [ ] Defekt kylfläkt eller termobrytare (kapitel 3).
- [ ] Defekt kylarlock (kapitel 3).
- [ ] Fel tändläge/defekt tändsystem – bensinmodeller (kapitel 5B).
- [ ] Defekt temperaturgivare (kapitel 3).
- [ ] Luftbubbla i kylsystemet (kapitel 1).

Överkylning

- [ ] Defekt termostat (kapitel 3).
- [ ] Defekt temperaturgivare (kapitel 3).

Yttre kylvätskeläckage

- [ ] Skadade slangar eller slangklämmor (kapitel 1).
- [ ] Kylare eller värmeelement läcker (kapitel 3).
- [ ] Defekt kylarlock (kapitel 3).
- [ ] Vattenpumpens packning läcker (kapitel 3).
- [ ] Kokning på grund av överhettning (kapitel 3).
- [ ] Frostplugg läcker (kapitel 2C).

Internt kylvätskeläckage

- [ ] Läckande topplockspackning (kapitel 2A eller 2B).
- [ ] Spricka i topplock eller cylinderlopp (kapitel 2A eller 2B).

Korrosion

- [ ] Ej tillräckligt ofta avtappat och urspolat (kapitel 1).
- [ ] Fel kylvätskeblandning eller olämplig typ av kylvätska (kapitel 1).

3 System för bränsle och avgaser

Förhöjd bränsleförbrukning

- [ ] Igensatt luftfilter (kapitel 1).
- [ ] Defekt bränsleinsprutning – bensinmodeller (kapitel 4A eller 4B).
- [ ] Defekt insprutare – dieselmodeller (kapitel 4C).
- [ ] Fel tändläge/defekt tändsystem – bensinmodeller (kapitel 5B).
- [ ] För lågt däcktryck ("*Veckokontroller*").

Bränsleläckage och/eller bränsledoft

- [ ] Skador eller korrosion på tank, ledningar eller anslutningar (kapitel 4).

För mycket ljud eller gaser från avgassystemet

- [ ] Läckande avgassystem eller grenörsanslutningar (kapitel 1 och 4).
- [ ] Läckande, korroderade eller skadade ljuddämpare eller rör (kapitel 1 och 4).
- [ ] Brustna fästen som orsakar kontakt med bottenplatta eller fjädring (kapitel 1).

4 Koppling

Pedalen går i golvet – inget eller ytterst ringa motstånd

- [ ] Brusten kopplingsvajer – vajermanövrerad koppling (kapitel 6).
- [ ] Defekt vajerjustering – vajermanövrerad koppling (kapitel 6).
- [ ] Låg oljenivå/luft i hydrauliken – hydrauliskt manövrerad koppling ("*Veckokontroller*" eller kapitel 6).
- [ ] Defekt urtrampningslager eller gaffel (kapitel 6).
- [ ] Brusten tallriksfjäder i kopplingens tryckplatta (kapitel 6).

Frikopplar inte (går ej att lägga i växlar)

- [ ] Defekt vajerjustering – vajermanövrerad koppling (kapitel 6).
- [ ] Defekt huvud-/slavcylinder – hydrauliskt manövrerad koppling (kapitel 6).
- [ ] För hög oljenivå – hydrauliskt manövrerad koppling ("*Veckokontroller*" eller kapitel 6)
- [ ] Lamellen fastnat på splinesen på ingående växellådsaxeln (kapitel 6).
- [ ] Lamellen fastnat på svänghjul eller tryckplatta (kapitel 6).
- [ ] Felmonterad tryckplatta (kapitel 6).
- [ ] Urtrampningsmekanismen sliten eller felmonterad (kapitel 6).

Kopplingen slirar (motorns varvtal ökar men inte bilens hastighet)

- [ ] Defekt vajerjustering – vajermanövrerad koppling (kapitel 6).
- [ ] För hög oljenivå – hydrauliskt manövrerad koppling ("*Veckokontroller*" eller kapitel 6)
- [ ] Utslitna lamellbelägg (kapitel 6).
- [ ] Lamellbelägg förorenade med olja eller fett (kapitel 6).
- [ ] Defekt tryckplatta eller svag tallriksfjäder (kapitel 6).

Skakningar vid frikoppling

- [ ] Lamellbelägg förorenade med olja eller fett (kapitel 6).
- [ ] Utslitna lamellbelägg (kapitel 6).
- [ ] Kopplingsvajern fastnar eller är fransig – vajermanövrerad koppling (kapitel 6).
- [ ] Defekt eller skev tryckplatta eller tallriksfjäder (kapitel 6).
- [ ] Slitna eller lösa fästen till motor eller växellåda (kapitel 2A eller 2B).
- [ ] Slitage på splines i lamellnav eller ingående axel (kapitel 6).

Missljud när kopplingspedalen trycks ned eller släpps upp

- [ ] Slitet urtrampningslager (kapitel 6).
- [ ] Slitna eller torra pedalbussningar (kapitel 6).
- [ ] Felmonterad tryckplatta (kapitel 6).
- [ ] Tryckplattans tallriksfjäder brusten (kapitel 6).
- [ ] Brustna lamelldämparfjädrar (kapitel 6).

5 Manuell växellåda

Missljud i friläge med gående motor

- [ ] Slitage i ingående axelns lager (missljud med uppsläppt men inte nedtryckt kopplingspedal) (kapitel 7A).*
- [ ] Slitet urtrampningslager (missljud med nedtryckt pedal, möjligen minskande när pedalen släpps upp) (kapitel 6).

Missljud när en specifik växel läggs i

- [ ] Slitna eller skadade kuggar på växellådsdreven (kapitel 7A).*

Svårt att lägga i växlar

- [ ] Defekt koppling (kapitel 6).
- [ ] Slitna eller skadade växellänkar/vajer (kapitel 7A).
- [ ] Feljusterade växellänkar/vajer (kapitel 7A).
- [ ] Sliten synkronisering (kapitel 7A).*

Växlar hoppar ur

- [ ] Slitna eller skadade växellänkar/vajer (kapitel 7A).
- [ ] Feljusterade växellänkar/vajer (kapitel 7A).
- [ ] Sliten synkronisering (kapitel 7A).*
- [ ] Slitna väljargafflar (kapitel 7A).*

Vibration

- [ ] Oljebrist (kapitel 1).
- [ ] Slitna lager (kapitel 7A).*

Oljeläckage

- [ ] Läckage i differentialens utgående oljetätning (kapitel 7A).
- [ ] Läckande husanslutning (kapitel 7A).*
- [ ] Läckage i ingående axelns oljetätning (kapitel 7A).*

Även om nödvändiga åtgärder för beskrivna symptom är bortom vad en hemmamekaniker klarar av är informationen ovan en hjälp att spåra felkällan, så att man tydligt kan beskriva dem för en yrkesmekaniker.

6 Automatväxellåda

Observera: *I och med att en automatväxellåda är synnerligen komplex är det svårt för en hemmamekaniker att ställa korrekt diagnos och underhålla denna enhet. Andra problem än följande ska tas till en VAG-verkstad eller specialist på automatväxellådor. Ha inte för bråttom med att demontera växellådan om ett fel misstänks, de flesta tester görs med växellådan på plats i bilen.*

Oljeläckage

- [ ] Olja avsedd för automatväxellådor är vanligen mörk. Läckor ska inte förväxlas med motorolja som lätt kan blåsas på lådan av fartvinden.
- [ ] Spåra läckan genom att först avlägsna all smuts från växellådshuset och omgivande delar med avfettningsmedel eller ångtvätt. Kör bilen långsamt så att fartvinden inte blåser oljan för långt från läckan. Ställ sedan bilen på pallbockar och leta efter läckan. Vanliga platser för läckor är följande:
  - a) *Växellådssumpen (kapitel 1 och 7B).*
  - b) *Mätstickans rör (kapitel 1 och 7B).*
  - c) *Oljekylningens rör och anslutningar (kapitel 7B).*

Oljan brun eller luktar bränt

- [ ] Låg oljenivå eller dags för oljebyte (kapitel 1).

Allmänna problem att välja växlar

- [ ] Kapitel 7B tar upp kontroll och justering av automatväxellådans väljarvajer. Följande vanliga problem kan vara orsakade av feljusterad vajer:

  - a) *Motorn startar med växelväljaren i andra lägen än P eller N.*
  - b) *Indikatorpanelen anger en växel annan än den som faktiskt används.*
  - c) *Bilen rör sig med växelväljaren i läge P eller N.*
  - d) *Dåliga eller ryckiga växlingar.*
- [ ] Se kapitel 7B för justering av väljarvajern.

Ingen kickdown med gaspedalen i botten

- [ ] Låg oljenivå (kapitel 1).
- [ ] Feljusterad väljarvajer (kapitel 7B).

Motorn startar inte alls eller med växelväljaren i andra lägen än P eller N

- [ ] Feljusterad väljarvajer (kapitel 7B).

Slir, ryckiga växlingar, missljud eller saknar drivkraft framåt eller bakåt

- [ ] Ovanstående problem kan ha många orsaker men en hemmamekaniker ska bara bekymra sig om en – låg oljenivå. Innan bilen tas till verkstad, kontrollera oljans nivå och skick enligt beskrivning i kapitel 1. Justera nivån efter behov eller byt olja och filter om så behövs. Om problemet kvarstår krävs yrkeshjälp.

7 Drivaxlar

Klick eller knack vid svängar (i låg fart med fullt rattutslag)

- [ ] Brist på smörjning i knuten, möjligen orsakad av skadad damask (kapitel 8).
- [ ] Sliten yttre drivknut (kapitel 8).

Vibration vid acceleration eller inbromsning

- [ ] Sliten inre drivknut (kapitel 8).
- [ ] Böjd eller skev drivaxel (kapitel 8).

8 Bromsar

Observera: *Innan du förutsätter ett bromsproblem, kontrollera däckens skick och lufttryck, framvagnens inställning samt att bilen inte är belastad så att viktfördelningen är ojämn. Förutom kontroll av alla anslutningar för rör och slangar, ska fel i ABS-systemet tas om hand av en VAG-verkstad.*

Bilen drar åt ena sidan vid inbromsning

☐ Slitna, defekta, skadade eller förorenade klossar/backar på en sida (kapitel 1 och 9).
☐ Skurna eller delvis skurna bromsok/hjulcylindrar (kapitel 1 och 9).
☐ Olika friktionsmaterial monterade på sidorna (kapitel 1 och 9).
☐ Lösa bultar till ok/bromssköld (kapitel 9).
☐ Slitna eller skadade delar i fjädring eller styrning (kapitel 1 och 10).

Missljud (slipljud eller högtonigt gnissel) vid inbromsning

☐ Friktionsmaterial nedslitet till metallstödet (kapitel 1 och 9).
☐ Korrosion på skiva eller trumma. Detta kan uppstå om bilen stått stilla en tid (kapitel 1 och 9).
☐ Främmande föremål (grus, etc) klämt mellan skiva och stänkskydd (kapitel 1 och 9).

För lång pedalväg

☐ Defekt självjustering bak – trumbromsar (kapitel 1 och 9).
☐ Defekt huvudcylinder (kapitel 9).
☐ Luft i hydrauliken (kapitel 1 och 9).
☐ Defekt vakuumservo (kapitel 9).

Bromspedalen svampig vid nedtryckning

☐ Luft i hydrauliken (kapitel 1 och 9).
☐ Defekta bromsslangar (kapitel 1 och 9).
☐ Huvudcylinderns muttrar lösa (kapitel 9).
☐ Defekt huvudcylinder (kapitel 9).

För stor pedalkraft krävs för att stoppa bilen

☐ Defekt vakuumservo (kapitel 9).
☐ Defekt vakuumpump – dieselmodeller (kapitel 9).
☐ Urkopplad, defekt eller ej fastsatt vakuumservoslang (kapitel 9).
☐ Defekt primär– eller sekundärkrets (kapitel 9).
☐ Skuret bromsok eller hjulcylinderkolv (kapitel 9).
☐ Felmonterade klossar eller backar (kapitel 1 och 9).
☐ Fel typ/klass av klossar eller backar monterade (kapitel 1 och 9).
☐ Förorenade klossar eller backar (kapitel 1 och 9).

Skakningar i bromspedal eller ratt vid inbromsningar

☐ För stort kast/skevhet i skivor eller trummor (kapitel 1 och 9).
☐ Slitage på kloss eller back (kapitel 1 och 9).
☐ Lösa bultar till ok eller bromssköld (kapitel 9).
☐ Slitage i fjädrings– eller styrningsdelar eller fästen (kapitel 1 och 10).
☐ Vibration i pedal – ABS arbetar – inget fel (bilar med ABS).

Bromsarna hänger sig

☐ Skuret bromsok eller hjulcylinderkolv (kapitel 9).
☐ Feljusterad handbromsmekanism (kapitel 9).
☐ Defekt huvudcylinder (kapitel 9).

Bakhjulen låser vid normal inbromsning

☐ Förorenade bromsbelägg bak (kapitel 1 och 9).
☐ Defekt bromstrycksregulator (kapitel 9).

9 Fjädring och styrning

Observera: *Innan diagnos ställs att fjädring eller styrning är defekt, kontrollera att inte problemet beror på fel lufttryck i däcken, blandning av däckstyper eller hängda bromsar.*

Bilen drar åt ena sidan

☐ Defekt däck ("*Veckokontroller*").
☐ För stort slitage i fjädring eller styrning (kapitel 1 och 10).
☐ Felinställd framvagn (kapitel 10).
☐ Krockskada i styrning eller fjädring (kapitel 1).

Hjulwobbel och vibration

☐ Framhjulen obalanserade (vibration känns huvudsakligen i ratten) ("*Veckokontroller*").
☐ Bakhjulen obalanserade (vibration känns i hela bilen) ("*Veckokontroller*").
☐ Fälgar skadade eller skeva ("*Veckokontroller*").
☐ Defekt däck ("*Veckokontroller*").
☐ Slitage i styrning eller fjädring (kapitel 1 och 10).
☐ Lösa hjulbultar (kapitel 1).

För mycket krängning/nigning vid kurvtagning och/eller inbromsning

☐ Defekta stötdämpare (kapitel 1 och 10).
☐ Brusten eller svag spiralfjäder och/eller fjädringsdel (kapitel 1 och 10).
☐ Slitage eller skada på krängningshämmare eller fästen (kapitel 10).

Allmän instabilitet

☐ Felinställd framvagn (kapitel 10).
☐ Slitage i styrning eller fjädring (kapitel 1 och 10).
☐ Obalanserade hjul ("*Veckokontroller*").
☐ Defekt däck ("*Veckokontroller*").
☐ Lösa hjulbultar (kapitel 1).
☐ Defekta stötdämpare (kapitel 1 och 10).

För trög styrning

☐ Fel oljenivå i styrservon ("*Veckokontroller*").
☐ Osmord styrväxel (kapitel 10).
☐ Skuren kulled i styrstagsände eller fjädring (kapitel 1 och 10).
☐ Brusten eller slirande drivrem – servostyrning (kapitel 1).
☐ Felinställd framvagn (kapitel 10).
☐ Kuggstång eller rattstång böjd eller skadad (kapitel 10).

9 Fjädring och styrning (fortsättning)

För stort glapp i styrningen

- [ ] Slitage i knuten till rattstångens mellanaxel (kapitel 10).
- [ ] Slitage i styrstagsändarnas kulleder (kapitel 1 och 10).
- [ ] Slitage i kuggstångsstyrningen (kapitel 10).
- [ ] Slitage i styrning eller fjädring (kapitel 1 och 10).

Brist på servoeffekt

- [ ] Brusten eller slirande drivrem (kapitel 1 eller 2).
- [ ] Fel oljenivå i styrservon ("*Veckokontroller*").
- [ ] Igensatt slang till styrservon (kapitel 1).
- [ ] Defekt servopump (kapitel 10).
- [ ] Defekt kuggstångsstyrning (kapitel 10).

Förhöjt däcksslitage

Däck slitna på in- eller utsidan

- [ ] För lågt lufttryck i däcken (slitage på båda kanterna) ("*Veckokontroller*").

- [ ] Fel camber- eller castervinkel (slitage bara på ena kanten) (kapitel 10).
- [ ] Slitage i styrning eller fjädring (kapitel 1 och 10).
- [ ] För hård kurvtagning.
- [ ] Krockskada.

Däcksmönster har fransiga kanter

- [ ] Felaktig toe-inställning (kapitel 10).

Slitage i däcksmönstrets centrum

- [ ] För högt lufttryck i däcken ("*Veckokontroller*").

Däck slitna på in- och utsidan

- [ ] För lågt lufttryck i däcken ("*Veckokontroller*").

Ojämnt slitage

- [ ] Obalanserade hjul ("*Veckokontroller*").
- [ ] För stort kast på fälg eller däck ("*Veckokontroller*").
- [ ] Slitna stötdämpare (kapitel 1 och 10).
- [ ] Defekt däck ("*Veckokontroller*").

10 Elsystem

Observera: *För problem med start, se fel under "Motor" tidigare i detta avsnitt.*

Batteriet håller laddningen bara ett par dagar

- [ ] Intern batteridefekt (kapitel 5A).
- [ ] Batteripoler lösa eller korroderade ("*Veckokontroller*").
- [ ] Drivrem sliten eller feljusterad (kapitel 1 eller 2).
- [ ] Generatorn ger inte korrekt utmatning (kapitel 5A).
- [ ] Generator eller spänningsregulator defekt (kapitel 5A).
- [ ] Kortslutning ger kontinuerlig urladdning av batteriet (kapitel 5A och 12).

Laddningslampan förblir tänd när motorn går

- [ ] Drivremmen brusten, sliten eller feljusterad (kapitel 1).
- [ ] Generatorns borstar slitna, har fastnat eller är smutsiga (kapitel 5A).
- [ ] Generatorns borstfjädrar svaga eller brustna (kapitel 5A).
- [ ] Internt fel i generator eller spänningsregulator (kapitel 5A).
- [ ] Bruten, urkopplad eller lös ledning i laddningskretsen (kapitel 5A).

Laddningslampan tänds inte

- [ ] Brunnen glödlampa (kapitel 12).
- [ ] Bruten, urkopplad eller lös ledning i varningslampans krets (kapitel 12).
- [ ] Generatorn defekt (kapitel 5A).

Lysen tänds inte

- [ ] Brunnen glödlampa (kapitel 12).
- [ ] Korrosion på glödlampa eller sockel (kapitel 12).
- [ ] Brunnen säkring (kapitel 12).
- [ ] Defekt relä (kapitel 12).
- [ ] Bruten, lös eller urkopplad ledning (kapitel 12).
- [ ] Defekt omkopplare (kapitel 12).

Instrumentavläsningar missvisande eller ryckiga

Instrumentavläsningar stiger med motorvarvet

- [ ] Defekt spänningsregulator (kapitel 12).

Bränsle- eller temperaturmätare ger inget utslag

- [ ] Defekt givare (kapitel 3 och 4A, 4B eller 4C).
- [ ] Bruten krets (kapitel 12).
- [ ] Defekt mätare (kapitel 12).

Bränsle- eller temperaturmätare ger kontinuerligt maximalt utslag

- [ ] Defekt givare (kapitel 3 och 4A, 4B eller 4C).
- [ ] Kortslutning (kapitel 12).
- [ ] Defekt mätare (kapitel 12).

Signalhornet fungerar dåligt eller inte alls

Signalhornet tjuter hela tiden

- [ ] Signalhornskontakt jordad eller fastnat i nedtryckt läge (kapitel 12).
- [ ] Jordad signalhornskabel (kapitel 12).

Signalhornet fungerar inte

- [ ] Brunnen säkring (kapitel 12).
- [ ] Ledning eller anslutning lös, bruten eller urkopplad (kapitel 12).
- [ ] Defekt signalhorn (kapitel 12).

Signalhornet avger ryckigt eller otillfredsställande ljud

- [ ] Glappkontakt (kapitel 12).
- [ ] Löst signalhornsfäste (kapitel 12).
- [ ] Defekt signalhorn (kapitel 12).

Torkare fungerar dåligt eller inte alls

Torkare går inte alls eller mycket långsamt

☐ Torkarbladen har fastnat på rutan eller kärvande/skurna länkar ("*Veckokontroller*" eller kapitel 12).
☐ Brunnen säkring ("*Veckokontroller*" eller kapitel 12).
☐ Ledning eller anslutning lös, bruten eller urkopplad (kapitel 12).
☐ Defekt relä (kapitel 12).
☐ Defekt torkarmotor (kapitel 12).

Torkarbladen sveper för stor eller för liten del av rutan

☐ Torkararmarna felmonterade på spindlarna (kapitel 12).
☐ För stort slitage i torkarlänkarna (kapitel 12).
☐ Fästen till torkarmotor eller länkar lösa (kapitel 12).

Bladen rengör inte rutan effektivt

☐ Utslitna torkarblad ("*Veckokontroller*").
☐ Torkararmens fjäder brusten eller skurna armtappar (kapitel 12).
☐ För lite tvättmedel i spolarvätskan för effektiv rengöring ("*Veckokontroller*").

Spolare fungerar dåligt eller inte alls

Ett eller flera munstycken sprutar inte

☐ Igensatt munstycke (kapitel 1).
☐ Urkopplad, veckad eller igensatt spolarslang (kapitel 12).
☐ För lite spolarvätska ("*Veckokontroller*").

Spolarpumpen fungerar inte

☐ Bruten eller urkopplad ledning eller kontakt (kapitel 12).
☐ Brunnen säkring ("*Veckokontroller*" eller kapitel 12).
☐ Defekt kontakt (kapitel 12).
☐ Defekt spolarpump (kapitel 12).

Spolarpumpen går en stund innan vätska sprutar

☐ Defekt envägsventil i matarslangen (kapitel 12).

Elektriska fönsterhissar fungerar dåligt eller inte alls

Rutan går bara i en riktning

☐ Defekt omkopplare (kapitel 12).

Rutan går långsamt

☐ Hissen skuren, skadad eller i behov av smörjning (kapitel 11).
☐ Delar i dörr eller klädsel stör hissens funktion (kapitel 11).
☐ Defekt motor (kapitel 11).

Rutan rör sig inte

☐ Brunnen säkring (kapitel 12).
☐ Defekt relä (kapitel 12).
☐ Bruten eller urkopplad ledning eller kontakt (kapitel 12).
☐ Defekt motor (kapitel 11).

Centrallåset fungerar dåligt eller inte alls

Totalt systemhaveri

☐ Brunnen säkring ("*Veckokontroller*" eller kapitel 12).
☐ Defekt relä (kapitel 12).
☐ Bruten eller urkopplad ledning eller kontakt (kapitel 12).
☐ Defekt tvåtryckspump (kapitel 11).

Klinka låser men låser inte upp, eller låser upp men låser inte

☐ Brutna eller urkopplade manöverstänger (kapitel 11).
☐ Defekt relä (kapitel 12).
☐ Defekt tvåtryckspump (kapitel 11).

En solenoid/motor arbetar inte

☐ Bruten eller urkopplad ledning eller kontakt (kapitel 12).
☐ Defekt enhet (kapitel 11).
☐ Brutna, kärvande eller urkopplade manöverstänger (kapitel 11).
☐ Defekt dörrlås (kapitel 11).

A

ABS (Anti-lock brake system) Låsningsfria bromsar. Ett system, vanligen elektroniskt styrt, som känner av påbörjande låsning av hjul vid inbromsning och lättar på hydraultrycket på hjul som ska till att låsa.

Air bag (krockkudde) En uppblåsbar kudde dold i ratten (på förarsidan) eller instrumentbrädan eller handskfacket (på passagerarsidan) Vid kollision blåses kuddarna upp vilket hindrar att förare och framsätespassagerare kastas in i ratt eller vindruta.

Ampere (A) En måttenhet för elektrisk ström. 1 A är den ström som produceras av 1 volt gående genom ett motstånd om 1 ohm.

Anaerobisk tätning En massa som används som gänglås. Anaerobisk innebär att den inte kräver syre för att fungera.

Antikärvningsmedel En pasta som minskar risk för kärvning i infästningar som utsätts för höga temperaturer, som t.ex. skruvar och muttrar till avgasrenrör. Kallas även gängskydd.

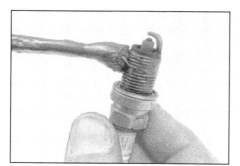

Antikärvningsmedel

Asbest Ett naturligt fibröst material med stor värmetolerans som vanligen används i bromsbelägg. Asbest är en hälsorisk och damm som alstras i bromsar ska aldrig inandas eller sväljas.

Avgasgrenrör En del med flera passager genom vilka avgaserna lämnar förbränningskamrarna och går in i avgasröret.

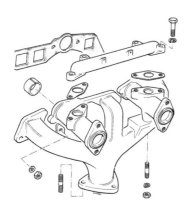

Avgasgrenrör

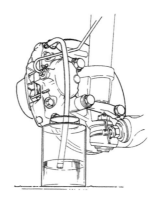

Avluftning av bromsarna

Avluftning av bromsar Avlägsnande av luft från hydrauliskt bromssystem.

Avluftningsnippel En ventil på ett bromsok, hydraulcylinder eller annan hydraulisk del som öppnas för att tappa ur luften i systemet.

Axel En stång som ett hjul roterar på, eller som roterar inuti ett hjul. Även en massiv balk som håller samman två hjul i bilens ena ände. En axel som även överför kraft till hjul kallas drivaxel.

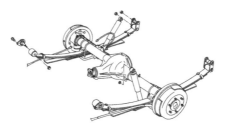

Axel

Axialspel Rörelse i längdled mellan två delar. För vevaxeln är det den distans den kan röra sig framåt och bakåt i motorblocket.

B

Belastningskänslig fördelningsventil En styrventil i bromshydrauliken som fördelar bromseffekten, med hänsyn till bakaxelbelastningen.

Bladmått Ett tunt blad av härdat stål, slipat till exakt tjocklek, som används till att mäta spel mellan delar.

Bladmått

Bromsback Halvmåneformad hållare med fastsatt bromsbelägg som tvingar ut beläggen i kontakt med den roterande bromstrumman under inbromsning.

Bromsbelägg Det friktionsmaterial som kommer i kontakt med bromsskiva eller bromstrumma för att minska bilens hastighet. Beläggen är limmade eller nitade på bromsklossar eller bromsbackar.

Bromsklossar Utbytbara friktionsklossar som nyper i bromsskivan när pedalen trycks ned. Bromsklossar består av bromsbelägg som limmats eller nitats på en styv bottenplatta.

Bromsok Den icke roterande delen av en skivbromsanordning. Det grenslar skivan och håller bromsklossarna. Oket innehåller även de hydrauliska delar som tvingar klossarna att nypa skivan när pedalen trycks ned.

Bromsskiva Den del i en skivbromsanordning som roterar med hjulet.

Bromstrumma Den del i en trumbromsanordning som roterar med hjulet.

C

Caster I samband med hjulinställning, lutningen framåt eller bakåt av styrningens axialled. Caster är positiv när styrningens axialled lutar bakåt i överkanten.

CV-knut En typ av universalknut som upphäver vibrationer orsakade av att drivkraft förmedlas genom en vinkel.

D

Diagnostikkod Kodsiffror som kan tas fram genom att gå till diagnosläget i motorstyrningens centralenhet. Koden kan användas till att bestämma i vilken del av systemet en felfunktion kan förekomma.

Draghammare Ett speciellt verktyg som skruvas in i eller på annat sätt fästs vid en del som ska dras ut, exempelvis en axel. Ett tungt glidande handtag som utmed verktygsaxeln mot ett stopp i änden vilket rycker axeln del fri.

Drivaxel En roterande axel på endera sidan differentialen som ger kraft från slutväxeln till drivhjulen. Även varje axel som används att överföra rörelse.

Drivaxel

Drivrem(mar) Rem(mar) som används till att driva tillbehörsutrustning som generator, vattenpump, servostyrning, luftkonditioneringskompressor mm, från vevaxelns remskiva.

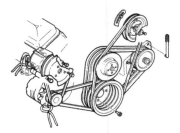

Drivremmar till extrautrustning

Dubbla överliggande kamaxlar (DOHC) En motor försedd med två överliggande kamaxlar, vanligen en för insugsventilerna och en för avgasventilerna.

E

EGR-ventil Avgasåtercirkulationsventil. En ventil som för in avgaser i insugsluften.

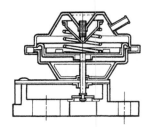

Ventil för avgasåtercirkulation (EGR)

Elektrodavstånd Den distans en gnista har att överbrygga från centrumelektroden till sidoelektroden i ett tändstift.

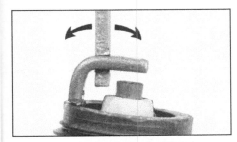

Justering av elektrodavståndet

Elektronisk bränsleinsprutning (EFI) Ett datorstyrt system som fördelar bränsle till förbränningskamrarna via insprutare i varje insugsport i motorn.

Elektronisk styrenhet En dator som exempelvis styr tändning, bränsleinsprutning eller låsningsfria bromsar.

F

Finjustering En process där noggranna justeringar och byten av delar optimerar en motors prestanda.

Fjäderben Se MacPherson-ben.

Fläktkoppling En viskös drivkoppling som medger variabel kylarfläkthastighet i förhållande till motorhastigheten.

Frostplugg En skiv- eller koppformad metallbricka som monterats i ett hål i en gjutning där kärnan avlägsnats.

Frostskydd Ett ämne, vanligen etylenglykol, som blandas med vatten och fylls i bilens kylsystem för att förhindra att kylvätskan fryser vintertid. Frostskyddet innehåller även kemikalier som förhindrar korrosion och rost och andra avlagringar som skulle kunna blockera kylare och kylkanaler och därmed minska effektiviteten.

Fördelningsventil En hydraulisk styrventil som begränsar trycket till bakbromsarna vid panikbromsning så att hjulen inte låser sig.

Förgasare En enhet som blandar bränsle med luft till korrekta proportioner för önskad effekt från en gnistantänd förbränningsmotor.

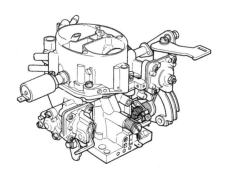

Förgasare

G

Generator En del i det elektriska systemet som förvandlar mekanisk energi från drivremmen till elektrisk energi som laddar batteriet, som i sin tur driver startsystem, tändning och elektrisk utrustning.

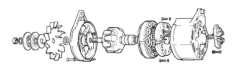

Generator (genomskärning)

Glidlager Den krökta ytan på en axel eller i ett lopp, eller den del monterad i endera, som medger rörelse mellan dem med ett minimum av slitage och friktion.

Gängskydd Ett täckmedel som minskar risken för gängskärning i bultförband som utsätts för stor hetta, exempelvis grenrörets bultar och muttrar. Kallas även antikärvningsmedel.

H

Handbroms Ett bromssystem som är oberoende av huvudbromsarnas hydraulikkrets. Kan användas till att stoppa bilen om huvudbromsarna slås ut, eller till att hålla bilen stilla utan att bromspedalen trycks ned. Den består vanligen av en spak som aktiverar främre eller bakre bromsar mekaniskt via vajrar och länkar. Kallas även parkeringsbroms.

Harmonibalanserare En enhet avsedd att minska fjädring eller vridande vibrationer i vevaxeln. Kan vara integrerad i vevaxelns remskiva. Även kallad vibrationsdämpare.

Hjälpstart Start av motorn på en bil med urladdat eller svagt batteri genom koppling av startkablar mellan det svaga batteriet och ett laddat hjälpbatteri.

Honare Ett slipverktyg för korrigering av smärre ojämnheter eller diameterskillnader i ett cylinderlopp.

Hydraulisk ventiltryckare En mekanism som använder hydrauliskt tryck från motorns smörjsystem till att upprätthålla noll ventilspel (konstant kontakt med både kamlob och ventilskaft). Justeras automatiskt för variation i ventilskaftslängder. Minskar även ventilljudet.

I

Insexnyckel En sexkantig nyckel som passar i ett försänkt sexkantigt hål.

Insugsrör Rör eller kåpa med kanaler genom vilka bränsle/luftblandningen leds till insugsportarna.

K

Kamaxel En roterande axel på vilken en serie lober trycker ned ventilerna. En kamaxel kan drivas med drev, kedja eller tandrem med kugghjul.

Kamkedja En kedja som driver kamaxeln.

Kamrem En tandrem som driver kamaxeln. Allvarliga motorskador kan uppstå om kamremmen brister vid körning.

Kanister En behållare i avdunstningsbegränsningen, innehåller aktivt kol för att fånga upp bensinångor från bränslesystemet.

Kanister

Kardanaxel Ett långt rör med universalknutar i bägge ändar som överför kraft från växellådan till differentialen på bilar med motorn fram och drivande bakhjul.

Kast Hur mycket ett hjul eller drev slår i sidled vid rotering. Det spel en axel roterar med. Orundhet i en roterande del.

Katalysator En ljuddämparliknande enhet i avgassystemet som omvandlar vissa föroreningar till mindre hälsovådliga substanser.

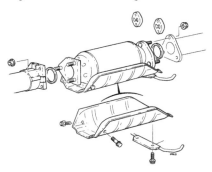
Katalysator

Kompression Minskning i volym och ökning av tryck och värme hos en gas, orsakas av att den kläms in i ett mindre utrymme.

Kompressionsförhållande Skillnaden i cylinderns volymer mellan kolvens ändlägen.

Kopplingsschema En ritning över komponenter och ledningar i ett fordons elsystem som använder standardiserade symboler.

Krockkudde (Airbag) En uppblåsbar kudde dold i ratten (på förarsidan) eller instrumentbrädan eller handskfacket (på passagerarsidan) Vid kollision blåses kuddarna upp vilket hindrar att förare och framsätespassagerare kastas in i ratt eller vindruta.

Krokodilklämma Ett långkäftat fjäderbelastat clips med ingreppande tänder som används till tillfälliga elektriska kopplingar.

Kronmutter En mutter som vagt liknar kreneleringen på en slottsmur. Används tillsammans med saxsprint för att låsa bultförband extra väl.

Kronmutter

Krysskruv Se Phillips-skruv

Kugghjul Ett hjul med tänder eller utskott på omkretsen, formade för att greppa in i en kedja eller rem.

Kuggstångsstyrning Ett styrsystem där en pinjong i rattstångens ände går i ingrepp med en kuggstång. När ratten vrids, vrids även pinjongen vilket flyttar kuggstången till höger eller vänster. Denna rörelse överförs via styrstagen till hjulets styrleder.

Kullager Ett friktionsmotverkande lager som består av härdade inner- och ytterbanor och har härdade stålkulor mellan banorna.

Kylare En värmeväxlare som använder flytande kylmedium, kylt av fartvinden/fläkten till att minska temperaturen på kylvätskan i en förbränningsmotors kylsystem.

Kylmedia Varje substans som används till värmeöverföring i en anläggning för luftkonditionering. R-12 har länge varit det huvudsakliga kylmediet men tillverkare har nyligen börjat använda R-134a, en CFC-fri substans som anses vara mindre skadlig för ozonet i den övre atmosfären.

L

Lager Den böjda ytan på en axel eller i ett lopp, eller den del som monterad i någon av dessa tillåter rörelse mellan dem med minimal slitage och friktion.

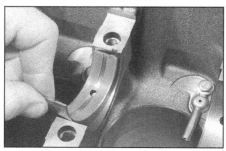
Lager

Lambdasond En enhet i motorns grenrör som känner av syrehalten i avgaserna och omvandlar denna information till elektricitet som bär information till styrelektroniken. Även kallad syresensor.

Luftfilter Filtret i luftrenaren, vanligen tillverkat av veckat papper. Kräver byte med regelbundna intervaller.

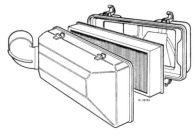
Luftfilter

Luftrenare En kåpa av plast eller metall, innehållande ett filter som tar undan damm och smuts från luft som sugs in i motorn.

Låsbricka En typ av bricka konstruerad för att förhindra att en ansluten mutter lossnar.

Låsmutter En mutter som låser en justermutter, eller annan gängad del, på plats. Exempelvis används låsmutter till att hålla justermuttern på vipparmen i läge.

Låsring Ett ringformat clips som förhindrar längsgående rörelser av cylindriska delar och axlar. En invändig låsring monteras i en skåra i ett hölje, en yttre låsring monteras i en utvändig skåra på en cylindrisk del som exempelvis en axel eller tapp.

M

MacPherson-ben Ett system för framhjulsfjädring uppfunnet av Earle MacPherson vid Ford i England. I sin ursprungliga version skapas den nedre bärarmen av en enkel lateral länk till krängningshämmaren. Ett fjäderben - en integrerad spiralfjäder och stötdämpare - finns monterad mellan karossen och styrknogen. Många moderna MacPherson-ben använder en vanlig nedre A-arm och inte krängningshämmaren som nedre fäste.

Markör En remsa med en andra färg i en ledningsisolering för att skilja ledningar åt.

Motor med överliggande kamaxel (OHC) En motor där kamaxeln finns i topplocket.

Motorstyrning Ett datorstyrt system som integrerat styr bränsle och tändning.

Multimätare Ett elektriskt testinstrument som mäter spänning, strömstyrka och motstånd. Även kallad multimeter.

Mätare En instrumentpanelvisare som används till att ange motortillstånd. En mätare med en rörlig pekare på en tavla eller skala är analog. En mätare som visar siffror är digital.

N

NOx Kväveoxider. En vanlig giftig förorening utsläppt av förbränningsmotorer vid högre temperaturer.

O

O-ring En typ av tätningsring gjord av ett speciellt gummiliknande material. O-ringen fungerar så att den trycks ihop i en skåra och därmed utgör tätningen.

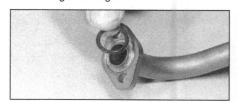
O-ring

Ohm Enhet för elektriskt motstånd. 1 volt genom ett motstånd av 1 ohm ger en strömstyrka om 1 ampere.

Ohmmätare Ett instrument för uppmätning av elektriskt motstånd.

P

Packning Mjukt material - vanligen kork, papp, asbest eller mjuk metall - som monteras mellan två metallytor för att erhålla god tätning. Exempelvis tätar topplockspackningen fogen mellan motorblocket och topplocket.

Packning

Phillips-skruv En typ av skruv med ett korsspår istället för ett rakt, för motsvarande skruvmejsel. Vanligen kallad krysskruv.

Plastigage En tunn plasttråd, tillgänglig i olika storlekar, som används till att mäta toleranser. Exempelvis så läggs en remsa Plastigage tvärs över en lagertapp. Delarna sätts ihop och tas isär. Bredden på den klämda remsan anger spelrummet mellan lager och tapp.

Plastigage

R

Rotor I en fördelare, den roterande enhet inuti fördelardosan som kopplar samman mittelektroden med de yttre kontakterna vartefter den roterar, så att högspänningen från tändspolens sekundärlindning leds till rätt tändstift. Även den del av generatorn som roterar inuti statorn. Även de roterande delarna av ett turboaggregat, inkluderande kompressorhjulet, axeln och turbinhjulet.

S

Sealed-beam strålkastare En äldre typ av strålkastare som integrerar reflektor, lins och glödtrådar till en hermetiskt försluten enhet. När glödtråden går av eller linsen spricker byts hela enheten.

Shims Tunn distansbricka, vanligen använd till att justera inbördes lägen mellan två delar. Exempelvis sticks shims in i eller under ventiltryckarhylsor för att justera ventilspelet. Spelet justeras genom byte till shims av annan tjocklek.

Skivbroms En bromskonstruktion med en roterande skiva som kläms mellan bromsklossar. Den friktion som uppstår omvandlar bilens rörelseenergi till värme.

Skjutmått Ett precisionsmätinstrument som mäter inre och yttre dimensioner. Inte riktigt lika exakt som en mikrometer men lättare att använda.

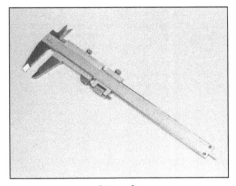

Skjutmått

Smältsäkring Ett kretsskydd som består av en ledare omgiven av värmetålig isolering. Ledaren är tunnare än den ledning den skyddar och är därmed den svagaste länken i kretsen. Till skillnad från en bränd säkring måste vanligen en smältsäkring skäras bort från ledningen vid byte.

Spel Den sträcka en del färdas innan något inträffar. "Luften" i ett länksystem eller ett montage mellan första ansatsen av kraft och verklig rörelse. Exempelvis den sträcka bromspedalen färdas innan kolvarna i huvudcylindern rör på sig. Även utrymmet mellan två delar, till exempel kolv och cylinderlopp.

Spiralfjäder En spiral av elastiskt stål som förekommer i olika storlekar på många platser i en bil, bland annat i fjädringen och ventilerna i topplocket.

Startspärr På bilar med automatväxellåda förhindrar denna kontakt att motorn startas annat än om växelväljaren är i N eller P.

Storändslager Lagret i den ände av vevstaken som är kopplad till vevaxeln.

Svetsning Olika processer som används för att sammanfoga metallföremål genom att hetta upp dem till smältning och sammanföra dem.

Svänghjul Ett tungt roterande hjul vars energi tas upp och sparas via moment. På bilar finns svänghjulet monterat på vevaxeln för att utjämna kraftpulserna från arbetstakterna.

Syresensor En enhet i motorns grenrör som känner av syrehalten i avgaserna och omvandlar denna information till elektricitet som bär information till styrelektroniken. Även kallad Lambdasond.

Säkring En elektrisk enhet som skyddar en krets mot överbelastning. En typisk säkring innehåller en mjuk metallbit kalibrerad att smälta vid en förbestämd strömstyrka, angiven i ampere, och därmed bryta kretsen.

T

Termostat En värmestyrd ventil som reglerar kylvätskans flöde mellan blocket och kylaren vilket håller motorn vid optimal arbetstemperatur. En termostat används även i vissa luftrenare där temperaturen är reglerad.

Toe-in Den distans som framhjulens framkanter är närmare varandra än bakkanterna. På bakhjulsdrivna bilar specificeras vanligen ett litet toe-in för att hålla framhjulen parallella på vägen, genom att motverka de krafter som annars tenderar att vilja dra isär framhjulen.

Toe-ut Den distans som framhjulens bakkanter är närmare varandra än framkanterna. På bilar med framhjulsdrift specificeras vanligen ett litet toe-ut.

Toppventilsmotor (OHV) En motortyp där ventilerna finns i topplocket medan kamaxeln finns i motorblocket.

Torpedplåten Den isolerade avbalkningen mellan motorn och passagerarutrymmet.

Trumbroms En bromsanordning där en trumformad metallcylinder monteras inuti ett hjul. När bromspedalen trycks ned pressas böjda bromsbackar försedda med bromsbelägg mot trummans insida så att bilen saktar in eller stannar.

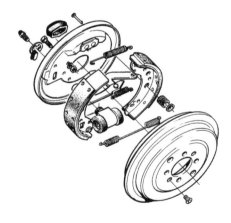

Trumbroms, montage

Turboaggregat En roterande enhet, driven av avgastrycket, som komprimerar insugsluften. Används vanligen till att öka motoreffekten från en given cylindervolym, men kan även primäranvändas till att minska avgasutsläpp.

Tändföljd Turordning i vilken cylindrarnas arbetstakter sker, börjar med nr 1.

Tändläge Det ögonblick då tändstiftet ger gnista. Anges vanligen som antalet vevaxelgrader för kolvens övre dödpunkt.

Tätningsmassa Vätska eller pasta som används att täta fogar. Används ibland tillsammans med en packning.

U

Universalknut En koppling med dubbla pivåer som överför kraft från en drivande till en driven axel genom en vinkel. En universalknut består av två Y-formade ok och en korsformig del kallad spindeln.
Urtrampningslager Det lager i kopplingen som flyttas inåt till frigöringsarmen när kopplingspedalen trycks ned för frikoppling.

V

Ventil En enhet som startar, stoppar eller styr ett flöde av vätska, gas, vakuum eller löst material via en rörlig del som öppnas, stängs eller delvis maskerar en eller flera portar eller kanaler. En ventil är även den rörliga delen av en sådan anordning.

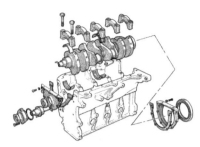

Vevaxel, montage

Ventilspel Spelet mellan ventilskaftets övre ände och ventiltryckaren. Spelet mäts med stängd ventil.
Ventiltryckare En cylindrisk del som överför rörelsen från kammen till ventilskaftet, antingen direkt eller via stötstång och vipparm. Även kallad kamsläpa eller kamföljare.

Vevaxel Den roterande axel som går längs med vevhuset och är försedd med utstickande vevtappar på vilka vevstakarna är monterade.
Vevhus Den nedre delen av ett motorblock där vevaxeln roterar.
Vibrationsdämpare En enhet som är avsedd att minska fjädring eller vridande vibrationer i vevaxeln. Enheten kan vara integrerad i vevaxelns remskiva. Kallas även harmonibalanserare.
Vipparm En arm som gungar på en axel eller tapp. I en toppventilsmotor överför vipparmen stötstångens uppåtgående rörelse till en nedåtgående rörelse som öppnar ventilen.
Viskositet Tjockleken av en vätska eller dess flödesmotstånd.
Volt Enhet för elektrisk spänning i en krets 1 volt genom ett motstånd av 1 ohm ger en strömstyrka om 1 ampere.

Observera: Referenserna i detta register anges i formen "kapitelnummer"• "sidnummer".

Anteckningar

Anteckningar

Anteckningar

Anteckningar

Anteckningar